UTB 2693

Eine Arbeitsgemeinschaft der Verlage

Beltz Verlag Weinheim · Basel
Böhlau Verlag Köln · Weimar · Wien
Wilhelm Fink Verlag München
A. Francke Verlag Tübingen und Basel
Haupt Verlag Bern · Stuttgart · Wien
Lucius & Lucius Verlagsgesellschaft Stuttgart
Mohr Siebeck Tübingen
C. F. Müller Verlag Heidelberg
Ernst Reinhardt Verlag München und Basel
Ferdinand Schöningh Verlag Paderborn · München · Wien · Zürich
Eugen Ulmer Verlag Stuttgart
UVK Verlagsgesellschaft Konstanz
Vandenhoeck & Ruprecht Göttingen
Verlag Recht und Wirtschaft Frankfurt am Main
VS Verlag für Sozialwissenschaften Wiesbaden
WUV Facultas Wien

Stefan Neuhaus

Märchen

A. Francke Verlag Tübingen und Basel

Stefan Neuhaus ist Professor für Angewandte Literaturwissenschaft an der Universität Innsbruck.

Umschlagabbildung: Thomas Georg

Bibliographische Information der Deutschen Bibliothek

Die Deutsche Bibliothek verzeichnet diese Publikation in der Deutschen Nationalbibliographie; detaillierte bibliographische Daten sind im Internet über <http://dnb.ddb.de> abrufbar.

© 2005 · Narr Francke Attempto Verlag GmbH + Co. KG
Dischingerweg 5 · D-72070 Tübingen
ISBN 3-7720-3378-4

Das Werk einschließlich aller seiner Teile ist urheberrechtlich geschützt. Jede Verwertung außerhalb der engen Grenzen des Urheberrechtsgesetzes ist ohne Zustimmung des Verlages unzulässig und strafbar. Das gilt insbesondere für Vervielfältigungen, Übersetzungen, Mikroverfilmungen und die Einspeicherung und Verarbeitung in elektronischen Systemen.

Gedruckt auf chlorfrei gebleichtem und säurefreiem Werkdruckpapier.

Internet: www.francke.de
E-Mail: info@francke.de

Einbandgestaltung: Atelier Reichert, Stuttgart
Satz: Martin Fischer, Tübingen
Druck und Bindung: Ebner & Spiegel, Ulm
Printed in Germany

ISBN 3-8252-2693-X (UTB-Bestellnummer)

Inhalt

Vorwort VII
Abkürzungsverzeichnis XI

Die Merkmale 1

Die Funktionen 19

Die Märchen 43

Die Erzählungen aus den Tausendundein Nächten (ca. 8.–10. Jhd.) 45
Giovan Francesco Straparola: *Die ergötzlichen Nächte* (1550–53) 53
Giambattista Basile: *Das Pentameron* (1634–36) 56
Charles Perrault: *Die Märchen* (1695/97) 64
Christoph Martin Wieland: *Die Abenteuer des Don Sylvio von Rosalva* (1764) 70
Johann Karl August Musäus: *Volksmärchen der Deutschen* (1782–86) 78
Johann Wolfgang Goethe: *Das Märchen* (1795) 89
Novalis: *Heinrich von Ofterdingen* (1802) 97
Ludwig Tieck: *Der blonde Eckbert* und *Der Runenberg* (1797/1802) 111
Friedrich de la Motte Fouqué: *Undine* (1811) 124
Brüder Grimm: *Kinder- und Hausmärchen* (1812/15) 131
Adelbert von Chamisso: *Peter Schlemihls wundersame Geschichte* (1814) .. 143
E.T.A. Hoffmann: *Die Kunstmärchen* (1814ff.) 149
Wilhelm Hauff: *Märchen* (1825–27) 182
Hans Christian Andersen: *Märchen und Erzählungen für Kinder* (1835ff.) 195
Clemens Brentano: *Gockel und Hinkel* (1838) 200
Charles Dickens: *Weihnachtslied* (1843) 207
Ludwig Bechstein: *Deutsches Märchenbuch* (1845) 213
Gottfried Keller: *Spiegel, das Kätzchen* (1855) 217
Lewis Carroll: *Alice im Wunderland* (1865) 224
Carlo Collodi: *Pinocchio* (1883) 229
Oscar Wilde: *Die Märchen* (1888–91) 236
L. Frank Baum: *Der Zauberer von Oz* (1900) 243

Kurt Tucholsky: *Märchen* (1907) und das Märchenproblem
seit der Moderne 248
James M. Barrie: *Peter Pan* (1911) 255
Ödön von Horváth: *Sportmärchen* (1924–32) 264
Erich Kästner: *Der 35. Mai oder Konrad reitet in die Südsee* (1931) 268
C. S. Lewis: *Die Chroniken von Narnia* (1950–56) 276
Astrid Lindgren: *Mio, mein Mio* (1954) 285
Otfried Preußler: *Die kleine Hexe (1957)* 291
Michael Ende: *Märchenromane* (1960/1979/1989) 298
Hans Traxler: *Die Wahrheit über Hänsel und Gretel* (1963) 311
Boy Lornsen: *Robbi, Tobbi und das Fliewatüüt* (1967) 316
Hans Bemmann: *Stein und Flöte und das ist noch nicht alles* (1983) 324
Paul Maar: *Lippels Traum* und *In einem tiefen, dunklen Wald* (1984/99) ... 331
Joanne K. Rowling: *Harry Potter und der Stein der Weisen* (1997) 345
Eoin Colfer: *Artemis Fowl* (2001) 354
Cornelia Funke: *Tintenherz* (2003) 358

Das Märchen der Märchen: E.T.A. Hoffmanns *Prinzessin Brambilla*
(1821) 365

Die Einheit des Märchens 371

Literaturverzeichnis 376
Autoren- und Titelregister 387
Abbildungsverzeichnis 391

Vorwort

> „Viermal sechs ist drei mal acht,
> und null ist null mal hundert,
> Die Wunder werden nur vollbracht
> von dem, der sich nicht wundert."
>
> *Kästner: Der 35. Mai (KS, 607)*

„[...] das Märchen ist, allem voran, durch und durch ahistorisch. Vielleicht belegt es deshalb langfristig den ersten Platz auf der Liste sämtlicher Weltliteraturen" (Felicitas Hoppe).[1] Der Bedeutung des Märchens[2] als Gattung ist der Stand der literaturwissenschaftlichen Forschung nicht angemessen. Das nach wie vor populäre Bändchen von Lüthi hat zweifellos seine große Zeit gehabt, aber es ist, trotz der verdienstvollen Überarbeitung von Heinz Rölleke, inzwischen veraltet, in der Terminologie wie in seiner Kategoriebildung.[3] So lässt sich der angeblich grundlegende Unterschied zwischen Volks- und Kunstmärchen, die mündliche Tradierung und Autorlosigkeit des Volksmärchens im Gegensatz zum benennbaren Autor und der schriftlichen Fixierung des Kunstmärchens, als Mythos entlarven, als Konstruktion, die eine rund 200jährige Geschichte hat.

Der Band von Tismar, den Mayer überarbeitet hat,[4] ist seltsam unentschieden in der Merkmalsbestimmung der Gattung und widmet exemplarisch ausgewählten Autoren denkbar knappen Raum. Er ist dennoch weiterhin unverzichtbar wegen seiner vielen wertvollen Hinweise und zahlreichen bibliographischen Angaben. Der im Vergleich besonders umfangreiche Band von Klotz kann die Nachwehen einer ideologiekritisch bewegten Literaturwissenschaft nicht verleugnen.[5] Der rote Faden ist die Frage, inwieweit die behandelten Texte die sozialen und wirtschaftlichen Rahmenbedingungen ihrer Zeit reflektieren. Das ist aber nicht Aufgabe der Gattung Märchen; abgesehen davon kommt es zur Tradierung von (Fehl-)Urteilen der Forschung, etwa bei Wilhelm Hauff. Klotz beschließt seine freilich immer noch grundlegende, sehr anregende und lesenswerte Darstellung erstaunlicherweise mit Franz

---

[1] Felicitas Hoppe: Sieben auf einen Streich, S. 162f.
[2] Die andauernde Popularität der Gattung dokumentiert sich auch in den Aktivitäten von Märchengesellschaften, viele sind unter dem Dach der Europäischen Märchengesellschaft e.V. zusammengeschlossen; für nähere Informationen vgl. http://www.maerchen-emg.de (abgerufen am 7.1.05).
[3] Lüthi: Märchen.
[4] Mayer / Tismar: Kunstmärchen.
[5] Klotz: Das europäische Kunstmärchen.

Kafka. Die Absurdität von Kafkas Texten ist viel näher an der Fantastik.[6] Die Weiterentwicklung der Gattung Märchen im 20. Jahrhundert, insbesondere deren neue Blüte in der Kinder- und Jugendliteratur, bleibt bei Klotz unberücksichtigt.

Auch die Studie von Wührl[7] ist zweifellos noch sehr lesenswert, doch blickt sie auf das Märchen aus einer primär literaturdidaktischen Perspektive. Sie verzichtet auf wichtige Kontextbildungen und überhaupt darauf, Märchen auf ihre spezifisch literarische oder ästhetische Qualität zu befragen. Das starke Identifikationspotenzial, das von den Märchenfiguren ausgeht, ist – wieder aus literaturwissenschaftlicher Perspektive gesprochen – ein generelles Problem der Märchenrezeption. Eine solche Perspektive verwandelt, wenn sie nicht durch Reflexion über Konzepte, Strukturen und Funktionen begleitet wird, die Textoberfläche in einen Spiegel, in dem man mehr oder weniger beglückt sich selbst ansehen kann. Was darunter liegt, bleibt dem nur-emphatischen Leser verborgen. Wührl hat viele andere Beispiele als Klotz, dies zeigt, dass die Gattungsgrenzen nach wie vor diffus sind. Bei Kafka, der vom Wunderbaren als charakteristischem Merkmal des Märchens denkbar weit entfernt ist, sind sich die beiden erstaunlicherweise einig. Wührl „verzichtet" explizit „darauf, das ‚Kunstmärchen' als Gattung zu definieren",[8] womit er sich jeder Möglichkeit begibt, seine bunte Auswahl zu rechtfertigen.

Hier soll keine Forschungsschelte betrieben, sondern das hoffentlich Neue des eigenen Ansatzes vor dem Hintergrund der bisherigen Forschung deutlich gemacht werden. Es wird vorrangig darum gehen, eine Beschäftigung mit dem Märchen *als Gattung der Literatur* zu beschreiben und zu rechtfertigen.

Zum Aufbau des vorliegenden Bandes:

Zunächst sollen die unterschiedlichen wissenschaftlichen Zugänge zur Gattung Märchen vorgestellt und diskutiert werden, damit die Voraussetzungen deutlich werden, die in der Regel unhinterfragt an Märchen herangetragen werden und den literarischen Text im schlimmsten Fall zu einem Beleglieferanten degradieren. Vor dem Hintergrund der bisherigen Ansätze soll der eigene Bezugsrahmen genauer abgesteckt werden, um eine größtmögliche Transparenz der folgenden Interpretationen zu gewährleisten. Schon jetzt kann gesagt werden, dass die eigene Darstellung vom literarischen Text ausgehen und exemplarisch Beziehungen zu Kontexten herstellen wird, in die der Text sich selbst stellt – beispielsweise durch intertextuelle oder sozialgeschichtliche Bezugnahmen.

---

[6] Vgl. die Begriffsbestimmung von Todorov: Einführung in die fantastische Literatur.
[7] Wührl: Das deutsche Kunstmärchen.
[8] Ebd, S. 13f.
[9] Vgl. Ranke u. Brednich (Hg.): Enzyklopädie des Märchens. Bis 2004 sind 10 Bände und 2 Teillieferungen von Band 11 erschienen (alphabetisch gegliedert bis zum Stichwort „Sabbat").

Die große Zahl der behandelten Märchen oder Märchensammlungen soll den Band für Lehrveranstaltungen und zugleich für eigene Entdeckungsreisen im Märchenkosmos handhabbar machen. Die Auswahl wird auf der Basis der eigenen Märchendefinition getroffen. Als roter Faden wird diese Definition durch die Kapitel laufen und zugleich an den Textbeispielen ergänzt und präzisiert werden, so dass sich der Band – hoffentlich – zu einer kleinen Gattungsgeschichte rundet.

Es wird um Verständnis dafür gebeten, dass dies trotz umfangreicher Textauswahl nur sehr exemplarisch geschehen kann, auch bei einzelnen Autoren. Aus Platzgründen können die zahlreichen Einzelentscheidungen nicht ausführlich begründet werden, so wäre im Michael-Ende-Kapitel zu erläutern, weshalb *Momo* fehlt – zwar hat der Autor im Untertitel den Roman als Märchen definiert, doch sind die märchentypischen Merkmale in den anderen, berücksichtigten Werken viel ausgeprägter. Bei den fremdsprachigen Texten wurde auf als zuverlässig geltende Übersetzungen zurückgegriffen, im Fall englischsprachiger Originale wurde die Übersetzung mit dem Originaltext abgeglichen und ggf. auf Abweichungen hingewiesen. Forschungsliteratur wird nur selektiv nachgewiesen, soweit sie zur weiterführenden Lektüre dienen kann oder für die eigene Argumentation wichtig ist. Eine Bibliographie zum Märchen allgemein, zu den behandelten Werken und Autoren (ganz zu schweigen von denen, die fehlen) war nicht zu leisten, sie wäre vermutlich genauso umfangreich geworden wie diese Darstellung.

Ein freundlicher Leser wird, so bleibt zu hoffen (und was wäre ein Buch über das Märchen ohne Hoffnung!), das zu schätzen wissen, was da ist, und nicht nur das vermissen, was fehlt. Wer sich über die intertextuellen Zusammenhänge der einzelnen Märchen genauer informieren oder einen Überblick über andere Märchentexte gewinnen will, sei vor allem auf die *Enzyklopädie des Märchens* verwiesen.[9] Dort findet er weitergehende Informationen zu Symbolen und Motiven und erste Zugänge zu hier fehlenden Autoren und Themenbereichen.[10]

Zu danken ist allen, die meine Arbeit, soweit sie ihnen bekannt war, mit freundlichen Gesprächen und konstruktiv-kritischen Bemerkungen begleitet haben, die aber, wie Felicitas Hoppe, Lothar Bluhm oder Volker Ladenthin, nur für Verbesserungen haftbar gemacht werden könnten. Für die Lektorierung des Manuskripts und die Betreuung bis zum fertigen Buch ist Kathrin

---

[10] Der Bereich Märchen und Film wird im vorliegenden Band zwar immer wieder angesprochen, er müsste allerdings einmal systematisch untersucht werden. Die *Enzyklopädie des Märchens* bietet auch hier exemplarisch Zugänge, etwa mit dem Überblicksartikel zum Film (ebd., Bd. 4, Sp. 1111–1132) und dem sehr lesenswerten Beitrag zu Walt Disney, der mit der Adaption von Märchenstoffen berühmt wurde (ebd., Bd. 3, Sp. 701–704). Einige Beiträge zu Märchen als Vorlage für Filme, Comics und Hörspiele finden sich auch bei Uther (Hg.): Märchen in unserer Zeit.

Heyng sehr zu danken. Ein besonderer Dank gebührt Stephan Dietrich, der den Francke Verlag und damit leider auch die Literaturwissenschaft verlassen hat, ich hoffe immer noch: vorübergehend. Nach drei anderen gemeinsamen Projekten hat er auch die Entstehung dieses Buches bis zum fertigen Konzept begleitet. Unsere Zusammenarbeit hat sich wahrlich märchenhaft gestaltet. Manchmal werden Märchen eben Wirklichkeit, wenn auch nur für kurze Zeit.

Abkürzungsverzeichnis

AF	Eoin Colfer: Artemis Fowl.
AW	Lewis Carroll: Alice im Wunderland.
B	Bruno Bettelheim: Kinder brauchen Märchen.
BE	Ludwig Tieck: Der blonde Eckbert. In: Ders.: Der blonde Eckbert. Der Runenberg. Die Elfen.
DF	E.T.A. Hoffmann: Das fremde Kind. In: Ders.: Die Serapionsbrüder. 2 Bände. 1. Bd., S. 572–618.
DH	Otfried Preußler: Die kleine Hexe.
DK	E.T.A. Hoffmann: Die Königsbraut. Ein nach der Natur entworfenes Märchen. In: Ders.: Die Serapionsbrüder. 2 Bände. 2. Bd., S. 535–595.
DM	Oscar Wilde: Die Märchen.
DP	Giambattista Basile: Das Pentameron.
DR	Ludwig Tieck. Der Runenberg. In: Ders.: Der blonde Eckbert. Der Runenberg. Die Elfen.
DS	C.M. Wieland: Die Abenteuer des Don Sylvio von Rosalva.
DW	Charles Dickens: Weihnachtslied. In: Ders.: Weihnachtserzählungen, S. 11–128.
ED	Erich Kästner: Emil und die Detektive.
EM	Michael Ende: Momo.
EN	Giovan Francesco Straparola: Die ergötzlichen Nächte.
ERN	Giovan Francesco Straparola: Die Novellen und Mären der ergötzlichen Nächte. 2 Bände.
GH	Clemens Brentano: Gockel und Hinkel.
GT	E.T.A. Hoffmann: Der goldne Topf. Ein Märchen aus der neuen Zeit. In: Ders.: Fantasiestücke in Callots Manier.
HO	Novalis: Heinrich von Ofterdingen. In: Ders.: Werke, Tagebücher und Briefe. 2. Bd., S. 237–414.
HP1	Joanne K. Rowling: Harry Potter und der Stein der Weisen.
HW	Wilhelm Hauff: Werke. 2 Bde.
KHM	Brüder Grimm: Kinder- und Hausmärchen. 3 Bände.
KL	Michael Ende: Jim Knopf und Lukas der Lokomotivführer.
KAN	C.S. Lewis: Prinz Kaspian von Narnia.
KÖN	C.S. Lewis: Der König von Narnia.

KS	Erich Kästner: Der 35. Mai oder Konrad reitet in die Südsee.
LK	C.S. Lewis: Der letzte Kampf.
LT	Paul Maar: Lippels Traum.
M	J.W. Goethe: Das Märchen. In: Ders.: Novelle. Das Märchen.
MI	Astrid Lindgren: Mio, mein Mio.
NM	E.T.A. Hoffmann: Nußknacker und Mausekönig. In: Ders.: Die Serapionsbrüder. 2 Bände. 1. Bd., S. 240–305.
PB	E.T.A. Hoffmann: Prinzessin Brambilla.
PI	Carlo Collodi: Pinocchios Abenteuer.
PM	Charles Perrault: Sämtliche Märchen.
PP	James M. Barrie: Peter Pan.
PS	Adelbert von Chamisso: Peter Schlemihls wundersame Geschichte.
RM	C.S. Lewis: Die Reise auf der „Morgenröte".
RN	C.S. Lewis: Der Ritt nach Narnia.
RT	Boy Lornsen: Robbi, Tobbi und das Fliewatüüt.
SB	E.T.A. Hoffmann: Die Serapionsbrüder. 2 Bände.
SE	Hans Christian Andersen: Die kleine Seejungfrau. In: Ders.: Des Kaisers neue Kleider. Sieben Märchen, S. 6–35.
SF	Hans Bemmann: Stein und Flöte und das ist noch nicht alles.
SI	C.S. Lewis: Der silberne Sessel.
SK	Gottfried Keller: Spiegel, das Kätzchen.
SP	Ödön von Horváth: Sportmärchen, andere Prosa und Verse.
SM	Ludwig Bechstein: Sämtliche Märchen.
TH	Cornelia Funke: Tintenherz.
TN	Die Erzählungen aus den Tausendundein Nächten, Bd. 1–6.
TT	Sigmund Freud: Totem und Tabu.
TM	Kurt Tucholsky: Märchen.
TW	Paul Maar: In einem tiefen, dunklen Wald…
UG	Michael Ende: Die unendliche Geschichte.
UN	Friedrich de la Motte Fouqué: Undine.
VD	Johann Karl August Musäus: Volksmärchen der Deutschen.
WG	Hans Traxler: Die Wahrheit über Hänsel und Gretel.
WN	C.S. Lewis: Das Wunder von Narnia.
WU	Michael Ende: Der satanarchäolügenialkohöllische Wunschpunsch.
ZO	L. Frank Baum: Der Zauberer von Oz.
ZZ	E.T.A. Hoffmann: Klein Zaches genannt Zinnober. Ein Märchen.

Die Merkmale

> Es ist recht übel, sagte Klingsohr, daß die Poesie einen besondern Namen hat, und die Dichter eine besondere Zunft ausmachen. Es ist die eigenthümliche Handlungsweise des menschlichen Geistes. Dichtet und trachtet nicht jeder Mensch in jeder Minute?
>
> Novalis: *Heinrich von Ofterdingen*[1]

Der Begriff des Märchens

Je selbstverständlicher uns heute ein Begriff vorkommt, umso wichtiger ist es, ihn zu klären. Nichts war schon immer da, schon gar nicht das, was wir als Gattung Märchen bezeichnen. Das zu behaupten wäre wohl, im Sinne der Bedeutung einer Lüge, ein Märchen:

> Die deutschen Wörter ‚Märchen', ‚Märlein' (mhd. [mittelhochdeutsch] maerlîn) sind Verkleinerungsformen zu ‚Mär' (ahd. [althochdeutsch] mârî; mhd. maere […], Kunde, Bericht, Erzählung, Gerücht), bezeichnen also ursprünglich eine kurze Erzählung. Wie andere Diminutive [Verkleinerungsformen] unterlagen sie früh einer Bedeutungsverschlechterung und wurden auf erfundene, auf unwahre Geschichten angewendet […].[2]

Literatur ist in dem Sinne immer Märchen – handelt es sich doch um „unwahre Geschichten", auch wenn sie teilweise versuchen, Wirklichkeit abzubilden – beobachtete und imaginierte Wirklichkeit, also die Welt wie sie ist und wie sie sein könnte. Ein Mischungsverhältnis gehört stets zur Literatur dazu, in den Worten Bachelards:

> Aber, um von den Problemen der dichterischen Einbildungskraft zu sprechen, es ist unmöglich, den seelischen Gewinn der Dichtung zu empfangen, ohne diese beiden Funktionen der menschlichen Psyche zusammenarbeiten zu lassen: Funktion des Wirklichen und Funktion des Unwirklichen.[3]

Man kann das auch anders ausdrücken und begründen – Literatur besteht aus sprachlichen Zeichen, die keinen Referenten in der Realität haben, die ihre Leser umgibt. Selbst wenn ein Roman in Berlin spielt, so ist es doch ein Berlin, das so (und in seiner Funktion für die Geschichte) nur in der Literatur existiert. Da Literatur kein Synonym für Märchen geworden ist,

---

[1] HO, 335. Die Primärtexte werden nur mit Sigle und Seitenzahl zitiert, die Auflösung der Siglen findet sich vor diesem Kapitel.
[2] Lüthi: Märchen, S. 1.
[3] Bachelard: Poetik des Raumes, S. 24.

muss es historische und systematische Gründe für eine bestimmte Begriffsverwendung geben.

Erst im 18. Jahrhundert begann der Siegeszug des Märchens als Sammelbegriff für die Gattung. Dabei wird vor allem an die französischen *Feenmärchen* angeschlossen, die *conte de fées*, ins Englische übersetzt als *fairy tales*.[4] Freilich gibt es Vorläufer, freilich kursieren zahlreiche Begriffe, um das weite Feld der Märchen zu parzellieren und die Parzellen zu klassifizieren.[5] Auf Beispiele wird in den nächsten Kapiteln zurückzukommen sein.

Märchen wird seit dem ausgehenden 18. Jahrhundert oft synonym mit Volksmärchen verwendet. Seine besondere, bis heute gültige Prägung erfuhr der Begriff zu Beginn des 19. Jahrhunderts in der deutschen Romantik, André Jolles hat dies schon früh erkannt und beschrieben:

> Man könnte beinahe sagen, allerdings auf die Gefahr hin, eine Kreisdefinition zu geben: ein Märchen ist eine Erzählung oder eine Geschichte in der Art, wie sie die Gebrüder [sic] Grimm in ihren Kinder- und Hausmärchen zusammengestellt haben. Die Grimmschen Märchen sind mit ihrem Erscheinen, nicht nur in Deutschland sondern allerwärts, ein Maßstab bei der Beurteilung ähnlicher Erscheinungen geworden. Man pflegt ein literarisches Gebilde dann als Märchen anzuerkennen, wenn es – allgemein ausgedrückt – mehr oder weniger übereinstimmt mit dem, was in den Grimmschen Kinder- und Hausmärchen zu finden ist. Und so wollen auch wir, ehe wir den Begriff Märchen von uns aus bestimmen, zunächst allgemein von der *Gattung Grimm* sprechen.[6]

Gattung Grimm – Jolles' Begriffsprägung hat Karriere gemacht. Eine solche Verengung der Perspektive auf die Produktion der Brüder Grimm als Maßstab des Märchens hat allerdings ebenso zu Verwerfungen in der Rezeption der Gattung geführt wie die allgemein diffuse Begriffsverwendung.

Eine ausufernde Bildung von Kategorien, die sich keiner merken kann, scheint an dieser Stelle fehl am Platze, zumal keiner der Begriffe, die gehandelt werden, trennscharf ist. Nicht zufällig leitet Felix Karlinger seinen Band *Wege der Märchenforschung* mit der Feststellung ein: „Das erste Problem, das uns mit der Themenstellung dieses Bandes erwächst, liegt darin, den Terminus ‚Märchen' näher zu definieren."[7] Die in der Folge unternommenen Versuche haben – wegen ihrer unterschiedlichen Voraussetzungen und Absichten – das Problem in der Regel nicht behoben, sondern eher verschärft. Deshalb soll in dieser Arbeit zunächst unterteilt werden in die in der germanistischen Literaturwissenschaft eingeführten Begriffe *Volksmärchen*, *Kunstmärchen* und

---

[4] Zur komplexen Geschichte des Feenmärchens vgl. die ausführliche Studie von Grätz: Das Märchen in der deutschen Aufklärung.

[5] Vgl. Lüthi: Märchen, S. 2ff.

[6] Jolles: Einfache Formen, S. 219.

[7] Felix Karlinger: Vorwort. In: Ders. (Hg.): Wege der Märchenforschung, S. VII–XVI, hier S. VII.

Wirklichkeitsmärchen, ohne freilich eine Zugehörigkeit von Texten zu nur einer dieser Kategorien zu behaupten. Vielmehr soll gezeigt werden, wie problematisch selbst diese grobe Unterscheidung sein kann, um im Anschluss daran einen eigenen definitorischen Ansatz der Gattung Märchen zu entwickeln – der die Gattung wieder stärker als Einheit bestimmter Merkmale statt als Vielheit kaum bestimmbarer Subgattungen begreift.[8]

Volksmärchen

Hier ist zunächst der traditionelle Zugriff auf das Volksmärchen als ursprüngliches Märchen oder als Märchen im engeren Sinn zu erläutern:

> Zum Begriff des Volksmärchens gehört, daß es längere Zeit in mündlicher Tradition gelebt hat und durch sie mitgeformt worden ist, während man das Kunstmärchen zur Individualliteratur rechnet, geschaffen von einzelnen Dichtern und genau fixiert, heute meist schriftlich, in früheren Kulturen durch Auswendiglernen überliefert.[9]

Das hier betonte Definitionsmerkmal der mündlichen Tradierung ist heute nicht mehr haltbar. Das Kapitel zu den *Kinder- und Hausmärchen* der Brüder Grimm wird exemplarisch zeigen, dass es sich bei der mündlichen Weitergabe von Märchen – womöglich durch eine alte Bäuerin, die sie ihren Enkeln abends am Kaminfeuer erzählt – um einen Mythos handelt. Alle Märchen haben einen Autor, selbst wenn sich dieser heute nicht mehr feststellen lässt. Dass Autoren voneinander abgeschrieben haben, ist nichts Neues und schon gar kein Grund, eine Überlieferung durch das ‚Volk' – was immer das sein mag – anzunehmen. Bearbeitungen von Stoffen sind originäre Leistungen von Autoren, nicht nur bei Märchen – kein Mensch würde auf die Idee kommen, Goethes *Faust* oder Thomas Manns *Doktor Faustus* als reine Bearbeitungen des mittelalterlichen Sagenstoffes einzustufen. Bestimmte Stoffe sind so alt wie die Menschheit, aber das hat nichts mit der Tradierung, sondern vielmehr etwas mit den zentralen Bedürfnissen und Problemen der Menschen zu tun, die überall auf der Welt gleich oder ähnlich sind.

Das Besondere der mündlichen Tradierung soll nicht geleugnet werden, es gilt nur, seine Bedeutung zu relativieren. Da bis ins 18. Jahrhundert schriftliche Zeugnisse fehlten oder schwer zugänglich waren oder weil die Märcheninteressierten Analphabeten waren, sind zweifellos durch das mündliche Erzählen Veränderungen vorgenommen worden, die sich gehalten haben oder wiederum Grundlage für weitere Veränderungen wurden (nach dem Prinzip

---

[8] Ein Spektrum möglicher Definitionen und Einteilungen des Begriffs bieten auch Ranke u. Brednich (Hg.): Enzyklopädie des Märchens, Bd. 9, Sp. 250–274 (Eintrag „Märchen").
[9] Lüthi: Märchen, S. 5.

der ‚stillen Post'). Solche Vorgänge lassen sich heute nicht mehr rekonstruieren und es scheint deshalb müßig darüber nachzudenken, ob man die Personen, die stoffliche Veränderungen initiierten, als Autoren etikettiert.

Damit ist im Grunde bereits der neuere Erkenntnisstand der Grimm-Philologie bezeichnet. Hans-Jörg Uther hat unmissverständlich festgestellt: „Wir wissen heute, daß diese von den Brüdern Grimm immer wieder betonte Haltung zur Volksüberlieferung eine Fiktion ist."[10] Heinz Rölleke hat bereits in den 1970er Jahren beispielhaft diese Fiktion entlarvt.[11] Lothar Bluhm hat die Bezeichnung „Volksmärchen" prägnant als „Idealbegriff" charakterisiert und den Terminus „Buchmärchen" stark gemacht. „Damit sind schriftlich fixierte, in der Regel literarisierte Erzählungen gemeint, die dem an ‚Volksmärchen' herangetragenen Erwartungshorizont entsprechen."[12] Zweifellos hat der neue Terminus gegenüber dem alten nur Vorteile, allerdings müsste er zunächst durchgesetzt und der nebulöse „Volks"-Begriff endlich auf den Müllhaufen der Begriffsgeschichte geworfen werden. Wenn in der vorliegenden Arbeit dennoch von „Volksmärchen" die Rede ist, dann mit allen kritischen Vorbehalten und nur deshalb, weil er der in der Rezeption eingeführte und ungleich bekanntere Begriff ist. Damit wird hoffentlich auch die folgende Forderung Bluhms erfüllt: „Der Märchenbegriff ist weder im wissenschaftlichen noch im populären Gebrauch sinnvoll zu ersetzen. Wünschenswert wäre indes das Bemühen um begriffliche Klarheit und die den Gebrauch begleitende Reflexion seiner Bedingtheiten."[13]

Etwas leichter ist die Unterscheidung von Gattungen, die Wunderbares oder Übernatürliches enthalten. Lüthi nennt hier vor allem Sage, Legende, Mythus, Fabel und Schwank. Mythus taugt nicht zum Gattungsbegriff und ist verzichtbar, denn Mythen finden sich in vielen Texten, unabhängig von ihrer Gattungszugehörigkeit. Sagen sind in der Regel ortsgebunden und ihnen wird ein wahrer Kern zugeschrieben. „Die Sage kreist um das Geheimnisvoll-Numinose […]."[14] Die Legende beruht auf „einem festen religiösen System".[15] Die Fabel erzählt Gleichnisse aus dem Tierreich in Prosa oder Vers, sie verfolgt in erster Linie pädagogische Absichten. Der Schwank, eigentlich eine Untergattung der Komödie, soll gern „Unmögliches"[16] berichten. Tatsächlich haben, bis in die Gegenwart, Märchen schwankhafte Züge – man könnte aber auch eine Parallele zum Lustspiel oder zur Komödie ziehen. Ansonsten ist die Differenz zum Märchen auch hier mehr als deutlich.

---

[10] Uther: Nachwort. In: Ders. (Hg.): Märchen vor Grimm, S. 277–284, hier S. 181.
[11] Hierzu und zu weiteren Forschungsergebnissen vgl. Bluhm: Grimm-Philologie, S. 11ff.
[12] Bluhm: Märchen, S. 12f.
[13] Ebd.
[14] Lüthi: Märchen, S. 7.
[15] Ebd., S. 10.
[16] Ebd., S. 13.

Volksmärchen, für die prototypisch die Kinder- und Hausmärchen der Brüder Grimm stehen, lassen sich am leichtesten über textinterne Merkmale bestimmen.[17] Ihre Handlung ist (immer idealtypisch gesprochen) einsträngig, es gibt keine Nebenhandlungen. Das Geschehen ist ort- und zeitlos, alle entsprechenden Angaben sind so allgemein, dass man nicht rekonstruieren kann, wann und wo es sich zuträgt. Die Figuren sind eindimensional, flächig, also entweder gut oder böse, klug oder dumm, wenn beide Merkmalspaare vorkommen gut und klug oder böse und dumm. Eine Psychologisierung findet nicht statt. Bestimmte Figuren kehren immer wieder: Königinnen und Prinzessinnen, Könige und Prinzen als gesellschaftliche Rollenzuschreibungen, Schwester und Bruder, Mutter, Vater und Stiefmutter als familiäre Rollenzuschreibungen. Daneben dienen auch Handwerksberufe zur Figurencharakterisierung. Namen finden sich selten (außer, sie sind sprechend), eher schon Attribute, z. B. „Das tapfere Schneiderlein". Die Heldin oder der Held des Volksmärchens wird gleich zu Beginn mit einer Mangelsituation oder einem Problem konfrontiert, die es abzustellen oder das es zu lösen gilt. Auf dem Weg zum guten Ende helfen wunderbare Requisiten oder Figuren. In Volksmärchen können Tiere sprechen und Menschen sich mit ihnen unterhalten, manchmal gilt dies auch für Pflanzen, Minerale, Metalle oder Gebrauchsgegenstände. Das Volksmärchen ist sprachlich einfach; es gibt hauptsächlich Hauptsätze, keine schwierigen Vokabeln und immer wiederkehrende Formeln. Auch die Symbolik und Metaphorik ist einfach und einprägsam. Die wichtigsten Symbolzahlen finden Verwendung: 3, 4, 7, 12 und 13.

Ihre Entstehung verdanken die Märchen einem doppelten Bedürfnis:
1. nach einer gemeinsamen Kultur und Geschichte der deutschsprachigen Gebiete, die irgendwann einmal zu einer politischen Einheit führen könnte;
2. nach Transzendenz.

Mit der Französischen Revolution wurde die alte politische Ordnung des Feudalstaates in Frage gestellt, das moderne Konzept der Nation wurde populär. Grundlage waren die politische Partizipation des Bürgertums und das Aufgehobensein in einer Gruppe, die sich mit der eigenen Nation identifizierte. Durch die napoleonische Besetzung und die anschließende Restauration überkommener Ordnungen auf dem Wiener Kongreß von 1815 war das Bürgertum aber weiterhin von Mitbestimmung und nationaler Identitätsbildung weit entfernt – nur auf kulturellem Gebiet waren die Bürger autonom, auf diesem Gebiet konnten sie sich und ihre Anliegen verwirklichen.

Mit Ausgang des 18. Jahrhunderts entstand ein wieder stärkeres Bedürfnis nach Transzendenz. Die Religion hatte als alleiniger Wegweiser durch das Leben ausgedient, die Entwicklung der Naturwissenschaften und der techni-

---
[17] Vgl. hierzu auch ebd., S. 25–32.

sche Fortschritt hatten dem Individuum bisher ungeahnte Freiheiten gebracht. Die Kehrseite von Freiheit und Wohlstand war Orientierungslosigkeit, auch fehlende Geborgenheit als Teil eines größeren Ganzen. Gesellschaftlich-praktisch war die Antwort das Konzept der Nation,[18] philosophisch hingegen die Formulierung eines neuen Natur- und Geschichtsbegriffs.

Das Märchen steht zwischen Realität und Transzendenz und bietet sich deshalb wie keine andere Gattung an, die divergierenden Bedürfnisse zu erfüllen. Es bietet Trost im Alltag und ist offen für jede Art von Glauben, der über die täglich-alltäglichen Erfahrungen herausreicht; dadurch kann es zwischen tradierten religiösen und modernen, naturwissenschaftlich basierten oder philosophischen Auffassungen von Welt bestehen, sich gar in ihren Dienst stellen (oder dafür instrumentalisiert werden). Sinjawskij hat das so formuliert:

> Wir sehen, daß die Moral des Märchens sich gelegentlich mit der christlichen Moral deckt, aber auf eine ganz eigene Art. Das Gute triumphiert nicht nur im Himmel, sondern auch auf Erden, und zwar in der Regel mit Hilfe der Magie.[19]

Die Belohnung des Guten geht mit sozialer Flexibilität einher, das bekannte Spektrum reicht vom Königssohn über den Schneider bis zum Aschenputtel. Alle Rollen bieten hervorragende Identifikationsmöglichkeiten: Ein Königssohn würde jeder gerne sein, der ‚normale' Leser ist aber eher ein Schneider oder ein Aschenputtel – an deren sozialem Aufstieg sich partizipieren lässt. Das Trost spendende Gute ist aber, wie wir noch sehen werden, ein zweischneidiges Schwert – es kann den Triumph des Trivialen wie des Subversiven bedeuten.

In der Popularisierung der Gattung um 1800 wird ihre Funktionsgebundenheit ganz deutlich. Die Frühromantiker entwickelten den Begriff des Goldenen Zeitalters, einer mythischen Vorzeit, in der die Natur eins war, eine säkularisierte Vorstellung vom Paradies. Dieses Zeitalter war gekennzeichnet durch Intuition, die Allverbundenheit war selbstverständlich. Dem folgte das – andauernde – Zeitalter der Spaltung, die Natur differenzierte sich aus in Mineralien, Metalle, Pflanzen, Tiere und Menschen. Der Mensch bildet die Krone der Schöpfung, denn ihm ist die Fähigkeit zu denken gegeben. Diese Fähigkeit ermöglicht es ihm, die Wiederkehr des Goldenen Zeitalters zu antizipieren. Das bedeutet nicht eine Restauration früherer Verhältnisse, vielmehr gilt es eine höhere Stufe zu erreichen, die Intuition und Reflexion einschließt.

Dieses abstrakte Konzept ist – wie für die Romantik üblich – nirgendwo ausformuliert und nur bruchstückhaft entwickelt worden. Schließlich lebte man im Zeitalter der Spaltung, dem das Fragment angemessen war. Zugleich konnte das Fragmentarische in seiner Zusammenstellung, kaleidoskopartig, das künftige Goldene Zeitalter erahnen lassen. In den Schriften von Friedrich

---

[18] Vgl. Neuhaus: Literatur und nationale Einheit in Deutschland.
[19] Sinjawskij: Iwan der Dumme, S. 26f.

Schlegel, Novalis und E.T.A. Hoffmann (etwa in der Atlantis-Mythe im *Goldnen Topf*, die zugleich eine Parodie der Vorstellung vom Goldenen Zeitalter darstellt) finden sich entsprechende Konzeptualisierungen.

Wie dem Fragment kommt dem Märchen schon theoretisch eine besondere Rolle zu, da es (im Volksmärchen) in der Zeit unmittelbar nach der Spaltung angesiedelt ist oder (im Kunstmärchen) die Verbindung der Lesergegenwart zur mythologischen Vorzeit knüpft. Deshalb ist Wunderbares weitgehend alltäglich und deshalb können Tiere sprechen – Reminiszenzen der verloren gegangenen Einheit allen Seins. Dem Märchen liegt also ein Konzept zugrunde, das philosophische, anthropologische und psychologische Überlegungen mischt, wie sie in der Zeit um 1800 diskutiert wurden; genau deshalb ist es auch in diesen wissenschaftlichen Disziplinen bis heute stark beachtet worden.

Der größte Teil der Märchenforschung beschäftigt sich mit den Volksmärchen oder Feenmärchen, denen eine mündliche Überlieferung zugrunde liegt oder liegen soll. Die zahlreichen Übereinstimmungen von Themen und Motiven der Märchen aus aller Welt haben viele Forscher inspiriert, Gemeinsamkeiten festzustellen und sich auf die Suche nach dem Ursprung dieser Themen und Motive zu machen. Das wissenschaftliche Spektrum reicht von psychoanalytischen bis zu strukturalen Analysen, einzelne Ansätze und Arbeiten werden im nächsten Kapitel vorgestellt. Letztlich bleibt aber wohl nur als Grund für die Attraktivität von Volksmärchen festzustellen, dass sie allgemein menschliche Probleme (sexuelle Reifung, Geschlechter- und Rollenverhalten, Riten, Wünsche...) thematisieren und durch ihre einfache Struktur ein breites Publikum ansprechen.

Aus der Perspektive der Literaturwissenschaft handelt es sich immer in erster Linie um *literarische Texte*, die folglich einen Autor oder mehrere Autoren oder Bearbeiter haben, auch wenn frühere Fassungen nicht bekannt sind und die Genese der Texte nicht dargestellt werden kann. Gerade bei einfachen Motiven wie Heirat, Konflikte zwischen Eltern und Kindern, Figuren mit magischen Fähigkeiten, sprechende Tiere o.Ä. wird es nicht möglich sein, einer solchen Genese auf die Spur zu kommen und es fragt sich daher, ob der bisher in dieser Richtung betriebene Aufwand wissenschaftlich gerechtfertigt ist. Dass natürlich jeder Leser mit Märchen auf seine Weise umgehen, sie für persönliche oder gruppenspezifische Sinnstiftungsprozesse einsetzen kann, bleibt unbenommen.

Kunstmärchen

Das Kunstmärchen ist das Produkt eines einzelnen Autors, doch reicht dies, wie wir gesehen haben, für eine klare Trennung vom Volksmärchen nicht aus.[20] Das Kunstmärchen zeichnet sich, idealtypisch gesprochen, durch viele inhaltliche Merkmale aus, die denen des Volksmärchens genau entgegengesetzt sind. Die Handlung von Kunstmärchen ist nicht linear, es gibt Nebenhandlungen und zeitliche Rückblenden. Zur Komplexität der Handlung addiert sich jene der Sprache – komplizierter Satzbau und schwierige Vokabeln sind keine Ausnahmen. Es finden sich häufig Orts- und Zeitangaben, man denke an den Anfang von Hoffmanns *Der goldne Topf*. Die wichtigsten Figuren werden psychologisiert, sie haben gute und böse Eigenschaften, auch wenn in der Regel das eine oder das andere überwiegt. Zur Psychologisierung gehört, dass die Heldin oder der Held eine Entwicklung durchmacht; manches Kunstmärchen konkurriert hier mit Bildungsromanen (zum Beispiel Bemmanns *Stein und Flöte*). Die Figuren werden oftmals in einer konkreten Gesellschaft und in Alltagssituationen gezeigt, man denke an Hauffs *Das kalte Herz*. Die Handlung steuert häufig nicht auf ein glückliches, sondern auf ein – zumindest teilweise – unglückliches Ende zu, verbunden mit einer relativen Offenheit des Schlusses (wie beispielsweise in Texten Tiecks).

Mit dem Volksmärchen stimmt das Kunstmärchen darin überein, dass es eine durch Mangel gekennzeichnete Ausgangssituation gibt. Bei der Suche nach einer Lösung begegnen dem Protagonisten wunderbare Gegenstände und Figuren. Die Symbolik und die Metaphorik sind ausgefeilt und originell, lehnen sich aber an die Muster des Volksmärchens an.

Das Kunstmärchen bedient sich häufig des Stilmittels der Ironie. Das hängt mit dem wichtigsten Unterschied zusammen, der die Modernität des Kunstmärchens begründet: Geschildert wird nicht ein geschlossenes Weltbild, sondern eine fragmentarisch erfahrbare, problematische Welt, in der sich ein Subjekt bewegen muss, das sich auch seiner selbst, vor allem der eigenen Wahrnehmung, nicht sicher sein kann.

Das Wunderbare ist konsequenterweise nicht Bestandteil der Wahrnehmung aller Figuren. Oftmals finden sich zwei Handlungsebenen, die man eigentlich genauer als Wahrnehmungsebenen bezeichnen müsste, da es vom Subjekt abhängt, ob es das notwendige Sensorium für Dinge mitbringt, die sich mit Naturgesetzen nicht erklären lassen (hier spannt sich ein historischer Bogen von Hoffmanns *Der goldne Topf* bis Rowlings *Harry Potter*). Die Trennung der beiden Welten ist graduell sehr unterschiedlich, sie kann auch in die Wahrnehmung des Lesers verlagert werden (wie in Tiecks *Der blonde Eckbert*).

Die Gemeinsamkeiten und Unterschiede von Volks- und Kunstmärchen lassen sich in folgender Tabelle zusammenfassen:

---

[20] Zu wichtigen Merkmalen des Kunstmärchens vgl. Mayer / Tismar: Kunstmärchen, S. 1–6.

Merkmale von Märchen

ursprüngliche Bedeutung: „kleine Erzählung"

Volksmärchen	Kunstmärchen
angeblich mündliche Tradierung	*Werk eines bestimmten Autors*
ortlos, zeitlos	Fixierung von Ort und Zeit
einfache Sprache	künstlerische Sprache
einsträngige Handlung	mehrsträngige Handlung
stereotype Handlung	originelle Handlung
stereotype Schauplätze	charakteristische Schauplätze
eindimensionale Charaktere, Typen	mehrdimensionale Charaktere
keine Psychologisierung der Figuren	Psychologisierung der Figuren
Figuren sind gut oder böse	gemischte Figuren
Happy-End	kein eindeutiges Happy-End / schlechter Ausgang
formelhafter Anfang u. Schluss	keine Formeln
einfaches Weltbild	komplexes Weltbild

i.d.R. gemeinsame Merkmale:

Held muss Aufgabe lösen
magische Requisiten (Zauberstab, Besen…)
Zahlensymbolik, Natursymbolik
Tiere können sprechen / animistische Weltsicht
Verbindung zum Mythos / Transzendenz
symbolisches Verhandeln u. Bewältigen alltäglicher Probleme

Wirklichkeitsmärchen

E.T.A. Hoffmanns *Der goldne Topf* ist als erstes „Wirklichkeitsmärchen" bezeichnet worden;[21] dieser Begriff korrespondiert mit dem Untertitel „Ein

---

[21] Ein Begriff von Richard Benz, vgl. Wührl: E.T.A. Hoffmann: Der goldne Topf, S. 98 u. 100.

Märchen aus der neuen Zeit". Berühmt geworden ist der Anfang mit seiner genauen Orts- und Zeitangabe:

> Am Himmelfahrtstage nachmittags um drei Uhr, rannte ein junger Mensch in Dresden durchs Schwarze Tor und geradezu in einen Korb mit Äpfeln und Kuchen hinein, die ein altes häßliches Weib feilbot [...]. (GT, 221)

Ein Jahr wird nicht genannt, doch die Beschreibung der Dresdener Gesellschaft lässt auf die Entstehungszeit des Textes Anfang des 19. Jahrhunderts schließen. Das scheinbare Paradoxon von ‚Wirklichkeit' und ‚Märchen' im Begriff wird hier aufgehoben, indem Hoffmann eine märchentypische Symbolik verwendet: Der Himmelfahrtstag verheißt Erlösung, die Uhrzeit wird auf die symbolische Zahl der höheren Einheit festgelegt (Heilige Dreifaltigkeit u. a.), das Schwarze Tor konnotiert kommendes Unheil. Tatsächlich wandelt sich der anfangs alltägliche Eindruck schnell, wenn die Alte den jungen Anselmus als „Satanskind" bezeichnet und seinen „Fall – ins Kristall!" prophezeit (ebd.).

Bereits in Wielands *Don Sylvio* wird der Gegensatz von Realitätsebene und Wunderwelt deutlich herausgearbeitet, zugunsten der Realität, die durch das Wunderbare bereichert werden kann. Hoffmann indes hält die Handlung des *Goldnen Topfs* in der Schwebe zwischen beiden Ebenen. Zugleich ironisiert er sie beide, relativiert sie also. Der Blick für das Reale und für das Wunderbare bedingen sich gegenseitig, was mit „Duplizität des Seins"[22] bezeichnet wird. In seinem Novellenzyklus *Die Serapionsbrüder* (1819–21) zeigt Hoffmann in der Titelgeschichte über den Einsiedler Serapion, dass auch die einseitige Wahrnehmung des Wunderbaren die Wahrnehmung insgesamt erheblich einschränkt. Die Notwendigkeit, das entsprechende Sensorium zu entwickeln, wird allerdings durch die Einführung des Begriffs vom „Serapiontischen Prinzip" unterstrichen (SB, 67). Serapion ist harmlos, seine Träumereien schaden niemandem. Die Gefahren, die eine ins Neurotische gesteigerte, eingeschränkte Wahrnehmung hervorrufen kann, hat Hoffmann in anderen Texten dargestellt, vor allem in der Novelle *Der Sandmann* (in dem Zyklus *Nachtstücke* von 1817) und in dem Roman *Die Elixiere des Teufels* (1815/16).

Mit der Geschichte des Einsiedlers Serapion wird noch etwas deutlich: Wahrnehmung ist konstruiert und Wahrnehmung ist immer subjektiv, denn sie ist an das Subjekt gebunden. Deshalb lässt sich Serapion nicht widerlegen, wenn er feststellt:

> „[...] vor meinen Augen begeben sich die wunderbarsten Ereignisse und Taten. Viele haben das auch unglaublich gefunden und gemeint, ich bilde mir nur ein, das vor mir im äußern Leben wirklich sich ereignen zu sehen, was sich nur als

---

[22] Vgl. Segebrecht: Heterogenität und Integration, S. 30ff.

Geburt meines Geistes, meiner Phantasie gestalte. Ich halte dies nun für eine der spitzfündigsten Albernheiten, die es geben kann" (SB 1, 30).

Die Figuren aus der Rahmenhandlung, die sich gegenseitig die Binnengeschichten erzählen, machen einen Lernprozess durch, bis sie sich an diesen und ähnliche Gedanken gewöhnen. Theodor stellt nach der Geschichte vom *Rat Krespel* fest, „[...] daß das, was sich wirklich begibt, beinahe immer das Unwahrscheinlichste ist" (SB 1, 62). Die Freunde ziehen schließlich, auf der Basis ihrer Beobachtungen, eine Parallele zwischen Wahnsinn und Dichtung: „Vergebens ist das Mühen des Dichters, uns dahin zu bringen, daß wir nicht daran glauben sollen, woran er selbst nicht glaubt, nicht glauben kann, weil er es nicht erschaute" (SB, 64f.). Im Unterschied zum Einsiedler Serapion macht allerdings die feuchtfröhliche Stimmung der „Serapionsbrüder" (SB, 66), wie sie sich von nun an nennen, ebenso wie die Konzeption des Zyklus auf die Dialektik von Fiktion und Realität aufmerksam. Die Fähigkeit zur Identifikation und zur Distanzierung bedingen sich gegenseitig. Der entscheidende Schritt, den Hoffmann konzeptionell vollzieht und der sein „Wirklichkeitsmärchen" prägt, ist die literarische Ausarbeitung dieser Dialektik.

Märchen, Fantastik und Fantasy

Wo hört das Märchen auf und wo beginnt das Fantastische? Zunächst lässt sich eine andere Tradition feststellen, in die die fantastische Literatur einzuordnen ist. Sie beginnt im 18. Jahrhundert mit der englischen *gothic novel*, um 1800 sprach man auch von einer ‚Schauerromantik'. An die Stelle des Wunderbaren im Märchen tritt hier das Übernatürliche, wobei die Begriffe erklärungsbedürftig und keineswegs trennscharf sind. Der *Universalduden* aus dem Jahr 2001 definiert „Wunder" als

> [...] außergewöhnliches, den Naturgesetzen od. aller Erfahrung widersprechendes u. deshalb der unmittelbaren Einwirkung einer göttlichen Macht od. übernatürlichen Kräften zugeschriebenes Geschehen, Ereignis, das Staunen erregt [...].

Die zweite Bedeutung ist synonym mit ‚vollkommen', ein Wunder ist also etwas ausgesprochen Positives. Die Adjektivbildung „wunderbar" bedeutet folglich „wie ein Wunder erscheinend".

Im Vergleich dazu ist „übernatürlich" neutral und in seiner Bedeutung weniger festgelegt: „über die Gesetze der Natur hinausgehend u. mit dem Verstand nicht zu erklären".

Das Adjektiv „fantastisch" hingegen ist im alltäglichen Sprachgebrauch eher negativ konnotiert, wenn es um das Übernatürliche geht:

[…] von Illusionen, unerfüllbaren Wunschbildern, unwirklichen, oft unklaren Vorstellungen od. Gedanken beherrscht u. außerhalb der Wirklichkeit od. im Widerspruch zu ihr stehend […].

Ansonsten kennen wir „fantastisch" aber auch als Ausdruck für etwas, das „großartig u. begeisternd" ist.

Die hier dem Duden entnommenen Begriffsverwendungen geben nur Hinweise auf Unterschiede, die erst durch Merkmale Konturen gewinnen, die innerhalb der Gattung des Märchens oder der fantastischen Literatur entwickelt wurden.

In die Literaturgeschichte eingeführt wurde der Begriff der Fantastik als Bezeichnung für die literarischen Werke E.T.A. Hoffmanns; Jean-Jacques Ampère schrieb den hierfür grundlegenden, am 2. August 1828 in der Zeitschrift *Globe* veröffentlichten Artikel. Eigentlich ist die folgenreiche Begriffsprägung Ergebnis einer Fehlübersetzung: *„Aus den Fantasiestücken in Callots Manier* wurden fälschlicherweise die *Contes fantastiques à la manière de Callot."*[23] Die enge Verwandtschaft von Fantastik und Fantasie zeigt einmal mehr, dass eine genauere Begriffsbestimmung schwierig, wenn nicht gar unmöglich ist.[24] Dazu kommt ein anderer Gegensatz: Die Begriffsgeschichte bezeichnet die Verwandtschaft mit dem Wunderbaren, die historische (*gothic novel*) und gegenwärtige Praxis hingegen die Orientierung an der „Horrorthematik".[25] In der Begriffsverwendung sieht es nicht besser aus. Jehmlich hat festgestellt, „[…] daß Phantastik, Science Fiction (SF) und Utopie ‚irgendwie' als zusammengehörig empfunden werden."[26]

Einen ambitionierten, am Strukturalismus geschulten Versuch, die Merkmale der fantastischen Literatur zu beschreiben, hat in den 1970er Jahren Tzvetan Todorov unternommen; seine Studie gilt bis heute als grundlegend für die wissenschaftliche Beschäftigung mit der Gattung.[27] Todorov legt zunächst fest: „[…] das Fantastische ermöglicht es, bestimmte Grenzen zu überschreiten, die ohne seine Unterstützung unantastbar wären."[28] Damit sind in erster Linie die bereits in der Dudendefinition angesprochenen Naturgesetze gemeint. Die „Gesetzesübertretung" bedeutet einen „Bruch innerhalb des Systems präeta-

---

[23] Vgl. Steigerwald: Die fantastische Bildlichkeit der Stadt, S. 22.
[24] Zu den bisherigen Kategorisierungsversuchen vgl. Durst: Theorie der Phantastischen Literatur. Zur Problematisierung des Begriffs und seiner Anwendung auf E.T.A. Hoffmann vgl. die grundlegende Studie von Woodgate: Das Phantastische bei E.T.A. Hoffmann.
[25] Christian W. Thomsen u. Jens Malte Fischer: Einleitung. In: Dies. (Hg.): Phantastik in Literatur und Kunst, S. 1–8, hier S. 2.
[26] Reimer Jehmlich: Phantastik – Science Fiction – Utopie. Begriffsgeschichte und Begriffsabgrenzung. In: Thomsen / Fischer (Hg.): Phantastik in Literatur und Kunst, S. 11–33, hier S. 11.
[27] Für einen Überblick über weitere, weniger zentrale Definitionsansätze vgl. Marzin: Die phantastische Literatur.
[28] Todorov: Einführung in die fantastische Literatur, S. 141.

blierter Regeln".²⁹ Welche Regeln das sind, legt der Text fest. Die Realität wird dann „von Gesetzen beherrscht, die uns unbekannt sind".³⁰

Todorovs relativ abstrakte Argumentation erläuternd hat Penning festgestellt, der Leser müsse durch den Text dazu gebracht werden, „[...] den Einbruch des Übernatürlichen als ein factum brutum in der vom Werk aufgebauten fiktiven Welt" hinzunehmen.³¹ Daran anschließend noch einmal Todorov:

> Das Fantastische liegt in dem Moment dieser Ungewißheit; sobald man sich für die eine oder die andere Antwort entscheidet, verläßt man das Fantastische und tritt in ein benachbartes Genre ein, in das des Unheimlichen oder das des Wunderbaren. Das Fantastische ist die Unschlüssigkeit, die ein Mensch empfindet, der nur die natürlichen Gesetze kennt und sich einem Ereignis gegenübersieht, das den Anschein des Übernatürlichen hat.³²

Das Unheimliche rekurriert auf die *gothic novel*, allerdings ist zu fragen, ob übernatürliche Ereignisse, die bedrohlich wirken, nicht immer auch unheimlich sind. Doch sieht Todorov bei der Bestimmung des Übernatürlichen gar nicht die Wörterbuchdefinition:

> Wenn er [der Leser] sich dafür entscheidet, daß die Gesetze der Realität intakt bleiben und eine Erklärung der beschriebenen Phänomene zulassen, dann sagen wir, daß dieses Werk einer anderen Gattung zugehört: dem Unheimlichen. Wenn er sich im Gegenteil dafür entscheidet, daß man neue Naturgesetze anerkennen muß, aus denen das Phänomen dann erklärt werden kann, so treten wir in die Gattung des Wunderbaren ein.³³

Damit ist eine neue Unterscheidung eingeführt, die quer zu den üblichen Definitionen der Begriffe und der Gattungen steht. Todorovs Begriffsbestimmung würde eigentlich viele Texte ausschließen, die dem Genre der Fantasy als Fortsetzung oder Weiterentwicklung der fantastischen Literatur zugerechnet werden können, denn sie etablieren ein Regelsystem ‚neuer Naturgesetze', das im Text als selbstverständlich akzeptiert wird. Beispiele hierfür wären Tolkiens *Der Herr der Ringe* oder Bemmanns *Stein und Flöte*, Romane, die man nach Todorov dem Unheimlichen zurechnen müsste, die aber eigentlich Elemente von beidem enthalten. Eine Lösung für dieses Problem ist in der Forschung bisher nicht angeboten worden. So hat beispielsweise Paul-Wolfgang Wührl das Konzept Todorovs kritisch bewertet, aber kein neues an seine Stelle gesetzt, sondern sich damit ‚abgefunden', „[...] daß insbesondere das

---

²⁹ Ebd., S. 148.
³⁰ Ebd., S. 26.
³¹ Dieter Penning: Die Ordnung der Unordnung. Eine Bilanz zur Theorie der Phantastik. In: Thomsen / Fischer (Hg.): Phantastik in Literatur und Kunst, S. 34–51, hier S. 36.
³² Todorov: Einführung in die fantastische Literatur, S. 26.
³³ Ebd., S. 40.

‚*Wirklichkeitsmärchen*' und das ‚*Nachtstück*' Elemente des volksmärchenhaft Märchenhaften und des Phantastischen vermischen." Für die Abgrenzung des Korpus von den Kunstmärchen nimmt Wührl ein inhaltliches Kriterium zur Hilfe, es entscheidet die „Besetzung des Figurenfeldes" durch Vampire, Werwölfe und anderes Personal, das dem Horrorgenre zugeordnet wird.[34]

Todorov soll hier soweit gefolgt werden, als dass durch das Fantastische die dem Leser bekannten Regelsysteme außer Kraft gesetzt und Ereignisse geschildert werden, die mit dem herkömmlichen Wissen und der Erfahrung nicht zu erklären sind.[35] Die Einschätzung, ob das, was erzählt wird, glaubwürdig ist oder nicht, bleibt allerdings weiter dem individuellen Leser überlassen. Eine rein allegorische Lesart kann ausgeschlossen werden. „Das Fantastische stellt uns vor ein Dilemma: soll man's glauben oder nicht?"[36]

Das Moment der Unentscheidbarkeit, ob es sich um verkleidete alte oder um neue Regeln handelt, nach denen Wirklichkeit organisiert ist, begründet im Verhältnis zum Märchen freilich keine Differenz, sondern vielmehr eine Äquivalenz.[37] Für die Dauer der Lektüre glaubt der Leser, dass das tapfere Schneiderlein den Riesen besiegt und dass Harry Potter auf seinem Besen durch die Lüfte fliegt. Man kann noch weiter gehen: Alle Literatur ist fantastisch, insofern sie ein neues, von der Alltagsrealität abweichendes Regelsystem sowie die Illusion der Gültigkeit des Regelsystems begründet. Mit Lotman ausgedrückt: „Die künstlerische Literatur imitiert nun die Realität und schafft aus ihrem seinem ganzen Wesen nach systemhaften Material ein Modell des Nichtsystemhaften."[38] Um den Glauben an die Illusion für die Dauer der Lektüre und das Verhältnis der Illusion zur Alltagsrealität zu bezeichnen, spricht Lotman von einer „zweischichtigen Verhaltensweise",[39] deren besondere Leistung er so beschreibt:

> Indem sie dem Menschen die fiktive Möglichkeit schafft, mit sich selbst in verschiedenen Sprachen zu sprechen und dabei sein Ich auf verschiedene Weise zu kodieren, hilft die Kunst dem Menschen dabei, eine der allerwesentlichsten psychologischen Aufgaben zu lösen – die Erkenntnis und Bestimmung des eigenen Wesens.[40]

---

[34] Wührl: Das deutsche Kunstmärchen, S. 14.
[35] Auch Patzelt: Phantastische Kinder- und Jugendliteratur der 80er und 90er Jahre, S. 47ff., übernimmt dieses Differenzmerkmal.
[36] Todorov: Einführung in die fantastische Literatur, S. 76.
[37] Dies scheint mir das zentrale Problem der Rezeption Todorovs zu sein, vgl. z. B. Steigerwald, der das Wunderbare als „abgeschlossene Welt" und das Fantastische als Subvertierung einer solchen abgeschlossenen Welt bewertet: Steigerwald: Die fantastische Bildlichkeit der Stadt, S. 27. Doch genau diese Subvertierung ist das wichtigste Merkmal aller bedeutsamen Kunstmärchen seit Wieland.
[38] Lotman: Die Struktur literarischer Texte, S. 96.
[39] Ebd., S. 100.
[40] Ebd., S. 101.

Diese Zweischichtigkeit ist, als grundlegendes Merkmal von Literatur, *per se* vorhanden und entsteht nicht erst durch ihre Abbildung im literarischen Text, wie etwa bei E.T.A. Hoffmann, der zwischen einer Ebene der Alltagsrealität und der Wunderwelt unterscheidet. Solche sekundären Differenzierungen verdoppeln nur das „Spiel" (Lotman),[41] das der literarische Text inszeniert.

Der Anschluss an Lotman hat Folgen für die Auseinandersetzung mit der Forschung. Aus dieser Perspektive trifft Marzins Definition der fantastischen Literatur nur einen Teil der Texte; er legt fest: „Im Gegensatz zu der eindimensionalen Literatur treten in den Texten der phantastischen Literatur zwei gänzlich verschiedene Handlungskreise in Erscheinung."[42] Das gilt genauso für eine größere Zahl von Kunstmärchen und Texten anderer Gattungen. Auch folgende Erläuterungen Lachmanns, die in einer bestimmten Tradition der Fantastikforschung stehen, können nicht überzeugen, da das, was sie unter dem Begriff versteht, eine grundsätzliche literarische (künstlerische) Leistung ist:

> Welche Rolle kann die Literatur in einer Kultur übernehmen? Tritt sie in Kontakt mit ihrer Vergangenheit und dem, was eine gegebene aktuelle Kultur eliminiert oder vergessen hat? Entwickelt sie Prognosen für deren weiteren Verlauf? Ist sie an der Fabrikation von für die Kultur relevanten Menschenbildern beteiligt? Auf diese Fragen antwortet die Literatur des Phantastischen, die kulturlogische und anthropologische Pointe verschärfend, mit Projekten des Unerwarteten und Spekulativen. Ihr anthropologisches Projekt lässt ein Menschenbild der Exzentrik, Anomalie und beunruhigenden Devianz hervortreten.[43]

Verfremdungseffekte der Figurenkonzeption und der Handlung, die auf eine bestimmte Weise psychoanalytisch interpretiert werden können, werden hier mit Gattungsmerkmalen verwechselt.

Um solche in der Forschung üblichen Missverständnisse besser nachvollziehen zu können, sei auf Lotmans Unterscheidung zwischen einer „Ästhetik der Identität" und einer „Ästhetik der Gegenüberstellung" verwiesen.[44] Sind Form und Inhalt des literarischen Textes dem Leser vertraut, handelt es sich um eine Ästhetik der Identität. Bei einer Ästhetik der Gegenüberstellung fordern die komplexen, viele Interpretationsmöglichkeiten eröffnenden Strukturen den Leser in besonderem Maße heraus. Diese Unterscheidung verläuft aber nicht parallel zur Ausprägung realitätsbezogener oder fantastischer Inhalte, denn sonst wäre Fantasy das Genre der anspruchsvollen Literatur. Dabei ist eher

---

[41] Ebd., S. 100.
[42] Marzin: Die phantastische Literatur, S. 140.
[43] Lachmann: Erzählte Phantastik, S. 7.
[44] Vgl. Lotman: Die Struktur literarischer Texte, S. 416.

das Gegenteil der Fall. Das Genre der Fantasy verwendet häufig dem Leser bekannte Klischees und Stereotypen, die für Personen und Orte geschaffenen Kunstnamen sind beliebig und haben keine dezidiert reflektionsfördernde Funktion. Ist die Etablierung neuer künstlerischer Regeln im Text (im Sinne Lotmans) entscheidend, dann muss man zu der paradoxen Feststellung kommen, dass ein scheinbar besonders realistischer Text der eigentlich fantastische sein kann. Das bekannteste Beispiel hierfür dürfte das Werk Franz Kafkas sein, der aus alltäglichen Situationen mit unserer Logik nicht erklärbare Geschichten entwickelt. Das hat dazu geführt, dass ihn Volker Klotz sogar unter „Kunstmärchen" rubriziert.[45]

Um aus dem Definitionswirrwarr herauszukommen, bleibt nur die Möglichkeit, im Anschluss an die bisherige Forschung den Begriff der Fantastik als sehr offene beschreibende Kategorie zu verwenden. Allen fantastischen Texten gemeinsam ist – auf der Handlungsebene – die Schilderung einer Realität, die in ihren Gesetzmäßigkeiten und ihrer konkreten Ausgestaltung von der Alltagsrealität der Leser abweicht. Da diese fantastische Realität für die Dauer der Lektüre Gültigkeit besitzt, ist es – hier widerspreche ich Todorov – unerheblich, wie der Text sie letztlich bewertet, ob er (wie in *Alice in Wonderland*) andeutet, dass es sich um einen Traum der Protagonistin gehandelt hat, oder ob er (wie in Hoffmanns Märchen) die fantastische Welt nicht weniger ironisiert als die realistische, um Distanz zu beiden Welten zu erzeugen. Schließlich geht es bei Hoffmann nicht um einen neuen Weltentwurf, sondern darum, die Bedeutung der Fantasie als *Pars pro toto* der künstlerischen Leistung herauszuarbeiten. *Fantastik kann daher kein Gattungsbegriff, sondern nur eine Merkmalsbezeichnung literarischer Texte sein, die verschiedenen Gattungen angehören*, also Sage, Märchen, Legende, *gothic novel*, Science Fiction uvm.

Hiermit weiche ich ab von den gängigen Definitionen, etwa von Wünsch, die feststellt, dass Utopie und Science Fiction „im Prinzip keine der kulturellen Realitätsannahmen verletzen" müssen.[46] Damit widerspricht sie sich allerdings selbst, denn zuvor hatte sie bestimmt,

> [...] daß generell die Entscheidung, ob ein Text fantastisch ist oder nicht, weder von der Intention seines Autors noch von der Rezeption durch einzelne Leser abhängig gemacht werden darf, will man den Begriff der fantastischen Literatur nicht überhaupt aufgeben.[47]

‚Kulturelle Realitätsannahmen', die sie als Kriterium an Utopie und Science Fiction anlegt, können aber nur aus Sicht von Autoren oder Lesern bestimmt werden, ein Bruch mit der Ebene der Alltagsrealität kann nur perspektivisch

---

[45] Vgl. Klotz: Das europäische Kunstmärchen, S. 339–355.
[46] Vgl. Wünsch: Die fantastische Literatur der frühen Moderne, S. 29.
[47] Ebd., S. 8.
[48] Vgl. ebd., S. 57.

rekonstruierbar sein. Nicht zufällig sind alle Texte, denen eine solche Dualität zugrunde liegt, also etwa Hoffmanns *Der goldne Topf*, vor allem Texte *über die Problematik der Wahrnehmung*. Entscheidend ist nicht, was ist, sondern was wahrgenommen wird. Dass Erkenntnis immer nur subjektiv möglich ist, wird hier bereits vorausgesetzt; die ganze Literatur seit der literarischen Moderne wird darauf aufbauen.

Die Bestimmung eines rekonstruierbaren Textsinns in der Wissenschaft muss, wie dies Lotman oder Roland Barthes bereits festgestellt haben, von den vom Text eröffneten Lektüremöglichkeiten ausgehen. Die Bestimmung des Märchens ergibt sich dann aus einem einzigen Merkmal. Viele Texte, die fantastische Elemente enthalten, versuchen nicht, eine mythische Urzeit zu porträtieren oder eine kommende bessere Welt zu antizipieren – dies kann im Märchen übrigens auch im Scheitern, in der Negation geschehen. Die mythische Urzeit ist in ihrer Gestaltung flexibel, sie hat viel mit Naturvorstellungen und weniger mit Religion zu tun. Anders gesagt: *Die triadische Grundstruktur und eine ihr immanente, nicht religiöse Transzendenz sind die zentralen Merkmale, die zur Fantastik hinzu kommen müssen, um aus einem literarischen Text ein Märchen werden zu lassen.* Primär fantastische Texte setzen an die Stelle des Realistischen und des Wunderbaren eher (freilich nicht immer, wie das Zitat von Marzin zeigt) das Fantastische als eine komplexe kohärente Illusion, so wie dies in jenem fantastischen Text umgesetzt ist, der Leitbildfunktion für die meisten künftigen hatte: Tolkiens *Der Herr der Ringe*. Ob solche Texte nun, wie Wünsch meint, immer Erklärungsangebote machen müssen, die *„sich an ein okkultisches Wissen der eigenen Epoche anschließen"*, halte ich für fragwürdig.[48] Was ist okkultisches Wissen? Wie will man feststellen, welches okkultische Wissen einem Text zugrunde liegt? Diese zeitliche und auf Fixierung des Nichtfixierbaren ausgerichtete Kategorie sollte man aufgeben.

Als vorläufige Definition lässt sich festhalten: *Märchen sind fantastische, d. h. „über den Realismus hinausgehende"*[49] *Texte, erweitert um die Kategorie der nicht primär religiös geprägten Transzendenz, die sich als das Wunderbare bezeichnen lässt. Das Wunderbare ist die Aufhebung oder Veränderung von Naturgesetzen durch Eingriff von „übernatürlichen Kräften".*[50] *Märchen als Gattungsbegriff schließt als weiteres Merkmal die (wie immer geartete) Verwendung von Stoffen und Motiven ein, die sich (literar-)historisch innerhalb der Gattung entwickelt haben.*

Der Motivgebrauch, das lässt sich beispielsweise aus den Forschungen von Lüthi ableiten,[51] unterscheidet zwischen Gattungen wie Sage und Märchen, obwohl diese Gattungsbegriffe, wie sich an Beispielen zeigen wird (z. B. an

---

[49] Duden. Deutsches Universalwörterbuch. 4., neu bearb. u. erw. Ausg. Mannheim u. a.: Dudenverlag 2001, S. 520.
[50] Ebd., S. 1831.
[51] Vgl. z. B. Max Lüthi: Aspekte des Volksmärchens und der Volkssage. In: Karlinger (Hg.): Wege der Märchenforschung, S. 408–427.

Musäus' *Volksmärchen der Deutschen*), aufgrund der Nähe ihrer historischen Entwicklung niemals trennscharf sein können.

Das Wunderbare kann auch, wie bei Hoffmann, ironisch konterkariert werden. Überhaupt schließen sich das mögliche Wunderbare und eine allegorische Lesart nicht aus, wie immer stillschweigend vorausgesetzt wird. Jedes Märchen lässt sich allegorisch deuten und die Intention des Autors, ob er dies wollte oder nicht, ist in der Regel nicht rekonstruierbar. Selbst wenn eine Autorintention rekonstruierbar wäre, dann wäre damit nur eine mögliche Interpretation benannt.

Ein Beispiel ist wieder der *Goldne Topf*: Wünsch würde ihn als „fantastische Literatur" klassifizieren, „gäbe es da nicht das Problem seines Schlusses".[52] Und später stellt sie fest:

> Das Textende macht hier also ein Übersetzungsangebot, das es erlauben würde, den Text mindestens partiell als poetologische Allegorie zu interpretieren. Ein solches Allegoriesignal am Textanfang würde den Text unzweideutig selbst aus der Klasse des potentiell Fantastischen herausnehmen […].[53]

Man sieht hier, zu welchen gedanklichen Operationen Zuflucht genommen werden muss, wenn eine nicht genauer definierbare Gattung wie ein Untersuchungsobjekt in den Naturwissenschaften klassifiziert werden soll. Welchen Unterschied macht es (in der Argumentation der Autorin), an welcher Stelle des Textes sich das Allegoriesignal findet? Abgesehen davon ist, wie wir gesehen haben, Literatur *per se* fantastisch, weil sie das Nicht-Reale textliche Realität werden lässt. Die Verfremdung der beobachtbaren Realität, auf die Literatur immer bezogen ist, da es außer ihr nichts Wahrnehmbares gibt, kann immer nur eine graduelle sein.

Es bleibt die je nach Perspektive variierende, paradoxe Feststellung: Es gibt keine nicht-mimetische (die Realität abbildende) Literatur, denn Literatur ist immer nicht-mimetisch. Das lässt sich bereits erkennen, wenn man sich bewusst macht, dass die Verfremdung spiegelbildlich auf die Realität von Autor und Leser bezogen ist bzw. in der Rezeptionssituation bezogen wird.

Bei welchen Texten die Kategorie des Wunderbaren fehlt oder vorhanden ist, kann freilich Gegenstand widersprüchlicher Interpretationen und möglicherweise nicht festlegbar sein. Das ist das Ärgerliche und zugleich das Schöne an der Literatur: Sie ist so deutungsoffen wie das Leben selbst.

---

[52] Vgl. Wünsch: Die fantastische Literatur der frühen Moderne, S. 38.
[53] Ebd., S. 67.

Die Funktionen

> „So macht", rief die Dame erzürnt, „so macht mit Euch selbst den Anfang! Denn Ihr selbst, mein werter Signor, seid weiter nichts als eine Illusion!"
>
> E.T.A. *Hoffmann: Prinzessin Brambilla*[1]

Volkskundliche Deutungsansätze

Die Gattung Märchen gilt traditionell neben Sage, Legende, Schwank und Volkslied als ‚volkstümliche' Gattung.[2] Dahinter steht die Vorstellung, dass Märchentexte bereits vor der Alphabetisierung der Gesellschaft, also im Mittelalter durch mündliche Tradierung im ‚Volk' kursierten. Eine solche Auffassung hält weder einer literarhistorischen noch einer historischen Prüfung stand, es handelt sich um eine Konstruktion, die im 19. Jahrhundert dazu dienen sollte, eine nationale Einigung der deutschsprachigen Länder durch die ‚Entdeckung' gemeinsamer kultureller Wurzeln vorzubereiten. Die Romantik hat durch ihre ahistorische Idealisierung des Mittelalters wichtige Grundlagenarbeit dafür geleistet. Das wirkt bis heute fort – beim Stichwort ‚Mittelalter' denkt man an Turniere, holde Burgfräulein, tapfere Ritter und weise Könige, aber nicht an Seuchen, Ausbeutung, weltliche wie geistliche Unterdrückung (gipfelnd in Inquisition und Hexenverbrennung). Der größte Teil der Bewohner der vergleichsweise dünn besiedelten Landstriche musste harte Feldarbeit leisten und konnte froh sein, wenn er das Erwachsenenalter erreichte. Die Regel war, dass ein Haushalt überhaupt keine Bücher besaß; erst im ausgehenden Mittelalter fand sich ab und an eine Bibel oder ein religiöses Traktat. Für die mündliche Weitergabe ‚volkstümlicher' Stoffe und deren Erzählen am gemütlichen Kaminfeuer fehlten schlicht die Voraussetzungen. Wittmann hat die Situation in Zahlen beschrieben:

> Von den insgesamt rund 12 Millionen Deutschen um 1500 waren etwa 1,5 Millionen Stadtbewohner. Auch wenn man den Alphabetisierungsgrad der letzteren auf höchstens fünf Prozent schätzt, dürften im 15. Jahrhundert kaum mehr als 60000 Menschen in Mitteleuropa überhaupt die Voraussetzungen zur optischen Rezeption von Gedrucktem besessen haben, ohne daß sie deshalb schon als im engeren Sinne lesendes oder gar kaufendes Publikum gelten dürfen.[3]

---

[1] PB, 136.
[2] Vgl. die Gattungsauswahl von Röhrich: Märchen und Wirklichkeit.
[3] Wittmann: Geschichte des deutschen Buchhandels, S. 45.

Volkskundliche Deutungen versuchen außerdem Motive in Märchen zu identifizieren, die sie in Analogie zu Riten und Bräuchen der Gesellschaften setzen, hier ein Beispiel aus der immer noch grundlegenden Studie von Röhrich:[4]

> Die hier beschriebene Motivfolge der „magischen Flucht" ist über den ganzen Erdball verbreitet. Meist werden die Fliehenden dadurch gerettet, daß sie irgendwelche Gegenstände hinter sich werfen, die sich magisch verwandeln und für den Verfolger zum unbezwingbaren Hindernis werden. Bei oberflächlicher Betrachtung scheint es sich bei diesem Erzählzusammenhang um die märchenhaft-phantastische Übertreibung eines an sich natürlichen Vorganges zu handeln: Man wirft weg, was einen an der Flucht hindert, und daß dies u.U. den Verfolger aufhält, ist selbstverständlich und ganz natürlich zu erklären.

Zugleich sei das „Märchenmotiv" aber „ein durchaus ernst gemeinter Behinderungszauber" und gehöre „zu den altertümlichsten magischen Handlungen".[5] Der wissenschaftliche Nutzen solcher Beobachtungen scheint in den Beobachtungen selbst zu liegen. Röhrich stellt Motive und Riten miteinander in Beziehung und inventarisiert sie. Übrig bleibt die Vorstellung, dass Märchen die jeweilige zeitgenössische Realität, in der sie entstehen oder verändert werden, spiegeln:

> Das Märchen hat sich aber nicht erst in der technisierten Welt der Gegenwart verwandelt, sondern immer und zu allen Zeiten haben sich die ‚Märchen' dem jeweiligen Wirklichkeitsbild angepaßt [...]. Das Verhältnis von Märchen und Wirklichkeit ist darum in jeder geschichtlichen Epoche wieder ein anderes [...].[6]

Die literaturspezifischen Mängel einer solchen deduktiven Herangehensweise zeigen sich am Schluss der Studie, wenn der Versuch einer näheren Bestimmung literarischer Merkmale zu wenig greifbaren Ergebnissen führt.

Eine Kontextualisierung von Märchenmotiven ist allerdings durchaus gewinnbringend, so ist nach ihren sozialhistorischen Entstehungs- und Überlieferungsbedingungen zu fragen. Wichtig ist festzuhalten, dass gerade märchentypische Figuren und Motive aus einer Verschmelzung von religiösen[7] und heidnischen Überlieferungspartikeln resultieren. Das zentrale Merkmal der Transzendenz hat das Märchen mit Glauben und Aberglauben gemeinsam: ein „Magisches Weltbild", bei dem davon auszugehen ist, „daß alles mit allem

---

[4] Vgl. als ein frühes Beispiel (1904) außerdem Friedrich von der Leyen: Zur Entstehung des Märchens. In: Karlinger (Hg.): Wege der Märchenforschung, S. 16–41.
[5] Röhrich: Märchen und Wirklichkeit, S. 54.
[6] Ebd., S. 197.
[7] Zur christlichen Motivik vgl. den Eintrag „Christliche Erzählstoffe" in Ranke u. Brednich (Hg.): Enzyklopädie des Märchens, Bd. 2, Sp. 1385–1400.

zusammenhängt".[8] Kulturen auf einer vorzivilisierten Entwicklungsstufe teilen mit Kindern eine animistische Weltsicht[9] – also den Glauben an eine beseelte Natur. In einer solchen magischen Welt werden Kräfte als natürlicher Bestandteil gesehen, die nach dem Wissensstand der europäischen Gesellschaften seit der Aufklärung die Regeln der Natur übersteigen. Dämonen, Hexen, sprechende Tiere, redende Brunnen und vieles mehr sind aus dieser Sicht keine willkürlichen, im engeren Sinne fantastischen Zutaten, sondern notwendige und integrative. Durch die unterschiedlichen Überlieferungsvoraussetzungen märchenliterarischer Motive (aus unterschiedlichen Zeiten oder Kontinenten und Ländern mit verschiedenen religiösen oder nicht-religiösen Überzeugungen) und deren kaleidoskopartige Zusammenfügung zu Stoffen kommt es zu einem Nebeneinander, das die Ordnungsformen der Religion oder Ideologie durch jene des Märchens ersetzt. Das Märchen wird aber nicht selbst Religion – da es nicht den Anspruch auf Erklärung die Lebensrealität übersteigender Zusammenhänge übernimmt.

Manche Motive, die ursprünglich anderen Kontexten entstammen, sind in der jüngeren Zeit zu genuinen Märchenmotiven geworden, man denke an Hexen oder Drachen: „Bevor die D.[rache] eine Figur des Märchens und der Volkssage wurde, war er primär eine Gestalt des Mythos und der heroischen Dichtung."[10] Die für die Entstehung des modernen europäischen Märchens zentrale Feenmythologie „[…] entstand aus der Verschmelzung unterschiedlicher Traditionen, des antiken und ide. [indoeuropäischen] Schicksalsglaubens, einer volkstümlichen Natur- und Elementargeistermythologie, Fruchtbarkeitskulten und des Kults weiser, wahrsagender Frauen (Priesterinnen)."[11]

Abgesehen von solchen notwendigen Kontextualisierungen hat eine literaturwissenschaftliche Textinterpretation davon auszugehen, dass es einen Textzusammenhang gibt, der durch alle Züge, Motive, Themen, Symbole etc. des Texts, also durch das Textganze konstituiert wird und durch Analyse des Textganzen rekonstruiert werden kann, soweit es die prinzipielle Deutungsoffenheit des literarischen Texts zulässt. Ab dieser Grenze beginnt der Bereich des Spekulativen. Wenn man nun etwas aus dem Text herausbricht und isoliert betrachtet, dann spielt die entscheidende Funktion dieses Etwas innerhalb des Texts keine Rolle mehr. Kontextualisierungen sind notwendig und richtig, doch kann ein möglicher Sinn eines literarischen Texts nicht erschlossen werden, wenn nicht zuvor ein hermeneutischer Verstehensprozess initiiert wurde. Jede literaturwissenschaftliche Theorie oder Methode sucht einen Erkenntnisgewinn zu erzielen, und das kann nur auf hermeneutischer

---

[8] Ebd., Bd. 9, Sp. 19–24, Zitat Sp. 19.
[9] Vgl. ebd., Bd. 1 (Stichwort „Animismus"), Sp. 551–558. Zur animistischen Weltsicht von Kindern vgl. v.a. Piaget: Das Weltbild des Kindes, bes. S. 141ff. u. 188ff.
[10] Ebd., Bd. 3, Sp. 788.
[11] Ebd., Bd. 4, Sp. 945–963, hier Sp. 945.

Grundlage geschehen. Es ist hier nicht der Ort, dies weiter zu exemplifizieren, es sollte aber exemplarisch deutlich geworden sein, dass volkskundliche Deutungen (bisher) primär andere Ziele verfolgen.

Sozialgeschichtliche Deutungsansätze

In den 1960er Jahren setzt die Kritik am Märchen ein, handelt es sich doch um eine von den Vätern und Vorvätern geliebte, affirmativ mit tradierten Normen umgehende Literaturgattung. Es ist die ideologiekritische, später vom Geist der Studentenrevolution von 1968 befeuerte Literaturwissenschaft, die sich dann zu Wort meldet. Insbesondere der pädagogische Gebrauch von Märchen wird einer scharfen Kritik unterzogen. Ein wichtiger Kritikpunkt ist die Grausamkeit, mit der das Märchen seine Figuren verstümmelt oder umbringt. Rudolf Schenda fasst zusammen und fügt eine eigene Deutung hinzu:

> Über die Grausamkeit speziell im deutschen Märchen ist viel diskutiert worden. Im Lichte der hier nur knapp exemplifizierten Verbreitung von Greuelberichten wollen die gepeinigten Märchenhelden nicht mehr so harmlos erscheinen. [...] Das geistige Klima aller Menschen des 19. Jahrhunderts ist von realen Gewaltakten und Berichten darüber und von der Masse der fiktiven, vielleicht aus sozialem Protest entstandenen Greuelliteratur mitbestimmt worden. Diesem Klima konnte sich auch der Märchenerzähler nicht entziehen. Der ungeübte Leser braucht Plots, die ihn an seine schwierige Lektüre fesseln [...]. Also beliefert man die mit Sachlichkeit und Rationalismus angeblich überfütterten Leser mit Sex und Crime.[12]

Demnach wäre ein großer Teil der Märchenhandlung der Absicht zu unterhalten geschuldet. Eine solche Deutung hat viel für sich, denn es sind die Wurzeln des Märchens einzubeziehen, das auf Stoffe aus der antiken Literatur und aus Heiligenlegenden zurückgreift. Dort ist solche Grausamkeit bereits selbstverständlicher Bestandteil. Man könnte argumentieren, dass es sich um eine Konstante in der Märchentradition handelt. Nicht nur die Leser des 19. Jahrhunderts, auch ihre Vorfahren hatten die gleichen Lesebedürfnisse. Unterhaltung ist nicht bloß Selbstzweck, sondern dient der Orientierung des Lesers, etwa indem sie bekannte Muster der Wahrnehmung bestätigt und so das Gefühl der Sicherheit vermittelt – ein einigermaßen paradoxer Effekt angesichts der Schilderung von Grausamkeiten. Auch hier lässt sich an Schendas sozialgeschichtlichen Ansatz anschließen; mit Blick auf die „populären Lesestoffe" des 19. Jahrhunderts hat er festgestellt:

---

[12] Schenda: Volk ohne Buch, S. 359f.

Der Leser flieht vor der Gegenwart und fordert eine idealisierte Darstellung des Vergangenen: der Aufklärung folgt die Epoche der Romantik, der Revolution die traditionsbewußte Restauration. Die Traditionsrelevanz der populären Lesestoffe ist ein Beweis für diese ständige Suche nach der pastoralen Ruhe ohne soziale Konflikte, wie sie die Vergangenheit zu bieten schien [...].[13]

Dies pauschal auf die Gattung Märchen zu beziehen würde ihr zweifellos nicht gerecht. Vielmehr wäre bei der Analyse und Interpretation der einzelnen Texte zu berücksichtigen, ob die von Schenda identifizierten Merkmale populärer Literatur tatsächlich diesen Effekt haben oder ob, wie in den Erzählungen Heinrich von Kleists, die Grausamkeit der Schilderung auch zutiefst beunruhigen und eine affirmative Lesart zerstören kann.

Noch 1983 hält es Jack Zipes für notwendig, der Kritik am Märchen entgegenzutreten. Zunächst hält er als Befund einer sozialgeschichtlichen Perspektive auf das Märchen fest:

> Our views of child-rearing, socialisation, technology, and politics have changed to such a great extent since World War II that the classical folk and fairy tales appear too backward-looking to many progressive-minded critics and creative writers. Not only are the tales considered to be too sexist, racist, and authoritarian, but the general contents are said to reflect the concerns of semi-feudal, patriarchal societies. What may have engendered hope for better living conditions centuries ago has become more inhibiting for today's children in the western world.[14]

Zipes bestätigt diesen Befund für einen Teil der Märchen, insbesondere der sogenannten Volksmärchen, doch er sieht ihn widerlegt durch seinen Hinweis auf neuere, gleichwohl schon als ‚klassisch' bezeichnete Märchentexte, beispielsweise von Charles Dickens, John Ruskin, George Sand, Oscar Wilde oder L. Frank Baum. Solche Märchentexte

> [...] opposed the authoritarian tendencies of the civilisation process and expanded the horizons of the fairy-tale discourse for Children. They prepared the way for utopian and subversive experiments which altered the fairy-tale discourse at the beginning of the twentieth century.[15]

Es darf angezweifelt werden, ob es diese Dichotomie zwischen ideologisch korrekten früheren, einfacheren Märchentexten und den ideologisch inkorrekten, die später von namhaften Autoren verfasst wurden, wirklich gibt. Zipes hat zweifellos eine wichtige Beobachtung gemacht – Märchen können affirmativ oder subversiv wirken. Doch kann eine solche Wirkung nicht so pauschal eingeteilt werden.

---

[13] Ebd., S. 479.
[14] Zipes: Fairy-Tales and The Art of Subversion, S. 170.
[15] Ebd., S. 171.

Zipes trifft sich mit Röhrich in der stillschweigenden Voraussetzung, dass Märchen in erster Linie mimetische Funktion haben, indem sie die zeitgenössische Realität, in der sie entstehen, spiegeln – eine kritische Spiegelung als Möglichkeit eingeschlossen. Die prinzipielle Deutungsoffenheit des literarischen Texts, also das, was Literatur von Sach- und Trivialliteratur unterscheidet, spielt dann keine Rolle mehr. Doch auch sozialgeschichtliche Deutungen sollten, wenn sie als Variante literaturwissenschaftlicher Interpretationsverfahren gelten wollen, den Text über der Interpretation nicht aus den Augen verlieren.

Strukturale Deutungsansätze

Der Versuch, Strukturen von Märchen und so deren Gemeinsamkeiten zu identifizieren, ist vergleichsweise alt. Ein immer noch als grundlegend betrachtetes

> […] System ist von dem finnischen Märchenforscher *Antti Aarne* vorwiegend auf Grund von finnischen, dänischen (Grundtvig) und deutschen Märchen (Grimm) geschaffen und 1910 zum erstenmal veröffentlicht worden; die zweite Ausgabe, von *Stith Thompson* bearbeitet und beträchtlich erweitert (1928); eine dritte, wiederum von Thompson besorgte Ausgabe hat mit 588 Seiten mehr als das Siebenfache des ursprünglichen Umfangs erreicht (1961).[16]

Max Lüthi hat das Typensystem vorgestellt, in dem beispielsweise die ‚eigentlichen Märchen' von Schwänken und Sagen unterschieden und größtenteils als Zauber- oder Wundermärchen klassifiziert werden. Hier wird wiederum unterteilt in „Märchen mit übernatürlichem Gegner", Märchen mit „übernatürlichem oder verzaubertem Ehepartner", Märchen mit „übernatürliche[r] Aufgabe", Märchen mit einem „übernatürlichen Helfer", Märchen mit „übernatürlichem Können oder Wissen", Märchen mit „anderen übernatürlichen Momenten" uvm. Dies wird abgegrenzt von „legendenartigen Märchen", die von Schuld und Sühne handeln und in die Gott oder eine andere religiöse Figur eingreift.[17] Die Probleme dieses Ansatzes, die dazu führen, ihn hier zu vernachlässigen, werden auf den ersten Blick deutlich:

1. Eine genaue Trennung der Kategorien ist gar nicht möglich, so hat Schneewittchen eine übernatürliche Gegnerin (die Stiefmutter), damit hat Schneewittchens Vater eine übernatürliche Ehepartnerin, die sich durch übernatürliches Wissen auszeichnet (Befragung des Spiegels). Die Stiefmutter hat einen übernatürlichen Helfer (den Spiegel). Auch die Zwerge kann man als solche übernatürlichen Helfer ansehen, schließlich handelt es sich um nicht-realistische Figuren. Dazu kommen übernatürliche Momente, etwa die Wie-

---

[16] Lüthi: Märchen, S. 16.
[17] Vgl. ebd., S. 17f., die zitierten Begriffe sind hier kursiviert.

derauferstehung der Scheintoten. Schuld und Sühne kommen in zahlreichen Märchen vor, man denke an die Hexe in *Hänsel und Gretel*, und es ist nicht nachvollziehbar, wieso die religiöse Verankerung (Gott, Jesus, Teufel) hier so wichtig sein soll, da diese Figuren oft als übernatürliche Gegner oder Helfer in den Text eingebunden werden.

2. Zu fragen ist schließlich, wem eine solche Klassifizierung nützt. Man bekommt größere Klarheit über Themen und Motive von Märchen, doch was fängt man mit dem Wissen an? Solche positivistischen Faktensammlungen haben keinen Sinn, sondern sind Selbstzweck.

Der letzte Satz ist aus einer anderen Perspektive ungerecht. Ansätze, die Strukturen von Märchen zu beschreiben, lösen veraltete geistesgeschichtliche Konzepte ab, die vom Sich-Einfühlen bis zur Indienstnahme von Märchentexten für Ideologien reichen, der so immerhin ein Riegel vorgeschoben wird. Zudem öffnet sich die Perspektive auf die Internationalität von Märchen. Die Übereinstimmung zahlreicher Themen und Motive bedeutet eben auch, dass Märchen nichts exklusiv Nationales sind, dass man auf ihnen also kein xenophobes kulturelles Selbstbewusstsein bauen kann.

Die angesprochenen Probleme und indirekten Funktionen lassen sich am Beispiel einer vielzitierten Studie konkretisieren. Vladimir Propp hat in seiner *Morphologie des Märchens* – 1928 auf russisch veröffentlicht, 1958 in englischer Übersetzung einem größeren Publikum bekannt geworden – die sachliche Auseinandersetzung mit dem Gegenstand befördert, er hat festgestellt:

> Da das Märchen einen außerordentlichen Reichtum an Themen und Stoffen aufweist und augenscheinlich nicht auf einmal in seinem Gesamtumfang erfaßt werden kann, muß man das Material untergliedern, d. h. klassifizieren. Eine richtige Klassifizierung ist einer der wichtigsten Schritte zur wissenschaftlichen Beschreibung.[18]

Und weiter:

> Die Erforschung der Struktur sämtlicher Märchenarten ist die wichtigste Voraussetzung für eine historische Erforschung des Märchens und die Analyse formaler Gesetzmäßigkeiten eine Voraussetzung für die Erforschung historischer Gesetzmäßigkeiten.[19]

Dabei hat Propp eine invariable Gesamt- und eine variable Binnenstruktur der von ihm untersuchten „Zaubermärchen" festgestellt. So steht am Anfang jedes Märchens eine „Schädigung" oder ein „Fehlelement". Der Text strebt der Behebung eines solchen Mangels zu, Propp spricht von „konfliktlösenden Funktionen".[20] Soweit ist Propps Untersuchung nachvollziehbar und hilf-

---

[18] Propp: Morphologie des Märchens, S. 13.
[19] Ebd., S. 22.
[20] Ebd., S. 91.

reich, auch wenn zu fragen ist, ob eine solche allgemeine Feststellung nicht mit weniger methodischem Aufwand möglich gewesen wäre. Im Detail wird es dann problematischer, etwa wenn er die Beschaffenheit und Anzahl von Sequenzen davon abhängig macht, ob man einen Märchentext eigentlich als Konglomerat von „zwei und mehr Märchen" bezeichnen müsste.[21]

Die Schule der russischen Formalisten, zu der man Propp zählen kann, gehört zu den Begründern struktularer Textanalyse, der Strukturalismus ist Grundlage oder Teil zahlreicher neuerer Theorieansätze geworden. Es gehört zum alltäglichen Geschäft im Umgang mit Texten, deren Strukturen zu identifizieren und nach den Funktionen ihrer Elemente zu fragen. Doch anders als bei Propp wird der Begriff der Funktion nicht mehr nur auf den Text selbst, sondern auf den Kontext bezogen, es wird gefragt: Was löst diese Struktur beim Leser aus oder welche Reaktionen könnte sie auslösen? Zu Propps Zeit war es vermutlich wegen der Vorherrschaft von Ideologien gar nicht möglich, solche Kontextualisierungen vorzunehmen, ohne von der Ideologie zu einer bestimmten Sichtweise gezwungen zu werden. Im sozialistischen Weltbild wurde erwartet, dass literarische Texte die gesellschaftlichen Veränderungen vom Feudalismus über den Kapitalismus zum Kommunismus befördern halfen. Der Rückzug auf den Text war also auch ein Rückzug aus der Ideologie, man schuf sich einen wissenschaftlichen Freiraum.

Heute kann man so ideologiefrei wie man möchte danach fragen, welche psychischen Prozesse Eltern-Kind-Probleme repräsentieren (Aussetzen der Kinder im Wald bei *Hänsel und Gretel*), welches Rollenverhalten durch die soziale Unterordnung von jungen Frauen tradiert (Aschenputtel, Schneewittchen und die anderen heiraten nicht, sie werden geheiratet) oder vielleicht auch subvertiert (kritisch unterlaufen) wird. So hat beispielsweise Klaus Lüderssen *Hans im Glück* mit seinem fragwürdigen Happy-End (Hans verliert seinen ganzen Reichtum) gelesen als „Fingerknips gegen alles, was behauptet, mehr zu sein als kontingentes Menschenwerk".[22]

Auf welche verschiedenen Arten kann man einen Text lesen, wenn man erst einmal dessen Struktur identifiziert hat? Aus heutiger Perspektive ist eine solche Frage wesentlich lohnender als ein telefonbuchartiges Klassifizieren und Einteilen nach Merkmalen.

---

[21] Ebd., S. 94.
[22] Klaus Lüderssen: Hans im Glück. Kriminalpsychologische Betrachtungen – mit einem Seitenblick auf die Genese sozialer Normen. In: Brackert (Hg.): Und wenn sie nicht gestorben sind…, S. 137–152, hier S. 149.

Tiefenpsychologische Deutungsansätze

Ein in der Märchenforschung wichtiger Ansatz geht zurück auf den Schweizer Psychoanalytiker C.G. [Carl Gustav] Jung (1875–1961), der neben das individuelle Unbewusste, das Sigmund Freud zur Grundlage seiner Arbeiten machte (siehe nächster Abschnitt), das Konzept des kollektiven Unbewussten stellte. Jung geht davon aus, dass es psychische Dispositionen gibt, die bei allen Menschen gleich sind. Die Gattung Märchen ist für eine Erforschung des kollektiven Unbewussten deshalb so attraktiv, weil es Märchenstoffe gibt, die übernational oder sogar global verbreitet sind. Die ähnlichen Märchenthemen, -motive und -strukturen bei zahlreichen Völkern stützen einerseits die These vom kollektiven Unbewussten, in der entgegengesetzten Blickrichtung lassen sich bei der Analyse von Märchen andererseits Erkenntnisse über die Ausgestaltung der gemeinsamen psychischen Dispositionen gewinnen. Wilfried Kuckartz hat dies so formuliert:

> Was die *tiefen*psychologische Auffassung des Märchens nun noch hinzufügt, ist der Gedanke, daß die Märchen der unbewußte Ausdruck allgemein menschlicher Triebe und Gefühle, eines irgendwie überindividuellen Seelenlebens sind oder, wie Jung es faßt: neben den Träumen die einfachste Manifestation dessen, was er das kollektive Unbewußte genannt hat, also der allgemein menschlichen Natur [...].[23]

Das kollektive Unbewusste lässt sich aber noch weiter untergliedern:

> Jung hat diese Strukturen der menschlichen Natur, der menschlichen Seele, des menschlichen Wesens mit einem bekannt gewordenen Namen, *„Archetypen"*, d.h. erste, grundlegende und alle übrigen beherrschende, mitbestimmende Muster, also Urmuster genannt. *Die elementaren Märchenmotive, auch die grundlegenden mythologischen Motive, sind demzufolge als Strukturelemente der menschlichen Seele zu begreifen.*[24]

Entsprechend handelt es sich bei den Figuren des Märchens um „archetypische Figuren", um „Gestaltungen und Umgestaltungen der menschlichen Libido"[25] – womit ein Bezug zur Individualpsychologie hergestellt wird. Für die Tiefenpsychologie hat das Märchen als „Botschaft des Unbewußten" eine klare Funktion, es soll „ein Gleichgewicht wiederherstellen [...], das verloren zu gehen droht".[26] Der Märchenheld wird zum „Vorbild" des Lesers, indem er „die gestörte Ordnung wiederaufzurichten" hat.[27] Entsprechend werden

---

[23] Kuckartz: Michael Ende: „Die unendliche Geschichte", S. 17.
[24] Ebd., S. 18.
[25] Vgl. ebd., S. 19.
[26] Vgl. ebd., S. 22.
[27] Vgl. ebd., S. 23.

Michael Endes Märchenromane gelesen als „Bewältigung eben dieser modernen Welt", in der Ende gelebt und geschrieben hat.[28] So wird dem Märchen eine teleologische Grundstruktur zugeschrieben – oder übergestülpt. Kuckartz folgert aus seiner Bewältigungsthese, dass es keine „Flucht in ein märchenhaftes, völlig unwirkliches Abseits" geben würde;[29] andererseits ist zu fragen, ob das hier formulierte teleologische Prinzip nicht eine solche eskapistische Weltsicht begründet. Wir müssen es nur wie die Figuren im Märchen machen, und alle Probleme sind gelöst – ein sehr einfaches Rezept, das die postulierte „Selbsterkenntnis"[30] nur sehr bedingt zu fördern in der Lage ist.

In der Praxis tiefenpsychologischer Märchendeutungen finden schematische Verfahren Anwendung, die der Astrologie näher sind als der Literaturinterpretation. So stellt beispielsweise Wilhelm Laiblin fest: *„Dornröschen* […] wird von der Spindel oder Nadel der bösen Fee, die nichts anderes als die Verkörperung der furchtbaren Seite der Urmutter darstellt, in den Finger gestochen […]."* Wirklich bedenklich wird es allerdings, wenn er hinzufügt: „Denn wie Siegfried den Drachen besiegt, die alles Leben lähmende Urmutter, so eröffnet erst der *Freier* dem Kinde die *Freiheit, den Weg zur Ganzheit des Lebens, zu sich selbst.*" Sexuelle Initiation eines unerfahrenen Mädchens (nach Laiblin: Kindes!) durch einen sexuell erfahrenen und in jeder Hinsicht überlegenen Mann als *„Synthese zu höherer Einheit"*, als *„Ganzheit des Lebens wie Individuation"*[31] – die notwendigen Erwiderungen auf eine solche These dürfte ein einigermaßen ‚erfahrener' Leser selbst finden.

Heute bekanntester Vertreter einer tiefenpsychologischen Interpretationsrichtung ist der Theologe Eugen Drewermann, der zahlreiche Interpretationen insbesondere von Grimms Märchen vorgelegt hat. Bei ihm vermischen sich allerdings tiefenpsychologische, entwicklungspsychologische, anthropologische und religiöse Deutungsmuster. So liest Drewermann *Hänsel und Gretel* als *„die* Kindergeschichte schlechthin". Es gehe in dem Märchen um „[…] eine innere Entwicklung, in der die Ängste der Kindheit dazu antreiben, in gewissem Sinne *erwachsen* zu werden: vom Jungen zum Jugendlichen, vom Mädchen zur Frau".[32] Zweifellos haben Kinder Verlustängste, die in dem Motiv des Aussetzens von Hänsel und Gretel im Wald zur Darstellung kommen. Allerdings ist es das Problem dieses Ansatzes, dass sehr viel in den Text hineingelesen wird. Hier kann an die Definitionen des Volksmärchens erinnert werden: Die Figuren sind eindimensional, flächig, wir erfahren nichts über ihre Gefühle.

---

[28] Vgl. ebd., S. 33f.
[29] Vgl. ebd.
[30] Ebd., S. 116.
[31] Vgl. Laiblin: Das Urbild der Mutter. In: Ders. (Hg.): Märchenforschung und Tiefenpsychologie, S. 100–150, hier S. 143.
[32] Drewermann: Hänsel und Gretel, S. 9.

Daher ist zu fragen, ob Drewermann nicht überinterpretiert, wenn er beispielsweise feststellt:

> Da überlebt ein Junge das „Gefressenwerden" durch den „Hunger"-Anteil seiner Mutter nur, indem er sich selber bis zum Extrem hin *mager* stellt; denn einzig wenn es ihm gelingt, jedes Anzeichen auch nur von körperlicher Wohlgenährtheit zu vermeiden, wird er am Leben bleiben; nur solange seine Mutter (und alle anderen „Kurzsichtigen") in ihm nichts weiter sehen als Haut und Knochen, wird er es verhindern, „verschlungen" zu werden. Wir brauchen dieses Bild nur ganz wörtlich zu nehmen, und wir sehen vor uns die Psychodynamik eines Jungen, der als letzte Zuflucht seiner Angst die *Magersucht* wählt.[33]

Drewermann geht noch weiter, er ‚liest' den Knochen, den Hänsel der Hexe entgegenhalten muss, als Phallussymbol und damit als „Ausdruck *sexueller Ängste*". Darauf baut er folgende Deutung auf:

> Natürlich kann in der einzelnen Biographie magersüchtiger Jugendlicher die sexuelle Thematik durch spezielle Schuldgefühle noch zusätzlich traumatisiert worden sein, und sie ist es, vor allem bei heranwachsenden Mädchen, wohl auch in aller Regel; doch lehnt der Magersüchtige seine Sexualität gewissermaßen nicht ab, weil sie „sexuell" ist, sondern weil sie seinem erzwungenen Bedürfnis nach Autarkie und vollkommener Kontrolle aller geistigen und körperlichen Regungen auf bizarre Weise entgegensteht: Da gibt es etwas, das sich irgendwie seiner „Autonomie" entzieht![34]

Die eher individualpsychologische Deutung wird dann in eine kollektivpsychologische überführt. Laut Drewermann wird deutlich:

> […] das Verstehen der unbewußten Erlebniswelt in ihrer unermeßlichen Einsamkeit, Angst und Hilflosigkeit, wie sie sich in der „Ställchen"-Szene des *Grimm*schen Märchens erschütternd ausspricht. Da reduziert sich die Begegnung der Geschlechter auf eine einzige Frage: Wird die Frau, die vorgibt, mich zu lieben, nicht *auch* nur kommen, mich zu verschlingen? Inmitten einer Welt des Fressens und Gefressenwerdens kann die Sexualität, die im eigenen Erleben nach Kräften verleugnet wird, von seiten eines Partners des „anderen" Geschlechtes kaum anders als maßlos erlebt werden. In der Symbolik der Körpersprache dargestellt, kommt es von daher genau zu dem Alptraumbild, das die *Brüder Grimm* in ihrem Märchen überliefern: *Die* Frau, *jede* Frau tritt wie eine „Hexe" an das Hänsel heran, um zu fühlen, ob „es" an ihm auch schon „groß", „dick" und stark genug ist, und alsbald den ganzen Jungen auf ihrem „Ofen" zum „Kochen" zu bringen.[35]

---

[33] Ebd., S. 70f.
[34] Ebd., S. 81.
[35] Ebd., S. 82.

Eine solche Deutung ist nicht nur deshalb problematisch, weil sie den eigenen Assoziationen angesichts der dürren Informationen des Texts freien Lauf lässt. Es werden männliche Ängste vor Frauen artikuliert und Frauen als bedrohlich und – in einem zweiten Argumentationsschritt – als disziplinierungswürdig charakterisiert. Das Verbrennen der Hexe entspricht dem Bedürfnis nach Disziplinierung und wäre damit die notwendige Befreiung von der sexuellen Bedrohung des heranwachsenden Mannes durch die Frau.

Mit seiner Deutung bestätigt Drewermann einmal mehr das Klischee der *femme fatale*. Das dahinter stehende Denkmuster hat Lena Lindhoff so beschrieben:

> Damit der Mann sich als Bewußtsein, Wille, Geist und Transzendenz setzen kann, soll die Frau die andere, unselbständige, natur- und todverhaftete Seite des auseinandergespaltenen Menschendaseins ganz auf sich nehmen: Sie ist Unbewußtheit, Passivität, Körper. Soweit [Simone de] Beauvoirs Analyse des abendländischen Mythos der Weiblichkeit. Trotz der scheinbaren Evidenz, daß auch Männer einen Körper und auch Frauen Denkvermögen besitzen, hat dieser Mythos eine erstaunliche Zählebigkeit bewiesen.[36]

Drewermanns positive Deutung der Schwester[37] reaktualisiert die bekannte Doppelgestalt Heilige (Schwester) und Hure (Hexe), in die unsere patriarchalische Gesellschaft das Frauenbild aus machtpolitisch funktionalen Gründen aufgeteilt hat. Männer können und wollen auf Frauen nicht verzichten, also machen sie die Frauen zum Objekt des Begehrens einerseits und der Disziplinierung andererseits.

An Drewermann lässt sich exemplarisch das Problem tiefenpsychologischer Deutungen erkennen. Der Text dient als Ausgangspunkt für angeblich wissenschaftlich fundierte Assoziationen. Dabei werden individuelle oder historisch sozial konstruierte Dispositionen als natürlich und universal ausgegeben und bestehende gesellschaftliche Wahrnehmungsmuster bekräftigt. Das mag auf ein großes Publikum verständlicherweise eine sedative (beruhigende) Wirkung haben. Erkenntnisfördernd ist es aber nicht.

Psychoanalytische Deutungsansätze

Im Gefolge der sogenannten Studentenrevolution von 1968 sind Märchen diskreditiert worden. Sie galten den Kritikern als Gattung des Traditionalismus, in der Kindern überkommene Hierarchien vorgeführt werden: Könige regieren über Untertanen, Männer über Frauen, Eltern über Kinder. Man

---

[36] Lindhoff: Einführung in die feministische Literaturtheorie, S. 6.
[37] Drewermann: Hänsel und Gretel, S. 84ff.

kann es als kleines Wunder bezeichnen, dass es Mitte der 70er Jahre ein Autor mit einem einzigen Buch auf kluge Weise erreichte, das Märchen zu rehabilitieren – seither gilt dieses Buch als Standardwerk der Märchenforschung und wird besonders von Pädagogen, Didaktikern und Psychoanalytikern gelesen, empfohlen und gelehrt.

Die Rede ist von Bruno Bettelheims *Kinder brauchen Märchen*. Bettelheim, der zu einem der bekanntesten Kinderpsychologen der USA wurde, handelt in erster Linie von Volksmärchen. Ihm geht es darum,

> [...] dem Kind dabei zu helfen, einen Sinn im Leben zu finden. [...] Das Kind muß in seiner Entwicklung lernen, sich selbst immer besser zu verstehen; dann vermag es auch andere zu verstehen und schließlich befriedigende und sinnvolle Beziehungen mit ihnen herzustellen. (B, 9)

Märchen können dabei helfen. Zum einen sind sie Teil des kulturellen Erbes, mit dem sich das Kind vertraut machen muss, um sich in der Gesellschaft zurechtzufinden. Zum andern helfen sie dem Kind im Gegensatz zur Masse der literarischen Texte dabei, „jene Fähigkeiten" zu entwickeln, „die es am meisten braucht, um mit seinen schwierigen inneren Problemen fertig zu werden" (B, 10). Genauer:

> Gerade weil ihm sein Leben oft verwirrend erscheint, muß man dem Kind Möglichkeiten geben, sich selbst in dieser komplizierten Welt zu verstehen und dem Chaos seiner Gefühle einen Sinn abzugewinnen. Es braucht Anregungen, wie es in seinem Inneren und danach auch in seinem Leben Ordnung schaffen kann. Es braucht [...] eine moralische Erziehung, die ihm unterschwellig die Vorteile eines moralischen Verhaltens nahebringt, nicht aufgrund abstrakter ethischer Vorstellungen, sondern dadurch, daß ihm das Richtige greifbar vor Augen tritt und deshalb sinnvoll erscheint. Diesen Sinn findet das Kind im Märchen. (B, 11)

Um zu zeigen wie dies geschieht, greift Bettelheim auf Sigmund Freud zurück: „Das Märchen vermittelt wichtige Botschaften auf bewußter, vorbewußter und unbewußter Ebene ensprechend ihrer [gemeint sind die Kinder] jeweiligen Entwicklungsstufe." Die Märchen „verleihen den Es-Spannungen Gestalt und Glaubwürdigkeit und zeigen Möglichkeiten auf, diese in Übereinstimmung mit den Erfordernissen des Ichs und des Über-Ichs zu lösen" (B, 12). Ein Verarbeiten existenzieller Sorgen und Probleme „in der Phantasie" verringere „die Gefahr" psychischer Schädigungen (B, 13). Im Medium des Märchens lernt sich das Kind dabei selbst besser kennen und akzeptieren:

> Sehr viele Eltern sind nicht bereit, ihren Kindern zu sagen, daß vieles, was im Leben nicht richtig ist, seine Ursache in unserer Natur hat, in der Neigung aller Menschen, aus Zorn und Angst aggressiv, unsozial, egoistisch zu handeln. Unsere Kinder sollen vielmehr glauben, alle Menschen seien von Natur aus gut. Kinder wissen aber, daß *sie* nicht immer gut sind; und oft, wenn sie es sind,

wären sie es lieber nicht. Dies widerspricht dem, was sie von den Eltern hören, und auf diese Weise kann ein Kind in seinen eigenen Augen zum Ungeheuer werden. (B, 14)

Einerseits identifiziert sich das Kind mit der siegreichen Heldin oder dem siegreichen Helden, es kann so sein Selbstbewusstsein stärken und zugleich seine Moralvorstellungen ausbilden (B, 15). Die Ausgangssituation von *Hänsel und Gretel* ist nicht verunsichernd, sofern das gute Ende folgt: „Aus dem Haus getrieben zu werden steht hier wie in vielen Märchen für die Notwendigkeit, das eigene Ich zu finden" (B, 93). *Rapunzel* hat ein Junge so gelesen: „Daß der eigene Körper zur Rettung dienen kann, verlieh ihm die Überzeugung, daß auch er im Notfall Sicherheit in sich selbst finden würde" (B, 24). Das Kind kann zudem seine Identität gegenüber Erwachsenen stärken, die ihm beispielsweise wie „selbstsüchtige Riesen" vorkommen, „die all die herrlichen Dinge, die ihnen Macht verleihen, für sich behalten wollen. Märchen vermitteln dem Kind die Gewißheit, daß es am Ende den Riesen überwinden wird […]", womit sich Bettelheim in Übereinstimmung mit der antiautoritären Erziehung seiner Zeit befindet (B, 36). Voraussetzung für den Lernerfolg ist immer, dass der Mangelsituation eine Aufhebung des Mangels, ein glückliches Ende folgt: *„Das ursprüngliche Mißvergnügen des Angstgefühls verwandelt sich dann in die große Freude, die man empfindet, wenn die Angst mit Erfolg angegriffen und gemeistert wird"* (B, 141; Kursivdruck im Original).

Andererseits erfolgt im Märchen das „Aufsplittern einer Persönlichkeit in zwei, damit das gute Bild unangetastet bleibt" (B, 80). So kann das Kind die gute und die strafende Mutter auseinander halten und damit das Bild der guten Mutter bewahren, wenn es sie in Frau Holle und Stiefmutter (*Frau Holle*), Mutter und Stiefmutter (*Aschenputtel*) oder Großmutter und Wolf (*Rotkäppchen*) aufspaltet. Das gibt dem Kind Halt, bis es seine dichotome Weltsicht von Gut und Böse überwinden kann. Unterm Strich steht eine Ambivalenz: Es gilt, die Identität durch einfache Muster zu stärken und zugleich einen Lernprozess zu initiieren, dass alles gar nicht so einfach ist, wie es sich darstellt. Diese Ambivalenz ist dem Kind nicht fremd, das Gelesene entspricht dem Gefühlten: „Das Märchen vermittelt dem Kind eine Vorstellung davon, wie es das Chaos in seinem Innern ordnen kann" (B, 88).

Die Aufsplitterung der Persönlichkeit in Es, Ich und Über-Ich kann beispielsweise in der Rahmenhandlung der *Erzählungen aus den Tausendundein Nächten* erfahren werden:

> Der König symbolisiert einen Menschen, der völlig von seinem Es beherrscht wird, weil sein Ich auf Grund schwerer Enttäuschungen im Leben die Kraft, das Es zu zügeln, verloren hat. […] Schehrezade, die andere Gestalt der Rahmenhandlung, repräsentiert das Ich. […] Dieses Ich wird freilich sehr stark vom Über-Ich bestimmt […]. (B, 103)

Schehrezade heilt den König durch das Erzählen von Geschichten von seiner Triebhaftigkeit, sie gibt ihm eine stabile Identität zurück. Damit initiiert sie einen Lernprozess, der dem des Lesers durch die Lektüre des vorliegenden Märchens entsprechen könnte.

Warum sind die scheinbar so realitätsfernen Märchen besonders geeignet, die skizzierten Leistungen zu erzielen? Für Bettelheim ist gerade das, was Erwachsene als unrealistisch betrachten, den Kindern besonders nahe. Bettelheim folgt Piaget[38] in der Auffassung: „Für das Kind gibt es keine scharfe Trennungslinie zwischen leblosen Gegenständen und lebendigen Wesen [...]" (B, 56f.).

Letztlich ist es aber die besondere Leistung des Märchens als literarischer Text, die zugleich seine pädagogische Leistung begründet – die Offenheit für Deutungen. In den Worten Bettelheims: „Das Märchen ist deshalb so therapeutisch, weil der Patient zu *eigenen* Lösungen kommt, wenn er darüber nachdenkt, was die Geschichte über ihn und seine inneren Konflikte zu diesem Zeitpunkt seines Lebens enthält" (B, 33). Damit spricht sich Bettelheim auch gegen eine platte, realitätsbezogene Auslegung von Märchen aus, wie es in den 70er Jahren Mode war. Denn: „Das Kind weiß aber, daß der Dämon eine Phantasiegestalt ist [...]" (B, 40).

Aus Bettelheims Buch lassen sich Überlegungen ableiten, weshalb um die Wende zum 21. Jahrhundert die Gattungen Märchen und Fantasy wieder so präsent sind, man denke nur an die elf Oscars für den letzten Teil der Filmtrilogie *Der Herr der Ringe* im Jahr 2004. Heutige Erwachsene und Kinder scheint etwas zu einen:

> Je sicherer sich der Mensch in der Welt fühlt, um so weniger hat er es nötig, an ‚infantilen' Projektionen – mythischen Erklärungen oder Märchenlösungen für die ewigen Probleme des Lebens – festzuhalten, und um so freier kann er rationale Erklärungen suchen. (B, 63)

Damit entkleidet Bettelheim das Märchen ebenso wie alle anderen Texte ihrer mythischen Dimension. Der Mythos hat in der Kindheit noch eine Funktion als Geburtshelfer einer stabilen Identität, im Erwachsenenalter ist er eher ein Symptom dafür, dass das Projekt Identitätsbildung zumindest teilweise gescheitert ist. Der feste Glaube an das Wunderbare wäre damit ein Zeichen für Regression.

Die Erklärung, weshalb heute Mythen Konjunktur haben, liegt auf der Hand oder lässt sich doch leicht durch einen Blick auf die Schlagzeilen von Tageszeitungen finden: Nach dem Fall des Eisernen Vorhangs ist die globale weltpolitische Lage instabil geworden, die dichotome Struktur von Gut und Böse ist implodiert und nun in zahlreiche Facetten fragmentiert. Die wirt-

---

[38] Vgl. Piaget: Das Weltbild des Kindes.

Abb. 1:
„Du mußt das richtig sehen, Omi: Die Spindel, die Dornröschen sticht, muß eindeutig als Phallussymbol verstanden werden ..."

schaftliche Entwicklung der westlichen Industrieländer steht auf tönernen Füßen, lineare Erwerbsbiographien werden zur Seltenheit. Auch im privaten Bereich gibt es kaum noch Sicherheit, die Zahl der Ehescheidungen steigt kontinuierlich an, während die Zahl der Eheschließungen und Geburten weiter sinkt. Die scheinbare Sinnlosigkeit aufgrund fehlender Linearität und Dauerhaftigkeit des Lebens führt zu einem Sinndefizit, das sich am einfachsten durch Eskapismus oder Glaube an alte wie neue Mythen füllen lässt.

Der allgemeine Teil von Bettelheims Buch rettet den speziellen Teil, also die Behandlung einzelner Märchen nach psychoanalytischem Muster. Hier erliegt der Autor der Versuchung, ein simples Dekodierungsschema anzuwenden. *Dornröschen* wird als Märchen der „Adoleszenz" gelesen, als ein Märchen, „bei dem mit dem Anfang der Pubertät eine lange Periode des Schlafens einsetzt" (B, 162). Darin entdeckt Bettelheim ein Grundmuster aller Versionen des Märchenstoffes:

> Wie sehr die einzelnen Fassungen ‚Dornröschen' im einzelnen auch voneinander abweichen mögen, das zentrale Thema ist doch überall das gleiche, daß nämlich die Eltern, so sehr sie sich auch darum bemühen mögen, das sexuelle Erwachen ihres Kindes nicht verhindern können – es wird unter allen Umständen dazu kommen. Außerdem können solche Versuche schlecht beratener Eltern die Erfahrung der Reife zu weit hinausschieben, wie es Dornröschens hundertjähriger Schlaf symbolisiert, der ihr sexuelles Erwachen von ihrer Vereinigung mit dem Liebhaber trennt. In enger Beziehung dazu steht ein anderes Motiv – daß nämlich die sexuelle Erfüllung nicht weniger schön ist, wenn man lange darauf warten muß. (B, 268)

Die Symbolik wird auf einfachste Weise aufgelöst:

In früheren Zeiten war das Alter von fünfzehn Jahren oft der Zeitpunkt, an dem die Regel einsetzte. Die dreizehn Feen im Märchen der Brüder Grimm erinnern an die dreizehn Mondmonate, in die das Jahr in alten Zeiten eingeteilt wurde. Während diese Symbolik für jemand, der vom Mondjahr nichts weiß, unverständlich bleiben dürfte, ist allgemein bekannt, daß die Menstruation im Achtundzwanzig-Tage-Rhythmus der Mondmonate einzusetzen pflegt, und nicht im Rhythmus der zwölf Monate, in die unser Sonnenjahr eingeteilt ist. So dürften die zwölf guten Feen plus der dreizehnten bösen symbolisch andeuten, daß der verhängnisvolle „Fluch" sich auf die Menstruation bezieht. (B, 270)

Der Spindelstich wird als zentrale symbolische Handlung in den skizzierten Rahmen eingepasst:

> Die Geschichte von Dornröschen prägt jedem Kind ein, daß ein traumatisches Ereignis – wie die erste Blutung des jungen Mädchens zu Beginn der Pubertät und später beim Geschlechtsverkehr – tatsächlich die glücklichsten Folgen hat. Die Geschichte schärft ihm ein, daß solche Ereignisse zwar sehr ernst zu nehmen sind, daß man aber keine Angst davor zu haben braucht. Der „Fluch" ist ein versteckter Segen. (B, 273)

Bettelheims Deutung ist nichts weniger als fragwürdig. 13 ist schlicht eine Unglückszahl, vor allem eine weltliche, da sie die Zwölf (zwölf Monate) verfehlt, allerdings ist die Zwölf eine gemischte Symbolzahl: drei (eher religiöse Symbolzahl) mal vier (eher weltliche Symbolzahl) ist zwölf. Das kann für alles mögliche stehen. Es dürften nur die wenigsten Frauen alle 28 Tage ihre Regel bekommen, die meisten dürften länger darauf warten und so dem Monatsrhythmus näher kommen, *Meyers Großes Taschenlexikon* (in der Auflage von 1990) gibt als Durchschnitt 29,5 Tage an. Vielleicht waren die vier Wochen oder Mondphasen eine auf einem Aberglauben begründete, zugleich praktische Einteilung früherer Zeiten, ein Richtwert vor der genauen Zeitmessung. Der Spindelstich mag die erste Blutung bedeuten, dann aber nicht den ersten Geschlechtsverkehr, denn weshalb würde das Mädchen danach in einen langen Schlaf fallen? Wenn auf den ersten Geschlechtsverkehr angespielt wird, was aufgrund der Quellenlage (siehe das Kapitel zu Grimms *Kinder- und Hausmärchen*) naheliegt, dann passt die Menstruationshypothese nicht mehr ins Deutungsmuster – und umgekehrt. Bettelheims Deutung wird assoziativ, suggeriert aber zugleich Kohärenz.

Der hundertjährige Schlaf wird nirgendwo im Märchen als etwas Positives dargestellt (höchstens als kleinerer Mangel im Vergleich zum Tod), wieso sollte also der Schlaf als positives Beispiel für das Warten auf den Richtigen stehen? Man könnte andere Deutungsversuche dagegen setzen, darunter ganz unterschiedliche. Entweder: Dornröschen sucht eine sexuelle Erfahrung und wird dafür bestraft, sie muss warten, bis sie jemand ‚erlöst', also heiratet. Oder: Die Zeit der Pubertät wird als langer Schlaf empfunden, der erst durch die sexuelle

Erfahrung beendet werden kann. Langer Rede kurzer Sinn: Wir haben es hier erkennbar mit einem Text zu tun, der sich durch die von Bettelheim allgemein auf Märchen bezogene Deutungsoffenheit auszeichnet.

Abgesehen von Bettelheims Ansatz gibt es viele weitere Versuche, Märchen psychoanalytisch zu deuten. Aus der Perspektive der Geschlechterforschung ist damit die Frage nach dem Rollenverhalten verbunden. Die Autoren von Märchen sind in der Regel Männer, und folgt man der Freudschen These, dass literarische Texte – analog zu Träumen – codierte (verhüllte) Wunscherfüllungen darstellen, dann hat die Motivation des Märchenerzählens zweifellos auch die Funktion, Ängste oder Wünsche zu gestalten, die man sich, weil sie gesellschaftlich negativ sanktioniert werden, ungern bewusst macht. Im Medium des Märchens hat nach dem Autor auch der Leser die Möglichkeit, seine eigenen Ängste und Wünsche auszuleben. Inwieweit diese nun mit denen der Autoren übereinstimmen, lässt sich nur ganz allgemein rekonstruieren, und auch nur dann, wenn man annimmt, dass es hier Übereinstimmungen zwischen allen Menschen oder doch zumindest den Angehörigen eines Kulturkreises gibt.

Renate Meyer zur Capellen hat am Beispiel des Grimmschen Märchens *Mädchen ohne Hände* geheime Wünsche identifiziert, die durch Volksmärchen befriedigt werden. Ihre Leitfrage lautet, warum die Männer, die traditionell in der Gesellschaft Macht über ihre Töchter und Ehefrauen hatten, weibliche Figuren einem grausamen Schicksal überlassen. Sie findet unter anderem folgende Antworten: Mütterfiguren und andere strafende Instanzen repräsentieren das Über-Ich, das inzestuöse Wünsche (Vereinigung des Vaters mit der Tochter) hindert oder bestraft. Die Angst des Mannes, von Mutter, Ehefrau oder Tochter verlassen zu werden, wird thematisiert und es werden verschiedene Lösungsmöglichkeiten aufgezeigt. Böse Frauen dienen als Projektionsfiguren, um Ängste gegenüber dem weiblichen Autonomiestreben zu artikulieren.[39]

Kennzeichnend für das Märchen und unverzichtbarer Bestandteil des Wunderbaren ist der Animismus, die Belebung von Gegenständen und von unbelebter Natur oder die Personifizierung von Tieren. Der Animismus ist frühzeitig ein Gegenstand psychoanalytischer Forschung geworden. Sigmund Freud hat unterschieden zwischen Animismus als der „Lehre von den Seelenvorstellungen" und Animatismus als „Lehre von der Belebtheit der uns unbelebt erscheinenden Natur" (TT, 93). Die Anthropologie hat laut Freud gezeigt, dass die „primitiven Völker" davon ausgehen, dass sie „mit einer Unzahl von geistigen Wesen, die ihnen wohlwollen oder übelgesinnt sind", zusammenleben; „[…] sie schreiben diesen Geistern und Dämonen die Verursachung der

---

[39] Renate Meyer zur Capellen: Das schöne Mädchen. Psychoanalytische Betrachtungen zur „Formwerdung der Seele" des Mädchens. In: Brackert (Hg.): Und wenn sie nicht gestorben sind…, S. 89–119, hier S. 107.

Naturvorgänge zu und halten nicht nur die Tiere und Pflanzen, sondern auch die unbelebten Dinge der Welt für durch sie belebt" (TT, 94). Damit einher geht der – mit Blick auf die Endlichkeit des Daseins beruhigende – Glaube an Seelenwanderung. Nicht nur der Glaube existierender primitiver Völker sei damit bezeichnet, sondern der ‚Naturzustand' des Menschen. In folgender Differenzierung lässt sich damit zugleich eine chronologische Abfolge erkennen:

> Die Menschheit hat [...] drei große Denksysteme, drei große Weltanschauungen im Laufe der Zeiten hervorgebracht: Die animistische (mythologische), die religiöse und die wissenschaftliche. Unter diesen ist die erstgeschaffene, die des Animismus, vielleicht die folgerichtigste und erschöpfendste, eine, die das Wesen der Welt restlos erklärt. Diese erste Weltanschauung der Menschheit ist nun eine psychologische Theorie. Es geht über unsere Absicht hinaus zu zeigen, wieviel von ihr noch im Leben der Gegenwart nachweisbar ist, entweder entwertet in der Form des Aberglaubens, oder lebendig als Grundlage unseres Sprechens, Glaubens und Philosophierens. (TT, 96)

Auch des Schreibens, so möchte man angesichts der Gattung Märchen hinzufügen, die dem animistischen Programm verpflichtet ist und somit Reste des sogenannten Aber- oder Volksglaubens aufnimmt. Die Motivation für einen solchen Glauben sieht Freud in dem „praktische[n] Bedürfnis, sich der Welt zu bemächtigen" (ebd.), weitere Hilfsmittel dafür sind „Zauberei und Magie" (TT, 97). Unter Zauberei versteht Freud „die Kunst, die Geister zu beeinflussen, indem man sie behandelt wie unter gleichen Bedingungen die Menschen". Magie hingegen „sieht im Grunde von den Geistern ab und sie bedient sich besonderer Mittel". Freud sieht sie als bedeutsameren Teil der „animistischen Technik", da es ihre Aufgabe ist, „die Naturvorgänge dem Willen des Menschen" zu unterwerfen, ihn gegen Gefahren zu schützen und ihm die Macht zu geben, „seine Feinde zu schädigen" (ebd.).

Die Anwendung auf das Märchen, die Freud nicht vollzieht, fällt nicht schwer. Die positiven Hauptfiguren des Märchens haben zauberische Helfer oder magische Gegenstände, mit denen sie über ihre Feinde triumphieren. Auch die Gratifikationen für die Leser liegen auf der Hand – sie können sich mit den Hauptfiguren identifizieren und sich mächtig fühlen, mit Hilfe von Zauberei und Magie sogar Allmachtsphantasien ausleben. „Die Motive, welche zur Ausübung der Magie drängen, sind die Wünsche des Menschen" (TT, 103). Mit Hilfe des Wunderbaren, das im Kern mit Animismus oder in seiner Inszenierung mit dem Begriffspaar Zauberei und Magie bezeichnet ist, können Wünsche ‚ausgeübt' werden, die sonst durch Restriktionen der Alltagswelt verhindert würden; auch in einem mimetischen Literaturkonzept, das die Grenzen der Alltagsrealität im literarischen Text nachbildet.

In unseren modernen oder postmodernen Gesellschaften sind Reste solchen Allmachtsglaubens vorhanden, das liegt in der doppelten Entwicklung des Individuums und der Gesellschaft begründet. Freud präzisiert so seine Einschätzung der genannten Denksysteme:

> Im animistischen Stadium schreibt der Mensch sich selbst die Allmacht zu; im religiösen hat er sie den Göttern abgetreten, aber nicht ernstlich auf sie verzichtet, denn er behält sich vor, die Götter durch mannigfaltige Beeinflussungen nach seinen Wünschen zu lenken. In der wissenschaftlichen Weltanschauung ist kein Raum mehr für die Allmacht des Menschen, er hat sich zu seiner Kleinheit bekannt und sich resigniert dem Tode wie allen anderen Naturnotwendigkeiten unterworfen. Aber in dem Vertrauen auf die Macht des Menschengeistes, welcher mit den Gesetzen der Wirklichkeit rechnet, lebt ein Stück des primitiven Allmachtsglaubens weiter. (TT, 108f.)

In einer Zeit sich weiter auflösender Ideologien (Ende des Sozialismus im sogenannten Ostblock) und postmoderner Beliebigkeit fühlt sich das Individuum immer stärker komplexen, nicht einsicht- oder erklärbaren Vorgängen unterworfen. Die Lektüre von Märchen kann auf zweierlei Weise Teil der psychischen Hygiene werden – als eskapistische Lektüre, also als grandioses Abenteuer außerhalb der als unbefriedigend empfundenen Realität, oder als Spiegelwelt zur Realität, mit deren Hilfe Erkenntnisse möglich werden, die nach der Lektüre weiterwirken.

Der eigene Ansatz

Abgesehen von den skizzierten Zugängen gibt es noch andere, die hier nicht ausführlich erläutert werden können. Einer soll zumindest hervorgehoben werden, man könne ihn als den ‚philologischen' bezeichnen. Grundlagenarbeit im Bereich der Literaturwissenschaft haben Editoren und Forscher geleistet, die den Quelltexten der Märchen, ihrer Entstehung und Überlieferung nachgegangen sind und dabei viele Erkenntnisse zutage gefördert haben. Zu diesen Wissenschaftlern gehören neben vielen anderen Heinz Rölleke, Lothar Bluhm, Hans-Jörg Uther, Manfred Grätz und Johannes Barth. Eines der zahlreichen, besonders eindrucksvollen Produkte dieser Forschungsrichtung ist die bereits im Vorwort erwähnte *Enzyklopädie des Märchens*, für die zahlreiche Fachwissenschaftler Beiträge geschrieben haben.[40] Auf einzelne Ergebnisse wird zurückzukommen sein, doch kann es nicht Ziel der vorliegenden Studie sein, die philologische Grundlagenliteratur zu kompilieren. Vielmehr soll es darum gehen, die Gattung Märchen aus interpretatorischer Sicht stärker zu konturieren.

---

[40] Vgl. Ranke / Brednich (Hg.): Enzyklopädie des Märchens.

Damit wären wir wieder bei den ausführlicher vorgestellten Textzugängen. Wie wir gesehen haben, bevorzugen viele Interpreten, die sich mit der Gattung Märchen beschäftigen, eine deduktive Methode, sie leiten ihre Erkenntnisse von spezifischen Theorien oder Theoremen ab. Überspitzt gesagt: Sie nehmen ihre theoretischen Voraussetzungen, setzen sie absolut, indem sie diese Voraussetzungen weder hinterfragen noch sonstwie relativieren, und nutzen Märchenbeispiele, um diese Voraussetzungen zu belegen. Entweder gehört man zum Club, dann hat man zwar nichts wirklich Neues zu sagen, aber es wird applaudiert; oder man gehört nicht dazu, dann sollte man besser den Mund halten. Bourdieu hat das wissenschaftliche Sektierertum auf die schöne Formel gebracht: „Eintritt verboten für jeden, der nicht bereit ist, für ein Theorem zu sterben."[41]

Oftmals wird die deduktive Methode als induktive ausgegeben. Die Beschäftigung mit dem einzelnen Märchentext suggeriert, dass erst im Laufe der Interpretation bestimmte Erkenntnisgewinne erzielt werden. Für die wissenschaftliche Beschäftigung mit jedem Gegenstand gilt aber seit Jahrzehnten das, was Berger / Luckmann in ihrem Klassiker der Wissenssoziologie festgestellt haben:

> Gesellschaft hat Geschichte, in deren Verlauf eine spezifische Identität entsteht. Diese Geschichte jedoch machen Menschen mit spezifischer Identität. Hat man diese Dialektik vor Augen, so kann man die irreführende Vorstellung einer „kollektiven Identität" fallen lassen, ohne zur Einzigartigkeit der individuellen Existenz […] Zuflucht nehmen zu müssen.[42]

„Geschichte machen" heißt Geschichte konstruieren, auch retrospektiv durch die Wissenschaft, die sich gern den illusionären Anschein gibt, dass sie ‚nur' *re*konstruiert.

Hinzu kommt, dass die literaturwissenschaftliche Beschäftigung mit Texten als erstes relevantes ‚Datenmaterial' diese Texte selbst hat. Wenn man herausfinden will, was Texte aussagen, gibt es keinen anderen Weg, als zunächst die Texte zu befragen.[43] Das schließt nicht aus, dass man Kontextualisierungen vornimmt und z.B. auf sozialgeschichtliche Bezüge oder faktisches wie mögliches Rezeptionsverhalten hinweist.

Die Beschäftigung mit dem Gegenstand Literatur hat ihre besonderen Voraussetzungen. Literarische Texte können nur überzeitlich wirksam sein, also verschiedene Menschen in verschiedenen Gesellschaften zu verschie-

---

[41] Bourdieu: Praktische Vernunft, S. 142.
[42] Berger / Luckmann: Die gesellschaftliche Konstruktion der Wirklichkeit, S. 185.
[43] Immer noch grundlegend hierfür: Lotman: Die Struktur literarischer Texte. Für einen Überblick über Interpretationsmöglichkeiten vgl. Neuhaus: Grundriss der Literaturwissenschaft.

denen Zeiten ansprechen, wenn sie prinzipiell deutungsoffen sind, so dass die lesenden Individuen die Texte ganz individuell auf sich beziehen können. Wissenschaftlicher formuliert: „Die Polyvalenz-Konvention sorgt dafür, daß die Aktanten ihre volle und uneingeschränkte Subjektivität in die Auseinandersetzung mit dem literarischen Text produktiv einbringen können."[44]

Nur machen sich die meisten „Aktanten" oder einfach Leser diese subjektiven Voraussetzungen nicht klar, sie gehen davon aus, dass ihre Voraussetzungen auch für alle anderen Leser gelten. Wissenschaftler bemühen sich um Objektivierung, indem sie bestimmte als allgemein gültig angesehene Erkenntnisse ihren Interpretationen zugrunde legen. Doch ist auch hier die Gefahr groß, in die Irre zu gehen. Erstens haben solche Interpreten wegen des Ausschnittcharakters ihrer Voraussetzungen im Vergleich zu allen, die möglich wären, immer noch keine gültige Objektivierung ihres Textzugangs erreicht. Zweitens besteht die Gefahr, dass sie sich der Illusion hingeben, mit den Voraussetzungen auch die Lektüre des Texts objektiviert zu haben. Hauptmeier / Schmidt, die eben zitiert wurden, haben deshalb eine Abkehr von interpretativen Verfahren gefordert, doch ist ihr Modell einer Empirischen Literaturwissenschaft weitgehend folgenlos geblieben. Kein Wunder, denn sie verfehlen das Wesentliche des literarischen Texts – die Produktion von Sinn. Mit Wolfgang Iser lässt sich das auf folgende aphoristische Formel bringen: „[...] der Mensch, so steht zu vermuten, ist ein fiktionsbedürftiges Wesen."[45]

Wie Roland Barthes festgestellt hat, verdoppelt eine Interpretation (er spricht von „Kritik") die Bedeutung eines Texts. Anders gesagt: Eine Interpretation ist *eine* mögliche Bedeutung eines literarischen Texts: „Es ist sinnlos, anzunehmen, man könne schreibend Konstruktionen vermeiden, indem man seine Zweifel, seine Vorsicht und Zurückhaltung erläutert [...]."[46] So fatalistisch wie das klingt ist es gar nicht gemeint. Im Unterschied zu Hauptmeier / Schmidt begreift Barthes gerade die notwendige Subjektivität der Lektüre als ihren Vorzug:

> Lesen heißt, das Werk begehren, heißt das Werk außerhalb seiner Sprache durch eine andere Sprache zu verdoppeln [...]. Von der Lektüre zur Kritik übergehen heißt, das Begehren verändern, heißt: nicht mehr das Werk begehren, sondern seine eigene Redeweise; aber gerade deswegen heißt es auch, das Werk zurückzuverweisen an das Begehren des Schreibens, aus dem es hervorgegangen ist. So kreist das Sprechen um das Buch: *lesen, schreiben*, von dem einen Begehren zum anderen geht jede Literatur.[47]

---

[44] Hauptmeier / Schmidt: Einführung in die Empirische Literaturwissenschaft, S. 19.
[45] Iser: Theorie der Literatur, S. 21.
[46] Barthes: Kritik und Wahrheit, S. 90.
[47] Ebd., S. 91.

Hier sind wir bei der Lust am Text[48] als der wichtigsten Voraussetzung nicht nur für Leser, sondern auch für Interpreten, die Deutungsmöglichkeiten aufzeigen, nicht um diese Lust abzutöten, sondern um sie zu vergrößern. Es ist eine analytische Lust, die den potenziell unendlichen Diskurs über Literatur befördert. Es ist die Lust am Erforschen von Strukturen, Beziehungen, Zusammenhängen. Wenn der vorliegende Band aus der Sicht seiner Leser etwas von dieser Absicht transportieren sollte, dann hätte er sein erstes wichtiges Ziel erreicht.

Der beschriebene Zirkelschluss jeder Interpretation lässt sich nicht vermeiden. Und dennoch kann und sollte – das ist ihre einzige Möglichkeit, über eine subjektive Verlautbarung hinauszugehen – eine Interpretation versuchen, zu weitgehend intersubjektiven Ergebnissen zu kommen, also zu Ergebnissen, mit denen die bisherigen Erkenntnisse über die Gattung Märchen erweitert werden. Um das leisten zu können, sind im ersten Teil zunächst die Gattungsmerkmale so weit wie möglich geklärt worden, eine kritische Bestandsaufnahme des historischen Konstruktionsprozesses mit eingeschlossen. Im nächsten Schritt wird es nun um die literarischen Texte selbst gehen, um das Ausloten ihres Sinnpotenzials, soweit es die getroffenen Einschränkungen und Voraussetzungen zulassen.

---

[48] Vgl. Anz: Literatur und Lust.

Die Märchen

> Meiner unvorgreiflichen Meinung nach wär's wohl Zeit, die Herzgefühle eine Zeitlang ruhen zu lassen, das weinerliche Adagio der Empfindsamkeit zu endigen, und durch die Zauberlatern der Phantasie das ennüyierte Publikum eine Zeitlang mit dem schönen Schattenspiel an der Wand zu unterhalten.
>
> *J.K.A. Musäus: Volksmärchen der Deutschen* (VD, 7)

Die Erzählungen aus den Tausendundein Nächten[1] (ca. 8.–10. Jhd.)

> „Allah segne dich und deinen Vater und deine Mutter, deine Wurzel und deinen Zweig!"

Das Märchen als populäre literarische Gattung in Europa ist ein Produkt der Frühen Neuzeit. In der Märchenforschung gilt ein Italiener als Gattungspionier:

> Sieht man von vereinzelten Zeugnissen mehr oder weniger zufälliger Aufzeichnung oder bewußter Einbringung märchenhafter Geschichten oder Sujets in der antiken (*Amor und Psyche* bei Apuleius) und in der europäischen Literatur des Mittelalters (etwa in der Artus- oder Spielmannsepik) sowie besonders in der Sammlung älterer Geschichten aus dem Jahr 1525 (*Il Novellino – Le Ciento Novelle Antike*) ab, so verdient als erster Märchensammler überhaupt der Italiener Giovan Francesco Straparola aus Caravaggio bei Cremona genannt zu werden. 1550 und 1553 erschienen in zwei Teilen seine 74 Erzählungen unter dem Titel *Le piacevoli notti*.[2]

Mit Straparolas *Die ergötzlichen Nächte* wird sich das nächste Kapitel beschäftigen. Hier soll noch ein Schritt zurück gegangen werden, um auf die *Erzählungen aus den Tausendundein Nächten* einzugehen. Dabei handelt es sich um die vielleicht wichtigste Vorlage für alles das, was wir unter Märchen verstehen; die *Erzählungen* und nicht Straparolas *Nächte* sind die erste Märchensammlung der Weltliteratur. Eigentlich muss man von einem Handschriftenkonvolut sprechen, das auf arabische Quellen aus dem 8.–10. Jahrhundert zurückgeht. Wie in Boccaccios *Decamerone* gibt es eine Rahmenhandlung, eine Situation ‚geselligen' Erzählens, in die jene im Titel genannten 1001 Binnenerzählungen eingebettet sind – wobei es tatsächlich niemals so viele waren, die vorhandenen Sammlungen sind weit weniger umfangreich.

Mit der Überlieferungsgeschichte verhält es sich ähnlich wie beim *Nibelungenlied* (ca. 1200) oder anderen umfangreichen mittelalterlichen Textsammlungen. Es gibt verschiedene Fassungen, sie variieren durch eine unterschiedlich umfangreiche Anzahl von Episoden und durch deren veränderte

---

[1] Die *Erzählungen* wurden und werden in zahlreichen Bearbeitungen vertrieben und traditionell auch als *Märchen* oder *Geschichten aus Tausendundeiner Nacht* o.ä. bezeichnet.

[2] Rölleke: Die Märchen der Brüder Grimm, S. 13.

Ausgestaltung. Als besonders wichtig werden die Calcuttaer Ausgabe von 1814/18, die Breslauer Ausgabe von 1825–43 und die Bulaker Ausgabe von 1835 angesehen.[3] In Europa wurden die *Erzählungen* zunächst durch Jean Antoine Galland popularisiert, er veröffentlichte seine Übersetzung ab 1704. Die bekannten Erzählungen von *Aladin* und *Ali Baba* sind durch Galland bekannt, sie waren allerdings nicht in den Originalhandschriften als Teil des Zyklus enthalten. Gallands freie Bearbeitung gab den Startschuss für die Popularisierung der Gattung Märchen im 18. Jahrhundert und darüber hinaus.

Die früheren Übersetzungen teilen das Schicksal ähnlicher Publikationsprojekte, sie wurden ‚gereinigt', um sie dem bürgerlichen Geschmack anzupassen. Erst durch die neuere, 1918 in Auftrag gegebene Übersetzung von Enno Littmann wurde deutlich, wie stark die Bearbeitungen waren. Besonders markant ist – auch das kann als Konstante in der Überlieferungsgeschichte der Märchen gesehen werden – dass die Darstellung von Sexualität vollständig herausgenommen wurde. Lediglich vergleichsweise harmlose Andeutungen durften stehen bleiben. Insgesamt bemühten sich die Übersetzer und Herausgeber, die Heterogenität der Quellen zu reduzieren, sie zu harmonisieren.

Dass die Heterogenität der *Erzählungen* auf ihre Vorläufer zurückgeht, hat Enno Littmann in seinem Nachwort festgestellt: „Eine große Anzahl von Legenden aus dem Leben von Heiligen oder von frommen Leuten ist in 1001 Nacht aufgenommen; sie stehen im schärfsten Gegensatz zu den frivolen Liebesgeschichten und zu vielen erotischen Ausführungen in anderen Geschichten" (TN6, 718). Also handelt es sich auch hier um die Bearbeitung bekannter Stoffe oder die Aufnahme bekannter Motive, wie sie sich in der antiken Literatur, der Bibel oder in alten indischen Legenden finden lassen.

Der Anfang des Zyklus, *Die Erzählung von König Schehrijar und seinem Bruder*, beginnt mit einem Lob Allahs und des Propheten Mohammed. Der Zweck der Textsammlung wird angesprochen: „Lob ihm, der die Geschichte der Alten zum warnenden Beispiel für die späteren Geschlechter gemacht hat!" (TN1, 19). Die Handlung spielt „im Inselreiche von Indien und China", aber auch im „Perserlande"; hier wird deutlich, dass die Geographie bewusst offen gehalten ist. Dies weist auf die Freistellung geographischer Bezüge im späteren Volksmärchen voraus.

Zwei königliche Brüder eint ein Problem. Der erste findet seine Frau im Bett mit einem „hergelaufenen schwarzen Sklaven" und tötet beide (TN1, 20). Verzweifelt reist er zu seinem Bruder und sieht, wie dessen Frau mit ihren Dienerinnen zusammen ähnliche Handlungen vollzieht:

> Da kam ein schwarzer Sklave und umarmte sie, und auch sie schloß ihn in ihre Arme, und er legte sich zu ihr. Ebenso taten die Sklaven mit den Sklavinnen;

---

[3] Vgl. das Nachwort von Enno Littmann zu seiner Übersetzung in TN6, S. 649–738, hier S. 658.

und es war kein Ende des Küssens und Kosens, des Buhlens und Liebelns [...].
(TN1, 21)

Als der Beobachter dies seinem gehörnten Bruder mitteilt, ist der „wie von Sinnen", die beiden flüchten in die Wüste. Dort sehen sie eine „Herrin der Keuschheit", die ein Dämon bewacht. Während der Dämon schläft, zwingt die nur vorgeblich keusche Dame die beiden Könige, mit ihr zu schlafen. Die Sprache ist alles andere als prüde, die Frau befiehlt beispielsweise den Brüdern: „Stechet einen starken Stich, sonst wecke ich euch den Dämon auf!" (TN1, 24). „Und in ihrer Angst vor dem Dämon lagen sie ihr bei", heißt es weiter. Danach zeigt ihnen die Frau 570 Ringe: „Die Besitzer aller dieser Ringe sind mir zu Willen gewesen und haben diesem Dämon Hörner aufgesetzt", und das, obwohl sie der Dämon bewachte. Sie gibt den beiden Königen eine Lehre mit auf den Weg: „Glaubet den Frauen nicht; / Traut ihren Schwüren nicht! / *Ihr* Zorn und *ihre* Gunst / Hängen an ihrer Brunst" (TN1, 25).

Auf solche Weise wird die Mordtat des einen Bruders gerechtfertigt, aber auch der andere mit Namen Schehrijar ist nun frei zu handeln:

> Der aber ging in sein Schloß und schlug seiner Gemahlin und den Sklavinnen und Sklaven den Kopf ab. Und von nun an nahm König Schehrijar jede Nacht eine Jungfrau zu sich; der nahm er die Mädchenschaft, und dann tötete er sie, um seiner Ehre gewiß zu sein, und so trieb er es drei Jahre lang. Da geriet das Volk in Aufruhr und flüchtete mit den Töchtern, bis keine mannbare Jungfrau mehr in der Stadt war. (TN1, 26)

Eine drastische Vorgehensweise. Allerdings scheint es aus Sicht des Texts um die Mädchen nicht schade zu sein, würden sie doch ihren Männern später wieder nur Hörner aufsetzen. Dass es bei einer solchen – selbst für die zeitgenössischen Verhältnisse – deutlichen Abwertung des weiblichen Geschlechts nicht bleiben kann, lässt sich erahnen. Außerdem ist der König (was seinerzeit vermutlich wichtiger war) dabei auch nicht glücklich. Dieser doppelte Mangel motiviert die nun einsetzende Handlung. Schehrezad kommt ins Spiel. Sie wird am Leben bleiben, weil sie um ihr Leben erzählt. Sie bricht immer mitten in einer Geschichte ab, damit der König die Fortsetzung nur hören kann, wenn er sie am Leben lässt. Die Tochter des Wesirs meldet sich sogar freiwillig, denn ihr ist klar, dass ihr die größte soziale Aufstiegsmöglichkeit in ihrer Gesellschaft geboten wird. Hat sie Erfolg, wird sie Herrscherin über das Reich. Dass ihr Gemahl nach heutigen Vorstellungen ein Massenmörder ist, spielt dabei keine Rolle.

Ein weiteres Beispiel für die erotische Freizügigkeit des Textes ist die Szene, die der ersten Geschichte Schehrezads vorausgeht. Sie bittet ihn, ihre Schwester zu holen, von der sie „Abschied nehmen" möchte:

Abb. 2: Schehrezad und der Anfang geselligen Erzählens im Märchen

> Der König sandte nach der Kleinen, und sie kam zu ihrer Schwester und umarmte sie und setzte sich zu Füßen des königlichen Lagers. Dann ging der König hin und nahm seiner Braut die Mädchenschaft. Darauf setzten sich alle nieder, um zu plaudern. (TN1, 31f.)

Der lakonische Stil zeigt, dass Sexualität hier als etwas vollkommen Normales behandelt wird und es dem Text folglich überhaupt nicht um seine erotischen Inhalte geht. Die doppelte hierarchische Struktur König – Untergebene und Mann – Frau ist durch die Verteilung aktiv – passiv und die optische Über-/Unterordnung („setzte sich zu Füßen") bestens erkennbar.

Schehrezad erzählt die Geschichte eines betrogenen Ehemannes und der Bestrafung seiner Frau (S. 35ff.). Ein Scheich nimmt sich eine Zweitfrau, weil seine erste Frau ihm keine Kinder gebären kann. Die erste Frau verzaubert die Zweitfrau und den zwischenzeitlich geborenen Sohn in Tiere. Sie veranlasst, dass der Mann die verzauberte Zweitfrau tötet, doch kann ein Hirte verhindern, dass dies auch mit dem Sohn geschieht. Die Tochter des Hirten klärt alles auf, sie macht den Zauber des Sohnes rückgängig und bekommt den Sohn zum Ehemann. Der Bezug zum Rahmen liegt auf der Hand – die kluge Erzählerin bestätigt das Wertesystem des königlichen Zuhörers und deutet zugleich an, dass die Erlösung ebenfalls durch eine Frau erfolgen wird, durch die Tochter eines Untergebenen – die Erzählerin Schehrezad.

Die Rahmenhandlung hat ein vorhersehbares, gutes Ende. Der König begnadigt die begnadete Erzählerin, die ihm inzwischen drei Söhne geboren hat, mit den Worten: „Oh Schehrezad, bei Allah, ich hatte dich schon freigesprochen, ehe diese Kinder kamen; denn ich habe dich als keusch und rein, edel und fromm erfunden. Allah segne dich und deinen Vater und deine Mutter, deine Wurzel und deinen Zweig!" (TN6, 645) Der König wird nun zum Wohltäter seiner Untertanen, „er lebte mit dem Volke seines Reiches in Glück und Seligkeit, in Freuden und Fröhlichkeit, bis Der zu ihnen kam, der die Freuden schweigen heißt und die Freundesbande zerreißt." Die *Erzählungen aus den Tausendundein Nächten* enden mit einem Lob auf Gott und den Propheten, verbunden mit der Bitte „um ein seliges Ende" (TN6, 646).

Die Geschichte von 'Ala Ed-Din und der Wunderlampe, die hier beispielhaft behandelt werden soll, war in den ursprünglichen Fassungen nicht Teil des Zyklus, sie wurde von Littmann vor der 270. Nacht eingefügt.[4] Handlungsort ist China (TN2, 673), man erkennt daran erneut die Einengung in der Rezeption auf die arabischen Länder. Aladin (diese eingeführte Schreibung soll der Einfachheit halber gewählt werden) ist Sohn eines Schneiders und „ein Tunichtgut" (TN2, 659). Der Vater „betrübte sich so sehr über die Untugend seines Sohnes, daß er krank ward und starb" (TN2, 660). Das bleibt für Aladin ohne Konsequenzen, offenbar dient es zur Herstellung der Mangelsituation und gleichzeitig zur Erzeugung von Komik. Es kommt ein „maurischer Derwisch", ein „Zauberer" (ebd.), der sich als Onkel ausgibt und sich durch Freigiebigkeit bei Mutter und Sohn beliebt macht.

Der Derwisch führt Aladin zu einem Platz und murmelt beschwörende Worte, so dass sich „der Erdboden" vor ihnen auftut (TN2, 674). Allerdings kann nur Aladin den dort unten befindlichen Schatz heben, weil der Schatz „auf deinen Namen lautet", wie der Derwisch erklärt (TN2, 675). Aladin kommt in eine Halle, „die in vier Räume geteilt" und mit Reichtümern angefüllt ist, aber er darf nichts anrühren, bevor er nicht die Lampe hat, „die von der Saaldecke herabhängt" (TN2, 676f.).

Der Derwisch gibt ihm einen Ring zum Schutz. Auf dem Weg von der Lampe zurück füllt Aladin seine Taschen mit Edelsteinen, deren Wert er nicht erkennt. Als er die Höhle verlassen will, kommt er nicht mehr allein heraus, doch der Derwisch denkt, Aladin will ihm nur die Lampe nicht geben – es entsteht Situationskomik. Der Zauberer wird wütend und verschließt die Höhle. Er „kehrte in sein Land Afrika zurück, traurig und in seiner Hoffnung enttäuscht" (TN2, 682). Durch Zufall reibt Aladin an dem Ring und der Geist des Ringes kommt hervor, er hilft ihm hinaus. Aladins Mutter erscheint dann der Geist der Lampe, als sie das Metall poliert. Von da an nutzt Aladin den Die-

---

[4] Hierüber gibt es allerdings widersprüchliche Aussagen. Zur Überlieferungsgeschichte vgl. Ranke u. Brednich (Hg.): Enzyklopädie des Märchens, Bd. 1, Sp. 239–247.

ner der Lampe, um für sich und seine Mutter Essen bringen zu lassen – es gibt also in der Ursprungsfassung keine Beschränkung auf lediglich drei Wünsche, wie dies später der Fall sein wird.

Aladin verliebt sich in ein schönes Mädchen mit Namen Badr el-Budur, das er verbotenerweise beobachtet (TN2, 700). Es handelt sich „um die Tochter des Königs von China" (TN2, 703). Aladin beauftragt seine Mutter mit der Brautwerbung. Den Rivalen, den Sohn des Wesirs, schlägt Aladin durch einen Trick aus dem Feld. Vom Geist der Lampe lässt sich der neue Brautwerber entsprechend ausstaffieren. Die äußere Verwandlung sorgt dafür, dass ihn jeder für einen Prinz hält (TN2, 735). Das Volk gewinnt er durch Großzügigkeit, auf dem Weg zum Palast streut er Goldstücke aus (TN2, 737). Der Sultansresidenz gegenüber lässt er vom Geist einen Palast für sich und seine Braut errichten. Aladin tut sich in Turnieren und anderen höfischen Ritualen hervor und gewinnt so das Herz seiner Angebeteten; „[...] als sie an ihm solche Schönheit und Ritterlichkeit erschaute, ward sie von Liebe zu ihm ergriffen, und es war ihr, als solle sie vor Freuden fliegen" (TN2, 746).

Es kommt zur Hochzeit und Aladin ist allgemein beliebt. Das ist aber nicht der Schluss, das Happy-End ist nur vorläufig. Der Zauberer erfährt durch seine übernatürlichen Fähigkeiten vom Geschehen, er kommt zurück, verkleidet sich als Lampenhändler und tauscht die alte gegen eine neue Lampe. Dies gelingt ihm, weil Aladins Frau nichts von den Fähigkeiten der Lampe weiß. Dann lässt er das Schloss nach Afrika bringen. Er will die Gunst von Aladins Frau gewinnen, doch mit Aladins Hilfe legt sie ihn herein. Schließlich muss auch noch der Bruder des Zauberers besiegt werden, der sich, verkleidet als weise alte Frau, in Aladins Palast einschleicht. Alles wird glücklich überstanden und nach dem Tod des Sultans besteigt Aladin „den Königsthron, sprach Recht und Gerechtigkeit über die Untertanen, und alles Volk liebte ihn" (TN2, 790f.).

Der Erzählung ist schnell anzumerken, dass sie durch Rituale höfischen Verhaltens strukturiert wird. Wichtig sind die Tugenden des Herrschers, der gänzlich entindividualisiert wird. Individuelle Züge dienen höchstens zur Komikerzeugung, ansonsten bleiben die Figuren flächig. Die Handlung ist auf Unterhaltung ausgelegt, die wunderbaren Helferfiguren, Kontrahenten und Geschehnisse dienen der Stabilisierung der zeitgenössischen Normen. Hier greifen Binnen- und Rahmenerzählung ineinander – über dem absolutistischen Herrscher steht Gott, in der Familie ist der Mann sein Repräsentant. Der Kinderpsychologe Bruno Bettelheim hat in seinem Bestseller *Kinder brauchen Märchen* zurecht hervorgehoben: „Die Geschichten aus ‚Tausendundeiner Nacht' stecken voller Bezüge zur islamischen Religion" (B, 20). Bettelheim entdeckt eine generelle Verbindung von Märchen und religiösen Texten:

> Biblische Geschichten, Mythen und Märchen waren die Literatur, die während annähernd der ganzen Menschheitsgeschichte jedermann – Kindern und Er-

wachsenen – zur Erbauung diente. Abgesehen davon, daß Gott im Mittelpunkt steht, sind viele biblische Geschichten dem Märchen sehr ähnlich. (B, 64)

Texte haben oftmals die Funktion, den herrschenden Diskurs für künftige Generationen fortzuschreiben. An eine solche Leistung knüpfen zahlreiche Märchenautoren an. Auch die Brüder Grimm mit ihrem Versuch einer Konstruktion von ‚Volksgeschichte' tun im Prinzip nichts anderes und haben, weil sie ein zentrales Bedürfnis des 19. Jahrhunderts befriedigen, durchschlagenden Erfolg.

Auffällig an der Geschichte Aladins und attraktiv für spätere Adaptionen ist der Umstand, dass ein Junge aus armem Elternhaus, zugleich ein Tunichtgut, einen sozialen Aufstieg sondergleichen durchläuft. Im zeitgenössischen Kontext dürfte dies eher den Zusammenhalt der Gesellschaft gestärkt haben, jeder sollte sich auf seinem Platz in der Gesellschaft vorbildlich verhalten, Hierarchien wurden nicht in Frage gestellt. Nach dem Ende des Absolutismus lässt sich das aber auch ganz anders lesen – als Schwanengesang auf den allein regierenden Herrscher, der letztlich ein Individuum ist und sich als solches eine Macht anmaßt, die ihm nicht zukommt.

Im US-amerikanischen Kontext lässt sich das Muster wunderbar auf den der Gesellschaft zugrunde liegenden Aufstiegsmythos anwenden, früher mit der Redewendung ‚Vom Tellerwäscher zum Millionär' näher bezeichnet. In der äußerst erfolgreichen Disney-Filmversion[5] sind die notwendigen Anpassungen vorgenommen. Der arme, aber gewitzte und gut aussehende Junge ist jetzt kein Tunichtgut mehr, sondern ein Dieb aus sozialer Not. Mit der Tochter des Sultans verbindet ihn eine fast gleichberechtigte Liebe – allerdings ist bezeichnend, dass er sie mehrfach retten muss, die Gender-Thematik bleibt also weitgehend Rhetorik. Das Porträt des bösen Zauberers ist verändert, es wird mit der Figur des Großwesirs und dessen Sohn (der die Tochter des Sultans heiraten sollte) verschmolzen. Die Zeichnung des Lampengeists und die Figur des Affen, der Ala(d)dins Freund ist, dienen zur Erzeugung von Komik und Sympathie. Der Film gestaltet aber nicht nur ein Abbild, sondern auch eine Parodie der US-amerikanischen Gesellschaft, dafür sorgt nicht zuletzt die Stimme des Komikers Robin Williams, der den Flaschengeist spricht. Der die Zeitalter überblickende Geist kann auf komische Weise aktuelle Bezüge herstellen (wie dies Disney bereits drei Jahrzehnte zuvor dem Zauberer Merlin zugestand[6]). Mit dem Geist kommt ein anarchisches Potenzial in den Film, das die vordergründige Handlung an vielen Stellen konterkariert.

Das Wunderbare der Original-*Erzählungen* reduziert sich auf magische Gegenstände und Personen, die bruchlos in das religiöse Denksystem integriert werden. Am Beispiel dieses wirkungsmächtigen Zyklus ist erkennbar,

---

[5] Aladdin, USA 1992.
[6] Die Hexe und der Zauberer, USA 1963.

wie nahe einst Glaube und Aberglaube beieinander waren. Mit unterschiedlicher Gewichtung wird diese Traditionslinie von den sogenannten Volksmärchen fortgesetzt, vor allem im 19. Jahrhundert. Rudolf Schenda hat allgemein zum Lesegeschmack der Zeit festgestellt: „Gute Lektüre hatte ganz offenbar etwas mit der Religion zu tun; sie mußte transzendieren, von dieser Welt ablenken."[7]

Um es in einem etwas gewagten Bild zu sagen: Märchen halfen, der bürgerlichen Gesellschaft ein hölzernes Fundament zu geben, das mit fortschreitender Zeit zu faulen begann. Die ernst zu nehmenden jüngeren Autoren am Anfang des 20. Jahrhunderts werden sich daher mit Naserümpfen vom Märchen abwenden. Die Gattung bleibt so populär wie vorher, doch sie wird – um es freundlich zu formulieren – rückwärtsgewandt. Innovativ werden dann nur noch radikale Veränderungen der Tradition sein – durch Negation, etwa in Form von Satiren, oder durch Integration in andere literarische Traditionen, vor allem des Kinder- und Jugendbuchs.

---

[7] Schenda: Volk ohne Buch, S. 70.

Giovan Francesco Straparola

Die ergötzlichen Nächte (1550–53)

„Von zügelloser Liebe entflammt"

Der um 1480 in der Nähe von Cremona geborene und vermutlich um 1557 gestorbene italienische Autor ist erkennbar von Boccaccio beeinflusst worden. Seine 73–75 Erzählungen[1] umfassende Sammlung *Die ergötzlichen Nächte* von 1550–53 ist wie Boccaccios *Decamerone* mit einem Rahmen versehen. Straparola greift auf zahlreiche unterschiedliche Quellen zurück, man merkt die Einflüsse orientalischer Erzählungen ebenso wie die der Bibel. So kommt es, dass Geschichten gottgeweihten Lebens und wundersamer Tugend mit Schilderungen freizügiger Sexualität verbunden sind.

Die erste nachweisbare deutschsprachige Übersetzung, eine stark bearbeitete Auswahl, stammt von 1791. Es kann aber davon ausgegangen werden, dass es bereits hundert Jahre zuvor eine erste Übersetzung gegeben hat. Straparola hat zweifellos auf verschiedenste Autoren gewirkt, so ist die Geschichte von Cassandrino (ERN1, 18–30) als Vorlage für den *Meisterdieb* der Brüder Grimm identifizierbar. Bei Basile, Perrault und Musäus wird das Motiv des Königs, der seine eigene Tochter heiraten will, immer wieder variiert, es geht zurück auf Straparolas Erzählung von Thebaldo, Fürst von Salerno (ERN1, 42–54), wobei nach Straparolas Quellen noch zu forschen wäre. Wie in anderen literarischen Gattungen auch gibt es ein enges Motivgeflecht zwischen vielen Texten, dem nachzuspüren die Grenzen dieses Bands sprengen würde. Viele intertextuelle Bezüge können auch nur über Indizien konstruiert werden, so fällt beispielsweise auf, dass die Erzählung von Madonna Modesta in Pistoja spielt, einem Ort, dessen Name auch in Hoffmanns *Prinzessin Brambilla* vorkommt. Die *Prinzessin* spielt zur Zeit des römischen Karnevals und erinnert an den Rahmen, den Straparola seinen Erzählungen gab. Darin lässt sich die junge Adelige Lucretia in den letzten Tagen des Karnevals von ihren Gespielinnen Geschichten erzählen.

Straparola hat seine Handlung erkennbar auf das höfische Publikum der Zeit abgestimmt. Das ist bereits an der ersten Erzählung der neueren Auswahl

---

[1] Die benutzten Ausgaben und Lexika nennen 74 bzw. 75, aus der Ankündigung in der Rahmenhandlung, wie sie auszugsweise in der vielleicht einzigen deutschsprachigen Ausgabe abgedruckt ist, ergeben sich rechnerisch 73 Erzählungen, die dort als „Novellen" bezeichnet werden (ERN1, XXII).

erkennbar, die Alfred Semerau übersetzt und eingeleitet hat (in der umfangreicheren Auswahl von Hanns Floerke ist es die achte). Carlo von Arimino ist „ein kriegerischer Mensch, der nichts von Gott hielt und die Heiligen lästerte, ein Mörder, ein ganz verrohter Mensch, der sich jeder zügellosen Ausschweifung hingab". Zugleich ist er aber auch „ein anmutiger und feiner Jüngling", diese Janusgesichtigkeit ist für die Motivierung der Handlung notwendig. Gegenüber dem Mädchen Theodosia „von zügelloser Liebe entflammt", möchte er sie auf jeden Fall besitzen; das weit unter seinem Stand stehende Mädchen hat sich aber dem Dienst Gottes geweiht (EN, 18). Als er sieht, dass er sie nicht umstimmen kann, beschließt er, „sie zu rauben und sein begehrliches Gelüst zu stillen" (EN, 19).

Als er des Mädchens habhaft wird, betet sie zu Gott, dass er sie verschonen möge:

> Kaum hatte sie ihre Bitte beendet, als Theodosia durch ein Wunder verschwand und Gott Carlos Augen so verdunkelte, daß er nichts mehr erkannte, und während er das Mädchen zu berühren, zu küssen, zu umarmen und in seiner Gewalt zu haben glaubte, er nichts anderes berührte, umarmte und küßte als Töpfe, Kessel, Bratspieße und Besen und was man sonst so in der Küche zu haben pflegt. Als nun Carlo sein zügelloses Wesen befriedigt und seinen Liebesspeer an den Gerätschaften wundgestoßen hatte, wollte er noch einmal seine Liebesglut in einen Kessel ergießen. Als wenn es die weitgeöffnete Liebesgrotte der Theodosia gewesen wäre, stieß er in den Kessel hinein und wurde dabei so vom Ruß beschmutzt, daß er nicht Carlo, sondern der Teufel schien. (EN, 21f.)

Die Offenheit, mit der erzählt wird, bedient die geheimen Gelüste der Zuhörer oder Leser, während die Strafe, die der zügellose junge Mann erleidet, dafür sorgt, dass die Normen der Gesellschaft nicht angetastet werden. Wie in anderen Texten mittelalterlicher Literatur hat auch hier Gott seine Hand im Spiel. Damit wird einerseits die Verankerung des gesellschaftlichen Weltbildes im kirchlichen bestätigt, andererseits macht die göttliche Strafe die Schilderung des Lasters in dieser Drastik überhaupt erst möglich.

Solche Geschichten sind keine Märchen, sie knüpfen an die Tradition der Bibel und der Heiligenlegenden an. Doch sind Parallelen zu den später Volksmärchen genannten Texten evident: Die Figuren sind flächig, erfahren keine Psychologisierung; die Symbolik ist einfach, die Handlung einsträngig; das Böse wird bestraft und das Gute belohnt. Während die Grimms eine starke Zensur ausübten und ihre Quellen von sexuellen Anzüglichkeiten wie von allem anderen ‚reinigten', das den Normen der bürgerlichen Gesellschaft zuwiderlief, so stellten sich Autoren wie Ludwig Bechstein wieder stärker in die Tradition früherer Novellistik. Die viel diskutierte Grausamkeit der Märchen und die Unempfindlichkeit der Gattung gegenüber den Qualen, die sie ihren Figuren auferlegt, hat aber zweifellos seinen Ursprung in den älteren Quellen.

Nicht nur die Brüder Grimm verstanden sich als Sammler von Texten, die ihren Ursprung im Volk hatten. Mit Blick auf die Quellen, die den Diskursprinzipien einer höfischen und religiös fundierten Gesellschaft folgten, kann man aus heutiger Sicht von einem modernen Mythos sprechen, der im 19. Jahrhundert geschaffen wurde und in erster Linie einer kulturellen Grundlegung dienen sollte, um den Prozess der Nationbildung voranzutreiben.

Giambattista Basile

Das Pentameron (1634–36)

„So weckte die Puppe in der Mohrin
den Wunsch nach Märchen"

Der Neapolitaner Giambattista Basile (ca. 1575–1632) steht erkennbar in der Tradition Boccaccios und Straparolas. Wie in Straparolas Sammlung *Die ergötzlichen Nächte* (1550–53) handelt es sich beim *Pentameron* (postum 1634–1636 erschienen), das ursprünglich *Die Geschichte der Geschichten* hieß, aber angesichts der 50 enthaltenen Erzählungen in Analogie zu Boccaccios *Dekameron* seinen neuen Namen bekam, um Erzählungen gottgeweihten Lebens, wundersamer Tugend und freizügiger Sexualität. Auch Basile schreibt für ein im Feudalsystem sozialisiertes Publikum, allerdings wird bei ihm der Lohn der Tugend noch stärker herausgearbeitet und das Wunderbare viel stärker ausgeschmückt als bei seinem direkten Vorgänger Straparola. Straparola hat mit dem Märchenschreiben begonnen, doch hat die größere Modernität Basiles dazu geführt, dass er als Großvater des europäischen Märchens gelten kann: „So bietet Basile, der nur in vier Stücken mit dem älteren Straparola übereinstimmt, für viele der berühmtesten europäischen Volksmärchen den absoluten Erstbeleg."[1] Es ist bei der Lektüre dennoch deutlich zu merken, wie sehr Basile Straparola (und anderen) verpflichtet ist.[2]

Frappierend sind Basiles zahlreiche Einfälle wundersamer Begebenheiten, die er aneinander reiht, ohne allzu viel Wert auf die Logik der Handlung zu legen. Darin ist der größte Unterschied zu Straparola zu sehen; erst bei Basile ist das Wunderbare zum selbstverständlichen Bestandteil der Handlung geworden. Dieses Feuerwerk der Fantasie, das hier entzündet wird, hat das *Pentameron*, neben den *Erzählungen aus den Tausendundein Nächten*, zur wichtigsten stofflichen Quelle aller weiteren Märchenproduktionen gemacht.

Es verdanken sich zahlreiche Texte, die heute ausschließlich mit dem Namen der Brüder Grimm verbunden werden, Stoffen oder Motiven Basiles, wobei dieser erkennbar auf frühere Texte anderer Autoren Bezug nimmt, etwa auf den griechischen Fabeldichter Äsop (ca. 6. Jhd. v. Chr.), den er einmal namentlich nennt, oder die bereits erwähnten *Erzählungen* der Schehrezad. Bei

---

[1] Rölleke: Die Märchen der Brüder Grimm, S. 15.
[2] Vgl. hierzu die zahlreichen Belege in Ranke u. Brednich (Hg.): Enzyklopädie des Märchens, Bd. 1, Sp. 1295–1308, v.a. Sp. 1298ff.

dem Anfang von *Der Drache* handelt es sich um ein unmarkiertes Zitat, es wird die Handlung des Rahmens der *Erzählungen* adaptiert:

> Als der König das erfuhr [eine Hexe hat ihm sein Reich gestohlen], übermannte ihn die Verzweiflung, und um der Zauberin einen Tort anzutun, raubte er allen Frauen der Stadt, deren er habhaft werden konnte, nicht nur die Ehre, sondern nahm ihnen auch das Leben. Unter den hundert und aber hundert, die das feindselige Geschick zu diesem traurigen Los verdammte, befand sich auch eine Jungfrau namens Porziella. (DP, 249)

Wie in den *Erzählungen* wird Porziella später die Frau des Königs, dessen Untaten keine andere Sühne verlangen als eine Entschuldigung: „Und er bat sie um Verzeihung wegen der Grausamkeit, mit der er sie behandelt [...]" (DP, 257).

Die vielen Tiermotive und der pädagogische Zug des *Pentameron* zeigen deutlich die Verwandtschaft mit der Gattung der Fabel. Die Erzählerinnen der Märchen beginnen mit moralischen Lehrsätzen, ein Beispiel: „Gehorsam ist eine sichere Ware, die Gewinn bringt ohne Risiko, und ein Besitz, der zu jeder Jahreszeit Früchte trägt" (DP, 188). Wie in der antiken Literatur kommt auch das Schicksal vor, dem der Mensch ausgeliefert ist, etwa in *Das helle Antlitz* (DP, 165–173).

Basile greift auf das Konzept von Rahmenhandlung und Binnenhandlungen zurück. Zehn Frauen erzählen an fünf Tagen fünfzig Märchen, die Anlage ähnelt den *Ergötzlichen Nächten* – bei Straparola erzählen ebenfalls zehn Frauen, freilich sind es jeweils „fünf Novellen" in 13 Nächten, in der letzten Nacht sogar 13 Novellen (ERN1, XXII). In beiden Rahmenhandlungen zeigen sich prototypisch die Merkmale frühen Märchenerzählens: Die Handlung spielt an einem klar lokalisierten Königshof, es treten Figuren mit Eigennamen und besonderen Eigenschaften auf, allerdings bleiben sie weitgehend typenhaft. Die durchgängige Ironie und die freizügigen Schilderungen sexueller Handlungen zielen auf das Publikum der erwachsenen, gebildeten, höfischen Zuhörer und Leser.

Der freizügige und unbekümmerte Basile erzeugt mit den Mitteln der Erotik auch Komik, zum Beispiel bei der Probe, der Belluccia unterzogen werden soll. Sie hat sich als Junge verkleidet und ein Prinzensohn hat sich in sie verliebt. Die Mutter rät ihm, um die wahre Identität des ‚Jünglings' herauszufinden, zu folgendem Trick:

> „Dann nimm sie mit zum Schwimmen. Dann wird sich ja zeigen, ob sie flach oder rund, Berg oder Tal ist, ob sie den Circus Maximus oder die Trajansäule aufzuweisen hat." – „Bravo", erwiderte Narduccio, „dagegen ist nichts zu sagen, da hast du ins Schwarze getroffen. Noch heute werde ich sehen, ob sie ein Bratspieß oder eine Pfanne, ein Nudelholz oder ein Sieb, eine Spindel oder eine Hülse ist." (DP, 191)

Zurück zur Rahmenhandlung: Der König von Vallepelosa hat eine Tochter mit Namen Zoza, die trübsinnig ist und nicht lachen will (ein häufiges Märchenmotiv). Sie sieht, wie ein Hofpage einer alten Frau einen Streich spielt. Dafür überhäuft sie ihn mit Schimpfwörtern. Doch er kann mit ihrer Beredsamkeit konkurrieren, so dass sie

> […] den Vorhang ihrer Hinterbühne aufhob, so daß man den ganzen umbuschten Schauplatz erblickte und Silvio wohl hätte sagen können: „Geht hin und weckt die Schläfer mit der Trompete." Bei diesem Anblick bekam Zoza einen solchen Lachkrampf, daß sie beinahe ohnmächtig geworden wäre. Durch diesen Lärm erneut in Wut versetzt, schnitt die Alte schreckliche Grimassen und rief: „Warte nur, du sollst auch nicht den Schatten eines Ehegatten finden, es sei denn, du bekämst den Fürsten von Camporotondo!" (DP, 6).

Basiles Schilderungen erinnern an weltliche Texte des Mittelalters, etwa an die Fäkalsymbolik in Hermann Botes (ca.1460–1520) *Till Eulenspiegel* (1515). Zugleich deutet die Fluchszene mit der alten Frau auf das erste Wirklichkeitsmärchen voraus – am Anfang von E.T.A. Hoffmanns *Der goldne Topf* (1814) wird das Äpfelweib den Studenten Anselmus verfluchen. Auch die Tiersymbolik Basiles weist auf Hoffmann und auf Goethes *Das Märchen* voraus, beispielsweise die Metamorphose einer Schlange in einen Königssohn in *Der Jüngling in der Schlange* (DP, 107–114).

Wie später bei Hoffmann motiviert also auch in Basiles Rahmenhandlung ein Fluch das weitere Geschehen. Zoza findet heraus, dass der genannte Fürst verzaubert und daraufhin scheintot begraben wurde. Sie muss einen Krug mit Tränen füllen, um ihn wieder zum Leben zu erwecken. Unglücklicherweise schläft sie dabei ein und eine „krummbeinige Mohrensklavin" (DP, 8) nimmt ihr den Rest der Arbeit ab, so dass der wiedererstandene Fürst die Sklavin ehelicht. Zoza will sich damit nicht zufrieden geben, sie stellt über die wunderbaren Gaben, die sie von drei Feen erhalten hat, eine Verbindung zum Fürsten her. Die Mohrin möchte die Wunderdinge unbedingt haben, Zoza schenkt sie dem Fürsten und er bietet ihr, weil sie jeden Dank ablehnt, schließlich „als Gegengabe für ihre Huld Reich und Leben an" (DP, 10). So wird Bescheidenheit belohnt, oder vielmehr kluge Taktik. Die Mohrenfürstin hingegen erfüllt das weibliche Klischee des Buches und der Zeit: „wo doch die Weiber von Natur so habgierig sind" (DP, 9). Unter den wunderbaren Gaben ist eine Puppe, die von Zoza instruiert wurde: „[…] so weckte die Puppe in der Mohrin den Wunsch nach Märchen" (DP, 10).

Der Anlass gibt Zoza die Möglichkeit, auch ihre eigene Geschichte zu erzählen – das letzte Märchen mündet somit in die Rahmenhandlung. Der Fürst lässt die Mohrin als Strafe für ihren Betrug lebendig begraben und nimmt Zoza zur Frau (DP, 359). Der Gegensatz Mohrensklavin – Prinzessin könnte größer nicht sein, mit ihrer Charakterisierung und dem Ausgang der Rahmenhandlung werden die bestehenden höfischen Normen von Basile bekräftigt. Nicht zufällig handelt es sich um eine Farbige, mit ihrer dunklen Haut trägt sie die negative, xenophobe Symbolik zur Schau, die Basile für die Motivierung des weiteren Geschehens notwendig scheint.

Dass die Märchen von zehn Vertretern des weiblichen Geschlechts erzählt werden, festigt entsprechende Zuschreibungen, wie wir sie ja schon aus den *Erzählungen aus den Tausendundein Nächten* kennen. Dass Märchen generell mündlich von einfachen, älteren Frauen tradiert werden, schreiben später die Grimms im Vorwort zur 2. Auflage ihrer *Kinder- und Hausmärchen* (1819) fest.

Basiles Märchen weisen einige Merkmale auf, die für die weitere Tradition bestimmend sind: Eine Notsituation muss behoben werden; neben das ‚menschliche' Personal aus Königsfamilien und Bauern treten distanzlos Hexen und Zauberer; die den Protagonisten gestellten Aufgaben werden in der Regel unter Zuhilfenahme magischer Requisiten gelöst. Es gibt aber auch deutliche Abweichungen zum Märchen des 18. und 19. Jahrhunderts, bereits genannt wurden die (sexuelle) Derbheit sowie die fehlende Logik der Handlungsentwicklung und damit der Verzicht auf Glaubwürdigkeit, um die es Basile erkennbar nicht geht. Im Motivgebrauch gibt es kleinere Differenzen, so sind Zauberer und Hexen bei Basile in der Regel hässlich und gefährlich, oftmals handelt es sich um Menschenfresser, die Zauberer haben Stoßzähne. Dabei sind sie aber nicht im moralischen Sinn böse – es fehlt jede Psychologisierung, die einen solchen Schluss zulassen würde. Magische Helferfiguren sind in der Regel die Feen, auch sie bleiben typenhaft. Manchmal darf ein Zauberer nett und eine Fee böse sein. Die Figuren der Wunderwelt haben lediglich die Funktion, auf unterhaltsame Weise dafür zu sorgen, dass die Protagonisten für ihre Handlungen belohnt oder bestraft werden. Sowohl Lohn als auch Strafe sind drastisch, auf der einen Seite steht der Gewinn eines Königreichs (beim Mann) oder eines Königs bzw. Königssohns (bei der Frau), auf der anderen Seite der oftmals grausam inszenierte Tod.

Das sollte man jedoch nicht so ganz ernst nehmen. Distanz erzeugt die unwahrscheinliche Handlung ebenso wie die durchgängige Ironie, die auch vor Königen nicht Halt macht. Die kurze, jedem Text vorangestellte Einleitung beginnt im Fall des *Flohs* wie folgt: „*Ein König, der etwas schwach im Kopfe ist, zieht einen Floh auf* […]" (DP, 40). Zwar erlaubt sich Basile nicht, die Stellung eines Königs grundsätzlich anzuzweifeln, das hätte ihn wohl sein Hofamt oder noch mehr gekostet. Doch wenn man davon absieht, ist es schon erstaunlich, wie viele Tölpel Basile ihr Glück machen lässt, oftmals sogar auf Kosten von regierenden Herrschern – zum Beispiel in *Der Dummkopf* (DP, 199–204). Solche sozialen Aufstiege sind im Medium des Märchens unverdächtig. Inwieweit im Falle Basiles das Wunderbare Tarnung für substanzielle Kritik an der politischen Ordnung der Zeit ist, darüber lässt sich nur spekulieren. Immerhin

– und das ist schon eine bedeutende Leistung für die Zeit – kann man feststellen, dass das *Pentamerone* eine solche Lesart zulässt.

Zur Ironie kommen Situationskomik und Wortwitz, Merkmale der italienischen Komödie. So erlaubt sich der Erzähler Ausrufe wie: „O Schreck, wie war der häßlich!" (DP, 14). Die Lehrsätze, die am Anfang der Märchen stehen, werden durch die angehängte gereimte Moral weniger bestätigt als vielmehr ins Komische gewendet. So heißt es am Ende von *Die drei Feen*, eine Episode, deren Handlungsgerüst später die Brüder Grimm für *Frau Holle* übernommen haben: „In den Himmel spucke nicht; / Es fällt zurück in dein Gesicht!" (DP, 220).

Wie Straparola bestätigt Basile die gängigen Rollenklischees; so muss eine junge und schöne Frau dankbar dafür sein, dass sie ein Prinz zur Frau nimmt. Luciella in *Das Vorhängeschloß* wird sogar von einem verzauberten Prinzen betäubt, bevor er mit ihr schläft und sie von ihm schwanger wird (DP, 138f.), ohne dass dies dem Prinzen als Schuld angekreidet würde – schließlich heiratet er sie nach seiner Entzauberung und macht so den Schaden wieder gut (DP, 140). Allerdings wirkt die allumfassende Ironie oftmals auch in die andere Richtung, etwa wenn der Erzähler eine verzauberte Taube ausrufen lässt: „O, wie unglücklich ist doch die Frau daran, die zu sehr vertraut auf die Worte der Männer [...]" (DP, 129).

Wie eingangs erwähnt, sind die stofflichen Übereinstimmungen mit späteren, bekannten Märchentexten verblüffend. Bei Basile findet sich vorgeprägt, was man später mit anderen Namen und Texten verbindet. Schon das erste Märchen *Der Zauberer* entspricht in Teilen der Handlung dem Grimmschen Märchen *Tischchendeckdich, Goldesel und Knüppel aus dem Sack* (KHM1, 195–205). Bei den Grimms erhalten die drei Söhne eines Müllers durch ihren Fleiß magische Geschenke – einen Tisch, der auf den Befehl „Tischchen, deck dich" wunderbare Mahlzeiten herbeizaubert (KHM1, 198), einen Esel, der es beim Wort „Bricklebrit" vorn und hinten Goldstücke regnen lässt (KHM1, 200) und einen Knüppel, der beim Befehl „Knüppel, aus dem Sack" seinen Besitzer verteidigt (KHM1, 201). Die ersten beiden Söhne werden von einem Wirt beraubt, er tauscht Tisch und Esel aus und als sie ihre Gaben dem Vater vorführen wollen, zeigen sie nicht die erhoffte Wirkung. Doch der letzte Sohn, der im selben Wirtshaus übernachtet, lässt sich nicht übertölpeln und gibt seinen Brüdern ihren rechtmäßigen Besitz zurück.

In Basiles *Zauberer* ist es nur ein Sohn, der seiner Mutter die wunderbaren Gaben bringen will, die ihm ein freundlicher Zauberer geschenkt hat. Die erste Gabe ist ein Esel, der auf den Befehl „Arri, cacauro!" wie folgt reagiert: „Kaum hatte er den Mund geöffnet, da hob das Langohr den Schwanz und schüttete Perlen, Smaragde, Saphire und Diamanten aus, jedes so dick wie eine Walnuß" (DP, 15). Doch der Wirt, bei dem Antuono übernachtet, vertauscht den Esel. Genauso ergeht es dem Jungen mit einem „Mundtuch", das auf den Befehl „Tüchlein, öffne dich!" eine vergleichbare Fülle an Edelsteinen produziert (DP, 17). Die letzte der Gaben hilft dem Jungen aus der Klemme: Ein Knüppel, der dem Befehl „Prügel, reck dich!" folgt, bestraft den Wirt und verhilft dem Jungen zu seinem Besitz (DP, 18f.).

Abgesehen von der Übereinstimmung der wesentlichen Handlungszüge gibt es autorentypische Unterschiede – Antuono wird als strohdumm vorgestellt, er hat sein Glück eigentlich nicht verdient. Die Brüder Grimm hingegen motivieren den Gewinn der Brüder durch ihren beruflichen Fleiß, also durch eine bürgerliche Tugend. Die Mutter Antuonos verprügelt den Jungen jedes Mal, wenn er ohne magischen Gegenstand nach Hause kommt; der Vater der Brüder verhält sich deutlich zivilisierter. Durch Basiles Märchen darf ein „Nachttopf [...] voller roter Pisse getragen" werden (DP, 15), der vertauschte Esel darf „einen schönen gelben Brei" auf den ausgebreiteten Tüchern hinterlassen (DP, 16). Solche drastischen Schilderungen sind in einem Märchen der Grimms undenkbar.

Eine weitere stoffliche Übernahme ist das Märchen vom *Aschenputtel* (DP, 46–52), das Kernmotiv wird von Basile selbst noch mehrfach variiert, beispielsweise im *Ziegengesicht* (DP, 63–69) oder in der *Küchenmagd* (DP, 133–136). *Petrosinella* (DP, 89–91) ist weitgehend handlungsidentisch mit *Rapunzel* (KHM1, 87–91),[3] *Gagliuso* (DP, 102–106) mit *Der gestiefelte Kater* (KHM2, 453–458) und *Sonne, Mond und Talia* (DP, 329–333) mit *Dornröschen* (KHM1, 257–260). *Die sieben Tauben* (DP, 273–283) hat für *Die sieben Raben* (KHM1, 154–156) Pate gestanden. *Das Mädchen ohne Hände* (KHM1, 176–183) hat seine Vorläuferin in *Die Schöne mit den abgeschnittenen Händen* (DP, 155–164), allerdings kommt es zu vergleichsweise tiefgreifenden Veränderungen.[4] Die Intrigen des Bruders und einer neidischen Frau werden von den Grimms durch Intrigen des Teufels ersetzt. Bei allen Übernahmen lassen sich zwei Verfahrensweisen der Brüder Grimm deutlich erkennen: Die Handlung wird gestrafft und die moralisierende Tendenz wird stärker herausgearbeitet, wobei die Moral nun keine höfische mehr ist, sondern eine bürgerliche. *Die drei Feen* (DP, 212–220) und *Frau Holle* (KHM1, 150–153) haben die wichtigsten Handlungszüge miteinander gemein, doch während Basile die Komik des Geschehens betont, beschränken sich die Grimms darauf, die Tugend bzw. Untugend der Mädchen zu demonstrieren.

Musäus' *Volksmärchen der Deutschen* (1782–86) ist eine weitere (frühere) deutschsprachige Märchensammlung, die Stoffe und Motive von Basile über-

---

[3] Das Motiv kommt auch in *Die Taube* noch einmal vor (DP, 127).
[4] Dass es auch für Basiles Texte oft ältere Quellen gibt, lässt sich am Beispiel des nur scheinbar ungewöhnlichen Motivs eines Mädchens mit abgeschnittenen Händen erkennen, hierbei handelt es sich um den aus mittelalterlichen Texten bekannten Typus einer unschuldig verfolgten und verleumdeten Frau. Vgl. Ranke u. Brednich (Hg.): Enzyklopädie des Märchens, Bd. 8, Sp. 1175–1387.

nommen hat. Exemplarisch lässt sich dies an den Übereinstimmungen von Musäus' *Die Bücher der Chronika der drei Schwestern* (VD, 19–72) mit *Die drei Tierkönige* (DP, 237–242) zeigen. Bei Basile sind drei Königssöhne „durch die Verwünschung einer Fee in Tiergestalten verwandelt worden", und zwar in Falke, Hirsch und Delphin (DP, 237). Sie verlieben sich in drei Königstöchter und setzen dem Vater so zu, dass er in die Hochzeit einwilligt. Ihr kleiner Bruder Tittone setzt sich auf ihre Fährte, schließt Freundschaft mit den verzauberten Prinzen und bekommt von ihnen magische Gaben – eine Feder, ein Haar und eine Schuppe. Als er eine Königstochter aus der Gewalt eines Drachen befreien will, ruft er die verzauberten Brüder zu Hilfe, sie besiegen das Untier und damit auch ihren eigenen Fluch, der besagte, „daß wir in Tiergestalt leben sollten, bis wir die Tochter eines Königs aus großer Drangsal befreien würden" (DP, 241). Die Eltern Tittones freuen sich, ihre Kinder und Schwiegersöhne wiederzuhaben, den Schluss bildet die (das Happy-End komplettierende) Hochzeit zwischen der befreiten Prinessin und Tittone. Musäus übernimmt die komplette Handlung mit kleinen Änderungen und großen Ausschmückungen. Bei ihm sind es ein Bär, ein Adler und ein Delphin, die sich als Prinzen entpuppen und von dem Nachzügler Reinald besucht werden. Statt des Drachen muss Reinald mit Hilfe der Schwäger einen Stier besiegen, um eine verzauberte Fürstentochter befreien zu können. Damit ist auch der Fluch von den verzauberten Brüdern genommen und es kommt zum vierfachen Happy-End.

Wie noch zu zeigen sein wird, ist Brentanos *Gockel und Hinkel* (1838) Basiles *Hahnenstein* (DP, 223–227) verpflichtet, ebenso dem Motiv der Puppe in der Rahmenhandlung (DP, 10). Abgesehen von umfangreichen stofflichen Übernahmen finden sich auch zahlreiche motivische Übereinstimmungen zwischen Basiles *Pentameron* und anderen Märchentexten, ein Beispiel: In *Die Bärin* will ein König seine Tochter heiraten, weil ihm die Königin vor ihrem Tod befohlen hat, nur eine neue Frau zu wählen, „die genauso schön ist, wie ich es gewesen bin" (DP, 115). Wie bereits in Straparolas Erzählung von Thebaldo, Fürst von Salerno (ERN1, 42–54), und später in Perraults *Eselshaut* (PM, 34–48) kann die Tochter den Nachstellungen des Vaters durch die Tarnung als Tier entkommen. Musäus radikalisiert das Konzept in *Liebestreue* (VD, 457–493), er lässt das gräfliche Paar, bevor der Graf verscheidet, gegenseitige Treue bis in den Tod schwören (VD, 461) und bestraft die Gräfin mit dem Tod, als sie ihren Schwur bricht. Allerdings sind auch bei Musäus die Figuren (noch) ironisch gezeichnet, eine Eigenschaft, die dem Märchenpersonal dann von den Brüdern Grimm ausgetrieben wird.

Basile hat nicht nur auf Märchenautoren anregend gewirkt. Eine Übernahme von Motiven lässt sich für den von Gottfried August Bürger (1747–1794) so folgenreich bearbeiteten Stoff des *Münchhausen* (1786/88) vermuten. Der Läufer, der Horcher, der Schütze und der Windmacher, die Münchhausen helfen, den Schatz des Sultans zu entführen, haben ihre Vorläufer in Basiles *Der Dummkopf* (DP, 199–204). Der Tölpel Moscione trifft nacheinander Folgore, der laufen kann „wie der Blitz", Orecchio, der mit seinem Ohr an der Erde hören kann, „was auf der Welt vorgeht", Accecadiritto, der „so genau mit der Armbrust zu zielen" vermag, dass er eine Erbse trifft (DP, 200), Soffiarello, der Sturm blasen kann, und Forteschiena, der so stark ist, dass man ihm „einen Berg auf die Schulter legen kann" (DP, 201). Gemeinsam überlisten sie einen König.

Basiles Märchen sind ausgesprochen originell; das gilt für die Handlung wie für die Freizügigkeit der Darstellung. In der Rezeption der Stoffe und Motive seit dem 18. Jahrhundert (Beispiele waren Musäus, Brentano und vor allem die Brüder Grimm) wird die Handlung stärker motiviert und alles Erotische oder sonstwie Anstößige weitgehend getilgt. Zwar ist Basile in der Konzeption der sozialen Rollen seiner Figuren noch stark der höfischen Gesellschaft seiner Zeit verpflichtet, doch sollte im direkten Vergleich die Frage erlaubt sein, ob die spätere Verbürgerlichung des Märchens mehr Vor- oder mehr Nachteile gehabt hat. Mit der Märchendichtung des 18. und 19. Jahrhunderts, insbesondere mit den prägenden *Kinder- und Hausmärchen*, sind einige (soziale) Grenzen aufgehoben, aber dafür andere Beschränkungen eingeführt worden, die bis heute weiterwirken. Die Brüder Grimm haben das Märchen normiert und verbürgerlicht – doch dazu mehr in einem späteren Kapitel.

Charles Perrault

Die Märchen (1695/97)

„Wie wahr ist es doch, daß das Wünschen nichts für die Armen ist"

Der Anwaltssohn Charles Perrault (1628–1707) popularisierte die Gattung Märchen auf eine Weise, die Folgen haben sollte. Wie wir sehen werden, sind viele bekannte Märchenstoffe, die wir eigentlich mit den Brüdern Grimm verbinden, von Perrault vorgeprägt worden, wobei er auf mehr oder weniger bekannte Quellen zurückgreifen konnte – von Boccaccios *Decamerone* über Straparolas *Die ergötzlichen Nächte* bis zu Basiles *Pentamerone*. Die vielfältigen Bezüge zu Prätexten können nicht alle erläutert werden, beispielhaft sei auf die parallele Konstruktion von *Eselshaut* (PM, 34–48), Straparolas Erzählung von Thebaldo, Fürst von Salerno (ERN1, 42–54) und Basiles *Die Bärin* (DP, 115–121) verwiesen: Ein törichter König will seine eigene Tochter heiraten, doch verhindert dies eine Amme bzw. eine gute Fee, indem sie der Tochter die Möglichkeit gibt, in einer Truhe oder in Gestalt eines Tieres (Esel oder Bär) den Nachstellungen zu entkommen.

Für den einflussreichen Beamtensohn Perrault war die Erneuerung der Literatur Programm, so eröffnete er 1687 mit einem Gedicht auf Ludwig XIV. die folgenreiche Debatte darüber, „ob die antike oder die moderne Literatur von höherem Wert sei".[1] 1695 erscheint Perraults erste kleine Märchensammlung, 1697 folgen die acht Texte der *Contes du temps passé* (auch *Contes de ma mère l'Oye*), mit denen er die Mode der französischen Feenmärchen initiierte, eine Mode, die schnell auf den deutschsprachigen Raum übergriff – mit bis heute sichtbaren Folgen.

In seinem Vorwort zu der ersten, *Contes en vers* betitelten Sammlung (die Versmärchen wurden später in Prosamärchen umgeschrieben) versucht er sein Vorhaben gegen Kritik von „betont ernsthafte[n] Leser[n]" zu verteidigen. „Leute von Geschmack" hätten bereits

> [...] mit Freude festgestellt, daß jene Nichtigkeiten gar keine solchen Nichtigkeiten sind, sondern eine nutzbringende Moral enthalten, und daß die heitere Erzählung, die ihre Hülle abgibt, nur die Aufgabe hat, sie auf angenehme Weise in ihren Geist hineinzugeleiten, auf eine Weise, die zugleich Belehrung und Unterhaltung bietet. (PM, 5)

---

[1] PM, Nachw. S. 131.

Perrault ist modern, indem er betont, dass es nicht um die literarischen Muster geht, an die man sich anlehnt, sondern um die Intention des Ganzen. Das Werk soll aus sich heraus beurteilt werden. Freilich sind diese Maßstäbe der Beurteilung noch im Rahmen von „Belehrung und Unterhaltung" zu sehen. Perrault behauptet sogar, dass die „Moral [...] bei jeglicher Art von Fabel die Hauptsache und letztlich der Grund ist, warum man sie überhaupt schreibt" (PM, 7). Belehrung und Unterhaltung soll auch durch die „Spuren der Satire" erreicht werden, denn sie sind „ohne Gift und Galle, so daß sie allen Freude bereiten, die sie lesen" (PM, 10). Damit hat Perrault sein Programm umrissen. Da aber Autoren ihren Lesern in der Regel nicht alles auf die Nase binden, darf man sich nicht wundern, dass seine Texte stellenweise darüber hinausgehen.

Schon *Griseldis* beginnt mit einer Ironisierung des Lesers, in diesem Fall mit konkretem Adressatenbezug auf eine Leserin. Die Protagonistin des Märchens sei wegen ihrer außerordentlichen „Duldsamkeit" an jedem Ort „ein erstaunlich Ding", in Paris jedoch „käme sie einem Wunder gleich" (PM, 11). Diese ironischen Seitenhiebe auf die Damenwelt kommen bei Perrault öfter vor, sie bestätigen ein Klischee und damit die Rolle der Frau in der zeitgenössischen Gesellschaft. Frauen wird beispielsweise unterstellt, dass sie sich nur schön machen und tugendhaft geben, bis sie einen Ehemann gefunden haben: „Sie legen ihre Maske ab, nicht ohne dabei manche Reize einzubüßen, und jede nimmt in ihrer Ehe die Rolle ein, die ihr am besten gefällt" (PM, 13). Frauen gehe es nur darum, zuhause „die Oberhand gänzlich zu gewinnen" (PM, 14).

Griseldis ist der Gegentypus, sie ist die Apologie der passiven Frau, die ihrem Mann selbst dann gehorcht, wenn er ihr das einzige Kind wegnimmt. Wir haben es mit einer doppelten Hierarchie zu tun, mit der die patriarchalische Gesellschaft fort- und festgeschrieben wird – König und Untertan, Mann und Frau. Das umzusetzen ist aber gar nicht so einfach und führt aus heutiger Sicht zu einem Verlust an Glaubwürdigkeit. Die Symmetrie der Tugendhaftigkeit nach außen (der König könnte kein besserer Herrscher sein, die Königin keine bessere Ehefrau) soll durch Asymmetrie nach innen (der König quält seine Frau, um ihre Tugend auf die Probe zu stellen) noch verstärkt werden. Das kalkuliert Positive aus weiblicher Sicht ist, dass es sich bei *Griseldis* wie früher bei Schehrezad und später bei *Aschenputtel* oder anderen vergleichbaren Märchenfiguren um die Geschichte eines sozialen Aufstiegs handelt. Griseldis ist „eine junge Schäferin" (PM, 15), wobei es Perrault nicht unterlässt, ihre unmittelbare Umgebung als *Locus amoenus* zu gestalten, als einen fiktiven Ort absoluter Naturschönheit. Griseldis ist die passive Heldin, der sie „mit grausamen Qualen" (PM, 27) bedenkende König ist aber kein Bösewicht, sondern der aktive Held. Er allein vermag zum Schluss alles zum Guten zu wenden, indem er seine „Härte und Roheit der Behandlung" einsieht und künftig „all ihre Wünsche zu erfüllen" gelobt (PM, 32). Die „grausame Prüfung" lässt sich aus der Perspektive des Schlusses als Notwendigkeit verstehen: „[…] hat sie doch allen ein Beispiel edler Tugend geschenkt, die dem schönen Geschlecht so wohl ansteht und die so selten anzutreffen ist" (PM, 33).

Es darf nicht verschwiegen werden, dass auch mancherlei Verhaltensweisen der Ironisierung anheimfallen, die Herrscher und Männer betreffen. So heißt es über Griseldis' künftigen Ehemann: „Wie bedeutsam er sich vorkam!" (PM, 18). Der König in *Eselshaut* versucht gar, seine Tochter zu heiraten. Dies wird als „Wahn" gekennzeichnet (PM, 37), von dem man geheilt werden kann. Am Ende ist der König froh, dass seine Tochter geflohen und einen Königssohn als Bräutigam genommen hat: „Das Feuer, das seine Seele entflammt hatte, hatte die Zeit gereinigt" (PM, 47). Eigentlich war die verstorbene Königin schuld, sie hat ihrem Mann das Versprechen abgenommen, er dürfe sich nach ihrem Tod nur mit einer Frau verheiraten, die „schöner, wohlgestalter und klüger ist als ich" (PM, 36). Und da kam eben keine andere als die Königstochter in Frage.

Man könnte nun *Blaubart* als Beispiel dafür ins Feld führen, dass Perrault auch die Männer nicht ganz verschont. Schließlich pflegt der böse reiche Mann seinen Ehefrauen den Hals durchzuschneiden und die Leichen in einem finsteren Zimmer aufzubewahren (PM, 76). Allerdings ist die junge Ehefrau nicht ganz unschuldig. Blaubart hatte ihr ausdrücklich verboten, jenes Zimmer zu betreten, doch kann sie der „Versuchung" nicht widerstehen. Die Frau bleibt sonst passiv, in Gestalt ihrer Brüder sind es positive Vertreter des männlichen Geschlechts, die sie vor Blaubart retten und den Bösewicht töten (PM, 79). Schließlich wird sie doppelt gerettet – Blaubarts Erbe bietet ihr die Möglichkeit, „[…] sich selbst mit einem sehr ehrenwerten Mann zu verheiraten, der sie die böse Zeit, die sie mit Blaubart verbracht hatte, vergessen ließ" (PM, 81).

Soweit es die männlichen Geschlechterrollen betrifft, wirkt der Außenseiterstatus des Bösewichts zusätzlich relativierend. Blaubart wird auf doppelte Weise stigmatisiert, er repräsentiert das Andere, das außerhalb der Gesellschaft steht: „sein blauer Bart jagte ihnen [den Frauen] Angst ein" (PM, 75), und er hat offenbar übernatürliche Fähigkeiten, denn der „Schlüssel war verzaubert" (PM, 77), mit dem die junge Ehefrau das verbotene Zimmer öffnet. Ihre Tat zeigt der Schlüssel durch einen Blutfleck an, der sich nicht abwaschen lässt.

Die doppelte Moral des Blaubartmärchens verstärkt den gewonnenen Eindruck, dass der negative Patriarch das Patriarchat nicht in Frage stellen soll. Zuerst mahnt Perrault seine Leserinnen, dass „Neugier" nur „Kümmernis" bringe; dann stellt er fest, dass es heute einen solchen grausamen Ehemann nicht mehr gäbe, sondern nur noch Exemplare, die ihren Frauen gegenüber „die Milde selbst" seien – das klingt fast bedauernd (PM, 81).

Perrault lässt generell die Handlungszeit seiner Märchen offen, wie in späteren Märchentexten wird aber die Orientierung am Mittelalter deutlich. Auch wenn nähere Ortsangaben fehlen: Eine programmatische Ortlosigkeit, die dann die Grimms pflegen werden, lässt sich bei Perrault nicht feststellen. *Griseldis* beispielsweise spielt am „Fuß der berühmten Berge, dort, wo der Po sich vom Schilf befreit" (PM, 11).

Das Wunderbare als Verstoß gegen die naturgegebene Ordnung ist bei Perrault oft selbstverständlich und wird später zum Charakteristikum des Märchens. *Griseldis* kommt ohne einen solchen Begriff des Wunderbaren aus. Hier wird an seine Stelle das Außerordentliche gesetzt – der „Eifer meiner klugen und treuen Gattin", wie es der König formulieren wird (PM, 32). In den übrigen Texten gibt es Wunderbares, das auf die ‚Gattung Grimm' vorausweist. In *Eselshaut* besitzt der König einen Esel, der „niemals Unrat fallen ließ, sondern nur die schönsten Taler und Goldstücke jeglicher Art" (PM, 35). Als der König seine eigene Tochter heiraten will, bekommt sie Hilfe durch eine „wunderbare Fee" (PM, 37), die ihr rät, die Haut des Esels als Beweis der Liebe zu verlangen und sich dann, darunter versteckt, fortzuschleichen (PM, 39ff.). Magische Gegenstände der Fee helfen auf eine aus dem höfischen Kontext begründbare Weise: „Auch meinen Zauberstab will ich Euch geben; ist er in Eurer Hand, so wird Euch die Truhe, unter dem Erdboden verborgen, auf Eurem Wege nachfolgen [...]" (PM, 40). In der Truhe sind die schönen Kleider der Prinzessin, ohne die es ihr nicht möglich sein wird, den durchs Schlüsselloch blickenden Prinzen für sich zu gewinnen (PM, 42). Das Mädchen lässt dem Prinzen einen Ring zukommen, und jetzt geschieht ein der Schuhprobe im Grimmschen *Aschenputtel* analoger Vorgang. Alle Frauen werden zur Anprobe gebeten, um die richtige herauszufinden, und manche versucht ihrem Glück nachzuhelfen, indem sie ihren Finger „wie ein Radieschen" abschabt oder „gar ein Stücklein" abschneidet (PM, 45). „Eselshaut in ihrer Küchenecke" ist ein wahres Aschenputtel (PM, 46), und nur ihrem Finger wird der Ring passen.

Die schlafende Schöne im Walde enthält alle wesentlichen Züge des Grimmschen *Dornröschen*-Märchens – auf Gemeinsamkeiten und Unterschiede soll in dem Kapitel zu den *Kinder- und Hausmärchen* der Brüder Grimm näher eingegangen werden. Auch eine Fassung von *Rotkäppchen* findet sich bei Perrault, allerdings ohne den versöhnlichen Schluss, den die Grimms hinzudichten werden. Der Wolf frisst die Großmutter und spielt Rotkäppchen etwas vor, mit dem beabsichtigten Ergebnis: „Rotkäppchen zieht sich aus und legt sich ins Bett. Da war sie sehr erstaunt, wie ihre Großmutter ohne Kleider aussah [...]" (PM, 73). Die erotische Konnotation ist nicht zu überlesen – der Wolf vertritt die Stelle des männlichen Verführers. Das bekannte Frage- und Antwortspiel endet erwartungsgemäß mit dem Aufgefressenwerden des Mädchens. Anders als bei den Grimms ist für Perrault aber damit Schluss, er lässt nur noch eine Moral folgen: „Hier sieht man, daß kleine Kinder, zumal junge Mädchen, wenn sie hübsch sind, fein und nett, sehr schlecht daran tun, jedwedem Gehör zu schenken [...]." Zudem seien „die sanften Wölfe unter den Wölfen die allergefährlichsten" (ebd.).

Wie später bei der aufklärerischen Fabel dient die Handlung zur Illustration einer Lehre, die einmal mehr an die weibliche Leserschaft gerichtet ist. Man könnte zugespitzt sagen: Wer sich vom Wolf fressen lässt, ist selber schuld. Die Veränderung durch die Brüder Grimm wird an der Bestätigung patriarchalischer Ordnungsmuster wenig ändern. Um keine subversive Lesart zu ermöglichen (Kritik am Verführer), wird bei Ihnen der Jäger als Vertreter männlicher Ordnung zum Retter stilisiert (KHM1, 159). Allerdings scheint dies den Grimms selbst nicht mehr zeitgemäß vorgekommen zu sein. In einer angehängten Episode lassen sie Großmutter und Rotkäppchen einen zweiten Wolf überlisten (KHM1, 159f.).

Auch *Blaubart*, *Der gestiefelte Kater* und *Aschenputtel* sind Stoffe, die sich den Grimms für eine Adaption anboten. *Die Feen* nimmt die Motivstruktur von *Frau Holle* vorweg: Von zwei Töchtern wird die jüngere wie eine Stieftochter behandelt, doch weil sie einer Fee, die sich als alte Frau verkleidet hat, zu trinken gibt, wird sie damit belohnt, dass ihr fortan beim Sprechen „eine Blume oder ein Edelstein" aus dem Mund fällt (PM, 92). Das will die böse Mutter auch für die verzogene ältere Tochter erreichen, doch hat sich die Fee diesmal als Dame verkleidet und die missratene Schwester weigert sich, ihr einen Trunk zu kredenzen. Sie wird nun verwünscht, so dass ihr beim Sprechen „eine Schlange oder eine Kröte aus dem Mund" kommt (PM, 93). Das nette Mädchen wird von einem Königssohn geheiratet, das missratene von der Mutter verstoßen, schließlich sogar durch einen einsamen Tod bestraft. Perraults Moral betont die Bedeutung von „Anstand" und „freundliche[n] Worte[n]", die schließlich auch belohnt würden (PM, 94).

In *Der kleine Däumling* finden sich die zentralen Motive, die später das prototypische und besonders ‚deutsche' Grimmsche Märchen ausmachen werden: *Hänsel und Gretel*. Der kleine Däumling und seine Brüder werden von ihren armen, hungernden Eltern aus Verzweiflung im Wald ausgesetzt. Der Vater ist Holzfäller wie bei den Grimms, allerdings ist er (später wird es die Frau sein) die treibende Kraft hinter dem Versuch, die Kinder loszuwerden. Däumling streut Kieselsteine aus und findet so mit den Geschwistern zurück (PM, 117ff.). Beim zweiten Mal hat er aber nur Brotkrümel, die von den Vögeln gefressen werden (PM, 121). Statt einer Hexe treffen die sieben Kinder auf das Haus eines Menschenfressers, der die Kinder seinen Freunden als Mahlzeit vorsetzen will. Nun hat der böse Mann aber sieben kleine Menschenfressertöchter. Däumling vertauscht in der Nacht die Kopfbedeckungen seiner Brüder mit denen der Mädchen, so dass der Menschenfresser den falschen Kindern die Kehle durchschneidet (PM, 125). Schließlich schafft es der Kleine sogar noch, die Siebenmeilenstiefel des Menschenfressers an sich zu bringen (PM, 127).

Perrault wendet das Märchen ins Ironische, indem er zwei mögliche Schlüsse anbietet: Däumling wird entweder reich, indem er das Gold und

Silber des Menschenfressers raubt (PM, 128) oder indem er sich am Hofe als Botengänger außerordentliche Verdienste erwirbt (PM, 129f.). Jedenfalls ist damit die Not der Familie behoben. Perrault schlussfolgert, man solle sich nicht „über eine große Kinderzahl" grämen und die Kleinsten nicht unterschätzen (PM, 130). Hier handelt es sich nun tatsächlich einmal um eine soziale Aufstiegsgeschichte, die – am Ende der Sammlung platziert – auf Veränderungen der gesellschaftlichen Ordnungsstruktur vorausweist.

Die immer an den Schluss gestellte Moral ist ein besonderes Kennzeichen von Perraults Märchen. Manchmal tritt sie auch zweifach auf. Sie schwankt zwischen Ironie und Ernst, doch im Grundsatz wird das Vorwort zur ersten Märchenedition bestätigt – die Moral wirkt normbestätigend. Aus *Eselshaut* sollen die Leser (wohl mehr noch die Leserinnen) mitnehmen, dass „es besser ist, sich harten Leiden auszusetzen, als seine Pflicht zu verletzen", und das geht umso leichter, wenn man weiß, dass Tugend „stets belohnt wird" (PM, 48).

Wie bei den Grimms schließt die normbestätigende Tendenz der meisten Märchen auch durchgängig ironische Texte nicht aus, allerdings sind deren ‚Helden' keine Herrscher, sondern einfache Leute. In *Die törichten Wünsche* muss ein Holzfäller lernen, dass die Unzufriedenheit mit seinem Schicksal unberechtigt ist. Als „Jupiter" (PM, 49) ihm drei Wünsche schenkt, lässt sich der Holzfäller im Streit mit seiner Frau dazu verleiten, mit der zuerst herbeigewünschten „riesige[n] Blutwurst" die Nase der Frau zu verzieren – um sie schließlich wieder, mit dem dritten und letzten Wunsch, in den „ursprünglichen Zustand" zurückzuversetzen (PM, 51f.). Für Perrault wird durch solche Beispiele die ‚göttliche Ordnung' bestätigt:

> Wie wahr ist es doch, daß das Wünschen nichts für die Armen, die Blinden, Unvorsichtigen, Unzufriedenen und Unsteten ist, und daß wenige von ihnen imstande sind, die Gaben recht zu nutzen, die ihnen der Himmel geschenkt hat. (PM, 52)

Christoph Martin Wieland

Die Abenteuer des Don Sylvio von Rosalva (1764)

„Was meinen Sie mit allem diesem seltsamen Zeug?"

Christoph Martin Wieland (1733–1813), einer der populärsten Schriftsteller seiner Zeit, gilt als Aufklärer, die Gattung Märchen, wie wir sie kennen, entstand aber in der Romantik. Dabei sind die Grenzen zwischen den Epochen gar nicht so fest, wie sie später von Literarhistorikern gezogen werden. Wielands wichtigster Beitrag zur Geschichte des Märchens sind die Sammlung *Dschinnistan* (1786ff.) und eine Binnenerzählung in dem Roman *Die Abenteuer des Don Sylvio von Rosalva* von 1764, genauer (so der Titel der Erstausgabe): *Der Sieg der Natur über die Schwärmerey oder die Abentheuer des Don Sylvio von Rosalva, Eine Geschichte worinn alles wunderbare natürlich zugeht*.[1] Wielands Binnenmärchen gilt nicht als zentral für die Gattung, obwohl hier – wie zu zeigen sein wird – bereits einige der wichtigsten Merkmale der späteren Kunstmärchen vorweggenommen werden. Zugleich ist der Rahmen des Romans für das Binnenmärchen unverzichtbar. Rahmen- und Binnenhandlung sind so eng aufeinander bezogen, dass man von einem Märchenroman sprechen könnte, wenn nicht das Element des Realistischen das des Märchens dominieren würde.

Für Wielands Roman ist der höfische Kontext, in dem er entstanden ist, zwar prägend, doch zugleich kann man das Binnenmärchen als Produkt einer Übergangszeit zur Moderne und vielleicht sogar zur Postmoderne lesen. Das Element des Spielerischen ist auf allen Ebenen bestimmend. Der Erzähler spielt mit dem Leser und die Figuren spielen miteinander. Wielands Text, so lässt sich bereits vorab feststellen, positioniert die Gattung Märchen neu. Er reagiert auf die französischen Conte de Fées (Feenmärchen), beispielsweise jene der Mme d'Aulnoy, indem er ihre ausschweifende und triviale Erzählweise parodiert und einen neuen, literarischen Märchentypus dagegen setzt, der aber nicht mit der Tradition bricht, sondern sie verändert: „Wielands Roman *ist* ein potenziertes Feenmärchen".[2]

---

[1] Zur Entstehung vgl. Tarot: Christoph Martin Wieland: Geschichte des Prinzen Biribinker. In: Ders.: (Hg.): Kunstmärchen, S. 37–63, hier S. 37f.
[2] Marx: Erlesene Helden, S. 99.

Der Roman ist in sieben Bücher unterteilt, eine symbolische Zahl, mit der sich das Geschehen rundet. Das Märchen *Geschichte des Prinzen Biribinker* findet sich im sechsten Buch, im Medium des Märchens macht Titelheld Don Sylvio seine entscheidende Erfahrung, die ihn befähigt, in die Gesellschaft einzutreten. Die Gesamtkonzeption ist die eines spätaufklärerischen Bildungsromans, es wird geschildert, wie sich Don Sylvios familiäre Situation darstellt, wie er bei seiner eigentümlichen Tante aufwächst und welche prägenden Erfahrungen er macht. Zugleich adaptiert Wieland das Muster des Schelmenromans, im Hintergrund ist stets das große Vorbild *Don Quixote* von Cervantes präsent: „Mancher denkt zu fischen und krebst, spricht der weise Sancho bei einer gewissen Gelegenheit zu seinem närrischen Herrn" (DS, 35). Sancho Pansa entspricht bei Wieland Don Sylvios Diener Pedrillo; der Herr sagt einmal zum Diener: „Ich glaube, zum Henker! du willst einen Don Quixote aus mir machen und mich bereden, Windmühlen für Riesen anzusehen?" (DS, 97). Dabei heißt es wenig später über Don Sylvio – nicht zu Unrecht:

> „Mich, däucht, er könnte eine Art von einem jungen Don Quixote sein, der (nach Pedrillos Ausdruck) auf der Feerei herumzöge wie der Ritter von Mancha auf der irrenden Ritterschaft." (DS, 167)

Dennoch steht, anders als im Schelmenroman, hier die Bildung, insbesondere die Lektüreerfahrung im Zentrum, genauer: die fehlgeleitete Lektüre. Wir haben es mit einem Problem mangelhafter Erziehung zu tun:

> Zum Unglück für seine [Don Sylvios] Vernunft befanden sich unter den Büchern, womit eine große Kammer des Hauses angefüllt war, eine Menge Feenmärchen, wovon Don Pedro [Don Sylvios verstorbener Vater] ein großer Liebhaber gewesen war, ob er gleich von seiner weisen Schwester wegen seines Geschmacks an solchen unnützen Possen, wie sie es nannte, nicht selten angefochten wurde. Denn in so großem Ansehen die Ritterbücher bei ihr standen, welche sie mit den Chroniken, Historien und Reisebeschreibungen in eine Klasse setzte, so verächtlich waren ihr alle diese kleinen Spiele des Witzes, die bloß zur Unterhaltung der Kinder oder zum Zeitvertreib der Erwachsenen geschrieben werden und meistens durch nichts als die angenehme Art der Erzählung Personen von Geschmack sich empfehlen können. (DS, 21)

Damit sind zwei konkurrierende Bildungskonzepte angesprochen, das Lesen zur reinen Unterhaltung und die faktenreiche Lektüre zum Wissenserwerb. Beides wird, so zeigt sich bereits an der ironischen Darstellung von Vater und Tante, vom Roman als einseitig verworfen. Für den Mittelweg, den Wieland ansteuert, steht letztlich sein Roman selbst. Das Pikante an dieser Neubestimmung ist, dass sie sich nicht nur gegen Triviales, sondern auch gegen die bisherige ‚schöne' Literatur richtet. Über die spätere Angebetete Don Sylvios heißt es: „Die Dichter hatten in ihrem Gehirn ungefähr den nämlichen Unfug angerichtet wie die Feenmärchen im Kopf unseres Helden" (DS, 155).

Die vorherrschende, Figuren und Handlungen freundlich entlarvende Mischung aus Humor und Ironie manifestiert sich bereits in den Kapitelüberschriften, deren erste lautet: „Charakter einer Art von Tanten" (DS, 13).[3] Don Sylvios weiblicher Vormund hat sich zur männerhassenden Megäre gewandelt, weil sich kein Mann fand, der ihr den Hof machte. Als sie wieder umworben wird, merkt sie nicht, dass es sich um einen Betrüger handelt. Der Preis, Don Sylvio mit der hässlichen Schwester des Verehrers zu verheiraten (sie trägt den sprechenden Namen Mergelina), ist ihr nicht zu hoch (DS, 62ff.). Der junge Mann denkt da ganz anders. Dank seiner Lektüre der Feenmärchen glaubt er an die Verwandlung eines Schmetterlings in eine schöne Prinzessin.[4] Mit seinem Diener Pedrillo läuft er dem Schmetterling hinterher und erlebt so einige Abenteuer, die dazu beitragen, ihn von seiner Krankheit zu heilen. Don Sylvio kann nämlich nicht zwischen Fiktion und Realität unterscheiden, bereits als er einen Frosch vor einem Storch rettet, kann er nicht verstehen, dass sich der Frosch nicht gleich in eine Prinzessin verwandelt (DS, 29). Dieses von Wieland hier ironisch verwendete Motiv kennen wir heute vor allem aus dem *Froschkönig* der Brüder Grimm.

Dennoch wird seine Märchenlektüre dem ironischen Helden helfen, auf den richtigen Weg zu finden – seine Abenteuer stellen sich im Nachhinein als notwendiger Umweg dar. Don Sylvio findet, als er in einem Sommervogel – also einem Schmetterling – eine verzauberte Prinzessin zu erkennen glaubt, ein Porträt, das eine geheimnisvolle Schöne zeigt (DS, 33).[5] Dieses Porträt wird ihn zu seiner späteren Verlobten Donna Felicia führen. Vorher wird Don Sylvio den feschen Don Eugenio und seine verloren geglaubte Schwester Donna Serafina retten, die als Kind von einer Zigeunerin geraubt wurde (DS, 190ff.). Es kommt zu einem – vielleicht an Shakespeares Komödien geschulten (schließlich hat Wieland Shakespeare übersetzt) – doppelten Liebesglück, Bruder und Schwester heiraten Schwester und Bruder einer benachbarten Adelsfamilie (DS, 439).

Das Binnenmärchen dient im Kontext des Romans, wie bereits angesprochen, zur Erziehung des Helden, dessen „überspannte Phantasie" (DS, 257) es zu kurieren gilt. Don Gabriel, der ältere Freund Don Eugenios und prototypischer Vertreter der Aufklärung, macht sich ans Werk, er erzählt „die Geschichte des Prinzen Biribinker" (DS, 307). Wir haben es hier also um ein Erzählen im geselligen Rahmen zu tun, wie es für die Geschichte der Novelle

---

[3] Der Wortwitz kann zu wunderschönen Wortschöpfungen mutieren, etwa wenn Diener Pedrillo Aristoteles zum „Artischokeles" macht (DS, 182).

[4] Zur zentralen Bedeutung von Don Sylvios Lektüre, und zwar im Text und auf einer selbstreflexiven Deutungsebene, vgl. bes. Marx: Erlesene Helden.

[5] Dass der Sommervogel blau ist (DS, 113), könnte auf Novalis' blaue Blume im *Heinrich von Ofterdingen* vorausweisen. Novalis wird freilich eine ganz andere Antwort auf die Frage nach dem Wunderbaren finden.

und des Märchens charakteristisch ist – von den 1001 Nächten über Basile bis zu Perrault. Die von Gabriel beschworene „unzweifelhafte Glaubwürdigkeit" (ebd.) besteht allerdings nicht in der Handlung, sondern in der Lehre, die aus der Handlung zu ziehen ist.

Bereits am Beginn des Märchens ist zu erkennen, dass es sich um eine Parodie auf die zeitgenössische Wirklichkeit handelt. Die Rede ist von einem König, der „Ruhe und Frieden" liebte und dessen hervorstechendstes Merkmal „ein Wanst von einer so majestätischen Peripherie" war, „daß ihm die größten Monarchen seiner Zeit hierin den Vorzug lassen mußten" (DS, 314). Er werde wohl deshalb „der Große" genannt, und das sei mehr, so setzt der Erzähler ironisch hinzu, als man von allen anderen Monarchen mit diesem Beinamen sagen könne.

Als für den gerade geborenen Sohn des Königs eine Amme ausgewählt werden soll, bewerben sich neben vielen anderen eine Biene und eine Ziege, beides Feen in Tiergestalt. Als die Ziege abgewiesen wird, nimmt sie dies übel, verwandelt sich zurück in „ein kleines altes Weibchen" und verschwindet „mit vielen Drohungen" (DS, 317). Hier haben wir es mit einem Märchenmotiv zu tun, wie es uns beispielsweise in *Dornröschen* wiederbegegnen wird – eine gute und eine böse Fee beeinflussen das Schicksal des jungen Helden. Wie bei Dornröschen, die keine Spindel benutzen darf, ist ein Verbot die Folge:

> „Sagen Sie dem König, Ihrem Herrn, er habe sich an der Fee Caprosine eine mächtige Feindin gemacht; indessen sei es doch nicht unmöglich, den Zufällen, welche sie dem Prinzen angedroht hat, auszuweichen, wenn man die gehörige Vorsicht gebrauchte, daß er vor seinem achtzehnten Jahr kein Milchmädchen zu sehen bekomme." (DS, 319)

Milch spendet Leben, doch die Symbolik wird auf ironische Weise ins Gegenteil verkehrt. Dafür hat die Aufzucht durch die Bienenfee Melisotte andere Vorteile:

> Indessen wuchs der Prinz heran und übertraf durch seine Schönheit und wunderbaren Eigenschaften alles, was jemals gesehen worden ist. Er spuckte lauter Rosensyrup, er pißte lauter Pomeranzenblütenwasser, und seine Windeln enthielten die köstlichsten Sachen von der Welt. (DS, 321)

Wie bei *Dornröschen* ist der Fehltritt vorprogrammiert, der Jüngling entkommt seinen Bewachern und verliebt sich in das Milchmädchen Galaktine (DS, 324f.). Vergleichbar den Vorläufern Dornröschens, vor allem bei Basile und Perrault, muss der Held turbulente Abenteuer bestehen, bis er zum Schluss, als Prinz Cacamiello, Prinzessin Galaktine als seine Braut nach Hause führen darf (DS, 397). Auf das biblische Motiv des Jonas zurück und auf Collodis *Pinocchio* voraus weist das Abenteuer Biribinkers im Bauch eines Wals (DS, 365ff.). Gemüse kann reden – beispielsweise ein Kürbis (DS, 376), der sich in früheren Fassungen des Aschenputtel in eine Kutsche verwandelt. In Hoffmanns letztem Binnenmärchen des Zyklus *Die Serapionsbrüder*, also in *Die Königsbraut*, wird ein ganzer Gemüsegarten lebendig. Die Drastik der sprechenden Namen trägt bei Wieland ebenso zur Ironisierung der Märchenhandlung bei wie die (freilich stets allegorisch auflösbare) Absurdität der Handlungszüge und die erotische Freizügigkeit, mit der zu Werke beziehungsweise zu Bette gegangen wird.

Die aufklärerische Intention des Romans zeigt sich in den moralischen Reflexionen des omnipräsenten Erzählers. Diese gleichen oftmals Sentenzen oder Kalendersprüchen, ein Beispiel: „Keine Leute sehen mehr Verdienste an sich selbst als diejenigen, an denen niemand sonst welche sieht" (DS, 30). Hier kommt der Hintergrund der Epoche am deutlichsten zur Geltung. Doch zugleich wird der aufklärerische Impetus der umfassenden Ironie preisgegeben, etwa wenn die Fee Ondine (von Undine, Meerjungfrau) den Prinzen Biribinker aufklärt:

> „Wissen Sie denn nicht, daß der Gebrauch über das, was man anständig nennt, entscheidet? Man sieht wohl, daß Sie die Welt nie anders als in einem Bienenkorb gesehen haben […]." (DS, 349)

Das Prinzip der umfassenden Ironisierung gilt ebenso für Don Sylvio, und doch werden beide Helden am ironischen Schluss ihrer Geschichte das ersehnte Ziel erreichen. Lässt sich daraus eine eindeutige Lehre ziehen?

Wielands Märchenroman ist noch in anderer Hinsicht untypisch. Er zeugt von einer erotischen Freizügigkeit, wie es sie in der bürgerlichen Literatur kaum noch geben wird, schon gar nicht im Märchen, das erst im 20. Jahrhundert – etwa mit Hans Bemmanns *Stein und Flöte* – Sexualität wieder enttabuisieren wird. Über Donna Felicia, die künftige Gattin Don Sylvios, erfahren wir, dass sie zwar erst 18 Jahre, aber bereits Witwe ist; sie heiratete einen Greis, offenbar des Geldes wegen (DS, 154f.). Als Don Sylvio seinem Sommervogel hinterher läuft, wird dieser das Opfer einer erotischen Attacke:

> Der Sommervogel schien die Hoffnung des Pedrillo zu rechtfertigen; er flog in kleinen Kreisen dem Don Sylvio entgegen, und dieser näherte sich ihm mit ausgestreckter Hand, vor Freude und Sehnsucht zitternd. Aber der Unstern unseres armen Liebhabers führte einen weißgrauen Sommervogel herbei, der den blauen kaum erblickte, als er mit der Dreistigkeit, die dieser verbuhlten Gattung von Geschöpfen eigen ist, auf ihn zuflog und sich nicht scheute, vor den Augen seines Nebenbuhlers sich Freiheiten herauszunehmen, zu denen er desto mehr berechtigt zu sein glaubte, da es ihm vermutlich nicht in den Sinn kam, daß seine geflügelte Schöne eine Prinzessin sein könnte. (DS, 216)

Mit solchen humoristischen Kunstgriffen erzeugt Wieland Distanz, deren Zweck es ist, den Leser von eventuell vorhandenen Vorstellungen, wie sie bei

Don Sylvio auftreten, zu heilen. Hier wie im Binnenmärchen – Biribinker schläft mit verschiedenen gutaussehenden Feen, auch wenn er sich vornimmt, seiner Geliebten treu zu bleiben (DS, z. B. 360) – hat die Erotik eine weitere wichtige Funktion. Wielands Text unterläuft die herrschenden bürgerlichen Moralvorstellungen im Medium des Märchens und zeigt dadurch die Relativität solcher Moralvorstellungen auf. Im spielerischen Umgang mit ihnen werden Normen ihres ideologischen Überbaus entkleidet und als heuristische Konstruktionen sichtbar, als ordnende Instanzen, die man ändern kann, wenn sie ihren Zweck nicht mehr erfüllen.

Bereits Wielands Roman plädiert für die Phantasie, allerdings in Grenzen – ohne durch sie den Boden der Realität unter den Füßen zu verlieren. Der geläuterte Don Sylvio darf sich wie folgt äußern:

„Wenn die Feen auch nur Geschöpfe unserer Einbildungskraft sind [...], so werde ich sie doch immer als meine größten Wohltäterinnen ansehen, da ich ohne sie noch immer in der Einsamkeit von Rosalva schmachtete und vielleicht auf ewig die Glückseligkeit entbehrte [...]." (DS, 427)

Auch die *Geschichte des Prinzen Biribinker* ist nicht ausschließlich Märchenparodie. Donna Felicia stellt fest, dass ohne seine Abenteuer die Geschichte des Prinzen anders aussähe, sie würde

„[...] statt eines der possierlichsten Feenmärchen eine Alltagshistorie sein, die aufs höchste gut genug gewesen wäre, einen Artikel in den Zeitungen oder Kalendern ihrer Zeit auszufüllen. Und das wäre doch wohl schade gewesen!" (DS, 400)

E.T.A. Hoffmanns Märchen, insbesondere *Der goldne Topf* (1814), wurden im Laufe des 19. und 20. Jahrhunderts zu *den* prototypischen Kunstmärchen. Doch findet sich bereits bei Wieland die bei Hoffmann so spektakulär wirkende Zweiteilung der Welt, der Dualismus von phantastischer und realer Handlungsebene. Als Don Sylvio mit einer offenbar nur seiner Einbildung entspringenden Figur ein heftiges Gespräch führt, reagiert sein Diener wie folgt: „‚Um Himmels willen, gnädiger Herr', rief Pedrillo, indem er an den Eingang der Grotte zurücksprang, ‚was meinen Sie mit allem diesem seltsamen Zeug?'" (DS, 41). Im *Goldnen Topf* findet sich eine vergleichbare Reaktion, als Anselmus mit den goldenen Schlänglein im Holunderbaum redet: „‚Der Herr ist wohl nicht recht bei Troste!' sagte eine ehrbare Bürgersfrau, die, vom Spaziergange mit der Familie heimkehrend, stillstand und mit übereinandergeschlagenen Armen dem tollen Treiben des Studenten Anselmus zusah" (GT, 227f.). Salamander und „feuerfarbene[n], geflügelte[n] Schlangen" finden sich bereits im *Don Sylvio*, wenn auch nur in der lektüregespeisten Vorstellungswelt des Protagonisten (DS, 48f.) und in dem Binnenmärchen vom *Prinzen Biribinker* (DS, 353, 356, 375). Archivarius Lindhorst im *Goldnen*

Topf ist in der Wunderwelt ein Feuersalamander, seine Töchter sind goldene Schlänglein. Die Geliebte des Anselmus und Tochter des Archivarius heißt Serpentina, bei Wieland gibt es einen „scheußlichen grünen Serpentin" (DS, 84). Einen „Salamander" in seiner „ganzen schimmernden Pracht eines Bewohners des reinsten Feuerkreises" vermag Don Sylvio auf seiner Wanderung wahrzunehmen (DS, 100).

Sowohl Wieland als auch Hoffmann haben sich offenbar von dem französischen Künstler Jacques Callot (ca. 1592–1635) anregen lassen, im *Don Sylvio* wird „Callot" explizit erwähnt (DS, 381) und Hoffmanns *Goldner Topf* befindet sich in dem Zyklus *Fantasiestücke in Callots Manier*. Bei Hoffmann wird stets die Parallele zum Traum gezogen, und schon bei Wieland ist zu lesen (es spricht Pedrillo):

> „Wenn ich Ihnen die Wahrheit gestehen soll, gestrenger Herr (aber Sie müssen's mir nicht übel nehmen), sehen Sie, so glaub' ich, daß Ihnen das alles nur im Traum so vorgekommen ist." (DS, 53)

An Hoffmanns Märchen *Klein Zaches genannt Zinnober* (1819) erinnert hingegen die Gestalt der Donna Mergelina. Pedrillo bestätigt seinem Herrn, dass er noch nie in seinem Leben „einen so häßlichen Wechselbalg gesehen habe" (DS, 77). Hoffmann bezeichnet seinen Protagonisten als „abscheulichen Wechselbalg" (ZZ, 8). Auch das für Hoffmanns *Goldnen Topf* so charakteristische Spiel des Erzählers mit dem Leser lässt sich bereits im *Don Sylvio* beobachten. Wielands Erzähler bemerkt, es habe „eine Unterredung" stattgefunden,

> [...] welche wir (kraft eines Vorrechts, das die Geschichtenschreiber sich von jeher angemaßt haben) unseren Lesern von Wort zu Wort getreulich mitteilen wollen, ohne sie mit der Aufdeckung der Quelle, woher wir sie geschöpft haben, unnötigerweise aufzuhalten. (DS, 161)

Es ist davon auszugehen, dass dem belesenen Hoffmann das Werk dieses seinerzeit sehr bekannten Autors keineswegs fremd war. Möglich wäre sogar, dass *Don Sylvio* den *Goldnen Topf* unmittelbar anregte. Man denke an das Zitat von Biribinkers „wunderbaren Eigenschaften" („...er pißte lauter Pomeranzenblütenwasser...") und an folgende Begebenheit. Biribinker findet in einem Palast

> [...] ein zierliches Gefäß von Kristall, an welchem noch Merkmale zu sehen waren, daß es vor Zeiten zu einem solchen Gebrauch gedient hatte. Der Prinz fing an, es mit Pomeranzenblütenwasser zu begießen, als er – o Wunder! – das kristallene Gefäß verschwinden und an dessen Statt – eine junge Nymphe vor sich stehen sah [...]. (DS, 328)

Dies weist voraus auf Hoffmanns erste Idee zum *Goldnen Topf*, festgehalten in einem Brief an Verleger Kunz. Der im Mittelpunkt stehende Jüngling „[...]

bekomt zur MitGift einen goldnen Nachttopf mit Juwelen besezt – als er das erstemahl hineinpißt verwandelt er sich in einen MeerKater u.s.w."[6]

Das heißt nicht, dass Hoffmann Wieland nachahmte – das Spiel mit intertextuellen Referenzen gehört zur Literatur, es kommt letztlich immer darauf an, was ein Autor daraus macht. Wielands Protagonist träumt, von Hoffmanns Helden kann man das nicht so genau sagen. Doch treffen sich beide Autoren in einer für die weitere Entwicklung der Gattung grundlegenden philosophischen Einschätzung. Wieland formuliert es so:

> Um dieses scheinbare Paradox zu begreifen, müssen wir uns erinnern, daß es eine zweifache Art von Wirklichkeit gibt, welche in einzelnen Fällen nicht allemal so leicht zu unterscheiden ist wie manche Leute denken. So wie es nämlich, allen Egoisten zum Trotz, Dinge gibt, die wirklich außer uns sind, so gibt es andere, die bloß in unserem Gehirn existieren. (DS, 59)

Der Unterschied ist, dass Hoffmann in der Zeit nach den bahnbrechenden Erkenntnissen Kants und Fichtes schreibt und somit die Gewissheit, dass es eine Wirklichkeit „außer uns" gibt, nicht mehr formulieren kann.

---

[6] Zitiert nach Wührl (Hg.): E.T.A. Hoffmann: Der goldne Topf, S. 113f.

Johann Karl August Musäus

Volksmärchen der Deutschen (1782–86)

„Die Zauberlatern der Phantasie"

Der Mann mit den drei Vornamen, der „heute selbst unter literarisch Interessierten kaum noch bekannt" ist,[1] wurde 1735 in Jena geboren und starb 1787 in Weimar. Er schrieb, als Schüler Christoph Martin Wielands, satirische Romane, übertrug und bearbeitete französische Novellen. Mit dem Titel seiner Sammlung *Volksmärchen* gilt er als „Erstverwender" des Begriffs.[2] Grundlage der Sammlung ist einerseits das Konzept der Volkspoesie Herders, andererseits die satirische Auseinandersetzung Wielands mit der französischen Märchentradition, die am Beispiel des 1764 erschienenen *Don Sylvio* aufgezeigt wurde.

Die Erstausgabe von Musäus' *Volksmärchen* kam rund zwei Jahrzehnte nach Wielands Roman heraus, nämlich 1782–86. Es handelt sich nicht um Volksmärchen im heute üblichen Gebrauch des Begriffs – Simplizität, Formelhaftigkeit etc. sind erst von den Brüdern Grimm zu paradigmatischen Merkmalen erhoben worden. Musäus ist der Tradition geselligen Erzählens verpflichtet. Den Titel sollte man nicht als Anspruch verstehen, im deutschen Sprachraum mündlich tradierte Märchen schriftsprachlich fixiert und in einer Sammlung zusammengestellt zu haben. Vielmehr soll er im Kontext der Zeit signalisieren, dass es sich um Märchen handelt, die zwar den bekannten französischen Feenmärchen verpflichtet sind, die sich von ihnen aber durch Schauplätze in (Süd-)Deutschland und die Einbettung in deutschsprachige Erzähltraditionen unterscheiden.

Tatsächlich ist die Verwandtschaft mit Wielands *Don Sylvio* mit Händen zu greifen, vor allem die teilweise satirische Behandlung der Figuren und die lustvoll verschnörkelte Erzählweise deuten auf das große Vorbild. Anders als Wieland, und das ist eine ganz entscheidende Veränderung, ‚entlarvt' Musäus aber nicht den Glauben an das Wunderbare als Humbug, im Gegenteil. Wie selbstverständlich agieren Feen, Sagenfiguren, Teufel, Engel, das ganze Personal des Wunderbaren, das im 18. Jahrhundert noch nicht klar auf die Gattungen Sage, Legende und Märchen aufgeteilt war. Eine aufgeklärt zu nennende adelige Dame, die nicht an Geister glaubt, wird von Rübezahl eines Besseren

---

[1] Schnabel: Von der hübschen Magd und dem Herrn im Hause, S. 149.
[2] Vgl. ebd.

belehrt (VD, 253ff.).³ Musäus befindet sich auf dem Weg in die Romantik, ohne deren Glauben an die Transzendenz zu teilen.

Statt eines Vorworts findet sich ein „Vorbericht", adressiert an Herrn „David Runkel[,] *Denker und Küster an der St. Sebaldskirche in –[,] meinen sehr werten Freund*" (VD, 5). Man könnte eine Zueignung vermuten, doch zeigt die Lektüre, dass es sich um einen fiktiven Adressaten und einen satirischen Text handeln dürfte. Die Bezeichnung „Vorbericht" signalisiert, dass hier dem Leser etwas mitgeteilt werden soll, das für die Lektüre der *Volksmärchen* wichtig ist. Tatsächlich lässt sich schnell eine Programmatik erkennen, die Musäus' Auffassung von der Gattung im Allgemeinen und von seinen Texten im Besonderen deutlich werden lässt.

Nachdem sich Musäus beispielsweise über das Aussehen seines Adressaten lustig gemacht und sein Urteil im Voraus entwertet hat, nimmt er ihn als Gewährsmann in Anspruch:

> Bei der flüchtigen Übersicht des Titels könnt Ihm, wenn Er ein Küster von gemeinem Schlage, das ist, der gewöhnlichen Menschen einer wär, der schale Gedanke einfallen: wozu dienet dieser Unrat? Märchen sind Possen, erfunden Kinder zu schweigen und einzuschläfern, nicht aber das verständige Publikum damit zu unterhalten. Allein Seine Physiognomie ist mir Bürge, daß es ihm nicht begegnen kann, ein so mächtig windschiefes Urteil ohne nähere Untersuchung der Sache sich entfallen zu lassen. (VD, 6)

Offenkundig verfolgt Musäus eine doppelte Strategie – die Verteidigung seines Werks wird durch ein ironisches Spiel mit der Gattung und mit dem Leser begleitet. Als Rechtfertigung führt er an, eine „Abwechselung" könne nicht schaden, angesichts der vorherrschenden „leidige[n] Sentimentalsucht in der modischen Büchermanufaktur" (ebd.). Es sei an der Zeit, „[...] das weinerliche Adagio der Empfindsamkeit zu endigen, und durch die Zauberlatern der Phantasie das ennüyierte Publikum eine Zeitlang mit dem schönen Schattenspiel an der Wand zu unterhalten" (VD, 7). Schließlich sei „die Phantasie gerade die liebste Gespielin des menschlichen Geistes und die vertrauteste Gesellschafterin durchs Leben". Folgende Feststellung ist nicht nur gegen die Empfindsamkeit, sondern auch gegen die Aufklärung gerichtet und kann als zeitgemäßes Plädoyer für einen Ausgleich von Gefühl und Verstand gelesen werden:

> Der Hang zum Wunderbaren und Außerordentlichen liegt so tief in unsrer Seele, daß er sich niemals auswurzeln läßt; die Phantasie, ob sie gleich nur zu den untern Seelenfähigkeiten gehöret, herrscht wie eine hübsche Magd gar oft über den Herrn im Hause über den Verstand. [...] Was wär das enthusiastische

---

³ Rübezahl ist eine bekannte schlesische Sagengestalt, ein Berggeist aus dem Riesengebirge, erste Belege stammen aus dem 16. Jhd., vgl. Ranke u. Brednich (Hg.): Enzyklopädie des Märchens, Bd. 11, 2. Lieferung, Sp. 870–879.

Volk unsrer Denker, Dichter, Schweber, Seher, ohne die glücklichen Einflüsse der Phantasie?" (VD, 7f.)

Auch aus diesem Bekenntnis zur seinerzeit üblichen Mitarbeit am Projekt der kulturellen Nationwerdung des deutschsprachigen Raumes ist die Ironie deutlich herauslesbar („Schweber"). Musäus will sich nicht instrumentalisieren lassen, allerdings ist es ihm ernst damit, die Gattung zu erneuern. So wendet er sich gegen eine Bearbeitung der „morgenländischen *Erzählungen der Tausend und Einen Nacht*", die er kurzerhand als „aufgewärmt[es]" Gericht bezeichnet, dem der „Hochgeschmack der Neuheit" fehle (VD, 9). Ebenso wenig Gnade findet eine Neuauflage „der veralteten hölzernen Übersetzung des Kabinetts der Feen von der Madame d'Aulnoy" (VD, 10). Sein „Stückgen Acker" auf dem Märchenfeld steckt Musäus ab, indem er den zuvor offenbar wenig gebräuchlichen Begriff des Volksmärchens, „auf dessen Kultur bisher noch kein deutscher Skribent verfallen war" (ebd.), für sich beansprucht und wie folgt definiert:

> Volksmärchen sind keine Volksromane, oder Erzählungen solcher Begebenheiten, die sich nach dem gemeinen Weltlaufe wirklich haben zutragen können; jene veridealisieren die Welt, und können nur unter gewissen konventuellen Voraussetzungen, welche die Einbildungskraft, solang sie ihrer bedarf, als Wahrheit gelten läßt, sich begeben haben. Ihre Gestalt ist mannichfaltig, je nachdem Zeiten, Sitten, Denkungsart, hauptsächlich Theogenie und Geisterlehre jedes Volkes, auf die Phantasie gewirket hat. Doch dünkt mich, der Nationalcharakter veroffenbare sich darin ebensowohl, als in den mechanischen Kunstwerken jeder Nation. (VD, 11f.)

Programmatisch heißt es weiter: „Volksmärchen sind aber auch keine Kindermärchen [...]", denn – so schließt Musäus mit messerscharfer Logik, die nicht frei von Selbstironie ist – „ein Volk [...] besteht nicht nur aus Kindern, sondern hauptsächlich aus großen Leuten" (VD, 12).

Zuletzt pocht Musäus doch noch auf die mündliche Tradierung: Er habe „einheimische Produkte" verwertet und im wesentlichen „nichts verändert" (ebd.). Mit einer entscheidenden Ausnahme: „Doch hat sich der Verfasser erlaubt, das Vage dieser Erzählungen zu lokalisieren und sie in Zeiten und Örter zu versetzen, die sich zu ihrem Inhalt zu passen schienen" (VD, 13).

Aus dem heterogenen Vorwort lässt sich ableiten, dass die Diskussion über Wert und Unwert, Publikum und Merkmale von Märchen in vollem Gange war und sich mit gesellschaftlichen Diskursen überschnitt, etwa mit der Frage nach den kulturellen Gemeinsamkeiten eines deutschsprachigen Bürgertums. Anders als später die Brüder Grimm setzt Musäus konsequent auf ein erfahrenes bürgerliches Lesepublikum. Das Märchen teilt grundlegende Merkmale mit Roman und Novelle, von denen es sich durch die Betonung des Wunderbaren und des kulturell Volkstümlichen absetzt.

Musäus gliedert in fünf Teile, vier Teile bestehen aus – nach märchenüblicher Symbolik – drei Kapiteln, die abgeschlossene Märchen enthalten. Lediglich im zweiten Teil gibt es nur zwei Kapitel, der Grund sind die „Legenden von Rübezahl", die ihrerseits als eigenständige Sammlung gelten können. Es gibt keine Rahmenhandlung, jedes der Kapitel kann für sich stehen. An der Bezeichnung „Legenden" in einem Unterkapitel und an der Nähe dieser „Legenden" zur Sage (Rübezahl ist nach heutigem Begriffsgebrauch keine Legenden-, sondern eine Sagengestalt) lässt sich erneut erkennen, dass die Gattung Märchen (respektive Volksmärchen) noch nicht auf die später gehandelten Gattungsmerkmale festgelegt ist. Allen Texten gemeinsam ist, dass das Wunderbare oder das Übernatürliche (auch hier gibt es keine klare Trennung) als selbstverständlicher Bestandteil der erzählten Welt behandelt wird. Allerdings findet sich in Ansätzen bereits die für Kunstmärchen übliche Differenzierung in Figuren, die Wunderbares oder Übernatürliches wahrnehmen können, und jene, die es nicht können.

Eine solche Differenzierung gab es bereits bei Wieland, doch dort wurde sie zugunsten des aufklärerischen Mimesis-Konzepts aufgelöst – wie im wirklichen Leben existiert auch in der Literatur nur das, was sich in der Alltagswelt der Leser beobachten und erfahren lässt. Musäus verkehrt dieses Konzept in sein Gegenteil – die Figuren, die das Wunderbare oder Übernatürliche nicht wahrnehmen, die es also nicht als selbstverständlichen Teil der beobachtbaren Realität akzeptieren, haben ein Wahrnehmungsdefizit. Auch wenn Musäus eine solche defizitäre Weltsicht in erster Linie nutzt, um tugendhafte Figuren zu belohnen und untugendhafte zu bestrafen, so wird er damit doch zum Vorläufer E.T.A. Hoffmanns und der späteren Tradition des Kunstmärchens. Interessant ist auch, dass die Bedeutung, die Musäus der Fantasie zuschreibt, bereits bei Wieland vorkommt und bei den späteren Autoren von Kunstmärchen ins Zentrum der Konzeption rücken wird – wie beispielsweise bei Michael Ende, der als herausragender jüngerer Vertreter einer solchen Apologie der Fantasie gelten kann.

Es wird erkennbar, dass Musäus' Sammlung die geringe Wertschätzung, die in Rezeption und Forschung seit Anfang des 20. Jahrhunderts zu beobachten ist, nicht verdient.[4] Die Manierismen des Erzählens dürften ein wichtiger Grund für die Missachtung sein; und das, obwohl sie zur Inszenierung einer durchgängigen, oft nur subtilen Ironie dienen und so den naiven Glauben an das Wunderbare konterkarieren. Die *Volksmärchen* deuten – und das ist keine geringe Leistung – auf die Entzauberung der Welt durch die literarische

---

[4] Auf die moderne Erzählstrategie des Autors deutet bereits die Arbeit von Carvill: Der verführte Leser, die in ihrer Untersuchung von Musäus' Romanen zu folgendem Ergebnis kommt: „In allen drei hier behandelten Romanen arbeitet Musäus mit Witz und Ironie der Neigung des Lesepublikums entgegen, sich völlig mit den fiktiven Gestalten zu identifizieren" (S. 211). Diese Feststellung lässt sich auf die *Volksmärchen* übertragen.

Moderne voraus. In diesem Sinn sind sie weitaus moderner als die Märchen der Brüder Grimm oder Hans Christian Andersens, deren Erfolg hauptsächlich in ihrer Simplizität, beispielsweise in der einfachen Ausdrucksweise und der linearen Handlungsführung, begründet liegen dürfte – also in den geringeren Anforderungen, die sie an die Rezeption stellen.

Schon Musäus' erstes Märchen, *Die Bücher der Chronika der drei Schwestern*, zeichnet sich durch Ironie und Komplexität aus, es ist stofflich von Basiles *Die drei Tierkönige* (DP, 237–242) stark beeinflusst worden. Der erste Satz fasst die Mangelsituation zusammen: „Ein reicher, reicher Graf vergeudete sein Gut und Habe" (VD, 19). Das erste „Buch" des Märchens schildert nun, wie der Verschwender in drei Notsituationen kommt, in denen er für neues Gold seine drei Töchter verkauft; die erste Tochter an einen Bären, die zweite an einen Adler und die dritte an einen großen Fisch. Der Erzähler stellt von Anfang an heraus, dass es sich nicht um normale Tiere handelt: „Zu wissen ist, daß ein Bär, der wie ein Mensch vernünftig reden und handeln kann, niemals ein natürlicher, sondern ein bezauberter Bär sei" (VD, 22). Als die Brautwerber auf der Burg des Grafen erscheinen, um dessen Töchter abzuholen, treten sie als Prinzen auf (VD, 23). Der Bruder der drei Schwestern, der später geborene Sohn Reinald, macht sich auf die Suche und kommt dem Geheimnis der Schwäger auf die Spur. Er befreit ihre Schwester Hildegard aus einem „magischen Schlummer" (VD, 63). Die schlafende Schöne (das Motiv erinnert an *Schneewittchen* und seine Vorläufer) wird seine Braut. Der böse Zauberer Zornebock, der sie verborgen und ihre Brüder verzaubert hat, ist bereits im Krieg gegen die Königin von Böhmen gefallen (VD, 69). Dem vierfachen Happy-End der Liebespaare steht nun nichts mehr im Wege.

Musäus steht in der bisherigen Märchentradition, die sich von der späteren erheblich unterscheidet, wenn er Sexualität als selbstverständlichen Bestandteil des Lebens seiner Figuren betrachtet. Zwar regeln die bürgerlichem Normen das Geschlechtsverhalten, allerdings ist die Beschreibung desselben noch nicht mit den späteren Tabus belegt. Über Reinald beispielsweise, der die in einen Zauberschlaf gefallene Hildegard findet und sie lediglich „still und staunend" betrachtet, heißt es, freilich in Verkennung der Tradition des Motivs:[5] „Unser erleuchtetes Jahrhundert weiß dergleichen glückliche Situationen ganz anders zu nutzen" (VD, 63). Es ist das bürgerliche 19. Jahrhundert, das solche Situationen nicht einmal mehr erzähltechnisch zu nutzen weiß.

Melechsala lässt sich gar als Lob der Bigamie lesen. Graf Ernst wird als Sklave verkauft, rettet sich und führt die titelgebende, schöne Tochter des Sultans von Ägypten heim, in der Annahme, dass seine Ehefrau bereits das Zeitliche gesegnet hat. Als er sich vom Gegenteil überzeugen muss, willigt die

---

[5] Vgl. das Kap.: Die *Kinder- und Hausmärchen* der Brüder Grimm (1812/15).

Abb. 3:
Der Graf verkauft seine erste Tochter an einen Bären, aus den „Büchern der Chronika der drei Schwestern"

züchtige Hausfrau in eine *Ménage à trois* ein. Erst spricht die Tugend dagegen, doch dann erscheint ihr „der Engel Raphael, der Geleitsmann der Liebenden" (VD, 731), der eine erstaunliche Ähnlichkeit mit der morgenländischen Prinzessin aufweist und die züchtige Hausfrau von der Rechtmäßigkeit des Anspruchs der Nebenbuhlerin überzeugt. „Vater Gregorius in Rom" (VD, 732), also der Papst, lässt sich durch Geld und die Schönheit Melechsalas bestechen, dem ungewöhnlichen Ehebund den kirchlichen Segen zu geben (VD, 736) – mit folgendem Ergebnis:

> Nach so vielen kummervollen Nächten, drückte ein bescheidner Schlummer der Gräfin Ottilia, an der Seite ihres wiedergefundenen Eheherrn, bald die Augen zu, und verstattete ihm die unbeschränkte Freiheit, mit der zärtlichen Angelika [der neue Name Melechsalas], nach aller Bequemlichkeit, den Endreim auf Muschirumi [Name einer Liebespflanze] zu suchen. Sieben Tage lang dauerte das hochzeitliche Wohlleben, und der Graf gestund, daß er dadurch reichlichen Ersatz für die sieben traurigen Jahre, die er im vergitterten Turm zu Großkairo zubringen mußte, erhalten habe […]. (VD, 739f.)

Das liest sich wie eine männliche Wunscherfüllung, andererseits ist die gegenläufige Ironie offensichtlich. Musäus schreckt nicht davor zurück, Ironie und Sexualität zu mischen – so müssen drei Knappen, die sich im Wald verlaufen haben, mit einer alten und hässlichen, aber „mächtigen Zauberin" schlafen:

> Alle Wanderer, die ihr Territorium betraten, zwang sie zu ihrer Bettgenossenschaft, wenn sie sich zu diesem diätischen Gebrauch qualifizierten, und eine

solche gesellige Nacht verjüngte sie jederzeit um dreißig Jahr; denn nach dem Lehrsatz des Celsus sog ihr ausgetrockneter Körper alle gesunden jugendlichen Exhaltationen des rüstigen Schlafgesellen gierig ein. (VD, 133)

Ein durchgängiges Motiv in Musäus' Volksmärchen ist die Kritik am Feudalismus. Könige, Fürsten, Grafen und ranghohe Angehörige des Klerus sind oftmals geldgierig, verschwendungssüchtig, egoistisch und als Herrscher nicht zu gebrauchen. Das wird als Zustand beschrieben und satirisch gegeißelt, hat aber nicht grundsätzlich negative Folgen. In *Melechsala* wird eine Eingebung des Papstes vom Erzähler wie folgt bewertet: „Nächst der Bartholomäus-Nacht hat keine so viel Jammer und Not auf Erden gestiftet als die, welche Gottes Statthalter auf Erden durchwachte, um einen verderblichen Kreuzzug zu gebären" (VD, 660). Dem Papst schadet das nicht, nur den Kreuzzüglern. Im *Chronika*-Märchen heißt es über den verschwendungssüchtigen Grafen: „In kurzer Zeit war das Schloß wieder die Wohnung der Freude, das Elysium gefräßiger Schranzen" (VD, 28). Auch dass der Graf, wie seine Frau ihm vorwirft, sein „Fleich und Blut dem Moloch" opfert, indem er die Töchter an verzauberte Tiere verkauft, wird ihm nicht zum Verhängnis. Im Gegenteil: Das Verhalten des Grafen begründet schließlich das Glück seiner Familie. Musäus kann sich ironische Kommentare aber nicht verkneifen. So heißt es, als der adelige Tunichtgut der *Chronika* auf den großen Fisch trifft: „Der Graf hatte nun bereits so viel Routine in den Abenteuern erlangt, daß er wußte, wie er sich bei dergleichen Gelegenheiten zu [be]nehmen hatte" (VD, 30). Musäus lässt den unfähigen Grafen nicht ganz ungeschoren davonkommen. Weil sie keine Kinder mehr bekommt, besucht die Gräfin einen Einsiedler „[...] und bat um seinen Segen, welcher so kräftig war, daß, eh ein Jahr verging, die Gräfin ihrer Traurigkeit quitt und ledig war, und eines jungen Sohns genas" (VD, 36). Die Ausdrucksweise konnotiert, dass der Einsiedler die Gräfin nicht nur im religiösen Wortsinn gesegnet hat.

In *Libussa* wird der Wert des tugendhaften Monarchen festgeschrieben, doch auf für Musäus' Zeit fortschrittliche Weise. Nach dem „Hinscheiden" eines böhmischen Herzogs (VD, 352) kommt es im Land, wegen der Streits der Konkurrenten um die Nachfolge, zu einer „Art von Anarchie", die als „neue Republik" bezeichnet wird. Nach dem „Freiheitstaumel"

> [...] behauptete die Vernunft ihre Rechte, die Patrioten, die biedern Bürger, und wer sonst aus der Nation Vaterlandsliebe fühlte, beschlossen einen Rat, das Idol der vielköpfigen Hydra zu zerstören und das Volk wieder unter ein Haupt zu vereinigen. [...] „Nicht der Mächtigste, der Kühnste oder der Reichste; der Weiseste sei unser Herzog!" (VD, 353)

Die Wahl fällt „auf den weisen Krokus" (ebd.), der als „Knappe" (VD, 332) eine Elfe kennen- und liebengelernt und mit ihrer Hilfe seine außerordentlichen Kenntnisse erlangt hatte. Als ihm seine Tochter Libussa auf dem Thron nachfolgt und zur Heirat gedrängt wird, wählt sie ebenfalls keinen Adeligen – sondern den „jungen Bauer[n]" Primislas (VD, 381ff.), der zudem im geistigen Wettstreit mit seinen adeligen Nebenbuhlern siegt (VD, 387f.). Hier wird die Krone also nicht vererbt, sondern nach Leistung vergeben – ein durchaus moderner Gedanke, den man als Spitze gegen die erstarrten Verhältnisse im Heiligen Römischen Reich deutscher Nation lesen kann.

Zwar bleibt das auch später für das Märchen charakteristische Figurenpersonal erhalten, doch wird es durch Handwerker und junge Adelige ergänzt, die mit dem bürgerlichen Bewusstsein des 18. Jahrhunderts ausgestattet sind. Fürsten im Reich der Geister sind Rübezahl & Co., die oftmals das Schicksal ihrer weltlichen Kollegen teilen und vor bürgerlicher Klugheit ihre Waffen strecken müssen. Im Zweifelsfall bekommt der tugendhafte, mit bürgerlichem Bewusstsein ausgestattete Fürst die jungfräuliche Braut. Fürst Ratibor erhält seine Emma, allerdings nur, weil Emma klug genug ist, Rübezahl, der sie geraubt hat, an der Nase herumzuführen (VD, 188ff.). Selbst Rübezahl wird verbürgerlicht, wenn er sich aus Mitgefühl zum Anwalt einer tugendhaften Liebe macht (VD, 208ff.) oder durch geliehenes Geld eine Familie vor der Armut rettet (VD, 226ff.). Als der treusorgende und überaus korrekte Familienvater den Vertrag erfüllen und Rübezahl das Geld zurückgeben will, wird ihm die Schuld sogar erlassen.

Klar erkennbar ist auch hier der Bezug zum höfischen Kontext in doppelter zeitlicher Perspektive – angeblich im Mittelalter spielend[6] und doch auf die Gegenwart des 18. Jahrhunderts Bezug nehmend. Weibliche Eitelkeit bei Hofe ist eine der Schwächen, die Musäus vorzugsweise satirisch geißelt, so heißt es über die Titelfigur aus *Richilde*: „Die grausame Schöne weidete sich insgeheim an den Opfern, die sie ihrer Eitelkeit täglich schlachtete, und die Martern dieser Unglücklichen ergötzten sie mehr als die sanften Gefühle der beglückenden Liebe" (VD, 85). Hier nimmt die Eitelkeit ein böses Ende, während Lukrezia in *Ulrich mit dem Bühel* sich wandelt und zum „Beispiel" dafür wird, „daß die spröden Schönen zuweilen die gefälligsten Gattinnen werden" (VD, 628).

Eine solche Charakterisierung von Frauenfiguren könnte zu dem Schluss verleiten, dass Musäus ein traditionelles Rollenverhalten festschreibt. Es kann nicht überraschen, dass er nicht erheblich vom Rollenbild seiner Zeit abweicht; eher schon ist es erstaunlich, dass die weiblichen Hauptfiguren den männlichen oft überlegen sind. Ein Beispiel ist die *Vierte Legende* der Rübezahl-Märchen, in der eine kluge Frau mit Hilfe des Berggeistes ihren törichten, sie zuweilen sogar schlagenden Mann bekehrt. Ilse hat zum Schluss, mit voller Berechtigung, ihren Steffen unter dem Pantoffel, so dass er „von nun an der

---

[6] Beispielsweise wird immer wieder auf die Kreuzzüge bezuggenommen, vgl. u.a. VD, 112.

schmeidigste gefälligste Ehemann, ein liebevoller Vater seiner Kinder" wurde (VD, 249). Nicht ganz unwichtig bei solchen weltlichen Metamorphosen ist – Geld. Musäus zeichnet eine vorkapitalistische Gesellschaft, in der bereits kapitalistische Regeln gelten. Die Situation ist aber, märchentypisch, nicht dramatisch: Wer Geld hat, hat Macht und kann, wenn er klug genug ist, ein schönes Leben leben; durch Klugheit kann man allerdings auch zu Geld kommen. Selbst der Dumme hat manchmal das Glück, einen Schatz zu finden, sofern er nicht gegen den bürgerlichen Wertekanon verstoßen hat (z. B. in *Der Schatzgräber*: VD, 745–796).

Der Rückgriff auf historische Personen (etwa Karl der Große: VD, 76) und bekannte Sagenfiguren (Rübezahl: VD, 171ff.) dient der Mitarbeit am Projekt der kulturellen Nationwerdung Deutschlands. Spätere Märchenautoren werden von zwei anderen Möglichkeiten Gebrauch machen, sie werden eine zeit- und ortlose, mythische Vorwelt (Brüder Grimm) oder einen klaren Bezug zu ihrer eigenen Zeit bevorzugen (E.T.A. Hoffmann). Wie alle früheren oder späteren Autoren greift Musäus auf gebräuchliche Märchenmotive zurück, neben den genannten findet sich auch der erst aus *Schneewittchen* bekannte Spiegel, der Frauen die Frage beantwortet, ob sie die schönsten im Land sind (VD, 80ff.). Das Motiv ist hier aber komplexer angelegt, so erblindet der Spiegel, weil er seiner Besitzerin lediglich zur Befriedigung der Eitelkeit dient (VD, 104). Richilde wird durch Heirat mit Blancas Vater zur bösen Stiefmutter und versucht, wie die Königin in *Schneewittchen*, das um den Preis der Schönheit konkurrierende Mädchen durch einen vergifteten Apfel zu töten; mit dem einzigen Unterschied, dass sie nicht selbst als Trödlerin auftritt, sondern ihre Amme schickt (VD, 103). Blanca wird nur zur Scheintoten, weil der beauftragte Giftmischer aus Mitleid Betäubungsmittel verwendet hat (VD, 107).[7]

Ein kleines Mädchen lässt das Geschenk einer Wasserfrau, einen „Bisamapfel", beim Spielen in den Brunnen fallen, mit dem Ergebnis, dass die feeische Nymphe erscheint und verspricht, ihr drei Wünsche zu erfüllen (VD, 291f.). Die Zahl der Wünsche gehört zum allgemeinen Märchenrepertoire, aber der Apfel erinnert an die goldene Kugel aus dem *Froschkönig* der Grimms. Als das Mädchen zur schönen, unbemittelten Jungfrau heranwächst, wünscht sie sich schöne Kleider, um bei rauschenden Festen Graf Konrads Tanzpartnerin zu werden (VD, 305ff.). An *Aschenputtel* erinnert auch das Motiv der beiden älteren Schwestern, die gegen die reizendere Libussa intrigieren (VD, 344ff.).

Ein Knappe bekommt für seinen Dienst an einer Hexe einen Tisch geschenkt, der bei Bedarf und mit dem richtigen Spruch das gewünschte Essen produziert – eine frühe Form des Grimmschen Möbels aus dem Märchen *Tischchendeckdich, Goldesel und Knüppel aus dem Sack* (VD, 139). Das „Marmor-

---

[7] Zu Herkunft und Einfluss von weiteren Märchenmotiven vgl. Jahn: Die *Volksmärchen der Deutschen* von Johann Karl August Musäus.

becken", in dem eine „schöne Nymphe" badet, die eigentlich die Tochter eines schlesischen Fürsten ist, kann sexuelle Konnotationen nicht leugnen („aus dessen Mitte ein rascher Wasserstrahl emporstrebte"...; VD, 179). Es deutet auf Novalis' *Heinrich von Ofterdingen* voraus, auf das Becken, in dem Heinrich badet, bevor er die blaue Blume entdeckt. Der Blitz, den Rübezahl Emma und ihrem Fürsten nachschleudert und „der eine tausendjährige Grenzeiche zersplitterte" (VD, 195), erinnert an den Zorn des Holländer-Michel in Hauffs *Das kalte Herz*, nachdem Peter Munk vom sagenhaften Michel das eigene Herz durch List zurückbekommen hat. Auch hier gibt es eine „Grenze", an der die Macht des Geisterfürsten endet. In Musäus' *Ulrich mit dem Bühel* flüchtet eine Witwe in den Wald, durchwandert ihn symbolischerweise drei Tage und drei Nächte und trifft dann „ein altes Mütterlein" (VD, 585), das sich als freundliche Hexe entpuppt und der Dame ein Huhn vermacht, das goldene Eier legt (VD, 589ff.). Dieses Motiv wird in Tiecks *Der blonde Eckbert* wieder aufgegriffen, dort allerdings nicht zu einem guten Ende gebraucht.

Originell ist Musäus' manieristische und zugleich ironische Ausdrucksweise. Wie Wieland macht er sich über seine Figuren lustig, anders als Wieland verfolgt er damit aber nicht oder nicht primär pädagogische Zwecke. Musäus' Ironie gilt typischem Verhalten, etwa bei der Begutachtung von Brautwerbern durch die schöne Richilde:

> In Herzensangelegenheiten ist der Verstand immer ein armseliger Schwätzer, der mit seinem kalten Räsonnement das Herz so wenig erwärmt als ein ungeheizter Kamin ein Gemach. Des Fräuleins Herz nahm keinen Teil an den Beratschlagungen, und verweigerte seinen Assent zu allen Motionen des Sprechers im Oberhause des Kopfes, darum konnte auch keine Wahl zu Recht bestehen. […] Die menschliche Natur hat sich seit dem halben Jahrtausend, welches von dem Zeitalter der schönen Richilde bis auf uns verflossen ist, nicht um ein Haarbreit geändert. (VD, 87)

Auf die Tradition des Kunstmärchens deutet voraus, dass keineswegs jede Handlung zu einem Happy-End führt. In *Liebestreue* schwört sich ein gräfliches Paar dieselbe, und zwar über den Tod hinaus. Als der Graf das Zeitliche segnet, findet die Gräfin Gefallen an dem schönen Irwin. Die Geistererscheinung ihres Gemahls macht dem neuerlichen Liebesspuk ein Ende – die Gräfin verscheidet wie Jahrzehnte später König *Belsatzar* in Heinrich Heines bekannter Ballade (der allerdings aus religiösen und politischen Gründen). Musäus kann sich einen frivol-ironischen Kommentar nicht verkneifen. Das Ehepaar wird im Grab wieder vereinigt:

> Ob aber die Seelen in jener Welt den auf Erden zerrütteten Liebesbund erneuert, und sich wieder so vereinbaret haben als ihre Herzen in der Urne, davon ist bis jetzt noch keine avthentische [sic] Nachricht in diese Unterwelt gelanget. (VD, 493)

Auch vor selbstreflexiver Ironie macht Musäus nicht halt. Über eine Dame, die nicht an Geister glaubt, heißt es: „[...] die Gräfin Cäcilie wurde im Karlsbad das Märchen des Tages" (VD, 272). Als die Dame ihren Irrtum einsieht und die ‚wahre' Geschichte der Begegnung mit Rübezahl erzählt, reagiert man wie folgt: „Alle diese Reden bewiesen nach Meinung der Badegesellschaft so sehr eine überspannte Phantasie, daß sie samt und sonders die Gräfin bemitleideten [...]" (VD, 273). Um Fantasie zu beweisen, hätte sie ihre Geschichte eben mit (Selbst-)Ironie erzählen müssen.

Johann Wolfgang Goethe

Das Märchen (1795)

„Jeder verrichte sein Amt,
jeder tue seine Pflicht"

Dieser Autor muss nicht vorgestellt werden. Goethe hat eine Reihe von Texten verfasst, die für künftige Autoren wegweisend waren und für die jeweilige Gattung paradigmatisch sind, beispielsweise *Novelle* von 1827. *Das Märchen* wurde 1795 zum ersten Mal gedruckt, in Schillers Zeitschrift *Die Horen* (dort allerdings ohne den bestimmten Artikel), und bildete im selben Jahr den Schluss des Novellenzyklus *Unterhaltungen deutscher Ausgewanderten*. Goethes *Dichtung und Wahrheit* von 1811 beinhaltet den in der Forschung zu Goethes Märchen gezählten Kurztext *Der neue Paris*.[1] Aus dem Jahr 1821, also nach der Blütezeit der Romantik, stammt der Roman *Wilhelm Meisters Wanderjahre oder Die Entsagenden*, in dem sich ein dritter Text befindet, der als Märchen Goethes gehandelt wird: *Die neue Melusine*.[2] Dabei haben wir hier eher ein ironisches Spiel mit Motiven romantischer Literatur als ein Märchen vor uns.

Ein Erzähler lernt auf Reisen eine schöne junge Frau kennen, die seine Lebensgefährtin wird. Sie hält ihn aus und entpuppt sich schließlich als Zwergenprinzessin, die mit Hilfe eines magischen Rings menschliche Größe erlangt. Um das immer kleiner werdende Geschlecht der Zwerge vor dem Verschwinden zu retten, wurde sie ausgesandt, einen ‚großen' Ehemann zu finden. Nun deutet bereits die erotische Freizügigkeit beider Liebenden auf ein wenig positives Ende voraus. Der Erzähler missachtet ihre sämtlichen Warnungen, verliert Geld im Spiel, läuft schönen Frauen hinterher und wird, als er ihre Herkunft erfährt, auch noch eifersüchtig und wütend. Schließlich begleitet er sie ins Zwergenreich, doch lässt ihn seine Halbherzigkeit bald wieder die alte Größe herbeiwünschen. Der Hochzeit kann er nicht entfliehen. Doch feilt er den Zauberring durch, der ihn verkleinert hat, und verprasst mit neuem Elan das übrige Gold. Der Königspalast war in einem geheimnisvollen Kästchen verborgen, für das er nur noch pekuniäres Interesse aufbringen kann: „Die Schatulle schlug ich zuletzt los, weil ich immer dachte, sie sollte sich noch einmal füllen […]."[3]

---

[1] Vgl. hierzu Klotz: Das europäische Volksmärchen, S. 115–121.
[2] *Die neue Melusine* wurde 1807/12 diktiert und 1817/19 erstmals gedruckt, vgl. Mayer / Tismar: Kunstmärchen, S. 51.
[3] Goethe: Die neue Melusine, S. 376.

Die Geschichte ist nicht nur ein Antimärchen, weil ihre Handlung alle Hoffnung auf Erlösung zur Farce geraten lässt. Auch der durchgängig satirische Umgang mit der Transzendenz fällt auf, in der Schilderung der Entstehung der Wunderwelt (die Drachen sollten die Zwerge in Schranken halten, die Riesen die Drachen, die Ritter die Riesen…) wie in folgender Bemerkung:

> Ich empfand in mir einen Maßstab voriger Größe, welches mich unruhig und unglücklich machte. Nun begriff ich zum erstenmal, was die Philosophen unter ihren Idealen verstehen möchten, wodurch die Menschen so gequält sein sollen.[4]

Das weitere Verhalten des Erzählers zeigt allerdings, dass er diesem Verständnis eine eher praktische Seite abzugewinnen vermag. Daraus lässt sich eine Kritik an der Erzählerfigur ablesen, ohne dass dies den wunderbaren Begebenheiten aus ihrer ironischen Brechung heraushelfen würde.

Bei *Das Märchen* handelt es sich – gegen Goethes Votum – um ein allegorisches Märchen. Zweifellos ist der literarische Text vielschichtig und vieldeutig, doch müssen sich allegorische Texte ja auch nicht in einer möglichen Aussage erschöpfen. Bereits der Umstand, dass Goethe sein Märchen zum letzten Text der *Unterhaltungen deutscher Ausgewanderten* machte, gibt einen wichtigen Hinweis auf eine allegorische Lesart, konkret: eine politische.[5] Die Rahmenhandlung der *Unterhaltungen* spielt in der Zeit nach der Französischen Revolution, die Goethe bekanntlich ablehnte. Zugleich kann *Das Märchen* als Gegenentwurf zu den um diese Zeit entstehenden romantischen Kunstmärchen (Novalis) gelesen werden.

Das Märchen formuliert eine politische Utopie, dafür – und nicht für die Erfahrung von Transzendenz – stehen die wunderbaren Figuren und Geschehnisse. Bereits im ersten Satz findet sich ein Bild für Revolution: „An dem großen Flusse, der eben von einem starken Regen geschwollen und übergetreten war […]" (M, 31). Im ganzen Text geht es darum, den Fluss zu überqueren, doch sind die Möglichkeiten dazu stark eingeschränkt. Der Fährmann kann nur zu einer Seite übersetzen und muss bezahlt werden, die Schlange und der Schatten des Riesen bilden zu bestimmten Zeiten Möglichkeiten des Uferwechsels. Erst am Schluss wird eine feste große Brücke die beiden Ufer verbinden. Die allegorische Bedeutung liegt auf der Hand: Die Gegensätze in der Gesellschaft gilt es zu verbinden, vor allem dürfte Goethe jene zwischen Adel und Bürgertum gemeint haben. Die Frage der Partizipation des Bürgertums

---

[4] Ebd., S. 375.
[5] Hartmut Reinhardt nennt das Märchen diplomatischer „die poetische Krönung dieser Novellensammlung, die durch eine politisch verursachte Rahmengeschichte zusammengehalten wird", vgl. Reinhardt: Lizenz zum Spielen, S. 99. Für eine Blütenlese der Interpretationen vgl. ebd., S. 100ff.

an der politischen Macht wird die Deutschen das 19. Jahrhundert hindurch beschäftigen, bis Bismarck mit seiner Reichsgründung Fakten schafft.

Die Mangelsituation des Anfangs spitzt sich weiter zu. Zwei Irrlichter bitten den Fährmann, sie überzusetzen:

> Der Kahn schwankt! rief der Alte, und wenn ihr so unruhig seid, kann er umschlagen; setzt euch, ihr Lichter! Sie brachen über diese Zumutung in ein großes Gelächter aus, verspotteten den Alten und waren noch unruhiger als vorher. Er trug ihre Unarten mit Geduld und stieß bald am jenseitigen Ufer an. (M, 31)

Die ‚revolutionären' Irrlichter richten keinen Schaden an, weil der Fährmann mit Geduld reagiert. Sie werden später, auch wenn dies nicht in ihrer Absicht liegt, zum Gelingen der neuen Gesellschaftsordnung beitragen. Alle Figuren, die im *Märchen* auftreten, werden eingebunden. Die um ihre Aufgabe wissenden Figuren, die das Geschehen aktiv beeinflussen können, warten nur auf den richtigen Zeitpunkt. Es wird deutlich, dass sich die Gegenwart des *Märchens* durch eine Mangelsituation auszeichnet, die man auch als Verkehrung des Richtigen beschreiben könnte. Nach dem für die Klassik wie für die Romantik üblichen triadischen Geschichtsmodell befinden wir uns in einer Zeit des Übergangs, in einer Zeit, die es zu überwinden gilt.

Die Irrlichter verlieren Goldstücke, wenn sie sich schütteln. Zu den zahlreichen, feindlich sich ausschließenden Prinzipien gehört, dass kein Gold in den Fluss fallen darf, sonst würden sich „entsetzliche Wellen" erheben (ebd.). Naturkatastrophen werden in der Literatur häufig mit Gesellschaftsumstürzen verglichen, man könnte vielleicht sagen: Die Revolution ist nicht weit entfernt und sie kann auch absichtslos ausgelöst werden. Am anderen Ufer angekommen, taucht das nächste Problem auf. Die Irrlichter können den Fährmann nicht bezahlen, denn sein Lohn darf nur aus „Früchten der Erde" bestehen (M, 32). Hier beginnt einer der vielen kleinen Handlungsstränge, die zum guten Ende führen werden. Die Irrlichter werden später eine Frau darum bitten, die Schuld zu bezahlen, sie wird dem nicht nachkommen können und dafür einen Teil ihrer Schönheit einbüßen, nur um zum Schluss aus einem Bad im Fluss verjüngt hervorzugehen.

Die Irrlichter haben sich auf die falsche Seite übersetzen lassen – der Irrweg gehört mit zu den zahlreichen Umwegen, die zum Ziel führen. Der Fährmann wirft das – für ihn gefährliche – Gold der Irrlichter in eine „ungeheure Kluft" im Felsen. Dort entdeckt es „die schöne grüne Schlange" (ebd.), sie isst das Gold auf und beginnt zu leuchten. „Lange hatte man ihr schon versichert, dass diese Erscheinung möglich sei […]" (M, 33). Das Licht hat schon jetzt positive Auswirkungen auf die Umwelt: „Alle Blätter schienen von Smaragd, alle Blumen auf das herrlichste verklärt." Die Schlange, das ist ihr Sündenfall, ist nun auf den Geschmack gekommen und sucht „einen Glanz, der dem ihrigen ähnlich war" (ebd.). Dabei trifft sie auf die Irrlichter, denen sie gleicht (weil sie leuchten) und zugleich entgegengesetzt ist, denn die Schlange ist „von der horizontalen Linie", wie die „vertikalen" Irrlichter spöttisch bemerken (M, 34). Immerhin können die Irrlichter ihr zu mehr Gold verhelfen. Dafür gibt die Schlange ihnen Auskunft, wo „die schöne Lilie" wohnt (M, 35). Sie wird die künftige Königin des idyllischen Reiches sein.

Die Lilie ist, so steht es im Symbolwörterbuch, „in ihrer weißen Farbe Symbol des Lichtes, der Reinheit und der Jungfräulichkeit". „Die heraldische Lilie ist altes Königs- und Fruchtbarkeitssymbol […]."[6] Dagegen hat die Schlange „eine Vielzahl teils widersprüchlicher Symbolbedeutungen". Sie gehört der Erde an, ist durch ihre Häutung zum „Hinweis auf wieder gesundendes Leben (daher Arztsymbol) und auf Unsterblichkeit" geworden.[7] Die Schlange wird später im Märchen den Jüngling retten, indem sie einen Kreis um ihn bildet und sich in den Schwanz beißt – und so ikonographisch korrekt das Arztsymbol wiedergibt. Schließlich opfert sie sich für den Jüngling, eigentlich für alle Bewohner des Landes, denn sie wird die Brücke bilden, die beide Teile des Flusses verbindet und erst die Gründung des neuen Reiches ermöglicht.

Doch noch einmal zurück im Text. Die Irrlichter erfahren von der Schlange, dass sie auf die falsche Seite übergesetzt haben, die Lilie „wohnt leider jenseits des Wassers". Die Schlange erläutert den lichtscheuen Irrlichtern, dass sie sie nur „in der Mittagsstunde" übersetzen kann. Auch könnten sie „abends auf dem Schatten des Riesen hinüberfahren" (ebd.). Zu den vielen Widersprüchen gehört der Gegensatz Nacht – Tag und dass nur der Schatten des Riesen, der Riese selbst aber nichts tragen kann.

Das Gold der Irrlichter lässt die Schlange leuchten und gibt ihr die Möglichkeit, eine „seltsame Entdeckung" im Fels, die sie vorher nur fühlen konnte, zu erkunden (M, 36). Für das glückliche Ende ist Licht notwendig, das wichtigste Symbol der Aufklärung, ebenso sind alle Sinne zu gebrauchen. In der Felsspalte findet die Schlange vier Königsstatuen, eine aus Gold, eine aus Silber, eine „von Erz" und eine, die aus allen drei Materialien zusammengesetzt ist. Hier beginnt ein Spiel mit den wichtigsten Symbolzahlen 3 und 4 – erstere die eher metaphysische (Heilige Dreifaltigkeit…), letztere die eher naturbezogene (vier Himmelsrichtungen und Jahreszeiten…). Doch ist das Licht, wie die Schlange weiß, noch nicht das Wichtigste: „Was ist erquicklicher als das Licht? fragte jener. – Das Gespräch, antwortete diese" (M, 37). Das Gespräch ist *Pars pro toto* für das Soziale, den Umgang der Figuren miteinander, in der Realität entspricht dies dem Umgang der Menschen.

Plötzlich kommt noch jemand hinzu, ein Mann mit einer Lampe, „von mittlerer Größe" und „als ein Bauer gekleidet" (M, 38). Ihm kommt die Rolle

---

[6] Lurker: Wörterbuch der Symbolik, S. 435f.
[7] Ebd., S. 649.

des prototypischen Untertanen zu. Seine Bildung verrät, dass Goethe hier wohl nicht den Bauern, sondern den Bürger im Blick hatte. Der Mann mit der Lampe durfte „das Dunkle nicht erleuchten", doch jetzt ist seine Zeit gekommen, helfend einzugreifen. Er weiß am meisten von allen Figuren (was dem bürgerlichen Selbstbewusstsein seit dem 18. Jahrhundert entspricht) und sagt vorher, dass der zusammengesetzte und durch die merkwürdige Mischung hässliche, beim Sprechen stotternde König, der nicht zufällig auch der jüngste ist (er steht für die Zeit, in der alles feindlich geschieden ist), „sich setzen" wird (ebd.).

Dem Mann fehlt noch „das vierte" Geheimnis, das ihm die Schlange verrät, so dass er verkünden kann: „Es ist an der Zeit!" (M, 39). Hier wird der langsame Prozess der Vereinigung des Getrennten sozusagen öffentlich. Nun beginnt der Mann mit der Lampe, großzügigen Gebrauch von deren wunderbaren Eigenschaften zu machen (wir erinnern uns an die Bedeutung der Lampe als wunderbares Requisit in den *Tausendundein Nächten*):

> Alle Gänge, durch die der Alte hindurch wandelte, füllten sich hinter ihm sogleich mit Gold, denn seine Lampe hatte die wunderbare Eigenschaft, alle Steine in Gold, alles Holz in Silber, tote Tiere in Edelsteine zu verwandeln und alle Metalle zu zernichten; diese Wirkung zu äußern, mußte sie aber ganz allein leuchten. Wenn ein ander Licht neben ihr war, wirkte sie nur einen schönen hellen Schein, und alles Lebendige ward immer durch sie erquickt. (M, 39f.)

Der Mann mit der Lampe benötigt diese Eigenschaften, als er in seine Hütte zurückkehrt. Seine Frau erzählt ihm vom Besuch der frechen Irrlichter, die „alles Gold" von den Wänden „heruntergeleckt" und mit Gold um sich geworfen haben. Von dem Gold hat der Mops der beiden Alten gefressen und sich damit vergiftet. Der Mann verwandelt mit seiner Lampe den Mops in einen Edelstein und gibt ihn der Frau mit, die dem Fährmann für die Irrlichter den versprochenen Lohn bringen soll. Hier erfährt der Leser von der Eigenschaft der Lilie, dass sie alles Unbelebte „durch ihre Berührung lebendig machen" kann, während „sie alles Lebendige durch ihre Berührung tötet". Der Alte prophezeit der Lilie bereits „ihre Erlösung" von diesem Zustand (M, 41).

Die Alte ist es, der nun der Riese jeweils ein Exemplar von drei Kohlköpfen, Artischocken und Zwiebeln stiehlt, nach Adam Riese also drei Gemüsesorten (M, 42). Der Fährmann protestiert sogleich, die Zahlensymbolik wird überdeutlich fortgesetzt: „Was mir gebührt, muß ich neun Stunden zusammen lassen, und ich darf nichts annehmen, bis ich dem Fluß ein Dritteil übergeben habe" (M, 43). Die Alte wird zur „Schuldnerin" und ihre Hand „kohlschwarz", bis sie das fehlende Gemüse auch noch gebracht hat. Das wird zum Schluss, dank der angekündigten Erlösung, aber nicht mehr nötig sein.

Die Alte trifft nun auf einen ‚jungen, edlen, schönen Mann' (M, 42), der wie ein König gekleidet ist, sich aber in einem „elenden Zustand" befindet (M, 45). Den beiden gesellt sich die Schlange hinzu – somit sind es drei Figuren, die ausziehen, die Lilie zu besuchen. Die Irrlichter kommen dazu, halten sich aber abseits, denn sie wollen sich der Lilie erst nachts vorstellen. Bei der Lilie handelt es sich um das „liebenswürdigste[n] Mädchen", deren Gegenwart „einen Himmel verbreitet" (ebd.). Das sind Vorausdeutungen auf ihre künftige Herrscherrolle. Das Mädchen singt ein Lied, in dem ebenfalls Vorausdeutungen ausgesprochen werden – der Bau der Brücke und des Tempels stehen am Ende des Gedichteinschubs (M, 50). Auffällig ist die Vermischung der Gattungen, wie sie die Romantik betreiben wird – nur dass Goethe mit der Vereinigung des Getrennten keine vergleichbaren Zwecke verfolgt.

Die verkehrten Verhältnisse führen nun zu einem Unglück, das sich als Vorstufe zum Glück, zur Erfüllung der Prophezeiung entpuppen wird. Die Lilie hat aus Versehen ihren Kanarienvogel berührt und damit getötet, ihn hatte ein Habicht verfolgt (M, 51). Sie macht den Mops lebendig, der junge König kann allerdings nicht ertragen, dass sie den hässlichen Hund liebkost – und wirft sich ihr in selbstmörderischer Absicht in die Arme (M, 53f.). Die Schlange zieht ihren Kreis „um den Leichnam", um die Verwesung aufzuhalten, bis der Mann mit der Lampe kommt (M, 54f.). Der Habicht, der für den Tod des Kanarienvogels verantwortlich war, führt nun den rettenden Alten näher. Der verkündet die zentralen Botschaften des Märchens: „ein einzelner hilft nicht, sondern wer sich mit vielen zur rechten Stunde vereinigt" (M, 56), und:

> [...] jeder verrichte sein Amt, jeder tue seine Pflicht, und ein allgemeines Glück wird die einzelnen Schmerzen in sich auflösen, wie ein allgemeines Unglück einzelne Freuden verzehrt. Nach diesen Worten entstand ein wunderbares [!] Geräusch, denn alle gegenwärtigen Personen sprachen für sich und drückten laut aus, was sie zu tun hätten [...]. (M, 57f.)

Die Schlange opfert sich: Die Lilie muss sie und den toten Jüngling berühren, der dadurch wieder zum Leben erwacht (M, 59). Die Schlange verwandelt sich in Edelsteine (M, 60), die das Fundament der großen Brücke bilden werden. Die Irrlichter können als einzige „die Pforte des Heiligtums öffnen" (ebd.), also des Tempels, in dem die vier Königsstatuen warten. Der zusammengesetzte König wird nicht, wie er glaubt, „die Welt beherrschen" (M, 61), denn er repräsentiert das Zeitalter, das es zu überwinden gilt. Die Irrlichter lecken die goldenen Adern aus ihm heraus, mit folgendem Ergebnis, als es zum entscheidenden Moment kommt:

> [...] in dem Augenblick erschien das Licht der aufgehenden Sonne an dem Kranze der Kuppel, der Alte trat zwischen den Jüngling und die Jungfrau und rief mit lauter Stimme: Drei sind, die da herrschen auf Erden: die Weisheit, der Schein und die Gewalt. Bei dem ersten Worte stand der goldene König auf, bei dem zweiten der silberne, und bei dem dritten hatte sich der eherne langsam erhoben, als der zusammengesetzte König sich plötzlich ungeschickt niedersetzte. (M, 63f.)

Die Könige haben Repräsentanten in den Menschenfiguren: Der Alte verkörpert die Weisheit, die Jungfrau den Schein und der Jüngling die Gewalt – eine sehr traditionelle Rollenverteilung also. Bevor sich diese Szene zuträgt, passiert noch etwas ganz Entscheidendes: Der Tempel hebt sich „wie ein Schiff" aus der Erde, er nimmt die „kleine Hütte des Fährmanns" in sich auf, aus der nun der Altar des Tempels wird (M, 62f.). So werden untere Stände und Adel miteinander versöhnt. Die Hütte der einfachen Leute dient nun gar als Altar – also als Heiligstes im Tempel des Herrschers.

Der Jüngling, König geworden, kann nun ganz ungefährdet der Jungfrau in die Arme fallen, er beschwört die „Kraft der Liebe" als „vierte Kraft". Der Alte korrigiert ihn: „Die Liebe herrscht nicht, aber sie bildet, und das ist mehr" (M, 65). Nun ist es symbolischerweise auch Tag geworden und man blickt vom Tempel auf „eine lange und prächtige Brücke", über die viel Volk strömt und die durch das Opfer der Schlange möglich wurde (M, 66). Der Mann mit der Lampe und seine Frau sind exemplarisch verjüngt und neu verliebt (als Vertreter des Bürgertums), es steht dem glücklichen Ende nur noch eine Bewährungsprobe im Wege: „Der große Riese, der sich von seinem Morgenschlaf noch nicht erholt zu haben schien, taumelte über die Brücke her und verursachte daselbst große Unordnung" (M, 67). Und weiter:

> Der König, als er diese Untat erblickte, fuhr mit einer unwillkürlichen Bewegung nach dem Schwerte, doch besann er sich und blickte ruhig erst sein Zepter, dann die Lampe und das Ruder seiner Gefährten an. Ich errate deine Gedanken, sagte der Mann mit der Lampe, aber wir und unsere Kräfte sind gegen diesen Ohnmächtigen ohnmächtig. Sei ruhig! er schadet zum letztenmal, und glücklicherweise ist sein Schatten von uns abgekehrt. (M, 68)

Wie zu Anfang der Fährmann tut der König gut daran, nichts zu übereilen. Tatsächlich erwächst aus dem Problem etwas Positives. Der Riese, der das Revolutionäre verkörpert, erstarrt und steht fortan

> [...] als eine kolossale mächtige Bildsäule von rötlich glänzendem Steine da, und sein Schatten zeigte die Stunden, die in einem Kreis auf dem Boden um ihn her, nicht in Zahlen, sondern in edlen und bedeutenden Bildern, eingelegt waren. (ebd.)

Die Sonnenuhr zeigt auf bedeutende Bilder, also wird der Riese, der die Erfüllung der Prophezeiung bedrohte, zum Symbol dieser Erfüllung. Das Licht bricht durch die Kuppel und der Tempel wird „von einem himmlischen Glanze erleuchtet". Der zusammengesunkene König wird zugedeckt, die „prächtige Decke" darf fortan aber nicht mehr hochgehoben werden – die Zeit der Spaltung und Verwirrung wird also auch aus dem Gedächtnis getilgt. Die abziehenden Irrlichter lassen Gold auf die Menschenmenge regnen, jenes Gold, das aus den Adern des zusammengesunkenen Königs stammte – so erwächst aus dem Mangel für das Volk ein neuer, hier ganz buchstäblicher Reichtum. Freilich ist ein skeptischer Unterton am Schluss des Märchens nicht zu überhören:

> Begierig lief das Volk noch eine Zeitlang hin und wider, drängte und zerriß sich auch noch, da keine Goldstücke mehr herabfielen. Endlich verlief es sich allmählich, zog seine Straße, und bis auf den heutigen Tag wimmelt die Brücke von Wanderern, und der Tempel ist der besuchteste auf der ganzen Erde. (M, 70)

Hier wird noch einmal begründet, weshalb ein weiser und mächtiger König über das Volk herrschen muss – weil dieses von selbst zur Mäßigung nicht fähig wäre. Goethes politische Überzeugung wird durch den Glauben an die Notwendigkeit des Zusammenwirkens der Menschen einerseits, durch die Skepsis gegenüber den einfachen Leuten andererseits hinreichend charakterisiert. Dass der Tempel zu einer Attraktion „auf der Erde" wird, zeigt zweierlei: Erstens ist das Goldene Zeitalter nur für dieses kleine Land gekommen, noch nicht für die Menschheit. Zweitens ist der Tempel ein Zeichen, das es zu deuten gilt, um dem Vorbild überall auf der Erde folgen zu können. Ob die Besucher dieses Verständnis entwickeln, bleibt offen.

Schließlich lässt sich der Tempel noch deuten als selbstreferenzielles Symbol, er steht für den Text, den der Leser gerade ‚besucht' hat. Beide haben dieselbe Botschaft, der Tempel und seine textliche Repräsentation – von denen es tatsächlich nur letztere in Wirklichkeit gibt. Alles andere ist ein Märchen, wenn auch ein allegorisches. Der Mann mit der Lampe ist der auserwählte Bürger, den Lichtbringer kann man als selbstreflexive Repräsentation des Autors lesen. Goethe würde demnach mit seinem Text das Ziel verfolgen, den Lesern die Erkenntnis nahezubringen, mit der sie ihr Leben neu ordnen und ein politisches Goldenes Zeitalter errichten können.

Novalis

Heinrich von Ofterdingen (1802)

„Eine Apotheose der Poesie"

Gemäß der Vorstellung der Romantik, dass alles Gegensätzliche vereinigt und so ein Abbild der Einheit allen Seins hergestellt werden könne, hat Friedrich von Hardenberg, der sich Novalis nannte, in seinem Roman *Heinrich von Ofterdingen* heterogene Formen und Inhalte zusammengeführt. Zum Verständnis der literarischen Arbeit als unabgeschlossener Prozess passt es, dass der Roman nur als Fragment vorliegt; der erste Teil wirkt abgeschlossen und stimmig, der zweite Teil ist nur skizzenhaft überliefert. Ludwig Tieck gab den Roman im Jahr nach dem Tod seines Freundes heraus. Novalis war am 25. März 1801 gestorben, fünf Wochen vor seinem 30. Geburtstag. Tieck nannte den Roman des Freundes in einem Brief an Friedrich Schleiermacher „eine Apotheose der Poesie".[1]

Der Roman beginnt mit einer „Zueignung", die das frühromantische Thema vorgibt und zugleich an die 1797 gestorbene, noch minderjährige Verlobte von Novalis erinnert. Sophie von Kühn ist zweifellos einer der wichtigsten Schreibanlässe des Dichters gewesen und nicht zufällig trägt die zentrale weibliche Figur im letzten Binnenmärchen ihren Namen. Auch wird Heinrichs Geliebte Mathilde als „Schutzgeist" bezeichnet (HO, 332), ein Wort, das sich bereits in der „Zueignung" findet (HO, 239). Dabei handelt es sich um eine autobiographische Referenz, denn so nannte Novalis seine Sophie.[2]

Der Roman ist aus heutiger Sicht nicht zuletzt deshalb so berühmt, weil in ihm das zentrale Symbol der deutschsprachigen Literatur der Romantik vorkommt. Es handelt sich um die blaue Blume, die als Blume für Natur, für Werden und Vergehen steht, deren Farbe an den Himmel und das Wasser erinnert – und damit das Nahe und das Ferne, die Erde und den Himmel in sich vereint. Ebenfalls bezeichnend ist, dass der junge Heinrich träumt, als er die blaue Blume sieht, und dass dieser Traum für ihn eine Ebene bezeichnet, die wichtiger als die Realität wird, weil sie über diese hinausweist und auf allegorische Weise einen mythischen Raum gestaltet, der in der Terminologie der Romantik mit dem Goldenen Zeitalter, der Einheit allen Seins, bezeichnet wer-

---

[1] Zitiert nach Novalis: Werke, Tagebücher und Briefe. 3. Bd., S. 153.
[2] Vgl. Uerlings: Novalis, S. 33.

den kann. Die frühere Einheit der Natur gilt es auf höherer, reflektierter Stufe wieder zu erreichen. Die durch Scheidung und Abspaltung gekennzeichnete Gegenwart wird als transitorischer Zustand begriffen, als Durchgangsstadium, das es zur Vorbereitung und Herbeiführung des neuen Goldenen Zeitalters zu nutzen gilt. In einem berühmt gewordenen Gedicht aus dem Roman ist dieser Prozess näher bezeichnet (ich zitiere nach der Fassung aus den Materialien):

> Wenn nicht mehr Zahlen und Figuren
> Sind Schlüssel aller Kreaturen
> Wenn die so singen, oder küssen,
> Mehr als die Tiefgelehrten wissen,
> Wenn sich die Welt ins freye Leben
> Und in die (freye) Welt wird zurück begeben,
> Wenn dann sich wieder Licht und Schatten
> Zu ächter Klarheit werden gatten,
> Und man in Mährchen und Gedichten
> Erkennt die (alten) wahren Weltgeschichten,
> Dann fliegt vor Einem geheimen Wort
> Das ganze verkehrte Wesen fort. (HO, 395)

Aus der Perspektive der Gegenwart lässt sich die Fähigkeit der Antizipation auch als Phänomen der Entgrenzung beschreiben, in den Worten Heinrichs: „Ich glaubte, ich wäre wahnsinnig, wenn ich nicht so klar und hell sähe und dächte […]" (HO, 240). Dies befähigt Heinrich zum Dichter, denn nicht zufällig ist es in dem Gedicht ein Wort, vor dem das verkehrte Wesen fortfliegt. Der Dichter ist auserwählt, die Botschaft des kommenden Reiches zu verkünden.

Insofern lässt sich der Traum am Anfang des Romans auch als Initiation begreifen. Heinrich träumt „von unabsehlichen Fernen, und wilden, unbekannten Gegenden", die er durchmisst. „Er wanderte über Meere mit unbegreiflicher Leichtigkeit […]", hier wird eine Bibelanspielung (Jesus geht über das Wasser) mit einem Sagen- und Märchenmotiv gemischt (die Siebenmeilenstiefel). Schließlich findet er eine Höhle, in der er auf „einen mächtigen Strahl" Wasser trifft:

> Er näherte sich dem Becken, das mit unendlichen Farben wogte und zitterte. Die Wände der Höhle waren mit dieser Flüssigkeit überzogen, die nicht heiß, sondern kühl war und an den Wänden nur ein mattes, bläuliches Licht von sich warf. […] Ein unwiderstehliches Verlangen ergriff ihn sich zu baden, er entkleidete sich und stieg in das Becken. (HO, 241f.)

Das Bad ist eine Reinigung, es entspricht einer Wieder- oder Neugeburt – Heinrich wird so bereit, die blaue Blume zu erblicken. Zugleich werden die sexuellen Konnotationen, die sich bereits in der Symbolik andeuteten (Springquell, Becken, Nacktheit), noch verstärkt: „Die Flut schien eine

Auflösung reizender Mädchen, die an dem Jünglinge sich augenblicklich verkörperten" (HO, 242). Das berühmteste Symbol der Romantik hat auch etwas mit sexueller Reifung zu tun und kann – neben anderem – als Phallus gedeutet werden.

Nach dem Bad findet sich Heinrich „am Rande einer Quelle" wieder:

> Was ihn aber mit aller Macht anzog, war eine hohe lichtblaue Blume, die zunächst an der Quelle stand, und ihn mit ihren breiten, glänzenden Blättern berührte. Rund um sie her standen unzählige Blumen von allen Farben, und der köstlichste Geruch erfüllte die Luft. Er sah nichts als die blaue Blume, und betrachtete sie lange mit unnennbarer Zärtlichkeit. Endlich wollte er sich ihr nähern, als sie auf einmal sich zu bewegen und zu verändern anfing; die Blätter wurden glänzender und schmiegten sich an den wachsenden Stengel, die Blume neigte sich nach ihm zu, und die Blüthenblätter zeigen einen blauen ausgebreiteten Kragen, in welchem ein zartes Gesicht schwebte. Sein süßes Staunen wuchs mit der sonderbaren Verwandlung, als ihn plötzlich die Stimmer seiner Mutter weckte […]. (HO, 242)

Mutter, Geliebte und sexuelle Entwicklung des jungen Mannes stehen hier in einem Spannungsverhältnis zueinander, als habe Novalis Freud gelesen und versucht, den Prozess der Lösung der Libido von der Mutter hin zu einem anderen weiblichen Objekt mit der entsprechenden Symbolik zu gestalten. Der Vater spielt die ihm von Freud zugedachte Rolle, wenn er seinen Sohn als „Langschläfer" bezeichnet, „Träume sind Schäume" verkündet und stattdessen die nächtliche Lektüre der „großen Werke der weisen Vorfahren" empfiehlt (HO, 243). Der Vater hat resigniert: „In dem Alter der Welt, wo wir leben, findet der unmittelbare Verkehr mit dem Himmel nicht mehr Statt", man habe nur die schriftlichen Zeugnisse „von der überirdischen Welt" (ebd.). Sein Sohn hingegen hält jeden Traum für einen „Riß in den geheimnißvollen Vorhang" (HO, 244), mittels seiner Traumerlebnisse wird dies durch den Roman positiv sanktioniert. Auch der Vater, so stellt sich heraus, hat als junger Mann die blaue Blume gesehen, doch hat er es aufgegeben, nach ihr zu suchen, und sich mit der weltlichen Existenz – immerhin als „Geistlicher" (HO, 252) – zufrieden gegeben (HO, 245ff.).

Der inneren Reise folgt eine äußere – die Mutter nimmt Heinrich zum ersten Mal mit zum Großvater nach Augsburg, denn die Gelegenheit ist günstig, sich einer Gruppe reisender Kaufleute anzuschließen. In dem an Vorausdeutungen reichen Roman wird der Gedanke von Heinrichs Mutter wiedergegeben, der Sohn werde bestimmt „die Reize einer jungen Landsmännin" kennen und schätzen lernen (HO, 248). Dass die Mutter damit ihren Sohn freigibt, muss kaum gesagt werden. Die Reise geht von Eisenach nach Augsburg, die Konnotationen der Orte werden schnell deutlich: Eisenach steht für den Sängerkrieg auf der Wartburg ebenso wie für eine kalte und wenig sinnliche

Gegend; Augsburg verkörpert den Süden, in dem die Menschen offener sind und sinnenfroher leben.

Viele der Figuren beziehen sich auf historische Persönlichkeiten, allen voran der Protagonist:

> Heinrich von Ofterdingen galt unter den Gebildeten nicht als fiktive, sondern als historische Figur und als bedeutender mittelalterlicher Dichter. Als solcher erschien er im *Sängerkrieg auf der Wartburg*, einem um die Mitte des 13. Jahrhunderts entstandenen mittelhochdeutschen Gedichtzyklus [...].[3]

Der für die Romantik typische Rückgriff auf ein verklärtes Mittelalter zeigt sich auch in der Thematisierung des Erzählens im geselligen Rahmen, wie dies beispielsweise in Boccacios *Decamerone* oder den *Erzählungen aus den 1001 Nächten* der Fall ist: „Die Gesellschaft, die anfänglich aus ähnlichen Ursachen still gewesen war, fing nach gerade an aufzuwachen, und sich mit allerhand Gesprächen und Erzählungen die Zeit zu verkürzen" (HO, 251). Der Roman macht seine Kaufleute zu Philosophen, die Gespräche bieten ihm ein Forum, um die eigene Programmatik weiter zu entfalten. Heinrich, das Sprachrohr dieser Philosophie, erläutert die beiden Wege, „um zur Wissenschaft der menschlichen Geschichte zu gelangen", ein Problem, das spätestens seit Friedrich Schillers Antrittsvorlesung ins Zentrum des Diskurses über Vergangenheit, Gegenwart und Zukunft gehört. Der eine Weg ist für Heinrich der mühsame und krumme

> [...] der Erfahrung; der andere, fast Ein Sprung nur, der Weg der innern Betrachtung. Der Wanderer der ersten muß eins aus dem andern in einer langwierigen Rechnung finden, wenn der andere die Natur jeder Begebenheit und jeder Sache gleich unmittelbar anschaut, und sie in ihrem lebendigen, mannichfaltigen Zusammenhange betrachten, und leicht mit allen übrigen, wie Figuren auf einer Tafel, vergleichen kann. (HO, 253f.)

Die Gefahren eines solchen Denkens wird Novalis' Freund Ludwig Tieck in *Der Runenberg* gestalten, dort wird die Anschauung einer mit scheinbar geheimnisvollen Zeichen bedeckten Steintafel mit Wahnsinn assoziiert. Bei Novalis ist davon noch keine Rede, im Gegenteil. Heinrichs Ausführungen lassen die erstaunten Kaufleute zu folgendem Schluss kommen: „Es dünkt uns, ihr habt Anlage zum Dichter", und: „Auch neigt Ihr Euch zum Wunderbaren, als dem Elemente der Dichter" (HO, 254).

Überhaupt ist dieser Märchenroman eine Apologie des Dichters. Im Atlantis-Märchen wird der Prinzessinnengemahl Sänger und Dichter sein, den König durch seinen Vortrag von seiner Qualifikation als Schwiegersohn überzeugen. In dem Klingsohr-Märchen ist Fabel die zentrale, handlungsmotivie-

---

[3] Uerlings: Novalis, S. 188.

rende Figur. Die Begründung der zentralen Stellung des Dichters erfolgt im romantischen Kontext, er kann eine „künstliche Nachahmung der Natur" hervorbringen:

> Die Natur will selbst auch einen Genuß von ihrer großen Künstlichkeit haben, und darum hat sie sich in Menschen verwandelt, wo sie nun selber sich über ihre Herrlichkeit freut, das Angenehme und Liebliche von den Dingen absondert und es auf solche Art allein hervorbringt, daß sie es auf mannichfaltigere Weise, und zu allen Zeiten und allen Orten haben und genießen kann. (HO, 255)

Damit wird, neben ihrem mimetischen Charakter, besonders das Bleibende, der Zeit Enthobene der Dichtung akzentuiert. Die Wirkung weist auf die immanente Transzendenz:

> Eine magische Gewalt üben die Sprüche des Dichters aus; auch die gewöhnlichen Worte kommen in reizenden Klängen vor, und berauschen die festgebannten Zuhörer. (HO, 256)

Das ist, wohlgemerkt, nicht Heinrichs Auffassung, sondern die der Kaufleute. Heinrich hat die Anlagen zum Dichter, doch es bedarf eines literarischen Bildungsprogramms, um sie zu entwickeln: „Heinrich war von Natur zum Dichter geboren. Mannichfaltige Zufälle schienen sich zu seiner Bildung zu vereinigen [...]" (HO, 315). Teil dieses Programms ist das Motiv der Reise, mit dem sich Novalis auf den von ihm (wie den anderen Frühromantikern) sehr bewunderten Bildungsroman Goethes bezieht, *Wilhelm Meisters Lehrjahre* (1795f.).

Das erste Binnenmärchen, das in Novalis' Roman eingeschoben wird, ist nur kurz, es erzählt die Geschichte von einem „jener sonderbaren Dichter oder mehr Tonkünstler" (HO, 257), der in mythischer Vorzeit „in ein fremdes Land reisen wollte" (ebd.). Er soll von der Schiffsbesatzung beraubt werden, darf aber noch einen „Schwanengesang spielen" (HO, 258), den die Besatzung nicht hören will. Die Räuber verstopfen sich die Ohren, die Anspielung auf Odysseus' Erlebnisse mit den Sirenen ist hier nicht zu überlesen. Dennoch nützt die Vorsichtsmaßnahme den Räubern wenig. Auf dem „Rücken eines dankbaren Unthiers", das den Gesang zu schätzen wusste, entkommt der Sänger der Bedrohung (ebd.). Die Besatzung streitet sich um die zurückgelassenen Schätze, dies mündet „in einen mörderischen Kampf" (HO, 259) und sie erleiden Schiffbruch. Das Meeresungeheuer rettet das Hab und Gut des Sängers. Der Sänger ist eine Dichterfigur, hier beginnt die Apologie des Autors als Auserwählter, der im geheimen Verständnis mit der Natur steht.

Das folgende 3. Kapitel beginnt mit den Worten: „Eine andere Geschichte, fuhren die Kaufleute nach einer Pause fort, die freylich nicht so wunderbar und aus späteren Zeiten ist [...]" (ebd.); hier wird das Atlantis-Märchen erzählt. „Ein alter König hielt einen glänzenden Hof" (ebd.). Der König entstammt, und dies kann als intertextuelle Anspielung auf die *Erzählungen aus den 1001 Nächten* gelesen werden, „einer uralten Morgenländischen Königsfamilie". Er schätzt die „Dichtkunst" und liebt über alles seine einzige Tochter. Sie ist „unter Gesängen aufgewachsen, und ihre ganze Seele war ein zartes Lied" (HO, 260). Die Verheiratung ist genau aus diesem Grund schwierig:

> Die heilige Ehrfurcht für das königliche Haus erlaubte keinem Unterthan, an die Möglichkeit zu denken, die Prinzessin zu besitzen. Man betrachtete sie wie ein überirdisches Wesen […]." (HO, 261)

Prinzen kommen nicht in Frage – aber dafür ein einfacher junger Mann, der Eigenschaften besitzt, die wichtiger sind als eine adelige Herkunft. In dieser Konzeption klingt die Auseinandersetzung zwischen Adel und Bürgertum nach, der junge Mann repräsentiert das bürgerliche Selbstbewusstsein. Er lebt mit seinem Vater auf einem „abgelegenen" Gut (HO, 261); hier wird der Gegensatz von Hof und Land aktualisiert. Vom Erzähler hervorgehoben wird „die Ordnung und Reinlichkeit des Ganzen", die „seltsame Heiligkeit des Ortes" (HO, 262f.). Die Prinzessin fühlt sich wie „in einer überirdischen Welt" (HO, 264). Der junge Mann hat Fähigkeiten, die ihre eigenen ergänzen: Sie lehrt ihn das Singen und Dichten, er bringt ihr die Sprache der Natur bei (HO, 264ff.).

Die Treffen in der Natur führen zu einer Lockerung der zivilisatorischen Bande, die „mächtige Liebe" der beiden tut das Übrige (HO, 267). Als die beiden sich gerade leidenschaftlich küssen, kommt ein – symbolisch zu verstehender, gleichzeitig handlungsmotivierender – Sturm auf. Sie verirren sich im Wald und suchen Schutz in einer Höhle, die als ein durch und durch idyllischer Ort geschildert wird:

> Ein wilder Mandelstrauch hing mit Früchten beladen in die Höhle hinein, und ein nahes Rieseln ließ sie frisches Wasser zur Stillung ihres Durstes finden. Die Laute hatte der Jüngling mitgenommen, und sie gewährte ihnen jetzt eine aufheiternde und beruhigende Unterhaltung bey dem knisternden Feuer. Eine höhere Macht schien den Knoten schneller lösen zu wollen, und brachte sie unter sonderbaren Umständen in diese romantische Lage. Die Unschuld ihrer Herzen, die zauberhafte Stimmung ihrer Gemüther, und die verbundene unwiderstehliche Macht ihrer süßen Leidenschaft und ihrer Jugend ließ sie bald die Welt und ihre Verhältnisse vergessen, und wiegte sie unter dem Brautgesange des Sturms und den Hochzeitsfackeln der Blitze in den süßesten Rausch ein, der je ein sterbliches Paar beseligt haben mag. Der Anbruch des lichten blauen Morgens war für sie das Erwachen in einer neuen seligen Welt. (HO, 268)

Hier wird freie Sexualität praktiziert – geradezu unerhört für Novalis' Zeit. Positiv sanktioniert wird der ‚Sündenfall' auf vielfache Weise, Novalis hat sich um die Rechtfertigung sehr bemüht. Das Geschehen ist vorherbestimmt oder von einer höheren Macht beschlossen, die beiden können es selbst kaum beeinflussen. Zugleich sind sie füreinander geschaffen. Die Prinzessin kann allerdings erst jetzt dem jungen Mann ihre Herkunft gestehen, alles andere wäre ein Affront für die zeitgenössischen Leser gewesen.

Nachdem der Fehltritt nun einmal geschehen ist, gilt das Prinzip der Schadensbegrenzung. Es wird als selbstverständlich hingenommen, dass aus der Liebesnacht auch eine Leibesfrucht resultiert. Die junge Frau wird von ihrem Liebhaber versteckt, bis das Kind geboren ist. Der königliche Vater lernt in dieser Zeit das Gefühl des Verlustes kennen:

> Meine Tochter kann mir nichts ersetzen. Ohne sie sind auch die Gesänge nichts, als leere Worte und Blendwerk. Sie war der Zauber, der ihnen Leben und Freude, Macht und Gestalt gab. (HO, 269)

Nach der Geburt des Kindes im Frühjahr – also in der Zeit des neuen Lebens in der Natur – liefert sich die junge Familie der Gnade des königlichen Vaters aus und aufschlussreich ist, wie dies geschieht. Der junge Mann präsentiert sich als Dichter und Sänger:

> Die Stimme war außerordentlich schön, und der Gesang trug ein fremdes, wunderbares Gepräge. Er handelte von dem Ursprunge der Welt, von der Entstehung der Gestirne, der Pflanzen, Thiere und Menschen, von der allmächtigen Sympathie der Natur, von der uralten goldenen Zeit und ihren Beherrscherinnen, der Liebe und der Poesie, von der Erscheinung des Hasses und der Barbarey und ihren Kämpfen mit jenen wohlthätigen Göttinnen, und endlich von dem zukünftigen Triumph der letztern, dem Ende der Trübsale, der Verjüngung der Natur und der Wiederkehr eines ewigen goldenen Zeitalters. (HO, 271)

Das ganze romantische Weltbild ist also in dem Gesang enthalten, er qualifiziert den jungen Mann zum Schwiegersohn: „Der Dichter steigt auf rauhen Stufen / Hinan, und wird des Königs Sohn" (HO, 273). Der König nimmt seine Tochter, ihr Kind und den Schwiegersohn an:

> In Gesänge brachen die Dichter aus, und der Abend ward ein heiliger Vorabend dem ganzen Lande, dessen Leben fortan nur Ein schönes Fest war. Kein Mensch weiß, wo das Land hingekommen ist. Nur in Sagen heißt es, daß Atlantis von mächtigen Fluten den Augen entzogen worden sey. (HO, 275)

Damit endet das Atlantis-Märchen und es weist zugleich voraus auf Hoffmanns *Der goldne Topf* (1814), dort wird Anselmus in das Wunderreich Atlantis eingehen. Damit ist auch schon der qualitative Unterschied zwischen den beiden Texten angesprochen. Bei Novalis handelt es sich um ein mythisches Reich, bei Hoffmann ist es zugleich Parallelwelt und Parodie mythischer Vorstellungen. Aus der Transzendenz wird eine Apologie der Phantasie.

Die Parallele der Reise und der Entwicklung Heinrichs zum romantischen Dichter wird evident, wenn er von seinen Mitreisenden sogar mit dem zentralen Symbol der Romantik in eins gesetzt wird:

> Der junge Ofterdingen ward von Rittern und Frauen wegen seiner Bescheidenheit und seines ungezwungenen Betragens gepriesen, und die letztern verweilten gern auf seiner einnehmenden Gestalt, die wie das einfache Wort eines Unbekannten war, das man fast überhört, bis längst nach seinem Abschiede es seine tiefe unscheinbare Knospe immer mehr aufthut, und endlich eine herrliche Blume in allem Farbenglanze dichtverschlungener Blätter zeigt, so daß man es nie vergißt, nicht müde wird es zu wiederholen, und einen unversieglichen immer gegenwärtigen Schatz daran hat. (HO, 276)

Doch bevor Heinrichs Berufung zum Dichter endgültig wird, muss er noch einige Alternativen prüfen und verwerfen. So machen die Kaufleute in einer Burg halt, deren Herrscher den jungen Mann von den Vorteilen des nächsten Kreuzzugs überzeugen will. Heinrich ist zunächst von der Macht und der religiösen Sendung geblendet, seine Begeisterung kulminiert in einer symbolischen Handlung:

> Alle besahen das prächtige Schwerdt, auch Heinrich nahm es in seine Hand, und fühlte sich von einer kriegerischen Begeisterung ergriffen. Er küßte es mit inbrünstiger Andacht. Die Ritter freuten sich über seinen Antheil. Der Alte umarmte ihn, und munterte ihn auf, auch seine Hand auf ewig der Befreyung des heiligen Grabes zu widmen […]. (HO, 277)

Heinrich lernt jedoch die Sklavin Zulima kennen und erfährt ihr trauriges Schicksal. Auf der allegorischen Deutungsebene repräsentiert Zulima die morgenländische Poesie.[4] Die Position der Kreuzritter, für die das Fremde das Böse ist, das es zu bekämpfen gilt, wird als einseitig verworfen: „Sie beschrieb die romantischen Schönheiten der fruchtbaren Arabischen Gegenden […]", deren Oasen „wie Zufluchtsstätten der Bedrängten und Ruhebedürftigen, wie Kolonien des Paradieses" seien (HO, 283). Sie sieht im Kreuzzug „einen fürchterlichen unnützen Krieg", da ihre Landsleute das Heilige Grab geehrt und den Christen jederzeit Zugang gewährt hätten, das Grab wäre dann zur „Wiege eines glücklichen Einverständnisses" geworden. Für Heinrich sind die gegensätzlichen Positionen Zeichen für „eine wunderliche Verwirrung in der Welt" (HO, 284), die – so sieht es der Roman – nur mit der Hilfe der Poesie überwunden werden kann.

Heinrich lernt noch eine weitere Existenz kennen, die ihn fesselt und zur Nachahmung inspiriert. In einer Gastwirtschaft trifft er einen alten Mann, einen „Schatzgräber", einen „Bergmann", der „sich mit unaussprechlichem Vergnügen in diesen uralten Hallen und Gewölben" unter der Erde „umgesehn" habe (HO, 286). Die Höhlen und Gänge kontrastieren einerseits mit der oberirdischen, Gott zugewandten Existenz und deuten andererseits auf das Erkunden des Verborgenen, dem Menschen Unbewussten. Der Berg-

---

[4] Vgl. Uerlings: Novalis, S. 195.

mann sagt dies selbst, er sieht in „dem Schooße der Felsen dieses Sinnbild des menschlichen Lebens" (HO, 293). Mit einem psychoanalytischen Ansatz könnte man auch vom Unbewussten des Individuums und der Gesellschaft sprechen. Die Erkundung der Höhlen wäre demnach, im weitesten Sinne, mit einer Entdeckungsreise ins eigene Ich und in die Geheimnisse der Gesellschaft gleichzusetzen.

Von dem Bergmann lässt sich auch lernen, dass der Mensch Teil eines kollektiven Ganzen ist: „Die Natur will nicht der ausschließliche Besitz eines Einzigen seyn. Als Eigenthum verwandelt sie sich in ein böses Gift" (HO, 292). Heinrich lernt wieder dazu, die Symbolik passt zum erläuterten Zusammenhang: „Die Worte des Alten hatten eine versteckte Tapetenthür in ihm geöffnet" (HO, 299). Als Heinrich Lust bekommt, mit dem Alten eine nahe liegende Höhle zu erkunden, trifft er auf einen Einsiedler, der die Höhle bewohnt und der „vor sich auf einer steinernen Platte ein großes Buch liegen hatte" (HO, 302). Diese Stelle liest sich wie ein Prätext für Ludwig Tiecks *Der Runenberg*, mit dem signifikanten Unterschied, dass Christian eine mythische Frau sehen wird, die ihm eine steinerne Platte übergibt und damit sein Verhängnis besiegelt. Zu fragen wäre, ob Tieck hier eine Abgrenzung zu Novalis vornehmen, die einseitige Wertschätzung des Verborgenen und Untergründigen als naiv verwerfen wollte.

Novalis' Einsiedler stellt sich als Graf Friedrich von Hohenzollern heraus, er hat sich nach dem Tod seiner Kinder und seiner Frau hierher zurückgezogen. Der Graf ist die vorletzte Station Heinrichs auf dem Weg zum Dichter, er schildert dem jungen Mann die Vorzüge der Poesie:

> Wenn ich das alles recht bedenke, so scheint es mir, als wenn ein Geschichtsschreiber nothwendig auch ein Dichter seyn müßte, denn nur die Dichter mögen sich auf jene Kunst, Begebenheiten schicklich zu verknüpfen, verstehn. In ihren Erzählungen und Fabeln habe ich mit stillem Vergnügen ihr zartes Gefühl für den geheimnißvollen Geist des Lebens bemerkt. Es ist mehr Wahrheit in ihren Mährchen, als in gelehrten Chroniken. Sind auch ihre Person und deren Schicksale erfunden: so ist doch der Sinn, in dem sie erfunden sind, wahrhaft und natürlich. Es ist für unsern Genuß und unsere Belehrung gewissermaßen einerley, ob die Personen, in deren Schicksalen wir den unsrigen nachspüren, wirklich einmal lebten, oder nicht. (HO, 306)

Hier zeigt sich die Modernität der Romantik. Erst in der zweiten Hälfte des 20. Jahrhunderts wird die Geschichtswissenschaft erkennen, dass ihr Versuch der Rekonstruktion von Geschichte zugleich auch einer Konstruktion gleichkommt. Die Dichter haben diesen Punkt schon im ausgehenden 18. Jahrhundert für sich geklärt. Schiller hat bereits in seiner Jenaer Antrittsvorlesung die Relativität historischer Erkenntnis formuliert. In der Zeit um 1800 erlebt dann die Literatur ihre bisher gültige Funktionsbestimmung als Simulationsraum, als Spiel-Raum für menschliche Erkenntnis. In den Worten Jurij Lotmans:

> Indem sie dem Menschen die fiktive Möglichkeit verschafft, mit sich selbst in verschiedenen Sprachen zu sprechen und dabei sein Ich auf verschiedene Weise zu kodieren, hilft die Kunst dem Menschen dabei, eine der allerwesentlichsten psychologischen Aufgaben zu lösen – die Erkenntnis und Bestimmung des eigenen Wesens.[5]

In späteren Texten wird die Transzendenz fehlen, die Novalis noch beschwört. Für den Grafen ist das Ende des Lebens nicht das Ende aller Hoffnungen: „Oft scheint eine Begebenheit sich zu endigen, wenn sie erst eigentlich beginnt" (HO, 311).

Ähnlich ambivalent ist ein weiteres Merkmal der Modernität von Novalis' Text zu sehen. Heinrich liest ein Buch, das sich im Besitz des Grafen befindet, doch „der Schluß des Buches schien zu fehlen" (HO, 312). Es stellt sich heraus, dass die erzählte Geschichte dem Leben dieses Lesers ähnelt, der Graf erläutert: „Soweit ich weiß, ist es ein Roman von den wunderbaren Schicksalen eines Dichters […]" (HO, 313). An dieser Stelle wird Novalis' Roman selbstreferenziell oder metafiktional, der Text verweist auf sich selbst als Text.

Mit der Reise ist auch Heinrichs Vorbereitung für den Dichterberuf beendet, nun gilt es, die angeborenen und erworbenen Anlagen zu entfalten. Es ist dem Romanprinzip der Harmoniestiftung geschuldet, dass Heinrich nun, im Hause seines Großvaters Schwaning, den Dichter Klingsohr und seine Tochter Mathilde kennen und letztere lieben lernt. Damit ist die letzte Voraussetzung für Heinrichs Berufung gegeben, Klingsohr stellt fest: „Liebe und Treue werden euer Leben zur ewigen Poesie machen" (HO, 332). Der Großvater stellt ihn so dem zukünftigen Schwiegervater vor, der damit die Rolle eines Ersatzvaters zugewiesen bekommt: „Mich däucht, er ist zum Dichter geboren. Euer Geist komme über ihn" (HO, 318). Melanie ist nicht nur eine schöne junge Frau, sie ist auch die weibliche Ausgabe des verehrten Dichters: „Sie schien der Geist ihres Vaters in der lieblichsten Verkleidung" (HO, 319). Das Streben nach Vereinigung ist wieder in einem größeren Kontext zu sehen: „Welcher sonderbare Zusammenhang ist zwischen Mathilden und der [blauen] Blume?" (HO, 325). Um dies zu erkennen, gilt es, „Gemüth" und „Verstand" in ein Gleichgewicht zu bringen. Klingsohr sagt das so:

> Man muß sich wohl hüten, nicht eins über das andere zu vergessen. Es giebt viele, die nur die Eine Seite kennen und die andere geringschätzen. Aber beyde kann man vereinigen, und man wird sich wohl dabey befinden. Schade, daß so wenige darauf denken, sich in ihrem Innern frey und geschickt bewegen zu können […]. (HO, 328)

---

[5] Lotman: Die Struktur literarischer Texte, S. 101.

Heinrich hat das Ziel gesehen, aber noch nicht erreicht. In einem weiteren Schlüsseltraum wird er zunächst von Mathilde getrennt, um schließlich auf unerwartete Weise mit ihr vereint zu werden. Dieser Traum deutet, berücksichtigt man die erhaltenen Notizen, auf den Verlauf des zweiten Bandes des Romans voraus. Das Aufschieben der Erfüllung hat freilich etwas mit der Unerfüllbarkeit solcher Vorstellungen in der Realität zu tun.

Passend zum Märchencharakter des Romans schließt ein von Klingsohr erzähltes Märchen den ersten Band ab. Hier wird die Erfüllung allegorisch gestaltet, also indirekt, als Verheißung. Nicht zufällig ist es das neunte Kapitel und nicht zufällig erzählt Klingsohr das Märchen im geselligen Rahmen: „Alle setzten sich um das lodernde Feuer im Kamin. Heinrich saß dicht bei Mathilden, und schlang seinen Arm um sie" (HO, 338). Das Märchen weist Parallelen zu Goethes *Das Märchen* auf,[6] es spielt in einer mythischen Vorzeit, allerdings ist diese hier mit Requisiten des Mittelalters ausgestattet. Die relativ komplizierte Handlung des Binnenmärchens soll nicht nacherzählt werden, eine grobe Skizze muss genügen. Einleitend lassen sich zum besseren Verständnis der allegorischen Bedeutung die knappen Erläuterungen aus der Werkausgabe anführen:

> Die sich aus [...] verschiedenen Quellen zusammensetzende heterogene Welt aus Mythologie und Allegorie gliedert N. [Novalis] in einer symbolischen Geographie, die um einen imaginären Nordpol, den Palast Arcturs, kreist. Der Süden – die Antike – ist in den Gestalten der Sophie und des Eros repräsentiert, der Osten – das Morgenland – durch Ginnistan, die die Phantasie vertritt. Den Schwerpunkt legte N. aber in die Astralwelt von Arcturs Palast, der höchsten Ebene, der Menschenwelt und Unterwelt untergeordnet sind. In der Astralwelt, dem höchsten Schauplatz, findet so auch die Hochzeit von Eros, der ‚südlichen' Liebe, und Freya, der ‚nördlichen' Göttin des Friedens, statt, die die goldene Zeit herbeiführt.[7]

König Arctur und seine Tochter Freya werden zu Beginn des Märchens Zeugen einer Verheißung: „Nicht lange wird der schöne Fremde säumen. / Die Wärme naht, die Ewigkeit beginnt" (HO, 340). Es gibt symbolische Entsprechungen, auf Blättern findet sich „eine schöne Harmonie der Zeichen und Figuren", die ihren Zustand mit der Musik verändern, und es „schien doch nur Ein einfaches Thema das Ganze zu verbinden" (HO, 341). Zur gleichen Zeit befindet sich ein anderer König bei seiner Familie, „der schöne Knabe Eros" liegt ebenso in der Wiege wie seine „Milchschwester Fabel", genährt

---

[6] Zu diesen und anderen intertextuellen Bezügen vgl. Novalis: Werke, Tagebücher und Briefe. 3. Bd., S. 142, außerdem Uerlings: Novalis, S. 62, der feststellt, das Märchen sei „[...] voller Anspielungen auf Ergebnisse, Modelle und Theorien der zeitgenössischen Wissenschaften und der Naturphilosophie."

[7] Vgl. Novalis: Werke, Tagebücher und Briefe. 3. Bd., S. 143.

werden sie von der Amme Ginnistan. Der König diktiert einem Schreiber, seine Aufzeichnungen reicht er „einer edlen, göttergleichen Frau", die nicht zufällig Sophie heißt und deren Aufgabe es ist, die Blätter in „eine dunkle Schaale mit klarem Wasser" zu tauchen. Nur wenig von dem Geschriebenen hält der Wasserprobe stand (HO, 342).

Der Schreiber verkörpert eine fehlgeleitete Auffassung von Wissenschaft und Dichtung, sein Gegenspieler wird die schnell heranwachsende Fabel. Handlungsmotivierend wird „ein zartes Stäbchen", das der Vater im Hof gefunden hat und das sich unter dem Hauch Ginnistans in „die Gestalte einer Schlange" verwandelt, „die sich nun plötzlich in den Schwanz biß" (HO, 343) – wohl auch eine intertextuelle Referenz auf Goethes *Das Märchen*. Als Eros die Schlange bekommt, verwandelt er sich plötzlich in einen jungen Mann – die sexuelle Konnotation des Schlangensymbols ist nicht zu überlesen. Hier wird die pubertäre Entwicklung repräsentiert.

Ginnistan ist die Geliebte des Königs und seines Sohnes. Sobald sich Eros in einen jungen Mann verwandelt hat, drückt sie ihn „mit der Innigkeit einer Braut an sich" (ebd.). Gleich danach geht der König mit ihr „in die Kammer, um sich von den Geschäften des Tages in ihren Armen zu erholen" (HO, 344). Anschließend begleitet Eros sie auf seinem Weg, der Ginnistan zurück zu ihrem Vater führt, und er wird dort „in süßem Wahne", es handele sich um die ihm verheißene Braut, ihr Liebhaber (HO, 349). Eros sieht zuvor sich und seine Geliebte – dies ist eine der Verknüpfungen von Rahmen- und Binnenhandlung – im Kelch einer Blume miteinander vereint.

Besonders problematisch ist, dass Ginnistan „die Gestalt" von Eros' Mutter angenommen hat (HO, 345), wir haben es hier mit einem Inzest-Motiv zu tun. So wird einerseits deutlich, dass die Verkehrtheit der Welt allein durch die Taten des Ritters Eros nicht aufgehoben werden kann, andererseits weisen die Metamorphosen auf die prinzipielle Einheit allen Seins, auf „ein umfassendes erotisches Weltverhältnis".[8]

Eros' Vision ist eine Vorwegnahme, eine allegorische Darstellung des kommenden Goldenen Zeitalters:

> Sophie saß zu oberst, die Schaale in der Hand, neben einem herrlichen Manne, mit einem Eichenkranz um die Locken, und einer Friedenspalme statt des Szepters in der Rechten. Ein Lilienblatt bog sich über den Kelch der schwimmenden Blume; die kleine Fabel saß auf demselben, und sang zur Harfe die süßesten Lieder. In dem Kelche lag Eros selbst, über ein schönes schlummerndes Mädchen hergebeugt, die ihn fest umschlungen hielt. Eine kleinere Blüthe schloß sich um beyde her, so daß sie von den Hüften an in Eine Blume verwandelt zu seyn schienen. (HO, 348f.)

---

[8] Uerlings: Novalis, S. 207.

Die Verwirklichung hängt freilich, der Bedeutung der Dichterrolle gemäß, an Fabel, sie repräsentiert die Macht der Poesie. Mit der Losung „Sophie und Liebe" lässt die Sphinx sie vorbei in die Höhle der Parzen (HO, 350). In der Welt des Untergrundes, in der Licht und Schatten vertauscht sind, spinnen die Parzen die Fäden des Lebens. In einer Welt der Ewigkeit sind diese gefährdeten Lebensfäden – schließlich können sie reißen – jedoch nicht mehr nötig, die Macht der Parzen wird gebrochen. Der Schreiber, der sich mit den Parzen zusammenschließt, schafft es zwar noch, eine Art Hexenverbrennung zu initiieren, die Mutter von Eros und Fabel auf den Scheiterhaufen zu schicken – möglicherweise eine Anspielung auf die Französische Revolution. Zugleich ist Eros durch die verkehrte Verbindung mit Ginnistan zu einem Liebespfeile verschießenden Kind geworden, das „überall Verwüstungen" anrichtet (HO, 355). Das hat jedoch lediglich aufschiebenden Charakter, wie Fabel weiß: „Das Leblose ist wieder entseelt. Das Lebendige wird regieren, und das Leblose bilden und gebrauchen. Das Innere wird offenbart, und das Äußere verborgen" (HO, 358). Fabel sammelt zu diesem Zweck die Asche seiner Pflegemutter (HO, 359). Aus Asche und Tränen wird ein „Trank des ewigen Lebens" (HO, 361), ein in Anlehnung an die christliche Ikonographie (Leib und Blut Christi) gebildetes Motiv.

Eros wird in einen schönen Ritter zurückverwandelt, um seine Geliebte Freya zu suchen (HO, 361). In einer alchemistischen Operation wird ein Spiegel hergestellt, der „alles in seiner wahren Gestalt" zeigt, „jedes Blendwerk" vernichtet „und ewig das ursprüngliche Bild" festhält, also als finales Instrument der Erkenntnis dient. In Hoffmanns *Der goldne Topf* oder in Grimms *Schneewittchen* wird das Spiegel-Motiv wesentlich ambivalenter gebraucht, schließlich zeigt der Spiegel den Betrachter und dient dessen Eitelkeit – ein narzisstisches Motiv also.

Nun kann sich alles neu gruppieren und zur harmonischen Ordnung zusammenfinden. Der Mond bekommt „das Reich der Parzen", um die neue Hofgesellschaft „mit Schauspielen darin" zu „ergötzen, wozu die kleine Fabel mir behülflich seyn wird". Mit folgendem Vierzeiler endet der erste Teil des Romans:

> Gegründet ist das Reich der Ewigkeit,
> In Lieb' und Frieden endigt sich der Streit,
> Vorüber ging der lange Traum der Schmerzen,
> Sophie ist ewig Priesterin der Herzen. (HO, 364)

Der Name Sophie und die Terminologie zeigen, dass Novalis seine Biographie mit verarbeitet und den allegorischen Gehalt – gegenüber Goethes *Das Märchen* – um die Ebene der Transzendenz erweitert hat. Auch bei Novalis ist die feudale Gesellschaftsordnung Grundlage der idealen Gesellschaft, anders aber als bei Goethe wird dies als selbstverständlich vorausgesetzt, eine

Rechtfertigung wird nicht gegeben. Nicht Herrschaft und Macht stehen im Zentrum des Textes, sondern eine heilsgeschichtliche Variante der Erlösung. Weltliche und geistliche Herrschaft werden in Poesie überführt, Fluchtpunkt des literarischen Texts ist der literarische Text. Bei Novalis gehen die literarische Fiktion und die prognostizierte Realität noch ganz selbstverständlich zusammen, das ist eine entscheidende Gemeinsamkeit mit den Volksmärchen der Brüder Grimm.

Vielleicht hat es auch mit dem schmachvollen Ende des Heiligen Römischen Reiches deutscher Nation zu tun, dass das romantische Kunstmärchen nach dem Jahrhundertwechsel eine andere Entwicklung nehmen und die Unterschiede der beiden Ebenen akzentuieren wird. Dennoch gibt es zwischen Novalis, Hoffmann und anderen, die in der Tradition der Romantik stehen, eine wichtige Gemeinsamkeit. Herbert Uerlings hat, in einem Vergleich von Novalis und Thomas Mann, folgende Grundidee formuliert: „Es geht also um die Bereitschaft und die Fähigkeit, Intensitäten, Sehnsüchte und Erfahrungen zuzulassen, die nicht lebbar, aber für das eigene Überleben unabdingbar sind."[9] Diese Vorstellung geht zusammen mit dem Gedanken von Literatur als Spiel-Raum, den Lotman und andere konzipiert haben. Eine solche Leistung der Literatur wird in keiner anderen Gattung so deutlich wie im Märchen.

---

[9] Uerlings: Novalis, S. 57.

Ludwig Tieck

Der blonde Eckbert und Der Runenberg (1797/1802)

„Und alles ward ihm immer mehr ein Rätsel"

Ludwig Tieck war neben Goethe wohl die zentrale Figur im Literaturbetrieb seiner Zeit. Das lag an seinen vielen Begabungen und Kontakten – er war begnadeter Vorleser, Autor von trivialen bis hochliterarischen Texten, Anreger und Förderer der Romantik, Übersetzer beispielsweise Shakespeares, Herausgeber der Werke von Novalis und Kleist (neben anderen) und vieles mehr. Unter seinen eigenen Werken sind insbesondere die Märchen und die Dramen so innovativ, dass sie zahlreiche spätere Autoren beeinflusst haben. In einzelnen Forschungsarbeiten ist er gar als ‚Ahnherr' Kafkas gehandelt worden.[1]

Tiecks damalige Popularität und Bedeutung steht in keinem Verhältnis zur späteren, bis heute dauernden weitgehenden Missachtung. An dieser Stelle sollen zwei seiner zur Frühromantik gezählten Kunstmärchen berücksichtigt werden, das erste ist das bekannteste,[2] es erschien 1797 in einer Sammlung von „Volksmärchen" (so hieß der von Tieck herausgegebene Band). Der zweite Text stammt aus dem Jahr 1802, beide wurden später (1810) in den Novellenzyklus *Phantasus* eingearbeitet.

Bei *Der blonde Eckbert* von 1797 handelt es sich um das erste moderne Kunstmärchen. Es ist nicht, wie Goethes *Das Märchen*, allegorisch auflösbar, ganz im Gegenteil: „The search for solutions to their mysteries [von Tiecks Märchen allgemein und hier im besonderen] is forever obstructed by the presence of conflicting codes within the text."[3] Nicht nur die Titelfigur, auch der Leser wird in eine Geschichte hineingeführt, die immer weniger logisch und wahrscheinlich zu sein scheint. Der Erzähler stellt denn auch fest: „alles ward ihm [Eckbert] immer mehr ein Rätsel" (BE, 22), und schließlich:

> Jetzt war es um das Bewußtsein, um die Sinne Eckberts geschehn; er konnte sich nicht aus dem Rätsel herausfinden, ob er jetzt träume oder ehemals von

---

[1] Vgl. Corkhill: Tiecks *Blonder Eckbert* und Kafkas *Urteil*, S. 1.

[2] „Ludwig Tieck's *Der blonde Eckbert* (1797) has received more critical attention than any other of his works." Mathäs: Self-Perfection – Narcissm – Paranoia, S. 237.

[3] Tatar: Unholy Alliances, S. 608. Zum generellen Problem der Interpretation bei Tieck und zu den stark divergierenden Interpretationsansätzen des *Runenberg* vgl. bes. den instruktiven Aufsatz von Mecklenburg: „Die Gesellschaft der verwilderten Steine".

einem Weibe Bertha geträumt habe; das Wunderbarste vermischte sich mit dem Gewöhnlichsten, die Welt um ihn her war verzaubert und er keines Gedankens, keiner Erinnerung mächtig. (BE, 23)

Schon die Vokabel „Bewußtsein" macht aufmerksam, auch ist dann von Träumen die Rede. Eckberts finale Verunsicherung resultiert aus dem Problem der subjektiven Wahrnehmung. Er ist nicht mehr dazu in der Lage, die Subjektivität des Wahrgenommenen zu akzeptieren, der Wirklichkeitsverlust bedeutet für ihn zugleich den Verlust des Verstandes – er liegt „wahnsinnig und verscheidend auf dem Boden" (BE, 24). Wie konnte es so weit kommen?

Dabei beginnt der Text ganz gewöhnlich, fast wie eine Chronik: „In einer Gegend des Harzes wohnte ein Ritter [...]" (BE, 3). Man erfährt, dass er mit seiner Frau „ruhig für sich" lebt und sein kleines Schloss selten verlässt. Doch in die scheinbare Idylle mischen sich bereits Anzeichen, dass hier etwas nicht stimmen kann: Eckbert ist blass, sein Gesicht eingefallen. Der Kinderwunsch des Paares erfüllt sich nicht. Der Erzähler sagt nicht, dass sie sich lieben, sondern er formuliert es so: „beide schienen sich von Herzen zu lieben". In der Literatur ist nichts zufällig, schon gar nicht eine solche Relativierung.

Die wichtigste Krankheit der Romantik hat auch Eckbert befallen: „Melancholie". Davon ist er nur vorübergehend durch die Besuche seines Freundes Philipp Walther zu heilen. Der stammt aus dem Süden Deutschlands, aus Franken, und sammelt im Harz „Kräuter und Steine", die er „in Ordnung bringen" will. Diese Naturverbundenheit ist nicht zufällig, sondern signalisiert ein tieferes Verständnis der Natur oder eine besondere Verbundenheit mit ihr. Dass es sich um die Welt der Mineralien und Pflanzen handelt, gemahnt zur Vorsicht. Schließlich stehen diese in der Schöpfungshierarchie ganz unten.

Tieck greift außerdem auf die gängige Jahreszeiten- und Wettersymbolik zurück. Im „Herbst" und dann noch um „Mitternacht", als der Mond „abwechselnd durch die vorüberflatternden Wolken" sieht, erzählt Eckberts Frau Bertha ihre Lebensgeschichte. Die Atmosphäre des Unheimlichen und Jenseitigen kontrastiert mit der Bitte Berthas, ihre „Erzählung für kein Märchen" zu halten, „so sonderbar sie auch klingen mag" (BE, 4).

Die Binnenerzählung beginnt wie der Rahmen mit alltäglich klingenden Feststellungen: „Ich bin in einem Dorfe geboren, mein Vater war ein armer Hirte" (ebd.). Doch hängt bei dieser Familie der Haussegen schief: Sie ist bettelarm, Vater und Mutter streiten sich, das Kind leidet darunter. Die persönliche Not der kleinen Bertha wird immer größer, denn weil sie die Verhältnisse verunsichern, benimmt sie sich ungeschickt und wird dafür gescholten. Ihr Vater ist stets „sehr ergrimmt auf mich" und bestraft sie hart, offenbar züchtigt er sie körperlich. Einen Ausweg sieht das Mädchen zunächst in einer Flucht in „die wunderbarsten Phantasien" (BE, 5).

Als sie acht wird (zweimal vier ist acht – eine Symbolzahl der Natur), kann sie die furchtbare Behandlung nicht mehr ertragen und flüchtet in den Wald. Sie hat Angst vor dem Gebirge, sieht am vierten (!) Tag ihrer Wanderung aber „Klippen" und „Felsen", die „immer furchtbarer" werden und sie „dicht an schwindlichten Abgründen" vorbeiführen (BE, 7). Diese äußere Situation entspricht der inneren: „Ich war ganz trostlos, ich weinte und schrie, und in den Felsentälern hallte meine Stimme auf eine schreckliche Art zurück" (BE, 7). Aus heutiger Sicht können wir eine Traumatisierung konstatieren, wie soll ein kleines Mädchen eine solche Situation ohne psychische Schädigung überstehen?

In diesem Zustand – „ich wünschte kaum noch zu leben und fürchtete doch den Tod" – kommt sie in die Gegend jenseits „der öden Felsen" und findet dort eine alte Frau, die ihr hilft. Dass Bertha „das Gesause einer Mühle" hört, dass die alte Frau „fast ganz schwarz" gekleidet ist und sich extrem merkwürdig benimmt, sind jedoch Anzeichen, dass es sich nicht unbedingt um die endgültige Rettung handelt (BE, 8; Mühlen galten als verrufene Orte, an denen es spukt.) Die Alte singt „mit kreischendem Ton ein geistliches Lied", ein Kontrast also, der nicht auflösbar scheint – ist sie eher eine (heidnische) Hexe oder eher eine Heilige?

Immerhin nimmt sich die Alte des Mädchens an, dem scheint nun der Himmel „wie ein aufschlossenes Paradies" zu sein: „Meine junge Seele bekam jetzt zuerst eine Ahndung von der Welt und ihren Begebenheiten. Ich vergaß mich und meine Führerin, mein Geist und meine Augen schwärmten nur zwischen den goldenen Wolken" (BE, 9). Das zeigt, dass Bertha nun endgültig nicht mehr dazu in der Lage ist, die Realität als solche anzunehmen und zu ertragen – sie blickt nicht mehr auf den Boden, sondern in den Himmel. Insofern kann sie die Prüfung, der sie nun unterzogen wird, nicht mehr bestehen.

Die Zeit, die sie in der Hütte der alten Frau, mit deren Hund und Vogel verbringt, ist zwar von Harmonie, aber auch von Eintönigkeit und immer größerer Einsamkeit geprägt. Es handelt sich um eine Idylle, wie sie Bertha bisher nicht kannte. Dafür steht das Lied des Vogels:

„Waldeinsamkeit,
Die mich erfreut,
So morgen wie heut
In ew'ger Zeit,
O wie mich freut
Waldeinsamkeit." (ebd.)

Dieses Lied bezeichnet Bertha nicht zu Unrecht als „wunderbaren Gesang". Das erste und letzte Wort hat in Romantik und Biedermeier eine unglaubliche Karriere gemacht, neben der blauen Blume des Novalis ist es zur wichtigsten Chiffre der Romantik geworden.

Bereits das Lied hat eine Wiederholungsstruktur, dazu kommt, dass der Vogel es „beständig wiederholt" – es entsteht der Eindruck der Monotonie. Wie im Wesen der Alten herrscht auch in ihrer Hütte der Gegensatz, während der Vogel singt, „keichte und hustete" sie (BE, 10). Anders als Bertha ist die Alte dazu in der Lage, mit Hund und Vogel zu sprechen. Sie betet laut, scheint also Anteil an der Natur und an der Religion zu haben. Auch wenn Bertha nun bei der Alten lebt und ihren kleinen Haushalt verwaltet, so bleibt sie doch eine Fremde. Die Rollenverteilung „Kind und Tochter" (BE, 11) hält, bis Bertha 14 wird und die Alte sie nachdrücklich ermahnt, niemals von der „rechten Bahn" abzuweichen, weil sonst „die Strafe" nachfolge, „wenn auch noch so spät" (BE, 13). Hier wird möglicherweise das Trauma des strafenden Vaters wieder aufgerufen, abgesehen davon, dass Bertha nun in die Pubertät kommt. Das drückt sich in ihrer Sehnsucht nach dem „schönsten Ritter" aus (BE, 12), den sie sich aufgrund ihrer Lektüre der „wunderbare[n] Geschichten" (BE, 11) aus der Bibliothek der Alten vorstellt. Bertha bedauert den Übergang in die Pubertät auf folgende Weise: „[...] es ist ein Unglück für den Menschen, daß er seinen Verstand nur darum bekömmt, um die Unschuld seiner Seele zu verlieren" (BE, 13).

Zum zweiten Mal wird Bertha aktiv, allerdings wird sie zum ersten Mal schuldig. Als sie ihrem Vater davonlief, geschah dies aus einer Mangelsituation heraus. Diesmal sind es die Edelsteine, die in den Eiern des Vogels enthalten sind und die sie für die Alte in „fremdartigen Gefäßen" verwahren soll (BE, 12), die es ihr angetan haben. Mit ihnen hofft sie, den Traum vom „schönen Ritter" verwirklichen zu können (BE, 14). Berthas innerer Konflikt wird von ihr als „Streiten von zwei widerspenstigen Geistern in mir" beschrieben (ebd.).

Doch stiehlt Bertha nicht nur die Edelsteine, sie nimmt auch den Vogel mit, der aufhört zu singen, und bindet den Hund an, obwohl der ohne Nahrung verhungern muss. Im Traum erscheint Bertha die Alte und droht ihr. Obwohl Bertha nicht den Weg über die Felsen nimmt, den sie seinerzeit gekommen ist, sondern „nach der entgegengesetzten Seite" geht (BE, 15), kommt sie ins Dorf ihrer Eltern. Dort erfährt sie, der „Schäfer Martin" und seine Frau seien bereits „vor drei Jahren" gestorben (BE, 16) – eine symbolische Zahl, die hier entgegen ihrer positiven Bedeutung Verwendung findet. Bertha erkennt, dass ihre Flucht ein Fehler war, sie sieht alles „auf ewig verloren" (BE, 17). Dieser Eindruck wird durch das neue Lied des Vogels unterstrichen:

> „Waldeinsamkeit,
> Wie liegst du weit!
> Oh, dich gereut
> Einst mit der Zeit. –
> Ach, einz'ge Freud',
> Waldeinsamkeit." (BE, 17)

Als Bertha das hört, begeht sie ihre dritte Tat, die ihre Schuld verstärkt – sie bringt den kleinen Vogel um, obwohl der sie, wie zuvor der Hund, „bittend" ansieht (ebd.).

Es wird in der Binnenerzählung nur noch erwähnt, dass Eckbert Bertha kennenlernte und um sie warb, auch hier lässt die Terminologie aufhorchen: „Sie kam mir vor wie ein Wunder, und ich liebte sie über alles Maß. Ich hatte kein Vermögen, aber durch ihre Liebe kam ich in diesen Wohlstand [...]" (BE, 18). Ein doppelter Sündenfall also, denn es ist unverkennbar, dass hier finanzielle Gesichtspunkte eine große Rolle gespielt haben.

Der Freund, dem die Geschichte erzählt worden ist, zeigt sich wenig dankbar für das Vertrauen, er erregt durch seine Reaktion sogar extremes Misstrauen. So weiß Walther, dass der Hund der Alten, dessen Name Bertha nicht einfiel, Strohmian heißt (BE, 18) – dies wird besonders betont (im Satz durch Fettdruck hervorgehoben). Bertha nimmt diese unerklärliche Erwähnung eines vergessenen – oder besser verdrängten – Namens so mit, dass sie erkrankt und schließlich sogar stirbt. Davon erfährt Eckbert allerdings erst, als er aus dem Wald zurückkehrt – wo er Walther umgebracht hat. Dies geschah aus dem Affekt, vielmehr „ohne zu wissen, was er tat". Von nun an ist Eckbert, als der einzige Überlebende des Dreierbundes, „ganz mit sich zerfallen" (BE, 20), was auf seinen später ausbrechenden Wahnsinn vorausdeutet.

Die erste, von der Vorgeschichte Berthas unterbrochene Handlungssequenz scheint abgeschlossen, Eckbert selbst kommt „sein Leben in manchen Augenblicken mehr wie ein seltsames Märchen" vor (BE, 21). Doch wird alles noch seltsamer, denn es stellt sich ein junger Ritter mit Namen Hugo, mit dem Eckbert Freundschaft schließt und dem er seine böse Tat beichtet, „als *Walther*" heraus (BE, 22) – es bleibt hier aber wieder offen, ob es sich lediglich um eine Täuschung Eckberts handelt. Nun begibt sich Eckbert auf die Flucht, er verirrt sich – wie seinerzeit Bertha – „in einem Gewinde von Felsen" (BE, 23). Ein Bauer, der ihm den Weg weist, sieht plötzlich wie Walther aus und schließlich hört er „ein nahes, munteres Bellen" und Gesang. Das Lied kennen wir schon, es wird erneut variiert:

„Waldeinsamkeit
Mich wieder freut,
Mir geschieht kein Leid,
Hier wohnt kein Neid,
Von neuem mich freut
Waldeinsamkeit." (ebd.)

Nun tritt die eingangs geschilderte Situation ein, Eckbert wird wahnsinnig. Eine „krummgebückte Alte" kommt auf ihn zu, verlangt ihren Hund, ihren Vogel und ihre Edelsteine zurück, außerdem verkündet sie folgende Lehre: „Siehe, das Unrecht bestraft sich selbst: niemand als ich war dein Freund

Walther, dein Hugo" (BE, 24). Man sollte freilich nicht vergessen, dass zuvor explizit vom Wahnsinn Eckberts die Rede war. Nach wie vor bleibt offen, ob es sich bei allen wunderbaren Ereignissen um Einbildung handelte, die durch Schuldgefühle hervorgerufen wurde. Ist es also das Gewissen, das zu Eckbert spricht? Berthas Schuld wird von der (vorgestellten?) Alten thematisiert:

> „Warum verließ sie mich tückisch? Sonst hätte sich alles gut und schön geendet, ihre Probezeit war ja schon vorüber. Sie war die Tochter eines Ritters, die er bei einem Hirten erziehn ließ, die Tochter deines Vaters." (ebd.)

Ein uneheliches Kind also, und hier liegt eine tragische Schuld verborgen, wie wir sie aus der antiken Tragödie kennen, etwa aus Sophokles' *König Ödipus* (vor 425 v. Chr.). Doch ist nicht zu entscheiden, ob die Hauptfigur ahnungslos war oder nur nichts von ihrer Schuld wissen wollte: Die Alte klärt Eckbert auf, dass er einmal ein entsprechendes Gespräch seines Vaters belauschte. Die Schuld der Eltern führt zur Schuld der Kinder, doch hätten diese noch eine Wahlmöglichkeit gehabt, Bertha hätte bei der Alten bleiben und Eckbert sich an die verlorene Schwester erinnern können. Handelt es sich bei dem Schluss ‚nur' um eine Vorstellung des Protagonisten, dann setzt er sich hier mit dem verdrängten Inzest auseinander. Rückblickend klärt bereits die Namensähnlichkeit von Eckbert und Bertha über ihre Verwandtschaft auf. Tieck hat sich die Pointe des Geschwisterinzests bis zum Schluss aufbewahrt.

Die starke Psychologisierung der Figuren hält den Text also in einer doppelten Schwebe. Es bleibt offen, ob sich innerhalb des Erzählten die wunderbaren Ereignisse wirklich zugetragen haben oder ob sie den Wahnvorstellungen des Ehepaars entspringen. Der einzige konkrete Hinweis, dass es sich nicht ausschließlich um Wahnvorstellungen handelt, ist die Erwähnung des vergessenen Hundenamens durch Walther. Bekanntlich ist die Namensgebung eng mit Individualisierung und Persönlichkeit verbunden. Indem man einem Menschen einen Namen gibt, erkennt man ihn als eigenständiges Wesen an, indem man ihm den Namen nimmt, entpersönlicht und dehumanisiert man ihn. Auch bei Tieren bedeutet die Namensgebung eine Hervorhebung aus den Vertretern der Art.

Der zweite Schwebezustand hat mit der Gattung zu tun. Handelt es sich nun um ein Märchen oder um eine Novelle? Das Gewicht des Wunderbaren ist deutlich geringer als noch bei Goethe oder wieder bei Hoffmann. Andererseits ließe sich – in Anlehnung an die Bezeichnung allegorisches Märchen für Goethes Text – hier von einem psychologischen Märchen sprechen.[4] Damit ist

---

[4] Die psychoanalytischen Deutungsmöglichkeiten haben in der Forschung besondere Aufmerksamkeit gefunden. Vgl. z. B. die Interpretation von Mathäs: Self-Perfection – Narcissm – Paranoia.

eine entscheidende Differenz zu früheren Märchen benannt, beispielsweise zu einem Text, der den *Blonden Eckbert* angeregt haben soll:[5] Musäus' *Ulrich mit dem Bühel*, ein Märchen, das zu Anfang die Begegnung einer verzweifelten jungen Frau mit einer alten Frau schildert, die ihr ein Huhn hinterlässt, das goldene Eier legt. Bei Musäus kommt so auf originelle Weise eine Handlung in Gang, die mit einem Happy-End abgeschlossen wird.

In der „Märchenerzählung" (Roger Paulin)[6] *Der Runenberg* wird die Psychologisierung von Figuren fortgesetzt. Auch wenn sich wunderbare Begebenheiten zutragen, so ist das, was den Kern des Märchens ausmacht, noch deutlicher mit der inneren Entwicklung erklärbar als in *Der blonde Eckbert*. Allerdings bleibt ein romantischer Kern erhalten und es lässt sich an diesem Märchen leichter nachweisen, in welchem Zusammenhang die Epoche, die Gattung und die inneren Befindlichkeiten der literarischen Figuren stehen.

Wieder beginnt das Märchen mit einer Alltagssituation: „Ein junger Jäger saß im innersten Gebirge nachdenkend bei einem Vogelherde […]." Doch schon der zweite Teil des Satzes evoziert eine für die Romantik typische Stimmung: „[…] indem das Rauschen der Gewässer und des Waldes in der Einsamkeit tönte" (DR, 25). Der Einsame im Wald, an einem Gewässer sitzend – diese Situation wird später bei Hoffmann, etwa im *Klein Zaches*, nur noch in Form einer Parodie möglich sein. Das Zwiegespräch mit der Natur hat bei Tieck aber nicht ein positives Gefühl, sondern eine extrem negative Reaktion zur Folge. Darauf deutet bereits der spezifische Ort „im innersten Gebirge", der das Leitmotiv des Märchens vorwegnimmt.[7] Unbelebte und belebte Natur, die Höhe der Berge und die Tiefe der Ebenen, dunkler Wald und offene, bewirtschaftete Fläche bilden den entscheidenden äußeren Kontrast und spiegeln die Zerrissenheit des Protagonisten. Der fragt sich, warum er

> […] Vater und Mutter, die wohlbekannte Heimat und alle Befreundeten seines Dorfes verlassen hatte, um eine fremde Umgebung zu suchen, um sich aus dem Kreise der wiederkehrenden Gewöhnlichkeit zu entfernen, und er blickte mit einer Art von Verwunderung auf […]. (DR, 25)

Wir befinden uns also in einer Zeit nach dem Sündenfall, dem freiwilligen Verlust von Eltern und Heimat, um einer vagen Vorstellung zu folgen. Mit

---

[5] Vgl. Bärtsch: Ludwig Tieck: Der blonde Eckbert, S. 93–115, hier S. 96.
[6] Vgl. Paulin: Ludwig Tieck, S. 61.
[7] Vgl. Paulin: Ludwig Tieck, S. 61: „In der Märchenerzählung ‚Der Runenberg' nimmt Tieck die Stimmung des Unheimlichen, des Ausgeliefert-Seins, der Einsamkeit aus dem ‚Blonden Eckbert' auf; angeregt durch die naturphilosophischen Gespräche mit Steffens wird die mineralische Welt im ‚Runenberg' zum Symbol für Magie und Eros. Das Motiv des Unterirdischen ist im Zusammenhang mit zentralen Themen bei Novalis zu sehen, die in der Nachfolge von G.H. Schubert, Arnim und E.T.A. Hoffmann als Symbole für ein Erweitern und Erkennen des Selbst stehen." Nur dass ein solches Erkennen aus den noch darzulegenden Gründen im *Runenberg* scheitert.

den Eltern lebte er in der fruchtbaren Ebene, sein Vater war Gärtner, „er liebte die Pflanzen und Blumen über alles" und konnte „fast mit ihnen sprechen". Doch wusste der Sohn diese Verbundenheit mit der Natur nicht zu schätzen: „Mir war die Gartenarbeit zuwider […]" (DR, 28).

Andererseits blieb dem jungen Mann offenbar keine Wahl. Jedenfalls stellt er es so dar, als sei er „mit fremder Gewalt aus dem Kreise meiner Eltern und Verwandten hinweggenommen" worden, „mein Geist war seiner selbst nicht mächtig; wie ein Vogel, der in einem Netz gefangen ist und sich vergeblich sträubt, so verstrickt war meine Seele in seltsamen Vorstellungen und Wünschen" (DR, 28). Nicht zufällig ist es „im ersten Frühling", als sich der junge Mann aufgemacht hat, „wie ein Trunkener" (DR, 29). Diese Jahreszeit entspricht der Zeit des Erwachsenwerdens (man denke an Frank Wedekinds Jugenddrama *Frühlings Erwachen* von 1891). Hier ließe sich also durchaus von der Krise der Pubertät sprechen. Dazu würde passen, dass unser Held ein entscheidendes Manko hat – er versteht nicht die Sprache der Natur:

> Er hörte auf die wechselnde Melodie des Wassers, und es schien, als wenn ihm die Wogen in unverständlichen Worten tausend Dinge sagten, die ihm so wichtig waren, und er mußte sich innerlich betrüben, daß er ihre Reden nicht verstehen konnte. (DR, 25)

Kinder galten den Romantikern als näher am Ursprünglichen, die Pubertät war zwangsläufig die Phase, in der die größte Gefährdung einer Entfremdung von der Natur bestand. Was aber geht schief? Der junge Held sieht nur seine eigenen Interessen, strebt – im Gebirge – nach Höherem, kurz: er überhebt sich. Sein Vater war glücklich damit, als „Gärtner im Schloß" Dienst zu tun (DR, 28), sein Sohn nimmt als Jäger von seinem gebirgigen Bezirk „wie von einem Königreiche Besitz" (DR, 30).

Ein Jägerlied wird eingeschoben – zum Vereinigungsstreben der Romantik gehörte auch die Mischung der Gattungen, lyrische Texte als Einschübe in epische sind die Regel. Hier versucht der Held, sich seiner selbst in der Rolle als Jäger zu vergewissern, was dem Pfeifen im Wald gleicht: „Während dieses Gesanges war die Sonne tiefer gesunken, und breite Schatten fielen durch das enge Tal" (DR, 26). Die Symbolik der Szenerie (Sonne *sinkt*, *breite* Schatten, *enges* Tal) deutet auf das kommende Unheil voraus. Kein Wunder, dass der junge Jäger „immer trübseliger" wird. Dabei hat der Protagonist einen Namen, dessen Verpflichtungen er nicht nachkommt: Christian. Statt sich an Gott zu halten, wird er sich dem Gold und der unbelebten Natur verschreiben.

Die Situation, in der er sich jetzt befindet, wäre ohne die Negativsymbolik die des romantischen Menschen schlechthin: Entzweit mit der Natur, nicht zuletzt durch die Geburt des Gedankens (was an sich positiv ist), sehnt er sich nach einer neuen Einheit auf höherer Stufe, nach einem neuen Goldenen Zeitalter. Symbolisch besiegelt nun Christian seine Schuld:

> Gedankenlos zog er eine hervorragende Wurzel aus der Erde, und plötzlich hörte er erschreckend ein dumpfes Winseln im Boden, das sich unterirdisch in klagenden Tönen fortzog und erst in der Ferne wehmütig verscholl. Der Ton durchdrang sein innerstes Herz, er ergriff ihn, als wenn er unvermutet die Wunde berührt habe, an der der sterbende Leichnam der Natur in Schmerzen verscheiden wolle. Er sprang auf und wollte entfliehen, denn er hatte wohl ehemals von der seltsamen Alrunenwurzel gehört, die beim Ausreißen so herzdurchschneidende Klagetöne von sich gebe, daß der Mensch von ihrem Gewinsel wahnsinnig werden müsse. Indem er fortgehen wollte, stand ein fremder Mann hinter ihm […]. (DR, 27)

Auch wenn die Folgen der Tat hier im Konjunktiv stehen, weil sie durch die Perspektive der Figur gebrochen werden – es wird sich zeigen, dass Christians Schicksal besiegelt ist. Der Unbekannte nimmt ihn mit zum Runenberg, wo er ihn verlässt. Die Erzählungen über den Berg korrespondieren mit seinem Aussehen:

> […] in unkenntlichen Formen und vielen gesonderten Massen, die der bleiche Schimmer wieder rätselhaft vereinigte, lag das gespaltene Gebirge vor ihnen, im Hintergrunde ein steiler Berg, auf welchem uralte verwitterte Ruinen schauerlich im weißen Lichte sich zeigten. (DR, 30)

Sein Vorgesetzter, ein alter Förster, hat Christian „wundersame Dinge" von dem Berg erzählt, die ihm „grauenhaft" erschienen. Der Fremde indes klingt ganz anders, nach folgenden Worten verlässt er den jungen Mann: „Es kann nicht fehlen, […] wer nur zu suchen versteht, wessen Herz recht innerlich hingezogen wird, der findet uralte Freunde dort und Herrlichkeiten, alles, was er am eifrigsten wünscht" (DR, 31). Das klingt freilich so, als ob die Wahrnehmung der „Herrlichkeiten" nur in der Vorstellung existieren könnte.

Es sind „irre Vorstellungen und unverständliche Wünsche", die Christian treiben (ebd.). Der Aufstieg auf den Berg ist entsprechend gefährlich und wird mit negativen Attributen besetzt. Am Ende des Pfades sieht er durch ein Fenster in den Berg. Dort verschmelzen der Wunsch nach Reichtum, nach Selbstbestätigung und nach sexueller Erfüllung in der Vision einer Frau, einer strengen Schönheit, die sich auskleidet und ein Lied singt. Dieses Lied endet mit den Zeilen:

> „Macht der Herzen und der Geister,
> Die so durstig sind im Sehnen,
> Mit den leuchtend schönen Tränen
> Allgewaltig euch zum Meister!" (DR, 33)

Die angerufenen Berggötter, so scheint es am Ende des Märchens, haben sich wirklich Christians bemeistert. Die Schilderung der schönen Frau lässt keinen Zweifel offen, dass es sich um keine positive Entwicklung handelt. Sie singt „mit durchdringlicher Stimme", ist „mächtig" und die Gesichtszüge sind „streng" (DR, 32). Sie trägt einen „goldenen Schleier" und ihr Körper sieht aus „wie Marmor" (DR, 33). Die Schönheit und der Reichtum der unbelebten Natur erzeugen in Christian „Sehnsucht und Wollust", „Schmerz und Hoffnung" (ebd.).

Nun kommt es zur Grenzüberschreitung, allerdings nicht durch den Menschen, der passiv bleibt. Christian „erschrak, als die Schöne das Fenster öffnete, ihm die magische steinerne Tafel reichte". „Er faßte die Tafel und fühlte die Figur, die unsichtbar sogleich in sein Inneres überging [...]", womit die äußere Erscheinung verschwindet (DR, 34). Wenn gesagt wird, dass sich in der Tafel „der untersinkende Mond schwach und bläulich spiegelte", dann ist damit die Funktion als Spiegel und als Filter angesprochen, abgesehen von der Kälte, die von der Farbe Blau ausgeht. Spiegel – das wird zu einem Leitmotiv in E.T.A. Hoffmanns Märchen – zeigen in der Regel nur das eigene Ich, sie verhindern die Sicht auf die Außenwelt, führen zum Narzissmus und manchmal auch in den Wahnsinn (man denke an Hoffmanns Novelle *Der Sandmann*, dort haben die Augen der Puppe, in die sich Protagonist Nathanael verliebt, eine solche Spiegelfunktion).

Als es Tag wird, erwacht Christian noch einmal, die Tafel ist verschwunden und wie „ein Traum oder ein plötzlicher Wahnsinn" liegt das Erlebte hinter ihm (ebd.). Doch hat er sich verändert: „Alles war ihm fremd [...]" (DR, 35). Auf der anderen, südlichen Seite des Gebirges kommt er in eine idyllische Landschaft, wobei die „engen Gärten" und „kleinen Hütten" mit der Weite des Gebirges kontrastieren. Kirchengesang und -musik erfüllen

> [...] sein Herz mit einer nie gefühlten Frömmigkeit. Seine Empfindungen und Wünsche der Nacht erschienen ihm ruchlos und frevelhaft, er wollte sich wieder kindlich, bedürftig und demütig an die Menschen wie an seine Brüder schließen und sich von den gottlosen Gefühlen und Vorsätzen entfernen. (ebd.)

Er tritt in die „menschenerfüllte Kirche" (ebd.) und damit in die Gemeinschaft des Dorfes ein. Nicht zufällig verliebt er sich sofort, er sieht „neben der Kanzel ein junges Mädchen, das vor allen andern der Andacht und Aufmerksamkeit hingegeben schien" (DR, 36). Nicht zufällig ist gerade „Erntefest", nicht zufällig heißt das Mädchen Elisabeth (hebräisch „die Gott verehrt", „Gottgeweihte"), nicht zufällig findet ihr Vater Gefallen an Christian und stellt ihn als „Gärtner" (!) ein (DR, 36f.). Nun geraten wir in ein richtiges Märchen, vielmehr in eine Gemeinschaft, die eine Beziehung zum Märchen pflegt, wie sie die Romantiker für die Zeiten mündlicher Tradierung annahmen: „er vermißte sie, wenn er sie an einem Tage nicht sah, dann erzählte sie ihm am Abend Märchen und lustige Geschichten" (DR, 37). Die Idylle setzt sich fort, Christian und Elisabeth heiraten (wieder ist Frühling!), sie bekommen ein Kind, das sie Leonora nennen (von Eleonora, der griechischen Wurzel eleos = „Mitleiden" oder dem arabischen ellinor = „Gott ist mein Licht").

Es gibt eine ungetilgte Schuld, die Christian einholt – die Erinnerung daran, dass er seine Eltern verlassen hat. Er möchte sein Zuhause nicht wieder verlieren, da „sein Herz Wurzel geschlagen" hat, und er spürt „Furcht" und „Schauer", sogar „Wahnsinn", als er sich dem Gebirge nähert (DR, 38). Die Gebirgsnatur wird als die im Berg gesehene Frau personifiziert, die Wälder sind „wie schwarze Haare", im Bach sieht Christian „die blitzenden Augen", die Felsen sind „die großen Glieder" (DR, 39). Diesmal ist es sein Vater, der ihn rettet – er sitzt im Schatten eines Baumes und betrachtet eine Blume, als ob er sie lesen würde. Sie sagt ihm, dass er seinen Sohn sehen wird. Die Reise durch das Gebirge machte ihn „traurig", doch bewundert er die „schöne Ebene" (ebd.). Es passt zur Situation Christians, dass er seinen Vater genau an der Grenze von Ebene und Gebirge findet – diesmal muss er also weder die physische Grenze zum Gebirge noch die mentale zum Wahnsinn überschreiten.

Christian nimmt seinen Vater (die Mutter ist gestorben) mit zu sich, seine Frau und er haben weitere Kinder, die Familie bildet „den zufriedensten und einträchtigsten Kreis von Menschen" (DR, 40). Wieder ist es ein „Fremder", der Christian zum zweiten Mal auf den falschen Weg führt. Christian kommt es vor, „als kenne er den Reisenden schon von ehemals". Der verlässt seine Gastgeber nach symbolischen drei Monaten und gibt Christian Gold zur Aufbewahrung, das dieser nach einem symbolischen Jahreslauf für sich behalten soll. Von nun an ist Christian wieder der unbelebten Natur verfallen, diesmal in Gestalt des Goldes, das er beständig zählt, schließlich sogar – passenderweise – des Nachts.

Auf die Warnungen seines Vaters hört er nicht mehr, die „Glut der Entzückung" steht nun gegen das „Worte Gottes" (DR, 42). Als Christian beginnt, schwer zu träumen und daraufhin „wunderbare Dinge" zu erzählen, die seine Frau „schauern" lassen, als er beginnt, sich vor Pflanzen zu ängstigen, stellt sein Vater folgende Diagnose: „So ist sein verzaubertes Herz nicht menschlich mehr, sondern von kaltem Metall; wer keine Blume mehr liebt, dem ist alle Liebe und Gottesfurcht verloren" (DR, 43). Christians Erklärung zeigt, dass keine Hoffnung mehr besteht:

> „[...] ich kann auf lange Zeit, auf Jahre, die wahre Gestalt meines Innern vergessen und gleichsam ein fremdes Leben mit Leichtigkeit führen: dann geht aber plötzlich wie ein neuer Mond das regierende Gestirn, welches ich selber bin, in meinem Herzen auf und besiegt die fremde Macht." (ebd.)

Christians Wahnsinn ist der Narzissmus, er ist sich selbst „das regierende Gestirn", so kommt es, dass er die Natur spiegelverkehrt wahrnimmt. Pflanzen und Blumen sind für ihn nun „eine große Wunde, sie sind der Leichnam vormaliger herrlicher Seitenwelten, sie bieten unserem Auge die schrecklichste Verwesung dar" (ebd.). Auch äußerlich ist zu erkennen, dass Christian wahnsinnig geworden ist. Dem Vater kommt es vor, „als wenn ein andres Wesen aus ihm, wie aus einer Maschine, unbeholfen und ungeschickt heraus spiele" (DR, 45). Die „Maschine" verstärkt nur den Eindruck des Unbelebten.

Als wieder einmal das Erntefest gefeiert wird, geht Christian nicht in die Kirche hinein, sondern er kehrt vor der Kirchentür um. Stattdessen begibt er sich in einen alten Bergschacht (DR, 48). Zuvor kommt ihm ein „altes Weib von der äußersten Häßlichkeit" entgegen, das kurze Zeit wie der fremde Besucher auszusehen scheint. Auch glaubt Christian, die Schöne aus dem Berg und ihre Tafel wieder zu sehen (DR, 46). Sein Vater warnt ihn noch einmal, als symbolischer dritter Gedichttext wird ein Naturgedicht eingeschoben. Immerhin ist bemerkenswert, dass der Vater die Tafel ebenfalls sehen und als „Sinn dieser Wortfügung" der Steine Grausamkeit und Blutdurst erkennen kann (ebd.). Christian ist nicht mehr zu helfen, er tauscht das Leben im Einklang mit seiner Frau und mit Gott gegen die „geliebte Braut" der Felsen (DR, 47).

Damit ist auch der Niedergang der Familie besiegelt. Der Vater stirbt, Elisabeth heiratet wieder, doch kehrt sich nun das Glück gegen sie. Die Verluste summieren sich, der Mann beginnt zu trinken, beide werden „in der Verzweiflung unachtsam und saumselig" (DR, 48). Der totgeglaubte Christian kommt noch ein drittes und letztes Mal in das Dorf zurück, diesmal hat er einen Sack voller Steine dabei, die er für „Juwelen" hält (DR, 49). Christian begegnet Elisabeth und der ältesten Tochter Leonore, die er „an seine Brust" drückt, bevor er endgültig zu „dem entsetzlichen Waldweibe" geht (DR, 50).

Anders als im *Blonden Eckbert* lässt der Erzähler keinen Zweifel daran, dass Christian wahnsinnig ist, wobei es sich um eine bestimmte Art des Wahnsinns handelt, die eng damit zusammenhängt, dass er in seiner Entwicklung nicht gelernt hat, einen Ausgleich zwischen Subjekt und Objekt, zwischen dem Eigenen und dem Fremden herbeizuführen. Wir haben es mit einem Identitätsverlust zu tun, der als Gefahr eines romantisch veranlagten Charakters präsentiert wird. Christian hat ein Sensorium für die Natur, doch anders als bei seinem Vater – der als Kontrastfigur dient – ist es bei ihm durch den Narzissmus pervertiert.

Was hat das alles noch mit einem Märchen zu tun? Es finden sich Begebenheiten, die sich mit der Alltagslogik nicht erklären lassen. Ein magischer Gegenstand – die Tafel – findet Verwendung, sie kann unter anderem metafiktional gedeutet werden; in dem Fall wäre Christian ein Künstler und sein Problem das des Künstlers in der Romantik,[8] wie es wenig später insbesondere

---

[8] Für eine entsprechende Deutung des *Runenberg* vgl. Rölleke: „Empfindung für Poesie".

E.T.A. Hoffmann thematisieren wird. Das Märchen, wie wir es heute kennen, wurde aus der Romantik geboren und ist stets eng mit der Reflexion über seine Entstehungsbedingungen verbunden, das Moment des Wunderbaren steht im Kern der romantischen Wirklichkeitskonzeption. Der Zusammenhang mit der romantischen Philosophie wird an diesem Text besonders deutlich. Die Idylle der Ebenen kann als Nachklang des früheren Goldenen Zeitalters gelesen werden, das Gebirge würde in dem Fall die Gegenwart symbolisieren, die durch den Verlust der Beziehung zur Natur charakterisiert ist. Der Mensch – in diesem Fall einer, der auch Dichter ist – kann nicht mehr mit der Natur kommunizieren und sie nur noch falsch verstehen, indem er der unbelebten Natur den Vorzug vor der belebten gibt.

Gold oder Juwelen als *Pars pro toto* für die unbelebte Natur eröffnen Aktualisierungsmöglichkeiten: Die Industrialisierung wird zu einem neuen Wertesystem führen, vielen Menschen wird das Geldverdienen wichtiger als die Pflege zwischenmenschlicher Beziehungen werden. Einflüsse von Sage und Legende sind ebenfalls festzustellen, man denke an die Wirkung der Alraunwurzel, mit der sich Christians Wahnsinn ja auch erklären ließe, so man Aberglauben als Erklärung zu akzeptieren bereit ist. Individuum und Gesellschaft stehen in einem Spannungsverhältnis und beide sind nicht so einfach verstehbar, wie es zu Anfang den Anschein hat. Mit Christian lernt der Leser die Komplexität einer Welt kennen, die nicht mehr auf eine scheinbar objektive Wahrnehmung reduziert werden kann.

Tieck hat das Märchen psychologisiert, damit eine neue Phase der Gattungsentwicklung eingeleitet und Hoffmann vorgearbeitet. Auf der Basis des *Runenberg*-Inhalts kann man zwar zu der Schlussfolgerung kommen: „Die Erzählung kennt keine Sieger, sondern nur Verlierer."[9] Dennoch gibt es einen Gewinner – den Leser, sofern er die (an der Märchentradition geschulte) Fähigkeit besitzt, den verborgenen Anspielungsreichtum wahrzunehmen.

---

[9] Gille: Der Berg und die Seele, S. 621.

Friedrich de la Motte Fouqué

Undine (1811)

„Es ist alles nur Phantasterei!"

Seinen Namen verdankt Friedrich Baron de la Motte Fouqué (1777–1843), einst als der „märkische Dichterfürst" apostrophiert und heute so gut wie vergessen,[1] der hugenottischen Herkunft seiner Familie. Seine Erzählung *Undine* von 1811 kann als Märchen gelten, die Titelfigur ist eine Wassernixe und es kommen andere wunderbare Figuren vor. Das im ganzen 19. Jahrhundert ungeheuer populäre Märchen[2] war beispielsweise ein Prätext von H.C. Andersens *Die kleine Seejungfrau* oder von Oscar Wildes *Der Fischer und seine Seele*, erschienen in Wildes Sammlung *Ein Granatapfelhaus* (UN, 96). Fouqué selbst hatte das Nixenmotiv bei der Lektüre von Paracelsus' (1493–1541) *Liber de nymphis, sylphis, pygmaeis et salamandris et de caeteris spiritibus* (von 1590) für sich entdeckt.[3] Paracelsus war ein mittelalterlicher Autor, der durch die Verbindung von Theologie und naturwissenschaftlichen Ansätzen großen Einfluss auf die Entwicklung mystischer Vorstellungen nahm. Vorbildfunktion hatte Fouqués Text wohl für die Märchen E.T.A. Hoffmanns, der 1816 als sein musikalisches Hauptwerk die Oper *Undine* auf die Bühne brachte. Für Hoffmanns literarische Entwicklung wichtig dürfte Fouqués Gestaltung der Übergänge zwischen Alltagsrealität und Wunderwelt gewesen sein. In der *Undine* wissen die Figuren oft nicht, ob sie einer optischen Täuschung erliegen, während für den Leser kein Zweifel daran bleibt, dass sich in der Realität des Texts die Figuren der Wunderwelt nur tarnen, um sich vor den Menschen zu verbergen. Die Wahrnehmung selbst wird aber erst bei Hoffmann zum (zentralen) Problem werden.

Das Motiv der Meerwesen verweist auf alte heidnische Vorstellungen. Fouqué ändert es in ein im allgemeinen Sinn romantisches Motiv um, in der Konzentration auf Liebe und Privatheit deutet es auf die Epoche des Biedermeier voraus. Das Kolorit des Mittelalters passt hingegen bestens zur Begeis-

---

[1] Vgl. Tieke: „Ich war so leicht, so lustig sonst", S. 54.
[2] Fouqué war „einer der meistgelesenen Schriftsteller des frühen 19. Jahrhunderts", sein Werk hatte „für andere Schriftsteller auch Vorbildfunktion", vgl. ebd. Laut Eichendorff galt Fouqué, der außerdem zahlreiche Romane geschrieben hat, als Hauptrepräsentant der Romantik (UN, 95).
[3] Vgl. Tieke: „Ich war so leicht, so lustig sonst", S. 54.

terung der Frühromantik für diese historische Epoche. Die entsprechenden Stichworte finden sich bereits in der lyrischen „Zueignung" des Märchens: Da ist von „edlen Herrn" und „schönen deutschen Frauen" die Rede. Der Erzähler sieht sich selbst als „treuer Ritter", der „den Fraun mit Schwert und Zither" diene (UN, 3). Insofern wirkt *Undine* mit am Projekt der kulturellen Nationwerdung Deutschlands. Schon hier ist zu fragen, ob diesem Text ein innovatives Potenzial zuerkannt werden kann, wie es sich zum Beispiel aus Stefan Greifs Feststellung ableiten lässt: „Daß die Wirklichkeit durch jenseitige Mächte nicht mehr erlöst werden kann, zeigt auch *Fouqué* [...]."[4]

Bereits der erste Satz des ersten Kapitels knüpft an die Traditionen von Volks- und Kunstmärchen an: „Es mögen nun wohl schon viele hundert Jahre her sein, da gab es einmal einen alten, guten Fischer, der saß eines schönen Abends vor der Tür und flickte seine Netze" (UN, 5). Statt „es war einmal" heißt es „da gab es einmal". Die Zeitangabe ist ungenau, verweist aber auf das Mittelalter, und wie im Volksmärchen wird die erstgenannte Figur nur mit einer Berufsbezeichnung belegt. Die Position der Hütte „in einer überaus anmutigen Gegend" ist als fragile Idylle gestaltet:

> Der grüne Boden, worauf seine Hütte gebaut war, streckte sich weit in einen großen Landsee hinaus, und es schien ebensowohl, die Erdzunge habe sich aus Liebe zu der bläulich klaren, wunderhellen Flut in diese hineingedrängt, als auch, das Wasser habe mit verliebten Armen nach der schönen Aue gegriffen [...]. (ebd.)

Die Personifikation von Landzunge und See weist auf die Verbindung des Meerwesens Undine erst mit den Fischerleuten, dann mit dem Ritter voraus. Zudem lassen sich erotische Konnotationen identifizieren – die Landzunge kann als Phallus gelesen werden und Frauen werden traditionell mit dem Passiven, Unsteten verbunden, das hier der See symbolisiert. Eben diese erotische ‚Grundströmung' dürfte erheblich mit zum Erfolg des Märchens beigetragen haben.

Die Halbinsel ist zusätzlich vom Festland abgetrennt, denn dahinter befindet sich „wilder Wald", der wegen seiner „wundersamen Kreaturen und Gaukeleien" selbst von dem Fischer und seiner Frau gemieden wird. Nur „ein geistliches Lied aus heller Kehle und aufrichtigem Herzen" kann die fremden Gestalten bannen (ebd.). Der alte Fischer sieht, wenn er in den Wald hineinblickt, „das Bild eines riesenmäßig langen, schneeweißen Mannes", der ihm zunickt (UN, 6). Auf der Ebene der Alltagsrealität handelt es sich um ein „Bächlein", doch ist der Bach auf der Ebene des Wunderbaren Undines Onkel Kühleborn, ein mächtiges Wasserwesen. Die erste Nennung dieses Namens, aus dem Mund Undines, erfolgt spät, im 6. Kapitel, das die Trauung Undines schildert, und

---

[4] Schanze: Romantik-Handbuch, S. 254.

hat dort die Funktion einer Vorausdeutung auf den unglücklichen Ausgang der Ehe (UN, 32). Der Zeitpunkt ist dramaturgisch klug gewählt, zugleich zeigt sich, welche Wirkung allein die Benennung des Nicht-Alltäglichen, sofern es Schrecken auslöst, haben kann – die Zuhörer verspüren „Entsetzen". Astrid Lindgren und Joanne K. Rowling werden dies zum Gestaltungsprinzip erheben, In *Mio mein Mio* wirkt der Name des Ritters Kato noch stärker und bei *Harry Potter* darf der Name Lord Voldemorts nicht einmal mehr ausgesprochen werden. Allerdings ist Kühleborn keineswegs nur eine negative Figur, er versucht vielmehr, Undine zu helfen und sie zu beschützen, auch wenn er ihr damit Probleme bereitet, die ihren Untergang beschleunigen.

Undine ist, nachdem das eigene Töchterchen der Fischerleute in den See gefallen war, dem Ehepaar zugelaufen; diese Voraussetzungen der Handlung werden später im Rahmen des geselligen Erzählens in der Hütte mitgeteilt: „Da raschelte was draußen an der Tür; sie springt auf, und ein wunderschönes Mädchen von etwa drei, vier Jahren steht reich geputzt auf der Schwelle und lächelt uns an" (UN, 14). Schon in den „seeblauen Augenhimmeln" (UN, 15) wird die Herkunft des Kindes aus dem Wasser angedeutet.

Die Handlung beginnt, als „ein schön geschmückter Ritter" auftaucht, der äußerlich die Anspielung auf das Mittelalter und die Imagination des Wunderbaren verbindet:

> Ein scharlachroter Mantel hing ihm über sein veilchenblaues, goldgesticktes Wams herab; von dem goldfarbigen Barette wallten rote und veilchenblaue Federn, am goldenen Wehrgehenke blitzte ein ausnehmend schönes und reichverziertes Schwert. (UN, 6)

Als Vorausdeutung auf kommendes Unheil kann verstanden werden, dass es dem Fischer bei der eindrucksvollen Erscheinung „nicht ganz geheuer zumute" ist (ebd.). Zunächst entwickelt sich aber alles ausgesprochen positiv. Der Ritter ist Huldbrand von Ringstetten, er besitzt „eine Burg an den Quellen der Donau" (UN, 8), die später – in Kontrast zur Fischerhütte – zum zweiten zentralen Schauplatz der Handlung werden wird. Die Idylle der Fischerhütte symbolisiert dabei das Goldene Zeitalter, die Handlung auf der Burg nur noch dessen Nachklang – in dieser Konzeption lässt sich durchaus die seit der Aufklärung übliche bürgerliche Kritik am Adel erkennen. Der Ritter verliebt sich sofort in Undine, „ein wunderschönes Blondinchen" (UN, 9). Das Gefühl beruht auf Gegenseitigkeit:

> Denn als sie ihn nun recht lange angesehen hatte, trat sie zutraulich näher, kniete vor ihm nieder und sagte, mit einem goldnen Schaupfennige, den er an einer reichen Kette auf der Brust trug, spielend: „Ei, du schöner, du freundlicher Gast, wie bist du denn endlich in unsre arme Hütte gekommen? Mußtest du denn jahrelang in der Welt herumstreifen, bevor du dich auch einmal zu uns fandest?" (ebd.).

Zunächst ist festzustellen, dass die Beschreibung des Mädchens als Kindfrau, die Geste der Unterwerfung unter den Mann, das phallische Spiel mit der Uhrenkette und die aus den Worten sprechende, wenig später sich erfüllende Erwartungshaltung zweifellos männliche erotische Vorstellungen bedienen.[5] Auch wird die enge Verknüpfung von Weiblichem und Übernatürlichem deutlich, die latente Bedrohung, die von den merkwürdigen Worten des Mädchens ausgeht. Es wird sich schließlich herausstellen, dass sie mit Hilfe Kühleborns den jungen Ritter aus dem Wald in die Hütte gelockt hat und sie wird ihm gestehen, dass sie ihn heiraten wollte, um als Wasserwesen eine menschliche Seele zu gewinnen (UN, 44f.). Undine selbst ist dabei allerdings weitgehend passiv, mit ihr wird gehandelt, damit verbleibt die Figur in den Konventionen der Zeit: „So wollte mein Vater, der ein mächtiger Wasserfürst im Mittelländischen Meere ist, seine einzige Tochter solle einer Seele teilhaftig werden […]" (UN, 45). Die fehlende Seele erklärt schließlich ihr bis zu dem Zeitpunkt fehlendes Mitgefühl. Die einer Metamorphose vom Wasserwesen zum Menschen gleich kommende Veränderung wird als Verstörung gestaltet (UN, 39ff.), wobei deren Wirkung weniger mit Blick auf die weibliche als auf die männliche Figur dargestellt wird. So hat Huldbrand in der Hochzeitsnacht „wunderlich grausende Träume […] von Gespenstern, die sich heimlich grinsend in schöne Frauen zu verkleiden strebten, von schönen Frauen, die mit einemmale Drachengesichter bekamen" (UN, 40).

Fouqué inszeniert also zunächst die in seiner Zeit normkonforme, klischeehafte Ambivalenz aus Verlockung und Bedrohung durch das Weibliche. Der Ritter ist dem Weiblichen ausgeliefert, nicht nur wird er zur Hütte gedrängt, auch trennt Kühleborn durch Wasserfluten die Halbinsel vom Festland ab, um die Entwicklung der Liebesbeziehung zu befördern (UN, 17). Huldbrand wird Undines Bräutigam: „Ihm war zumute, als gäbe es keine Welt mehr jenseits dieser umgebenden Fluten oder als könne man doch nie wieder da hinüber zur Vereinigung mit andern Menschen gelangen […]" (UN, 28). Dass es sich um eine künstlich geschaffene Isolation handelt, wird dem Liebespaar zunächst zum Glück verhelfen und später zum Verhängnis werden.

Vor seiner Ankunft in der Fischerhütte hat eine weitere Frauenfigur Huldbrands Schicksal beeinflusst. Die Bekanntschaft des Ritters mit Bertalda, der „Pflegetochter eines der mächtigen Herzöge", wird im Rückblick erzählt. Huldbrand hat sie in der „freie[n] Reichsstadt" kennen gelernt und die „hochmütige, wunderliche Maid" (UN, 21) ist für seinen Ausflug in den Wald verantwortlich. Sie verspricht ihm einen Handschuh als Pfand der Liebe, wenn er ihr „Nachricht bringt", „wie es im berüchtigten Forste aussieht" (UN, 22). Im Forst macht Huldbrand dann Bekanntschaft mit Zwergengestalten und mit Kühleborn, der ihm sogar das Leben rettet, als sein Pferd durchgeht:

---

[5] Vgl. auch Tieck: „Ich war so leicht, so lustig sonst", S. 55.

„Zuletzt ging es gerade auf einen steinigen Abgrund los; da kam mir's plötzlich vor, als werfe sich ein langer weißer Mann dem tollen Hengste quer vor in seinen Weg, der entsetzte sich davor und stand; ich kriegte ihn wieder in meine Gewalt und sah nun erst, daß mein Retter kein weißer Mann war, sondern ein silberheller Bach, der sich neben mir von einem Hügel herunterstürzte, meines Rosses Lauf ungestüm kreuzend und hemmend." (UN, 23)

Es sind solche Übergänge, die auf Hoffmanns Konzeption des (ironischen) Wirklichkeitsmärchens gewirkt haben dürften, dazu kommt die am Beginn des 5. Kapitels zu findende Leseranrede: „Du bist vielleicht, mein lieber Leser, schon irgendwo, nach mannigfaltigem Auf- und Abtreiben in der Welt, an einen Ort gekommen, wo dir es wohl war [...]" (UN, 27). Nur wird Hoffmann die trivial-biedermeierliche Tendenz durchbrechen; hier verläuft die Demarkationslinie zwischen klischeehaft-traditionellem und modernem Erzählen. Das zeigt sich auch an einem weiteren Motiv, das Hoffmann übernommen haben könnte. „In den Flammen glitzern und spielen die wunderlichen Salamander [...]", heißt es in *Undine* über die Wesen der Wunderwelt; der Archivarius Lindhorst aus Hoffmanns *Der goldne Topf* (1814) tritt in Atlantis als Feuersalamander in Erscheinung. Während Undines Erzählung dazu angetan ist, Huldbrand und mit ihm den Leser schaudern zu lassen, wird die Existenz des Archivarius, wie wir noch sehen werden, mit Ironie inszeniert.

Fouqués Text gewinnt an Originalität, als sich langsam die Konzeption der Figuren umzukehren beginnt. Bevor sie eine Seele hat, wird Undine mit erotischer Gefährdung assoziiert; nach der Hochzeit ist aber der Ritter in der Pflicht, sie als Ehefrau zu behandeln. „Im süßen Vertrauen wandelte Undine an seinem Arme nach der Hütte zurück und empfand nun erst von ganzem Herzen, wie wenig sie die verlassenen Kristallpaläste ihres wundersamen Vaters bedauern dürfte" (UN, 45). Dennoch gibt es fortgesetzte Elemente konservativer inhaltlicher Gestaltung, das Festhalten an bürgerlichen Normen und Werten (das Eheversprechen) sowie die Konnotierung des Wunderbaren als Fremdes und für den Menschen Bedrohliches. Der signifikante Unterschied zwischen Eigenem und Fremdem wird im Begriff der Seele gefasst.

Wie traditionell die Konzeption und wie allegorisch letztlich das Wunderbare ist, zeigt sich, wenn es vom Text als Korrektiv für Normverstöße in Dienst genommen wird. Nach der Hochzeit wird der idyllische Ort wieder von der Insel zur Halbinsel und die Eheleute beschließen, in Huldbrands Heimat zu reisen. Je näher der Ritter der Zivilisation kommt, desto größer wird die davon ausgehende Gefährdung in Gestalt Bertaldas. Die in keiner Weise argwöhnische Undine freundet sich mit dem Mädchen an und ist einverstanden, dass Bertalda Huldbrand und sie zur Burg Ringstetten begleitet.

Der Konflikt der Eheleute bricht offen aus, als Undine Bertaldas Herkunft aufklärt. Sie hat von Kühleborn erfahren, dass das Mädchen die Tochter ihrer

Pflegeeltern ist. Undine hat es gut gemeint, doch auf die hochmütige und eifersüchtige Bertalda wirkt ihr Verhalten wie eine Intrige: „Es kam ihr vor, als habe ihre Nebenbuhlerin dies alles ersonnen" (UN, 57). Sie will von ihren Eltern nichts wissen und verklagt ihre Gönnerin. Wenn Undine ihr fragend vorwirft: „Hast du denn eine Seele?" (ebd.), dann ist damit der Gegensatz, die zweite Asymmetrie des Texts zwischen Natürlichkeit und ‚unnatürlicher' Zivilisation markiert. Adel und Besitz wird aber nicht generell verurteilt, denn die Herzogsfamilie verstößt die Pflegetochter, weil sie sich so schlecht gegenüber ihren leiblichen Eltern verhalten hat. Entscheidend für die Konzeption ist das hinter ihr stehende bürgerliche Wertesystem – Fouqués Märchen mündet in eine Apologie des Bürgertums, wie sie für die ganze trivial-bürgerliche Literatur des 19. Jahrhunderts bestimmend werden wird, am erfolg- und folgenreichsten fast ein halbes Jahrhundert später, in Gustav Freytags Bestsellerroman *Soll und Haben* von 1855.

Mit der Bezeichnung „Hexe" für Undine (UN, 58) ist der Kulminationspunkt bürgerlicher Kritik erreicht, denn als mit einer Seele begabte, ihrem Mann treu ergebene junge Schönheit ist die Sympathie des Texts nun ganz eindeutig bei dieser Figur. Was folgt, ist die abfallende Handlung hin zur Katastrophe. „Huldbrands Gemüt begann, sich von Undinen ab- und Bertalden zuzuwenden", dem Ehemann erscheint „die arme Ehefrau als ein fremdartiges Wesen" (UN, 63). Kühleborn, der als „bloßer elementarischer Spiegel der Außenwelt" bezeichnet wird (UN, 67), bekommt die Rolle des strafenden Schicksals zugewiesen und symbolisiert letztlich doch nur (Spiegel-Motiv) die gerechte Selbstbestrafung des Ritters. Undines „himmlische Güte" wird von Huldbrand noch einmal erkannt (UN, 76), doch besteht er die Probe einer Fahrt auf der Donau nicht. Trotz der Warnung seiner Frau beschimpft er sie für die Streiche Kühleborns und sie muss zurück in ihre frühere Existenz: „Stieg sie hinüber in die Flut, verströmte sie darin, man wußt' es nicht, es war wie beides und wie keins" (UN, 81).

Sie gibt ihm die Mahnung mit auf den Weg, ihr dennoch treu zu bleiben. Da nun aber der „Neigung Huldbrands für die schöne Bertalda" (UN, 83) kein Hindernis mehr im Wege steht, kommt es zur zweiten Hochzeit. Schließlich ist es die Eitelkeit Bertaldas – sie lässt einen von Undine verschlossenen Brunnen öffnen – die ihrem frisch angetrauten Mann den Tod bringt (UN, 90f.). Huldbrands Tod wird aber nicht als Racheakt inszeniert, sondern als schlussendliche Vereinigung der beiden Liebenden: „Bebend vor Liebe und Todesnähe neigte sich der Ritter ihr entgegen, sie küsste ihn mit einem himmlischen Kusse […]" (UN, 92). Undine wird zum Bach, der das Grab des geliebten Mannes umfließt (UN, 94). Dieses in traditionelle Rollenkonzepte auflösbare Bild weist zurück auf den Anfang des Märchens. Dennoch ist festzuhalten, dass Fouqués Märchen auch andere Lesarten ermöglicht – Bertalda ist für die erotische Gefährdung Huldbrands verantwortlich, doch hätte er ihr nicht erliegen müssen.

Bei Fouqué wird das Wunderbare auf der Handlungsebene Wirklichkeit, Relativierungsversuche sind leicht als Ablenkungsstrategien zu identifizieren: „‚Märchen! Kindermärchen!' sagte Undine lachend (UN, 40), oder: „‚Es ist alles nur Phantasterei!' sagte er [Huldbrand] zu sich selbst" (UN, 91). Die Transzendenz fungiert letztlich aber nur als spannungserzeugendes und handlungsmotivierendes Moment. Was gestaltet wird, ist eine bürgerliche Liebesgeschichte mit märchenhafter Einkleidung. Verhandelt und bestätigt werden bürgerliche Normen, Huldbrands Tod wird als begrüßenswertes Ende der erotischen Gefährdung durch Bertalda dargestellt. „Ich muß ins Hochzeitsbett" (UN, 91), befiehlt der zum zweiten Mal Verheiratete sich selbst und ist froh, durch Undines Todeskuss von dieser Pflicht erlöst zu werden. Die Konzeption von Fouqués Märchen ist größtenteils konservativ, in Teilen innovativ und hat, darin besteht seine eigentliche Leistung, nachhaltig auf Autoren wie Hoffmann und Andersen gewirkt.

Brüder Grimm

Kinder- und Hausmärchen (1812/15)

„… und sie lebten vergnügt bis an ihr Ende"

Der Stein für diese berühmteste deutschsprachige Märchensammlung kam ins Rollen, als Clemens Brentano seinen Schwager Savigny in einem Brief vom 22. März 1806 fragte, ob er keinen Freund in Kassel habe, der sich in der dortigen Bibliothek nach „alten Liedlein" umsehen könne.[1] Brentano war auf der Suche nach Volksliedern für die gemeinsam mit Achim von Arnim herausgegebene Liedersammlung *Des Knaben Wunderhorn* (1806–08). So kam Brentano mit Jacob Grimm in Kontakt, der sich als fleißiger Zulieferer entpuppte.[2] Es war der Plan Arnims und Brentanos, die Liedersammlung durch eine Märchensammlung zu ergänzen:

> Als Brentano von den Brüdern Grimm die Ergebnisse ihres ersten Sammelns forderte, konnten sie ihm am 17. Oktober 1810 das Konvolut der Originalniederschriften nach Berlin schicken. Vorsichtshalber aber ließen sie es vorher für sich abschreiben (daran taten sie gut, denn Brentano hat das Konvolut bekanntlich weder veröffentlicht noch je zurückgegeben). […] Als Brentano nach der Eingangsbestätigung in dieser Sache nichts mehr von sich hören ließ, entschlossen sich die Brüder Grimm im Frühjahr 1811 zu eigener Verwendung des nun rasch anwachsenden Materials.[3]

Wichtige Anregungen verdankten Jacob und Wilhelm Grimm[4] jemandem, der als Märchenautor weitgehend unbekannt geblieben ist:

> Durch Vermittlung Arnims und Brentanos erlangten sie Kenntnis von zwei Märchenaufzeichnungen des Malers Philipp Otto Runge (1777–1810), die für sie zum Ideal, zum Muster schlechthin und fortan zum bewußt und unbewußt uneingeschränkt wirksamen Vorbild werden sollten. […] Es handelt sich um die […] Märchen *Von dem Fischer un syner Frau* und *Von dem Machandelboom*.[5]

Arnim half bei der Vermittlung eines Verlegers, und „Mitte Dezember 1812 waren die ersten Exemplare zur Auslieferung fertig".[6]

---

[1] Vgl. Rölleke: Die Märchen der Brüder Grimm, S. 35.
[2] Vgl. Rölleke: Nachwort, S. 596.
[3] Rölleke: Die Märchen der Brüder Grimm, S. 80.
[4] Zu Leben und Werk vgl. Gerstner: Brüder Grimm.
[5] Rölleke: Die Märchen der Brüder Grimm, S. 57f.
[6] Rölleke: Nachwort, S. 606.

Abb. 4:
Jacob und Wilhelm Grimm. Gemalt von Elisabeth Jerichau

Überraschend aus heutiger Sicht ist erstens, dass die Märchensammlung zunächst – trotz ihres Titels – eher ein wissenschaftliches Projekt war, und zweitens, dass der Erfolg nicht über Nacht kam, ganz im Gegenteil. Die Erstauflage verkaufte sich nur schleppend, ein geplanter dritter Band wurde nicht realisiert. Erst eine preisgünstige Auswahlausgabe von 1825, die sogenannte ‚Kleine Ausgabe' mit 50 Märchentexten, brach den Bann. 1850 folgte dann die ‚Große Ausgabe' mit 200 Märchen und zehn Legenden.[7]

Den größeren Anteil an der Sammlung und kontinuierlichen Überarbeitung der Texte hat Wilhelm Grimm. Im Gegensatz zu seinem Bruder Jacob, der stärker auf Originaltreue hielt, versuchte er sie einem einheitlichen Märchenstil anzupassen. Im Rückblick hat er damit dem Erfolg vorgearbeitet, der häufige Gebrauch der berühmt gewordenen Einleitungs- und Schlussformeln („Es war einmal...", „Und wenn sie nicht gestorben sind...") geht auf sein Konto.

Die Hintergründe der Sammeltätigkeit der vier Beteiligten haben mit dem Selbstverständnis der Epoche zu tun. Die Romantik antwortete auf das durch die Aufklärung entstandende Defizit an Transzendenz. Das Entstehen der modernen Naturwissenschaften, der Aufstieg des Bürgertums, der Verfall der

---

[7] Vgl. Rölleke: Die Märchen der Brüder Grimm, S. 82ff. u. 92ff.

Ordnungssysteme des Feudalismus hatten das Subjekt in Freiheit gesetzt (es war nicht mehr nur der Kirche und dem Staat unterworfen), zugleich aber ein Vakuum hinterlassen. Freiheit des Subjekts bedeutete auch, auf sich selbst gestellt zu sein – ohne sicheren Halt im Leben und ohne Aussicht auf eine bessere Existenz nach dem Tode.

Auch der politische Hintergrund lieferte entscheidende Weichenstellungen. Die Folgen der Französischen Revolution von 1789 waren in den Jahren der Sammeltätigkeit deutlich zu spüren, praktisch – in Gestalt der napoleonischen Besetzung weiter Teile des ehemaligen Heiligen Römischen Reiches deutscher Nation – und theoretisch, in der Reflexion über eine geeinte und strukturell modernisierte deutsche Nation.

Geistesgeschichtlich bedeutend ist der Rückgriff der Grimms auf Johann Gottfried Herder, der bereits in der zweiten Hälfte des 18. Jahrhunderts Volkslieder gesammelt und die Vorstellung von einer Volkspoesie in Kreisen des Bürgertums populär gemacht hatte. Die verschiedenen Einflüsse lassen sich an jenem Text ablesen, der als Selbstkommentar konzipiert ist und am deutlichsten Aufschluss über die Intentionen der Brüder Grimm gibt – gemeint ist die Vorrede zur 2. Auflage von 1819. Ihre wissenschaftliche Aufgabe verstanden die Grimms darin, Texte zu sammeln, die bisher mündlich tradiert wurden und die ohne schriftliche Fixierung möglicherweise in Vergessenheit geraten könnten:

> Die Plätze am Ofen, der Küchenherd, Bodentreppen, Feiertage noch gefeiert, Triften und Wälder in ihrer Stille, vor allem die ungetrübte Phantasie sind die Hecken gewesen, die sie [die „Hausmärchen"] gesichert und einer Zeit aus der andern überliefert haben. Es war vielleicht gerade Zeit, diese Märchen festzuhalten, da diejenigen, die sie bewahren sollen, immer seltener werden. (KHM1, 15)

Als besondere Gewährsfrau wird „eine Bäuerin" aus einem Dorf bei Kassel angeführt: „Sie bewahrte die alten Sagen fest im Gedächtnis […]." Und: „Manches ist auf diese Weise wörtlich beibehalten und wird in seiner Wahrheit nicht zu verkennen sein" (KHM1, 19). Die mündliche Tradierung ist eine notwendige Voraussetzung der Volkstümlichkeit. Das Aufzeichnen bedeutet aber nicht, wie wir heute vermuten könnten, dass Veränderungen unerlaubt sind: „Dabei haben wir jeden für das Kinderalter nicht passenden Ausdruck in dieser neuen Auflage sorgfältig gelöscht." Einerseits. Andererseits wird für möglich gehalten, dass Leser an Teilen der Texte Anstoß nehmen. Die darauf zielende Argumentationsstrategie der Grimms ist ebenso einfach wie charakteristisch: „Nichts besser kann uns verteidigen als die Natur selber, welche diese Blumen und Blätter in solcher Farbe und Gestalt hat wachsen lassen […]" (KHM1, 17). Für die Grimms war das, was sie tun, ein organisches Verfahren:

> Was die Weise betrifft, in der wir hier gesammelt haben, so ist es uns zuerst auf Treue und Wahrheit angekommen. Wir haben nämlich aus eigenen Mitteln nichts hinzugesetzt, keinen Umstand und Zug der Sage selbst verschönert, sondern ihren Inhalt so wiedergegeben, wie wir ihn empfangen hatten; daß der Ausdruck und die Ausführung des Einzelnen großenteils von uns herrührt, versteht sich von selbst […]. (KHM1, 21)

Die Bearbeitung der Stoffe wird eingestanden, aber verteidigt. Die Intention der Stoffe wollen die Grimms getroffen haben, genauer: den „Geist des Volkes", der „in dem Einzelnen waltet" (KHM1, 23).

Das Arbeitskonzept hängt eng mit dem nationalen Projekt der Konzeptionalisierung einer deutschen Kulturnation zusammen. Vor dem Wiener Kongress 1815 war es eine wichtige Motivation im Kampf gegen Napoleon, ein geeintes deutsches Territorium als Nachfolge des Heiligen Römischen Reiches deutscher Nation zu schaffen und diesem eine Verfassung zu geben, mit der die politische Partizipation des Bürgertums festgeschrieben wird. Die Erwartungen waren enttäuscht worden, der im Kongress geschaffene deutsche Bund war ein loser Zusammenschluss absolutistisch regierter Staaten. Politisch hatte man also nichts zu sagen, die einzige Möglichkeit war, einer kulturellen Identität Vorschub zu leisten, um auf diesem Umwege an das ersehnte politische Ziel zu gelangen. Ein großer Teil der Literatur des 19. Jahrhunderts steht unter dem Vorzeichen der verhinderten Nationwerdung.[8]

Bei den Grimms wird die Klage darüber mit dem Versuch verbunden, das Beste daraus zu machen:

> Dort, in den altberühmten Gegenden deutscher Freiheit, haben sich an manchen Orten die Sagen und Märchen als eine fast regelmäßige Vergnügung der Feiertage erhalten, und das Land ist noch reich an ererbten Gebräuchen und Liedern. Da, wo die Schrift teils noch nicht durch Einführung des Fremden stört oder durch Überladung abstumpft […],

gebe es noch eine lebendige Überlieferung (KHM1, 18).

Man merkt dem Vorwort der 2. Auflage eigentlich nicht an, dass es keineswegs der „Wahrheit" entspricht, sondern einen modernen Mythos schafft. Wie der von den Grimms besorgte wissenschaftliche Anhang bereits belegt, handelt es sich bei den gesammelten Märchen oftmals um Stoffe, die auf bestimmte, schriftsprachlich fixierte Quellen zurückgehen und deren Bearbeitungen teils sehr genau bekannten Autoren zugeordnet werden können. Eine Hauptquelle für den ersten Band war, wie Heinz Rölleke nachgewiesen hat,

> […] die junge Marie Hassenpflug (1788–1856), die zusammen mit ihren Schwestern den von Hugenotten abstammenden Gewährsleuten der Brüder

---

[8] Vgl. hierzu Neuhaus: Literatur und nationale Einheit in Deutschland.

Grimm zuzurechnen ist; Marie Hassenpflug erzählte u.a. Brüderchen und Schwesterchen, Dornröschen, Das Mädchen ohne Hände. Zu den ersten Beiträgern gehörten Mutter und Tochter Wild aus der Sonnenapotheke in Kassel [...]; Dortchen Wild, Wilhelm Grimms spätere Gattin, erzählte u.a. Frau Holle, Der singende Knochen, Fitchers Vogel, Die sechs Schwäne, Rumpelstilzchen, Der liebste Roland, Allerleirauh, Löweneckerchen [...].[9]

Die „Gewährsleute der ersten Stunde" waren also „überdurchschnittlich gebildete Frauen aus gutsituierten Familien",[10] man kann davon ausgehen, dass sie Perraults *Contes du temps passé* (1697) und andere Märchensammlungen kannten. Die Vorstellung, dass diese Frauen einst mit heißen Ohren ihren Großmüttern lauschten und das Gehörte für immer im Gedächtnis bewahrten, ist geradezu absurd.

Lothar Bluhm versteht die Brüder Grimm nicht als Autoren oder Sammler, sondern als Redaktoren von überlieferten Texten.[11] Denn der Gegensatz zwischen behaupteter mündlicher Tradierung einerseits und Wissenserwerb durch schriftsprachlich fixierte Texte andererseits ist eigentlich keiner, wenn man die Vorstellungen der Zeit berücksichtigt. Es war damals erlaubt und notwendig, das fragmentarisch überlieferte *Nibelungenlied* im vermuteten Sinne der Urheber zu vervollständigen, einen sogenannten Archetypus zu schaffen. Worum es den Grimms im Kontext der Zeit ging, war nicht die buchstabengetreue Aufzeichnung dessen, was ihnen vorgetragen wurde. Vielmehr wollten sie aus dem Gehören und Gelesenen exemplarische Texte verfassen, die ihrer Vorstellung von Volkstümlichkeit (die sie für verbindlich hielten) am besten entsprachen. So entstanden die Volksmärchen der „Gattung Grimm".[12]

Bluhm hat gezeigt, dass die Adaption von Stoffen bis zur textlichen Übernahme gehen konnte, wenn sie den Vorstellungen der ‚Redaktoren' entsprachen. Zu den einzelnen Bearbeitungsstufen hat sich ein eigener Forschungszweig entwickelt, auf dessen Ergebnisse hier nur hingewiesen werden kann.[13]

Eine der wichtigsten Quellen der *Kinder- und Hausmärchen* war Basiles *Das Pentameron* (1634–36):

---

[9] Lüthi: Märchen, S. 53.
[10] Rölleke: Die Märchen der Brüder Grimm, S. 76.
[11] Vgl. Bluhm: Zur Theorie und Praxis der Grimmschen Märchenedition [im Druck]. Die Schlussfolgerung Bluhms für die wissenschaftliche Behandlung der Grimmschen Bearbeitungspraxis lautet: „Die *Kinder- und Hausmärchen* sind [...] auch unter dem Gesichtspunkt der editorischen Praxis Teil der wissenschaftlichen Mittelalter-Rezeption der frühen Deutschen Philologie und sollten in der Folge eben auch in diesem Kontext situiert werden" (ebd.).
[12] Jolles: Einfache Formen, S. 219.
[13] Vgl. zusammenfassend Bluhm: Zur Theorie und Praxis der Grimmschen Märchenedition [im Druck]; als Studie zu einem einzelnen Märchen (neben anderen in diesem Kapitel genannten Arbeiten) z.B. Bluhm: Günther, die Brüder Grimm und die „Marburger Märchenfrau".

Die Brüder Grimm hatten lange vergeblich gehofft, das ihnen zunächst einzig bekannte italienische Exemplar aus dem Besitz Clemens Brentanos zur Einsicht zu erhalten (dessen hinhaltende Verweigerung war ein Anlaß für die spätere Entfremdung zwischen ihm und den Brüdern Grimm); als ihnen dann eine andere Ausgabe zugänglich wurde, erwogen sie sofort, eine deutsche Bearbeitung (allerdings unter Reduzierung der Texte auf die ihnen allein wesentlich erscheinenden Märchenmotive) anzufertigen und ihren KHM als Anhang beizugeben.[14]

Auch die *Erzählungen aus den Tausendundein Nächten* sind zu nennen, laut Rölleke zeigen „acht ihrer Märchen Verwandtschaft mit den aus dem Orient übernommenen Texten".[15]

Hans-Jörg Uther hat eine Auswahl der Quellen ediert und auf weitere Bezüge aufmerksam gemacht.[16] Heinz Rölleke hat eine ausführliche synoptische Tabelle der Märchen und ihrer Quellen vorgelegt.[17] Beat Mazenauer und Severin Perrig haben am Beispiel von fünf Grimmschen Märchen (*Dornröschen*, *Blaubart*, *Rotkäppchen*, *Aschenputtel*, *Hans Dumm*) exemplarisch eine „Archäologie der Märchen" betrieben und verschiedene Quellen vergleichend nebeneinandergestellt. Am Beispiel des *Dornröschen* nach der Darstellung bei Mazenauer/Perrig soll hier kurz das Verfahren der Brüder Grimm vorgestellt werden.

Die erste von Mazenauer / Perrig angeführte Quelle ist die *Geschichte von Troylus und Zellandine* aus dem altfranzösischen *Le Roman de Perceforest* (um 1330).[18] Prinzessin Zellandine sticht sich beim Spinnen mit einer Flachsfaser, fällt in einen totenähnlichen Schlaf und wird in einem Turmzimmer aufgebahrt. Dort findet sie Prinz Troylus mit Hilfe des Gottes Amor und der Göttin Venus, die ihn dazu verführen, die Prinzessin zu küssen und mit ihr zu schlafen:

> Deshalb erhob sich der Ritter, der sogleich entwaffnet und entkleidet war, und schlüpfte unter die Decke zur Jungfrau, die dort ganz nackt war, weiß und zart. Sobald wie Troylus hohe Freude empfand, sagte er sich selbst, daß noch nie ein Mann so glücklich gewesen sei, wie er sei, aber möge die Jungfrau doch nur sprechen, was sie nämlich nicht tat, denn die Zeit dafür war noch nicht gekommen. Und so sehr diese Widrigkeit ihm die Freude schmälerte, konnte er unter dem Zuspruch der Venus nicht mehr an sich halten, so daß er seinem Willen so sehr nachgab, daß die schöne Zellandine mit gutem Recht den Namen Jungfrau verlor und dies geschah, während sie schlief und ohne daß

---

[14] Rölleke: Die Märchen der Brüder Grimm, S. 14.
[15] Ebd., S. 18.
[16] Vgl. Uther (Hg.): Märchen vor Grimm.
[17] Vgl. Rölleke: Grimms Märchen und ihre Quellen.
[18] Vgl. Mazenauer/Perrig: Wie Dornröschen seine Unschuld gewann, S. 29–32 (Auszug).

sie sich im geringsten bewegte, so sehr und so lange, daß sie am Ende einen tiefen Seufzer ausstieß.[19]

Amor beruhigt Troylus, der nun ein schlechtes Gewissen hat, indem er ihm versichert, diese Tat sei für den Heilungsprozess der Schönen notwendig gewesen. Troylus entflieht zunächst. Zellandine „[...] wird schwanger und gebiert im Schlaf einen Knaben, der sie erweckt, indem er ihr die verhängnisvolle Flachsfaser aus dem Finger lutscht."[20] Der Seufzer am Schluss der Verführungsszene soll einen Orgasmus andeuten – der aus Sicht der mittelalterlichen Medizin für die Empfängnis nötig war.[21] Auch sonst lässt sich vieles aus Sicht des Mittelalters erklären. Das Phänomen des Scheintods ängstigte die Menschen. Es gab keine Diagnostik, um den Tod zweifelsfrei festzustellen und Fälle, in denen Menschen lebendig begraben worden waren, erregten Aufsehen.[22] In der *Geschichte von Troylus und Zellandine* wird den Lesern die Angst ein Stück weit genommen – der Scheintod wird hier positiv konnotiert, aus ihm erwächst das Happy-End. Ein weiteres Problem waren außereheliche Beziehungen von Rittern mit definitiven Folgen – also unehelich geborene Kinder. Im Moralkodex des Mittelalters war ein außereheliches Verhältnis nicht erlaubt, doch die Geschichte zeigt einen für die ritterliche Leserschaft beruhigenden Weg auf, wie man einen Fehltritt problemlos büßen kann – indem man die Verführte dann auch heiratet.[23] Dafür hatte sie freilich standesgemäß zu sein. Außereheliche Beziehungen mit Vasallen dürften von Rittern und Gelehrten als alltäglich und nicht der Rede wert betrachtet worden sein.

Zugleich ist in der Geschichte die Wunscherfüllungsphantasie einer von Männern beherrschten Gesellschaft erkennbar, Mazenauer / Perrig sprechen von einer „dominant männlich erotischen Perspektive".[24] Der moralische Schluss dient zur Legitimierung einer erotischen Szene, die einer Vergewaltigung gleichkommt. Der Mann kann ganz nach Belieben mit einer nackten Schönen verfahren, die zwar leblos wirkt, aber nur scheintot ist. Hier sind wir zugleich nah an einer Perversion – der Nekrophilie, des Beischlafs mit Toten. Auch dies wird im Medium der Geschichte auf beunruhigend beruhigende Weise legitimiert.

Positiv im Vergleich mit den späteren Varianten fällt auf, dass der erotische Inhalt hier nicht, um vordergründig Tabus einzuhalten, verschlüsselt wird, es herrscht vielmehr eine beispiellose Freizügigkeit. Im 18. Jahrhundert wird

---

[19] Ebd., S. 30f.
[20] Ebd., S. 59.
[21] Vgl. ebd., S. 61.
[22] Vgl. ebd., S. 63ff.
[23] Vgl. ebd, S. 60.
[24] Vgl. ebd., S. 65.

die Codierung von Sexualität solche Freizügigkeit nicht mehr erlauben, es sei denn, sie wird nicht öffentlich. Das im 18. Jahrhundert erstarkende Bürgertum definiert sich über seine Tugend, die es dem moralisch verkommenen Adel entgegen hält. Die Bigotterie der früheren Zeit wird abgelöst durch eine bis heute typische Scheinheiligkeit.[25]

In ähnlicher Weise wird der Stoff in einer katalanischen Versnovelle aufgegriffen, *Frayre de Joye e Sor de Plaser* (um 1350).[26] Hier wird eine Rechtfertigungsstrategie gewählt, die nicht auf heidnische Götter, sondern direkt auf christlich-göttlichen Beistand setzt. Frère-de-joie, der Sohn des Königs von Florianda, findet die schöne Sœur-de-plaisir in einer ganz ähnlichen Situation wie Troylus seine Zellandine: „Man wird glauben, ich sei ein Narr, wenn ich das Glück, das Gott mir schenkt, nicht nehme. Ich werde sie küssen und wenn sie nicht beleidigt ist, aus ihr noch mehr Freude schöpfen."[27] Die beiden wichtigsten Regeln sind aus der Sicht des Liebhabers zunächst eingehalten – Gott hat nichts dagegen und die Ehre der Schönen wird nicht angetastet. Eine direkte Aufforderung, sie zu „besitzen", findet der Ritter auf einem Ring, mit der Verheißung, daraus werde „Liebe und wahrhaftige Freude" erwachsen. Seine Tat kann der Leser demnach im Kontext der Zeit als gerechtfertigt beurteilen. Auch diese Schöne bekommt im Schlaf ein Kind, die Eltern vermuten ein „Wunder". Durch ihre Gebete wird „die Jungfrau" (!) dann wieder lebendig.[28] Nach einigen Umständen kommt es zum Happy-End, der nachträglich legitimierten Vaterschaft.

In *Sonne, Mond und Talia*, einer Geschichte aus Giambattista Basiles *Das Märchen aller Märchen* (1634, später *Pentameron* genannt),[29] ist der ritterliche Regelkodex durch einen höfischen ersetzt worden. Talia wird durch eine Hanffaser in einen totenähnlichen Schlaf versetzt. Diesmal ist es ein König, der Zwillinge mit ihr zeugt. Die eifersüchtige Gemahlin befiehlt dem Koch, die Kinder zu kochen und ihrem Vater als Speise vorzusetzen; Talia soll verbrannt werden. Der Koch führt den Befehl nicht aus, der König rettet Talia vor dem Feuer und lässt stattdessen seine hinterhältige erste Frau hineinwerfen. Dem Happy-End steht nun nichts mehr im Wege.

Bei Basile sind einige Züge vorgeprägt, die auf die Grimms vorausweisen: Weise und Wahrsager prophezeien dem Vater Talias, dass seiner Tochter „durch eine Flachsfaser große Gefahr drohe". Der lässt alle Fasern und Spindeln aus dem Palast verbannen:

---

[25] Vgl. hierzu Neuhaus: Sexualität im Diskurs der Literatur.
[26] Vgl. Mazenauer / Perrig: Wie Dornröschen seine Unschuld gewann, S. 33–37 (Auszug).
[27] Ebd., S. 34.
[28] Vgl. ebd., S. 36.
[29] Vgl. ebd., S. 37–42 (Auszug).

> Als jedoch Talia herangewachsen war und eines Tages am Fenster stand, sah sie eine alte Frau vorübergehen, welche spann, und da sie niemals weder Kunkel [Spinnrad] noch Spindel zu Gesicht bekommen hatte, sie auch an dem Hin- und Herdrehen derselben großes Gefallen fand, wurde sie von so großer Neugier ergriffen, daß sie die Alte heraufkommen ließ und, den Rocken in die Hand nehmend, anfing den Faden zu drehen; unglücklicherweise jedoch stach sie sich dabei eine Hanffaser unter den Nagel eines Fingers, und sogleich fiel sie tot zur Erde.[30]

Basiles Erzählen im geselligen Rahmen der Hofleute soll in erster Linie unterhalten, es soll die Zeit auf angenehme Weise vertrieben werden. Die „Erkenntnis" aus dem Geschehen ist daher nicht ganz ernst zu nehmen: „Wem der Himmel wohlwill, dem gibt er das Glück im Schlafe."[31] Die erotische Konnotation des Satzes ist gedacht, das Amüsement zu heben. Heute führt freilich nichts an der Erkenntnis vorbei, dass dieses im Schlaf gegebene Glück das Produkt männlicher Wunschphantasien und Ordnungsmuster ist. Anders gesagt: Die Frauen wurden selbstverständlich nicht gefragt, sie mussten froh sein, wenn sie hinterher noch geheiratet wurden. Letztlich dürften solche Geschichten beispielhaft für das stehen, was das Bürgertum später als Sittenverfall des Adels brandmarken wird.

Ein letzter wichtiger Prätext ist Charles Perraults *Die schlafende Schöne im Walde* (franz. Originaltitel *La Belle au bois dormant*) von 1697.[32] Hier finden sich bereits symbolische sieben Feen, die als Patinnen geladen werden und der Prinzessin je „eine Gabe verleihen" sollen.[33] Dabei ist vergessen worden, eine alte Fee einzuladen, weil man „sie für tot oder verzaubert hielt". Sie fühlt sich verachtet. Eine Fee, die Böses ahnt, versteckt sich schnell hinter einem Wandteppich, um den Spruch der Alten korrigieren zu können. „Nun war die Reihe an der alten Fee. Sie wackelte mit dem Kopf, mehr aus Ärger als wegen ihres Alters, und sprach, daß die Prinzessin sich mit einer Spindel in die Hand stechen und daran sterben solle." Die junge Fee kann diesen Spruch noch in einen 100jährigen Schlaf umwandeln.

Der König lässt alle Spindeln verbannen. Bei Abwesenheit ihrer Eltern erkundet die junge Prinzessin das Schloss und findet den Weg „in eine kleine Dachkammer" eines Turmes,

> [...] in der eine freundliche Alte an ihrem Spinnrocken saß. Der guten Frau war noch nichts von dem königlichen Verbot der Spindeln zu Ohren gekommen. „Was macht Ihr da, gute Frau?" sprach die Prinzessin. „Ich spinne, mein schönes Kind", entgegnete die Alte, die sie nicht kannte. „Oh, wie hübsch ist

---

[30] Ebd., S. 38.
[31] Ebd., S. 42.
[32] Vgl. ebd., S. 42–51.
[33] Vgl. ebd., S. 43.

> das", versetzte die Prinzessin, „wie macht Ihr das? Gebt her, ich will sehen, ob ich es ebenso gut kann." Kaum hatte sie die Spindel angefaßt, als sie sich, lebhaft und ein wenig rasch wie sie war, und da es im übrigen nun einmal der Spruch der Feen so wollte, damit in die Hand stach und ohnmächtig zu Boden sank.[34]

Das ganze Schloss fällt in einen hundertjährigen Schlaf, ein neues und dramatisches Moment. Zugleich setzt Perrault den spielerischen und streckenweise ironischen Erzählton seines Vorgängers fort. Die gute Fee des letzten Wunsches wird hergeholt. Da sie relativ weit entfernt ist, bedient sich der Diener, ein Zwerg, seiner Siebenmeilenstiefel – ein humorerzeugender Gegensatz. Die Fee fährt standesgemäß „in einem feurigen Wagen mit einem Drachengespann" vor.[35] Alles im Schloss, das der Prinzessin später gute Dienste leisten kann, wird in Schlaf versetzt, aber nicht König und Königin. Sie sorgen dafür, dass keiner das Schloss betritt, doch auch hier hilft die Fee nach: mit riesigen Hecken von dornigen Sträuchern. Es erfüllt sich die Prophezeiung, 100 Jahre später findet ein Sohn des nun regierenden Königs den Weg ins Schloss und zur Prinzessin:

> Nun aber, da das Ende des Zaubers gekommen war, erwachte die Prinzessin und betrachtete ihn mit weit zärtlicheren Augen, als dies eine erste Begegnung gestatten sollte. „Seid Ihr es, mein Prinz", sprach sie zu ihm. „Ihr habt aber lange auf Euch warten lassen."[36]

Es folgt ein ironischer Erzählerkommentar: „Er war noch verlegener als sie es war, und darüber muß man sich nicht wundern: sie hatte Zeit genug gehabt, sich zu überlegen, was sie ihm sagen könnte [...]."[37] Auch die Nachgeschichte wird erzählt, unter Fortführung der Ironie und Berücksichtigung des erotischen Moments:

> Unverzüglich nach dem Essen traute sie der Schloßkaplan in der Kapelle des Palastes, und die Ehrendame zog den Vorhang vor ihrem Bett zu. Sie schliefen nur kurz, die Prinzessin hatte ja wenig Bedarf daran, und der Prinz verließ sie bereits am frühen Morgen, um zur Stadt zurückzukehren, wo sein Vater in Sorge um ihn sein mußte.[38]

Der Paradigmenwechsel in moralischer Hinsicht ist vollzogen, Geschlechtsverkehr vor der Ehe ist nicht mehr möglich. Sex nach der Eheschließung darf aber (noch) thematisiert werden.

---

[34] Ebd., S. 44.
[35] Vgl. ebd., S. 45.
[36] Ebd., S. 47.
[37] Ebd.
[38] Ebd., S. 48.

Jetzt beginnt die zweite durch eine Mangelsituation initiierte Handlung. Die Mutter des Prinzen ist eine Menschenfresserin, weshalb er seine Eheschließung sogar bis nach der Geburt des zweiten Kindes geheimhält. Unglücklicherweise gehören kleine Kinder zu den bevorzugten Speisen der Frau Mama. Als der Prinz seinem verstorbenen Vater auf den Thron folgt, die Prinzessin und seine Kinder an den Hof holt und dann, weil er in den Krieg zieht, alleine lässt, ist die Stunde der Menschenfresserin gekommen. Sie will die Kinder „in einer Senfsoße mit Essig und Zwiebeln verspeisen" und beauftragt ihren Haushofmeister, der es aber nicht übers Herz bringt, den Kindern etwas zu tun, und ihr gebratene Lämmer serviert. Als sie die Zubereitung ihrer Schwiegertochter verlangt, bekommt sie eine junge Hirschkuh vorgesetzt. Die böse Königin durchschaut das Spiel und will alle, die sie hinters Licht führten, in einen Topf mit giftigen Schlangen werfen lassen, als ihr Sohn nach Hause kommt; „da stürzte sich die Menschenfresserin in ihrer ohnmächtigen Wut kopfüber in den Trog".[39] Perrault folgt seinem Vorgänger auch darin, dass er eine ironische „Moral" anhängt, deren erster Teil lautet:

> Ein wenig auf den Ehemann zu warten, der reich, schön anzusehen, von höflicher und feiner Art ist, ist ganz und gar natürlich. Doch hundert Jahre zu warten und dabei zu schlafen – dieses junge Mädchen findet man nicht mehr, das so brav schläft.[40]

Die Moral zeigt, dass es sich um einen Text der Übergangszeit handelt. Die Verabschiedung des religiös zentrierten Weltbildes hat begonnen, doch die neuen Freiheiten der Individuen bergen Gefahren. Die alten Moralvorstellungen müssen durch neue ersetzt werden, wobei es in dem männlich codierten Normsystem die aktive Rolle der Männer und die passive der Frauen zu festigen gilt. Hier wird explizit vor der Aktivität der Frau gewarnt – denn sie kann nur die Moral der Gesellschaft untergraben und deren Fortbestand gefährden. Ohne Aufsicht des Mannes wird selbst die Mutter zur Megäre.

Wie sind nun die Brüder Grimm an den Stoff gekommen? Jacob Grimm wurde er von Marie Hassenpflug erzählt, die wohl mit der französischen Märchentradition vertraut war, also mit Perrault und mit der Trivialschriftstellerin Mme d'Aulnoy, die Motive des Stoffes in ihr Märchen *Die Hirschkuh im Walde* (1698) einbezog.[41]

Die Grimms schreiben in einer neuen Zeit. Das in der Aufklärung entwickelte naturwissenschaftliche Weltbild schafft einerseits neue Probleme (Verlust der Transzendenz), verstärkt andererseits die Gefahren für die Gesellschaft

---

[39] Ebd., S. 51.
[40] Ebd., S. 51.
[41] Vgl. ebd., S. 75. Zu Quellen und Literaturhinweisen vgl. außerdem KHM3, S. 463f.

durch ein selbstbestimmtes Subjekt. Die Arbeit am bürgerlichen Wertekanon wird deshalb weitergeführt.

Dass es bei den Grimms keine sieben bzw. acht, sondern zwölf bzw. 13 Feen sind, ist eine Marginalie, eine Veränderung, die das kommende Unglück noch offensichtlicher machen soll. Die Szene mit der Faser wird ähnlich und doch etwas anders als bei Basile und Perrault ausfallen. Dornröschen

> […] stieg die enge Wendeltreppe hinauf und gelangte zu einer kleinen Türe. In dem Schloß steckte ein verrosteter Schlüssel, und als es umdrehte, sprang die Tür auf, und saß da in einem kleinen Stübchen eine alte Frau mit einer Spindel und spann emsig ihren Flachs. „Guten Tag, du altes Mütterchen", sprach die Königstochter, „was machst du da?" „Ich spinne", sagte die Alte und nickte mit dem Kopf. „Was ist das für ein Ding, das so lustig herumspringt?" sprach das Mädchen, nahm die Spindel und wollte auch spinnen. Kaum hatte sie aber die Spindel angerührt, so ging der Zauberspruch in Erfüllung, und sie stach sich damit in den Finger.[42]

Es ist zu erkennen, dass die Grimms weniger erklären, der Erzähler tritt zurück und die Geschichte wird deutungsoffener. Die Grimms erzählen, so könnte man knapp formulieren, ihre Geschichte auf für ihre Zeit moderne Weise. Die Handlung wird gestrafft und dramatisiert, so finden sich Dialoge, die funktional sind, weil sie dazu dienen, das Geschehen weiterzutreiben. Der hundertjährige Schlaf des Schlosses wird durch die Ohrfeige, die der Koch dem Küchenjungen geben will, noch verstärkt. Auch die Eltern Dornröschens werden mit in Tiefschlaf versetzt, die Erlösung geschieht nun durch einen Kuss.

Zugleich wird dem Text eine psychologische Tiefendimension eingeschrieben. Die kleine Kammer, zu der Dornröschen über eine Wendeltreppe gehen muss und die sie erst betreten kann, wenn sie einen verrosteten Schlüssel herumdreht, kann man als allegorische Ausgestaltung des Unterbewusstseins lesen. Der Schlaf entspricht der Pubertät des Mädchens – ein Wartezustand zwischen Kindheit und Frausein vor dem Hintergrund bürgerlicher Ehevorstellungen. Erst wenn der ‚Prinz' kommt und die Jungfrau zum Altare führt, wird sie zur erwachsenen Frau. Die bürgerliche Moral erlauben keinen Sex vor der Ehe, Dornröschen muss Jungfrau sein und bis zur Heirat bleiben. Selbst nach der Ehe ist die Erotik in den Bereich des absolut Privaten verbannt: „Und da wurde die Hochzeit des Königssohns mit dem Dornröschen in aller Pracht gefeiert, und sie lebten vergnügt bis an ihr Ende."[43]

---

[42] Zitiert nach dem Abdruck bei Mazenauer / Perrig: Wie Dornröschen seine Unschuld gewann, S. 53–56, hier S. 54.

[43] Ebd., S. 56.

Adelbert von Chamisso

Peter Schlemihls wundersame Geschichte (1814)

„So lerne verehren zuvörderst den Schatten"

Der Offizierssohn aus einer alten lothringischen Adelsfamilie wurde 1781 auf einem Schloss in der Champagne geboren und starb 1838 in Berlin. 1790 war die Familie vor der Französischen Revolution geflohen und kam sechs Jahre später in die preußische Hauptstadt. Chamisso steht bereits früh im Kontakt mit zahlreichen wichtigen Autoren seiner Zeit, insbesondere der Romantik. 1813 entsteht sein bekanntester Text, *Peter Schlemihls wundersame Geschichte*, 1814 wird das Märchen zum ersten Mal gedruckt. Folgenreich wird allein das zentrale Motiv – der Protagonist verkauft seinen Schatten. Es hat immer wieder Texte gegeben, die auf das durch Chamisso popularisierte Motiv zurückgegriffen und es variiert haben, angefangen bei E.T.A. Hoffmanns *Die Abenteuer der Silvesternacht* (1815) mit dem verkauften Spiegelbild über Barries *Peter Pan* (1911; Peter verliert seinen Schatten, Wendy muss ihn wieder annähen) bis zu James Krüss' Jugendroman *Timm Thaler oder Das verkaufte Lachen* von 1962. Auch im Film hat das Motiv, allerdings in der Variation Hoffmanns, Spuren hinterlassen: In dem wegweisenden expressionistischen Stummfilm *Der Student von Prag* (1913) verkauft der Student Balduin dem mysteriösen Scapinelli sein Spiegelbild.

Bis auf *Peter Pan* gelten die genannten Adaptionen aber nicht als Märchen, sondern als Beiträge zur (literarischen, filmischen) Fantastik. In seiner 1839 geschriebenen Vorrede zu einer späteren Ausgabe bezeichnet Julius Eduard Hitzig Chamissos *Schlemihl* allerdings eindeutig als „Märchen" (PS, 10). Tatsächlich ließe sich Chamissos Text beiden Gattungen zuordnen, er ist konzeptionell in einem Grenzbereich angesiedelt.

Die diversen, im Laufe der Zeit von Auflage zu Auflage ergänzten Vorworte zeigen, dass man mit Chamissos Ironie rechnen muss. Er bittet in einem Brief seinen Freund Fouqué, der als Roman- und Märchenautor bekannt ist, über das ihm von Schlemihl anvertraute Manuskript Stillschweigen zu bewahren. Mit einer kuriosen Rechtfertigung entschließt sich Fouqué aber zum Druck (PS, 4f.). Die Beglaubigungsstrategie (‚das Geschilderte hat sich wirklich zugetragen') wird durch ihre Inszenierung konterkariert, Chamisso treibt mit dem Leser sein ironisches Spiel. Das setzt sich im Gebrauch der Märchenmotive in der Handlung fort. Schlemihl besucht seinen reichen Onkel, doch der ist mit einer Gesellschaft gutsituierter Freunde beschäftigt. Der Protagonist sieht, wie ein „stiller, dünner, hagrer, länglichter, ältlicher Mann" (PS, 18) der Gesellschaft verschiedene Wünsche erfüllt, indem er aus der Tasche seines Rocks nacheinander eine Brieftasche, ein Fernrohr, einen Teppich, ein Zelt und drei Pferde hervorzieht (PS, 19ff.). „Mir war schon lange unheimlich, ja graulich zumute" (PS, 20), heißt es über die Befindlichkeit des Ich-Erzählers, doch kontrastiert dies mit der Schilderung:

> Er beantwortete sie [eine Frage] durch eine so tiefe Verbeugung, als widerführe ihm eine unverdiente Ehre, und hatte schon die Hand in der Tasche, aus der ich Zeuge, Stangen, Schnüre, Eisenwerk, kurz alles, was zu dem prachtvollsten Lustzelt gehört, herauskommen sah. (ebd.)

Die Szene wirkt grotesk, aber nicht unheimlich – hier setzt sich das ironische Spiel mit dem Leser fort. Der Erzähler will die Gesellschaft verlassen, jedoch: „Wie erschrak ich, als ich den Mann im grauen Rock hinter mir her und auf mich zukommen sah." Der Erzähler starrt ihn „voller Furcht" an und verhält sich „wie ein Vogel, den eine Schlange gebannt hat" (PS, 21). Damit wird bereits auf das unheilvolle Ende vorausgedeutet.

Die Ausdrucksweise des Mannes und sein Verhalten kontrastieren mit der Furcht des Erzählers. Der Mann fragt: „Sollten Sie sich wohl nicht abgeneigt finden, mir diesen ihren Schatten zu überlassen?" (PS, 22). Und er fährt fort:

> „Ich erbitte mir nur dero Erlaubnis, hier auf der Stelle diesen edlen Schatten aufheben zu dürfen und zu mir zu stecken; wie ich das mache, sei meine Sorge. Dagegen als Beweis meiner Erkenntlichkeit gegen den Herrn überlasse ich ihm die Wahl unter allen Kleinodien, die ich in der Tasche bei mir führe: die echte Springwurzel, die Alraunwurzel, Wechselpfennige, Raubtaler, das Tellertuch von Rolands Knappen, ein Galgenmännlein zu beliebigem Preis; doch das wird wohl nichts für Sie sein: besser Fortunati Wünschhütlein, neu und haltbar wieder restauriert; auch ein Glückssäckel, wie der seine gewesen." (PS, 23)

Die Zusammenstellung der heterogenen Gegenstände erzeugt ebenso Komik wie der Hinweis, das Wünschhütlein sei „neu und haltbar wieder restauriert". Der Mann bietet Schlemihl magische Gegenstände an, Chamisso knüpft hier erkennbar an Traditionen des Märchens an. Auch an ganz konkrete Texte, denn der Hinweis auf „das Tellertuch von Rolands Knappen" dürfte sich Musäus' *Volksmärchen der Deutschen* verdanken. In dem Märchen *Rolands Knappen* bekommt einer der Protagonisten von einer Hexe ein „Tellertuch" geschenkt, das auf Wunsch Speisen und Getränke herbeizaubert (VD, 139f.).

Schlemihl sieht in einem Wachtraum „doppelte Dukaten" und tauscht seinen Schatten gegen das Glückssäckel ein (PS, 23), aus dem er von nun an eine unbegrenzte Menge Gold hervorholen kann. Die Folgen zeigen sich unmittelbar, auch sie deuten auf das schlechte Ende voraus. Die Reaktionen der Umwelt sind eindeutig und wirken zugleich übertrieben: „Jesus Maria! der arme Mensch hat keinen Schatten!"; „Ordentliche Leute pflegten ihren Schatten mit sich zu nehmen, wenn sie in die Sonne gingen" (PS, 24). Auch die Reaktionen des Erzählers werden zugespitzt; so verbarrikadiert er sich in einem Hotelzimmer und holt pausenlos Gold aus dem Säckchen, „bis ich ermüdet selbst auf das reiche Lager sank und schwelgend darin wühlte, mich darüber wälzte" (PS, 25). Hier wird die tierische Natur seines Verhaltens unterstrichen und damit das Gold abgewertet.

Offenkundig ist „die fabelhafte Natur des Unbekannten" (PS, 30). Schnell bereut der Erzähler seinen „törichte[n] Handel" (PS, 27) und versucht, den Mann im grauen Rock, wie er ihn von nun an nennt, wiederzufinden, um den Tausch rückgängig zu machen. Doch der lässt ihm ausrichten, dass er

„[…] übers Meer gehe und ein günstiger Wind mich soeben nach dem Hafen ruft. Aber über Jahr und Tag werde ich die Ehre haben, ihn selber aufzusuchen und ein anderes, ihm dann vielleicht annehmliches Geschäft vorzuschlagen." (PS, 29)

Schlemihl findet zwei Diener, einen treuen und einen falschen, der ihn betrügt; er verliebt sich zunächst in Fanny, die er allerdings fluchtartig verlässt, als sie sein Geheimnis entdeckt (PS, 32ff.). Stets wird, sobald er sich ins Licht begibt, sofort bemerkt, dass er keinen Schatten hat, stets sind die Reaktionen stark überzeichnet. Dazu passt, dass Schlemihl Ausreden erfindet, die an Gottfried August Bürgers *Münchhausen*-Geschichten erinnern: „In Rußland, wo er im vorigen Winter eine Reise tat, fror ihm einmal bei einer außerordentlichen Kälte sein Schatten fest, daß er ihn nicht wieder losbekommen konnte" (PS, 30).

Das Episodenhafte des Textes ist deutlich erkennbar. Den Höhepunkt bildet die Geschichte mit Mina, in die Schlemihl sich verliebt und mit der er sich zu verbinden hofft, nachdem er bei einem erneuten Treffen mit dem Mann im grauen Rock seinen Schatten zurückerhalten hat (PS, 42). Tatsächlich taucht der namenlose Mann wieder auf, doch auf den neuen Handel möchte Schlemihl nicht eingehen. Er soll, um den Schatten zurückzuerhalten, ein Schriftstück mit Blut unterzeichnen: „Kraft dieser meiner Unterschrift vermache ich dem Inhaber dieses meine Seele nach ihrer natürlichen Trennung von meinem Leibe" (PS, 47). Die Bedenken des Helden kann auch die folgende rhetorische Frage des Versuchers nicht entkräften: „[…] was ist denn das für ein Ding, Ihre Seele?" (PS, 48).

Chamisso aktualisiert hier das Motiv des Teufelspakts, dem Goethe mit seinem *Faust. Der Tragödie erster Teil* (1808) zu neuer Berühmtheit verholfen hatte und das in zahlreichen Texten des 19. Jahrhunderts vorkommt, beispielsweise in Hauffs *Das kalte Herz* (1827), auch wenn hier der Versucher eine Sagengestalt ist. Zugleich hält Chamisso die Balance zwischen Ernst und Ironie, so lässt er den Mann im grauen Rock auf die Frage antworten, wer er denn sei: „Ein armer Teufel, gleichsam so eine Art von Gelehrten und Physikus, der von seinen Freunden für vortreffliche Künste schlechten Dank erntet […]" (ebd.). Und später heißt es nicht weniger ironisch: „Der Teufel ist nicht so schwarz, als man ihn malt" (PS, 63). Das stimmt – in diesem Fall ist er nicht schwarz, sondern grau. Die Folgen für Schlemihl sind allerdings in jedem Fall fatal. Er beschließt, seine Seele dem Schatten vorzuziehen: „Ich nahm, was geschehen war, als verhängt an, mein Elend als unabwendbar […]" (PS, 49). Vielleicht, so vermutet er, handele es sich ja um „eine weise Fügung", denn „was sein soll, muß geschehen" (PS, 57).

Mit einer „Tarnkappe" (PS, 48) und einem „unsichtbare[n] Vogelnest" (PS, 52) verleitet der Versucher den armen Schlemihl, dabei zuzusehen, wie sein ehemaliger Diener Rascal (engl.: Diener, Schurke) um Mina wirbt. Rascal ist reich, weil er Schlemihl bestohlen hat, und er kann mit seinem „untadeligen Schatten" punkten (PS, 55). Schlemihl fällt in Ohnmacht; als er wieder aufwacht, ist die Trauung bereits vollzogen (PS, 58). Dem Versucher, der sich an seine Fersen heftet, vermag er dann nur zu entkommen, indem er das Säckchen in einen Abgrund wirft und so einseitig den Handel aufkündigt (PS, 66).

Schlemihl will sich in „einem Bergwerk im Gebirge" anstellen lassen (PS, 69), doch benötigt er neues Schuhwerk und kauft durch Zufall die damals schon sprichwörtlichen „Siebenmeilenstiefel" (PS, 71), die sich in früheren Märchentexten finden. „Gib mir schnell meine Siebenmeilenstiefel, damit ich sie [die Kinder] einfangen kann", sagt in Charles Perraults *Der kleine Däumling* der Menschenfresser zu seiner Frau (PM, 126). Es scheint Chamissos Verdienst gewesen zu sein, für die weitere Berühmtheit der magischen Schubekleidung zu sorgen. So heißt es in E.T.A. Hoffmanns Erzählung *Die Brautwahl* von 1819, aufgenommen in den 3. Band des Novellenzyklus *Die Serapionsbrüder*:

> Der Goldschmied hatte recht, daß wohl keiner so leicht ihm hätte folgen können, denn als hätte er Schlemihls berühmte Siebenmeilenstiefel an den Füßen, war er mit einem einzigen Schritt, den er zur Saaltür hinaus machte, dem bestürzten Geheimen Kanzleisekretär aus den Augen verschwunden.[1]

Schlemihl beschließt, Naturwissenschaftler zu werden, er erkundet die „Geographie der Pflanzen", die Ergebnisse will er der „Berliner Universität" vermachen (PS, 78). Bei seinen Erdumkreisungen erkrankt er an einem Fieber und wird in einer Anstalt gesundgepflegt, die seinen Namen trägt: „Schlehmilium". Sein ehemaliger, treu ergebener Diener Bendel leitet es und

---

[1] Hoffmann: Die Serapionsbrüder. Bd. 2, S. 91.

die zwischenzeitlich verwitwete Mina hilft ihm dabei (PS, 76). Schlemihl zeigt sich ihnen aber nicht, er hinterlässt nur eine Nachricht. Das fiktive Manuskript schließt mit einer Anrede an den Adressaten:

> Und dich, mein lieber Chamisso, hab ich zum Bewahrer meiner wundersamen Geschichte erkoren, auf daß sie vielleicht, wenn ich von der Erde verschwunden bin, manchen ihrer Bewohner zur nützlichen Lehre gereichen könne. Du aber, mein Freund, willst du unter den Menschen leben, so lerne verehren zuvörderst den Schatten, sodann das Geld. Willst du nur dir und deinem bessern Selbst leben, oh, so brauchst du keinen Rat. (PS, 78f.)

Mit der „nützlichen Lehre" wird angesprochen, dass es offenbar eine Moral gibt, eine pädagogische Absicht. Was verkündet wird, steht vom Wortlaut her zunächst ganz offenkundig in der Tradition der Aufklärung – Bildung und ökonomische Bescheidenheit gehen Hand in Hand. Dieser Befund lässt sich erweitern. Chamisso nutzt die Handlung, um Kritik an der zeitgenössischen Gesellschaft zu üben, indem er zeigt, wie sich die Menschen durch den Reichtum Schlemihls blenden lassen. Der Verführte wird also selbst zum Verführer, man hält ihn zeitweise sogar für den inkognito reisenden König von Preußen (PS, 36). Damit wird Chamissos *Schlemihl* zum Vorläufer von Gottfried Kellers Märchennovelle *Kleider machen Leute* von 1873. Die Kritik Chamissos richtet sich auch gegen die Obrigkeitshörigkeit und gipfelt in dem ironischen Satz: „Die Welt hat nie Grund gehabt, über Mangel an Monarchen zu klagen, am wenigsten in unsern Tagen [...]" (PS, 39). Andere nicht unbedingt märchentypische Motive sind wesentlich weniger fortschrittlich, etwa das an Mina exemplarisch gezeichnete, offenbar ganz unironische Frauenbild: „Sie liebte wie ein Weib, ganz hin sich opfernd; selbstvergessen, hingegeben den nur meinend, der ihr Leben war, unbekümmert, solle sie selbst zugrunde gehen; das heißt, sie liebte wirklich" (PS, 40).

Insgesamt macht Chamissos Text einen uneinheitlichen Eindruck. Das spätromantisch-religiös anmutende Vertrauen auf ein besseres jenseitiges Leben, das sich schon in der Wahl des Namens Schlemihl ausdrückt (hebräisch für Gottlieb: PS, 84), steht in scharfem Kontrast zu Übertreibung und Ironie. Die Handlung wirkt additiv, um nicht zu sagen: zusammenhanglos. Das Unheimliche ist teils ironisch, teils – in der Nachfolge der *gothic novel* (bzw. ihrer Adaption in Deutschland) – reißerisch. Märchenhaft sind, neben der die Zaubererstelle vertretenden Figur des Mannes im grauen Rock und dem ablösbaren Schatten, vor allem die magischen Requisiten wie Glückssäckel und Tarnkappe. Abgesehen von der originellen Veränderung des Teufelspakt-Motivs, das nicht typisch für die Gattung Märchen ist, lässt sich dem Text keine größere literarhistorische oder zeitunabhängige Bedeutung zuschreiben. Andererseits scheint gerade die aus der Heterogenität resultierende Offenheit für subjektive Aktualisierungen den langen Erfolg des Texts begründet zu haben.²

---

² Er wird sogar als Text gedeutet, dessen erzählerisches Verfahren den Poststrukturalismus vorwegnimmt, vgl. Kuzniar: „Spurlos… verschwunden", z.B. S. 189: „In seiner unheimlichen Projektion seiner selbst auf eine Leere oder Lücke gibt Brentano uns einen Hinweis darauf, wo die zentrale Problematik der *Wundersamen Geschichte* zu finden ist", und zwar in der „Leere" des uneinholbar verschwundenen Schattens. Eine solche Interpretation sagt freilich mehr über die methodische Herangehensweise als über den Text aus.

E.T.A. Hoffmann

Die Kunstmärchen (1814 ff.)

„Waren Sie nicht soeben selbst in Atlantis?"

Nicht alle Märchen E.T.A. Hoffmanns können hier behandelt werden, so ist es besonders schmerzlich, dass ausgerechnet *Meister Floh* fehlt (auf *Prinzessin Brambilla* wird in einem späteren Kapitel eingegangen). Die Auswahl richtet sich nach der Bedeutung der Texte für die Gattungsgeschichte. Hier sind insbesondere vier zu nennen, *Der goldne Topf*, *Klein Zaches genannt Zinnober*, *Nußknacker und Mausekönig* und *Das fremde Kind*. Die von der Forschung vernachlässigte, hier ebenfalls berücksichtigte *Königsbraut* wird durch ihre Stellung ganz am Ende des Novellenzyklus *Die Serapionsbrüder* besonders hervorgehoben, eine Parallele zu Goethes *Das Märchen* am Schluss der *Unterhaltungen deutscher Ausgewanderten* (1795).

Der goldne Topf

Das 1814 als 3. Band der Sammlung *Fantasiestücke in Callots Manier* erschienene Märchen *Der goldne Topf* ist *das* paradigmatische Kunstmärchen schlechthin. E.T.A. Hoffmann[1] hat, wie wir sehen werden, das hier geprägte Muster in weiteren Märchen kunstvoll variiert und weiterentwickelt, doch *Der goldne Topf* ist der erste Text dieser Art.

Das Neue des Paradigmas gilt auch trotz aller anderen Märchenexperimente zuvor. Wielands *Don Sylvio* ist, wie bereits ausgeführt, als wichtiger Vorläufer zu nennen. Hier prallen erstmals eine imaginäre Wunderwelt und die Handlungsebene der Alltagsrealität aufeinander. Aus der Perspektive dieses Romans ist die Fähigkeit zur Phantasie eine Bereicherung, doch wird vor Einbildungen gewarnt und deutlich betont, dass es notwendig ist, mit beiden Beinen fest auf dem Boden zu bleiben.

Tiecks Märchen führen eine ausgefeilte Psychologisierung ins Märchen ein, wie sie sich auch bei Hoffmann findet, allerdings weniger in ihren dunklen Seiten, die Hoffmann anderen phantastischen Texten vorbehält, vor allem den *Nachtstücken* von 1817. Hoffmanns Märchen sind auch politisch, damit

---

[1] Als Einführung in Hoffmanns Werk vgl. Kaiser: E.T.A. Hoffmann.

führen sie die Tradition von Wieland über Goethe fort, ohne allerdings, wie bei Goethe, allegorisch auflösbar zu sein. Man vergleiche eine Stelle im *Goldnen Topf*: Heerbrand hält die Geschichte „von der Verbindung des Anselmus mit der grünen Schlange" für „eine poetische Allegorie – gleichsam ein Gedicht" Veronikas, die damit Anselmus aus ihrem Herzen gelöst habe (GT, 308). Gegen die These von der (auf Goethe zielenden?) Allegorie spricht die Ironie der Stelle. Diese Ironie ist eine Mischung aus romantischer (wie sie Novalis praktizierte) und traditioneller Ironie (wie sie sich bei Wieland findet). Erstmals in einem Märchen wird so eine Balance geschaffen zwischen dem Sensorium für Alltag und Transzendenz. Zentrale Tendenzen von Aufklärung und Frühromantik werden in ein ironisches Gleichgewicht gebracht.

Wie geschieht dies konkret? Zunächst durch einen scheinbaren Gegensatz im Untertitel „Ein Märchen aus der neuen Zeit". Märchen spielen nicht, so die überlieferte Vorstellung, in einer neuen, sondern einer alten oder gar keiner definierbaren Zeit. Bereits im Untertitel wird so die dichotome Struktur von Alltags- und Wunderwelt vorgegeben und von den Kapitelüberschriften weitergeführt:

> Erste Vigile
> Die Unglücksfälle des Studenten Anselmus – Des Konrektors Paulmann Sanitätsknaster und die goldgrünen Schlangen (GT, 221)

Unglücksfälle sind durchaus alltäglich, Tabak („Sanitätsknaster") ebenfalls, auch wenn bereits die Zusammenstellung ungewöhnlich erscheint. Ins Wunderbare geht die Überschrift mit der Nennung der „goldgrünen Schlangen" über, die jeder Realitätswahrnehmung entbehren.

Hoffmann nennt die zwölf Kapitel „Vigilien", Nachtwachen, darin klingt bereits ein romantisches Motiv an. Es sind symbolische zwölf, wie der Jahreskreislauf rundet sich das Märchen zum Schluss und erreicht eine höhere Stufe der Vollkommenheit als am Anfang. Dagegen steht die Ironie, mit der diese Nachtwachen eines Dichters, der sich erst spät als Erzähler zu erkennen gibt, im Text thematisiert werden.

Hier der berühmte Anfang des Märchens:

> Am Himmelfahrtstage, nachmittags um drei Uhr, rannte ein junger Mensch in Dresden durchs Schwarze Tor und geradezu in einen Korb mit Äpfeln und Kuchen hinein, die ein altes häßliches Weib feilbot, so daß alles, was der Quetschung glücklich entgangen, hinausgeschleudert wurde und die Straßenjungen sich lustig in die Beute teilten, die ihnen der hastige Herr zugeworfen. Auf das Zetergeschrei, das die Alte erhob, verließen die Gevatterinnen ihre Kuchen- und Branntweintische, umringten den jungen Menschen und schimpften mit pöbelhaftem Ungestüm auf ihn hinein, so daß er, vor Ärger und Scham verstummend, nur seinen kleinen, nicht eben besonders gefüllten Geldbeutel hinhielt, den die Alte begierig ergriff und schnell einsteckte. Nun öffnete sich

der fest geschlossene Kreis, aber indem der junge Mensch hinausschoß, rief ihm die Alte nach: „Ja, renne – renne nur zu, Satanskind – ins Kristall bald dein Fall – ins Kristall!" Die gellende, krächzende Stimme des Weibes hatte etwas Entsetzliches, so daß die Spaziergänger verwundert stillstanden und das Lachen, das sich mit erst verbreitet, mit einemmal verstummte. – Der Student Anselmus (niemand anders war der junge Mensch) fühlte sich, unerachtet er des Weibes sonderbare Worte durchaus nicht verstand, von einem unwillkürlichen Grausen ergriffen, und er beflügelte noch mehr seine Schritte, um sich den auf ihn gerichteten Blicken der neugierigen Menge zu entziehen. (GT, 221f.)

Zunächst ist eine Handlungsentwicklung vom Alltäglichen zum Wunderbaren festzustellen, dies wird durch die Erzählstruktur gestützt. Der Text beginnt mit genauer Orts- und Zeitangabe, einem neutralen Erzähler, einer sachlichen Schilderung eines fast alltäglichen Vorganges – jemand, der es eilig hat, stolpert über einen Korb auf einem Markt. Er wird gestellt, um sein Vergehen zu büßen. Die Körper der Menschen schließen ihn praktisch ein, erst als er für den Schaden bezahlt hat, geben sie ihn wieder frei. Diese Freiheit bedeutet aber zugleich neue Gefahren, hier kippt das Geschehen ins Fantastische: Die alte Frau schreit ihm eine Prophezeiung hinterher. Nun gelten alte Frauen als prädestiniert für Prophezeiungen. Ihre Glaubwürdigkeit wird zugleich erhöht durch den Wechsel vom neutralen zum auktorialen Erzählverhalten und durch die Reaktionen der Figuren. Anselmus packt ein „Grausen", die anderen stehen zumindest verwundert still. Der Kontrast von Betriebsamkeit und Stillstand, von Fröhlichkeit und Verwunderung oder Entsetzen unterstreicht den Wechsel ebenso wie die gebrochene Syntax der Prophezeiung, die sich in weiteren ‚wunderbaren' Passagen wiederfinden wird.

Liest man genauer, dann deutet bereits die Symbolik von Anfang an auf wenig alltägliche Umstände. Der Himmelfahrtstag scheint auf der symbolischen Ebene in seiner umgangssprachlichen Bedeutung verwendet zu werden, doch wird zum Schluss Anselmus mit seiner Einkehr in das mythische Reich Atlantis eine Art säkularisierter Himmelfahrt zuteil. Das Gehen durch ein Tor nimmt einen Wechsel der Verhältnisse voraus, wobei die Farbe Schwarz üblicherweise Unglück konnotiert. Die Äpfel passen zur Schlange, beide entstammen der christlichen Mythologie – der Vertreibung aus dem Paradies. Ähnlich wie in der biblischen Geschichte wandelt sich das scheinbar Negative zur Voraussetzung einer notwendigen Veränderung. Zugleich ist ein ironisches Spiel mit der Tradition zu erkennen, wenn die Äpfel einer Alten zugeschrieben werden, Anselmus nicht hineinbeißt, sondern darüber stolpert, und Eva (Serpentina) zur Schlange wird (das war vorher der Versucher).

Die Uhrzeit entspricht der wohl bedeutendsten Symbolzahl, so liegt dem Märchen (wie allen Texten und allen philosophischen Modellen) eine *triadische Struktur* zugrunde. Anselmus ist vor Beginn der Geschichte ein offenbar weitgehend normaler junger Mann, auch wenn er bereits (nicht nur durch seinen Namen, den er dem Namenstag von Hoffmanns angebeteter Musikschülerin Julia Mark zu verdanken hat) eine Disposition zum Wunderbaren mitbringt. Davon zeugt beispielsweise seine Eile, die als nicht normal gilt und eher für Kinder charakteristisch ist – die nach dem Weltbild der Romantik dem Wunderbaren wegen ihres intuitiven Verhaltens noch am nächsten sind.

Zweite Stufe ist die Haupthandlung des Textes, Anselmus' Gegenwart, die von einer Konfliktsituation geprägt ist: Die Entscheidung zwischen der als Schlange auftretenden Serpentina und der bürgerlichen Veronika steht an. Damit wird zugleich eine Entscheidung zwischen Alltag und Fantasie notwendig (die der Text anders löst als die Figur).

Die dritte und letzte Stufe ist dann das Leben in Atlantis mit Serpentina, also die glückliche Auflösung des Konflikts. Ein solcher Dreischritt entspricht der Grundsituation menschlichen Lebens: Geburt, Tod und das, was möglicherweise danach kommt. Darauf fußen alle Religionen (die christliche: Paradies, Vertreibung, Himmel) und Ideologien (z. B. die auf Marx zurückgehenden: Feudalismus, Kapitalismus, Kommunismus). Es gehört zum Wesen des Menschen, dass er das Davor und das Danach nicht erforschen kann, aber erforschen möchte und darüber spekuliert, mit mehr oder weniger großem Dogmatismus.

Die weitere Handlung sei kurz skizziert: Der Student Anselmus kann nun nicht Kaffee und Bier trinken gehen, sondern legt sich an der Elbe unter einen Holunderbaum, dort hat er eine Vision und verliebt sich in ein goldgrünes Schlänglein namens Serpentina. Es stellt sich heraus, dass Serpentina die Tochter des Archivarius Lindhorst ist, bei dem Anselmus eine Anstellung als Schreiber bekommt. Der Archivarius stammt aus dem Wunderreich Atlantis, seine dortige Gestalt ist die eines Salamanders. Er muss eine alte Schuld tilgen, um nach Atlantis zurückkehren zu dürfen, und dies kann nur durch Verheiratung seiner drei Töchter geschehen (GT, 283f.). Insofern ist das Happy End zugleich ein offenes Ende – Serpentina heiratet Anselmus, doch die beiden anderen müssen noch an den Mann gebracht werden, und das geht nur, wenn der dann jeweils wieder eine ähnliche Disposition für das Wunderbare mitbringt. Doch scheint dies eher selten zu sein.

Zwischen Anselmus und Serpentina stehen einerseits die bürgerlichen Figuren, vor allem Registrator Heerbrand, Konrektor Paulmann und dessen in Anselmus verliebte Tochter Veronika; andererseits die alte Frau vom Märchenanfang, die ebenfalls aus Atlantis stammt, dem Archivarius zu schaden versucht und somit das böse Prinzip verkörpert. Sie gewinnt Macht über Veronika und den beiden gelingt es, Anselmus für kurze Zeit an Serpentina zweifeln zu lassen. Doch kehrt sein Glaube gestärkt zurück, der Archivarius besiegt die Alte und der Weg nach Atlantis, mit dem goldnen Topf als Morgengabe, ist frei.

Gut und Böse sind dabei nicht Gegensätze, sondern das Böse ist notwendig für den Sieg des Guten. Die bürgerliche Welt wird dabei von Beginn an ironisiert. Aus dieser Perspektive erscheint das Stolpern über den Korb des Äpfelweibs als Fußtritt Fortunas (um ein Wort Erich Kästners zu gebrauchen). Die Plünderung von Anselmus' Geldbörse durch die Alte verhindert den Eintritt ins bürgerliche Paradies, genauer:

> Die Tränen wären dem armen Studenten Anselmus beinahe in die Augen getreten, denn auch *er* hatte, da der Himmelfahrtstag immer ein besonderes Familienfest für ihn gewesen, an der Glückseligkeit des Linkischen Paradieses teilnehmen, ja, er hatte es bis zu einer halben Portion Kaffee mit Rum und einer Bouteille Doppelbier treiben wollen und, um so recht schlampampen zu können, mehr Geld eingesteckt, als eigentlich erlaubt und tunlich war. Und nun hatte ihn der fatale Tritt in den Äpfelkorb um alles gebracht, was er bei sich getragen. (GT, 222f.)

Dass Anselmus sich ausgerechnet unter einen Holunderbaum legt, ist wohl ein intertextueller Verweis auf Heinrich von Kleists *Käthchen von Heilbronn* (1810), doch schon Kleist macht sich die übliche Symbolbedeutung zunutze. Der Holunder gilt als Heilpflanze, zugleich als Baum der germanischen kinderspendenden Göttin, als Fruchtbarkeitssymbol. Andererseits wird er mit der Kreuzigung Christi und dem Selbstmord des Judas in Verbindung gebracht, deutet also auf Tod und Erlösung voraus. Diese Vielschichtigkeit lässt sich im *Goldnen Topf* durchaus wiederfinden, Anspielungen auf die christliche Mythologie durchziehen das Märchen.

Anselmus' Verschwinden lässt sich auch mit Tod und Erlösung assoziieren, zugleich mit Heilung von den kleinlichen Bedürfnissen der alltäglichen Welt. Die Schlange als Symboltier wird bekanntlich ebenfalls (obwohl sie vieldeutig ist) mit Heilung in Verbindung gebracht.

Für die Erscheinung, die Anselmus hat, wird vom Text eine rationale Erklärung angeboten:

> Das ist die Abendsonne, die so in dem Holunderbusch spielt, dachte der Student Anselmus, aber da ertönten die Glocken wieder, und Anselmus sah, wie eine Schlange ihr Köpfchen nach ihm herabstreckte. Durch alle Glieder fuhr es ihm wie ein elektrischer Schlag, er erbebte im Innersten – er starrte hinauf, und ein Paar herrliche dunkelblaue Augen blickten ihn an mit unaussprechlicher Sehnsucht, so daß ein nie gekanntes Gefühl der höchsten Seligkeit und des tiefsten Schmerzes seine Brust zersprengen wollte. (GT, 226)

Aus den Verstrickungen seiner „Sehnsucht" (ein Schlüsselwort der Romantik) wird Anselmus noch einige Male unsanft geweckt, bis er der Erlösung teilhaftig wird. Das Kapitel endet mit dem Fortgang der Vision, das nächste beginnt mit einem harten Schnitt:

„Der Herr ist wohl nicht recht bei Troste!" sagte eine ehrbare Bürgersfrau, die, vom Spaziergange mit der Familie heimkehrend, stillstand und mit übereinandergeschlagenen Armen dem tollen Treiben des Studenten Anselmus zusah. *Der* hatte nämlich den Stamm des Holunderbaumes umfaßt und rief unaufhörlich in die Zweige und Blätter hinein […]. (GT, 227f.)

Der Wechsel von der Wunder- in die Alltagswelt wird von Anselmus sofort vollzogen: „Alles, was er Wunderbares gesehen, war ihm rein aus dem Gedächtnis geschwunden, und er besann sich nur, daß er unter dem Holunderbaum allerlei tolles Zeug ganz laut geschwatzt […]" (GT, 229). Doch wird in ihm, wie seine für andere unverständlichen Handlungen zeigen, von nun an ein „toller Zwiespalt" ausgetragen (GT, 231). Denn es bleibt ihm eine

[…] Sehnsucht nach dem unbekannten Etwas, das dich [Leseranrede des Erzählers] überall, wo du gingst und standest, wie ein duftiger Traum mit durchsichtigen, vor dem schärferen Blick zerfließenden Gestalten umschwebte […]. (GT, 243)

Der Text macht durch die Zeichnung der borniert en Bürgerfiguren sehr deutlich, wo seine Sympathien liegen. So wird beispielsweise die Vision des Anselmus zum Traum degradiert und von seinem Freund Registrator Heerbrand folgendermaßen entschuldigt:

„[…] soll man denn nicht auch wachend in einen gewissen träumerischen Zustand versinken können? So ist mir in der Tat selbst einmal nachmittags beim Kaffee in einem solchen Hinbrüten, dem eigentlichen Moment körperlicher und geistiger Verdauung, die Lage eines verlornen Aktenstücks wie durch Inspiration eingefallen, und nur noch gestern tanzte auf gleiche Weise eine herrliche große lateinische Frakturschrift vor meinen hellen offenen Augen daher." (GT, 232)

Ein Zustand, der von Konrektor Paulmann als „Hang zu den Poeticis" bezeichnet wird (ebd.). Dabei ist der Registrator erkennbar als Parallelfigur zu Anselmus angelegt, der später Handschriften kopieren wird, allerdings keine lateinischen (die Schrift etwa von Gesetzestexten), sondern solche unbekannter, wunderbarer Sprachen. Auch die Kur, die für Anselmus' Zustand empfohlen wird, ist erkennbar satirisch gemeint: „es helfen Blutigel, die man, salva venia, dem Hintern appliziert" (GT, 233). Heerbrand, die Kontrast- und Komplementärfigur, wird am Ende statt Anselmus Hofrat und Ehemann Veronikas.

Immerhin sind es seine prosaischen Freunde, die Anselmus die Arbeit beim Archivarius vermitteln. Als er sich zur symbolischen zwölften Stunde an dessen Haustür einfindet,[2] verwandelt sich der Türklopfer in das Äpfelweib,

---

[2] Die Zahlensymbolik ist – märchentypisch – allgegenwärtig: Anselmus besucht den

Abb. 5:
Für den Türknauf aus dem „Goldnen Topf", der sich in das böse Äpfelweib verwandelt, gibt es ein reales Vorbild: in Bamberg am Haus Eisgrube 14.

das seine Prophezeiung mit gesteigerter Intensität wiederholt (GT, 236). Der Fall ins Kristall scheint allerdings, angesichts der bürgerlichen Hoffnungen des Anselmus auf einen guten Verdienst beim Archivarius, nur allzu wahrscheinlich. Wieder wird Anselmus unsanft geweckt, diesmal vom Konrektor und am Kapitelende. Wieder wird eine rationale Lösung angeboten: Das Äpfelweib soll „um" den besinnungslos vor der Tür liegenden Anselmus „beschäftigt" gewesen sein (GT, 241).

Die 3. Vigilie setzt, so wird das Konstruktionsprinzip konsequent durch die Kapitelgestaltung aufgenommen, wieder einen harten Schnitt dagegen. Erzählt wird die Schöpfungsgeschichte von Atlantis, eine komplette kleine Mythologie, allerdings bereits mit ironischen Zügen. Es stellt sich heraus, dass Archivarius Lindhorst diese Geschichte in einem Kaffeehaus erzählt, Registrator Heerbrand schließt unmittelbar mit seiner kontrastierenden Feststellung an: „Erlauben Sie, das ist orientalischer Schwulst, werter Herr Archivarius!" (GT, 239). Nur Anselmus fühlt anders als die anderen: „Zumal hatte die rauhe, aber sonderbar metallartig tönende Stimme des Archivarius Lindhorst für ihn etwas geheimnisvoll Eindringendes, daß er Mark und Bein erzittern fühlte" (GT, 240). Sein Kampf wird sich tatsächlich durch den Fall ins Kristall entscheiden. Er zweifelt an der Existenz der Wunderwelt und damit auch an seiner Liebe zu Serpentina, es kommt zu einer Katastrophe in der Bibliothek des Archivarius und Anselmus sitzt plötzlich „in einer wohlverstopften Kristallflasche auf einem Repositorium im Bibliothekszimmer des Archivarius

---

Archivarius „auf die zwölfte Stunde" (GT, 287), Veronikas Schwester zählt zwölf Jahre und Veronika hat eine merkwürdige Erscheinung um drei Uhr (GT, 253).

Lindhorst" (GT, 295). Kraft der wiedergewonnenen Erkenntnis seiner Liebe kann er sich selbst befreien und so den Kampf des Äpfelweibes gegen den Archivarius zugunsten des letzteren entscheiden.

Die dritte Vigilie enthält nicht zufällig die Schöpfungsgeschichte, es handelt sich um die Symbolzahl der höheren Einheit. Vier ist die Symbolzahl der Einheit der Natur – vier Jahreszeiten, vier Himmelsrichtungen etc. Deshalb erfolgt zu Beginn der vierten Vigilie eine weitere wichtige Neuerung: Der Erzähler redet zum ersten Mal den Leser direkt an. Er verwende – dies eine Erläuterung der Kapitelüberschriften – seine „Nachtwachen" für das Aufschreiben der Geschichte. Nacht ist ebenfalls symbolisch zu verstehen, Himmel und Erde scheinen sich nächtens besonders nahe zu sein (man denke an Eichendorffs berühmtes Gedicht *Mondnacht*). Die Dunkelheit löscht die sichtbaren Gegensätze aus, sie vereinigt sie und in ihr sind die Menschen dem Mythischen näher. Hoffmanns häufig gebrauchte Metapher des Traums (z.B. GT, 245f.) passt dazu und seid Sigmund Freuds berühmtem Aufsatz *Der Dichter und das Phantasieren* wissen wir, dass aus psychoanalytischer Sicht zum Traum die Dichtung gehört.

Eine der berühmtesten Stellen des Märchens nutzt den Übergang zur Dunkelheit, um die Grenzen zwischen Realität und Imagination verschwimmen zu lassen. Der Archivarius verabschiedet sich von Anselmus und geht bergab:

> Schon war er in der Nähe des Koselschen Gartens, da setzte sich der Wind in den weiten Überrock und trieb die Schöße auseinander, daß sie wie ein paar große Flügel in den Lüften flatterten und es dem Studenten Anselmus, der verwundert dem Archivarius nachsah, vorkam, als breite ein großer Vogel die Fittiche aus zum raschen Fluge. – Wie der Student nun so in die Dämmerung hineinstarrte, da erhob sich mit krächzendem Geschrei ein weißgrauer Geier hoch in die Lüfte, und er merkte nun wohl, daß das weiße Geflatter, was er noch immer für den davonschreitenden Archivarius gehalten, schon ebender Geier gewesen sein müsse, unerachtet er nicht begreifen konnte, wo denn der Archivarius mit einemmal hingeschwunden. (GT, 250)

Ein Geier in Dresden! Also doch der verwandelte Archivarius? Abgesehen von der Unwahrscheinlichkeit einer solchen Verwandlung handelt es sich zweifellos um ein ironisches Spiel, denn der Geier wird allgemein nicht als positives Tier begriffen. Er wird zudem eng mit Tod und Verwesung assoziiert. Man setze nur Adler anstelle von Geier – die Wirkung wäre eine ganz andere.

Die höchste Stufe der strukturellen Ironie, des Gegensatzes von Fiktion und Realität, erreicht der Text, indem er selbstreferenziell wird. Der Autor bringt sich selbst ein, freilich ist das nicht Hoffmann, auch wenn er seine Züge trägt – der Autor gibt vor, der Autor zu sein, und ist doch ‚nur' der Erzähler. (Sonst müsste man ihm die Geschichte des Anselmus glauben.)

Verwirrend? Genau das soll es sein, und so streut Hoffmann Vokabeln und Passagen ein, die dieses Spiel immer weiter treiben. Ausgerechnet dem Registrator wird bescheinigt, eine Vorliebe für „das Phantastische und das Romanhafte" zu haben (GT, 232). Wenn Veronika laut davon träumt, an Anselmus' Seite Frau Hofrätin zu werden, bezeichnet das ihr Vater erbost als „Romanstreiche, Romanstreiche" (GT, 253), obwohl es sich um ganz prosaische Träume und Wünsche handelt. Damit werden einerseits die bürgerlichen Figuren satirisch gezeichnet, die schon solche Banalitäten für romanhaft halten. Andererseits wird die wunderbare Handlung samt ihrer Leser, die sich von ihr einnehmen lassen, ins Ironische gezogen. Einerseits fordert und propagiert die Handlung „Glaube und Erkenntnis" (GT, 268), andererseits grenzt die Welt der Wunder manchmal – natürlich absichtsvoll – ans Unglaubhafte oder gar Lächerliche, etwa bei der Beschreibung der Herkunft des Äpfelweibes:

> „Jenes Weib, das dir so feindlich ist, lieber Anselmus! und die, wie mein Vater recht gut weiß, nach dem Besitz des goldnen Topfes strebt, hat ihr Dasein der Liebe einer solchen aus dem Fittich des Drachen herabgestäubten Feder zu einer Runkelrübe zu verdanken." (GT, 285)

Zu allem Überfluss macht sich der Erzähler über die Leser lustig, die ihm Glauben schenken. Die zehnte Vigilie beginnt mit folgender Leseranrede:

> Mit Recht darf ich zweifeln, daß du, günstiger Leser! jemals in einer gläsernen Flasche verschlossen gewesen sein solltest, es sei denn, daß ein lebendiger neckhafter Traum dich einmal mit solchem feeischen Unwesen befangen hatte. War das der Fall, so wirst du das Elend des armen Studenten Anselmus recht lebhaft fühlen; hast du aber auch dergleichen nie geträumt, so schließt sich deine rege Phantasie mir und dem Anselmus zu Gefallen wohl auf einige Augenblicke in das Kristall ein. (GT, 296)

Das Kristall hat hier eine höchst gegensätzliche Funktion, die seiner Materie (durchsichtig und doch fest) entspricht: Es steht für das Gefangensein in der Realität ebenso wie für die Fähigkeit, über die Realität hinaus zu sehen. Und es wird in dieser Doppelfunktion zum Symbol für den literarischen Text, in den sich der Leser hier freiwillig, wenn er der Aufforderung des Erzählers Folge leistet, einschließen lässt. Der Spiegel dagegen, den Veronika und das Äpfelweib produziert haben, um Anselmus zu beeinflussen, ist nicht durchsichtig, er wirft das Bild zurück und schafft eine narzisstische Illusion. Als die Alte besiegt wird, zerspringt „mit schneidendem Klange" der „Metallspiegel" (GT, 307), wobei Kristall und Metall erkennbar als Gegensatz konzipiert sind.

Notwendig ist der doppelte Blick auf das Glas und darüber hinaus. Der ist aber anderen Figuren verwehrt, die sich in den Flaschen neben Anselmus befinden. Sie spotten: „Der Studiosus ist toll, er bildet sich ein, in einer gläsernen Flasche zu sitzen, und steht auf der Elbbrücke und sieht gerade hinein ins

Wasser" (GT, 298). Hier ist der Kern des Wunderbaren zu sehen, das Problem der Wahrnehmung, das um 1800 durch neuere philosophische Erkenntnisse (Kant, Fichte) virulent wurde und das bis heute Fiktionen beschäftigt. Die Grundidee der Filmtrilogie *Matrix* etwa korrespondiert mit Anselmus' Eingeschlossensein in eine Flasche: Maschinen gaukeln den Menschen durch ein gigantisches Computerspiel die Realität nur vor, tatsächlich sind die Menschen wie Embryos im Mutterleib in gläsernen Flaschen (!) eingeschlossen, sie werden von Maschinenwesen als Batterien zur Stromerzeugung gezüchtet. Interessanterweise lässt sich die besonders aktuell scheinende Motivtradition auch an frühe Zeugnisse anschließen – das Fortbannen ins Glas galt als Abwehrzauber gegen Dämonen.[3]

Nicht der Glaube an die Absolutheit von Erkenntnis, sondern die Einsicht in ihre Bedingtheit setzt Anselmus in Freiheit. Dabei hilft die Liebe Serpentinas (GT, 302) – denn das Ich benötigt das Du, um sich selbst zu erkennen. Diese Bedingtheit der Erkenntnis strukturiert den ganzen Text.

In der 12. Vigilie holt die Erzählgegenwart die Erzählung ein, der Erzähler gibt zu, keinen Schluss für die Geschichte zu haben. Erst eine Einladung des Archivarius verschafft ihm den Zugang zu den benötigten Informationen. Doch wie das geschieht, ist nichts weniger als ironisch. Der Archivarius serviert dem Erzähler Punsch in „einem schönen goldnen Pokal", in dem er selbst „auf- und niedersteigen" will (GT, 312). Ist dann alles nur eine Punschphantasie? Der Pokal ist die kleinere Ausgabe des goldnen Topfes, der Mitgift des Anselmus. Dieser darf mit Serpentina auf das „hübsche Rittergut" in Atlantis ziehen (GT, 310). Als der Dichter darüber lamentiert, beruhigt ihn der Archivarius:

> „Waren Sie nicht soeben selbst in Atlantis, und haben Sie denn nicht auch dort wenigstens einen artigen Meierhof als poetisches Besitztum Ihres innern Sinns? – Ist denn überhaupt des Anselmus Seligkeit etwas anderes als das Leben in der Poesie, der sich der heilige Einklang aller Wesen als tiefstes Geheimnis der Natur offenbaret?" (GT, 315)

Hier wird alles zusammengeführt – die Ironie, die Realität, die Transzendenz und das Selbstreferenzielle. Alles bedingt sich gegenseitig und ist nicht einfach auflösbar. Hoffmanns Text wäre, wenn es so etwas gäbe, eine Allegorie der Transzendenz. Auf jeden Fall aber ist er eine Apologie der Fantasie.

Klein Zaches genannt Zinnober

Nicht als Teil einer Anthologie oder eines Zyklus, sondern als selbständige Publikation erschien *Klein Zaches genannt Zinnober* 1819. Die Fee Rosabelverde

---

[3] Vgl. Ranke u. Brednich (Hg.): Enzyklopädie des Märchens, Bd. 5, Sp. 923–928.

hat Mitleid mit einem verwachsenen kleinen Jungen und verleiht ihm die Gabe, auf andere nicht hässlich und abstoßend zu wirken. „Dieser sonderbare Zauber liegt in drei feuerfarbglänzenden Haaren […]" (ZZ, 91). Dies ist ein Märchenmotiv – man denke an das Märchen der Grimms *Der Teufel mit den drei goldenen Haaren*. Dazu passt, dass Zinnober während eines Museumsbesuchs mit einem Affen verwechselt wird, der das Wort „Beelzebub" in seinem Namen trägt (ZZ, 88). Aus Klein Zaches wird der Minister Zinnober, leider hat sich der Charakter des Kleinen, der seinem Aussehen entspricht, nicht entwickelt. Doch dank der Gabe der Fee sehen die Menschen in ihm immer den, der gerade das besonders Positive und Herausragende tut.

Hoffmanns Märchen zeigt also zunächst, wie eine gute Absicht negative Auswirkungen zeitigt und dass sich Menschen leicht von anderen blenden lassen, noch mehr dann, wenn sie sich für besonders klug und aufgeklärt halten. Dieses Motiv könnte Hoffmann zum Beispiel von Perrault haben, der in *Riquet mit dem Schopf* eine wohltätige Fee auftreten lässt, die einem hässlichen Jungen besonders viel „Geist" verleiht und die Fähigkeit, die eigene Klugheit mit einer geliebten Person zu teilen (PM, 105). Eine schöne, ihrerseits aber dumme Prinzessin kann ihrem Geliebten ein gutes Aussehen verschaffen. Riquet und die Prinzessin müssen nur noch zusammenkommen, um sich gegenseitig mit dem zu versorgen, was ihnen fehlt (PM, 108ff.). Der Unterschied ist deutlich – Hoffmann gesteht seiner Missgeburt keine eigene Klugheit zu, schließlich hat die Figur eine ganz andere Funktion als Riquet bei Perrault.

Letztlich ist das Thema von Hoffmanns Text wieder die problematisch gewordene Wahrnehmung des Subjekts, das in seiner Sicht gefangen und mit seinem alltäglichen Blick nicht dazu in der Lage ist, das Andere (als notwendiger Gegenpart zum Ich) in seiner ‚richtigen' Gestalt zu erkennen. Liest man den Text als eine Parabel über die Verführbarkeit der Menschen, dann deutet er (aus der Sicht nach 1945) gar auf den Nationalsozialismus voraus. Diese Verbindung schafft Patrick Süskind in seinem Erfolgsroman *Das Parfum* (1985), er nimmt Anleihen bei Hoffmann und bei der Zeitgeschichte.

Wie in den vorherigen Märchen wird die durch Wahrnehmung fundierte Zweiteilung der Welt vorausgesetzt. Die Fee Rosabelverde lebt als Fräulein von Rosenschön in einem Dorf. Wegen verschiedener unerklärlicher Vorkommnisse wird sie für eine Hexe gehalten, wie im Mittelalter wollen die Bewohner die allgemein tödliche Wasserprobe machen. Doch als der Fürst des Landes, um die Fee zu schützen, einen Befehl erlässt, „daß es keine Hexen gäbe", und allen, die dem Fräulein etwas zu Leide tun sollten, mit „empfindlicher Leibesstrafe" droht, denken alle „fortan gut von dem Fräulein" (ZZ, 16).

Klein Zaches spielt nicht in einem konkreten Ort, sondern in einem exemplarischen Fürstentum, das zum Zwecke des literarischen Experiments von „einem hohen Gebirge umschlossen" ist (ZZ, 17). Es wird als besonders schönes Ländchen geschildert, als eine Idylle, bis die Mangelsituation entsteht, durch die schließlich die Handlung in Gang gebracht wird. Dem weisen Fürsten Demetrius, der den Menschen ihre Freiheit ließ, folgt sein wenig kluger Sohn Paphnutius auf den Thron (ebd.):

> Er beschloß zu regieren und ernannte sofort seinen Kammerdiener Andres, der ihm einmal, als er im Wirtshause hinter den Bergen seine Börse liegen lassen, sechs Dukaten geborgt und ihn dadurch aus großer Not gerissen hatte, zum Ersten Minister des Reichs. „Ich will regieren, mein Guter!" rief ihm Paphnutius zu. Andres las in den Blicken seines Herrn, was in ihm vorging, warf sich ihm zu Füßen und sprach feierlich: „Sire! die große Stunde hat geschlagen! – durch Sie steigt schimmernd ein Reich aus nächtigem Chaos empor! – Sire! hier fleht der treueste Vasall, tausend Stimmen des armen unglücklichen Volks in Brust und Kehle! – Sire! – führen Sie die Aufklärung ein!" (ZZ, 18)

Es handelt sich hier erkennbar um eine Satire auf die sich für aufgeklärt haltenden Herrscher seit Friedrich dem Großen (der vielleicht sogar gemeint ist?). Das „Sire!" etc. dürfte ironisch auf Schillers *Don Carlos* (1787) anspielen, auf jenes bekannte Zitat, in dem Carlos vom spanischen König Gedankenfreiheit fordert. Was als ‚nächtiges Chaos' bezeichnet wird, war ein Zustand der Harmonie, des freien und verantwortungsbewussten Miteinanders. Die Aufklärung heißt nicht zufällig im Englischen ‚Enlightenment', das Licht vertreibt die Dunkelheit.

Hoffmann kehrt die übliche Bewertung auf ironische Weise um. Andres erläutert:

> „Ehe wir mit der Aufklärung vorschreiten, das heißt, ehe wir die Wälder umhauen, den Strom schiffbar machen, Kartoffeln anbauen, die Dorfschulen verbessern, Akazien und Pappeln anpflanzen, die Jugend ihr Morgen- und Abendlied zweistimmig absingen, Chausseen anlegen und die Kuhpocken einimpfen lassen, ist es nötig, alle Leute von gefährlichen Gesinnungen, die keiner Vernunft Gehör geben und das Volk durch lauter Albernheiten verführen, aus dem Staate zu verbannen. – Sie haben Tausendundeine Nacht gelesen, bester Fürst! denn ich weiß, daß Ihr durchlauchtig seliger Herr Papa […] dergleichen fatale Bücher liebte […]. Aus jenem völlig konfusen Buche werden Sie, gnädigster Herr, wohl die sogenannten Feen kennen, gewiß aber nicht ahnen, daß sich verschiedene von diesen gefährlichen Personen in Ihrem eignen lieben Lande hier ganz in der Nähe Ihres Palastes angesiedelt haben und allerlei Unfug treiben." (ZZ, 19)

Mit der Satire ist dennoch keine pauschale Verurteilung der Aufklärung ausgesprochen, denn die Verzauberung von Klein Zaches kann durchaus als Bestätigung der „Unfug"-These gelesen werden. Die Zeit ist reif für Veränderungen, zugleich wird deutlich, dass die Verbannung der Feen und der merkwürdige Reform-Katalog vom Text durchaus nicht als die richtigen Veränderungen bewertet werden. Hier wird ein Experiment durchgeführt, das sich gegenläufig zu Wielands *Don Sylvio* verhält. Die Verirrungen des Sohns resultieren nicht aus einer unzulässigen Verabsolutierung des Wunderbaren, sondern des Realen.

Die zweite Realitätsebene, die Wunderwelt also, wird ironischerweise von Andres in den Text eingebracht. Die Feen sollen fortgeschickt werden „nach ihrem Vaterlande, welches, wie Sie, gnädigster Herr, aus Tausendundeiner Nacht wissen werden, das Ländchen Dschinnistan ist".[4] Worauf der frischgebackene Fürst die Gelegenheit ergreift, seine Ignoranz zu beweisen: „Gehen Posten nach diesem Lande, Andres?" (ZZ, 20). Rosabelverde entkommt als eine von wenigen der Deportation.

In *Klein Zaches* gibt es zunächst wieder jene zwei Wahrnehmungsebenen der Alltagsrealität und der Wunderwelt. Hoffmann verkompliziert das Muster, indem er die Figur des „weltberühmte[n] Gelehrte[n] Ptolemäus Philadelphus" einführt, der in Briefen „an seinen Freund Rufin" seine Beobachtungen schildert, als er in das Ländchen des Fürsten Paphnutius kommt, das jetzt von Paphnutius' Nachfahren Fürst Barsanuph regiert wird (ZZ, 22ff., 58). Es hat neben dem Perspektivwechsel auch ein Zeitsprung stattgefunden. Aus der Sicht des Gelehrten erscheint ein Umzug von Studenten als Wunderbar, oder vielmehr als fremd und absurd. Nur weil er mit den Bräuchen nicht vertraut ist, grenzt er sie aus und wertet sie ab.

Es wird eine weitere zweifelhafte Gelehrtenautorität eingeführt, ein Professor der Naturkunde mit Namen Mosch Terpin:

> [...] er erklärte, wie es regnet, donnert, blitzt, warum die Sonne scheint bei Tage und der Mond des Nachts, wie und warum das Gras wächst etc., so daß jedes Kind es begreifen mußte. Er hatte die ganze Natur in ein kleines niedliches Kompendium zusammengefaßt, so daß er sie bequem handhaben und daraus für jede Frage die Antwort wie aus einem Schubkasten herausziehen konnte. Seinen Ruf begründete er zuerst dadurch, als er es nach vielen physikalischen Versuchen glücklich herausgebracht hatte, daß die Finsternis hauptsächlich von Mangel an Licht herrühre. (ZZ, 26)

Terpin betreibt „ergötzlichen Hokuspokus", was ihm einen „unglaublichen Zulauf" sichert (ZZ, 26). Das ist erkennbar satirisch gemeint und an dem Zitat lässt sich einmal mehr eine zentrale, im weiteren Sinne aufklärerische Leistung des Märchens erkennen: Man sollte der bequemen Verführung, etwas für erklärbar zu halten und sich seiner Wahrnehmung sicher zu sein, nicht erliegen. In neuester Zeit hat Jean Baudrillard diese „grundsätzliche Illusion" als „unmöglichen Tausch" beschrieben: „Die Ungewißheit der Welt besteht darin, daß es nirgends ein Äquivalent gibt, und daß sie sich gegen nichts austauscht." Anders gesagt: Die immer komplizierter werdenden Erklärungsmodelle, die rasant zunehmende Technisierung und Elektronifizierung dienen

---

[4] Der Name des Wunderreiches kann als intertextuelle Anspielung auf Wielands Märchensammlung *Dschinnistan* von 1786–89 gelesen werden.

in erster Linie dazu, der „radikalen Ungewißheit" der menschlichen Existenz etwas entgegenzusetzen, sich über sie hinwegzutäuschen.[5]

Der Student Balthasar, der ins Spiel der Handlung eintritt, ist zugleich Sympathieträger und ironisierter romantischer Schwärmer – zu letzterem Zweck wird aus Tiecks *Der blonde Eckbert* das populär gewordenene Kompositum „Waldeinsamkeit" aufgegriffen (ZZ, 29). Balthasars positive Eigenschaft wird von dem Zauberer Prosper Alpanus so bezeichnet:

> „[…] ich liebe Jünglinge, die so wie du, mein Balthasar, Sehnsucht und Liebe im reinen Herzen tragen, in deren Innerm noch jene herrlichen Akkorde widerhallen, die dem fernen Lande voll göttlicher Wunder angehören, das meine Heimat ist. Die glücklichen, mit dieser inneren Musik begabten Menschen sind die einzigen, die man Dichter nennen kann […]." (ZZ, 92)

Bis in die Figurenzeichnung setzt sich also Hoffmanns grundsätzliche Ambivalenz, die Balance von Identifikation und Distanz fort. *Klein Zaches* ist – wie seine Vor- und Nachfahren – Märchen und Antimärchen zugleich. Für Balthasar spricht, dass er Terpin durchschaut, in ihm „den Wahnsinnigen" sieht, „der in geckenhafter Narrheit König und Herrscher, ein selbstgedrehtes Strohpüppchen liebkost" (ebd.). Die tradierten Vorstellungen von Wahnsinn und Normalität werden hier auf den Kopf gestellt, doch zugleich entkommt auch, dem Balanceprinzip gemäß, Balthasars Verhalten nicht der Ironie des Textes. Sein Freund Fabian erkennt scharfsinnig, dass Balthasar in die Tochter Terpins mit dem ironischen Namen Candida verliebt ist (ZZ, 30). Candida ist, das zeigt der Erzählerkommentar, in erster Linie eine Projektionsfigur. Balthasar lässt sich liebestypisch von ihrem Äußeren blenden, handelt es sich doch eher um ein durchschnittliches Mädchen: „Dabei hatte Candida Goethes ‚Wilhelm Meister', Schillers Gedichte und Fouqués ‚Zauberring' gelesen und beinahe alles, was darin enthalten, wieder vergessen; spielte ganz passabel das Pianoforte […]" (ZZ, 39). Doch auch diese scheinbar satirische Zeichnung wird vom Erzähler mit einem Gegengewicht versehen:

> Dabei blickte, gab es wirklichen Anlaß dazu, ein tiefes inniges Gefühl hindurch, das nie in schale Empfindelei ausarten durfte, und so mochte mir und dir, geliebter Leser! die wir nicht zu den Überschwenglichen gehören, das Mädchen eben ganz recht sein. (ZZ, 40)

Für Balthasar spricht außerdem, dass bei ihm der Zauber des Zaches nicht verfängt und er die verwachsene, kleinwüchsige Gestalt erkennt. Ein weiterer Künstler, der „italienische Geiger Sbiocca", erlangt durch die Liebe zur Musik eine ähnliche Einsicht (ZZ, 49ff.) und dem Referendarius Pulcher ergeht es, dank seiner kunstvollen Auslegung der Gesetze, ebenso (ZZ, 53ff.).

---

[5] Baudrillard: Der unmögliche Tausch, S. 9 u. 15.

Kurz gesagt: Der Blick des Künstlers sieht tiefer. Hier haben wir es mit einem, gleichwohl ironischen, autobiographischen Spiel zu tun, denn Hoffmann selbst war dies alles zusammen: Dichter, Musiker und Jurist.

Alle anderen Bewohner der Universitätsstadt Kerepes werden von dem Zauber des Zaches geblendet. Dies führt zu äußerst komischen Situationen, die Hoffmann genüsslich ausmalt. So liest Balthasar, die Dichterfigur des Märchenromans, aus seiner Produktion vor, doch wird das unter anderem als „göttlich" bewertete Gedicht „von der Nachtigall und der Purpurrose" dem Herrn Zinnober zugeschrieben, obwohl der nur unter den Zuhörern war (ZZ, 45f.). Der Titel des Dichtwerks sorgt wieder für die notwendige Ironisierung Balthasars und der Wunderwelt.

Balthasar muss in Zinnober einen ernsthaften Konkurrenten in der Bewerbung um die Hand von Candida erkennen. Dies geschieht nicht zufällig im 3. Kapitel. Es wird erkennbar, dass sich im Vergleich zum *Goldnen Topf* die Ironie zur Satire entwickelt. Um Zinnober zu besiegen, wird eine weitere Figur eingeführt, Doktor Prosper Alpanus, in Verhalten und Doppelrolle dem Archivarius Lindhorst vergleichbar (ZZ, 58ff.). Auch Alpanus dient dazu, eine selbstreferenzielle Ebene zu eröffnen, bei der Schilderung seines Domizils drängt sich die Parallele von Landhaus und literarischem Text auf: „Die herrlich einfache Architektur des mäßig großen, einstöckigen Landhauses entzückte den Balthasar" (ZZ, 64). Dort wird er später, als Zinnober besiegt ist und Alpanus nach Indien gerufen wird (ZZ, 93), mit Candida leben dürfen. Das Rittergut und der artige Meierhof aus dem *Goldnen Topf* werden hier zu einem Haus vereinigt, das der Dichterfigur eine wunderbare Existenz in der Realität ermöglicht – natürlich nicht ohne Ironie:

> „Die Küche ist so eingerichtet, daß die Töpfe niemals überlaufen und keine Schüssel verdirbt, solltest Du auch einmal eine ganze Stunde über die Essenszeit ausbleiben. Teppiche, Stuhl- und Sofabezüge sind von der Beschaffenheit, daß es bei der größten Ungeschicklichkeit der Dienstboten unmöglich bleibt, einen Fleck hineinzubringen, ebenso zerbricht kein Porzellan, kein Glas. [...]" (ZZ, 94)

Der feindliche Gegensatz der wunderbaren Mächte ist in diesem Märchen fast aufgehoben. Rosabelverde und Alpanus wollen beide das Gute, nur muss Rosabelverde erst davon überzeugt werden, dass ihre Tat sich zum Bösen gewendet hat. Dies geschieht während eines Treffens der beiden Figuren, die ihre Zauberkräfte messen – wohl das erste Zaubererduell in der neueren Literatur (ZZ, 80ff.). Dabei stellt sich heraus, dass Alpanus seinerzeit die Fee vor der „Aufklärungs-Polizei" gewarnt hat (ZZ, 84). Die beiden scheiden als Freunde (ZZ, 85) und der glücklichen Lösung steht nichts mehr im Wege, die betrogenen Freunde reißen Zaches seine goldenen Haare aus und verbrennen sie (ZZ, 101). Candida erkennt in Balthasar den, den sie eigentlich liebt (ZZ, 103).

Wieder ist es kein Zufall, dass die Weichen für die glückliche Lösung im 6. Kapitel gestellt werden und dass die Zaches betreffende Handlung im 9. Kapitel endet. Ironisch ist die Zugabe eines epilogartigen zehnten, „letzten" Kapitels, das die Zahlensymbolik durchbricht, mit folgender Begründung: „[...] ist es nicht anmutiger, wenn statt eines traurigen Leichenbegängnisses eine fröhliche Hochzeit am Ende steht?" (ZZ, 119). Eine ironische intertextuelle Anspielung dürfte sein, dass Zaches sein Leben kopfüber in einem Nachttopf endigt, in den er sich geflüchtet hat. Der Nachttopf wirkt wie ein ironisches Gegenbild zum goldnen Topf des Anselmus. Der Leibarzt spricht passend von einem „humoristischen Tod" (ZZ, 115) – Humor in der doppelten Bedeutung von Körpersäften (eine bis ins 19. Jahrhundert gängige Begriffsverwendung) und humoristischer Handlung. Damit hat Hoffmann einmal mehr eine Metapher gefunden, die Ernst und Scherz, Realität und Transzendenz, Körper und Geist in ein ambivalentes Verhältnis setzt – nur zu vereinigen durch Ironie.

Auf die besondere Rolle des Einsiedlers Serapion, hervorgehoben durch die Aufnahme in den Titel des Novellenzyklus *Die Serapionsbrüder* (von 1819–21), ist bereits hingewiesen worden. Die Freunde der Rahmenhandlung kommen überein, „das Bild", das jedem von ihnen „[...] im Innern aufgegangen, recht zu erfassen mit allen seinen Gestalten, Farben, Lichtern und Schatten und dann, wenn er sich recht entzündet davon fühlt, die Darstellung ins äußere Leben [zu] tragen" (SB1, 66). Dies wird als ‚Serapiontisches Prinzip' bezeichnet (SB1, 67). Damit ist, wie Theodor (!) nicht ohne Ironie hinzufügt, eigentlich gemeint, „[...] daß sie übereinkommen, sich durchaus niemals mit schlechtem Machwerk zu quälen" (ebd.). Fantasie hat eben eine eigene Qualität. Aus der Perspektive Serapions – dies ist der Kern des Konzepts und ein typisches Märchenmerkmal – erscheint das Alltägliche als fremd und das Fremde als alltäglich. Theodor hat kurz zuvor bereits festgestellt, „[...] daß das, was sich wirklich begibt, beinahe immer das Unwahrscheinlichste ist" (SB1, 62). Gerade durch seine Verfremdungstechniken zeigt das Märchen das Eigentliche der menschlichen Existenz – die Abhängigkeit von Glück und Zufall, die lediglich in der Vorstellung überwunden werden kann. Das Märchen ist also Analyse und Therapie zugleich.

Wie zentral dieses Konzept für Hoffmanns großen Novellenzyklus ist, zeigt schon der Umstand, dass der erste, zweite und vierte Band der *Serapionsbrüder* jeweils mit einem Märchen enden. Sie sollen in der Reihenfolge kurz in ihrer Besonderheit und ihren Merkmalen beschrieben werden.

Nußknacker und Mauseköng

Nußknacker und Mauseköng, zunächst 1816 in den von E.W. Contessa, Friedrich Baron de la Motte Fouqué und Hoffmann herausgegebenen *Kinder-Mährchen* erschienen und dann exponiert ans Ende des ersten Bandes der *Serapionsbrüder* gestellt, hat Hoffmann für die Kinder seines Freundes Julius Eduard Hitzig geschrieben (und sie darin porträtiert), es nennt sich ausdrücklich im Untertitel ein „Kindermärchen".

Wie alle Märchen Hoffmanns ist es voraussetzungsreich, in seiner Anlage komplex und es hat eine im Vergleich eher düstere Seite. Dass man es deshalb vielleicht besser kein „Kindermärchen" nennen sollte, gibt Theodor zu bedenken (NM, 306). Lothar, der das Märchen erzählt hat, erwidert, dass Kinder „lebendig [...] manches im Geiste auffassen, das manchem grundgescheuten Papa gänzlich entgeht" (NM, 306). Mit dieser Apologie der Kindheit ist Hoffmann seiner Zeit weit voraus. Nachweislich auch mit dem Märchen, denn es ist eines der bekanntesten und folgenreichsten geworden, popularisiert durch eine Bearbeitung, die jeder kennt – Tschaikowskis *Nußknacker*-Ballett.

Das Märchen beginnt am Heiligabend, die Kinder Fritz und Marie Stahlbaum, zwei von symbolischen drei Geschwistern (die ältere Luise wird nur am Rande erwähnt), warten auf die Bescherung. Marie ist die eigentliche Heldin des Märchens, sie hat das symbolische Alter von sieben Jahren (NM, 240). Berühmt ist eine Figur geworden, die den Kindern Pate ist und die als selbstironisches *Alter ego* Hoffmanns gelesen werden kann, denn beide sind Juristen und voller Geheimnisse:

> Der Obergerichtsrat Droßelmeier war gar kein hübscher Mann, nur klein und mager, hatte viele Runzeln im Gesicht, statt des rechten Auges ein großes schwarzes Pflaster und auch gar keine Haare, weshalb er eine sehr schöne weiße Perücke trug, die war aber von Glas und ein künstliches Stück Arbeit. Überhaupt war der Pate selbst auch ein sehr künstlicher Mann, der sich sogar auf Uhren verstand und selbst welche machen konnte. (NM, 240f.)

Wie der Autor Hoffmann, wie der Erzähler und wie die zentralen Figuren in den vorherigen Märchen – Archivarius Lindhorst, Prosper Alpanus – ist Droßelmeier Vermittlungsinstanz zwischen realer und wunderbarer Handlungsebene; aus dieser Funktion resultiert eine ambivalente, teils bizarre, teils künstlich anmutende Figurenzeichnung. Die Uhr lässt sich nicht nur als Symbol für Zeit, sondern auch für einen literarischen Text lesen, in dem alle Teile zusammen wirken müssen, damit er ‚funktioniert'. Unter Droßelmeiers Händen werden Uhren „wieder lebendig" (NM, 241). Doch weil Droßelmeiers Spielsachen nur eine Illusion von Leben erwecken, im Grunde aber alle mechanisch und entsprechend anfällig sind, werden sie den Kindern nach der Bescherung „wieder weggenommen" (ebd.). Die Ambivalenz von Leben und mechanischer Kunstfertigkeit wird der Figur bleiben, so bewegt sie sich manchmal wie eine „Drahtpuppe" (NM, 263). Droßelmeier ist zudem der Erzähler des Binnenmärchens *Das Märchen von der harten Nuß*, in dem die Vorgeschichte des Nußknackers deutlich wird (NM, 265ff.).

Der ironische Kontrast der Figur wird im nächsten Kapitel bereits auf die Ebene des Erzählers gehoben, der sich in der nun schon bekannten Art an seinen ‚geneigten Leser' wendet: „Fritz – Theodor – Ernst – oder wie du sonst heißen magst" (NM, 243), wobei die letzten beiden Vornamen Hoffmann selbst gehören. Und ‚Friedrich' ist – durch das preußische Königshaus – eng an Hoffmanns dritten Vornamen ‚Wilhelm' angelehnt, den dieser zugunsten des ‚Amadeus' abgelegt hatte.

Zu Weihnachten hat der Pate „ein sehr herrliches Schloß mit vielen Spiegelfenstern und goldnen Türmen" fabriziert (NM, 244), das bereits auf den Ausgang des Märchens vorausdeutet und die beiden Welten sichtbar miteinander verzahnt. Deshalb ist der Pate in seiner Binnenerzählung selbst als Figur vorhanden, deshalb geht er – als Grenzgänger der beiden Welten – in das Schloss hinein und wieder heraus (NM, 245). Dass die Fenster Spiegel sind (dieses Symbol kennen wir bereits), sollte zu denken geben. Der Text ist es auch, denn letztlich liest man aus dem Text heraus, was man hineinlegt.

Ein zweites Geschenk wird nun wichtig, der im Titel bereits angesprochene Nußknacker, „ein sehr vortrefflicher kleiner Mann", auch wenn seine Körperteile disproportional zu sein scheinen – was auf seine Andersartigkeit vorausweist (NM, 246). „Aus den hellgrünen, etwas zu groß geratenen Augen sprach nichts als Freundschaft und Wohlwollen" (NM, 247). Dass er ein Nussknacker ist, ist die natürliche Erklärung für die ungenauen Proportionen. Fritz allerdings treibt es mit dem Nüsse knacken zu toll, er „[...] schob immer die größten und härtesten Nüsse hinein, aber mit einem Male ging es – krack – krack – und drei Zähnchen fielen aus des Nußknackers Munde, und sein ganzes Unterkinn war lose und wacklicht" (NM, 248). Die symbolische Zahnzahl lässt vermuten, dass aus der bösen Tat etwas Gutes erwachsen wird. Marie hat Mitleid mit der armen Figur und nimmt sie in ihre Obhut.

Damit beginnen die nächtlichen Abenteuer. Als es Mitternacht schlägt, sieht Marie an der Stelle der hölzernen Eule der Wanduhr den Paten Droßelmeier sitzen (NM, 253). Dabei bleibt es hier wie an den meisten Stellen dieser Art offen, ob es sich um eine durch Maries subjektive Wahrnehmung verursachte Täuschung oder um die vom Text vorgegebene Realität handelt. Zur Geisterstunde erscheint der widerliche Mäusekönig mit seinen symbolischen sieben Köpfen, auf denen sieben Kronen sitzen. Es gibt einen Kampf zwischen den Truppen des Mäusekönigs und dem Nußknacker, der von Maries Spielsachen unterstützt wird (NM, 255ff.). Marie hat sich an der zerbrochenen Scheibe eines Schranks verletzt (NM, 254), ihre erschrockenen Eltern sehen in ihren Erlebnissen eine Einbildung, die auf den Schock und den Blutverlust zurückzuführen ist (NM, 261). Ihr Arzt trägt den anspielungsreichen, romantisch anmutenden Namen „Wendelstern".

Pate Droßelmeier tritt auf und verhält sich merkwürdig, er leugnet gar nicht, dass er zu Anfang der Schlacht auf der Uhr saß, doch entschuldigen ihn seine wirren Reden. Zudem hat er den Nußknacker wieder repariert. Um Marie ganz auszusöhnen und ihr (damit auch dem Leser) durch Erzählen der Vorgeschichte des Nußknackers das Sinnvolle der Vorgänge vor Augen zu führen, folgt *Das Märchen von der harten Nuß*.

Die Geschichte von der Prinzessin Pirlipat ist von Beginn an ironisch. Als der König nach der Geburt seiner Tochter fragt, ob schon jemals jemand etwas Schöneres gesehen habe, antworten „alle Minister, Generale und Präsidenten und Stabsoffiziere" pflichtgemäß und überschwänglich (NM, 265). Nur die Königin ist unglücklich, denn sie hat Angst um ihre Tochter. Der Erzähler des Binnenmärchens geht nun in der Zeit zurück, um den Grund zu erläutern; hier finden wir eine Vorgeschichte der Vorgeschichte, ein Binnenmärchen des Binnenmärchens.

Als die Königin sich „dem sehr nützlichen Geschäft des Wurstmachens" widmete (NM, 266), verlangte Frau Mauserinks, die mit einem großen Hofstaat im Königspalast wohnte und vorgab, „selbst Königin in dem Reiche Mausolien zu sein" (NM, 267), einen Anteil. Die Königin und ihre Söhne stahlen den Speck für die Wurst „und der König beschloß, Rache zu nehmen" (NM, 267f.). Die Aufgabe, die Mäuse aus dem Palast zu vertreiben, wurde dem Hofuhrmacher Christian Elias Droßelmeier übertragen, „der ebenso hieß als ich", wie der Erzähler Droßelmeier hinzufügt (NM, 269). Er erfand „kleine, sehr künstliche Maschinen", die Mäuse mit Speck anlocken und hinrichten – eine grausame Angelegenheit. Obwohl Frau Mauserinks selbst die Täuschung durch den Speck erkannte und die anderen warnte, konnten ihre Söhne und andere Familienmitglieder dem Duft nicht widerstehen. „Frau Mauserinks verließ mit ihrem kleinen Häufchen den Ort des Schreckens. Gram, Verzweiflung, Rache erfüllte ihre Brust." Sie erschien noch einmal der Königin und warnte sie: „gib wohl acht, Frau Königin, daß Mausekönigin dir nicht dein Prinzeßchen entzweibeißt" (NM, 269).

Die Ambivalenz der Konzeption ist offensichtlich. Die Mäuse hätten nicht stehlen dürfen, doch ist ihre mechanisch ausgeklügelte Hinrichtung eine viel zu harte, wenngleich ironisch-bizarre Strafe. Droßelmeier führt nur den Auftrag des Königs aus, aber hätte er die Mäuse nicht anders vertreiben können? Die Drohung der Frau Mauserinks ist grausam, doch als Rache verständlich. Die Stelle erinnert an das Märchenmotiv der Feen, die als Patinnen geladen werden – wie wir es von Grimms *Dornröschen* und seinen Vorläufern kennen. Frau Mauserinks ist die böse Fee, die der Prinzessin Böses wünscht und deshalb für die Mangelsituation des Märchens verantwortlich ist.

Die „Familie des Katers Schnurr" wird beauftragt, die kluge Frau Mauserinks, der Droßelmeier nicht beikommen kann, „von der Wiege abzuhalten" (NM, 270). Doch einmal um Mitternacht schafft es Frau Mauserinks trotzdem, sich dem Kind zu nähern. Sie bringt es nicht um, aber sie verzaubert es:

> Doch wie groß war ihr [gemeint sind die Wärterinnen] Schrecken, als sie hinblickten nach Pirlipatchen und wahrnahmen, was aus dem schönen zarten Kinde geworden. Statt des weiß und roten goldgelockten Engelsköpfchens saß ein unförmiger dicker Kopf auf einem winzig kleinen zusammengekrümmten Leibe […]. (NM, 271)

Ebenso wie der große Mund erinnert dies an das Aussehen des Nussknackers; so knackt das Mädchen denn auch fortan mit Leidenschaft Nüsse. Der satirisch gezeichnete König schiebt alle Schuld auf Droßelmeier, der die Prinzessin wieder zurückverwandeln soll:

> Droßelmeier erschrak nicht wenig, indessen vertraute er bald seiner Kunst und seinem Glück und schritt sogleich zu der ersten Operation, die ihm nützlich schien. Er nahm Prinzessin Pirlipat sehr geschickt auseinander, schrob ihr Händchen und Füßchen ab und besah sogleich die innere Struktur, aber da fand er leider, daß die Prinzessin je größer, desto unförmlicher werden würde […]. (NM, 272)

Einen Menschen kann man nicht auseinander nehmen, ohne ihn umzubringen – hier haben wir es wieder mit einem selbstreferenziellen und zugleich ironischen Zug des Märchens zu tun. Der Hofastronom verrät Droßelmeier, dass die Prinzessin für die Rückverwandlung „nichts zu tun hätte, als den süßen Kern der Nuß Kratatuk zu genießen":

> Die Nuß Kratatuk hatte eine solche harte Schale, daß eine achtundvierzigpfündige Kanone darüber wegfahren konnte, ohne sie zu zerbrechen. Diese harte Nuß mußte aber von einem Manne, der noch nie rasiert worden und der niemals Stiefeln getragen, vor der Prinzessin aufgebissen und ihr von ihm mit geschlossenen Augen der Kern dargereicht werden. Erst als er sieben Schritte rückwärts gegangen, ohne zu stolpern, durfte der junge Mann wieder die Augen erschließen. (NM, 273)

Märchentypisch muss der Held eine Aufgabe erfüllen, doch ist sie erkennbar ironisch formuliert. So wie das Märchen in drei Teilen an drei Abenden von Droßelmeier Fritz und Marie erzählt wird, so benötigen der Uhrmacher und der Astronom drei Tage und drei Nächte, um die zitierte Lösung zu finden. Sie benötigen weitere 15 Jahre für die Suche nach der Nuss, doch sie finden sie schließlich, als sie dies gar nicht mehr erwarten, bei Droßelmeiers Vetter Christoph Zacharias (NM, 274ff.). Die drei Herren können voller Freude feststellen, dass der dritte Teil der Aufgabe – es fehlt noch der junge Nussknacker – ebenfalls gelöst werden kann. Der Sohn des Vetters scheint der geeignete

Kandidat zu sein (NM, 277). Dieser Neffe macht aber weniger den Eindruck, von Fleisch und Blut zu sein, vielmehr dürfte es sich bei „Schön-Nußknackerchen" um ein Produkt aus des Vetters Puppenwerkstatt handeln (eine lebendig gewordene Holzfigur wie später Collodis *Pinocchio* von 1883). Tatsächlich gefällt der Nussknacker der verzauberten Prinzessin, tatsächlich kann er sie von dem Fluch befreien und ihr ihre Schönheit wiedergeben. Doch weil ihm Frau Mauserinks vor dem siebten Schritt rückwärts ein Bein stellt, wird nun er mißgestaltet. „Ihre Bosheit war nicht ungerächt geblieben, denn der junge Droßelmeier hatte sie mit dem spitzen Absatz seines Schuhes so derb in den Hals getroffen, daß sie sterben mußte." Noch im Tode rächt sie sich, indem sie prophezeit: „fein Nußknackerlein, wirst auch bald des Todes sein – Söhnlein mit den sieben Kronen wird's dem Nußknacker lohnen" (NM, 279).

Undank ist der Welten Lohn: Die undankbare Prinzessin möchte von ihrem Erretter in dieser Gestalt nichts mehr wissen. Uhrmacher und Astronom werden gleich mit verbannt. Doch stellt letzterer dem Nussknacker ein hoffnungsvolles Horoskop, er werde „trotz seiner Ungestalt Prinz und König werden", es werde „eine Dame ihn trotz seiner Mißgestalt liebgewinnen" (NM, 280). Hier endet das Binnenmärchen und mündet in die Rahmenhandlung, denn es wird erkennbar, dass Droßelmeier und Nussknacker aus dem Märchen jenen beiden Figuren aus dem Rahmen entsprechen.

Als Marie diese Verbindung zwischen den beiden Handlungsebenen herstellt, glauben ihr nur Fritz und der Pate: „‚Aber wo kriegt das Mädchen all das tolle Zeug in den Kopf?' sagte der Medizinalrat. ‚Ei nun', erwiderte die Mutter, ‚hat sie doch eine lebhafte Phantasie – eigentlich sind es nur Träume, die das heftige Wundfieber erzeugte'" (NM, 283). Droßelmeier sieht das anders, er bestätigt Marie: „du bist, wie Pirlipat, eine geborene Prinzessin, denn du regierst in einem schönen blanken Reich", nur sie allein könne daher den Nussknacker retten. Woraufhin ihm der Vater des Mädchens „den Puls fühlte und sagte: ‚Sie haben, wertester Freund, starke Kongestionen nach dem Kopfe […]'" (ebd.).

Diesen Kontrast zwischen bürgerlicher und fantasiebegabter Existenz kennen wir schon. Etwas überraschender ist es, dass gleich im nächsten Kapitel, „Der Sieg" betitelt, der Nussknacker den Mausekönig ohne größere Schwierigkeiten beseitigt (NM, 289). Der eigentliche Höhepunkt ist eben nicht der Kampf, sondern das Eingehen von Marie und Nussknacker in die – freilich ironisch gezeichnete – Wunderwelt:

> Er schritt voran, Marie ihm nach, bis er vor dem alten mächtigen Kleiderschrank auf dem Hausflur stehenblieb. Marie wurde zu ihrem Erstaunen gewahr, daß die Türen dieses sonst wohlverschlossenen Schranks offenstanden, so daß sie deutlich des Vaters Reisefuchspelz erblickte, der ganz vorne hing. Nußknacker kletterte sehr geschickt an den Leisten und Verzierungen herauf, daß er die große Troddel, die, an einer dicken Schnur befestigt, auf dem Rückenteile jenes Pelzes hing, erfassen konnte. Sowie Nußknacker diese Troddel stark

> anzog, ließ sich schnell eine sehr zierliche Treppe von Zedernholz durch den Pelzärmel herab. „Steigen Sie nur gefälligst aufwärts, teuerste Demoiselle", rief Nußknacker. Marie tat es, aber kaum war sie durch den Ärmel gestiegen, kaum sah sie zum Kragen heraus, als ein blendendes Licht ihr entgegenstrahlte und sie mit einemmal auf einer herrlich duftenden Wiese stand, von der Millionen Funken wie blinkende Edelsteine emporstrahlten. „Wir befinden uns auf der Kandiswiese", sprach Nußknacker [...]. (NM, 290f.)

Schrank und Ärmel dienen als Schleuse des Übertritts von der realen zur wunderbaren Handlungsebene. Diese Passage kann als paradigmatisch für zahlreiche andere gelesen werden, bis zu dem Gleis zwischen zwei Bahnsteigen, von dem Harry Potter abreisen muss, den Kaminen und den Portschlüsseln, mit denen er den Übertritt in die Welt der Zauberer bewerkstelligen kann. Bei dem belesenen Erich Kästner dürfte es kein Zufall sein, dass er in seinem Märchenroman *Der 35. Mai oder Konrad reitet in die Südsee* (1931) einen Kleiderschrank als Schleuse wählt. Auch bei C.S. Lewis' *Der König von Narnia* (1950) handelt es sich um dieses Motiv.

Die Ironie Hoffmanns ist in der zitierten Textpassage deutlich zu erkennen, bereits in den Attributen des Übertritts, der Troddel, der zierlichen Treppe von Zedernholz, dem Pelzärmel. Die Darstellung der Wunderwelt entspricht denn auch den Vorstellungen, die kleine Kinder von einem Ort haben dürften, den man ansonsten als Schlaraffenland tituliert. So gibt es einen Limonadenstrom und einen Honigstrom, die Orte heißen Pfefferkuchenheim oder Bonbonhausen (NM, 292f.). Um dorthin zu gelangen, müssen sie aber eine zweite Schleuse passieren, eine Art ironisch-heiteres Gegenstück zum Schwarzen Tor im *Goldnen Topf*, „das Mandeln-und-Rosinentor": „Gemeine Leute hießen es sehr unziemlich die Studentenfutterpforte" (NM, 291). Abgesehen von dem Riesen Leckermaul bedroht nur eines diese Zuckerwelt: „Konditor wird hier eine unbekannte, aber sehr grauliche Macht genannt, von der man glaubt, daß sie aus dem Menschen machen könne, was sie wolle [...]" (NM, 297f.). Im Konditor wird der Glaube des Menschen an ein Absolutes karikiert, ob es sich nun um Gott oder um die schöpferischen Möglichkeiten des Menschen selbst handelt. Insofern ist Hoffmanns Zuckerreich keine ferne Wunderwelt, sondern eine zweite Spiegelwelt zur zeitgenössischen Realität.

Wieder kommt es zu einer echten Spiegelszene, Marie sieht sich im Wasser des Rosensees und meint, dies wäre „die Prinzessin Pirlipat". Der Nußknacker berichtigt sie und sie „schämte sich sehr" (NM, 295). Marie widersteht somit der narzisstischen Versuchung, sich eine falsche, besser scheinende Identität zuzulegen. In Konfektburg angekommen, stellt sich heraus, dass der Nussknacker dort als Prinz regiert. Marie wird als Retterin des Prinzen gefeiert, er stellt sie in seiner Dankesrede über Pirlipat (NM, 299). Während der Nussknacker seinen Schwestern die Geschichte „sehr weitläufig" erzählt, schläft Marie offenbar ein, denn sie findet sich zu Beginn des letzten Kapitels auf ihrem Bett liegend wieder (NM, 300f.). Ihre Mutter erklärt ihr, sie habe „einen langen, sehr schönen Traum" gehabt (NM, 301). Als sie auf dem Erlebten besteht, nennt sie ihr Vater „eine kleine Lügnerin" (NM, 302). Sogar der Pate Droßelmeier ergreift gegen sie Partei.

Das tut er nicht ohne Hintersinn, denn der zweite und letzte Höhepunkt setzt eine weitere Tat voraus. Marie erklärt dem hölzernen Nussknacker traurig, dass sie ihn nicht, wie Pirlipat, wegen seines Aussehens „verschmähen" würde. Ein großer „Knall und Ruck" mit anschließender Ohnmacht Maries kündigt wie ein Paukenschlag das glückliche Ende an: Der Nussknacker ist erlöst. Pate Droßelmeier stellt Marie seinen Neffen aus Nürnberg vor, der ihr gesteht, dass er zuvor der Nussknacker war, und ihr einen Heiratsantrag macht. Wie schon Anselmus wagt Marie den endgültigen Übertritt. Das glückliche Ende weitet die Interpretationsmöglichkeiten ins Allegorische aus:

> [...] Marie soll noch zur Stunde Königin eines Landes sein, in dem man überall funkelnde Weihnachtswälder, durchsichtige Marzipanschlösser, kurz, die allerherrlichsten, wunderbarsten Dinge erblicken kann, wenn man nur danach Augen hat. (NM, 305)

Noch deutlicher als *Der goldne Topf* ist *Nußknacker und Mausekönig* also eine Apologie der Fantasie. Die Ironie der Darstellung hat – wieder einmal – deutlich gezeigt, dass es hier nicht um die Formulierung eines Mythos geht und dass es sich nicht um die sinnlos-bizarre Fantasiegeburt eines Sonderlings handelt.

Das fremde Kind

Das Märchen *Das fremde Kind* beschließt den zweiten Band der Serapionsbrüder. Es ist eher untypisch für die Gattung wie für Hoffmann, dass zunächst eine Idylle genauer geschildert wird: Der Edelmann Thaddäus von Brakel wohnt in seinem Häuschen in Brakelheim, das von den (symbolischen) vier dort lebenden Bauern als „Schloß" tituliert wird (DF, 572). Der Widerspruch wird ins Positive gewendet, hat doch das kleine Format den Vorzug, nicht wegen steinerner Größe kalt und tot zu wirken, sondern „anmutig und hübsch" (DF, 573). Der Herr hat zwei Kinder, Felix und Christlieb. Als Hommage an Hoffmann wird Paul Maar 1996 in *Ein Sams für Martin Taschenbier*, dem vierten Band der Sams-Reihe, zwei Figuren so nennen.

Die Brüchigkeit der Idylle zeigt sich gleich im zweiten Kapitel des *fremden Kindes*, betitelt „Der vornehme Besuch". Wie wir gelernt haben, ist die Brakelfamilie auf positive Weise nicht vornehm, es deutet sich also ein Kontrast an, als ihre städtischen Verwandten sie besuchen. Wegen des Besuchs werden die Kinder festlich angezogen und dürfen nicht ins Freie, Zivilisation steht hier gegen Natur. Der Besuch erfüllt denn auch die Erwartungen, die der Erzähler geweckt hat. Der Vetter des Herrn von Brakel, ein Graf und Minister mit Vornamen Cyprianus, ist ebenso dumm wie arrogant. Er kommt mit seiner Frau, einer „kleine[n] dicke[n] Dame", und seinen beiden Kindern – eine Spiegelfamilie also, die eine wohnt auf dem Land und ist naturverbunden, die andere in der Stadt und hält sich für zivilisiert. Der städtische Junge mit seinem „blaßgelben Gesichtchen" sieht „blöd und scheu" in die Welt, das Mädchen zieht „ein verdrießliches weinerliches Gesicht", beide sind übertrieben gekleidet, das Mädchen gar mit einem „Krönchen" (DF, 576). Auch die Namen „Adelgundchen, Herrmann" sind erkennbar satirisch gemeint. Der kleine Herrmann verhält sich nicht wie sein großer Namenspatron aus dem Teutoburger Wald – als ihm Felix seinen Säbel wegnimmt, um ihn sich anzusehen, fängt er an zu jammern.

Hoffmann zeichnet zwei Konzepte von Kindheit, von denen das eine erkennbar durch die Erwachsenenfiguren, das andere durch den Erzähler favorisiert wird. Felix und Christlieb verhalten sich ganz natürlich, doch ist gerade das den Eltern peinlich, so dass ihr Vater sich sogar wünscht, er könne auch „solche gesittete Kinder erziehen" wie der Vetter. Die gräflichen Abkömmlinge müssen statt Kuchen Zwieback knabbern und sitzen „auf ihren Stühlen, ohne eine Miene zu verziehen, ohne sich zu rühren und zu regen" (DF, 579). Wenn der Vater sie fragt, können sie mit auswendig gelernen Daten und Zahlen glänzen. Felix und Christlieb lassen sich zunächst blenden. Statt den Rest des Tages im Wald zu verbringen, widmen sie sich ihren Gastgeschenken, den künstlichen, mechanischen Spielsachen (DF, 582), auch wenn sie bald herausfinden, dass die Natur solchen Nachahmungen vorzuziehen ist (DF, 586). Cyprianus verspricht aus Mitleid, der armen Verwandtschaft zwecks Erziehung der Kinder „einen gelehrten Mann" zu schicken (DF, 580). Damit nimmt das Unheil seinen Lauf. Um einem eingebildeten Mangel abzuhelfen, wird nun ein echter Mangel geschaffen.

Bevor es soweit ist, lernen Felix und Christlieb „das fremde Kind" kennen, sie sehen plötzlich im Wald „das von der Sonne hell erleuchtete holde Antlitz des lieblichsten Kindes" und wünschen es mit „unbeschreiblicher Sehnsucht" herbei (DF, 588). Es handelt sich wohl nicht nur, aber auch um eine allegorische Figur, denn den Kindern ist es, „als ob sie schon lange das fremde Kind gekannt" hätten (DF, 588). Das Aussehen versinnbildlicht die Natur, das Kind hat „ein lilienweißes Gesicht, rosenrote Wangen, kirschrote Lippen, blauglänzende Augen und goldgelocktes Haar" (DF, 592). Auf die Frage nach seiner Heimat antwortet es in Rätseln. Diese sei so weit entfernt, dass man sie nicht erreichen könne, doch

> „[...] wenn du dich recht herzlich nach mir sehnst, so bin ich gleich bei dir und bringe dir alle Spiele, alle Wunder aus meiner Heimat mit, und ist denn

das nicht ebensogut, als ob wir in meiner Heimat selbst zusammensäßen und miteinander spielten?" (DF, 596)

Seine Mutter, die „als Königin" herrsche, sei „eine Fee", die vor allem „die Kinder" liebe (DF, 596f.). Zur allegorischen Funktion des fremden Kindes passt, dass sich nicht genau sagen lässt, ob das fremde Kind Junge oder Mädchen ist (ebd.). Es führt den beiden neu vor Augen, dass sie „von dem herrlichsten Spielzeuge" umgeben sind (DF, 589). Das fremde Kind ermöglicht den Kindern sogar eine Verwandlung – oder die Illusion der Verwandlung – in Tauben. Als es die beiden Kinder anfasst, fühlt es sich so an, als würden sie fliegen (DF, 590). Wir haben es hier mit einem Lernprozess zu tun, der die Kinder aus dem Zustand der Naivität in den des reflektierten Umgangs mit der Natur führt – insofern war die durch das künstliche Spielzeug ausgelöste Krise sogar produktiv.

Doch die nächste Krise wartet schon. Auf das Drängen, mit in die Heimat des fremden Kindes reisen zu wollen, werden den Kindern die damit verbundenen Gefahren drastisch vor Augen geführt: „Manche Kinder vermögen nicht den Gesang der purpurroten Vögel, so herrlich er ist, zu ertragen, so daß er ihnen das Herz zerreißt und sie augenblicklich sterben müssen" (DF, 598). Dazu kommt, dass das fremde Kind auf der realen Handlungsebene Gefahren ausgesetzt ist, es darf sich „nur ganz heimlich zu euch stehlen":

> „Sonst war ich überall sicher, als sei ich bei meiner Mutter, und es war überhaupt so, als sei überall ihr schönes Reich ausgebreitet, seit der Zeit aber, daß ein arger Feind meiner Mutter, den sie aus ihrem Reiche verbannt hat, wild umherschwärmt, bin ich vor arger Nachstellung nicht geschützt." (DF, 599)

Das Reich der Fantasie wird bedroht – hier ist es nur noch ein Schritt zur Konzeption der Kindlichen Kaiserin und des Reiches Phantásien in Michael Endes *Unendlicher Geschichte* (1979).

Der verbannte Feind ist „ein fremder Geist" mit Namen „Pepasilio", der erst Minister wurde, aber dann durch „innere Tücke" auffiel und alles, was schön war, zerstörte. Sogar „den glänzenden Regenbogen" habe er „mit einem ekelhaften schwarzen Saft" überzogen und dafür gesorgt, dass „[…] alles tot und traurig anzusehen war. Und wie er dies vollbracht, erhob er ein schallendes Gelächter und schrie, nun sei erst alles so, wie es sein solle, denn er habe es beschrieben" (DF, 600). Der schwarze Saft scheint, man denke an die Vokabel „beschrieben", Tinte zu repräsentieren. Dann zeigte sich der Bösewicht, in der Absicht, die Königin zu stürzen, „in der Gestalt einer ungeheuren Fliege", „da erkannten sie sowieso alle", dass der Minister „der finstere mürrische Gnomenkönig Pepser" war (DF, 600f.). Es gelingt dem Hofstaat der Königin, Pepser zu vertreiben, dieser muss von seiner „Muhme, die große blaue Kröte", gerettet werden und verfolgt seither das fremde Kind „rastlos unter allerlei

Gestalten" (DF, 601). Pepser könnte hier als Karikatur aufklärerischer Autoren gelesen werden.

Der Bösewicht der Wunderwelt korrespondiert mit dem der realen Handlungsebene, der im nächsten Kapitel seinen Auftritt hat. Es handelt sich um einen vom Vetter engagierten Hofmeister, der sich durch „eine wunderliche Gestalt" auszeichnet, die nichts weniger als hässlich ist. Schon die „ganz dünnen Spinnenbeinchen" und der „unförmliche Kopf" deuten auf eine Affinität zur Fliegengestalt Pepsers (DF, 602). Bezeichnenderweise heißt er „Magister Tinte" (DF, 603). Er führt sich gleich auf äußerst unangenehme Weise ein. Als er den Kindern die Hand gibt, sticht er sie heimlich mit einer Nadel, außerdem lacht er auf merkwürdige Weise, so dass allen „ganz unheimlich zumute" wird (ebd.).

Der Magister ist erkennbar als Gegenfigur zum fremden Kind konzipiert, hier wird auch der Gegensatz von Erwachsen- und Kindsein wieder aufgenommen. Er verköpert zugleich etwas, das Hoffmann als falsches Wissen kennzeichnen will – trockenes Buchwissen im Gegensatz zu dem der „schöne[n] Geschichte[n]", die Felix und Christlieb erzählen könnten (DF, 604). Sie müssen von nun an „dem Magister Tinte Dinge nachplappern, die sie nicht verstanden", und dürfen nicht mehr in die freie Natur (ebd.). Schließlich befiehlt der Hausvater dem Lehrer, mit den Kindern auch Zeit im Wald zu verbringen, eine Aufgabe, der Tinte höchst ungern nachkommt, und auch die Kinder würden lieber auf den Aufpasser verzichten (DF, 605). Als der Magister Blumen ausreißt und einen Vogel mit einem Stein tötet, rufen die Kinder verzweifelt nach ihrem Freund: „[…] rette uns, der Herr Magister Tinte macht uns ja tot wie die Blumen und Vögel!" (DF, 607). Das fremde Kind erscheint, ist aber ebenso verzweifelt, denn es erklärt: „Der Gnome Pepser hat sich eurer bemächtigt […]" (ebd.). In dem Moment hat sich „Magister Tinte […] umgestaltet in eine große scheußliche Fliege", „offenbar um das fremde Kind zu verfolgen" (ebd.). Es kann glücklicherweise entkommen.

Auch wenn die Eltern den Kindern die erzählten Erlebnisse nicht glauben, so stimmen sie doch in der Bewertung des Magisters mit ihnen überein. Als der aus dem Wald „ganz verwildert" zurückkommt, benimmt er sich genauso wie eine große Fliege, und es kommt zu einer absurden Verfolgungsjagd – Herr von Brakel vertreibt ihn mit einer Fliegenklatsche (DF, 611f.). Der Magister flüchtet in den Wald, der fortan „verödet" wirkt und offenbar von ihm beherrscht wird, mit Hilfe der einst von Graf Brakel geschenkten, dort weggeworfenen Spielsachen (DF, 612ff.).

„Das war gar nicht auszuhalten, die Kinder blieben lieber im Hause" (DF, 615), heißt es deshalb. Der Vater wird „mit jedem Tage matter und blässer", er meint, „daß der böse Magister Tinte mir es angetan hat" (ebd.). Jetzt glaubt er plötzlich seinen Kindern und geht mit ihnen in den Wald, ganz verwundert darüber, „wie ich das holde Kind so ganz und gar vergessen konnte". Doch

„[...] dieselbe Sehnsucht, von der ihr ergriffen, erfüllt meine Brust, aber sie wird mir das Herz zerreißen!" (DF, 616). Er stirbt symbolische drei Tage später. Es kommen „häßliche Männer", die Magister Tinte ähneln, und pfänden den ganzen Besitz im Auftrag des gräflichen Vetters, dem er „das alles und noch viel mehr [...] schuldig geworden sei" (DF, 617). Nur der Trost des fremden Kindes hilft, das schwere Schicksal zu meistern:

> Sie wurden von dem Verwandten freundlich aufgenommen, dann kam es, wie das fremde Kind es verhießen. Alles, was Felix und Christlieb unternahmen, geriet so überaus wohl, daß sie samt ihrer Mutter froh und glücklich wurden, und noch in später Zeit spielten sie in süßen Träumen mit dem fremden Kinde, das nicht aufhörte, ihnen die lieblichsten Wunder seiner Heimat mitzubringen. (DF, 618)

Zur Konzeption der Wahrnehmungsunterschiede bei Hoffmanns Figuren gehört, dass die Eltern ihren Kindern kein Wort glauben. Der Vater hält das fremde Kind für „Schulmeisters Gottlieb", der den beiden „allerlei tolles Zeug in den Kopf gesetzt" habe (DF, 591). Auch die Hoffmann-typischen Ironisierungen der wunderbaren Handlungsebene fehlen nicht. Wieder ist es der Traum, dem eine Vermittlungsfunktion zukommt, und wieder ist der Traum ambivalent zu sehen. So wirkt Christlieb „wie plötzlich aus einem Traume erwacht", doch denkt sie daran, dass „des Schulzens Grete [...] lange nicht solche schöne rote Bandschleifen hat als ich" (DF, 575). Das fremde Kind zeigt Felix und Christlieb seine „lieben Luftschlösser" (DF, 594), angesichts der üblichen Verwendung des Begriffs kann man hier ebenfalls von Ambivalenz sprechen.

Von diesem Märchen Hoffmanns laufen zahlreiche Fäden zu späteren Märchen der Weltliteratur, etwa zu Astrid Lindgrens *Pippi Langstrumpf* (dt. 1949) oder *Karlsson vom Dach* (dt. 1956). In beiden erfüllen die Titelfiguren für die Kinder, denen sie begegnen, die Funktion des fremden Kindes und stehen für Natürlichkeit im Gegensatz zur tendenziell negativ gezeichneten Erwachsenenwelt. Der erklärte Hoffmann-Leser Paul Maar ist 1973 mit seiner Figur des Sams vielleicht dem Prätext am nächsten gekommen, auch wenn es, im Kontext der antiautoritären Kindererziehung der 70er Jahre, weniger um das Verhältnis zur Natur und mehr um das der Menschen untereinander geht. Auch das Sams ist weder Junge noch Mädchen.

Das – soweit es die realistische Handlungsebene betrifft – schlechte Ende des Hoffmannschen Märchens erinnert an Astrid Lindgrens *Mio, mein Mio* (1954). Auch bei Lindgren bleibt offen, ob Mio die Reise zu seinem Vater nur geträumt hat. In dem Fall wurde er immerhin durch seine Fantasie getröstet. Im Unterschied zu Felix und Christlieb wird sich an seinem unglücklichen Leben bei Onkel und Tante dann aber nichts ändern. Geht man den umgekehrten Weg von Lindgren zurück zu Hoffmann, so wird einmal mehr deutlich, wie modern dieses Märchen ist. Es bezieht – im Unterschied zu den vorherigen Märchentexten des Autors – soziale Konfliktlagen und selbst den Tod nächster Verwandter mit ein. Die Umwertung des Verhältnisses von Kindheit und Erwachsensein (die Kinder sind im Recht) in diesem Märchen wird erst Erich Kästner wieder aufnehmen und neu gestalten.

Die Königsbraut

Die Königsbraut beschließt die *Serapionsbrüder* und ist untertitelt mit „Ein nach der Natur entworfenes Märchen" (DK, 535). Wie sich bald herausstellen wird, handelt es sich um einen einerseits wörtlich zu verstehenden, andererseits für Hoffmann typischen ironischen Zusatz. Das Märchen beginnt mit einer Exposition, es spielt am Main zu einer bemerkenswerten Spätsommerzeit: „Es war ein gesegnetes Jahr" (ebd.). Wieder steht ein verarmter Adeliger mit seinem kleinen Besitztum im Mittelpunkt, diesmal handelt es sich um einen Herrn mit dem wunderlichen Namen Dapsul von Zabelthau und sein Dorf Dapsulheim. Schon der zweite Absatz beginnt mit einer ironischen Leseranrede, der Erzähler hält es für „möglich", dass der Leser bereits in der Gegend war und schildert eine exemplarische Begegnung mit dem nicht nur wunderlich benannten, sondern ebenso gekleideten (in Schwarz und Grau), sich entsprechend merkwürdig benehmenden Dorfherren. Auch dessen Domizil macht einen fremdartigen Eindruck, das Familienwappen über der Haustür ist „mit neuseeländischer Kunst" geschnitzt und das Haus selbst lehnt sich mit der Nordseite „an die Ringmauer einer alten verfallenen Burg", daher ist „die Hintertüre die ehemalige Burgpforte" (DK, 537). Dieses symbolisch zu lesende Arrangement signalisiert Fremdheit (Neuseeland) und eine tiefere Verbindung zur märchentypischen mythischen Vorzeit (verfallene Burg, Hintertür), die in der Romantik oft mit dem Mittelalter in Verbindung gebracht wird.

Dapsul hat seine „Studierstube" in einem gut erhaltenen ehemaligen Wachturm der Burg – in dieser freien Adaption des Burgmotivs deutet sich der ironische Umgang mit der Märchentradition an. Er lebt mit seiner Tochter Anna zusammen, „ein junges rotwangichtes Mädchen [...], die mit ihren klaren blauen Augen und blondem Haar ganz hübsch zu nennen" sei, obwohl „deren Bau vielleicht nur ein wenig zu rundlich derb geraten" wirke (ebd.). Auch in dieser Beschreibung halten sich Ernst und Scherz die Waage. Anna kennt sich besonders in Fragen der „Landwirtschaft" aus, der „Küchengarten" ist schon zu Anfang besonders hervorgehoben worden (DK, 535).

Dapsul ist eine Figur in der Tradition des Archivarius Lindhorst oder des Prosper Alpanus, nur dass der diesseitigen Existenz keine jenseitige entspricht. Dapsul ist durch einen früheren Lehrer in den „geheimen Wissenschaften" unterrichtet worden, hat „Ägypten und Indien" bereist und widmet sich nun seinen „astrologischen Operationen" (DK, 538f.). Ein Vetter dient ihm als weltlicher Ratgeber, wie im *Fremden Kind* haben seine praktischen Ratschläge ambivalente Folgen. Er vermittelt Dapsul eine Gattin:

> Die Frau kam ebenso schnell ins Haus, als sie es wieder verließ. Sie starb, nachdem sie ihm eine Tochter geboren. Der Vetter besorgte Hochzeit, Taufe und Begräbnis, so daß Dapsul auf seinem Turm von allem dem nicht sonderlich viel merkte, zumal die Zeit über gerade ein sehr merkwürdiger Schwanzstern am Himmel stand, in dessen Konstellation sich der melancholische, immer Unheil ahnende Dapsul verflochten glaubte. (DK, 539)

Dapsul ist also weniger ein Magier als vielmehr die Karikatur eines romantischen Gelehrten. Dem entspricht die Familienkonstellation. Dapsul ist für die Sterne zuständig, Tochter Anne für die Natur, der eine lebt oben im Turm, die andere steht mit beiden Beinen auf der Erde, oder in den Worten des Märchens: „[...] so daß, wenn Dapsul dem Himmlischen nachtrachtete, Ännchen mit Fleiß und Geschick das Irdische besorgte" (DK, 540). Es sind in der Familie die zentralen Gegensätze der Romantik wie im Symbol der blauen Blume des Novalis vereinigt, freilich auf ironische Weise.

Die entscheidende Störung der Familien- und Naturidylle (alles blüht und grünt wie schon lange nicht mehr) bringt ein Brief, er stammt von

> [...] Herrn Amandus von Nebelstern, dem einzigen Sohn eines benachbarten Gutsbesitzers, der sich auf der Universität befand. Amandus hatte sich, als er noch auf dem Dorfe des Vaters hauste und täglich hinüberlief nach Dapsulheim, überzeugt, daß er in seinem ganzen Leben keine andere lieben könne als Fräulein Ännchen. (DK, 540)

Darin stimmen beide Liebenden überein. Auch hier ist die ironische Namensgebung unverkennbar, vom romantischen, mit der Beschäftigung von Annes Vater kontrastierenden „Nebelstern" bis zum selbstreferenziellen „Amandus", denn Hoffmann hat sich bekanntlich seinen dritten Vornamen Amadeus selbst gegeben. Dabei gerät Amandus zur selbstironischen Karikatur seines Schöpfers, gilt er doch als „ein ungeheures poetisches Genie", das sich „[...] in kurzer Zeit hinweggeschwungen hatte über alles, was schnöde Prosaiker Verstand und Vernunft nennen, und noch dazu irrigerweise behaupten, daß beides mit der regsten Phantasie sehr wohl bestehen könne" (DK, 541). Der Brief ist denn auch als Karikatur eines romantischen ‚Genies' angelegt. Zugleich ist es der Überschwang, der „seine Braut" retten wird. Das hat jedenfalls Dapsul in den Sternen gesehen:

> „Die Gefahr selbst ist unergründlich, da ein fremdartiges Wesen dazwischentritt, das jeder astrologischen Wissenschaft Trotz zu bieten scheint. Gewiß ist es übrigens, daß nur der absonderliche psychische Zustand, den die Menschen

Narrheit oder Verrücktheit zu nennen pflegen, dem Amandus jene Rettung möglich machen wird." (DK, 544)

Der Brief des Amandus lenkt Anne von ihrem Gemüsegarten ab, so hört sie nicht „das feine Stimmchen", das ihr zuruft: „Zieh mich heraus, zieh mich heraus – ich bin reif – reif – reif!" (DK, 543). Hoffmann verwendet hier ein Motiv aus *Frau Holle* oder aus den Prätexten dieses Grimmschen Märchens. Bekanntlich folgt bei den Grimms die Stieftochter dem Ruf von Äpfeln und Brot und wird belohnt, während ihre faule Stiefschwester das Rufen ignoriert und dafür bestraft wird.

Anne schreibt zurück und widmet sich dann erst ihrem Gemüse. Doch als sie „die schönste, die zarteste der Mohrrüben aus der Erde" zieht, was vom Erzähler mit dem Herausziehen der Alraunwurzel konstratiert wird (die Auswirkungen waren in Tiecks *Der Runenberg* von 1802 zu beobachten), hört sie ein „Gelächter" und findet auf der Mohrrübe einen goldenen Ring, den die Magd gleich als Annes „Hochzeitsring" bezeichnet. Anne erwidert zu Recht, dass sie den doch von Amandus erhalten müsse und „nicht von einer Mohrrübe" (DK, 547).

Die Möhre verschwindet auf unerklärliche Weise wieder im Boden, Anne steckt den Ring „an den kleinen Finger der rechten Hand" und empfindet „einen stechenden Schmerz", der von nun an auftritt, wenn sie den Ring wieder abziehen will (DK, 548). Dass es nicht der Ringfinger ist, deutet auf den Ausgang des Märchens voraus. Ihr aufmerksam gewordener Vater holt sie zu sich in den Turm und kommt – nach einer stark karikaturhaften Zaubervorführung – zu dem Ergebnis, dass ein Naturgeist nach der Verbindung mit Anne trachtet. Doch nur bei dafür besonders begabten Menschen habe so etwas positive Folgen. Bei der durch und durch irdischen Anna indes sieht er „die entsetzlichste Gefahr" heraufziehen (DK, 554).

Wer kommt, ist ein Reiter „von ziemlich sonderbarem possierlichen Ansehen" (DK, 555), der erkennbar in der Tradition eines Klein Zaches und Magister Tinte steht. Nur wirkt er weniger dumm und bedrohlich, auch wenn die Farbe des Pferdes symbolisch gleichermaßen auf Unglück wie auf Gemüse verweisen kann: „Das gelbe Pferd war gar nicht groß und von feinem zierlichen Bau, deshalb nahm sich auch der Kleine trotz seines unförmlich dicken Kopfs gar nicht so zwergartig aus [...]" (DK, 556). Dass es sich hier um einen „Gymnastiker" handelt, der die aberwitzigsten Kunststückchen vorführt, dürfte durchaus als satirischer Seitenhieb auf die zeitgenössische Bewegung des Turnvaters Jahn zu lesen sein (auch wenn Hoffmann Jahns Inhaftierung kritisierte). Der Kleine stellt sich vor als „Baron Porphyrio von Ockerodastes, genannt Corduanspitz" (ebd.). Die symbolischen vier (Zahl der Natur: Jahreszeiten, Himmelsrichtungen...) ranghohen Begleiter des Kleinen haben passende Namen, die auf Gemüse verweisen, etwa „Signor die Broccoli" (DK, 562).

Der zu Exaltationen neigende Dapsul erkennt „heulend und schluchzend", dass es sich bei dem künftigen Nachbarn um den „Gnome" handelt, „welcher kommt, dich zu entführen und mir den Hals umzudrehen!" (DK, 557). Tatsächlich taucht der merkwürdige Wicht, dessen Wuchs an Gemüse erinnert, gleich wieder auf, diesmal mit seinem ganzen Hofstaat, bezeichnet Dapsul als „Vater" und Anne als „Braut" (DK, 558f.). Sogleich wird der „Reisepalast" im Gemüsegarten errichtet – Annes Sorgen gelten dabei ganz weltlichen Dingen, ihren Vorräten und ihrer Ernte (DK, 560). Während Anne ihrem verwüsteten Gemüsegarten nachtrauert, scheint sich das Blatt für ihren Vater gewendet zu haben. Im Gespräch nimmt er den Gast mit in den Turm und hinterher sieht man an ihm nicht mehr „die leiseste Spur von Betrübnis", denn für ihn handelt es sich nun nicht mehr um einen schnöden Erdgeist, sondern um einen „Sprößling der sublimen Familie höherer Naturen" (DK, 563). Den Vorhaltungen seiner Tochter, die den Kleinen zu Recht als hässlich bezeichnet, entgegnet der überspannte Vater: „Alle Schönheit liegt in der Weisheit, alle Weisheit in dem Gedanken, und das physische Symbol des Gedankens ist der Kopf! – Je mehr Kopf, desto mehr Schönheit und Weisheit […]" (DK, 564). Nun hat der Gnom eine lange Nase und Dapsul ist verliebt in eine Sylphide namens Spitznase (DK, 565) – was will man da von Dapsul erwarten.

In ihrer Verzweiflung schreibt Anne einen Brief an Amandus, der allerdings auf ihn einen überspannten Eindruck machen muss (DK, 566f.). Der Gnom indes versucht, sie geneigter zu stimmen, indem er sie in das Zelt des Reisepalasts führt, wo sich ihr „[…] die Aussicht eines unabsehbaren Gemüsegartens erschloß von solcher Herrlichkeit, wie sie auch in den schönsten Träumen von blühendem Kohl und Kraut keinen jemals erblickt" (DK, 569). In einer feierlichen Ansprache wird sie von dem Gnom nicht ganz fälschlich als „Landesmutter" (des Gemüsegartens) bezeichnet (DK, 570). Ihr Verehrer gibt sich nun zu erkennen als „der Gemüsekönig Daucus Carota der Erste" (DK, 571).

Anne gefällt es durchaus, eine „Königsbraut" zu sein (ebd.). Ihre Eitelkeit gibt den Ausschlag. Sie kann von Glück sagen, dass Daucus nicht, wie sie in der ersten Begeisterung vorschlägt, gleich mit ihr die Hochzeit feiert. Andererseits ist die Antwort des Amandus nicht eben so, dass man besonders viel Mitleid mit ihm hätte. Er gibt zu bedenken, er könne seinen Kontrahenten „auf keinen Fall" herausfordern, denn das würde vielleicht „herrliches Dichterblut" kosten, seines eben. Er werde mit Worten als den „Waffen des echten wahren Dichters" gegen ihn antreten (DK, 574).

Eine ironische Steigerung des Zaubererduells aus *Klein Zaches* ist eine Begegnung in Dapsuls Küche. Ein Radieschen, das gerade verspeist werden soll, stellt sich als Herzog heraus und liefert sich ein Duell mit Daucus (DK, 577). Während Anne die Tapferkeit ihres königlichen Bewerbers gefällt und sie daraufhin Amandus brieflich den Laufpass gibt, wittert ihr Vater Übles (DK,

577ff.). Er hat nun plötzlich durchschaut, dass es sich bei Daucus um einen Vertreter „jenes niedrigsten Geschlechts, das die Gemüse bereitet", handelt (DK, 580). Dass Daucus auch seine Tochter „betrogen" hat, zeigt Dapsul ihr, indem er sie auf magischem Wege in das Zelt führt und sie dort „einen tiefen Pfuhl" erblicken lässt, der „mit einem farblosen ekelhaften Schlamm gefüllt schien". Darin befindet sich „allerlei häßliches Volk" (DK, 583). Doch zur Umkehr ist es zu spät, denn Anne hat begonnen, sich physisch zu verändern, ihr Aussehen gleicht sich immer mehr dem des Karottenkönigs an (DK, 584ff.). Wie schon in den anderen Märchen Hoffmanns haben wir es mit dem Motiv der Metamorphose zu tun.

Zu einem zweiten bizarren Duell kommt es, als ihr Vater den Karottenkönig durch Zubereitung von Gemüse loszuwerden versucht (DK, 587). Daucus bleibt Sieger, lässt den Gegner wie ein zubereitetes Gericht in der Küche zurück und verwandelt Dapsul schließlich, wie sich später herausstellt, in einen Pilz. Doch im sechsten und letzten Kapitel (Zahlensymbolik: zweimal drei) wendet sich das Blatt zum Guten. Auch wenn es zunächst nicht so aussieht, denn der auftauchende Amandus teilt seiner ehemaligen Angebeteten mit, dass er in Daucus einen Bewunderer gefunden habe: „er spürte gleich in mir den sublimen Poeten, rühmte meine Gedichte, die er noch nicht gelesen, über alle Maßen" (DK, 590). Dem Dichter ist „das göttliche Delirium, ohne das keine Poesie bestehen mag", lieber als die konkrete Liebe, drum tauscht er Anne gern gegen den Job des Hofpoeten ein (ebd.). Der Karottenkönig verlangt eine „Probe seines Talents" (DK, 591) – und das wird ihm zum Verhängnis. Daucus wird immer kleiner und verschwindet wieder im Erdreich. Wie der entzauberte und hochbeglückte Dapsul erläutert: „Was die tiefste magische Kunst, was der kühnste Mut des verzweifelten Philosophen nicht vermochte, das gelang Ihren Versen, die wie das stärkste Gift dem verräterischen Daucus Carota in den Leib fuhren [...]" (DK, 592).

Man kann sich vorstellen, dass der Poet über diese Einschätzung seiner Produktion alles andere als erfreut ist. Doch als Anne, „hübsch wie vorher" und ihres Ringes ledig (sie konnte ihn wieder an eine Karotte loswerden), ihm aus Versehen mit dem Spaten vor den Kopf schlägt, macht auch er eine – notwendige – Verwandlung durch. „Beider Sinn war auf seltsame Weise geändert" (DK, 594). Anne herrscht jetzt als „echte Königin über das Gemüsereich", indem sie ihren Mägden die Arbeit überlässt, und Amandus liest „die Werke der großen, wahren Dichter der ältern und neuern Zeit", so „daß gar kein Platz übrigblieb für einen Gedanken an sein eigenes Ich" (DK, 594f.). Mit anderen Worten: Er ist von seinem Narzissmus (der, wie Hoffmanns *Sandmann* von 1816 lehrt, auch tödlich ausgehen kann) nun geheilt.

Erkennbar hat in diesem Märchen die Satire das Übergewicht. Doch sollte man nicht verkennen, dass sie in allen Märchen Hoffmanns vorhanden ist und insofern von einer Weiterentwicklung der satirischen Märchenkonzeption gesprochen werden kann. Es passt ein ironischer (deshalb absichtsvoll ungelenker) Aphorismus aus der *Königsbraut* – Amandus teilt ihn Anna mit – genausogut auf alle anderen Märchen Hoffmanns:

> Die Brust wird weit, dem Geiste wachsen Flügel?
> Sei Herz, Gemüt, doch lust'ger Eulenspiegel! (DK, 574)

Nicht zufällig enden die *Serapionsbrüder* mit einer finalen Reflexion über die Leistung von Literatur. Das „erste Bedingnis alles Dichtens und Trachtens" sei, erläutert Theodor, „jene gemütliche Anspruchslosigkeit […], die allein das Herz zu erwärmen, den Geist wohltuend anzuregen vermag" (SB, 597). Mit dieser Forderung ist der trivialen, aber ebenso der sich besonders tiefsinnig gebenden (und nicht ‚herzerwärmenden') Literatur eine klare Absage erteilt. Um eine solche Balance herzustellen, eignet sich in der Tat keine andere Gattung so gut wie das Märchen.

Wilhelm Hauff

Märchen[1] (1825–27)

> „Guten Morgen, Frau Langbein,
> so früh schon auf der Wiese?"

Folgt man Volker Klotz, dann hat „kein anderer deutscher Märchendichter [...] hierzulande eine so große Breiten- und Dauerwirkung erzielt".[2] Wieso Wilhelm Hauff (1802–1827) „nicht zu einem unverwechselbaren Stil gefunden" haben soll,[3] wie Hans-Heino Ewers meint, bleibt Ewers' Rätsel und das der Forschung, die mit diesem Autor trotz (oder wegen?) seiner Popularität bisher vergleichsweise wenig anfangen konnte.[4] Am geringen Lebensalter allein, das oft ins Feld geführt wird, kann es nicht gelegen haben, Georg Büchner ist nicht älter geworden und gilt dennoch als einer der bedeutendsten deutschsprachigen Autoren. Im Gegensatz zur fachlichen Geringschätzung Hauffs steht die Originalität der Märchen, die sich in den Hauptfiguren und Sujets ausdrückt und selbst nach jahrzehntelangem Abstand Lesern im Gedächtnis bleibt.

Hauff hat seine Märchen in drei Sammlungen publiziert. Es handelt sich um den *Maehrchen-Almanach auf das Jahr 1826, für Söhne und Töchter gebildeter Stände*, bekannter unter dem Titel *Die Caravane*, von 1826 (1825 ausgegeben); um den *Maehrchenalmanach für Söhne und Töchter gebildeter Stände auf das Jahr 1827*, bekannt unter dem Titel *Der Scheik von Alessandria und seine Sklaven*, von 1827 (1826 ausgegeben); und um den *Maehrchenalmanach für Söhne und Töchter gebildeter Stände auf das Jahr 1828*, bekannt unter dem Titel *Das Wirtshaus im Spessart*, von 1828 (1827 ausgegeben).

Dem ersten Märchenalmanach, der als Form dem Novellenzyklus verpflichtet ist, wie er von Boccaccio in der Weltliteratur begründet wurde, schickt Hauff eine Parabel voraus, die auf selbstreferenzieller Ebene klärt, weshalb er sich dem Märchenerzählen zuwendet. *Märchen als Almanach* schildert, wie in dem „schönen fernen Reiche" der Königin Phantasie eine Krise eintritt. Jahrhundertelang brachten die Königin und ihre Kinder den von „Mühe und Arbeit" geplagten Menschen „die schönsten Gaben aus ihrem Reiche", „und seit die schöne Königin durch die Fluren der Erde gegangen war, waren die

---

[1] Vgl. auch Neuhaus: Das Spiel mit dem Leser.
[2] Klotz: Das europäische Kunstmärchen, S. 208.
[3] Ewers: Nachwort, S. 451.
[4] Das gilt auch für Klotz: Das europäische Kunstmärchen, S. 209ff.

Menschen fröhlich bei der Arbeit, heiter in ihrem Ernst" (HW1, 585). Damit wird das Märchen ebenso in seiner Existenz gerechtfertigt wie die anderen, hier als Kinder bezeichneten Gattungen oder fiktionale Literatur überhaupt.

Die märchentypische Krise in Hauffs programmatischem Metatext beginnt mit dem Satz: „Einst kam Märchen, die älteste Tochter der Königin, von der Erde zurück" (HW1, 585). Sie erzählt der Mutter, dass die Menschen ihr nicht mehr freundlich begegnen: „Sieh, die Menschen haben kluge Wächter aufgestellt, die alles, was aus deinem Reiche kommt, o Königin Phantasie, mit scharfen Blicken mustern und prüfen" (HW1, 586). Auf der metafiktionalen Ebene geht es um einen zu hohen Anspruch, der an Texte gestellt wird, namentlich das Märchen fällt dem Hochmut der Menschen zum Opfer. Die Leute mit den „scharfen Blicken" wären dann professionelle Leser, in erster Linie wohl Rezensenten. Zugleich wird damit angedeutet, dass sich die Menschen ihres eigenen Vergnügens berauben. Michael Ende wird diesen Gedanken eineinhalb Jahrhunderte später wieder aufnehmen und seine *Unendliche Geschichte* darauf gründen. Das Reich Phantásien droht zu verschwinden, weil niemand mehr an seine Existenz glaubt.

Die Vermutung, dass die Grenzwächter ihre Aufgabe in jeder Hinsicht unzureichend erfüllen, bestätigt die Auskunft der Königin, dass sich „so mancher windiger Geselle" erfolgreich eingeschmuggelt habe (ebd.). Die Menschen folgen eben zu sehr der „böse[n] Muhme", der Mode, die „freundlich" tut, aber eine „Falsche" ist (HW1, 587). Dies kann als ironischer Kommentar zum literarischen Leben der Zeit gelesen und anderen zeitsatirischen Texten Hauffs an die Seite gestellt werden.[5]

Die Ironisierung beginnt bereits mit der Konzeption. Hauff baut eine Analogie zum Traum ein, die sich häufig in der Literatur der Romantik findet.[6] Märchen beneidet ihre Brüder, die Träume, weil sie „fröhlich und leicht" auf die Erde kommen, ohne von Grenzwächtern belästigt zu werden (HW1, 586). Doch die Königin nennt ihre Söhne „Leichtfüße". So grenzt sich Hauff nicht nur von dem allgemeinen Literaturgeschmack, sondern auch von der Literatur der Romantik ab, für die das Märchen wegen der Nähe der Gattung zum imaginierten Goldenen Zeitalter eine besondere Rolle einnahm. Hauff spielt mit solchen Traditionen, nicht zuletzt, indem er Ironie einsetzt (und zwar keine romantische).

Die Metafiktionalität des Textes wird bis zur Selbstironisierung verschärft, wenn die Königin ihre Tochter, um sie an den Grenzwächtern vorbei zu schmuggeln, in das „Gewand eines Almanach" kleiden will, das sie für „ordentlich" hält (HW1, 587). Einen solchen Almanach hat der Leser ja gerade vor sich liegen. Der Erfolg ist nicht der gewünschte: „‚Halt!' rief eine tiefe,

---

[5] Vgl. hierzu ausführlich Neuhaus: Das Spiel mit dem Leser.
[6] Vgl. z. B. die Beiträge des Bandes von Dickson u. Ward (Hg.): Romantic Dreams.

rauhe Stimme. ‚Wache heraus! Da kommt ein neuer Almanach!'" (HW1, 588). Die Zugehörigkeit zu dieser Präsentationsform ist offenbar negativ zu bewerten. Als sich das Märchen als Märchen zu erkennen gibt, wird es verlacht und mit „scharfen Federn" bedroht, mit Schreibwerkzeugen – die Anspielung auf Rezensenten ist unverkennbar. Der Märchen-Almanach beschreibt nun seinen Inhalt – und die Grenzwächter schlafen ein! „Ein freundlicher Mann", das Pendant des Almanach-Herausgebers (und damit Autors), greift die Hand des Märchens und führt es über die Grenze (HW1, 589).

Der Text spielt ironisch mit seiner erwartbaren Rezeption. In der Tat konnten Hauffs Märchenalmanache längere Zeit nicht mit dem Erfolg seiner Romane und Novellen konkurrieren. Zur Ambivalenz des Schlusses passt, dass Hauffs Märchen etwas darstellen, das man am besten mit einem paradoxen Begriff bezeichnen kann – es sind realistische Märchen.

Die Geschichte vom Kalif Storch, auf die zuerst eingegangen werden soll, findet sich in der *Carawane*. Sowohl Rahmen- als auch Binnenhandlung bedienen sich der aus den *Erzählungen aus den Tausendundein Nächten* bekannten orientalischen Einkleidung. Doch sind die Hauptfiguren psychologisiert und von ihrem Charakter her alles andere als orientalischer Herkunft. Vielmehr wird auf Fürsten, Adelige, Bürger und Bauern aus Hauffs Zeit und Gesellschaft angespielt. Hauff nutzt – wie Jahrhunderte zuvor bereits Shakespeare – die fremdländische Einkleidung, um von seinen politischen Intentionen abzulenken – schließlich befinden wir uns in einer Zeit, die von der Zensur der Karlsbader Beschlüsse (1819) geprägt ist.

Der Kalif Chasid und sein Großwesir Mansor, also die beiden mächtigsten Menschen im Land, werden von einem als fahrender Händler verkleideten Zauberer hereingelegt. Sie verwandeln sich vermittels eines selbst eingenommenen Pulvers in Störche und der Zauberer versucht, seinen Sohn zu inthronisieren. Mit Hilfe einer von diesem Zauberer in eine Eule verwandelten Prinzessin erlangen die beiden Störche ihre menschliche Gestalt zurück, allerdings um den Preis, dass einer die Katze im Sack kaufen und die Prinzessin nach erfolgter Umwandlung heiraten muss. Alles geht märchenhaft gut aus, die Prinzessin ist schön, der Zauberer und sein Sohn werden bestraft.

Man sollte nicht überlesen, dass die beiden Mächtigen an der Misere selbst schuld sind. Nicht nur sind sie zu leichtgläubig, außerdem ignorieren sie die Warnung des verkleideten Zauberers, dass sie, wenn sie in Tiergestalt lachen, das Zauberwort für die Rückumwandlung vergessen werden. Somit ist der Zauberer ihnen gegenüber gar nicht so grausam, denn er gibt ihnen eine sportliche Chance. Bei der Eule ist der Fall etwas anders, die Prinzessin wurde verwandelt, weil ihr Vater, als der Zauberer Kaschnur für seinen Sohn um die Hand der Prinzessin anhielt, „ihn die Treppe hinunterwerfen" ließ (HW1, 599). Die Eule muss nun jemanden finden, der bereit ist, sie in ihrer Eulengestalt zu ehelichen (HW1, 600). Die Bestrafung des – eindimensional bleibenden – Zauberers wird motiviert, allerdings sollte die mit größter Selbstverständlichkeit gewählte Art – der Zauberer wird im früheren Gemach der Eule erhängt – angesichts des Anteils seiner Gegner an ihrem eigenen Schicksal stutzig machen.

Die Bestrafung des Zauberersohns Mizra führt Ernst und Scherz zusammen:

> Dem Sohn aber, welcher nichts von den Künsten des Vaters verstand, ließ der Kalif die Wahl, ob er sterben oder schnupfen wolle. Als er das letztere wählte, bot ihm der Großwesir die Dose. Eine tüchtige Prise, und das Zauberwort des Kalifen verwandelte ihn in einen Storchen. Der Kalif ließ ihn in ein eisernes Käfig [sic] sperren und in seinem Garten aufstellen. (HW1, 602)

Die Mischung aus Naivität und Glück (hätten sie nicht zufällig die Eule getroffen…), die den Kalifen und seinen Großwesir charakterisiert, lässt sich auf Hauffs Zeit beziehen. Die Unterschiede zwischen den Herrschern der Duodezstaaten und Chasid liegen allein in der orientalischen Einkleidung. Schon zu Beginn werden die beiden Hauptfiguren ironisiert. Großwesir Mansor habe an diesem Tag „sehr nachdenklich" ausgesehen, und zwar „ganz gegen seine Gewohnheit" (HW1, 592). Das Nachdenken beschränkt sich auf die Frage, weshalb er „nicht viel überflüssiges Geld" hat, mit dem er etwas von dem eben gesichteten Krämer kaufen kann (HW1, 593). Der Kauf entspricht dem Klischee, der Kalif erwirbt für sich und den Großwesir „schöne Pistolen, für die Frau des Wesirs aber einen Kamm" (ebd.). Die (phallischen) Attribute männlicher Macht werden nichts nützen. Dagegen wird es die künftige Kalifin sein, die Menschlichkeit und Männlichkeit rettet. Auch im Belauschen eines belanglosen Gesprächs ‚richtiger' Störche verhalten sich die beiden verwandelten Männer eher wie dem Klischee entsprechende Frauen. Hauff mischt die Identitäten der Geschlechter und der Standeszugehörigkeiten; in dieses Konzept gehört das Motiv der Verwandlung.

Eine Dose und eine dazu gehörende Schrift erregen das Interesse des Kalifen. Dass er „in seiner Bibliothek gerne alte Manuskripte hatte, wenn er sie auch nicht lesen konnte" (ebd.), ergänzt den Eindruck der Oberflächlichkeit dieser Herrscherfigur. Chasid lässt den Gelehrten Selim kommen und befiehlt:

> „[…] guck' einmal ein wenig in diese Schrift, ob du sie lesen kannst; kannst du sie lesen, so bekommst du ein neues Festkleid von mir, kannst du es nicht, so bekommst du zwölf Backenstreiche und fünfundzwanzig auf die Fußsohlen, weil man dich dann umsonst Selim, den Gelehrten, nennt." (ebd.)

Die angebliche Geheimschrift entpuppt sich als – Latein, die Sprache der Bildung, die der ungebildete Herrscher nicht entziffern kann. Der Gebrauch des Pulvers bestätigt den gewonnenen Eindruck, dass die Spitzen der Gesellschaft das größte Maß an Dummheit verkörpern. „Der Wesir schlug endlich vor, weiter hinaus an einen Teich zu gehen, wo er schon oft viele Tiere, namentlich Störche, gesehen habe, die durch ihr gravitätisches Wesen und ihr Geklapper immer seine Aufmerksamkeit erregt haben" (HW1, 594). Die Konversation der Störche entlarvt das schöne Äußere und entspricht dem Niveau der beiden Lauscher. Störche und Menschen sind Spiegel- oder Komplementärfiguren: „‚Guten Morgen, Frau Langbein, so früh schon auf der Wiese?' ‚Schönen Dank, lieber Klapperschnabel! Ich habe mir nur ein kleines Frühstück geholt. Ist Euch vielleicht ein Viertelchen Eidechs gefällig oder ein Froschschenkelein?'" (HW1, 595).

Die Tanzvorführung einer Störchin löst das verhängnisvolle Lachen der verwandelten Männer aus, das eine Strafe ist, da die beiden nicht erkennen, dass sich ihr eigener Charakter in dem Gespräch und Verhalten der Störche spiegelt. Nicht weniger symbolisch ist der Ort, an dem man Zuflucht sucht und die Eule findet – ein verfallenes Schloss (HW1, 597), das ebenso zerstört ist wie die Autorität des Kalifen. Ironischerweise ist Mizra ein noch miserablerer Herrscher und die Untertanen des Kalifen sind „hocherfreut", den „geliebten Herrscher wieder zu haben" (HW1, 601).

Immerhin wird die Rettung des Kalifen textintern dadurch gerechtfertigt, dass ihm „auch unter dem Storchenflügel ein tapferes Herz schlug" (HW1, 598) und er den Mut hat, der Eule die Ehe zu versprechen. Andererseits beschränkt sich der Mut des Kalifen darauf, das Unvermeidliche zu tun, nachdem ihm sein höchster Beamter verkündet hat, dass er nicht in Frage komme, weil er erstens schon verheiratet sei und zweitens sonst „lieber Storch bleiben" wolle (HW1, 600). Als sich die „Schönheit und Anmut" der Prinzessin herausstellt, ruft der Kalif aus, „es sei sein größtes Glück, daß er Storch geworden sei" (HW1, 601). Das „Glück" des Märchens ersetzt ganz offensichtlich das Können des Tüchtigen.

Die Geschichte von dem kleinen Muck ist das zweite sehr bekannte Märchen dieses Zyklus, auch dieser Text lässt sich als realistisches Märchen lesen. Am Anfang steht die Schilderung der Titelfigur:

> Der kleine Muck nämlich war schon ein alter Geselle, als ich ihn kannte; doch war er nur drei bis vier Schuh hoch; dabei hatte er eine sonderbare Gestalt; denn sein Leib, so klein und zierlich er war, mußte einen Kopf tragen, viel größer und dicker als der Kopf anderer Leute; er wohnte ganz allein in einem großen Haus und kochte sich sogar selbst. (HW1, 645)

Zu allem Überfluss trägt er einen enormen Dolch und überdimensionierte Pantoffeln. Der kleine Muck hat alle äußeren Attribute eines Außenseiters, er ist hässlich, wohnt allein und hat keine Dienstboten. Die Attribute führen dazu, dass der zu diesem Zeitpunkt noch jugendliche Erzähler, gemeinsam mit seinen Freunden, den kleinen Muck bis zur Bösartigkeit hänselt. Daraufhin wird er von seinem Vater bestraft, der ihm dann auch die Geschichte des kleinen Muck erzählt – ein Erzählen auf dritter Ebene (HW1, 647ff.), wie wir es bei Hauff häufig finden. Der Vater weckt die Achtung des Jungen für den kleinen alten Mann. Hauff nimmt also die Identitätsproblematik – der kleine Muck scheint anders zu sein als er ist – wieder auf und zeigt, dass auf Äußerlichkeiten fußende Urteile kurzsichtig sind. Vor allem das untadelige Verhalten des Muck ist es, das ihm Sympathien einbringt (HW1, 647 u. 654).

Zunächst wird der kleine Muck Bediensteter der Frau Ahavzi, die ihn, im Gegensatz zu ihren Katzen, um die er sich kümmern muss, nicht besonders gut behandelt. Erst als sie offen ungerecht gegen ihn wird, beschließt Muck, sie zu verlassen und sich den ausstehenden Lohn einfach zu nehmen (HW1, 650f.). Dabei findet er die beiden Requisiten, die ihn in Schwierigkeiten bringen, ihm aber auch zu seinem Glück verhelfen werden: die ironisch an Siebenmeilenstiefel (wie wir sie von Chamisso kennen) erinnernden Pantoffeln und den Spazierstock, mit dem man Gold und Silber im Boden finden kann (HW1, 652). Der kleine Muck macht trotz der magischen Gegenstände, die sich in seinem Besitz befinden, keinen sehr heldenhaften Eindruck und bleibt ein Einzelgänger. Das ist ein Beispiel für das Spiel Hauffs mit Stereotypen und Lesererwartungen.

Auch der Herrscher, in dessen Dienst Muck gerät, bemüht sich nicht darum, ihn als Mensch wahrzunehmen: „Der König war ein lustiger Herr; daher gefiel es ihm wohl, daß der Aufseher der Sklaven den kleinen Menschen zu einem Spaß behalten habe" (HW1, 653). Niemand glaubt, dass der kleine Muck das von ihm vorgeschlagene Wettrennen mit dem schnellsten Läufer des Königs gewinnen könnte. Als er es dennoch tut, erwirbt er sich Bewunderer und Neider, aber keine Freunde. Die will er sich mit dem Gold kaufen, das er im Schlosshof mit seinem Stöckchen findet und das seinerzeit der Vater des Königs vergraben hatte (HW1, 655). Schatzmeister Archaz nutzt die Gelegenheit und beschuldigt ihn, Gold aus der Schatzkammer gestohlen zu haben (HW1, 656). Der König zwingt den kleinen Muck dazu, das Geheimnis seiner magischen Requisiten zu entdecken, nimmt sie ihm ab und verbannt ihn (HW1, 658). Unschwer ist zu erkennen, dass Hauff hier wieder auf satirische Weise eine Landes- und Herrschaftsstruktur skizziert, die derjenigen in den Ländern des deutschen Bundes entspricht.

Hauff inszeniert eine Bestrafung des Königs, die bei liberalen Lesern viel Sympathie gefunden haben dürfte. Vermittels verzauberter Feigen lässt Muck der königlichen Familie Eselsohren wachsen. Gutmütig befreit der kleine Muck, der sich als Arzt verkleidet eingeschmuggelt hat, die edlen Häupter von ihrem ungewöhnlichen Schmuck – bis auf den König. Als Muck sein Stöckchen und die Pantoffeln wieder hat, begründet er dies: Der Untertan hält Gericht über seinen König (HW1, 661), eine zeitgeschichtlich brisante Konstruktion unter dem Deckmantel eines Märchens.

Berühmtestes Märchen aus dem Almanach *Der Scheik von Alessandria und seine Sklaven* ist zweifellos *Der Zwerg Nase*. Die Verwandlung des Knaben Jakob

Abb. 6:
Zwerg Nase und die in eine Gans verzauberte Mimi. Zeichnung von Daniel Fohr (1827)

in einen langnasigen, hässlichen Zwerg läutet ein Spiel mit Identitäten ein, das sich diesmal auf die Symmetrie und Asymmetrie von Aussehen und Charakter konzentriert. Jakobs Charakter verändert sich durch die Verwandlung nicht, im Gegenteil, er lernt aus seinem Leid und wird dadurch ein im besten, aufklärerischen Sinn mitleidiger Mensch. Ganz anders seine Eltern, die ihn, als er nach symbolischen sieben Jahren Dienst im Haus der bösen Fee zurückkehrt, nicht erkennen, auch nicht erkennen wollen (immerhin erzählt er Dinge, die nur der kleine Jakob wissen konnte) und sogar verprügeln, weil sie glauben, dass sich der hässliche Zwerg über ihr Leid lustig macht.

Nun ist Jakobs Verwandlung nicht ganz unverschuldet. Der Junge mokiert sich über die Hässlichkeit einer alten Frau, als diese die Auslagen des Gemüsestands der Mutter prüft. Jakobs späteres Aussehen entspricht den Merkmalen, die ihm an der Frau, die eigentlich die böse Fee Kräuterweis ist, negativ auffallen (HW1, 695). Aus psychoanalytischer Perspektive ist interessant, dass die Lebenszeit, die er bei der Hexe verbringt, der Pubertät entspricht; einer Phase also, in der man seine körperlichen Veränderungen registriert und dadurch stark verunsichert wird. Die lange Nase wäre in diesem Kontext als Phallus zu interpretieren. *Zwerg Nase* ist daher auch eine Adoleszenz-Geschichte, nicht zuletzt eine ironische, wenn man an die Größe der Nase denkt, mit der Jakob überall anstößt (und die auf Collodis *Pinocchio* von 1883 vorausweist). Der Bruch zwischen Jugendlichen und Eltern, das Gefühl, „verstoßen" (HW1, 707) und nicht mehr verstanden zu werden, ist Teil dieser Lebensphase. Am Ende des Märchens ist Jakob auch am Ende seiner Entwicklung angekommen, er ist jetzt ein gefestigter junger Mensch, der einen Beruf – den des Kochs – erlernt hat und nun sein Erwachsenenleben in Angriff nehmen kann.

Interessant ist, dass diesmal zwar eine junge Frau eine Rolle spielt, sie aber nicht zum Partner des Protagonisten wird (anders als beispielsweise im *Kalif Storch*). Die verzauberte Gans ist Mimi, die Tochter des Zauberers Wetterbock (HW1, 713). Aus Dankbarkeit – sie hat ihm geholfen, das Kraut zu finden, das ihn zurückverwandelt – bringt Jakob sie zu ihrem Vater, damit der Zauberer sie wieder entzaubern kann (HW1, 719). Im *Zwerg Nase* gibt es kein erotisches Happy-End.

In diesem Märchen wird, wie im Rahmen eines Experiments, vorrangig das rohe, herzlose Verhalten der Menschen bloßgestellt, die sich über den Zwerg lustig machen und auf seine Gefühle keinerlei Rücksicht nehmen (HW1, 700ff.). „In jener Stadt gibt es, wie überall, wenige mitleidende Seelen" (HW1, 706), konstatiert der Erzähler des Märchens im Almanach, ein Sklave aus Deutschland. Besonders satirisch wird der Hof des Herzogs dargestellt, bei dem sich Jakob als Koch verdingt (HW1, 708). Hier kommt ihm zugute, was er bei der Fee Kräuterweis gelernt hat. Der Herzog ist „ein bekannter Schlemmer und Lecker, der eine gute Tafel liebte und seine Köche in allen Weltteilen aufsuchte" (HW1, 707). Seine einzige Tätigkeit scheint darin zu bestehen, bei Nichtgefallen den Köchen die „Schüsseln oder Platten […] an den Kopf zu werfen" (HW1, 711). Weil Jakob ein „Meister in der Kunst" des Kochens ist (HW1, 710), erhöht der Herzog die Frequenz seiner Mahlzeiten „und wurde von Tag zu Tag fetter" (HW1, 712). Eines Tages ruft der Herzog Jakob zu sich und befiehlt ihm, sich noch mehr Mühe zu geben: „Dieser Fürst, der bei mir zu Besuch ist, speist bekanntlich außer mir am besten und ist ein großer Kenner einer feinen Küche und ein weiser Mann" (HW1, 714). Als „weiser Mann" wird sich der Fürst allerdings nicht herausstellen. Er spendet Jakob ein herablassendes Lob und bringt sein Leben in Gefahr, weil er nach einer Pastete verlangt und weiß, dass der Koch vermutlich nicht alle Zutaten kennt (HW1, 716). Während der Fürst über den unglücklichen Koch lacht, droht ihm der Herzog mit dem Tod, sollte er nicht „das Kraut Niesmitlust" finden und mit ihm die Pastete erneut zubereiten (HW1, 717). Das Unglück entpuppt sich als Glück, denn dieses Kraut ist es, das Jakob zurückverwandelt (HW1, 718).

Das Verhalten der Fürsten bestätigt den Eindruck, dass es sich hier um eine weitere satirische Darstellung zweier exemplarischer Herrscherfiguren handelt. Sie brechen einen „Kräuterkrieg" vom Zaun und schließen nach „manche[r] Schlacht" einen „Pastetenfrieden". Der ironische Kommentar des Erzählers lautet: „So führen oft die kleinsten Ursachen zu großen Folgen […]" (HW1, 720).

Der dritte und letzte Märchenalmanach *Das Wirtshaus im Spessart* wählt mit der süddeutschen Landschaft kein morgenländisches, sondern ein realistisches *setting*. Auch bei den Binnenerzählungen verschiebt sich, einer Tendenz vom ersten bis zum letzten Almanach folgend, der Fokus von der orientalischen Einkleidung zur Situierung in der Umwelt Süddeutschlands. Es ist deutlich geworden, dass auch die Wahl orientalischer Schauplätze letztlich nur eine Einkleidung zeitgeschichtlicher Motive und Themen ist; doch kann über die Wahl vertrauter Schauplätze ein noch größerer Bezug des Lesers zum Geschehen hergestellt werden. Die märchenhafte Distanz wird dabei nicht ganz aufgegeben, die Rahmenhandlung beginnt mit den Worten: „Vor vielen Jahren, als im Spessart die Wege noch schlecht und nicht so häufig als jetzt befahren waren […]" (HW1, 774).

Die im *Wirtshaus* enthaltene Märchennovelle *Das kalte Herz* dürfte heute der bekannteste Text Hauffs sein. In der Forschung wird gern auf das hier angewandte Prinzip realistischen Erzählens hingewiesen, denn die Handlung spielt im Schwarzwald in einer nicht sehr lang zurückliegenden Zeit. Wie gesehen haben aber alle Märchennovellen Hauffs eine Ebene realistischen Erzählens, die über Ort und Zeit mehr oder weniger direkt, auf jeden Fall aber durch Analogiebildungen an die zeitgenössische Gegenwart angeschlossen ist. Auch die im *Kalten Herz* skizzierte Kapitalisierung der Gesellschaft findet sich bereits in anderen Texten. Insofern greift es zu kurz, diesem Text nur wegen der Wahl der Beschreibungen eines dem Leserpublikum vertrauten Schauplatzes einen bedeutend größeren Realismus als anderen zu bescheinigen, zumal das Eingreifen des Wunderbaren in die ‚reale' Welt des Protagonisten deutlich ausgeprägter ist als in anderen Hauffschen Märchen.

Eingangs und auch später im Text werden das Aussehen der Schwarzwälder, ihre Bräuche und die ökonomische Struktur ihrer kleinen, offenbar recht homogenen Gesellschaft geschildert. Das Spiel mit dem Wunderbaren beginnt, wenn das zwergenhafte „Glasmännlein" und der riesige „Holländer-Michel" als die beiden schon äußerlich entgegengesetzten Schwarzwald-Geister vorgestellt werden, der Erzähler aber unmittelbar davor bemerkt: „Noch vor kurzer Zeit glaubten die Bewohner dieses Waldes an Waldgeister, und erst in neuerer Zeit hat man ihnen diesen törichten Aberglauben benehmen können" (HW1, 801). So wird das Geschehen relativiert und zugleich auf dessen allegorische Funktion hingewiesen, mit anderen Worten: Das Glasmännlein und der Holländer-Michel stehen für zwei verschiedene Verhaltensweisen, zwischen denen sich der Protagonist, der Kohlenbrenner Peter Munk, entscheiden muss. In der Gestaltung der zwei Welten und ihrer Übergänge hat Hauff fraglos von E.T.A. Hoffmann gelernt. Als Peter Munk das Glasmännlein ruft, findet er ein Eichhörnchen: „[…] bald schien das Eichhörnchen einen Menschenkopf zu haben und einen dreispitzigen Hut zu tragen, bald war es ganz wie ein anderes Eichhörnchen und hatte nur an den Hinterfüßen rote Strümpfe und schwarze Schuhe" (HW1, 806).

Der spielerische Umgang mit dem Wunderbaren wird durch die Ironie deutlich, die entsteht, wenn erst behauptet wird, das Tier sei „ganz wie ein anderes Eichhörnchen", obwohl es „nur" Strümpfe und Schuhe trage. Die Ironie findet sich auch auf der realistischen Erzählebene, etwa wenn Peter – auf der Suche nach einem Reim, mit dem er das Glasmännlein rufen kann – einen Burschen grob anfasst, der eben ein passendes Lied gesungen hat, und daraufhin verprügelt wird (HW1, 811).

Der Protagonist Peter Munk ist nicht mehr mit seinem „Stand" zufrieden, die besseren Verhältnisse anderer sind „ein Gegenstand seines Neides" (HW1, 802). Exemplarische Figuren hierfür sind die symbolischen drei Männer, die trotz ihrer Gegensätzlichkeit entscheidende Gemeinsamkeiten haben und deren Eigenschaften die Summe dessen bilden, was Peter gern erreichen würde: der ‚dicke Ezechiel', der ‚lange Schlurker' und der ‚Tanzbodenkönig' (HW1, 802f.). Sie verkörpern Reichtum, Kühnheit und Eleganz. Die negativen Eigenschaften, die „Hauptfehler", werden allerdings auch vom Erzähler erläutert:

> […] es war dies ihr unmenschlicher Geiz, ihre Gefühllosigkeit gegen Schuldner und Arme; denn die Schwarzwälder sind ein gutmütiges Völklein. Aber man weiß, wie es mit solchen Dingen steht; waren sie auch wegen ihres Geizes verhaßt, so standen sie doch wegen ihres Geldes in Ansehen […]. (HW1, 803)

Diese Figuren verkörpern neben anderen den Umbruch im Schwarzwald, die Kapitalisierung der Gesellschaft; ihnen ist die Zauberer-Figur des Holländer-Michel zugeordnet. „Jetzt, seit so viel Geld im Land ist, sind die Menschen unredlich und schlecht. [...] Der Holländer-Michel ist schuld an all dieser Verderbnis" (HW1, 807), meint ein alter Mann, der einem kleinen Kreis von Zuhörern, zu denen auch Peter gehört, die Geschichte des Geistes erzählt. Vom Holländer-Michel haben die reichen Leute nicht nur das Geld, sondern auch ihr kaltes, steinernes Herz. Das Motiv hat zu Hauffs Zeiten bereits eine Geschichte:

> Im alten Ägypten gab man Toten ein steinernes Ersatzherz in Form eines Skarabäus mit in das Grab. In einem schottischen Lied ist ebenfalls der Ersatz durch ein Steinherz thematisiert. Umgekehrt ist auch die Ersetzung eines steinernen H.ens durch ein H. aus Fleisch bibl. bezeugt (Ez. 11,19; 36,26).[7]

Das steinerne Substitut kann als *Pars pro toto* für Inhumanität gelesen werden, die durch die Kapitalisierung gefördert wird. Die Märchennovelle nimmt damit nicht gegen die Kapitalisierung der Gesellschaft Stellung, denn neben den Auswüchsen gibt es auch die positiven Veränderungen. Sie stehen im ‚Geiste' des Glasmännleins, das Hilfe zur Selbsthilfe bietet und Peter Munk schließlich zu einem sozialen Aufstieg verhilft, der keine Kluft zwischen Arm und Reich etabliert oder auf Kosten der Armen geht.

Peter muss einen Lernprozess durchmachen, bis er das begreift. Dieser Lernprozess führt ihn zuerst zum Glasmännlein, dann – weil er sich nicht mit dessen Angebot bescheiden will – in die Arme des Holländer-Michel und nach den ernüchternden Erfahrungen eines Lebens als Reicher mit steinernem Herzen wieder zurück zum Glasmännlein, das seine Reue anerkennt und ihn dafür belohnt. Der Ausgang konstituiert kein biedermeierliches Idyll, sondern eine realistische Alternative zu sozialen Verwerfungen durch ungerechte Verteilung der (um einen marxistischen Begriff zu gebrauchen) Produktionsmittel. Ehrgeiz ist keineswegs verwerflich; insofern handelt es sich nicht um die Aufforderung, sich mit dem zu bescheiden, was da ist. Der Wandel wird anerkannt, es kommt allerdings darauf an, ihn human zu gestalten.

Peter hat drei Wünsche frei, doch soll er sich „etwas Gutes und Nützliches" wünschen. Dass er das nicht tut, führt ihn auf den abschüssigen Weg, der in die Katastrophe mündet. Peter will, „[...] daß ich noch besser tanzen könne als der Tanzbodenkönig und jedesmal noch einmal so viel Geld ins Wirtshaus bringe als er" (HW1, 815). Der Wunsch ist in doppelter Hinsicht töricht, erstens, weil es Peter nur um Geld geht, zweitens, weil er den Geldbetrag vom Wohlstand eines anderen und von einer Lokalität, dem Wirtshaus, abhängig macht. Der nächste Wunsch, Besitzer einer Glashütte zu sein, ist etwas klüger,

---

[7] Ranke u. Brednich (Hg.): Enzyklopädie des Märchens, Bd. 6, Sp. 925.

doch versäumt es Peter, sich „gesunden Menschenverstand und Einsicht" zu wünschen, die ihm geholfen hätten, die Glashütte auch zum Erfolg zu führen (HW1, 816). Den dritten Wunsch verweigert ihm das Glasmännlein, später wird dies Peter das Leben retten. Das Motiv des Wünschens – auch des törichten Wünschens – ist bekannt und findet sich beispielsweise schon bei Perrault (PM, 49). Hauffs Verwendung ist aber zweifellos originell und modern, denn anders als bei Perrault wird das Motiv nicht verwendet, um Veränderungen der Gesellschaftsstruktur zu verhindern, sondern um sie zu initiieren.

Peter wird wohlhabend und sein an sich guter Charakter zeigt sich darin, dass er „den Armen reichlich" gibt (HW1, 818). Er konzentriert sich aber darauf, im Wirtshaus wegen seines Reichtums und seiner tänzerischen Fähigkeiten bewundert zu werden, auch fehlt ihm das nötige Wissen für seinen neuen Beruf. So kommt „seine Glashütte nach und nach in Verfall" (HW1, 819) und wird schließlich gepfändet (HW1, 889f.). Statt seinen Fehler einzusehen, macht Peter das Glasmännlein für die Misere verantwortlich (HW1, 819) und sucht Hilfe beim Holländer-Michel (HW1, 890). Peters „Undankbarkeit und Torheit" (HW1, 820) werden erwartungsgemäß bestraft. Der Holländer-Michel gibt ihm viel Geld und nimmt sein Herz, denn „weder Angst, noch Schrecken, weder törichtes Mitleiden, noch anderer Jammer pocht an ein solches Herz" (HW1, 893). In der Übereinkunft der beiden lässt sich eine Adaption des Motivs vom Teufelspakt sehen, dessen bekannteste Variante Goethes *Faust* darstellt. Holländer-Michel zeigt Peter seine bisherige Sammlung der Herzen:

> Auf mehreren Gesimsen von Holz standen Gläser, mit durchsichtiger Flüssigkeit gefüllt, und in jedem dieser Gläser lag ein Herz; auch waren an den Gläsern Zettel angeklebt und Namen darauf geschrieben, die Peter neugierig las; da war das Herz des Amtmanns in F., das Herz des dicken Ezechiel, das Herz des Tanzbodenkönigs, das Herz des Oberförsters; da waren sechs Herzen von Kornwucherern, acht von Werbeoffizieren, drei von Geldmäklern – kurz, es war eine Sammlung der angesehensten Herzen in der Umgegend von zwanzig Stunden. (HW1, 892)

Der letzte Satz macht deutlich, dass die Kapitalisierung der Gesellschaft bereits weit fortgeschritten ist, und zwar auf eine Weise, der exemplarisch der Lernprozess Peter Munks entgegengesetzt wird. Zunächst geht es Peter allerdings durch den unendlichen Reichtum des Holländer-Michel sehr gut, er „fuhr zwei Jahre in der Welt umher" (HW1, 894), kehrt schließlich in den Schwarzwald zurück und wird dort einer der reichsten Bewohner:

> Er trieb jetzt aber nicht mehr das Glashandwerk, sondern den Holzhandel, aber nur zum Schein. Sein Hauptgeschäft war, mit Korn und Geld zu handeln. Der halbe Schwarzwald wurde ihm nach und nach schuldig; aber er lieh Geld nur auf zehen Prozente aus oder verkaufte Korn an die Armen, die nicht gleich zahlen konnten, um den dreifachen Wert. Mit dem Amtmann stand er jetzt in enger

Freundschaft, und wenn einer Herrn Peter Munk nicht auf den Tag bezahlte, so ritt der Amtmann mit seinen Schergen hinaus, schätzte Haus und Hof, verkaufte es flugs und trieb Vater, Mutter und Kinder in den Wald. (HW1, 895f.)

Den im Wortsinne „hartherzigen Peter" (HW1, 897) kann nun niemand mehr erweichen. Neben seiner Mutter leidet mittlerweile auch eine junge Frau. Er hat „eines armen Holzhauers Tochter" geheiratet, weil sie als „die Schönste und Tugendsamste" galt. Lisbeths Vater hat der Ehe zugestimmt und sie war so „folgsam", sich dem zu fügen (ebd.). Nun greift das Glasmännlein ein und führt die Katastrophe herbei, die für Peter aber letztlich die Rettung darstellt. Der Geist verkleidet sich als alter Mann. Lisbeth, der dies eigentlich verboten ist, hat Mitleid mit dem Schwerbeladenen, gibt ihm Essen und Wein. Peter kommt hinzu und wird so zornig über die – wie er meint – Verschwendung seiner Güter, dass er Lisbeth „mit dem Handgriff von Ebenholz so heftig vor die schöne Stirne" schlägt, dass sie wie tot niedersinkt (HW1, 898f.). Das Glasmännlein offenbart sich und gibt Peter eine Woche, um sein echtes Herz zurückzubekommen: „Bekehrst du dich nicht zum Guten, so komme ich und zermalme dein Gebein, und du fährst hin in deinen Sünden" (ebd.).

Ezechiel erzählt Peter, dass nach dem Tod „[...] die Herzen gewogen werden, wie schwer sie sich versündigt hätten. Die leichten steigen auf, die schweren sinken hinab" (HW1, 901). Davor hat Peter so viel Angst, dass er das Glasmännlein um Hilfe bittet. Es gibt ihm den Rat, Holländer-Michel zu überlisten, indem Peter vorgibt, dem Riesen die Geschichte mit dem steinernen Herzen nicht zu glauben. Als Michel ihm den Tausch in umgekehrter Folge vorführt, zeigt Peter ein Kreuz des Glasmännleins vor und schafft es, in dessen Schutzbereich zurückzufinden (HW1, 902ff.). Die echte „Reue", die Peter nun verspürt, rettet ihn. Er will sogar für seine Sünden sein Leben geben. Das Glasmännlein führt ihm Mutter und Frau zu, die ihm vergeben und mit ihm ein neues Leben beginnen, in einem vom Glasmännlein an die Stelle der alten Hütte gesetzten „schönen Bauernhaus" (HW1, 906).

Dem möglichen Vorwurf der biedermeierlichen Idylle wurde bereits durch den Hinweis auf den sozialen Aufstieg Peters widersprochen. Dazu kommt, dass der Schluss nicht frei von Ironie ist. Hauff bittet das Glasmännlein, Pate seines Sohnes zu werden, und der lässt ihm „einige Tannenzapfen" zukommen, die sich als „Geldrollen", als „gute, neue badische Taler" entpuppen, „und kein einziger falscher darunter" (HW1, 906). Eine monetäre Verwandlung, die darüber hinaus ein Echtheitszertifikat benötigt, kann als deutliches Ironiesignal gewertet werden.

Mit Hauff hat die Kapitalisierung der Gesellschaft Einzug in das Märchen gehalten, aber das Märchen flüchtet nicht davor, es erweist sich als stärker – indem es auf seine humanen Grundlagen pocht, deren wunderbare Verwirklichung es der übrigen Literatur voraus hat.

Hans Christian Andersen

Märchen und Erzählungen für Kinder (1835ff.)

„Unsichtbar schweben wir in
die Häuser der Menschen hinein"

Neben den Brüdern Grimm dürfte der 1805 geborene Däne Hans Christian Andersen der prominenteste Name im Reich der Märchen sein. „Von 1835 bis zu seinem Tode 1875 gab er über 150 Märchen heraus."[1] Die immer weiter ausgebaute Sammlung *Märchen und Erzählungen für Kinder* (1835–1872, ein im Laufe der Zeit zustande gekommener, variierter Sammeltitel) begründete und festigte seinen Weltruhm. Darüber kann und sollte man sich heute wundern, denn Andersen variiert auf geschickte Weise die Traditionen, die er bereits vorfand, ohne ihnen, von der fantasiereichen Entfaltung der Handlung abgesehen, etwas substanziell Neues hinzuzufügen.

Wie schon bei anderen Märchenvorlagen hat sich die Filmindustrie darum bemüht, Andersens Ruhm zu nutzen und zugleich zu tradieren. Ein besonders erfolgreiches Beispiel ist der Disney-Film *Arielle, die Meerjungfrau* von 1989, der sich eng an Andersens *Die kleine Seejungfrau* (1837) anlehnt. Änderungen sind in erster Linie durch die Zeit und durch den Versuch bedingt, eine möglichst große emotionale Wirkung zu entfalten – materieller Erfolg ist an Identifikationsmöglichkeiten, Unterhaltung und Spannungserzeugung geknüpft. Immerhin bemüht sich Disney, durch kluge Variation des Bekannten den Eindruck von Trivialität zu vermeiden – und trifft sich darin durchaus mit Andersen.

Die kleine Seejungfrau kann stofflich an Fouques *Undine* und deren Vorläufer anknüpfen, nur dass die Handlung diesmal zum Teil unter Wasser spielt. Die Schilderung der Familie des Meerkönigs ist eine Bürgersatire, wie sie sich bereits bei Hoffmann oder Hauff findet:

> Der Meerkönig dort unten war seit vielen Jahren verwitwet, aber seine alte Mutter leitete den Haushalt. Sie war eine kluge Frau, jedoch sehr stolz auf ihren Adel, weshalb sie als Ordensschmuck zwölf Austern auf dem Schwanze trug, während sich andere Vornehme mit sechs begnügen mußten. (SE, 7)

Andersen nutzt die bekannte Zahlensymbolik, wenn er dem Meerkönig „sechs bildschöne Kinder" zuschreibt. Wie in anderen Märchentexten (man denke etwa an *Aschenputtel*) ist „die jüngste [...] die schönste von allen" (ebd.), doch das ist natürlich nicht die einzige Differenz:

---

[1] Nielsen: Andersen, S. 129.

> Sie war überhaupt ein eigentümliches Kind, still und sinnend, und als die anderen Schwestern sich mit den merkwürdigen Sachen putzten, die sie aus gestrandeten Schiffen erhalten hatten, wollte sie außer den rosenroten Blumen die der Sonne da droben glichen, nur eine schöne Bildsäule haben, die einen wunderschönen Knaben darstellte. (SE, 8)

Bildsäulen und andere Kunstwerke der Bildhauerei gehören (in entsprechendem Gebrauch) zum romantischen Motivarsenal, man denke an Eichendorffs *Das Marmorbild* (1826). Die Romantik konnte hier auf die in der 2. Hälfte des 18. Jahrhunderts unter Rückgriff auf antike Statuen entwickelte Ästhetik zurückgreifen, die vor allem mit dem Namen Johann Joachim Winckelmann (1717–1768) verbunden ist. Bei Andersen wird die klassisch-romantische Kunsttradition lediglich zitiert und hat die Funktion, auf die Schönheit des Prinzen vorauszudeuten, in den sich die kleine Seejungfrau verlieben wird.

Ebenfalls an die Romantik erinnert die „Sehnsucht" (SE, 9f.), mit der sich das Mädchen an die Wasseroberfläche wünscht. Sie muss bis zu ihrem 15. Geburtstag warten. Als sie aus dem Wasser taucht, fällt ihr Blick auf ein Schiff. Durch das Kajütenfenster sieht sie eine Gesellschaft: „[…] der Schönste war doch der junge Prinz mit den großen schwarzen Augen. Er war gewiß nicht viel über sechzehn Jahre alt, sein Geburtstag wurde gerade gefeiert, und deshalb herrschte all diese Pracht" (SE, 13).

Auf die Darstellung menschlicher Leistungen (Schiff, Feuerwerk) und Schönheit (Prinz) folgt die Mahnung an die Vergänglichkeit des Ganzen – vergleichbar dem *Memento mori* in einem Text des Barock. Das Schiff gerät in einen Sturm und wird zerstört, die kleine Seejungfrau kann aber den Prinzen retten: „[…] er hätte sterben müssen, wäre sie nicht hinzugekommen" (SE, 16). Sie legt den Prinzen in der Nähe eines Klosters an den Strand: „Es währte nicht lange, bis ein junges Mädchen kam" (SE, 17). Dieses Mädchen wird, darin besteht die Tragik des Märchens, der Prinz für seine Retterin halten. Weshalb die junge Dame ihn nicht aufklärt, bleibt offen; die Seejungfrau wird es nicht können, denn sie muss, um statt des Fischschwanzes Beine zu erhalten, auf ihre schöne Stimme verzichten.

Die Liebe zu den Menschen lässt das Meermädchen nach den weiteren Unterschieden zwischen Mensch und Meerbewohner fragen; ab hier bekommt der Text seine religiösen Konnotationen. Die Großmutter erklärt:

> „Wir können dreihundert Jahre alt werden, aber wenn wir zu sein aufhören, verwandeln wir uns nur in Schaum und haben hier unten nicht einmal ein Grab unter unseren Lieben. Wir haben keine unsterbliche Seele, werden nie mehr zum Leben erweckt, wir gleichen dem grünen Schilf, das, einmal abgeschnitten, nie wieder grünen kann! Die Menschen dagegen haben eine Seele, die ewig lebt, lebt, nachdem der Körper wieder zu Erde geworden. Sie schwingt sich durch den Äther empor, hinauf zu all den glänzenden Sternen!" (SE, 19)

Dieses Konzept der Seele greift auf christliche wie andere mythologische Vorstellungen zurück. Gerade weil es relativ unspezifisch ist, hat es eine hohe Attraktivität – der Leser kann es auf seine eigenen Vorstellungen beziehen. Die Großmutter weiß auch den Weg, wie man als Meermensch eine unsterbliche Seele erlangen kann:

> „[...] nur wenn dich ein Mensch so liebgewönne, daß du ihm mehr als Vater und Mutter wärest, wenn er mit all seinen Gedanken und seiner Liebe an dir hinge und begehrte, daß der Geistliche seine rechte Hand in die deine legte mit dem Gelübde der Treue hier und in alle Ewigkeit [...]." (SE, 20)

Andersen ruft hier eine Vorstellung von Liebe ab, wie sie das Bürgertum im 18. Jahrhundert entwickelt und zur Grundlage des Fortbestehens der bürgerlichen Gesellschaft gemacht hat. Bereits Friedrich Schiller hat in seinem Trauerspiel *Kabale und Liebe* (1784) das Konstruierte und Zweckgerichtete daran gezeigt. Andere Autoren wie Hebbel oder Fontane haben sich im 19. Jahrhundert darum bemüht, die Defizite der starken gesellschaftlichen Normierung von Liebe, Sexualität und Ehe nachzuweisen, die letztlich hinter einer solchen Glorifizierung steckt. Andersen ist von solchem Problembewusstsein denkbar weit entfernt, er macht die bürgerliche Vorstellung von Liebe, überhöht durch die Verbindung mit der religiösen oder mythologischen Vorstellung vom Leben nach dem Tode, zum Thema seines Märchens. Von dem Augenblick der großmütterlichen Schilderung an gilt der kleinen Seejungfrau, und mit ihr dem Leser, die ‚ewige' Verbindung mit dem Prinzen als das einzig erstrebenswerte Ziel.

Vorher wird noch Ekel erzeugt und mit der Furcht des Lesers gespielt, denn das Mädchen kann ihr Ziel nur erreichen, wenn es einen Pakt mit der abscheulichen Meerhexe schließt. Andersen aktualisiert hier das Motiv des Teufelspakts. Die Meerhexe gibt dem Mädchen Beine, doch muss es im Gegenzug auf seine schöne Stimme verzichten und zu allem Überfluss beim Gehen furchtbare Schmerzen leiden (SE, 23f.). So wird Mitleid mit der Hauptfigur erzeugt, motivgeschichtlich kann Andersen an Heiligenlegenden und Märtyrergeschichten anknüpfen.

Das Mädchen geht ein großes Risiko ein, um eine Seele zu erhalten. Sollte der Prinz eine andere heiraten, wird ihr am „ersten Morgen nach seiner Verheiratung [...] das Herz brechen" und sie wird „zu Schaum auf dem Wasser". Andersen mischt allerdings das Grausame mit dem Komischen: „Streck deine kleine Zunge heraus, dann schneide ich sie für meine Bemühungen ab [...]", lässt er die Hexe sagen. Sie bereitet ihren Zaubertrank in einem Kessel zu, den sie mit Schlangen ausscheuert, das begleitet sie mit den Worten: „Reinlichkeit ist das halbe Leben!" (SE, 24). Allerdings wird diese Ironie nicht fortgeführt – Andersen schildert den vergeblichen Versuch des Mädchens, das Herz des Prinzen zu gewinnen. Zunächst befreunden sich die beiden, doch dann erkennt der Prinz in der Tochter des Nachbarkönigs jenes Mädchen, das ihn einst am Strand nahe des Klosters gefunden hat (SE, 31).

Die Hochzeit der beiden scheint den Tod der Seejungfrau zu besiegeln. Andersen schiebt ein retardierendes Moment ein – die Schwestern des Mädchens bringen ihm ein Messer, mit dem es den Prinzen töten und so das eigene Meerleben zurückerlangen kann (SE, 32). Das Mädchen hat Mitleid mit ihrem Geliebten, es kann die Tat nicht vollbringen und wird zu Schaum auf dem Meer. Es stellt sich heraus, dass das Angebot der Meerhexe einer Prüfung gleichkam – die Seejungfrau gehört nun zu „himmlischen Wesen", die „durch die Luft" fliegen können (SE, 33). Den „Töchtern der Luft" ist aufgetragen, „[…] das Gute zu tun, was wir vermochten, dann empfangen wir eine unsterbliche Seele und nehmen an dem ewigen Glücke der Menschen teil" (SE, 34). Statt ihrer 300 Jahre im Meer muss das Mädchen nun die gleiche Zeit auf ihren Dienst am Guten verwenden, dann kann sie „in Gottes Reich hinüber" (ebd.).

Handelt es sich um ein Fegefeuer, das sich mit der Erbsünde erklären lässt? Eine persönliche Schuld des Mädchens gibt es nicht zu büßen. Andersen schweigt sich darüber aus. Er schließt sein ins Religiöse abdriftendes Märchen mit einer Botschaft an das kindliche Lesepublikum ab, das bestens zur Affirmation bürgerlicher Moralvorstellungen des 19. Jahrhunderts passt:

> „Unsichtbar schweben wir in die Häuser der Menschen hinein, wo es Kinder gibt, und für jeden Tag, an dem wir ein gutes Kind finden, das seinen Eltern Freude macht und ihre Liebe verdient, verkürzt uns Gott unsere Prüfungszeit. Das Kind weiß nicht, wann wir durch das Zimmer fliegen, und sobald wir aus Freude über dasselbe lächeln, werden die dreihundert Jahre um eins vermindert, sehen wir aber ein unartiges und böses Kind, so müssen wir Tränen der Trauer weinen, und jede Träne legt unserer Prüfungszeit einen Tag zu!" (SE, 34f.)

Die kleine Seejungfrau enthält alle Ingredienzen der andersenschen Märchen, die allerdings in unterschiedlicher Mischung vorkommen. *Des Kaisers neue Kleider* (1837) ist eine Satire auf Adel und Bürgertum, hier ist Andersen durchaus modern im (politisierten) Kontext der Zeit, auch wenn er auf bekannte, ältere Vorbilder zurückgreifen konnte.[2] *Das kleine Mädchen mit den Schwefelhölzern* (1848) glorifiziert den Kältetod eines armen Kindes als Erlösung – „Hunger und Angst wichen von ihm – sie waren bei Gott".[3] *Der standhafte Zinnsoldat* (1838) stirbt, ohne erlöst zu werden – die Ironie, mit der erzählt wird, hebt aber nicht die Tragik der Situation auf, so dass sich das Märchen letztlich in der Evozierung von Mitleid erschöpft. Der sich iden-

---

[2] Zu der bis weit ins Mittelalter reichenden Tradition des Motivs wie der zum geflügelten Wort gewordenen Wendung vgl. Ranke u. Brednich (Hg.): Enzyklopädie des Märchens, Bd. 7, Sp. 852–857.

[3] Andersen: Märchen, S. 412.

Abb. 7: Scherenschnitt von H. C. Andersen

tifizierende Leser kann sich – ein wichtiger Effekt tragischer Geschichten – darüber freuen, dass ihm selbst nichts passiert ist.

Andersens Märchen sind nicht vielschichtig, aber in ihrer Mischung verschiedener Darstellungsweisen und Traditionen heterogen – so bieten sie Lesern bis heute die Möglichkeit, ihren eigenen Andersen zu lesen. Allen Texten gemeinsam ist der geschickte Spannungsaufbau, der seine Verankerung in der Erzähltradition des 19. Jahrhunderts nicht verleugnen kann. So meint Leif Ludwig Albertsen in seinem Nachwort zur Reclam-Märchenausgabe: „Er ist ein Liebhaber der Schockeffekte à la Hoffmann".[4] Ungleich Hoffmann wirken die Schockeffekte bei Andersen aber oftmals unmotiviert. Sie dienen der Spannung wie der Unterhaltung und haben keine integrative, deutungs- und erkenntnisfördernde Funktion. Anspielungen auf das zeitgenössische Dänemark dürften nur wenigen Lesern auffallen[5] und die Leichtigkeit, mit der Andersen die dänische Sprache meistert,[6] ist ins Deutsche wohl kaum übersetzbar.

Die Offenheit für Deutungen kann, je nachdem, wie man werten will, auf besondere Qualität (wie bei Kafka) oder Trivialität deuten. Diese Diskussion kann hier nicht geführt werden.

---

[4] Albertsen: Nachwort. In: Ebd., S. 448.
[5] Vgl. ebd., S. 449.
[6] Vgl. Nielsen: Andersen, S. 154f.

Clemens Brentano

Gockel und Hinkel (1838)

> „Keine Puppe, es ist nur /
> Eine schöne Kunstfigur"

Clemens Brentano (1778–1842) gilt als einer der Hauptrepräsentanten der Romantik. Gemeinsam mit Achim von Arnim gab er die folgenreichste Lyriksammlung der deutschsprachigen Literaturgeschichte heraus, *Des Knaben Wunderhorn* (1806–08). Er regte das Sammeln von Märchen an, daraus wurden später die *Kinder- und Hausmärchen* der Brüder Grimm (1812/15) – weil Brentano plötzlich kein Interesse mehr zeigte, machten sich Jacob und Wilhelm Grimm das Projekt zu eigen.

Neben Romanen und Erzählungen hat Brentano selbst eine Reihe von Märchen geschrieben, die nach der traditionellen Unterscheidung von Kunst- und Volksmärchen eindeutig als Kunstmärchen zu klassifizieren sind. „Das als erstes entstandene und so bezeichnete ‚Märchen', nämlich das Fragment *Die Rose* erschien 1800 in der Zeitschrift ‚Memnon' unter dem Pseudonym ‚Maria'."[1] Geplant waren zwei Sammlungen, die *Italienischen Märchen* und die *Rheinmärchen*, sie blieben Fragment.[2] Brentano hat sich an früheren Märchensammlungen, vor allem an Basiles *Pentamerone* orientiert und teilweise daraus unmarkiert zitiert.[3]

Exemplarisch soll hier auf *Gockel, Hinkel und Gackeleia* (oder Gakeleja; auch verkürzt als *Gockel und Hinkel*) von 1838 eingegangen werden, Teile daraus waren bereits 1826/27 in einer Zeitschrift vorabgedruckt worden. Die Handlung ist für ein Märchen vergleichsweise kompliziert, außerdem voller Ironie – man könnte von einem satirischen Märchen sprechen, wenn der Text nicht weit über eine solche Bedeutungszuschreibung hinausginge.

Gockel, verarmter Raugraf von Hanau, wird vom König von Gelnhausen seines Amtes als Fasanen- und Hühnerminister enthoben, er hatte sich kritisch über die Eierverschwendung des Königs geäußert (GH, 6). Gockel zieht mit seiner Frau Hinkel, aus der Familie des Grafen von Hennegau stammend, und der kleinen Tochter Gackeleia in das verfallene Stammschloß seiner Vorfahren. Dort will er mit dem Hahn Alektryo (lat. ‚Hahn') und der Glucke

---

[1] Kastinger Riley: Clemens Brentano, S. 108.
[2] Vgl. auch Klotz: Das europäische Kunstmärchen, S. 181, und Mayer/Tismar: Kunstmärchen, S. 79f.
[3] Vgl. Kastinger Riley: Clemens Brentano, S. 109.

Gallina (lat. ‚Henne') eine Hühnerzucht aufmachen. Doch eine Katzenmutter und ihre Kinder, von der verspielten Gackeleia in den Hühnerstall gelassen, fressen die kleinen Hühner auf (GH, 27). Hinkel und Gackeleia, die schwere Arbeit nicht gewohnt sind und unter dem Regiment des Vaters wie des Hahnes leiden, bezichtigen Alektryo der Schuld (GH, 28ff.). Obwohl sich herausstellt, dass er nichts für das Unglück kann und dass drei Juden für die Anwesenheit der Katze gesorgt haben (der sich hier zeigende Antisemitismus ist das größte Problem des Werks und der Biographie Brentanos), will der Hahn, der seiner Familie nachtrauert, von Gockel getötet werden. Er hat einen Ring verschluckt, der magische Fähigkeiten besitzt – den „Ring Salomonis" (GH, 54). Gockel wünscht sich damit Reichtum, Jugend und ein Schloss, das dem des Königs von Gelnhausen gegenüber gestellt wird (GH, 50ff.). Das war, wie sich herausstellen wird, kein Wunsch, der die Weisheit Salomons spiegeln würde. Darauf deutet bereits die Zahlensymbolik – Gockels Familie hat nicht drei, sondern zwei Diener von jeder Sorte (GH, 58).

Die drei Betrüger wussten von dem magischen Ring und sie schaffen es, in seinen Besitz zu kommen. Gockel hatte Gackeleia als Strafe für ihre Mitschuld am Tod Gallinas und der Hühnchen verboten, jemals eine Puppe zu besitzen. Einer der Betrüger ködert das Mädchen mit einer Puppe, die sie behalten darf, wenn sie ihm den Ring zeigt. Gackeleia merkt nicht, dass er dabei den Ring austauscht (GH, 69). Die Betrüger versetzen Gockel und seine Familie in die alte Armut zurück und wünschen sich selbst Reichtum und Ämter (GH, 71f.). Gackeleia läuft von ihren Eltern weg, die nun erkennen, dass die Familie wichtiger ist als alle weltlichen Güter (GH, 81). Das Mädchen macht ihren Fehler mit Hilfe von zwei Mäusen, denen Gockel einmal einen Dienst erwiesen hatte, wieder gut. Sie überlistet die Betrüger, verwandelt auch den letzten in einen Esel und lässt das Stammschloss Gockels in neuem Glanz wiederauferstehen (GH, 105ff.). Schließlich wünscht sie sich und Kronovus, der durch den Tod seiner Eltern nunmehr König von Gelnhausen geworden ist, ins heiratsfähige Alter (GH, 86). Ihre Hochzeit beschließt das Märchen – wenn man von einer Wendung ins Metafiktionale absieht, auf die noch einzugehen sein wird.

Brentanos Text beginnt mit einer konkreten Namens- und Ortsangabe, schon darin unterscheidet er sich vom Märchen der ‚Gattung Grimm': „In Deutschland in einem wilden Wald lebte ein altes graues Männchen, und das hieß Gockel" (GH, 3). Der geographische Fokus wird auf Gelnhausen und Umgebung verengt, auch Gockels Grafentitel steht mit der nahe Frankfurt gelegenen Stadt Hanau in Verbindung. Zunächst wird der Verfall des Schlosses beschrieben, in dem die Familie Gockels haust, und es wird der Kontrast zu ihrer Herkunft betont. Gockels Plan, durch Hühnerzucht ein neues Vermögen zu begründen, motiviert die weitere Handlung. Der Erzähler schaltet sich ein und erläutert die Vorgeschichte, dazu kommen später personal erzählte Rückblenden – die Erzählstruktur ist also viel komplizierter als bei einem ‚Volks'-

Märchen oder der dem Märchen formal verwandten Novelle. Affinitäten gibt es nicht nur zur wesentlich freieren Erzählung oder zum Roman, sondern auch zur Fabel, etwa in der Handlung mit den Mäusen aus königlicher Abstammung, die in einer lyrischen Rede auf den griechischen Fabeldichter „Äsop" anspielen (GH, 19).

Von Anfang an wird das Ironische der Figurencharakteristik und des Geschehens deutlich. Dies beginnt mit den Namen der handelnden Figuren, die stets etwas mit Hühnerzucht zu tun haben. Das Hühnermotiv verweist zugleich auf die romantische Naturverbundenheit. Ähnlich verhält es sich mit dem Märchenmotiv der sprechenden Tiere. Mäuseprinz und -prinzessin können nur mit schlafenden Menschen reden (GH, 14) und sie müssen sie ins Ohr beißen, damit sie das Gewünschte ausführen. Alektryo wird gesprächig, nachdem seine Familie von den Katzen zerrissen wurde und das Vermächtnis der gräflichen Familie auf dem Spiel steht (GH, 33). Dazu kommt die Ironisierung des Motivs, etwa wenn Gockel seinen Hahn bezeichnet als: „[…] der ritterliche Alektryo, der Herold, Wappenprüfer und Kreiswärter, Notarius publicus und Kaiserlich gekrönte Poet meiner Vorfahren" (GH, 5).

Es gibt also eine Barriere zwischen Tier- und Menschenwelt, auch wenn sie überwindbar ist. Brentanos Märchen steht konzeptionell zwischen dem dualistischen Wirklichkeitsmärchen (wie bei E.T.A. Hoffmann) einerseits und dem traditionell angelegten Märchen bzw. den Volksmärchen der Gattung Grimm andererseits. Der Wunschring und seine Benutzung erinnern stark an die Geschichte Aladins, wie sie in den *Erzählungen aus den Tausendundein Nächten* geschildert wird. Aladins Wunschring und die Wunderlampe werden zu einem magischen Requisit amalgamiert. Auch Aladin wünscht sich einen Palast, der auf einem zentralen Platz dem des Königs von China gegenüber gestellt wird. Auch Aladin wird das magische Requisit noch einmal verlieren, bevor es schließlich zum Happy-End kommt. Auf die Märchen der Grimms wird möglicherweise mit dem Versuch der Betrüger angespielt, Gockels Hahn gegen einen Ziegenbock zu tauschen – anders als Hans im Glück, der seinen Goldklumpen hergab, lässt sich Gockel aber auf keinen Handel ein (GH, 23). Die übliche Zahlensymbolik des Märchens wird übernommen, etwa in der Siebenzahl der Katzenkinder (GH, 26).

Wie Hoffmann etabliert Brentano eine mit der Lesart als romantisches Kunstmärchen verbundene Ebene der Gesellschaftssatire. Kastinger Riley hat festgestellt: „Die Entlassung Gockels verweist z.B. auf die Entlassung des Freiherrn vom Stein durch den preußischen König (1808), aber sie ist gleichzeitig Sinnbild der Verbannung der ersten Menschen aus dem Paradies."[4] Das Paradies ist freilich ein konkret fassbares, marktwirtschaftlich und bürgerlich ausgestaltetes: Hinkel und Gackeleia trauern den „Kuchenhäschen" und den

---

[4] Ebd., S. 118.

anderen Leckereien nach, die man in Gelnhausen kaufen konnte (GH, 7). Gockel rügt deshalb Gackeleia, sie sei ein „naschhafter Freßsack" geworden (GH, 8). Insofern handelt es sich eher um eine *Vertreibung in das Paradies* – denn im Umgriff des verfallenen Schlosses, als *Locus amoenus* gestaltet, gibt es nur Beeren und andere Gaben der Natur zu essen.

Die für romantische Literatur typische Mischung der Gattungen – es finden sich viele Lied- und Gedichteinschübe – wird mit dem Leben im Wald-Paradies und mit den Tieren verbunden (z. B. 11f., 15ff.). Überhaupt ist der Wald *der* topische Ort der Romantik. Nirgendwo sonst lässt sich die ursprüngliche Einheit von Mensch und Natur besser erfahren. Der Verlust des Gelnhausener Schlosses entpuppt sich zum Schluss als Gewinn, denn nun kann die Gockelfamilie im Wald leben und doch alle Annehmlichkeiten der modernen Zivilisation genießen. Unschwer ist in der Anlage der romantische Dreischritt zu erkennen, wenn auch am Anfang in ironischer Verkehrung. Das naturwüchsige Leben im Wald steht für das ursprüngliche Goldene Zeitalter, das Leben in Gelnhausen für die defizitäre Gegenwart und die Versöhnung von Natur und Zivilisation am Schluss für das kommende Goldene Zeitalter. Daher wünscht sich Gackeleia: „Alles sei reicht auserlesen, / Wie's im Paradies gewesen" (GH, 89).

Dass Gockel des künftigen Glückes teilhaftig wird, hat er einer guten Tat zu verdanken. Er achtet die Natur und selbst die kleinsten Tiere, deshalb hilft er zwei Mäusen, vor einer Katze zu fliehen und nach Hause zu kommen (GH, 14ff.). Diese beiden „Mäuschen von außerordentlicher Schönheit" (GH, 14) sind der „Prinz von Speckelfleck" (GH, 15) und die Prinzessin Sissi von Mandelbiß (GH, 19). Für die Konzeption der Mäuse, ihrer Herkunft und ihres Hofstaates dürfte E.T.A. Hoffmanns *Nußknacker und Mausekönig* (1816) Pate gestanden haben. Brentano lässt sich allerlei witzige Details einfallen, etwa den „Parmesankästhron" des Prinzen von Speckelfleck (GH, 16) oder „das königliche Schloß, ein weites Viereck von großen holländischen Käsen zusammengelegt, die alle auf das reinlichste ausgenagt waren" (GH, 95). Die Mäuse sind einmal Repräsentanten der märchenhaften Tierwelt, zum anderen aber auch ihres Standes. So wird der Prinz von seiner Verlobten wegen der „Hoffart" seiner Rede gerügt und er selber bezichtigt sich der „verwünschten königlichen Redensarten" (GH, 17).

Mit Gockels Gerichtsverhandlung gegen die mörderische Katzenfamilie und die lügnerischen weiblichen Familienmitglieder wird die Gesellschaftssatire erweitert. Wie in Heinrich von Kleists *Der zerbrochne Krug* (1811) lässt sich Gerechtigkeit herstellen, in diesem Fall jedoch märchentypisch unter Mithilfe der Tiere des Waldes (GH, 38ff.). Durch die Schilderung des Gerichtsverfahrens (beispielsweise bekommt das „rostige Grafenschwert" Gockels allegorische Bedeutung zugewiesen: GH, 39) wird aber auch bei Brentano das Verfahren ironisch verfremdet. Brentano nutzt das ironische Potenzial des Tiermotivs, wenn er eine Eule mit ihren Jungen zum Scharfrichter macht (GH, 45).

Die dem Text eingeschriebene Gesellschaftssatire gipfelt in der Darstellung Gelnhausens. Die Bürger der Stadt freuen sich über Gockels Palast lediglich, weil sie nun „viel Geld verdienen" können (GH, 59). Der König mit dem sprechenden Namen Eifraßius (seine Gattin heißt Eilegia: GH, 61) kümmert sich lediglich um seine privaten Interessen, die spleeniger nicht sein könnten. So hat er sich das „Lustschloß Kastellovo, auf deutsch Eierburg" bauen lassen, das, wie der Name andeutet, ganz aus ausgeblasenen Eiern gefertigt ist (GH, 60). Staatliche Auszeichnungen wie der „Orden des roten Ostereis dritter Klasse" (GH, 63) erinnern an E.T.A. Hoffmanns *Klein Zaches genannt Zinnober* (1819). Der König wird Gockels Freund, weil er sich von ihm einladen lassen und unbegrenzt Geld von ihm leihen kann (ebd.). Dass Gockel nur wegen seiner „Freigiebigkeit" geschätzt wird (GH, 64), zeigt sich, als er nach dem Verlust des Rings verarmt und von König wie Untertanen als unerwünschter Bettler aus dem Land befördert wird. Nur Prinz Kronovus hat Mitleid und qualifiziert sich so zum künftigen Gemahl Gackeleias (GH, 73). Die drei Betrüger werden satirisch als „große Naturphilosophen" bezeichnet (GH, 23), auch sie stehen im Kontext der Satire. Kein Wunder, dass sie sich zum Schluss in Esel verwandeln.

Bereits mit der Inschrift des Familienwappens etabliert Brentano eine metafiktionale Lesart des Märchens. Der Spruch „Dem Gockel Hahn / Bringt Glücke selbst / Um Undank, / Hals ab, / Kropf auf, / Stein kauf, / Brot gab" (GH, 30) wird von den Betrügern, von Gockel und von seinem Hahn unterschiedlich ausgelegt. Nur die richtige Interpretation (ironischerweise die des Hahnes) bietet den Zugang zum Ring, dem zentralen magischen Requisit, und damit zum Märchen. Die zweite Stufe der Metafiktionalität erreicht das Märchen, als die Puppe auftritt. Weil Gackeleia keine Puppe haben darf und die kleine Gärtnerin ein „Uhrwerk im Leibe" haben soll, das sie bewegt, wird sie als „Kunstfigur" bezeichnet (GH, 67). Wie zuvor beim Wappenspruch versuchen die Betrüger eine falsche Interpretation vorzugeben, indem sie die Beziehung von Signifikant und Signifikat/Referent verändern. Dabei ist es die kleine Maus Sissi, die der Betrüger gefangen und unter die Puppe gebunden hat, mit deren Hilfe die „Kunstfigur" laufen lernt. Gackeleia möchte an die besondere Qualität der Puppe glauben und verteidigt sich sogar in Versform: „Keine Puppe, es ist nur / Eine schöne Kunstfigur" (GH, 80). Das stimmt nicht, weil die Maus Sissi für den Antrieb der Puppe sorgt, und es stimmt dann aber doch, denn ohne die Episode mit der Puppe wäre das künftige Glück der Gockelfamilie nicht möglich gewesen.

Übertragen auf den Text ist es das Spiel mit Bedeutungszuschreibungen (also das Spiel mit den Beziehungen von Signifikant und Signifikat/Referent), das seine Zugehörigkeit zur Literatur etabliert. Der Text ist nicht einfach nur ein Märchen, genauso wenig wie die Puppe nur eine Puppe ist. Doch auch auf dieser Ebene bleibt die Ironisierung nicht aus – Gockel bestraft Gackeleia mit einer Rute und erwidert, als sie sich beschwert: „Gackeleia, glaub du nur, / Daß es eine Kunstfigur, / Daß es keine Rute sei, / Denk nichts Arges dir dabei!" (GH, 77).

Das Puppenmotiv hat weiter gewirkt. In Michael Endes im Untertitel so bezeichneten „Märchen-Roman" *Momo* (1973) versucht einer der grauen Herren, die Protagonistin mit einer Puppe zu ködern, um ihr so die Zeit zu stehlen. Aus dem Kofferraum seines Autos zaubert er zahlreiche Kleider hervor, mit der Momo die Puppe schmücken kann (EM, 90f.). Bibigirl ist eine Automate, die sich bewegen und sprechen kann, allerdings sagt sie immer wieder das gleiche. Auch der Betrüger in Brentanos Gockelmärchen hat eine Puppe, die laufen kann, auch er hat „noch viele andre Kleider für sie" (GH, 66).

Zum Schluss des Gockelmärchens bekommt die Gesellschaftssatire, passend zur Biographie Brentanos, immer stärker einen religiösen Anstrich. Das Lob auf die Natur als Gottes Werk gipfelt in einem frommen Lied, das die Mäuse beim Einzug in ihre aus Knochen von Pferdeschädeln gebildete Kirche singen: „Kein Tierlein ist auf Erden / Dir, lieber Gott, zu klein" (GH, 99). Der Hahn Alektryo darf wiederauferstehen, mit einem Gottesdienst im alten und neuen Stammschloss wird das glückliche Ende gefeiert (GH, 107). Dennoch wird damit das Märchen nicht zu einem religiösen Text. Die Ironie der Darstellung bleibt und verhindert eine eindeutige Festlegung.

Der letzte Absatz des Märchens, der die dritte Stufe der Metafiktionalität bildet, führt in einer überraschenden Wendung zum Kern der Konzeption. Gackeleia stellt fest:

> „[…] was bleibt zu wünschen übrig, als daß wir alle Kinder wären und die ganze Geschichte ein Märchen, und Alektryo erzählte uns die Geschichte, und wir wären ganz glücklich und patschten in die Hände vor Freude!" Kaum hatte sie dies gesagt, als Alektryo, der in der Mitte des Tischcs saß, mit dem Schnabel nach dem Ring zuckte und ihn verschluckte, und in demselben Augenblick waren alle Anwesende in lauter schöne, fröhliche Kinder verwandelt, die auf einer grünen Wiese um den Hahn herumsaßen, der ihnen die Geschichte erzählte, worüber sie dermaßen in die Hände patschten, daß mir meine Hände noch ganz brennen; denn ich war auch dabei, sonst hätte ich die Geschichte niemals erfahren. (GH, 108)

Durch die halb ironische (der Erzähler will die Geschichte als Kind gehört haben), ungewöhnlicherweise an das Ende gestellte Herausgeberfiktion und die topische Erzählsituation von Märchen als Ergebnis mündlicher Tradierung, die durch den Hahn als Erzählerfigur noch potenziert wird, löst Brentano alles im freien Spiel der Fantasie auf. Es handelt sich eben ‚nur' (bzw. eben nicht nur) um eine schöne Kunstfigur. Das Märchen wird so zur paradigmatischen Literaturgattung, denn es allein vermag die in der Fiktionalität begründete Leistung der Literatur darzustellen.

Brentanos Gockelmärchen steht in der Tradition romantischer und satirischer Kunstmärchen, die größte Überraschung dürfte aber sein, dass es in seiner Handlungsstruktur weitgehend identisch mit einem Text aus Basiles *Pentamerone* (1634–36) ist. Auf fünf Seiten enthält *Der Hahnenstein* (DP, 223–227) alle wichtigen Züge und Motive: Mineco Aniello besitzt lediglich einen „Zwerghahn", den ihm „zwei Gauner[n] von Schwarzkünstlern" abschwatzen wollen. Doch belauscht er ihr Gespräch und erfährt so, dass der Hahn einen Zauberstein „im Kopfe hat". Die beiden Betrüger wollen den Stein „[…] sofort in einen Ring fassen lassen, dann bekommen wir alles, was wir uns nur wünschen wollen" (DP, 223). Aniello behält den Hahn, köpft ihn, entdeckt den Stein, macht sich einen Ring, wünscht sich Jugend und Reichtum und lässt gegenüber der Residenz des Königs einen „Palast von unglaublicher Schönheit" erstehen. Er bekommt die Königstochter zur Frau. Die beiden Betrüger, die auch „Hexenmeister" sind, verfallen auf einen Trick:

> Sie machten also eine schöne Puppe, die mit Hilfe eines Uhrwerks singen und tanzen konnte. Dann verkleideten sie sich als Händler und gingen zu Pentella, der Tochter Minecos, unter dem Vorwande, ihr die Puppe verkaufen zu wollen. (DP, 224)

Diese Stelle klingt so, als habe bereits Basile auf die Geschichte Aladins in den *Erzählungen aus den Tausendundein Nächten* (ca. 8.–10. Jhd.) zurückgegriffen.

Die Hexenmeister stehlen den Ring und verwandeln Aniello in Gegenwart des Königs zurück, der ihn daraufhin verstößt. Hilfe findet Aniello in einem „Königreich", das „von den Mäusen beherrscht" wird. „König Nagerich" (DP, 225) verspricht Hilfe, „Knabberle und Springerle" finden die Betrüger und nagen am Finger des Ringträgers, der daraufhin den Ring abstreift. Aniello verwandelt die Diebe in zwei Esel, die er zuerst „mit einer Bergeslast von Speck und Käse" zu den Mäusen schickt und sie dann „von einem Felsen" stürzt. Als junger und reicher Mann wird er wieder als Schwiegersohn am Königshof aufgenommen (DP, 227).

Auch wenn die Handlungsstruktur weitgehend übereinstimmt, so dürfte doch deutlich geworden sein, welche Erweiterungen und konzeptionellen Veränderungen Brentano vorgenommen hat. Der Stoff Basiles wird in einen komplexen literarischen Text überführt. Brentano setzt die von Hoffmann begründete Tradition des metafiktionalen Märchens fort und leistet einen wichtigen Beitrag zur Evolution der Gattung. Wie wir sehen werden, ist es diese Traditionslinie, die sich bis in die Gegenwart verlängern lassen und die Literarizität der Gattung sichern wird.

Charles Dickens

Weihnachtslied (1843)

„Er wurde ein guter Freund und gütiger Herr
und menschenfreundlicher Mann"

Nach Walter Scott (1771–1832), dem Erfinder des modernen historischen Romans, war Charles Dickens (1812–1870) der zweite britische Ausnahmeschriftsteller im 19. Jahrhundert. Er revolutionierte den Roman, indem er seine Zeit und ihre sozialen Verwerfungen im Gefolge der Industriellen Revolution thematisierte (etwa in *Oliver Twist* 1838, *David Copperfield* 1850 und *Große Erwartungen* 1861). Dies tat er allerdings auf versöhnliche Weise. Man kann es einen märchenhaften Zug seiner Romane nennen, dass die (zumeist jungen) Protagonisten zunächst mit einer Mangelsituation konfrontiert, zum Schluss aber für ihre Tugend- und Standhaftigkeit belohnt werden, in der Regel durch eine materiell abgesicherte bürgerliche Existenz und die Heirat mit der großen Liebe. Dickens wirkte stilbildend auf die deutschsprachige Literatur, der bürgerliche Realismus wäre ohne seinen Einfluss nicht zu denken gewesen. Solche Zusammenhänge sind aber bis heute kaum untersucht worden.

(Ein) Weihnachtslied von 1843 ist Teil einer Reihe von Weihnachtsgeschichten, die Dickens geschrieben hat und die zunächst in einer Zeitschrift veröffentlicht wurden. Der englische Titel *A Christmas Carol* passt besser zu der Intention des Textes, er transportiert den Unterschied zum *Song* und die ganze Bedeutung, die *Carols* in der englischen Vorweihnachtszeit haben. So erklärt sich auch das religiöse Moment der Geschichte, der Bezug zur protestantisch (anglikanisch) grundierten Weihnachtsstimmung. Der Nachname des Protagonisten Scrooge als englisches Synonym für Geizhals ist in die Geschichte eingegangen; so hat beispielsweise Walt Disney Donald Ducks älteren Verwandten so genannt. Wegen der Schwierigkeiten der Übersetzung hat man ihn für Deutschland in Dagobert Duck umgetauft. Hinzu kommt eine Reihe populärer Filmadaptionen, von dem Puppenfilm *Die Muppets-Weihnachtsgeschichte* (*A Muppets Christmas Carol*) von 1992 bis zu der Komödie *Die Geister, die ich rief…* (*Scrooged*, mit Bill Murray in der Hauptrolle) von 1988, die Dickens' Geschichte in die zeitgenössische US-amerikanische Gegenwart verlegt.

Es lässt sich darüber streiten, ob das *Weihnachtslied* überhaupt als Märchen bezeichnet werden kann. Der religiöse Kontext stellt es in die Tradition der Heiligenlegenden, die auftretenden Geister gehören eigentlich zur Gespens-

Abb. 8:
Charles Dickens.
Karikatur von André Gill

tergeschichte. Allerdings geht es Dickens nicht primär darum, seine Leser in Angst und Schrecken zu versetzen. Die Geister sind Vertreter des Wunderbaren, sie helfen, alles zum Guten zu wenden. Des Weiteren ist Weihnachten mit dem Weihnachtsmann und dem Christkind (in England mit *father christmas*) die Jahreszeit des Wunderbaren. Festzuhalten bleibt aber auch, dass die religiöse Bedeutung der Weihnacht von einer sozialen abgelöst oder vielmehr überlagert wird, mit der Dickens die Erfahrung der Transzendenz reduziert und eine allegorische Lesart nahelegt.

Schon mit dem ersten Satz der Erzählung wird auf das, was kommt, vorausgedeutet: „Marley war tot; damit wollen wir anfangen. Darüber herrscht auch nicht der geringste Zweifel", zumal ein mehrfach unterzeichneter Totenschein vorliege (DW, 11). Mit dieser Versicherung wird das Misstrauen des erfahrenen Lesers aufgerufen – wenn Marley tot ist, wieso muss jeder Zweifel daran so vehement abgestritten werden? Marley ist zwar tot, aber er kommt wieder – hier stellt sich die Erzählung in die Tradition der Gespenstergeschichte. Es trifft der vierte der „häufigste[n] Gründe des Spukens" nach Gero von Wilperts Klassifizierung zu: „Schuld des Toten gegenüber der Nachwelt, im weitesten Sinne jede Art ungesühnter Schuld". Bei Wilpert heißt es weiter:

Nach dieser weitgehend christlich geprägten und zugleich sehr irdischen Vorstellung wird das Spuken zu einem verlängerten Arm der irdischen Gerechtigkeit, und das Gespenst wird erst erlöst, wenn ihr Genüge geschehen und begangenes Unrecht wieder gutgemacht ist. Im Streben danach fungieren die ruhelosen Gespenster zugleich als Warngeister, die noch Lebende zur Buße und Umkehr mahnen.[1]

Der typische Anfang einer Gespenstergeschichte mischt sich aber bei Dickens mit Ironie, durch die nachdrückliche Bestätigung des Todes ebenso wie durch den Vergleich des Toten mit einem Türnagel, obwohl er, so der Erzähler weiter, nicht „aus eigner Erfahrung weiß, was an einem Türnagel so außergewöhnlich tot ist" (DW, 11). Die Bestätigung des Todes bekommt eine Funktion zugewiesen, die den Kern der folgenden Handlung vorwegnimmt: „Es ist ganz sicher, daß Marley tot war. Dies muß allen ganz klar sein, da sonst nichts Wunderbares an der Geschichte ist, die ich erzählen will" (ebd.).

Die eigentliche Hauptfigur ist Ebenezar Scrooge, der Partner des verstorbenen Marley. Scrooge wird vorgestellt als „ein schrecklicher Leuteschinder", als ein „aussaugender, habgieriger, knauseriger, filziger, schlauer alter Sünder" (DW, 12). Mit seiner „schnarrenden Stimme" erinnert der Alte an ähnlich exzentrische Figuren E.T.A. Hoffmanns. „Seinen Mangel an Wärme übertrug er stets auf seine Umgebung [...]" (ebd.), eine eigentlich gespenstische Eigenschaft, die bis in J.K. Rowlings *Harry-Potter*-Romane zu verfolgen ist (mit den eisige Kälte verbreitenden Dementoren). Die Atmosphäre zu Beginn der Erzählung ist dem durchaus vergleichbar, denn es ist in London (das erkennbar ist, auch wenn es nicht genannt wird) am Heiligabend (die Bescherung ist in England immer erst am Morgen des 1. Weihnachtstags) „frostig, rauh, beißend kalt und überdies noch neblig" (DW, 13), so dass, beim Blick aus dem Fenster, „die Häuser drüben sich eher wie Gespenster ausnahmen" (DW, 14).

Scrooges freundlicher Neffe besucht den alten Mann, für den er nur Mitleid empfindet, und lädt ihn ein, bei ihm zuhause Weihnachten zu feiern. Sein geiziger Onkel erteilt ihm die erwartete Abfuhr (DW, 16f.). Zwei Männer, die für wohltätige Zwecke sammeln, werden von Scrooge kurzerhand aus dem Kontor geworfen (DW, 19f.). Ein Junge, der vor der Tür ein Weihnachtslied singt (ein ironisch-selbstreflexives Moment also), wird unter Zuhilfenahme eines Lineals verscheucht (DW, 21f.).

Scrooge wohnt passenderweise in den einstigen Räumen Marleys, als ihn dessen Gespenst in der Nacht des 24. Dezember heimsucht. Marley trägt eine „Kette", bestehend aus „Geldkassetten, Schlüsseln, Vorlegeschlössern, Hauptbüchern, Urkunden und schweren, aus Stahl gewobenen Börsen" (DW, 28). Die Symbolik ist leicht aufzulösen: Marley muss so für seinen einstigen

---

[1] Wilpert: Die deutsche Gespenstergeschichte, S. 11f.

Geiz büßen und kündigt Scrooge an, dass dies bei ihm noch viel schlimmer aussehen werde (DW, 32), wenn er sich nicht bessere.

Zunächst führt Scrooge der „Geist der vergangenen Weihnacht" (DW, 42) die Wurzeln seines Geizes vor Augen. Als Kind war er von einem hartherzigen Vater in eine Schule mit einem nicht weniger unfreundlichen Schulmeister gegeben worden (DW, 45ff.). Seine Schwester Fanny konnte die Rückkehr des Jungen ins Elternhaus erreichen, denn „sie hatte ein schönes, großes, weites Herz" (DW, 50). Scrooges freundlicher Neffe, sein einziger noch lebender Verwandter, ist ihr Sohn. Als Scrooge die frühere Großzügigkeit anderer Menschen ihm gegenüber vor Augen geführt bekommt, beginnt er seine schlechten Taten zu bereuen, er möchte beispielsweise „meinem Schreiber ein oder zwei Worte sagen" (DW, 55).

Der „Geist der diesjährigen Weihnacht" (DW, 67) führt Scrooge das Elend vor, das der Geizhals lindern könnte. Im Haus seines Schreibers Bob Cratchit beobachtet Scrooge, dass das jüngste Kind mit dem in der deutschen Übersetzung sprechenden Namen Klein-Gottlieb (im Original, das der etwas kitschigen deutschsprachigen Übersetzung vorzuziehen ist, heißt er Tiny Tim) dringend eine bessere Ernährung und ärztliche Hilfe benötigt, um zu überleben (DW, 75). „Herr Scrooge war der Popanz und Kinderschreck der ganzen Familie" (DW, 81), und doch trinkt Bob, ohne zu wissen, dass der ihm dabei zusieht, auf das Wohl seines hartherzigen Chefs. Ähnlich tugendhaft verhält sich Scrooges Neffe (DW, 87f.).

Der „Geist der zukünftigen Weihnacht" (DW, 97) ist dafür zuständig, Scrooge vor Augen zu führen, was passiert, wenn er sich nicht ändert. Er zeigt Scrooge, wie gleichgültig den Menschen sein Tod sein wird und dass es sich dabei eigentlich nur um ausgleichende Gerechtigkeit handelt (DW, 107). Bobs Sohn Gottlieb wird mangels Hilfe gestorben sein (DW, 112ff.), hier greift Dickens direkt in die christliche Motivkiste (auch im englischen Original): „Geist des kleinen Gottlieb, deine Wesenheit war Gottes!" (DW, 115)

Als er am Weihnachtsmorgen aufwacht (war vielleicht doch alles nur ein Traum?), hat Scrooge seine Lektion gelernt, er spendiert Bob den größten Truthahn, der zu bekommen ist, und feiert bei seinem Neffen Weihnachten (DW, 121ff.). Das ganze Wesen des Alten ist verändert, er bemüht sich nun, nur noch Gutes zu tun:

> Scrooge tat noch mehr, als er versprochen hatte, und ward dem armen kleinen Gottlieb, der nicht starb, ein wahrer zweiter Vater. Er wurde ein ebenso guter Freund und gütiger Herr und menschenfreundlicher Mann, als man nur in der guten alten City oder in irgendeiner anderen guten alten Stadt, in irgendeinem Städtchen oder Flecken in der guten alten Welt finden mochte. (DW, 127)

Dickens implementiert märchenhafte Zahlensymbolik, so wird Scrooge von drei Gespenstern besucht, Marley ist auf den Tag genau sieben Jahre tot

(DW, 18) und als die Handlung mit dem Besuch von Scrooges nettem Neffen einsetzt, hat es „drei Uhr geschlagen" (DW, 13). Zugleich stellt er sich mit markierten intertextuellen Anspielungen in die Tradition des Märchens: Scrooge als Kind liest die *Erzählungen aus den Tausendundein Nächten* (DW, 47), um der tristen Wirklichkeit zu entfliehen.

Mit einem Motiv knüpft Dickens möglicherweise an einen weiteren konkreten Märchentext an, es ist ein unmarkiertes Zitat zu vermuten:

> Und nun soll mir ein Mensch, wenn er es kann, erklären, wie es möglich war, daß Scrooge, als er seinen Hausschlüssel ins Türschloß steckte, in dem Türklopfer, ohne daß mit diesem eine unmittelbare Veränderung vor sich gegangen war, nicht einen Türklopfer, sondern Marleys Angesicht erblickte. (DW, 24)

Hier hat möglicherweise E.T.A. Hoffmanns *Der goldne Topf* (1814) Pate gestanden. Als Anselmus das Haus des Archivarius Lindhorst betreten will, verwandelt sich der Türknauf in das Gesicht des hässlichen Äpfelweibs. Anders als bei Hoffmann ist das übernatürliche Wesen aber nicht böse, vielmehr will es seinem alten Kompagnon helfen. Auch Scrooges Vermutung, dass er seinen „Magen" überladen habe und deshalb Gespenster sehe, erinnert an den *Goldnen Topf*, an jene Szene, in der Registrator Heerbrand die Visionen des Anselmus in Schutz nimmt:

> „So ist mir in der Tat selbst einmal nachmittags beim Kaffee in einem solchen Hinbrüten, dem eigentlichen Moment körperlicher und geistiger Verdauung, die Lage eines verlornen Aktenstücks wie durch Inspiration eingefallen, und nur noch gestern tanzte auf gleiche Weise eine herrliche große lateinische Frakturschrift vor meinen hellen offenen Augen daher." (GT, 232)

Ebenfalls auf Hoffmann verweist die Ironie, die sich trotz des christlichen Kontexts immer wieder findet, hier ein Beispiel stellvertretend für viele:

> Als der Geist dies hörte, stieß er einen Schrei aus und klirrte mit seiner Kette so entsetzlich durch die Totenstille der Nacht, dass der Nachtwächter vollkommen recht gehabt haben würde, wenn er ihm eine Strafe für nächtliche Ruhestörung auferlegt hätte. (DW, 33)

Als Marley die anderen drei Geister ankündigt, die ihn nacheinander besuchen sollen, fragt Scrooge ganz pragmatisch: „Könnte ich nicht alle auf einmal haben [...]?" (DW, 35). Der Erzähler richtet sich, auch hier könnte Hoffmann Vorbildcharakter gehabt haben, direkt an den ‚geneigten Leser', mit dem er ein ironisches Spiel treibt (DW, 86). Eine solche Ironisierung des Wunderbaren betont das Allegorische der Erzählung, das auf die Tradition der Aufklärung zurückverweist. Auf unterhaltsame und zugleich literarisch anspruchsvolle Weise soll der Leser gebessert werden.

Dickens' *Weihnachtslied* steht in der Märchentradition, aber eher – trotz des Rückgriffs auf Motive Hoffmanns – in der Tradition der Aufklärung (Wieland) und der Klassik (Goethe). Die Erscheinung der Geister, die Erfahrung des Wunderbaren und die christliche Motivik haben eine klar erkennbare allegorische Funktion: Das Märchen soll die Menschen bessern und damit die sozialen Bedingungen des gesellschaftlichen Zusammenlebens verbessern.

Ludwig Bechstein

Deutsches Märchenbuch (1845)

„Du sollst alle Lebtage deinem Mann untertan sein"

1845 veröffentlichte Ludwig Bechstein (1801–1860), der ansonsten nur als Trivialschriftsteller von sich reden machte, sein *Deutsches Märchenbuch*, eine Sammlung, die später stark erweitert wurde und deren Popularität im 19. Jahrhundert den Produkten der Grimms, Hauffs und Andersens kaum nachstand. Bei Bechstein lässt sich deutlich die Indienstnahme des Märchens für die bürgerliche Ideologie der Zeit erkennen.

Auf den ersten Blick scheint Bechsteins Sammlung außerordentlich heterogen zu sein. Sie integriert Texte mit gutem und bösem Ausgang, mit religiösen und heidnischen Figuren und Inhalten, mit ernster und schwankhafter Figurenzeichnung und Handlung, mit (beispielsweise aus Grimms *Kinder- und Hausmärchen*) bekannten und zum Zeitpunkt der Veröffentlichung noch unbekannten Texten. Doch ist hinter all dem ein (bürgerliches) Konzept erkennbar.

Wenn das tapfere Schneiderlein zum Schwiegersohn des Königs aufsteigt, weil es gewitzter als der König ist (SM, 14f.), dann stützt Bechstein damit das bürgerliche Selbstbewusstsein im Machtkampf mit dem Adel, der durch den Ausgang der im Kern bürgerlichen Revolution von 1848/49 die Oberhand behielt und erst durch Bismarck mit der Reichsgründung 1870/71 ein Gesellschaftsmodell vorlegen konnte, das zumindest einen großen Teil des Bürgertums zufrieden stellte. *Die Probestücke des Meisterdiebs* radikalisieren das Modell.[1] Der angesichts beruflicher Alternativlosigkeit zum Meisterdieb gewordene Bürger schafft es durch seine Klugheit, dem prototypischen, reichen und humorlosen Adeligen, der sich mit ihm auf eine Wette einlässt, so viel abzunehmen, dass der Dieb und seine armen Eltern damit „in ein fernes Land" ziehen können. Der Hinweis, aus dem Dieb sei dort „ein ehrlicher und angesehener Mann geworden" (SM, 44), ist notwendig, um an der Oberfläche des Texts die gesellschaftliche Ordnung wiederherzustellen. In *Vom Schwaben, der das Leberlein gefressen* behauptet sich der Witz des Protagonisten selbst gegen Gott, der ihm schließlich den größeren Teil einer Summe Geldes überlassen muss (SM, 35). Allerdings wird die Figur des Schwaben ironisiert und Gottes

---

[1] Zur Tradition der Figur des Meisterdiebs in der Märchenliteratur vgl. Ladenthin (Hg.): Märchen von Mördern und Meisterdieben, bes. das Nachwort S. 131–148.

Milde betont, um eine solche Konstruktion nicht zum Affront gegen die Kirche werden zu lassen.

Das bereits Mitte des 19. Jahrhunderts reaktionär gewordene Projekt der literarischen Unterfütterung bürgerlichen Selbstbewusstseins wird in manchen Texten hochproblematisch. So ist die propagierte bürgerliche Ordnung untrennbar verknüpft mit einer patriarchalischen Herrschaftsstruktur innerhalb der Familie. Solche Ideologeme zeigen die nunmehr enge Verwandtschaft von ehemals genuin bürgerlichen und adeligen Wertvorstellungen. Als Keimzelle des Staates bürgt die hierarchische Familienstruktur für Gehorsam und Unterordnung in der Gesellschaft. Ein aus heutiger Sicht extremes Beispiel für die Festigung familiärer Rollenmuster heißt *Vom Zornbraten*, es findet sich der typische formelhafte Märchenanfang:

> Es war einmal ein Ritter, der hatte neben vielem Geld und Gut ein böses Weib, das wußte er nimmer zu bemeistern, und war schier auf Erden kein ärger Weib zu finden. Er aber war ehrenhaft und sanften Muts. Beide hatten eine einzige Tochter, und die erzog die Mutter also in ihren eignen bösen Sitten und nach ihrem Schlag, daß sie arg und karg, mückisch und tückisch wurde. Gleichwohl hatte Gott das Maidlein zu einer schönen Jungfrau gebildet […]. (SM, 91)

Der Ritter ist hier, da ein bürgerliches Pendant fehlt, zugleich Repräsentant des Bürgertums. Eine solche Konzeption ist seit Lessing gebräuchlich. Zwei zentrale Werte der Weiblichkeit – aus männlicher Sicht – werden in dem Zitat deutlich: Schönheit und Gehorsam. Der schwache Vater hat in seiner Frau keins von beidem, doch initiiert das Märchen einen (fatalen) Lernprozess, wenn es eine weitere männliche Figur einführt, die als Kontrast zur ersten dient:

> Nun saß etwa drei Meilen weit von der Burg dieses guten Ritters ein anderer Rittersmann, der war reich an Geld und Gut und hatte Freiersgedanken, war auch hübsch vom Angesicht und höflich von Sitten, der vernahm auf Fragen und Sagen, wie schön und wie häßlich zugleich jenes Nachbarn Tochter sei, und dachte: ich wage es frei, und wende ihr Gemüt zur Tugend, und mache sie gut, wo nicht, so will ich sie doch um ihrer Schöne wohl oder übel nehmen. (SM, 92)

Der Charakter einer Frau ist zweitrangig, wenn sie nur hübsch genug und der Mann durchsetzungsfähig ist.

Das böse Verhalten von Mutter und Tochter wird als Verstoß gegen die männlich codierte bürgerliche Ordnung markiert, so gibt der Vater seiner Tochter mit auf den Weg: „Du sollst alle Lebtage deinem Mann untertan sein, so, wie ich dich gelehret habe!" (SM, 94) Damit gewinnt das Verhalten der Tochter exemplarische Qualität für die Frage, ob sich die Ordnung der Gesellschaft aufrecht erhalten lässt. Entsprechend gerechtfertigt scheint so die Radikalität der Maßnahmen, die der frischgebackene Ehemann ergreift.

Er demonstriert dem Mädchen seinen Zorn auf alle Kreaturen, die ihm nicht gehorchen, indem er seinen Falken, dann sein Pferd umbringt und ihr schließlich mit dem Tode droht, wenn sie nicht die Stelle des Pferdes einnimmt. Die Analogie ist offensichtlich, wie ein störrisches Pferd wird das Mädchen zugeritten, bis es verspricht: „Und wenn ich tausend Jahre leben sollte, so wollte ich tun, was Euch lieb ist!" (SM, 96) Um der Zähmung die Grausamkeit zu nehmen, stellt das Märchen heraus, dass es sich bei dem früheren Zustand um den unnatürlichen und somit bei dem Verfahren des Ritters um eine gelungene, notwendige Therapie gehandelt hat: „Ihre Gäste empfing sie freundlich und fröhlich, und ohne Haß und Unwillen erfüllte sie, wie ein biederes Weib tun soll, die Wünsche ihres Eheherrn." (ebd.)

Damit ist die bürgerliche Gesellschaftsordnung aber nur teilweise restituiert. Es bleibt die aufsässige Mutter, und so bittet der Schwiegervater den fähigen jungen Ritter um Hilfe. Um die Grausamkeit der ‚Kur' abzufedern, lässt Bechstein die alte Frau gegen den Schwiegersohn schimpfen und Beleidigungen ausstoßen. Das ändert nichts daran, dass das Mittel des jungen Mannes einer peinlichen Strafe aus dem Mittelalter gleichkommt:

> „Ich weiß, was Euch so irr und wirr und böse macht", nahm der Ritter wieder das Wort. „Ihr habt zwei *Zornbraten* hier an jeder Hüfte, davon kommt's, daß Ihr so üble Sitte habt, wenn Euch die jemand ausschnitte, das wär vortrefflich gut, denn Ihr würdet fröhlicher als jemals eine Frau, und für Euern Mann wär's nicht minder gut." (SM, 98)

Da die Drohung nicht reicht und die alte Frau wieder Beleidigungen ausstößt, kommt es zur Tat:

> „Da griffen aber die Knechte auf des Ritters Wink sie an, warfen sie nieder, und der Tochtermann wetzte ein großes scharfes Messer, das setzte er ihr an die Hüfte und schnitt ihr durch Gewand und Hemde eine lange tiefe Wunde, daß ihr Hohnlachen ihr ganz verging; dann sprach er, indem er ein Stück Fleisch in ein Gefäß warf: „Seht, Frau, Ihr seid manches Jahr ein schlimmes Weib gewesen, daran waren Eure Zornbraten Schuld, die kann ich Euch nicht länger lassen." (SM, 98)

Wie im Mittelalter muss der Delinquent öffentlich bekennen und Buße tun; der selbsternannte Richter lässt dann Milde walten und die Wunde verbinden (SM, 99).

Das Normsystem der Gesellschaft wird hier besonders deutlich. Es ist nicht erlaubt, die Bekleidung der Delinquentin zu lüften, das wäre ein Verstoß gegen die gute Sitte. Aber es ist erlaubt, ihr eine Verletzung durch ihre Kleidung hindurch zuzufügen. Die systemimmanente Perversion liegt auf der Hand, und doch versucht der Text nach Kräften, die systemkonforme Handlung des jungen Ritters als vorbildlich darzustellen. Wie schon bei der Tochter wird die Kur durch den Erfolg gerechtfertigt:

> Und die Frau warf allen Krieg und Hader unter die Füße, wurde ein gut sittig Weib, ließ ab von ihrer bösen Heftigkeit, und als der Tag kam, nahm sie Urlaub mit ihrem Mann von dem Schwiegersohn, und er wünschte ihr, daß Gott sie bewahren möge vor allem Übel. (SM, 99f.)

Mit der Erwähnung Gottes, der offenbar seinen Segen zu der geschilderten Tat gibt, wird die hierarchische Ordnung (Familie, Gesellschaft und Kirche) komplettiert. Dass Bechstein das Märchen mit einem Spottlied enden lässt, in dem jedem, der „ein übel Weib hat", empfohlen wird, er solle sie „an ein Ästchen" hängen, ist der wenig gelungene Versuch, die Grausamkeit des Texts durch Humor zu balancieren. Das ändert nichts an der Botschaft, auf die Bechstein zum Schluss noch einmal deutlich hinweist: „Damit hat die Mär ein Ende, und kann davon eine beliebige Nutzanwendung jeder Mann und jede Frau sich selbst machen" (SM, 100). Wie außerordentlich zweideutig diese Worte heute klingen, dürfte außerhalb der Vorstellung Bechsteins gelegen haben.

Auffällig ist, dass das Märchenhafte dieses Texts stark reduziert wurde. Es besteht nur noch in dem mittelalterlichen Kolorit und der Handlungsstruktur von Mangelsituation bis Bekehrung. Durch die Einstufung als Märchen wird das Handeln des jungen Ritters zugleich symbolisch überhöht. Er ist der Repräsentant einer wunderbaren Ordnung, mit der die bürgerliche Ideologie die Weihen der Transzendenz erhält.

Gottfried Keller

Spiegel, das Kätzchen (1855)

„Du betrügst mich am Ende
und belügst mich wie ein Schelm!"

In dem als „Erzählungen" bezeichneten, berühmten Novellenzyklus *Die Leute von Seldwyla* (1856/1874) des Schweizer Autors Gottfried Keller (1819–1890) findet sich am Ende des ersten Bandes das 1855 entstandene, im Untertitel so genannte „Märchen" *Spiegel, das Kätzchen*.

Viele Texte in diesem Zyklus zeichnen sich durch den spielerischen Umgang mit Märchenmotiven aus, auch der wohl berühmteste, *Kleider machen Leute*, mit dem der zweite Band eröffnet wird. Der arme Schneider Wenzel Strapinski wird für einen polnischen Adeligen gehalten und heiratet nach zahlreichen Verwicklungen die Tochter eines der örtlichen Honoratioren; ein solcher sozialer Aufstieg ist charakteristisch für viele Märchen. Unter anderem dürften literarische Schneiderfiguren aus den Grimmschen Märchen *Das tapfere Schneiderlein* oder *Der Schneider im Himmel* Pate gestanden haben. Ähnlichkeiten mit Wilhelm Hauffs Roman *Der Mann im Mond oder Der Zug des Herzens ist des Schicksals Stimme* (1826) sind ebenfalls nicht zu übersehen, nur dass Hauffs Protagonist tatsächlich reich und adelig ist. Dazu kommen Parallelen mit Hauffs *Märchen vom falschen Prinzen* (1825) aus dem Märchen-Almanach *Die Karawane*. Eine solche Quellenlage zeigt beispielhaft, dass Keller in den *Leuten von Seldwyla* ganz bewusst und immer wieder auf die Märchentradition zurückgreift.[1]

Spiegel, das Kätzchen wird vor allem von E.T.A. Hoffmanns Roman *Lebens-Ansichten des Katers Murr nebst fragmentarischer Biographie des Kapellmeisters Johannes Kreisler* von 1820–22 beeinflusst worden sein. Die fiktive Autobiographie des Katers ist eine Bürgersatire. Die eigentlich wichtige Autobiographie Kreislers, die der Kater für seine überflüssigen Ergüsse zerrissen und auf deren Rückseite er geschrieben hat, zeigt die Problematik der Künstlerexistenz in einer bourgeoisen Welt. Keller versöhnt die beiden Möglichkeiten der Existenz in der Figur Spiegel miteinander, der Züge des Bürgers und des Künstlers trägt. Allerdings bleibt die durchgängige, gegen die bürgerliche Gesellschaft

---

[1] Zu der bis ins 12. Jhd. zurückreichenden Tradition des Motivs und der Redewendung „Kleider machen Leute" vgl. außerdem Ranke u. Brednich (Hg.): Enzyklopädie des Märchens, Bd. 7, Sp. 1425–1430.

Abb. 9:
Gottfried Keller.
Bildnis von Conrad Hitz

gerichtete Ironie, wodurch der Unterschied der Konzeption nivelliert wird. Die Gesellschaft hat sich nicht geändert, daher erweist sich die kritische Tradition als stärker.

Hoffmanns *Kater Murr* ließe sich als Märchenroman bezeichnen, da er mit dem sprechenden Tier eines der wichtigsten Märchenmotive aufgreift. Allerdings wird das Märchenhafte auf diesen einzigen Zug reduziert, eine Tendenz, die auf Texte des 20. Jahrhunderts vorausweist. Keller belässt es nicht beim sprechenden Spiegel, er führt eine Hexe und einen Zauberer ein und er zeichnet eine Gesellschaft im Kleinen, die Zaubereien akzeptiert und in ihre Abläufe bruchlos integriert. Sie tut dies, indem sie insbesondere die ökonomischen Vorteile des Zauberns nutzt – also auf eine realistische Weise.

Der Umgang mit dem Wunderbaren ist noch nüchterner, als dies bereits bei Hauff zu beobachten war. Die Ökonomisierung der Zauberei bei Keller dürfte allerdings auch in Hauff einen wichtigen Vorläufer haben. Unterschiede und Gemeinsamkeiten lassen sich bei einem Vergleich von Holländer-Michel aus *Das kalte Herz* (1828) und Stadthexenmeister Pineiß leicht erkennen. Beide besitzen zauberische Fähigkeiten, die sie zum eigenen Vorteil benutzen. Pineiß ist aber äußerlich nicht von den anderen Bürgern verschieden, er wohnt in ihrer Mitte und übt seinen Beruf mit ihrer Zustimmung öffentlich aus: „Herr Pineiß war ein Kann-Alles, welcher hundert Ämtchen versah, Leute kurierte, Wanzen vertilgte, Zähne auszog und Geld auf Zinsen lieh [...]" (SK, 240). Das Wunderbare ist hier so weit wie möglich reduziert worden. In der Vermischung des Realen und des Wunderbaren in einer Wahrnehmungsebene knüpft Keller an das Märchen der ‚Gattung Grimm' an, von dem er sich aber durch alle anderen Merkmale unterscheidet – Orts- und Zeitangaben, Personennamen, komplexe Handlung uvm.

Der Erzähler des Märchens will die Genese eines Sprichwortes erläutern: „Er hat der Katze den Schmer abgekauft!" bedeutet bei den Seldwylern so viel wie „einen schlechten Handel gemacht" zu haben (SK, 235). Der Erzähler gibt nun „eine alte Sage" wieder, auf die das Sprichwort zurückgehen soll. An der Bezeichnung „Sage" für die Handlung, „Märchen" für den vorliegenden Text und „Erzählungen" für die Texte des Zyklus lässt sich erkennen, dass Keller keine klaren Gattungsgrenzen ziehen möchte.

Der Anfang der Handlung vermittelt zwischen den Traditionen, zwar gibt es eine Zeitangabe, aber sie ist ungenau, und der Schauplatz ist ein nicht real existierender, rein fiktiver Ort:

> Vor mehreren hundert Jahren, heißt es, wohnte zu Seldwyla eine ältliche Person allein mit einem schönen, grau und schwarzen Kätzchen, welches in aller Vergnügtheit und Klugheit mit ihr lebte und niemandem, der es ruhig ließ, etwas zu Leide tat. Seine einzige Leidenschaft war die Jagd, welche es jedoch mit Vernunft und Mäßigung befriedigte, ohne sich durch den Umstand, daß diese Leidenschaft zugleich einen nützlichen Zweck hatte und seiner Herrin wohlgefiel, beschönigen zu wollen und allzusehr zur Grausamkeit hinreißen zu lassen. (ebd.)

Für das Verhalten der Katze werden noch mehr Vokabeln gefunden, die seinen Vorbildcharakter illustrieren: „still und aufmerksam", „anständig" (ebd.), „heiter, zierlich und beschaulich", „in anständiger Wohlhabenheit und ohne Überhebung", „ein Mann von Grundsätzen" (SK, 236). Lediglich „in verliebter Begeisterung" kommt Spiegel manchmal zu einem „liederlichen und zerzausten Ansehen", allerdings weiß er genau, „was er sich zur wohltätigen Abwechslung erlauben durfte" (ebd.). Spiegel ist nicht nur eine Katze, sondern, wie der Name sagt, ein Spiegel des idealen Bürgers, zugleich aber auch ein Zerrspiegel, denn die Ironie ist nicht zu überlesen. Die Apologie des Bürgertums trägt Anzeichen seines Verfalls in der Bewertung durch den Erzähler. Spiegel wird sich daher, um als Bürger überleben zu können, ändern müssen.

Die Notwendigkeit dazu tritt ein, als Spiegels Frauchen stirbt. „Es war das erste Unglück, welches ihm widerfuhr", und sein Plan, seine Dienste den Erben anzubieten, schlägt fehl. Es sind „unvernünftige Menschen":

> [...] diese Leute ließen Spiegel gar nicht zu Wort kommen, sondern warfen ihm die Pantoffeln und das artige Fußschemelchen der Seligen an den Kopf, sooft er sich blicken ließ, zankten sich acht Tage und schlossen das Haus bis auf weiteres zu, so daß nun gar niemand darin wohnte. (SK, 237)

Die Verbindung, die Brecht viele Jahrzehnte später in der *Dreigroschenoper* (1928) mit dem Satz „Zuerst kommt das Fressen, dann kommt die Moral" herstellen wird, bewahrheitet sich bereits an Spiegel. Mit der Not der Nahrungssuche beschäftigt, verliert Spiegel „alle seine moralischen Eigenschaften" (ebd.), er wird „von Tag zu Tag magerer und zerzauster, dabei gierig, kriechend und feig; all sein Mut, seine zierliche Katzenwürde, seine Vernunft und Philosophie waren dahin" (SK, 238). Die Verbindung zwischen Körper und Geist könnte nicht enger sein, erst als er zu ausreichender Nahrung kommt, wird Spiegel „seine Geisteskräfte in gleichem Maße wieder" ansammeln (SK, 242).

Der Weg zur Nahrung ist ein Ausweg mit Tücken: Der „Stadthexenmeister Pineiß" macht Spiegel ein Angebot, er will ihm seinen „Schmer abkaufen" (SK, 238). Die wichtigste Zutat für die Zauberrezepte des Herrn Pineiß ist Katzenfett, doch das geht ihm langsam aus. Spiegel muss es ihm aber „vertragsmäßig und freiwillig" abtreten, dafür darf er sich dann „fett und kugelrund" fressen (SK, 239). Spiegel bleibt keine Wahl, immerhin handelt er noch eine „mäßige Frist" heraus, um sich seiner neuen Beleibtheit erfreuen zu können (ebd.). Keller aktualisiert hier das Motiv des Teufelspakts, wie wir es vor allem aus Goethes *Faust I* (1808) kennen. Zugleich wird das Motiv durch das Handelsobjekt Katzenfett ironisiert.

Die „ordentliche Landschaft" mit Milchsee und verborgenen Leckerbissen, die Pineiß für Spiegel in seinem Haus baut, um dem Kater das Fressen so einfach und zugleich so interessant wie möglich zu machen, erinnert an Hoffmanns *Nußknacker und Mausekönig* (1816). Pate Droßelmeier schafft vergleichbar künstliche Welten, auch wenn bei ihnen das Mechanische dominiert. Droßelmeier ist ein *Alter ego* Hoffmanns, doch wird man Pineiß nicht als *Alter ego* Kellers bezeichnen können. Diese Rolle wird, wie wir noch sehen werden, Spiegel zukommen. Dennoch wird auch Pineiß durch das Schaffen einer solchen künstlichen Welt zu einer Autorenfigur – ein Autor, der einen Text schreibt, schafft ein vergleichbares Arrangement. Pineiß indes versagt durch Einfallslosigkeit, er berücksichtigt nicht die Natur der Katze und denkt nur an seinen eigenen Gewinn. Spiegel wird ihm später zeigen, wie man es richtig macht.

Dieser wesentliche Charakterunterschied macht Sieger und Verlierer. Pineiß ist in seinem Ehrgeiz maßlos, Spiegel vermag sich zu mäßigen und „fraß nicht mehr als ihm zuträglich war" (SK, 242). Deshalb wird er auch nicht fett, seine kalkulierten amorösen Abenteuer sorgen sogar dafür, dass er zum entscheidenden Zeitpunkt keine gute Figur macht (SK, 247). Pineiß bewertet das natürliche Verhalten des Katers als List (SK, 244f.) – hier zeigt sich der Unterschied zwischen Naturtrieb und Spieltrieb im Sinne Friedrich Schillers. Spiegel verkörpert – dies genauer darzulegen fehlt der Raum – ein sittliches Ideal, denn er handelt naturgemäß tugendhaft, er muss darüber nicht einmal nachdenken. Pineiß hingegen nützt auch die Reflexion nichts, er wird von seinen niederen Trieben gesteuert. Um Spiegel gegen dessen Natur fett zu bekommen, sperrt er ihn in einen Gänsestall und mästet ihn – hier verwendet Keller eines der berühmtesten Motive aus *Hänsel und Gretel*. Wie die Kinder die Hexe wird auch der Kater den Zauberer besiegen, allerdings nicht mit einer physischen Tat, sondern mit Köpfchen.

Es folgt die nächste Aktualisierung eines bekannten Märchenmotivs: Wie Schehrezad erzählt Spiegel erfolgreich um sein Leben. Spiegel erfindet eine Geschichte, die so gut ist, dass Pineiß sie glaubt – und Keller erzählt eine Binnenhandlung, die sein Märchen metafiktional werden lässt. Seine verstorbene Herrin, so Spiegel, habe 10000 Goldgülden in einen Brunnen geworfen und mit einem Fluch belegt. Sie wollte nicht wegen ihres Geldes geheiratet werden und hatte einst einen ehrenwerten Freier auf die Probe gestellt, doch mit ihrer List den Bogen überspannt und den jungen Kaufmann, der sich abgewiesen glaubte, unfreiwillig in den Tod geschickt. Das Geld im Brunnen hatte ihr der Kaufmann geliehen, weil sie ihn glauben machte, sie sei arm und benötige Kapital für ihre Hochzeit (SK, 249–261).

Die metafiktionalen Signale sind nicht zu überlesen. Die junge Dame spielt ihrem Liebhaber eine „Komödie" vor, sie erfindet einen „Roman" (SK, 255). Spiegel fügt der Geschichte ein Ende hinzu, das ihn aus der Schlinge befreien wird: Er sei von der verstorbenen Herrin beauftragt worden, eine „unbemittelte Frauensperson" und für sie einen Freier zu finden, der „ein verständiger, rechtlicher und hübscher Mann" sein müsse (SK, 261). Der Mann müsse versprechen, „dieser Frau sein Leben lang in allen Dingen zu willfahren" (SK, 262), dann werde sie als Mitgift die 10000 Goldgülden erhalten.

Der gierige Pineiß glaubt mit Hilfe Spiegels an das Gold kommen zu können. Aufschlussreich ist der den neuen Vertrag vorbereitende Dialog:

„Ich merke, du willst unsern Kontrakt aufheben und deinen Kopf salvieren!" „Schiene Euch das so uneben und unnatürlich?" „Du betrügst mich am Ende und belügst mich wie ein Schelm!" „Dies ist auch möglich!" sagte Spiegel. „Ich sage dir: betrüge mich nicht!" rief Pineiß gebieterisch. „Gut, so betrüge ich dich nicht!" sagte Spiegel. „Wenn du's tust!" „So tu ich's." „Quäle mich nicht, Spiegelchen!" sprach Pineiß beinahe weinerlich. (SK, 264f.)

Die Macht der Fiktion ist größer als das realistische Kalkül des Hexenmeisters. Das zeigt sich auch in der Art und Weise, wie Spiegel seiner erfundenen Geschichte ein realistisches Ende gibt und so die weitere Handlung motiviert:

„Dem Hause des Herrn Pineiß gegenüber war ein anderes Haus, dessen vordere Seite auf das sauberste geweißt war und dessen Fenster immer frisch gewaschen glänzten." Es ist das Haus „einer alten Begine" (niederl. für ‚Klosterfrau'; SK, 266). Da es auf der anderen Straßenseite steht, ist das Haus dem des Hexenmeisters spiegelbildlich zugeordnet. Die Begine ist zwar hässlich, doch ist sie eine Hexe und kann sich in eine sehr hübsche Frau verwandeln. Anders als bei Pineiß handelt es sich bei der Begine aber um eine Figur, die ihre magischen Fähigkeiten im Geheimen einsetzt. Das ist auch notwendig, denn Hexen sind dem Hexenmeister unterlegen: „Überdies machte er das Wetter in schwierigen Zeiten, überwachte mit seiner Kunst die Hexen, und wenn sie reif waren, ließ er sie verbrennen [...]" (SK, 241). Gegen die (hier freilich ironisch gebrochene) Symbiose von mittelalterlichem Glauben und Aberglauben, in der zugleich das Geschlechterverhältnis gespiegelt wird (die absolute Verfügungsmacht des Mannes über die Frau), hilft nur Heimlichkeit. Nun ist die Hexe genauso böse wie der Hexenmeister, deshalb wird sie von Spiegel mit Hilfe einer Eule gefangen, als sie „jung und schön und splitternackt" (SK, 267) aus ihrem Schornstein fliegt (271).

Die Eule steht im Dienst der Hexe und bekommt nun, wie zuvor Spiegel, ihre Freiheit zurück. Überdies verpflichtet sich die Hexe, bei der Intrige gegen Pineiß mitzuwirken. Sie tritt als mittellose Schönheit auf und der Hexenmeister kann „vor heftigem Entzücken kaum seine Bewerbung vorbringen" (SK, 272). Der angesehene und auch finanziell unabhängige Hexenmeister lässt sich vom Glanz der Schönheit und des Goldes blenden. Um nicht den Neid der Mitbürger zu erregen, will er seinen prospektiven Gewinn vor ihnen verbergen. Nun mündet das Märchen in eine Bürgersatire:

> Er ließ sich bei einem uralten Einsiedler mit ihr trauen und feierte das Hochzeitsmahl in seinem Hause, ohne andere Gäste als Spiegel und die Eule, welche ersterer mitzubringen sich die Erlaubnis erbeten hatte. Die zehntausend Goldgülden standen in einer Schüssel auf dem Tisch und Pineiß griff zuweilen hinein und wühlte in dem Golde; dann sah er wieder die schöne Frau an [...]. (SK, 273)

Die Ironie liegt darin, dass der märchenhafte Schluss, zumindest aus Pineiß' Sicht, nur ein scheinbarer ist. Als er seine Gäste verabschiedet hat, „saß die alte weiße Begine, seine Nachbarin, am Tisch und sah ihn mit einem bösen Blick an". Wie den drei Soldaten in Musäus' Märchen *Rolands Knappen* (aus den *Volksmärchen der Deutschen* von 1782–86), die eine alte Hexe zum Liebesakt zwingt, bleibt auch Pineiß nichts anderes übrig, als sich in das Unvermeidliche zu fügen: „Diese aber stand auf, näherte sich ihm und trieb ihn vor sich her in die Hochzeitskammer, wo sie mit höllischen Künsten ihn auf eine Folter spannte, wie noch kein Sterblicher erlebt." Den Bürgern der Stadt gelten sie allerdings als „ehrbares und rechtliches Paar" (ebd.).

Mit dem satirischen Schluss wird richtiges und falsches bürgerliches Verhalten vorgeführt. Allerdings entspricht Spiegel nur zum Teil den positiven Merkmalen des Bürgertums, wie sie seit dem 18. Jahrhundert in Fiktion und Realität entwickelt wurden. Pineiß und die Begine sind die prototypischen Bürger, die hier der Lächerlichkeit preisgegeben werden; sie gelten als fromm, ehrbar und wohlhabend. Spiegel hingegen, der von der Gesellschaft kaum beachtet wird und neben seinen Tugenden auch seine freie Katzenliebe pflegt, ist ein Außenseiter der Gesellschaft. Der Außenseiterstatus korrespondiert mit seinen Fähigkeiten als Künstler, vielmehr als Erzähler und Erfinder fiktionaler Texte. Keller, der zwar in der Gesellschaft angesehen, aber zugleich in seiner Doppelexistenz als Bürger und Autor ein Außenseiter war, hat hier seiner Gesellschaft und sich selbst einen Zerr-*Spiegel* im Medium des Märchens vorgehalten.

Mit *Spiegel, das Kätzchen* erreicht das von Hoffmann geprägte deutschsprachige Wirklichkeitsmärchen einen vorläufigen End- und Höhepunkt; erst in der Kinder- und Jugendliteratur des 20. Jahrhunderts wird man sich auf diese Tradition zurückbesinnen und so die Möglichkeit schaffen, die einerseits ins Triviale abrutschende, andererseits durch die literarische Moderne ihrer Merkmale beraubte Gattung weiterzuentwickeln.

Lewis Carroll

Alice im Wunderland (1865)

„Ach, und ich hatte einen so seltsamen Traum!"

Lewis Carroll wurde im Todesjahr Goethes und Sir Walter Scotts geboren (1832), er starb im selben Jahr wie Theodor Fontane (1898). Carroll hieß mit bürgerlichem Namen Charles Lutwidge Dodgson, für das Pseudonym variierte er die beiden Vornamen in umgekehrter Reihenfolge. Sein selbst gewählter Nachname könnte auch etwas mit der volkstümlichen Tradition zu tun haben, in die er sich stellte – ein „carol" ist auf Englisch ein Lied, als Verb heißt es so viel wie „fröhlich singen, jubilieren". Zwar knüpft Carroll an volkstümliche Traditionen an, doch verändert er sie erheblich.

Carroll hatte zunächst wenig mit Literatur zu tun, er unterrichtete Mathematik am Christ Church College in Oxford. Sein erstes und bis heute populärstes Buch, den Märchenroman *Alice im Wunderland* (*Alice's Adventures in Wonderland*) von 1865, legte er Ende 1864 Alice Pleasance Liddell, der Tochter seines Dekans, als Manuskript unter den Weihnachtsbaum; zur Veröffentlichung musste man ihn überreden. Der biographische Hintergrund mit der vieldiskutierten Frage, welcher Art seine Beziehung zu dem siebeneinhalb Jahre alten Mädchen war, soll hier vernachlässigt werden. In der Literaturgeschichte sollte wie vor Gericht der Zweifel für den Angeklagten gelten; auch ist es durchaus wahrscheinlich, dass eine prüde Rezeption eine Absonderlichkeit des an Absonderlichkeiten nicht gerade armen Autors mit bigotter Fantasie zu einem ‚Fall' aufgebauscht hat. Carroll schrieb 1872 noch eine Fortsetzung, *Hinter den Spiegeln* (*Through the Looking-Glass, and What Alice Found There*). Zum ersten großen Erfolg der (durch die *Alice*-Bücher mit vorbereiteten) Nonsens-Literatur wurde *The Hunting of The Snark* (*Die Jagd nach dem Schnark*) von 1876.

Bereits der Anfang des ersten Märchenromans lässt entscheidende Rückschlüsse auf die Struktur des Ganzen zu:

> Alice war es allmählich leid, neben ihrer Schwester am Bachufer stillzusitzen und nichts zu tun; denn sie hatte wohl ein- oder zweimal einen Blick in das Buch geworfen, in dem ihre Schwester las, aber nirgends waren darin Bilder oder Unterhaltungen abgedruckt – „und was für einen Zweck haben schließlich Bücher", sagte sich Alice, „in denen überhaupt keine Bilder und Unterhaltungen vorkommen?" Sie war infolgedessen gerade am Überlegen (soweit sich das machen ließ, denn vor lauter Hitze war sie schon ganz schläfrig und dumm

im Kopf), ob sich das Aufstehen wohl lohne, wenn sie dafür Gänseblümchen pflücken und eine Kette daraus machen konnte, als plötzlich ein Weißes Kaninchen mit roten Augen dicht an ihr vorüberlief. Daran war an und für sich nichts Besonderes; auch fand es Alice noch nicht übermäßig seltsam, daß das Kaninchen vor sich hin murmelte: „Jemine! Jemine! Ich komme bestimmt zu spät!" (als sie später darüber nachdachte, fiel ihr ein, daß sie sich eigentlich darüber hätte wundern müssen, aber im Augenblick erschien ihr das alles ganz natürlich); als daraufhin das Kaninchen aber wahrhaftig eine Uhr aus der Westentasche zog, nach der Zeit sah und dann weiterlief, da war Alice mit einem Satz auf den Beinen, denn mit einemmal war ihr klargeworden, daß sie noch nie zuvor ein Kaninchen mit einer Westentasche gesehen hatte, am allerwenigsten eines mit einer Uhr darin; und außer sich vor Neugier rannte sie ihm, so schnell sie konnte, über den Acker nach, wo sie es zum Glück noch gerade unter die Hecke in einen großen Kaninchenbau hineinspringen sah. Im Nu war ihm Alice nachgesaust, ohne auch nur von fern daran zu denken, wie in aller Welt sie wohl wieder herauskäme. Ein Stück weit führte der Bau wie ein Tunnel geradeaus, doch dann fiel der Gang plötzlich ab, so unvermittelt, daß an ein Innehalten nicht mehr zu denken war und Alice auch schon in einen abgrundtiefen Schacht hinunterfiel. (AW, 11f.)

Abb. 10:
Alice folgt dem Kaninchen ins Wunderland. Zeichnung von John Tenniel

Vom Ende her – die Schwester weckt Alice – lässt sich dies als subjektive, die Sicht von Alice wiedergebende Schilderung des Einschlafens lesen. Die Augen fallen zu und es wird dunkel, ähnlich dem Eintritt in den Tunnel. Der Fall in den Schacht würde dann den Fall in den Schlaf beziehungsweise den Traum bedeuten, der nachfolgend geschildert wird.

Zugleich etabliert Carroll eine metafiktionale Deutungsebene. Alice langweilt sich bei Büchern ohne „Bilder und Unterhaltungen", hier beginnt ein ironischer Diskurs über die notwendige Ausgestaltung von Fiktionen. Der Fall in den Schacht ist daher auch ein Fall ins Bodenlose des Texts.

Carroll macht konsequenterweise sofort deutlich, dass die Alltagslogik in der Welt, in die Alice und der Leser nun ‚fallen', nichts mehr gilt, er setzt sogar die Naturgesetze außer Kraft. Alice fällt so langsam, dass sie die Seitenwände des Schachts betrachten kann, die „aus lauter Bücherregalen und Wandschränken" bestehen, „Landkarten und Bilder" sieht sie außerdem – hier wird die bildungsbürgerliche Welt des zeitgenössischen Lesers in ihrer Grobstruktur gezeigt. Aus einem Regal nimmt Alice ein Glas mit Orangenmarmelade, ironischerweise ist es leer. Das Glas stellt einen weiteren Bezug zum bürgerlich-viktorianischen England her, noch heute ist die bittere *marmelade*, wie Orangenmarmelade im Unterschied zu *jam* heißt, also der üblichen süßen Marmelade, wichtiger Bestandteil der traditionellen britischen Esskultur.

Trotz des tiefen Falls kommt Alice ohne Schaden auf – Vorausdeutung auf den Schluss und grundsätzliches Prinzip der Fiktion, die dem Leser keinen Schaden zufügen kann. Genauso funktionieren viele magische Hilfsmittel. Auf ihren Wunsch hin, sich wie ein Fernrohr zusammenschieben zu können, findet Alice ein Fläschchen mit einem Getränk, das genau diese Wirkung erzielt (AW, 16f.). Allerdings ist es mit dem Wünschen wie mit der Konstruktion von Fiktionen – leicht vergisst man etwas zu bedenken. Alice schafft es deshalb nicht, die Türen, vor denen sie steht, zu öffnen.

Doch plötzlich ist Alice mit einer Ansammlung von Tieren konfrontiert, die sich gegenseitig Geschichten erzählen wollen – Carroll greift hier auf ironische Weise die Tradition des geselligen Erzählens auf, wie es Märchen- und Novellenzyklen seit Boccaccio strukturiert. Die kleine Notgemeinschaft ist aber nicht in Not und die Geschichten sind keine Geschichten, auch hier werden mögliche Erwartungen der Leser durchkreuzt. Die „Geschichte der Maus" (AW, 32f.) ist ein Nonsens-Gedicht und beschreibt graphisch den Schwanz der Maus. Das weiße Kaninchen, das nun wieder auftaucht, ist der einzige rote Faden in der Handlung des Märchenromans – ihm wird Alice versuchen zu folgen, bis es die Herzkönigin kennen lernt.[1]

---

[1] Der Kinderroman enthält „zwölf in sich geschlossene Märchenepisoden", vgl. Ranke u. Brednich (Hg.): Enzyklopädie des Märchens, Bd. 1, Sp. 311.

Natürlich gibt Carroll die Logik nicht auf, er etabliert nur eine andere als die bekannte, er setzt die Puzzleteile der menschlichen Wahrnehmung und Imagination neu zusammen. Alice weiß, dass sie eine andere und dennoch sie selbst geblieben ist, so wie das ja auch im Traum der Fall ist, wenn man Dinge sieht und tut, die mit der Realität des Schlafens kontrastieren. Dennoch bilden beide Ichs eine Einheit, das gilt auch für die Fiktion. Als Alice versucht, dies einer Raupe zu erklären, hat sie Schwierigkeiten: „,[…] ich bin gar nicht ich, sehen Sie.' ‚Ich sehe es nicht', sagte die Raupe. ‚Leider kann ich es nicht besser ausdrücken', antwortete Alice […]" (AW, 47). Letztlich ist das die Apologie des literarischen Texts und das Defizit jeder Interpretation – besser als durch den literarischen Text kann man es nicht ausdrücken, der Kommentar kann nur helfen, den Text besser zu verstehen.

Die neue Logik, die der Text etabliert, hat interpretatorische Konsequenzen für die Alltagslogik, die er spiegelt. Alices Abenteuer sind das Nacheinander verschiedener Stationen, die bürgerliches und adeliges Verhalten parodieren, etwa in den Figuren des verrückten Hutmachers und des Schnapphasen (AW, 70ff.) oder der Herzogin und ihrer Diener (AW, 58ff.). Das Gespräch von Alice und dem Hutmacher liest sich wie eine frühe Illustration poststrukturalistischer Deutungsverfahren:

> „Das ist einmal eine komische Uhr!" bemerkte sie. „Die zeigt ja nur Tage an und keine Stunden!" „Wozu auch" brummte der Hutmacher. „Zeigt *deine* Uhr vielleicht das Jahr an?" „Natürlich nicht", versetzte Alice schlagfertig, „aber das kommt daher, daß es so lange das gleiche Jahr bleibt." „Und genau das trifft auch bei *meiner* zu", sagte der Hutmacher. Daraus konnte Alice nun gar nicht klug werden. Die Antworten des Hutmachers schienen keinerlei Sinn zu haben, und doch waren alle Antworten darin deutsch. (AW, 72f.)

Oder: „‚Hast du das Rätsel schon herausgebracht?' fragte der Hutmacher, wieder zu Alice gewandt. ‚Nein, ich gebe es auf', sagte Alice, ‚wie heißt denn die Lösung?' ‚Keine Ahnung', sagte der Hutmacher (AW, 73).

Dem Prinzip der Problematisierung von Kommunikations- und Reflexionsprozessen folgt auch die Episode, die den Höhepunkt des Märchenromans darstellt – die Gerichtsverhandlung gegen den als Tortendieb angeklagten Herzbuben (AW, 112ff.). Auch hier bleibt die Vergleichsebene der Alltagsrealität immer gegenwärtig. Carroll erzeugt Kohärenz, indem er die Figuren aus den früheren Episoden erneut auftreten lässt, in der Regel als Zeugen. Auch das Kaninchen tritt wieder auf und es präsentiert einen Beweis für die Schuld des Angeklagten. Auf der anderen Seite steht die scheinbare Sinnlosigkeit des juristischen Schlagabtauschs. So ist das Blatt, das vom Kaninchen vorgezeigt wird, leer, und das Gedicht, das es vorträgt, macht keinen Sinn, „[…] aber keiner machte den Versuch, das Gedicht zu erklären. ‚Wenn es keinen Sinn hat', sagte der König, ‚können wir uns sehr viel Mühe sparen, dann brauchen wir ihn gar nicht erst zu suchen" (AW, 123). Dazu passt, dass er sofort den Versuch unternimmt, den Sinn zu konstruieren, den er herauslesen möchte.

Alice zweifelt das ganze Gerichtsverfahren an, sogar einen Spruch der Königin: „Zuerst die Strafe, wo gibts denn so was!" Daraufhin befiehlt die Königin, Alice den Kopf abzuschlagen, doch die lässt sich nicht einschüchtern:

> „[…] ihr seid ja nichts weiter als ein Kartenspiel!" Bei diesen Worten schwang sich das ganze Kartenspiel in die Luft und kam auf sie zugesegelt. Halb zornig, halb erschreckt, stieß Alice einen kleinen Schrei aus und schlug nach ihnen, um sie zu verjagen – und auf einmal war sie wieder am Bachufer und lag mit dem Kopf ihrer Schwester im Schoß, und eine sanfte Hand strich ihr einige raschelnde Blätter aus dem Gesicht, die von einem Baum auf sie herabgeflattert waren. „Wach auf, liebe Alice!" sagte ihre Schwester. „Wie lange du geschlafen hast!" „Ach, und ich hatte einen so seltsamen Traum!" sagte Alice […]. (AW, 125)

Die Blätter wurden im Traum zum Kartenspiel – Carroll liefert eine rationale Erklärung nach und führt seinen Text zurück in die Welt der Alltagslogik, in der die Gesetze gelten, die Leser und Figuren kennen. Auch die Schwester beginnt nun zu träumen, aber sie erkennt, dass ihre Vorstellungen – wie bei den raschelnden Blättern – rationale Ursachen haben:

> Und zuletzt malte sie sich aus, wie dieselbe kleine Schwester, die eben davongelaufen war, eines Tages auch erwachsen wäre und sich wohl auch in reiferen Jahren das einfältige liebevolle Herz ihrer Kindheit bewahrt hätte, und sah vor sich, wie sich andere kleine Kinder um sie scharten und wie auch deren Augen aufleuchteten bei manch einer seltsamen Geschichte, vielleicht sogar, wer weiß, bei der Geschichte des Traumes vom Wunderland aus alter Zeit […]. (AW, 128)

Hier ist unschwer erkennbar, dass Carroll durch die Schwester mit seiner kleinen Adressatin spricht, der wirklichen Alice. Mit diesem Abschluss bestätigt er noch einmal die Konventionen seiner Zeit, die er vorübergehend experimentell außer Kraft gesetzt hatte. Die Erinnerung an das Wunderland erfüllt eine konkrete Funktion in der Alltagsrealität, es macht diese Realität in ihrer faktischen Absurdität leichter ertragbar.

Carlo Collodi

Pinocchio (1883)

„Es gibt so viele Esel auf dieser Welt!"

Der 1826 in Florenz geborene und 1890 gestorbene Carlo Lorenzini nannte sich nach dem Geburtsort seiner Mutter Collodi. Er gehörte der italienischen Freiheitsbewegung an (vergleichbar dem deutschen Vormärz), wurde Beamter, schrieb für Zeitschriften und veröffentlichte Bücher. Besonders erfolgreich waren seine Beiträge zur Alphabetisierung der italienischen Bevölkerung, mit pädagogischer Absicht geschriebene Kinderbücher.[1] Collodi gehört zu den frühen Kinderbuchautoren in der italienischen Literatur, die kindgemäß erzählten, allerdings in der Regel mit der Absicht, die Lehre wirksamer zu machen.

Pinocchio, nach einem Zeitschriftenabdruck 1883 in Buchform erschienen, gehört zu Collodis pädagogischen Kinderbüchern, wird von der Forschung aber dennoch als Ausnahme gesehen. Gründe sind die Heterogenität des Werks und die ungeheure Vitalität der Titelfigur, die Dieter Richter mit Collodis Sozialisation als Kind von Bediensteten hoher Herrschaften zu erklären versucht:

> Ich denke, wir können nicht nur zahlreiche einzelne Elemente dieses Milieus in Collodis *Pinocchio*-Roman wiederfinden; vielleicht ist auch der merkwürdige und in der Kinderliteratur einzigartige Synkretismus der „Abenteuer einer Holzpuppe", jene Mischung aus Bäuerlichem und Städtischem, aus Populärem und Herrschaftlichem, aus Märchenhaftem und Realistischem, mitgeprägt worden von den sozialen und kulturellen Mischungen, denen der Autor in seiner Kindheit begegnet war.[2]

Einflüsse der Zeit kommen hinzu – die Technisierung und Kapitalisierung der Gesellschaft, die Veränderung der Produktionsbedingungen von Literatur:

> Der Roman ist ein Kind des Tagesjournalismus, seine Struktur und seine Fortsetzungsgeschichte; typisch für die Handlung sind die kaleidoskopartige Mischung heterogener Elemente, der schnelle Szenenwechsel, die Dialoge und die Ironie.[3]

---

[1] Vgl. Richter: Carlo Collodi und sein *Pinocchio*, S. 28.
[2] Ebd., S. 15.
[3] Ebd., S. 19.

Dennoch handelt es sich um ein Märchen. Die Handlung ist wunderbar und es finden sich entsprechende Motive: eine Puppe, eine Grille, ein Hund, ein Kater und eine Füchsin, die alle sprechen können; ein kilometerlanger Haifisch, der Menschen verschluckt und mit offenem Mund schläft, weil er Asthma hat. Hier ist Collodi modern, denn er parodiert traditionelle Elemente des Märchens; doch knüpft er auch an Traditionen der Gattung an, insbesondere an die französischen Feenmärchen, von denen er einige frei ins Toskanische übertrug. Darunter waren Märchen von Charles Perrault und Marie-Catherine d'Aulnoy. Die wichtigste Anregung betrifft die zentrale Figur der Fee:

> Collodi hat diese Figur im französischen Feenmärchen des Absolutismus gefunden und in die Welt seines Romans integriert. […] Noch wichtiger als solche Übernahmen erscheint mir die Tatsache, daß Collodi in Perrault einem Autor begegnete, der ihm wie kein anderer einen Begriff vom moralischen Charakter des Märchens zu vermitteln vermochte und ihn damit für die Konzeption des *Pinocchio* entscheidend beeinflußte. Perrault hat ja seine Märchentexte am Schluß mit *moralités*, moralischen Nutzanwendungen, versehen, die den populären Erzählungen die Würde einer erzieherischen Botschaft geben sollten.[4]

Die Waage neigt sich aber schon bei Perrault nicht hin zur erzieherischen Botschaft, sondern eher zur Parodie – die moralischen Lehrsätze sind selten ernst zu nehmen. Collodi übertreibt in Handlung und Ausdrucksweise noch wesentlich stärker, hier lässt er sich vielleicht eher mit Heinrich Hoffmann und seinem *Struwwelpeter* (1846) vergleichen. Auch bei Hoffmann finden sich drakonische Strafen, die durch die witzigen, auf die Nonsens-Literatur vorausdeutenden Reime konterkariert werden. Anders als bei Hoffmann wird *Pinocchio* aber nie wirklich bestraft: „Er ist der Propagandist des ‚braven Jungen', dessen Sympathien freilich den ‚bösen Buben' gelten: ein Widerspruch, der den *Pinocchio*-Roman von der ersten bis zur letzten Seite durchzieht."[5]

Pinocchio ist ein Stehaufmännchen, das trotz herber Erfahrungen unbekümmert so weitermacht wie bisher. Genau darin und in seiner moralischen Anfälligkeit, nicht aber in der schlußendlichen Erfüllung der Moral liegt der Charme der Figur, der sie zu dauerhaftem, weltliterarischem Erfolg führte. Mit dazu beigetragen hat die populäre literarische Tradition, in der *Pinocchio* steht. Neben der Gattung Märchen ist die Theatertradition der *Commedia dell'arte* zu nennen, insbesondere die Adaption von Theaterstoffen durch das italienische Puppentheater.[6] Das ist insbesondere an der schematischen, typenhaften Zeichnung vieler Figuren und an der derben Situationskomik zu erkennen,

---

[4] Ebd., S. 26f.
[5] Ebd., S. 36.
[6] Vgl. ebd., S. 57 u. 55.

etwa wenn sich Kirsche und Geppetto mehrfach gegenseitig verprügeln, dann aber wieder die besten Freunde sind (PI, 9ff.).

Die Mischung von Märchen und Komödie ergibt ein parodistisches Märchen; das ist ganz programmatisch schon an den ersten Sätzen abzulesen, die den typischen Anfang der Volksmärchen der ‚Gattung Grimm' variieren:

> Es war einmal… „Ein König!" werden gleich meine kleinen Leser sagen. Nein, ihr Kinder, diesmal habt ihr nicht recht. Es war einmal ein Stück Holz. Es war kein edles Holz, nur ein einfaches Stück Brennholz, wie man es im Winter in die Öfen und Kamine wirft, um Feuer zu machen und die Zimmer zu heizen. (PI, 5)

Collodi spielt mit den Erwartungen und enttäuscht sie zunächst auf der ganzen Linie. Es geht nicht um einen König, die Figur, die er ins Spiel bringt, wird nicht einmal aus einem ‚edlen' Stück Holz geschnitzt werden. Schon jetzt wird der Kinderroman selbstreflexiv, denn die Tätigkeit des Schnitzens ist durchaus mit der schriftstellerischen Tätigkeit vergleichbar. Meister Kirsche ist nicht dazu in der Lage, das Stück Holz zum Sprechen zu bringen. Meister Geppetto, dem Kirsche schließlich das Holz schenkt, wäre demnach eine Autorfigur. Eine ironische Autorfigur, denn wie Geppetto wird auch Collodi die Figur davonlaufen; immer wieder muss er Zeitschriftenfolgen liefern, also seiner Figur hinterherlaufen, um Verleger und Publikum zufrieden zu stellen.

Die meisten Ereignisse im Leben Pinocchios wirken additiv und austauschbar, Collodi hat sie offenbar aneinander gereiht, wie sie ihm gerade einfielen. Dabei kommt es zu Brüchen in der Konzeption, aber auch zu einer Entwicklung. Zunächst ist Pinocchio der unartige Junge, der seinem armen alten Vater das Leben schwer macht. Die Sprechende Grille formuliert als erste einen der vielen moralischen Lehrsätze, die auf Pinocchios Ungezogenheiten folgen: „Wehe den Kindern, die sich gegen ihre Eltern auflehnen und unüberlegt ihr Elternhaus verlassen. Sie werden es nie mehr gut auf dieser Welt haben, und früher oder später werden sie es bitter bereuen" (PI, 18). Liest man den Roman von hinten nach vorn, dann stimmt das nicht – Pinocchio wird sich ändern und es gut auf der Welt haben, selbst die Sprechende Grille, die Pinocchio aus Zorn mit einem Hammer erschlägt, wird wiederauferstehen (PI, 19 u. 189). Hier begibt sich Collodi erkennbar in die Tradition der italienischen Typenkomödie und er weist auf spätere populäre Formen von Komik voraus – man denke an Tom und Jerry, ein Kater und eine Maus aus der gleichnamigen Fernsehserie von Warner Brothers, die sich gegenseitig ständig zerquetschen, erschießen und sonstwie umbringen, ohne dass es ihre dauerhafte Lebenserwartung irgendwie mindern würde.

Weil er unartig war, hat Pinocchio kalte und nasse Füße, die er auf ein „Becken voll glühender Kohle" legt, so dass sie verbrennen (PI, 24). Eine

Holzpuppe verspürt keinen physischen Schmerz, für Pinocchio ist es eine Lektion und Geppetto macht ihm neue Füße, die schöner sind als die alten, weil sie aussehen, „als wären sie von einem großen Künstler gefertigt worden" (PI, 30). Pinocchio ist eben eine Kunstfigur, zu der – zumindest für den erwachsenen Leser erkennbar – eine ironische Distanz aufgebaut wird. Dazu passt besonders gut Pinocchios Besuch im Puppentheater. Der „Lausebengel" verkauft seine Fibel, um hineinzukommen (PI, 33), und wird vom Harlekin als einer von ihnen erkannt: „Es ist unser Bruder Pinocchio!" (PI, 37) Der Raum der Komik erstreckt sich auch hinter die Bühne, so trägt der Puppenspieler den sprechenden Namen Feuerfresser (PI, 40). Er will erst Pinocchio, dann Harlekin ins Feuer werfen, die durch Gespräche und Beschreibungen erzeugte Situationskomik erinnert einmal mehr an die italienische Komödientradition.

Es folgen die bekannten Episoden, die bei keiner Adaption des Stoffes fehlen dürfen. Pinocchio folgt Kater und Fuchs ins „Land der Einfältigen" (PI, 47). Sie wollen sein Geld und schwindeln ihm vor, er könne es vergraben und so Bäume mit Goldmünzen wachsen lassen (PI, 48). Im Wirtshaus schlagen sie sich auf Pinocchios Kosten die Bäuche voll, Collodi wendet die Handlung erneut ins Parodistische:

> Sie traten ins Wirtshaus und setzten sich alle drei an einen Tisch. Aber keiner von ihnen hatte Hunger. Der arme Kater litt an einer schweren Magenverstimmung und konnte deshalb nur fünfunddreißig Seebarben mit Tomatensoße und vier Portionen Kutteln mit Parmesan essen; und weil die Kutteln ihm nicht gut genug gewürzt waren, ließ er sich noch dreimal Butter und geriebenen Käse nachreichen. (PI, 50)

Collodi lässt in einer komischen Szene den Geist der Sprechenden Grille auftreten (PI, 53) und er lässt Pinocchio auf komische Weise über sein Schicksal lamentieren: „[...] wie sind wir armen Kinder doch zu bedauern! Alle schelten uns, alle ermahnen uns, alle erteilen uns Ratschläge" (PI, 54). Drastische Situationskomik entsteht, als er anschließend den „Mördern" in die Hände fällt. Pinocchio erkennt nicht, dass es seine Bekannten Fuchs und Katze sind, obwohl er einem eine Hand abbeißt, diese ausspuckt und sieht, dass es eigentlich „eine Katzenpfote" ist (PI, 56).

Die „Mörder" hängen ihn an der „Großen Eiche" auf, doch wird er von der Fee gerettet, dem „schöne[n] Mädchen mit dem blauen Haar" (PI, 62). Die Fee nimmt die Mutterstelle ein, sie versucht wie zuvor sein ‚Vater' Geppetto, den Jungen zu erziehen und auf den rechten Weg zu bringen. Der Erzähler erklärt in Klammern, es handele sich um „eine gütige Fee, die seit mehr als tausend Jahren in der Nähe dieses Waldes lebte" (PI, 63). Ihren angestammten Wohnort wird sie aber verlassen, Pinocchio wird sie (als Strafe) für tot halten müssen, bis er sie zum Schluss wiederfindet und sie ihn in einen Jungen verwandelt. Zu den Strafen der Fee gehört auch das wohl berühmteste Motiv aus Collodis Kinderroman – wenn er lügt, wird seine Nase länger (PI, z. B. 72).

Nicht nur die stereotypen 1000 Jahre, auch das Auftreten des Gefolges zeigen, dass Collodi hier auf parodistische Weise mit Traditionen des Märchens spielt:

> Wenig später sah man eine wunderschöne himmelblaue Karosse aus dem Marstall fahren, die ganz mit Kanarienvogelfedern gepolstert und innen mit Schlagsahne und Biskuitcreme ausgeschlagen war. Die Karosse wurde von hundert Gespannen kleiner weißer Mäuschen gezogen, und der Pudel, der auf dem Kutschbock saß, knallte mit der Peitsche nach rechts und links wie ein Kutscher, der fürchtet, zu spät zu kommen. (PI, 64)

Die Märchenparodie wird, wie bei E.T.A. Hoffmann, mit Zeitsatire gemischt, auch wenn dies, anders als bei Hoffmann, nicht durchgängig der Fall ist. Zwei Ärzte, ein Rabe und ein Käuzchen, untersuchen den von der Eiche abgehängten Pinocchio: „Meiner Meinung nach ist der hölzerne Junge mausetot; aber wenn er unglückseligerweise doch nicht tot sein sollte, wäre das ein sicheres Zeichen dafür, das [sic] er noch lebt" (PI, 65).

Pinocchio ist nicht tot, er nimmt sich die Lehren der Fee zu Herzen und sie bietet ihm an, dass er – zusammen mit seinem ‚Vater' – bei ihr bleiben kann (PI, 73). Das Happy-End wird wieder aufgeschoben, denn Pinocchio lässt sich von Kater und Fuchs erneut verleiten, die Goldstücke einzupflanzen. Auf dem Weg dorthin kommt er durch eine Stadt, die „Dummenfang" heißt und in der anarchische Gesetze herrschen (PI, 76). Collodi adaptiert das literarische Motiv der verkehrten Welt, wenn er den Richter der Stadt nicht die Diebe, sondern Pinocchio verurteilen lässt. Erst als sich Pinocchio selbst als „Übeltäter" bezeichnet, kommt er wieder frei (PI, 83). („Dummenfang" könnte eines der Vorbilder für die „Alte Kaiser Stadt" in Michael Endes Märchenroman *Die unendliche Geschichte* von 1981 gewesen sein.)

Die weiteren Stationen können hier lediglich aufgezählt werden: Pinocchio muss sich als Hofhund verdingen und fängt Diebe (PI, 92f.); er findet an der Stelle des Hauses der Fee nur noch ihren Grabstein (PI, 95); eine Taube bringt ihn zum Meer, dort hat sie Geppetto gesehen, doch der gerät mit seinem kleinen Boot außer Sicht (PI, 100); Pinocchio findet die Fee wieder und sie bietet ihm zum ersten Mal an, einen Menschen aus ihm zu machen, die Bedingung ist: „[…] gewöhne dich daran, ein braver Junge zu sein" (PI, 109).

Von falschen Freunden wird Pinocchio verleitet, die Schule zu schwänzen (PI, 113). Polizisten beschuldigen ihn, einen der Jungen niedergeschlagen zu haben, und lassen ihn von einem Hund verfolgen (PI, 120ff.). Pinocchio rettet dem Hund das Leben, der wiederum rettet Pinocchio davor, von einem hungrigen Fischer als Fisch in der Pfanne gebraten zu werden (PI, 124 u. 130). Pinocchio geht zur Fee zurück und bessert sich (PI, 138), doch dann lässt er sich von seinem Freund Docht dazu verführen, mit einer Kutsche ins „Spielzeugland" zu fahren, dort soll es weder Schule noch Arbeit geben: „Man spielt und vergnügt sich von früh bis spät. Abends geht man schließlich ins Bett, und am nächsten Morgen beginnt man von neuem" (PI, 141). Die Sache hat einen entscheidenden Haken, den ein Murmeltier erklärt: „Denn es steht in den Büchern der Weisheit, daß alle faulen Jungen, die Bücher, Schulen und Lehrer verabscheuen und ihre Tage mit Spielen und Vergnügungen verbringen, früher oder später unweigerlich kleine Esel werden" (PI, 154). Es passt zur drastischen Komik des Romans, dass er das, was eine Redewendung zu sein scheint, wörtlich nimmt – Pinocchio verwandelt sich in einen Esel und wird an einen Zirkus verkauft (PI, 160).

Bei seiner ersten großen Vorstellung verletzt sich der Esel Pinocchio und wird an einen Mann weiterverkauft, der sich aus seinem Fell eine Trommel machen will (PI, 168). Dem entkommt er auf abenteuerliche Weise – im Wasser fressen Fische seine ‚Verkleidung' als Esel und er wird wieder eine Holzpuppe. Seinem Käufer schwimmt er davon, wird aber von einem großen „Haifisch" verschlungen (PI, 170 u. 176).

Die Vorlage für diese Episode ist offensichtlich – der biblische Jonas im Bauch des Wals. Pinocchio und seinem Vater, den er im Bauch des Haifischs findet, wird eine beinahe biblische Erlösung zuteil. Doch auch hier will Collodi auf eine parodistische Überzeichnung nicht verzichten: Sie können nur entkommen, weil der Haifsch Asthma hat und deshalb mit offenem Mund schläft (PI, 176 u. 184).

Vater und Sohn ertrinken fast. Nach der Rettung durch einen freundlichen Thunfisch bekommt Pinocchio nun seine Gelegenheit, sich endgültig zu bewähren. Er arbeitet von früh bis spät, um seinen kranken Vater zu versorgen, und spendet erspartes Geld der angeblich ebenfalls erkrankten und verarmten Fee (PI, 194f.). Die jedoch wollte ihn nur prüfen und erkennt, dass er sich verändert hat. Die Belohnung folgt auf dem Fuße, am nächsten Morgen erwacht er als „ein richtiger Junge, wie alle anderen" (PI, 196). Der Prozess der Sozialisation und gesellschaftlichen Integration ist abgeschlossen.

Collodis Kinderroman hat einen roten Faden, ist ansonsten aber ohne größeren Zusammenhang in additiver Aneinanderreihung von Ereignissen verfasst worden. Der Autor bemüht sich stellenweise um Kohärenz, etwa wenn er die Sprechende Grille wiederauferstehen lässt. Auf der anderen Seite stehen Ungereimtheiten, etwa wenn der Erzähler verkündet, er wisse nicht, was nach der Verwandlung in einen Esel aus Docht geworden sei (PI, 161), und Pinocchio den ehemaligen Freund später als Esel bei einem Bauern findet, kurz bevor der ehemalige Freund aus Erschöpfung stirbt (PI, 193).

Das ist drastisch und doch nur ein Teil der – sich kleineren Kindern wohl nicht erschließenden – grotesken Komik des heterogenen Märchenromans, der zwischen zeittypischer Normerfüllung und Normkritik pendelt und so jedem Leser, der ihn auf das eine oder das andere festlegen will, eine lange Nase dreht. Beides geht einmal in einem Satz zusammen, der Collodis letztlich anarchischen Humor vielleicht am besten demonstriert. Pinocchio tröstet den Mann, der ihn als Esel kaufte und nun eine Holzpuppe vor sich sieht, mit den Worten: „Verfallt deshalb nicht in Trübsal, Meister. Es gibt so viele Esel auf dieser Welt!" (PI, 172)

Im Kontext der behandelten Märchen setzt Collodi die durch Wieland begonnene und durch Hoffmann radikalisierte, durch Hauff stärker an den zeitgeschichtlichen Kontext angebundene Komisierung und Satirisierung des Märchens fort. Wie Carroll wendet er das Märchen in den Nonsens, allerdings ohne die Logik der Alltagswelt durch eine komplexe Nonsens-Logik als artifizielles gesellschaftliches Konstrukt zu entlarven. Collodi pflegt stärker, von der bizarren Komik als Markenzeichen abgesehen, das für ‚Volks'-Märchen von Straparola bis Grimm charakteristische freie Spiel der Fantasie.

Oscar Wilde

Die Märchen (1888–91)

„Und der nach ihm kam, herrschte böse"

The Happy Prince and Other Tales (*Der glückliche Prinz und andere Geschichten*) erschien 1888 in London. Die Märchensammlung enthält *The Happy Prince* (*Der glückliche Prinz*), *The Nightingale and the Rose* (*Die Nachtigall und die Rose*), *The Selfish Giant* (*Der selbstsüchtige Riese*), *The Devoted Friend* (*Der treue Freund*) und *The Remarkable Rocket* (*Die außergewöhnliche Feuerwerksrakete*). *A House of Pomgranates* (*Ein Granatapfelhaus*) von 1891 schließt ein *The Young King* (*Der junge König*), *The Birthday of the Infanta* (*Der Geburtstag der Infantin*), *The Fisherman and his Soul* (*Der Fischer und seine Seele*) und *The Star-Child* (*Das Sternenkind*). Die ersten beiden Märchen des zweiten Bandes waren bereits 1888 bzw. 1889 in einer Zeitschrift erschienen.[1]

Es gibt, wie in der Forschung oftmals festgestellt wurde, zahlreiche Parallelen zwischen Oscar Wildes Leben und der Konzeption seiner Figuren. Gerade an den Märchen, beispielsweise an der Titelfigur von *The Happy Prince*, lässt sich sehr gut nachvollziehen, dass Wildes Stilisierung zum Dandy lediglich Stilisierung ist und dass der Autor durchaus verbindliche Moralvorstellungen vertritt, die allerdings quer zu den Normen der Zeit stehen. Aus dieser Perspektive erscheint seine oft von verschiedenen Seiten kritisierte Haltung gegenüber der Gesellschaft weniger als zwiespältig und vielmehr als konsequent. Wilde opponierte gegen gesellschaftliche Zwänge als Satiriker, zugleich war der Satiriker (wie jeder Satiriker) aber auch Idealist, der die Hoffnung auf Änderung nicht aufgeben wollte.

Der glückliche Prinz ist die Geschichte eines Prinzen, der erst als Statue erkennt, welche Not und Ungerechtigkeit es unter den Menschen gibt. Die Statue erzählt einer Schwalbe:

„Als ich noch lebte und ein menschliches Herz hatte", antwortete die Statue, „da kannte ich keine Tränen, denn ich lebte in Schloß Sorgenfrei, wo der Kummer keinen Zutritt hat. Am Tage spielte ich mit meinen Gefährten im Garten,

---

[1] Für die zusätzlich zur deutschen Ausgabe herangezogene Originalfassung vgl. Wilde: The Happy Prince and Other Stories. Zu der hier angestrebten Interpretation von Wildes Märchen vgl. bereits meinen Aufsatz: The Politics of Fairy Tales. Oscar Wilde and the German Tradition.

und abends führte ich den Tanz im großen Saal an. Rund um den Garten lief eine sehr hohe Mauer, aber ich dachte nie daran, zu fragen, was dahinter war, denn alles um mich herum war so schön. Meine Höflinge nannten mich den Glücklichen Prinzen, und glücklich war ich wirklich, wenn Vergnügen Glück ist. So lebte ich, und so starb ich. Und jetzt, wo ich tot bin, haben sie mich hier in der Höhe aufgestellt, so daß ich die ganze Häßlichkeit und das ganze Elend meiner Stadt sehen kann, und obwohl mein Herz aus Blei ist, muß ich doch weinen." (DM, 13)

Der Textauszug ist durch Symbolik und Gegensätze strukturiert. Der Garten ist die eng umgrenzte Idylle, die Mauer repräsentiert die Grenzen des Wissens, die erhöhte Position Wissen und Reflexion, was zugleich einen Verlust der glücklichen Ignoranz einschließt. Dass der damalige Zustand nicht Glück bedeutete, sondern einschränkend als „Vergnügen" bezeichnet wird, zeigt die Qualität der Erkenntnis, auch wenn sie Leiden bedeutet.

Die anschließende Bemerkung der Schwalbe entlarvt das Pathos der Rede, aber nicht deren Gehalt: „,Was, er ist gar nicht aus massivem Gold?' sagte die Schwalbe zu sich selbst. Sie war aber höflich genug, solche persönlichen Bemerkungen nicht laut auszusprechen" (ebd.). Die Schwalbe lernt im Verlauf des Märchens das Elend auf der Erde kennen und sie wird sich, wie der glückliche Prinz, dafür opfern.

Die Überblicksposition des Prinzen ist äquivalent zu der des Autors zu sehen, der Prinz ist der Repräsentant Wildes und der Text wird auf diese Weise selbstreferenziell. Prinz und Autor entwickeln einen Blick für die Sorgen der Menschen, die niemanden haben, der sich ihrer annimmt:

„Weit von hier", fuhr die Statue mit leiser, klangvoller Stimme fort, „weit von hier in einer engen Gasse steht ein ärmliches Haus. Eins der Fenster steht offen, und dadurch kann ich eine Frau an einem Tisch sitzen sehen. Ihr Gesicht ist mager und verhärmt, und sie hat rauhe, rote Hände, die ganz zerstochen sind von der Nadel, denn sie ist Näherin. Sie stickt gerade Passionsblumen in ein Seidenkleid für die schönste Ehrendame der Königin, die es auf dem Hofball tragen will. In einer Ecke der Kammer liegt ihr kleiner Sohn krank im Bett. Er fiebert und bittet um Orangen. Aber seine Mutter kann ihm nichts geben als Wasser aus dem Fluß, deshalb weint er." (DM, 13f.)

Die Orangen symbolisieren Reichtum, Adelige kultivierten diese Früchte traditionell in Orangerien. Mit einem „Rubin" aus dem „Schwertknauf" des Prinzen kann die Not der armen Familie behoben werden, die Schwalbe wird zum fliegenden Boten des Prinzen. Ein armer Schriftsteller und „ein kleines Zündholzmädchen" sind die nächsten, die von den Wohltaten der beiden profitieren (DM, 18ff.). Das Zündholzmädchen ist vielleicht ein Zitat aus Andersens Märchen *Das Mädchen mit den Schwefelhölzern* (1848), bei Andersen muss das Mädchen erfrieren.

Das Mitleid mit den Armen und das Mitgefühl für den seiner Schätze beraubten Prinzen ist so stark, dass die Schwalbe schließlich bei der Statue bleibt. Die Vereinigung der beiden an sich gegensätzlichen Figuren (groß/klein, fest/beweglich…) symbolisiert ein Kuss, bevor die Schwalbe die Reise „ins Land des Todes" antritt (DM, 24).

Die defizitäre Gesellschaft wird in *The Happy Prince* einerseits durch die Not der Armen dargestellt, andererseits durch Unfähigkeit und Inkompetenz ihrer Funktionsträger. Hier ein Beispiel für einen Repräsentanten der Bildung:

> Bei Tagesanbruch flog sie [die Schwalbe] zum Fluß hinunter und nahm ein Bad. „Welch außerordentliches Phänomen!" rief ein Professor für Ornithologie, der gerade über die Brücke ging, „eine Schwalbe im Winter!" Und er schrieb einen langen Artikel darüber für die Lokalzeitung. Jedermann zitierte ihn, denn er war voller Ausdrücke, die niemand verstand. (DM, 17)

Der Tod der Schwalbe besiegelt auch das Schicksal des Prinzen, in seiner Brust zerbricht das Herz aus Blei. Das Motiv des bleiernen Herzens verweist zurück auf Hauffs *Das kalte Herz* (1827) und deutet voraus auf Astrid Lindgrens *Mio mein Mio* (1954).

Der Umgang mit der toten Schwalbe und der – durch das Fehlen der Attribute des Reichtums – jetzt hässlich gewordenen Statue setzt den Kontrast fort: „Also wurde die Statue des Glücklichen Prinzen niedergerissen. ‚Er ist nicht mehr schön, also ist er auch nicht mehr nützlich', sagte der Kunstprofessor an der Universität" (DM, 25f.). Die Statue wird eingeschmolzen, doch das zerbrochene Bleiherz widersteht dem Feuer. „So warfen sie es auf einen Abfallhaufen, wo schon die tote Schwalbe lag" (DM, 26). Was folgt, ist eine Überhöhung des Märchens zur Heiligenlegende, denn Gott lässt sich von einem Engel „die zwei kostbarsten Dinge aus dieser Stadt" bringen, und das sind das Herz und der Vogel. „‚Du hast recht gewählt', sagte Gott, ‚denn in meinem Paradiesgarten soll dieser kleine Vogel ewig singen, und in meiner Goldenen Stadt soll der Glückliche Prinz mich preisen'" (ebd.).

Die Struktur der Dichotomie Arm – Reich und ihre satirische Einkleidung verwendet Wilde mehrfach, so auch am Ende der Rahmenerzählung von *Der treue Freund*. Ein naiver armer Mann hat sich für einen Reichen, den er für seinen Freund hielt, aufgeopfert. Mit der Geschichte will der Hänfling eine Wasserratte aufklären, es soll eine Ausbeutung im öffentlichen und privaten Bereich angeprangert werden, hier exemplarisch in zwei Figuren zusammengeführt. Der Arme und der Reiche geben sich als Freunde, doch ist es eine asymmetrische, hierarchisch strukturierte Freundschaft, denn die beiden repräsentieren den Gegensatz von mächtig und ohnmächtig.

Doch der exemplarische Zuhörer, die Wasserratte, ist wütend:

> „Wollen Sie damit sagen, daß die Geschichte eine Moral hat?" „Gewiß", sagte der Hänfling. „Also wirklich", sagte die Wasserratte sehr erbost, „das hätten Sie

mir vorher sagen sollen, bevor Sie anfingen. Dann hätte ich bestimmt nicht zugehört; im Gegenteil, ich hätte ‚Bah!' gesagt wie der Kritiker. Immerhin kann ich es jetzt sagen", und er brüllte aus vollem Halse „Bah!", schlug mit dem Schwanz und schlüpfte in sein Loch zurück. „Und wie gefällt Ihnen der Herr Wasserratte?", fragte die Ente, die kurz darauf angepaddelt kam. […] „Ich fürchte, ich habe ihn verärgert", antwortete der Hänfling. „Ich habe ihm nämlich eine Geschichte mit Moral erzählt." „Ah! Das ist immer sehr gefährlich", sagte die Ente. Und da gebe ich ihr vollkommen Recht. (DM, 68f.)

Die Ironie des Erzählerkommentars stellt nicht die Geschichte in Frage – sonst hätte der Erzähler sie nicht erzählt. Vielmehr nimmt der Erzähler im letzten Satz die Position von Wasserratte und Kritiker ein, um sie noch einmal abschließend satirisch zu entlarven. Die sprechenden Tiere repräsentieren hier bestimmte Auffassungen der Gesellschaft nicht nur über Literatur, sondern über Gesellschaft. Die snobistische Einstellung des Bürgertums gegenüber der Armut der unteren Schichten wird durch die satirische Darstellung kritisch beleuchtet.

Der Kritiker aus *Der treue Freund* und die Professoren aus *Der glückliche Prinz* repräsentieren einen bestimmten Typus des Gebildeten, auf den Wilde in seinen Märchen immer wieder zurückkommt. Einer selbsternannten Autorität begegnen wir in *Die außergewöhnliche Feuerwerksrakete*:

„Ich höre mich gerne reden. Es ist eins meiner größten Vergnügen. Ich führe oft lange Unterhaltungen mit mir selbst, und ich bin so klug, daß ich manchmal kein Wort von dem verstehe, was ich sage." „Dann sollten Sie unbedingt Vorlesungen über Philosophie halten", sagte die Libelle, und sie breitete ein paar wunderhübsche Gazeflügel aus und schwang sich in den Himmel hinauf. (DM, 87)

Die faktische Schönheit der Libelle und ihre Freiheit, hier demonstriert durch den Flug in den Himmel, kontrastieren mit den großspurigen Worten der plumpen Rakete. Der Gegensatz von innerer Wahrnehmung und äußerer Realität wird unterstrichen und erlebt zum Schluss einen satirischen Höhepunkt. Die narzisstische Rakete definiert ihren eigenen Wert über den bevorstehenden Flug und sie schafft es tatsächlich noch, sich in die Luft zu erheben: „Aber niemand sah sie" (DM, 91).

Vergleicht man nun diese letzte ‚Geschichte' des Bandes *Der glückliche Prinz und andere Geschichten* mit der ersten, der Titelgeschichte, dann fällt auf, dass in der Nachfolge E.T.A. Hoffmanns wieder Wahrnehmungsprobleme im Zentrum stehen. Der glückliche Prinz ist zunächst nicht weniger ignorant als die Feuerwerksrakete, doch ermöglichen ihm seine Unschuld und seine erhöhte Stellung Einblicke, die der Feuerwerksrakete verwehrt sind. Dass Wilde den Band ausgerechnet mit der narzisstischen Ignoranz der Feuerwerksrakete enden lässt, unterstreicht den hinter dem Wunderbaren durchschimmernden Realismus der Handlung(en), also die naheliegende allegorische Lesart.

Dem Studenten, der er ja selber einmal war, widmet sich Wilde in *Die Nachtigall und die Rose*. Die beiden titelgebenden personifizierten Gestalten der Natur haben ein Gefühl für Liebe, das dem Künstler, der ebenso wie seine Angebetete nur an gesellschaftlichen Formen interessiert ist, vollständig fehlt. Die folgende Annahme der Nachtigall wird sich als falsch herausstellen: „Hier ist endlich ein wahrhaft Liebender" (DM, 27). Um diese wahre Liebe zu befördern, opfert sich das Tier, dessen symbolische Funktion schon aus Shakespeares *Romeo und Julia* (1597) bekannt ist. Die durch den qualvollen Tod der Nachtigall erkaufte rote Rose wirft der Student, als das Mädchen ihn hochmütig abweist, in den Straßenschmutz (DM, 37). Die Nachtigall kann als halbironische, halbtragische Selbstrepräsentation der Autorrolle gelesen werden:

> „Wenn Du eine rote Rose begehrst", sagte der Strauch, „so mußt du sie im Mondschein aus Melodien formen und sie mit deinem eigenen Herzblut färben. Du mußt für mich singen mit einem Dorn in deiner Brust. Die ganze Nacht hindurch mußt du für mich singen, und der Dorn muß dein Herz durchbohren, und dein Lebensblut muß in meine Adern fließen und zu meinem werden." (DM, 31)

Auch in *Der selbstsüchtige Riese* spielt das Opfermotiv eine Rolle, hier wird es wieder, ähnlich wie am Schluss von *Der glückliche Prinz*, ins Religiöse gewendet. Der Riese hütet eifersüchtig seinen Garten und lässt die Kinder nicht darin spielen. Doch weil er so selbstsüchtig ist, kehrt der Frühling nicht mehr in seinen Garten ein. Ein weinender kleiner Junge befördert die Selbsterkenntnis, „das Herz des Riesen schmolz" (DM, 43). Der äußerliche Gegensatz zwischen dem Riesen und dem kleinen Jungen wird in einer Äquivalenz aufgehoben, die beiden freunden sich an und ab sofort spielen die Kinder wieder in dem neu erblühten Garten. „Aber der kleine Junge, den der Riese so gern hatte, wurde nicht wieder gesehen" (DM, 45). Als der Riese stirbt, sieht er den Jungen wieder – es handelt sich um den Heiland, der ihm seine „Wunden der Liebe" an Handflächen und Füßen zeigt (DM, 46). Die Entgegenstellung von Winter und Sommer als symbolische Repräsentanten von sündhaftem Erdenleben und Erlösung wird C.S. Lewis in seinem Märchen *Der König von Narnia* (1950) wieder aufnehmen.

Diese Symbolik erinnert an Andersens *Schneekönigin* (1844), außerdem knüpft Wilde an die von Andersen begründete Tradition der religiösen Wendung im Märchen an. Auf der anderen Seite steht Wildes ironischer Umgang mit Märchentraditionen, etwa am Ende von *Das Sternenkind*. Die Schauplätze der Handlung führen die beiden dominierenden Märchentraditionen zusammen, die Geschichte beginnt an Orten, die an Grimms *Kinder- und Hausmärchen* (1812/15) erinnern, und schließt in einem Reich, das den *Geschichten aus den Tausendundein Nächten* (ca. 8.–10. Jhd.) entlehnt scheint. Die Titelfigur macht

Abb. 11:
Der selbstsüchtige Riese verscheucht die Kinder, später holt er sie zurück

einen Lernprozess durch, wir haben es hier mit einem kleinen Bildungsroman zu tun, vergleichbar Wilhelm Hauffs bekanntem Märchen vom *Zwerg Nase* (1826). Zum Schluss findet das Kind die Eltern und wird zu einem weisen Herrscher. Das Motiv des Zauberers, der dem Kind Prüfungen auferlegt (DM, 246ff.), erinnert wieder an die *Erzählungen aus den Tausendundein Nächten*. Es sind die Tiere des Waldes, die dem Kind helfen, die Prüfungen zu bestehen.

Als das Kind schließlich selbst König wird, müsste nach Märchengesetzen eigentlich Schluss sein, doch Wilde fügt folgenden Absatz an:

> Doch er regierte nicht lange, zu groß war sein Leid gewesen und zu verzehrend das Feuer seiner Prüfung, und nach drei Jahren starb er. Und der nach ihm kam, herrschte böse. (DM, 256)

Damit wird das ganze Märchen ins Ironische gewendet. Unterm Strich bleibt eine Ambivalenz: Zugleich wird die Ökonomie der Bildung im Märchen karikiert und die Willkür von Herrschaftsverhältnissen illustriert.

Die heilsgeschichtlichen Anleihen in Wildes Märchen deuten auf Andersen, etwa die Belohnung des glücklichen Prinzen und der Schwalbe durch Gott oder des nicht mehr selbstsüchtigen Riesen durch Jesus. Die in Figurenzeichnung und Handlung ausdifferenzierte, durch Ironie und Satire inszeniert Machtkritik steht allerdings in der Tradition Hoffmanns und Hauffs. Die Elemente des Wunderbaren lassen sich auch allegorisch auflösen als satirisierende und idealisierende Spiegelung der zeitgenössischen Realität, wobei die an das Volksmärchen anknüpfende weitgehende Orts- und Zeitlosigkeit Aktualisierungen durch ein unterschiedliches Publikum ermöglicht.

Es trifft demnach nicht zu, dass Wilde „die Optik Andersens dazwischen" schiebt, „um den Alltag von sich fernzuhalten", wie Volker Klotz meint.[2] Wildes Märchen reflektieren gesellschaftliche Strukturen und entlarven sie als defizitiär, ohne den Anspruch auf Transzendenz aufzugeben.

---

[2] Vgl. Klotz: Das europäische Kunstmärchen, S. 311.

L. Frank Baum

Der Zauberer von Oz (1900)

„Ich bin so froh, dass ich zu Hause bin!"

Lyman Frank Baums 1900 erschienener Kinderroman *Der Zauberer von Oz* dürfte das bekannteste Märchen eines US-amerikanischen Autors sein. In den Worten Grindhammers: „An all time American children's favorite, figures and themes from the book have been absorbed into the national psyche, making it the American equivalent of *Alice's Adventures in Wonderland* in Britain."[1]

Baum wurde 1856 im Staate New York geboren und starb 1919 in Hollywood. Den Ruhm seines Märchens hat die Verfilmung von 1939 noch vermehrt, durch diesen Film wurde die junge Judy Garland ein Star.[2] Auf den ersten Blick sprechen Handlungsstruktur und Figurenpersonal für die Zugehörigkeit zur Gattung. Die kleine Heldin Dorothy muss eine Mangelsituation bewältigen, die sie in ein Land mit wunderbaren Bewohnern führt, es gibt drei zentrale Helferfiguren. Das Märchen folgt dem Hoffmannschen Prinzip der Entgegensetzung von Alltagsrealität und Wunderwelt, das Märchen könnte kaum realistischer beginnen: „Mitten in der weiten Landschaft von Kansas lebte Dorothy bei ihrem Onkel Henry, einem Bauern, und seiner Frau, der Tante Em." Diese erste Mangelsituation, die sich später als gar nicht so mangelhaft entpuppen wird, wird auch äußerlich inszeniert, die Landschaft zeigt nichts als „endlose graue Öde" (ZO, 7). Der Film wird dies aufgreifen, der Anfang ist in Schwarzweiß gedreht, erst mit dem Eintritt in das Reich des Wunderbaren wechselt er zur Farbe – in der Anfangszeit des Farbfilms dürfte dies den Effekt des Wunderbaren auf den Zuschauer verdoppelt haben.

Dorothy ist ein modernes Aschenputtel, auch wenn sie bei liebevollen Pflegeeltern untergekommen ist. Die graue Landschaft hat Tante Em von einer „hübsche[n] junge[n] Frau" in eine „nüchtern und grau" blickende alte Frau verwandelt; Onkel Henry „schuftete von morgens früh bis abends spät und kannte keinen Spaß. Er war ebenfalls grau [...]." Nur Dorothys Hund Toto verhindert, dass sie „so stumpf und farblos" wird „wie ihre Umgebung" (ZO, 8).

---

[1] Grindhammer: *The Wonderful Wizard of Oz*, S. 211.
[2] Der Zauber von Oz (The Wizard of Oz). USA 1939. Produktionsfirma: MGM. Produktion: Mervyn LeRoy. Regie: Victor Fleming. Buch: Noel Langley, Florence Ryerson, Edgar Allan Woolf.

Die eigentliche Mangelsituation wird durch einen Wirbelsturm herbeigeführt, er hebt das Haus der Familie in die Luft und trägt es fort. Dorothy kann sich, da sie Toto einfangen muss, nicht rechtzeitig in den Keller retten. Weil der Sturm so lange dauert, schläft das Mädchen ein, es wird „durch einen jähen Stoß geweckt" (ZO, 14). Das Haus ist gelandet. „Der Sturm hatte sie in einem Land von zauberhafter Schönheit niedergesetzt: Frische, grüne Wiesen, in denen Unmengen bunter Blumen blühten, dehnten sich ringsum […]" (ebd.). Merkwürdig gekleidete kleinwüchsige, menschenähnliche Wesen danken Dorothy, dass sie „die böse Ost-Hexe getötet und unser Volk aus der Knechtschaft befreit" hat (ZO, 16). Unter dem Haus sind „zwei Füße in silbernen Schuhen mit Schnabelspitzen" zu sehen, der Film macht daraus wegen des visuellen Effekts rote, glänzende Lackschuhe. Auch wird die freundliche alte, kleinwüchsige Nord-Hexe (ZO, 17) in eine prächtig gekleidete, junge und strahlende Frau verwandelt – der Zwang zur Visualisierung führt zu vielen solcher Veränderungen, die man durchaus kritisch sehen kann. Dagegen führt die geringere Zeit, die der Film zum Erzählen seiner Geschichte hat, zu sinnvollen Kürzungen. Im Buch hat Dorothy zahlreiche wunderbare Erlebnisse, die für die Handlung verzichtbar sind und von Baum in erster Linie zur Erzeugung von Spannung oder zur Ausfaltung fantasievoller Begebenheiten genutzt werden.

Dorothy möchte wieder zurück nach Hause, dieser Wunsch wird nun handlungsbestimmend. Die Nord-Hexe gibt ihr den Rat, zur Smaragdstadt zu gehen und den Zauberer Oz um Rat zu fragen: „Er ist ein guter Zauberer. Ob er ein Mensch ist, weiß ich nicht… Ich habe ihn nie gesehen." Die Hexe küsst Dorothy, um ihr Schutz zu verleihen, und weist sie an, der „mit gelben Ziegelsteinen" gepflasterten Straße zu folgen (ZO, 21). Auf dem Weg lernt Dorothy ihre drei wunderbaren Helfer kennen, die auf originelle Weise das übliche Figurenpersonal der Märchen variieren: eine Vogelscheuche, einen „Blech-Holzfäller" (ZO, 40) und einen Löwen, die jeweils mit einer Eigenschaft versehen sind, die sie als Mangel empfinden und durch einen Besuch beim Zauberer von Oz abstellen möchten. Die Vogelscheuche wünscht sich Verstand (ZO, 32), der Blechmann ein Herz (ZO, 49) und der Löwe Mut (ZO, 55).

Die Figuren erzählen ihre Vorgeschichten, die teilweise grausam wirken und vielleicht auch deshalb vom Film ausgespart werden. Der Blech-Holzfäller war einst ein Landesbewohner, ein Mümmler, der sich in eine junge Mümmlerin verliebte. „Das Mädchen lebte bei einer alten Frau, der unser Plan gar nicht passte. Sie war nämlich so faul, dass sie das Mädchen für alle Zeit zum Kochen und Putzen bei sich behalten wollte" (ZO, 46f.). Die Alte verbündet sich mit der bösen Ost-Hexe und sorgt dafür, dass sich der junge Holzfäller nach und nach aus Versehen mit seiner Axt die Glieder vom Körper trennt. Ein Schmied ersetzt ihm die fehlenden Gliedmaßen, doch dann „befahl die böse Hexe der Axt sogar, mir den Kopf abzuschneiden, und zuerst dachte ich, nun wäre es wirklich aus mit mir. Zum Glück kam der Schmied zufällig vorbei und machte mir einen neuen Kopf aus Blech" (ZO, 47). Selbst der Rumpf wird auf diese Weise ersetzt – allerdings hat der Blechmann nun „kein Herz mehr und damit war auch meine Liebe zu dem Mümmler-Mädchen erloschen" (ZO, 48). Ein Regenguss sorgt dafür, dass er festrostet und erst Dorothy kann ihn aus seiner unangenehmen Lage befreien. In der unbekümmerten Brutalität dieser Binnengeschichte, die mit einer geringen Wirkung beim Opfer einhergeht, knüpft Baum erkennbar an das Volksmärchen an.

Baum nutzt die weitere Reise der kleinen Truppe, um vorzuführen, dass die individuelle Mangelsituation der wunderbaren Helferfiguren eigentlich gar nicht existiert. So vergießt der Blechmann über den Tod eines kleinen Käfers Tränen (ZO, 56) und zeigt damit, dass er mehr Herz hat als die anderen; die Vogelscheuche hat den richtigen Einfall, um einer großen Gefahr zu entkommen, und der Löwe den nötigen Mut, um alle zu retten (ZO, 59). Die teilweise humoristische Struktur des Märchenromans wird hier offensichtlich. Ansonsten wirken die Abenteuer der kleinen Gruppe motivationslos aneinander gereiht. Der Film bemüht sich um größere Integration, indem er auswählt und die Ereignisse auf der Reise bereits als Teil der Konfrontation mit der bösen West-Hexe deutet, die im Buch erst viel später in die Handlung eingeführt wird.

Endlich in der Smaragdstadt angekommen, zeigt sich Oz den Gefährten einzeln und in jeweils anderer Gestalt. Er weigert sich, ihnen zu helfen, bis einer von ihnen die böse West-Hexe getötet hat (ZO, 99ff.). Dorothy befindet sich in einem Dilemma: „Also gut, dann müssen wir es eben versuchen. Aber ich will niemanden töten, nicht einmal, um Tante Em wiederzusehen!" (ZO, 105f.) Als die böse West-Hexe die Gefährten mit ihrem einen Auge, das „wie ein Fernrohr" funktioniert, auf einer Wiese ihres Landes liegen sieht (ZO, 108), befiehlt sie erst Wölfen, dann Krähen und zuletzt Bienen, die Freunde zu töten. Doch können die Freunde sich erfolgreich wehren.

Die Sklaven der Hexe weigern sich, ebenfalls die Freunde anzugreifen. Nun ruft die Hexe mit Hilfe einer „goldene[n] Kappe" die Flügelaffen zur Hilfe (ZO, 114). Dorothy wird gefangen genommen und die Hexe versucht, ihr die silbernen Schuhe der toten Kollegin abzuschwindeln. Als ihr dies mit einem Schuh gelingt, ist Dorothy so wütend, dass sie die Hexe mit einem Eimer Wasser übergießt – und damit zum Schmelzen bringt (ZO, 120). Die Winkies, die Sklaven der Hexe, retten Dorothys Freunde und alle fünf kehren wieder zurück zum Zauberer von Oz, um die versprochenen Belohnungen einzufordern. Unterwegs verirren sie sich, werden aber mit der Hilfe einer freundlichen Mäusekönigin und der Flügelaffen gerettet. Dorothy hatte die goldene Kappe der Hexe mitgenommen; der König der Affen erzählt ihr deren Geschichte (ZO, 133). Das wunderbare Requisit erfüllt seinem Besitzer die für Märchen typischen drei Wünsche.

Zurück in der Smaragdstadt, entpuppt sich der große Zauberer Oz als „kleiner alter Mann mit einer Glatze über einem faltigen Gesicht" (ZO, 138), als „Schwindler" (ZO, 139). Er war Ballonfahrer in Omaha und „stieg über die Wolken hinauf". Als er wieder herunter kam, landete er „inmitten einer Schar von sonderbaren Leuten, die mich für einen mächtigen Zauberer hielten, weil ich vom Himmel zu ihnen herabgekommen war" (ZO, 143). Dennoch kann er den Freunden helfen. Der Vogelscheuche setzt er einen „nadelscharfen Verstand" in Gestalt eines Beutels ein, den er mit Kleie und Nägeln gefüllt hat (ZO, 149). Der Holzfäller bekommt ein Herz aus Seide, das mit Sägemehl gefüllt ist (ZO, 150), und den Löwen lässt Oz eine Flüssigkeit trinken, die ihn mutig machen soll (ZO, 151). Dorothy will der Zauberer mit einem Ballon zurück nach Hause bringen (ZO, 154f.). Der Plan scheitert, weil Toto einer Katze nachläuft und Dorothy daran hindert, rechtzeitig den Ballon zu besteigen (ZO, 156f.).

Die Freunde machen sich auf den Weg zur Süd-Hexe Glinda, die Dorothy helfen soll: „Sie ist die mächtigste von allen Hexen und herrscht über die Pummel. Ihr Schloss steht am Rande der Wüste" (ZO, 161). Nach mehreren Abenteuern wird Glinda erreicht, sie benutzt die goldene Kappe der toten Hexe, um das gute Ende für alle Freunde herbeizuführen – die Vogelscheuche kehrt als Herrscher zurück nach Oz, der Blechmann wird König der Winkies und der Löwe König eines alten Waldes (ZO, 183f.). Dorothy selbst hatte die ganze Zeit die Lösung des Problems an ihren Füßen, die Zauberschuhe der vom Haus erschlagenen Hexe bringen sie zurück nach Kansas (ZO, 186f.):

> „Lieber Himmel!", rief sie glücklich. Denn sie saß mitten auf der Kansasebene und gerade vor ihr lag das neue Haus, das Onkel Henry gebaut hatte, nachdem als alte vom Wirbelsturm entführt worden war. Er melkte im Hof die Kühe. Toto strampelte sich aus Dorothys Armen und rannte freudig bellend zu ihm hin. Das kleine Mädchen stand auf und stellte fest, dass es in Strümpfen war. Die Silberschuhe waren bei dem Flug durch die Lüfte von ihren Füßen gefallen und für immer in der Wüste verloren gegangen. Tante Em wollte gerade in den Garten gehen, um den Salat zu gießen, als Dorothy auf sie zugerannt kam. „Mein liebes Herz!", rief sie und fing das Kind in ihren Armen auf. „Wo um alles in der Welt kommst du denn her?" „Aus dem Lande Oz", antwortete Dorothy ernsthaft, „und Toto ist auch wieder da. Ach, Tante Em, ich bin so froh, dass ich zu Hause bin!" (ZO, 188)

Auch wenn es im Text keine weiteren Hinweise darauf gibt, so lässt sich anhand des letzten Satzes das Märchen als Allegorie lesen; insbesondere das „ernsthaft" schränkt die Glaubwürdigkeit von Dorothys Erzählung ein.

Auf die Erlebnisse in wunderbaren Welten, etwa durch Lektüre entsprechender Texte, hat die Rückkehr nach Hause zu folgen, und das ist positiv zu sehen. Die hier mögliche allegorische Aussage vereindeutigt der Film durch signifikante Änderungen. Dorothy hat, so stellt sich im Film heraus, ihre Reise nach Oz nur geträumt, der Wirbelsturm hat das Haus gar nicht entführt. Die Vogelscheuche, der Blechmann und der Löwe haben, wie die zentralen anderen Figuren aus Oz, Entsprechungen auf der ‚realen' Handlungsebene. Die Freude, wieder zu Hause zu sein, wird ebenfalls verstärkt – und die im Film zusätzlich aufgeworfene Frage, ob eine böse ältere Frau Dorothy den Hund wegnimmt, spielt plötzlich keine Rolle mehr. Im Buch hingegen bleibt der Widerspruch, dass sich an der grauen Öde des Alltags nichts ändern wird. Einziges positives Anzeichen der Veränderung ist das neue Haus, das der Onkel an die Stelle des alten gesetzt hat, dessen Farbe abgeblättert war (ZO, 8). Ob damit auch ein verändertes Leben der Kleinfamilie einhergeht, lässt das Buch offen.

Baums Märchenroman besticht durch seine fantasiereiche Schilderung von Oz, doch gibt er keine textinternen Hinweise darauf, wie er in die Märchentradition eingeordnet werden möchte – der Umgang mit bekannten Motiven ist originell und witzig, aber weder eindeutig parodistisch noch strukturverändernd; so kann beispielsweise der entzauberte Zauberer neben den ‚echten' Hexen Bestand haben. Außer Details fügt Baum der Tradition nichts Neues hinzu. Deshalb bot sich der Text vermutlich in idealer Weise für die Verfilmung an, die aus ihm eine Apologie auf den US-amerikanischen Alltag machte – der nur anfangs in Schwarzweiß, nach den Erfahrungen des Mädchens aber in Farbe zu sehen ist. Mit Dorothy soll der Zuschauer erkennen: „There's no place like home." Damit verstärkt der Film, was im Buch bereits angelegt ist. Dem Märchen wird eine zweistufige Funktion unterlegt: Es unterhält sein Publikum und es zeigt, dass auch ‚wunderbare' Unterhaltung letztlich nur dazu dient, den möglicherweise öden Alltag zu meistern. Die Nähe zur Trivialliteratur dürfte ein Grund sein, weshalb die 13 Fortsetzungen des Oz-Märchens, die Baum schrieb, weitgehend erfolg- und folgenlos geblieben sind.

Kurt Tucholsky

Märchen (1907)
und das Märchenproblem seit der Moderne

„Er pfiff drauf"

Ende des 19. Jahrhunderts gerät das seit rund 150 Jahren tradierte bürgerliche Weltbild ins Wanken. Seine Befreiung vom religiösen Dogma verdankt der Mensch den Naturwissenschaften, deren fortschreitende Entwicklung aber zu der Erkenntnis der vielfältigen Bedingtheiten der menschlichen Existenz führt. Vor allem die Erkenntnisse von Anthropologie und Psychoanalyse zeigen den Menschen als determiniert durch seine genealogische Entwicklung einerseits und durch seine Triebstruktur andererseits. Das hat erhebliche Konsequenzen für die Literatur. Ein ganzheitliches Weltbild ist auch im literarischen Text nicht mehr erreich- und darstellbar, es sei denn es handelt sich um trivialliterarische Versuche, vom neu gewonnenen Problembewusstsein abzulenken und das unwiderruflich Verlorene als Mögliches darzustellen. Traditionelle Darstellungsweisen erstarren zum Klischee, auf der anderen Seite beschleunigt sich der Innovationsprozess. Wenn Vergangenheit und gegenwärtige Realität nur fragmentarisch erfahr- und darstellbar sind, dann müssen neue Mittel gefunden werden, sie abzubilden – oder es darf, als weitergehende Konsequenz, eine solche Abbildung erst gar nicht versucht werden.

Das Märchen mit seiner geschlossenen Weltsicht (vom vergangenen Goldenen Zeitalter über die defizitäre Gegenwart bis zur Verheißung eines neuen Goldenen Zeitalters) und seiner geschlossenen Struktur aus inhaltlichen Elementen (spezielle Motive, Figuren und Handlung), repräsentiert durch einen mehr oder weniger klaren formalen Ablauf (Mangelsituation und ihre Behebung), *ist nun nicht mehr zeitgemäß,* wenn man aktuelle literarästhetische Maßstäbe anlegt. Andererseits bleibt die Popularität ungebrochen. Rudolf Schenda hat, in seiner Bilanz der „populären Lesestoffe" des 19. Jahrhunderts, deutliche Worte gefunden: „Die populäre Lektüre scheut die Auseinandersetzung mit der Moderne. Sie versagt im Angesicht der gesellschaftspolitischen Probleme."[1] Die Berücksichtigung des Märchens als eigene und ganz entscheidende Gattung der „populären Lesestoffe" würde Schendas literatursoziologischen Ansatz sinnvoll ergänzen.

---

[1] Schenda: Volk ohne Buch, S. 439.

Zwar haben Autoren seit Hoffmann versucht, notwendige Anpassungen vorzunehmen (vor allem durch Aktualitätsbezüge). Das erweist sich aber nur noch im Medium des Kinder- und Jugendbuchs als möglich, Barries *Peter Pan* (1911) ist hierfür ein gutes Beispiel. Kindern und Jugendlichen werden Entwicklungsprozesse zugebilligt, die ein weitgehend geschlossenes Weltbild voraussetzen und dieses in der fiktionalen Gestaltung rechtfertigen. Durch Mehrfachadressierung werden Erwachsene als Leser mit angesprochen, so lässt sich der hohe Qualitätsstandard einigermaßen halten.

Aus heutiger Perspektive ist das Absinken des Märchens ins Kinder- und Jugendbuch aber in vielen Fällen nicht viel mehr als ein Trick, den neuen Paradigmen der literarischen Moderne nicht folgen zu müssen. Schon zu Anfang des 19. Jahrhunderts adressierte man Märchen an Kinder und meinte eigentlich Erwachsene, diese Tradition musste lediglich in veränderter Weise fortgesetzt werden. In der Postmoderne werden andere Kriterien wichtiger, hier kann das Märchen mit seinem spielerischen Grundmuster und seiner starken Tendenz zu intertextuellen Bezügen wieder Boden gutmachen, bleibt aber weitgehend dem Bereich der Kinder- und Jugendliteratur zugeordnet.

Der erste, der mit einem kurzen, aber umso folgenreicheren Text das Traditionelle und Rückwärtsgewandte der Gattung Märchen aufgezeigt hat, ist Georg Büchner (1813–1837). In seinem Drama *Woyzeck*, an dem Büchner vermutlich seit 1836 gearbeitet hat, das aber erst 1879 in einer bearbeiteten Fassung zum ersten Mal gedruckt wird, findet sich folgender Absatz:

> GROSSMUTTER. Es war eimal ein arm Kind und hat kei Vater und kei Mutter war Alles tot, und war Niemand mehr auf der Welt. Alles tot, und es ist hingangen und hat greint Tag und Nacht. Und weil auf der Erd Niemand mehr war, wollt's in Himmel gehn, und der Mond guckt es so freundlich an und wie's endlich zum Mond kam, war's ein Stück faul Holz und da ist es zur Sonn gangen und wie's zur Sonn kam, war's ein verreckt Sonneblum und wie's zu den Sterne kam, warens klei golde Mück, die waren angesteckt wie der Neuntöter sie auf die Schlehe steckt und wie's wieder auf die Erd wollt, war die Erd ein umgestürzter Hafen und war ganz allein und da hat sich's hingesetzt und geweint und da sitzt es noch und ist ganz allein.[2]

Der Bezug zum Märchen *Die Sterntaler* aus den Kinder- und Hausmärchen (1812/15) der Brüder Grimm ist offensichtlich (die Grimms wiederum nehmen Motive aus einem Roman von Jean Paul und einer Novelle von Achim von Arnim auf). Hier der Text in seiner Grimmschen Urfassung von 1810:

> Es war einmal ein kleines Mädchen, dem war Vater und Mutter gestorben, und es war so arm, daß es kein Kämmerchen mehr hatte, darin zu wohnen, und kein Bettchen mehr, darin zu schlafen, und endlich gar nichts mehr als die Klei-

---

[2] Büchner: Werke und Briefe, S. 131f.

> der auf dem Leib und ein Stückchen Brot in der Hand, das ihm ein mitleidiges Herz geschenkt hatte. Es war aber gut und fromm. Und weil es so von aller Welt verlassen war, ging es im Vertrauen auf den lieben Gott hinaus ins Feld. Da begegnete ihm ein armer Mann, der sprach: „Ach, gib mir etwas zu essen, ich bin so hungerig." Es reichte ihm das ganze Stückchen Brot und sagte: „Gott segne dirs", und ging weiter. Da kam ein Kind, das jammerte und sprach: „Es friert mich so an meinem Kopfe, schenk mir etwas, womit ich ihn bedecken kann." Da tat es seine Mütze ab und gab sie ihm. Und als es noch eine Weile gegangen war, kam wieder ein Kind und hatte kein Leibchen und fror: da gab es ihm seins; und noch weiter, da bat eins um ein Röcklein, das gab es auch von sich hin. Endlich gelangte es in einen Wald, und es war schon dunkel geworden, da kam noch eins und bat um ein Hemdlein, und das fromme Mädchen dachte: „Es ist dunkle Nacht, da sieht dich niemand, du kannst wohl dein Hemd weggeben", und zog das Hemd ab und gab es auch noch hin. Und wie es so stand und gar nichts mehr hatte, fielen auf einmal die Sterne vom Himmel, und waren lauter harte blanke Taler: und ob es gleich sein Hemdlein weggegeben, so hatte es ein neues an, und das war vom allerfeinsten Linnen. Da sammelte es sich die Taler hinein und war reich für sein Lebtag. (KHM1, 269f.)

Weil das Mädchen fromm ist und an die Güte Gottes glaubt, wird es belohnt. Büchner hält sich an die triadische Struktur und lässt sein Mädchen Mond, Sonne und Sterne besuchen. Zugleich kehrt er das Prinzip um – das Mädchen findet keine Erlösung. Die entfernten Boten einer jenseitigen Existenz werden entzaubert, es handelt sich nur um faules Holz, eine vergammelte Sonnenblume und tote, aufgespießte Mücken, also Beispiele für die unbarmherzige, auf kein Paradies verweisende Vergänglichkeit der Natur. Folglich ist die Erde nur noch ein „umgestürzter Hafen", der nicht, wie Häfen dies üblicherweise tun, Zuflucht bietet.

Der Märchenstoff wird beispielsweise in Erich Kästners Roman *Fabian. Die Geschichte eines Moralisten* von 1931 wieder aufgegriffen:

> Die Stadt glich einem Rummelplatz. Die Häuserfronten waren mit buntem Licht beschmiert, und die Sterne am Himmel konnten sich schämen. Ein Flugzeug knatterte über die Dächer. Plötzlich regnete es Aluminiumtaler. Die Passanten blickten hoch, lachten und bückten sich. Fabian dachte flüchtig an jenes Märchen, in dem ein kleines Mädchen sein Hemd hochhebt, um das Kleingeld aufzufangen, das vom Himmel fällt. Dann holte er von der steifen Krempe eines fremden Hutes einen Taler herunter. „Besucht die Exotikbar, Nollendorfplatz 3, Schöne Frauen, Nacktplastiken, Pension Condor im gleichen Hause", stand darauf. Fabian hatte mit einem Male die Vorstellung, er fliege dort oben im Aeroplan und sehe auf sich hinunter, auf den jungen Mann in der Joachimstaler Straße, im Gewimmel der Menge, im Lichtkreis der Laternen und Schaufenster, im Straßengewirr der fiebrig entzündeten Nacht.[3]

---

[3] Erich Kästner: Werke. Bd. 3, S. 10f.

Die Entzauberung des Märchenstoffes wird beibehalten, allerdings orientiert sie sich nicht mehr an der Struktur des Märchens, sondern an den Gedanken und der Umgebung Fabians. Im Grimmschen Märchen hatte das Mädchen nichts mehr an, als die Taler fielen, in Fabians ungenauer Erinnerung hebt sie ihr Hemd hoch – wie in den üblichen Illustrationen des Märchens, die wohl aus Prüderie kein nacktes Mädchen darstellen wollen. Der Gedanke ist „flüchtig", also relativ unwichtig im Vergleich zu dem, was passiert. Die Distanz zwischen der Märchenwelt und der erlebten Gegenwart wird durch die Beschaffenheit der Taler betont. Sie sind aus billigem Aluminium und dienen als Werbeträger für ein Nachtlokal, das sich mit dem Hinweis „Schöne Frauen, Nacktplastiken, Pension Condor im gleichen Hause" als Bordell entpuppt. Das Verhältnis von Erde und Himmel wird nun umgekehrt – Fabian stellt sich vor, wie er aus einem Flugzeug auf sich herabsieht. Das Flugzeug ist die Signatur des modernen, technisierten Zeitalters. Für Sonne, Mond und Sterne ist in einer ganz auf die Befriedigung gegenwärtiger Bedürfnisse konzentrierten Zeit kein Platz mehr.

An diesem Beispiel ist erkennbar, dass sich mit Beginn der literarischen Moderne die Gattung Märchen weiter ausdifferenziert, dass sie sich ausdifferenzieren muss, um überlebensfähig zu bleiben. Unter dem Eindruck der neuen Paradigmen können literaturfähige Texte ‚nur' für Erwachsene entstehen, sie können nur an einzelne Merkmale anknüpfen *und müssen mit der charakteristischen Gattungstradition brechen*. Es wäre eine eigene Studie nötig, um diese Entwicklung nachzuzeichnen. Sie geht bis zur Auflösung auch der formalen Grenzen, wie in Ödön von Horváths *Sportmärchen* von 1924–32 oder in Ulla Hahns Gedicht *Kunstmärchen* aus dem Band *Spielende* von 1983:

> Ich laß mir meine Märchen etwas kosten
> Bremen Berlin mit leichtem Handgepäck
> dreiviertel Stunden schweb ich in den Wolken
> und lande immer auf demselben Fleck
>
> in deinem Herzen das am Flugplatz wartet
> mit Hand und Fuß und allem drum und dran
> die Nase im Gesicht in Hemd und Hose
> siehst du genauso aus wie jeder Mann
>
> wenn ich nicht wüßte daß du Feuer spucken
> aus einmal Zwei gleich Drei machen kannst
> natürlich nur mit mir und wenn du mich nach allen
> Regeln der Kunst phantastisch übermannst.[4]

Das Märchen wird nur noch im Titel zitiert, auf die Verwandtschaft mit fantastischer Literatur wird in der letzten Zeile angespielt. Die Bedeutung des

---

[4] Hahn: Spielende, S. 10.

Märchens reduziert sich auf die relative, für die moderne Literatur unübliche Harmonie, die offenbar zwischen den Liebespartnern herrscht und die von den ‚Regeln der Kunst' im Aufbau des Gedichts unterstrichen wird. Dass es sich möglicherweise um eine flüchtige Liebe handelt, zeigt die geographische Distanz, die offenbar immer wieder zu überwinden ist. Bei Kästner, Hahn und anderen zeigt sich auch der parodistische Einschlag im Umgang mit Märchen – durch Ironie, Satire und Aktualitätsbezug lässt sich das geschlossene Weltbild aufbrechen und der Stoff in die heutige Zeit hinüberholen. Auf Beispiele von Märchenparodien wird am Beispiel von Hans Traxlers *Die Wahrheit über Hänsel und Gretel* (1963) noch näher eingegangen.

Dass nicht notwendigerweise Märchen drin ist, wo Märchen draufsteht, zeigt bereits Hugo von Hofmannsthals *Das Märchen der 672. Nacht* von 1895. Die im Titel enthaltene Anspielung auf die *Erzählungen aus den Tausendundein Nächten*, ein bestimmter Sprachduktus, stark symbolisch aufgeladene Schauplätze transportieren die Märchentradition, doch ist in Figuren und Handlung nichts Wunderbares mehr erkennbar. Ein ‚junger' und ‚schöner' Kaufmannssohn macht Erfahrungen, die nur aus subjektiver Sicht mit Transzendenz in Verbindung gebracht werden können und die schließlich zu seinem relativ prosaischen Tod führen (er wird von einem Pferd getreten). In der immer größeren Verunsicherung der subjektiven Weltsicht spiegelt sich vielmehr der für die literarische Moderne typische Verlust des Glaubens an das Wunderbare. Dass es sich um – wenngleich bemerkenswerte – Ausnahmen der Gattungstradition handelt, die keine Märchen mehr sind, auch wenn sie provokativ so genannt werden, soll stellvertretend für andere Autoren und Texte an Kurt Tucholskys *Märchen* und Ödön von Horváths *Sportmärchen* gezeigt werden.

Wie Hofmannsthal hat auch Kurt Tucholsky (1890–1935) – obwohl dies bisher unbemerkt blieb – das Märchen des 19. Jahrhunderts als nicht mehr zeitgemäß verworfen, indem er es radikal veränderte. Hintergrund sind die konkreten gesellschaftlichen und sozialen Rahmenbedingungen: Die außen- und innenpolitischen Spannungen sind enorm und von der bürgerlichen Euphorie, mit der das zweite deutsche Kaiserreich startete, ist nicht mehr viel übrig. Wilhelm II. (1859–1941) regiert Deutschland seit 1888. 1890 entlässt er Reichskanzler Bismarck, der unter Wilhelm I. beinahe absolutistisch regieren konnte. Seine Majestät hat – teilweise durch einen Geburtsfehler verursacht – lauter Eigenschaften, die nicht zum Abbau von Spannungen, sondern zu deren Entstehung und Verschärfung beitragen.

Vor diesem Hintergrund schreibt 1907 der noch blutjunge Tucholsky folgenden Text:

Märchen

Es war einmal ein Kaiser, der über ein unermeßlich großes, reiches und schönes Land herrschte. Und er besaß wie jeder andere Kaiser auch eine Schatzkammer, in der inmitten all der glänzenden und glitzernden Juwelen auch eine Flöte lag. Das war aber ein merkwürdiges Instrument. Wenn man nämlich durch eins der vier Löcher in die Flöte hineinsah – oh! was gab es da alles zu sehen! Da war eine Landschaft darin, klein, aber voll Leben: Eine Thomasche Landschaft mit Böcklinschen Wolken und Leistikowschen Seen. Reznicesche Dämchen rümpften die Nasen über Zillesche Gestalten, und eine Bauerndirne Meuniers trug einen Arm voll Blumen Orliks – kurz, die ganze moderne Richtung war in der Flöte.

Und was machte der Kaiser damit? Er pfiff drauf. (TM)

Paradigmatisch sind Titel und Anfang des kleinen Texts, der am 22.11.1907 in der Zeitschrift *Ulk* erschien und in die 1928 veröffentlichte Sammlung *Mit 5 PS* aufgenommen wurde. Das Wunderbare ist der Inhalt der Flöte. Für die Beschreibung dieses Inhalts verwendet Tucholsky aber künstlerische Stile, die er an Namen festmacht; Namen, die den zeitgenössischen Lesern vertraut gewesen sein dürften. Der Schweizer Maler Arnold Böcklin und der Berliner Zeichner Heinrich Zille gehören zu den bedeutendsten Künstlern ihrer Zeit. Der Kaiser des Märchens verhält sich – das ist eine weitere, damals leicht zu decodierende Anspielung – wie der deutsche Kaiser Wilhelm II. Er war für seinen rückwärtsgewandten Kunst- und Literaturgeschmack bekannt, seit Beginn seiner Amtszeit bekämpfte er den Naturalismus und setzte sich für eine an der klassischen Ästhetik geschulte Kunst und Literatur ein, die nichts weniger als epigonal war. Nach dem Skandal um Gerhart Hauptmanns Sozialdrama *Die Weber* (1892) kündigte der Kaiser seine Theaterloge. 1896 sorgte er dafür, dass der Schillerpreis Hauptmann ab- und dem seinerzeit populären, aber literarisch weitgehend an-

Sehr geehrtes Frl. Puttel!
Bezugnehmend auf meinen Kostenvoranschlag vom 8. Mai ds. Jhs. stelle ich Ihnen hiermit für erbrachte Dienstleistungen in der Zeit von 8. bis 15. Juni ds. Jhs. an Auslagen und Aufwandentschädigung in Rechnung:

1 Paar Damenschuhe, Gr. 38, Sonderanfertigung Blattgold, Sohlen und Absätze pechabweisend	387,80
7 Sack Linsen, unsortiert à 12,80	89,60
1 Vogelbauer, Übergröße	103,70
1 Pkt. Watte, blutstillend	3,40
2 Stck. Schwestern-Häubchen à 28,30	56,60
4 Stck. Glasaugen à 97,00	388,00
Leihpferd f. 8 Tage à Tag (inkl. Steuer, Hafer, Versicherung) 44,00	352,00
Kleinmaterial	68,37
Arbeitszeit 48 Std. à 16,80	806,40
	2377,31
zzgl. 13% MwSt.	309,05
	2886,36

Den Betrag bitte ich umgehend, spätestens jedoch 14 Tage nach Erhalt der Rechnung, auf eins der unten angegebenen Konten zu überweisen.
Hochachtungsvoll
Edgar Prinz
(nach Diktat verreist)

Abb. 12:
Eine Märchenparodie

spruchslosen Ernst von Wildenbruch (1845–1909) zuerkannt wurde. Wildenbruch hatte sich – in den Augen des Monarchen – mit historischen Dramen über die kaiserliche Hohenzollern-Familie einen Namen gemacht.

Tucholskys *Märchen* kann als Satire auf Wilhelm II. gelesen, sollte aber nicht darauf reduziert werden. Es ist von einem exemplarischen Kaiser die Rede – gemeint ist ganz grundsätzlich die Staatsform der Monarchie, die offenbar bereits in ihrer mythischen Vorzeit, der Zeit des Märchens, schon nicht mehr zeitgemäß war. Während Tucholskys literarische Beschäftigung mit dem Märchen Episode blieb, machte sich später Ödön von Horváth daran, in zahlreichen Varianten und Spielarten Inhalt und Form des Märchens vollständig aufzulösen.

James M. Barrie

Peter Pan (1911)

„Alle Kinder, außer einem, werden erwachsen"

Mit dem zunächst 1904 als Theaterstück und dann, unter dem Originaltitel *Peter and Wendy*, 1911 erschienenen Prosatext schuf der Schotte James M. Barrie eine der bekanntesten Figuren der Literatur des 20. Jahrhunderts. Der Kinderroman schaffte durch den gelungenen Disney-Trickfilm von 1953 den Sprung in das neue Leitmedium. Ebenfalls sehr erfolgreich, wenngleich inhaltlich wenig originell ist die Adaption von Steven Spielberg, die unter dem Namen von Peter Pans Gegner *Hook* 1991 in die Kinos kam. Hervorhebenswert ist lediglich die grandiose Besetzung mit Dustin Hoffman als Hook, Robin Williams als gealtertem Pan, Julia Roberts als Fee Tinker Bell und zahlreichen anderen Stars, darunter sogar der Popsänger Phil Collins. Trotz der ärgerlich-naiven Geschichte muss man die schauspielerischen Leistungen der Elite Hollywoods bewundern. Die Hintergründigkeit der Vorlage wird durch die stark reduzierenden, auf vordergründige Effekte setzenden Filme nicht erreicht; wie zahlreiche ‚Bearbeitungen' (d. h. gekürzte und von allem Anstößigen gereinigte Texte) haben sie allerdings dazu beigetragen, den ursprünglichen Text zumindest in der öffentlichen Wahrnehmung in den Hintergrund zu rücken. Vielversprechend hingegen startete Anfang 2005 der Film *Finding Neverland* (dt. *Wenn Träume fliegen lernen*), in dem die Entstehungsgeschichte, mit einigen der Dramatik des Films geschuldeten Änderungen, als prägende Episode in Barries Leben geschildert wird. Mit Johnny Depp, Julie Christie, Kate Winslet und Dustin Hoffman bot der Film erneut eine hervorragende Besetzung.

Der *plot* des Kinderromans ist nicht das Wesentliche, er ist schnell erzählt: Der Junge Peter Pan, der niemals erwachsen werden will, erscheint den Kindern Wendy, John und Michael Darling, er überredet sie, mit ihm ins Niemalsland („Neverland") zu fliegen; dies wird mit Hilfe von Feenstaub bewerkstelligt. Auf der Insel erleben die Kinder mit Peter und seinen „verlorenen Jungen" („lost boys") zahlreiche Abenteuer mit wilden Tieren, Indianern und Piraten, bis sie von Peters Gegenspieler, dem Piraten Hook, gefangen genommen werden. Peter kann als einziger entkommen, besiegt die Piraten einschließlich Hook und willigt ein, die Kinder wieder nach Hause zu bringen. Auch die verlorenen Jungen möchten mit, sie werden von den Darlings adoptiert. Nur Peter Pan fliegt zurück, von nun an wird er einmal jedes Jahr erst Wendy, dann ihre Tochter, dann deren Tochter zu einem Ausflug ins Niemalsland holen.

Das Niemalsland ist erkennbar als Gegenwelt konzipiert. Anders als das heimische England ist es ein kleines, überschaubares und wunderbares Inselreich, dessen Grenzen aber nicht festgelegt sind – da es in jeder Vorstellung anders aussieht. Das Niemalsland befindet sich auf der „Karte vom Kopf eines Menschen" (PP, 12), sie „ist immer mehr oder weniger eine Insel" (PP, 12f.). An ihren „[...] Zauberstränden ziehen die Kinder beim Spielen ewig ihre Boote an Land. Wir sind auch einmal dort gewesen; wir können noch das Brausen der Brandung hören, aber wir werden nie mehr dort landen" (PP, 13).

Das Niemalsland ist die Insel der Vorstellung, eine breit ausgestaltete Allegorie der Fantasie. Insofern schließt Barrie an die Märchentradition des 19. Jahrhunderts an. Fantasie wird allerdings nur noch den Kindern zugesprochen, das ist das grundsätzlich Neue. Der erste Satz heißt programmatisch: „Alle Kinder, außer einem, werden erwachsen" (PP, 7). Der für immer Kind bleibende Peter Pan ist die Zentralfigur, jedes Kind schließt im Traum Freundschaft mit ihm (PP, 14). Barrie überführt so, am Anfang des 20. Jahrhunderts, das Märchen endgültig in eine Gattung für Jüngere und sichert so seine Möglichkeiten zur Weiterentwicklung. Die Weigerung Peters, erwachsen zu werden, ist gattungsgeschichtlich regressiv und kontextbezogen progressiv (man denke an die Verwendung dieses Motivs in Günter Grass' *Die Blechtrommel* von 1959).

Vor der Dynamik der wirtschaftlichen und sozialen Entwicklungen und Verwerfungen, vor den kriegerischen und sonstigen Auseinandersetzungen sowie der Entzauberung einer Welt, die unübersichtlich geworden ist, durch die Naturwissenschaften kann die Erwachsenenliteratur nicht mehr das Auge verschließen, ohne sich den Vorwurf gefallen lassen zu müssen, trivial geworden zu sein. In der modernen Kinder- und Jugendliteratur, die überhaupt erst in dieser Zeit beginnt, lassen sich die zahlreichen Probleme auf eine versöhnlichere Art und Weise verhandeln. Das Tröstende als Wirkung des Wunderbaren rückt ins Zentrum der Konzeption, so kann die Gattung in das neue Jahrhundert hinübergerettet werden. Barrie führt vor, dass diese Weiterentwicklung der Gattung nichts mit Eskapismus zu tun hat, eher im Gegenteil: Was er anspricht und wie er es anspricht ist so radikal neu in der Kinder- und Jugendliteratur, dass es auch heute noch (oder heute wieder?) die Vermittlung nicht einfach macht.

Zunächst ist hervorzuheben, dass Barrie schon am Anfang deutlich macht, dass es ihm nicht um eine Glorifizierung der Kindheit geht. Durchgängig findet sich ein ironischer Ton, etwa in folgender Feststellung: „[...] seither wußte Wendy, daß sie erwachsen werden mußte. Das weiß man immer, wenn man erst mal zwei ist. Zwei ist der Anfang vom Ende" (PP, 7). Der „Kuß" im Mundwinkel der Mutter, „den Wendy nie bekommen konnte, obwohl er da war", gleicht Peter (PP, 18) und nur Peter wird ihn bekommen können (PP, 206), denn er ist eine allegorische Figur. Wie bereits Hoffmann inszeniert

Barrie ein grandioses Spiel der Fantasie unter der Voraussetzung, dass dessen Verwirklichung nicht möglich ist – das steckt ja auch bereits in der Bezeichnung „Niemalsland". Anders gesagt: Die Fantasie kann nie wirklich werden, doch genau darin liegt ihre Bedeutung für den Menschen. Weshalb das so ist, wird sich am Ende zeigen.

Dem Spiel der Fantasie ist die Mutter näher als der Vater, sein „Spiel" besteht berufsbedingt darin, immer alles durchzurechnen (PP, 8). Durch sein geringes Verständnis wird er den Ausflug der Kinder ins Niemalsland überhaupt erst veranlassen. Die Ironisierung des Vaters, der als „der bedeutendere Charakter" der Familie verspottet wird, und seiner Mathematikkünste werden durch märchentypische Zahlensymbolik verstärkt. Um auszurechnen, ob sich das Ehepaar überhaupt ein Kind leisten kann (das bereits unterwegs ist), kommt er auf „neun neun sieben" (PP, 9). Zugleich bekommt der Vater kindische Züge, wenn er die eigene Medizin versteckt, aber von seinem Sohn verlangt, dass dieser Medizin einnehmen soll (PP, 26).

Nun trägt das Ehepaar Darling nicht nur einen ungewöhnlichen Namen, auch ein besonderer Umstand deutet darauf hin, dass sie anders sind als andere und dem Märchen näher stehen: Sie halten einen Neufundländer als Kindermädchen (PP, 10). Nana ist eine Figur, die auf der Grenze zwischen realer und wunderbarer Handlungsebene steht; sie kann nicht reden, aber alles verstehen und sich noch besser als ein richtiges Kindermädchen um die Kleinen kümmern. Doch dem Vater fehlt bezeichnenderweise das Sensorium, die märchentypische Seite dieser Figur wahrzunehmen. (Eine ähnliche Funktion wird das Pferd Negro Kaballo in Erich Kästners *Der 35. Mai* von 1931 zugewiesen bekommen.)

Nana wird auf doppelte Weise zum Auslöser der wunderbaren Begebenheiten. Erstens: Sie will Peter fangen und hält seinen Schatten fest, den das zufallende Fenster von seinem Körper trennt (PP, 19). Dies könnte eine heitere Anspielung auf Chamissos fatal verlaufende *Schlemihl*-Geschichte von 1814 sein, in der ein ebenfalls Peter heißender Protagonist seinen Schatten verkauft. Zweitens: Mr. Darling macht Nana zum Sündenbock, um von seinem blamablen Verhalten abzulenken. Anders als sein Sohn ist er nicht bereit, seine Medizin einzunehmen, er schüttet sie sogar in den Napf des Hundes und möchte dies als Scherz verstanden wissen. Seine Motivation ist eine Mischung aus Unsicherheit und Eifersucht: „Mich knuddelt keiner." Indem er das Liebesobjekt Hund bestraft, kann er sich wenigstens als „der starke Mann" der Familie fühlen. Nana wird in den Garten verbannt, auch wenn Mr. Darling weiß, dass sie unschuldig ist: „Er schämte sich, aber er tat es doch" (PP, 29). Der Erzähler erläutert voller Ironie:

> Das alles lag nur an seinem zarten Charakter, der auf Bewunderung so sehr angewiesen war. Als er sie [Nana] hinten im Hof angekettet hatte, setzte sich der unglückliche Vater in den Flur und schlug die Hände vors Gesicht. (PP, 29f.)

Der Sieg des prosaischen Vaters über den märchenhaften Hund hat Folgen – nur weil die Kinder unbewacht sind, kann Peter kommen und sie mitnehmen. George Darling wird seinen Fehler bereuen und fortan in der Hundehütte leben (PP, 193), doch auch dies ist nicht ganz uneigennützig – denn es macht ihn, der „auf Bewunderung so sehr angewiesen war" (PP, 30), zu einer Berühmtheit (PP, 194f.).

Barrie stellt sich ganz in die Märchentradition, indem er einen zentralen Figurentypus übernimmt: die Fee. Besser lässt sich von einer Adaption des Feenmotivs sprechen, da Barrie seine Exemplare zeittypisch verändert. Das Niemalsland bevölkern zahllose Feen, aber nur eine wird für die Handlung wichtig: Tinker Bell (PP, 32). Sie ist eitel, selbstsüchtig und in Peter Pan verliebt, folglich ist sie auf Wendy eifersüchtig. Barrie holt durch die Beschreibung des Feenzimmers das Motiv in die Erzählgegenwart und parodiert zugleich die Märchentradition:

> Die Couch (so nannte sie ihr Bett) war echtes Feenrokoko, mit geschwungenen Beinen. Die Bettdecke wechselte sie mit der Jahreszeit, je nachdem, welche Blütenblätter es gerade gab. Der Spiegel war original Schneewittchen, wovon es nur noch drei vollständig erhaltene Exemplare im Feenhandel gibt. […] Teppich und Bettvorleger waren bester Gestiefelter Kater (die frühe Periode). (PP, 93)

Tinker Bell ist Peter eher gleichgültig. Obwohl sie ihm das Leben rettet (PP, 159), wird er sich später nicht mehr an sie erinnern können und gleichgültig feststellen: „Ich nehme an, sie ist tot" (PP, 207). Peter ist vergesslich, gedankenlos, rücksichtslos, „frech und eingebildet" (PP, 36). Er ist ein prototypisches Kind, wie Barrie es sieht – der damit die Kindheit zugleich ent- und wieder neu verzaubert. Bündig konstatiert der Erzähler einmal, und das kann als Fazit festgehalten werden: „[…] das sind Kinder nämlich, herzlos, aber liebenswert" (PP, 137). Gegen Ende heißt es dann: „Nur die Frohen und Unschuldigen und Herzlosen können fliegen" (PP, 211). Und der letzte Satz lautet: „[…] so geht es immer weiter, solange Kinder froh und unschuldig und herzlos sind" (PP, 221).

Erwachsene sind auch herzlos, aber nicht so liebenswert. Dies wird in ihrem Verhalten gegenüber Kindern gestaltet. Wendys Vater will mit der Verbannung Nanas den Kindern die Fantasie austreiben und Hook versucht sogar, Peter (also die Allegorie der Fantasie) zu vergiften. Was Hook so reizt, ist die „Verkörperung von Frechheit", die er in Peter sieht (PP, 157), also das Kreatürliche des Kindes, das die Eltern ihm durch Erziehung austreiben wollen.

Die illusionslose Sicht auf Kinder und Erwachsene in dieser Deutlichkeit ist neu. Dass die Erwachsenen ihrer Rolle nicht gerecht werden, wird am Beispiel von Mr. Darling und Hook erkennbar. Geschlechterrollen werden dabei nur vordergründig bestätigt. Das männliche Verhalten der Männer und Jungen kann die tief sitzende emotionale Unsicherheit nicht verbergen, und wenn es über Wendy im Niemalsland heißt: „Das Kochen, glaub mir, hielt sie ständig am Herd fest" (PP, 94), dann ist der ironische Unterton nicht zu überhören. Das Familienleben, das Peter und Wendy inszenieren, ist nicht mehr und nicht weniger als eine Parodie auf die Zeitgeschichte (PP, 128ff.). Dazu kommt, dass Häuptlingstochter Tiger Lily die mutigste Indianerin ist (PP, 106), auch wenn man es als Konzession an die Erzählgegenwart Barries sehen kann, dass sie von Peter Pan gerettet werden muss. Zum Schluss sind es die Mädchen, die sich das Sensorium für die Fantasiewelt bewahren. Wendy erinnert sich und lässt ihre Tochter Jane mit Peter gehen (PP, 209ff.).

Das Märchen ist ein Text des Übergangs, traditionelle und moderne Familienmuster werden gemischt. Zwar gehören Wendy und ihre Geschwister einer traditionellen, nach außen intakten Familie an, doch schon die Überlegungen Mr. Darlings, ob Kinder finanzierbar sind, ziehen die tradierten Muster in Zweifel. Dazu kommen die verlorenen Jungs als „die Kinder, die aus dem Kinderwagen fallen, wenn das Kindermädchen nicht aufpaßt. Wenn sie nach einer Woche nicht abgeholt werden, dann werden sie kostenlos ins Niemalsland geschickt" (PP, 40f.). Das ist eine allegorische Darstellung von Waisenkindern, die sich, wie an den verlorenen Jungen sichtbar wird, nach der Zuneigung der Eltern sehnen – insbesondere der Mutter, denn Väter spielen bei Barrie, entgegen der patriarchalischen Gesellschaftsordnung seiner Zeit, eine sehr zweifelhafte Rolle. In dieses Konzept passt auch, dass als einzige direkte Anspielung auf Märchen mehrfach „Cinderella" genannt wird (PP, 42, 70, 88). Aschenputtel ist eine Halbwaise, um die sich der schwache Vater nicht kümmert. Die verlorenen Jungen sind sieben an der Zahl (PP, 72); wie die sieben Zwerge um Schneewittchen werden sie um die scheintote Wendy herumstehen (PP, 78ff.). Später markieren die Kinder ihren Weg mit „Samenkörner[n]" und anderem (PP, 162) – wie Hänsel und Gretel, nachdem sie von ihren Eltern ausgesetzt wurden.

Im Zusammenhang mit dem Feenmotiv greift Barrie eine Idee aus Andersens *Die kleine Seejungfrau* (1837) wieder auf und säkularisiert sie. Bei Andersen heißt es über die „Töchter der Luft", dass „ein gutes Kind", das „seinen Eltern Freude macht", die Zeit des Wartens auf eine unsterbliche Seele um ein Jahr verkürzt, während „ein unartiges und böses Kind" die Töchter „Tränen der Trauer weinen" lässt, „und jede Träne legt unserer Prüfungszeit einen Tag zu" (SE, 34f.). In *Peter Pan* erläutert der Protagonist: „[...] jedesmal, wenn ein Kind sagt: ‚Ich glaube nicht an Feen', fällt irgendwo eine Fee tot um" (PP, 39). Später wird der Feenglaube der Kinder Tinker Bell das Leben retten; eine ironische Rettung allerdings, da Peter die Kinder durch ihre Träume auffordert, die Existenz von Feen zu beglaubigen (PP, 160f.). Die Verbindung zu Andersen lässt sich auch über das Nixen-Motiv herstellen (PP, 44 u.a.).

Barrie betont das Realistische der wunderbaren Handlung, die Probleme und Konflikte der realen Welt sind Bestandteil der Traum- und Wunderwelt. Schon der Hinweis auf die „Angst", die „später" die auf der Insel eintreffenden

Kinder überkommen wird, deutet darauf voraus (PP, 55). Die Zitatstruktur beschränkt sich daher nicht auf Märchen. Barrie stellt sich in eine Tradition britischer Literatur, die schon früh die gesellschaftsbezogenen Determinierungen von Kindheit thematisiert und problematisiert hat – in früher Radikalität findet sich dies Mitte des 19. Jahrhunderts bei Charles Dickens (1812–1870), etwa in seinen Romanen *Oliver Twist* (1838), *David Copperfield* (1850) und *Große Erwartungen* (1863).

Barrie nimmt direkten Bezug auf den schottischen Autorenkollegen Robert Louis Stevenson (1850–1894), indem er ironisch auf dessen berüchtigte Negativ-Figur aus der *Schatzinsel* von 1883 verweist. Über den Piratenkapitän Hook heißt es: „Er ist der einzige, vor dem John Silver sich fürchtete" (PP, 58). Später ist sogar davon die Rede, dass Hook „John Silver erledigt hatte" (PP, 166). Die „Klaue" des Piratenkapitäns – sein eiserner Haken, den er anstelle der Hand trägt, die einst Peter Pan an ein Krokodil verfütterte (PP, 69) – ist ein Gegenstück zu John Silvers Holzbein, beides erinnert an Teufelsdarstellungen (zu den bekanntesten Deformationen des personifizierten Bösen gehören z. B. Klumpfuß, Hörner und Schwanz). Eine entsprechende Anspielung findet sich sogar im Text: „Als er [Hook] oben auftauchte, sah er aus wie der Geist des Bösen persönlich, der aus seinem Loch fährt" (PP, 158). Hooks Achillesferse ist das Krokodil, das ihn verfolgt. Ein glänzender ironischer (und zeitgemäß technischer) Einfall Barries ist, dass das Krokodil einen Wecker verschluckt hat und so sein Kommen ankündigt (PP, 74).

Hook ähnelt in seiner Konzeption Wendys Vater wie Stevensons Mr. Hyde seinem *Alter ego* Dr. Jekyll. Hook bemüht sich einerseits um ein Verhalten als Gentleman und hat andererseits eine unsichere Identität. Der an die britische Realität gemahnende Teil seines Charakters wird so beschrieben:

> Was seine Manieren angeht, so haftete immer noch etwas von einem Grandseigneur an ihm; selbst wenn er jemanden aufschlitzte, tat er es mit Stil. Es heißt auch, er sei ein brillanter Anekdotenerzähler. Er wirkte am finstersten, wenn er am freundlichsten war – vermutlich der wahre Beweis für seine Bildung. (PP, 68)

Auf der anderen Seite wünschen Hook und seine Piraten sich – darin ähneln sie den verlorenen Jungen – eine „Mutter", so dass der Plan entsteht, Wendy zu entführen (PP, 109). Hooks unsichere Identität tritt offen zutage, als Peter Pan ihn nachmacht und er einen Moment lang glaubt, einen Doppelgänger zu haben: „Er spürte, wie ihm sein Ich abhanden kam" (PP, 111). Erst die Erkenntnis, dass sich das Andere (Peter) als das Eigene ausgegeben hat, stellt das fragile innere Gleichgewicht wieder her: „Gleich war Hook wieder er selbst […]" (PP, 113).

Hooks Grausamkeit ist der Versuch, die eigenen Mängel zu kompensieren: „Er war bedrückt, weil er so schrecklich einsam war" (PP, 166). Und: „Kein Kind liebt mich" (PP, 167). Hooks „Leidenschaft für ‚guten Stil'" führt zu einem dauerhaften Kampf von (in der Terminologie Sigmund Freuds) Über-Ich und Es. Hooks Erinnerung an seinerzeit „in einem berühmten Internat" genossene Bildung ist nur schwer mit seinem triebhaften Verhalten in Einklang zu bringen. Doch auch das wird durch den Erzähler ironisch aufgelöst, er bemerkt lapidar: „Ach, Hook war nicht zu beneiden" (PP, 167).

Schon die Ankunft auf der Insel führt den Einbruch des Realismus in die Wunderwelt drastisch vor Augen. Die eifersüchtige Tinker Bell stiftet die verlorenen Jungen dazu an, mit Pfeil und Bogen auf Wendy zu schießen: „[...] und Wendy flatterte mit einem Pfeil in der Brust zu Boden" (PP, 77). Wendy ist die „Mutter", die hier symbolisch getötet wurde und dann wieder aufersteht, um sich um ‚ihre' Kinder zu kümmern, bis diese am Schluss zu ihren Stiefgeschwistern werden.

Auf der Insel herrschen Gesetze, die sozialdarwinistischen Wirklichkeitskonzeptionen in nichts nachstünden, wenn sie nicht erkennbar ironisch überzeichnet wären. So heißt es über die verlorenen Jungen: „Und wenn sie anfangen, erwachsen zu werden, was gegen die Regel verstößt, sorgt Peter dafür, daß sich die Zahl verringert" (PP, 65). Peter vergisst sogar, ob er gegen jemanden gekämpft hat. Manchmal hat er nichts zu erzählen, „[...] aber wenn man dann hinausging, fand man die Leiche" (PP, 97). Das grandiose Finale besteht darin, dass Peter, mit Hilfe der anderen Kinder, alle Piraten niedermetzelt und Hook dem Krokodil zum Fraß vorwirft (PP, 177ff.). Die kreatürliche Grausamkeit des Kindes führt so weit, dass Peter sich zum Nachfolger Hooks macht und sich auch als solcher benimmt (PP, 190).

Das Grausame der Konzeption des Niemalslandes liegt in der menschlichen Natur begründet, die im Stadium des Kindes noch unzivilisiert ist und, wenn man die Erwachsenenfiguren ansieht, dies ungeachtet des späteren zivilisatorischen Anstrichs auch im Erwachsenenalter bleibt. Das Versöhnende besteht in der grundsätzlich vorhandenen Mitmenschlichkeit, die Barrie trotz der neueren naturwissenschaftlichen Erkenntnisse (z. B. durch Darwin) annimmt. Es ist die Eichel, die Peter Wendy geschenkt hat und die sie an einer „Kette um den Hals" trägt, die ihr das Leben rettet und den Pfeil auffängt (PP, 82). Diese Eichel war in einem kommunikativen Missverständnis als „Kuß" bezeichnet worden – damit wird die passende Symbolik geschaffen.

In der Vermittlung des Wunderbaren knüpft Barrie an Hoffmanns Verfahren an, der an seinen Verleger Kunz in Bamberg über den Plan zu *Der goldne Topf* (1814) geschrieben hatte: „Feenhaft und wunderbar aber keck ins gewöhnliche alltägliche Leben tretend und sei[ne] Gestalten ergreifend soll das Ganze werden."[1] Dem entspricht das Spiel mit dem Dualismus von realer und wunderbarer Welt, das Barrie auf verschiedenen Ebenen inszeniert, hier auf der Ebene der Figurenwahrnehmung, die durch den Erzähler geteilt wird:

---

[1] Wührl (Hg.): E.T.A. Hoffmann: Der goldne Topf, S. 113.

„Ganz sicher mußte sie geträumt haben. Aber andererseits gab es die Blätter" (PP, 16). Bei der Ankunft der Kinder heißt es: „Natürlich war das Niemalsland damals nur Einbildung gewesen. Aber nun war es wirklich" (PP, 56) – so wirklich wie eine Fiktion eben sein kann. Barrie macht deutlich, dass der Realismus Spannung erzeugen soll, und ironisiert damit zugleich diesen Teil seiner Konzeption: „So drastisch kriegten die drei [Geschwister] in ihrer Angst den Unterschied zu spüren – zwischen einer Insel, die man sich nur einbildet, und derselben Insel, wenn sie Wirklichkeit wird" (PP, 62). Allerdings gibt es einen Wahrnehmungsunterschied zwischen Peter und den anderen: Während „sie den Schwindel erkannten", wenn im unterirdischen Haus gespielt wird, ist „für Peter Einbildung und Wahrheit ein und dasselbe" (PP, 84f.).

Barrie baut sein ironisches Konzept zu einem (bei Hoffmann schon vorgeprägten) Spiel des Erzählers mit dem Leser aus. Der Erzähler des *Peter Pan* schaltet sich immer wieder ein und ironisiert damit die Erwartungshaltung seiner Leser. Bevor Peter Wendy und ihre Geschwister ‚entführt', heißt es:

> Werden sie [die Eltern] das Kinderzimmer rechtzeitig erreichen? Wenn ja, wie schön für sie, dann werden wir alle aufatmen – aber dann gibt es keine Geschichte. Andererseits, wenn sie's nicht rechtzeitig schaffen, verspreche ich feierlich, daß am Ende doch alles gut ausgeht. (PP, 49)

Wer genau liest, wird feststellen, dass die grausamen Handlungen den Charakter des Spiels haben. Die schweren Verletzungen, die sich die verlorenen Jungen angeblich beim Kampf mit den Piraten zugezogen haben (PP, 113ff.), können so schwer nicht gewesen sein, wenn Wendy nachher beschließt, die Kinder angesichts der fortgeschrittenen Zeit erst einmal ins Bett zu stecken: „Doch am nächsten Tag war sie schrecklich lieb und gab jedem einen Verband, und bis zum Schlafengehen spielten sie krank und humpelten und trugen den Arm in der Binde" (PP, 123).

Der allwissende Erzähler erklärt sich in entscheidenden Handlungsmomenten für beschränkt einsatzfähig: „Ach, wenn er uns nur hören könnte. Aber wir sind ja nicht wirklich auf der Insel [...]" (66). Mit grausamem Genuss entfaltet er die brutale Seite des Insellebens, demonstriert und ironisiert seine Macht, die angeblich durch die Authentizität des Erzählten eingeschränkt wird. Einerseits heißt es: „Aber ich halte mich lieber an die Wahrheit, ich will nur erzählen, was wirklich passiert ist" (PP, 119). Andererseits trifft der Erzähler über das Schicksal der Figuren die Entscheidung:

> Wir wollen jetzt einen Piraten umbringen, um Hooks Methode vorzuführen. Nehmen wir Skylights. Im Vorübergehen stößt er ungeschickt mit Hook zusammen und verknautscht ihm den Spitzenkragen. Der Haken schnellt vor, man hört ein reißendes Geräusch und einen Schrei, dann wird die Leiche mit einem Fußtritt beiseite gestoßen, und die Piraten ziehen weiter. Hook hat nicht einmal seine Zigarren aus dem Mund genommen. (PP, 69)

Als Hook von Peter in den Rachen des Krokodils gestoßen wird, dessen Ticken der Bösewicht nicht vernommen hat, setzt der Erzähler hinzu: „Wir haben die Uhr nämlich absichtlich angehalten: ein kleines Zeichen des Respekts am Ende" (PP, 188).

Letztlich ist der Widerspruch von Allmacht und Beschränkung nur durch das Erkennen der Ironie der Erzählhaltung auflösbar. Der Erzähler macht sich über den Leser lustig, wenn er meint: Alle Abenteuer „zu beschreiben würde ein Buch füllen, so dick wie ein Lateinisches Lexikon". Welches aber soll er „herausgreifen" (PP, 97)? Die scheinbare Lösung lautet: „Am besten, ich werfe eine Münze" (PP, 100). Ein Schelm, wer dieser Willkür auf den Leim geht. Die Episode mit der Lagune, die nun erzählt wird, ist wichtig für den Fortgang der Handlung, die Wahlfreiheit wird vorgetäuscht – ein durchsichtiges Täuschungsmanöver, dessen Fadenscheinigkeit Absicht ist. Die Ironie, und darauf läuft die Konzeption hinaus, macht den Leser zum Souverän des Textes. Er kann ihn lesen, wie er möchte, als Märchen, als realistische Geschichte, auf einer identifikatorischen oder konzeptionellen Ebene – oder auf allen Ebenen zugleich.

Die Apologie der Fantasie, ihre Verteidigung gegen die zeitgenössische Wirklichkeit offenbart sich am Schluss. Die größer werdenden Kinder haben das Fliegen verlernt, denn: „Sie glaubten nicht mehr daran" (PP, 206). Für die Veränderungen hat der Erzähler nur noch Spott übrig:

> Alle Jungen waren nun erwachsen und verloren. Darum lohnt es kaum, etwas über sie zu sagen. Die Zwillinge und Nibs und Curly gehen jeden Tag ins Büro, und jeder trägt eine Aktentasche und einen Schirm. Michael ist Lokomotivführer. Slightly hat eine Dame aus dem Adel geheiratet und führt den Titel eines Lords. Und der Richter da mit der Perücke, der zur Eisentür herauskommt, das war einmal Tootles. Der Mann mit dem Bart, der seinen Kindern keine Geschichten erzählt, weil er keine weiß, ist einmal John gewesen. (PP, 208f.)

Die verlorenen Jungen sind also erst durch das Erwachsenwerden wirklich verloren – für die Fantasie, die Flügel verleiht. Ihr Werdegang entspricht einem repräsentativen Querschnitt durch die britische Mittel- und Oberklasse, hier wird stellvertretend eine ganze Gesellschaft bewertet, die auch heute noch als prototypisch für die westliche Ordnung gelten kann.

Die Welt des Wunderbaren bleibt Gegenwelt zur Realität, auch wenn beide Welten zeitgemäß entzaubert werden. Doch die Parallelsetzung von Kindheit und Fantasie gegen Erwachsensein und Fantasielosigkeit zeigt, dass es von nun an das Kinderbuch ist, das dem Wunderbaren ein letztes Refugium gewährt – mit bis heute immer neuen Erfolgen.

Ödön von Horváth

Sportmärchen (1924–32)

„Denn man darf nicht aufhören zu hoffen"

Die Produktion des 1901 in Fiume an der Adria geborenen, seit 1913 in München lebenden (und 1938 durch einen Unglücksfall gestorbenen) Horváth beginnt in seiner Studienzeit: „Professor Friedrich von der Leyen liest über ‚Das Märchen', über eine Gattung, die Horváth zeitlebens fasziniert; schon schreibt er an den ersten der *Sportmärchen*."[1] Dieter Hildebrandt erläutert weiter:

> Die *Sportmärchen* nehmen im Schaffen Horváths ungefähr die Stellung und den Rang ein wie die Geschichten vom Herrn Keuner bei Brecht. Im Laufe von etwa sechs Jahren sind rund dreißig dieser kurzen Texte entstanden – die Publikationen beginnen im Jahr 1924 und reichen bis 1932. Gerade wegen ihrer kurzen, prägnanten, epigrammatischen Form, die in der Regel das Ausmaß des traditionellen Feuilletons noch unterschritt, waren sie leicht und bequem zu placieren. Typisch für die *Sportmärchen* ist ihre dialogische, antithetische Form; es sind oft Mini-Dramen, Lehr-Szenen [...].[2]

Dass Horváth „im Alter von elf Jahren beim Faschingsturnen in München *für vorzügliche Leistungen im Hochsprung* eine Urkunde erhalten hat",[3] dürfte nicht die ausschlaggebende Motivation für die Wahl des im ersten Teil des Kompositums bezeichneten Sujets gewesen sein. Der Begriff bringt – wie der des auf Hoffmann gemünzten Wirklichkeitsmärchens – den fundamentalen Gegensatz von Alltagsrealität und Wunderwelt auf einen Nenner. Horváth hat Hoffmann „schon als Schüler geschätzt"[4] und Sport war zu Horváths Zeit eine der besonders modernen Freizeitbeschäftigungen, ideologisch wie praktisch.

Liest man die Texte als Minidramen, dann versteht man, weshalb Horváth als einer der bedeutendsten deutschsprachigen Dramenautoren des 20. Jahrhunderts gilt. Die bizarre Verknüpfung von Feststellungen und Handlungen ist Ausdruck der Krise des Subjekts in der Moderne und weist auf das absurde

---

[1] Hildebrandt: Horváth, S. 23.
[2] Ebd., S. 34.
[3] Jacob: Ödön von Horváth und seine Sportmärchen, S. 86.
[4] Ebd., S. 93.

Theater der zweiten Hälfte des 20. Jahrhunderts voraus. Das Sportmärchen *Vom wunderlichen Herrn von Bindungshausen* ist in fünf Abschnitte gegliedert, damit erinnert Horváth an die traditionelle fünfaktige Dramenstruktur. Im Sinne einer Exposition wird im ersten Teil der Protagonist vorgestellt, Adelsromantik wird mit der Bergwelt der Skifahrer kontaminiert und ins Groteske übersteigert. Durch Wortspiele entsteht Komik, etwa wenn der Spruch im „Wappen derer von Bindungshausen" zitiert und reimend kommentiert wird: „,Nur auf die Bindung kommt es an!' – – – (was aber angezweifelt werden kann)" (SP, 64), oder wenn von der „Gefrierfleischeslust" des Protagonisten die Rede ist (SP, 66).

Die Schilderung der sexuellen Eskapaden des Adeligen, den „nur weibliche Schneemänner" reizen und der mit seiner „Gemahlin", einer „nibelungenhaft herben Erscheinung", „sieben rassereine Albinos" zeugt (SP, 65f.), geht in der Thematisierung von Sexualität auf ältere Entwicklungsstufen des Märchens zurück, an das auch die Zahlensymbolik erinnert. Zugleich handelt es sich hinter der märchenhaften Verfremdung um eine drastische Kritik an der überkommenen Lebensweise des Adels, dessen übersteigerter Nationalismus nun Affinitäten zur nationalsozialistischen Ideologie erkennen lässt. Hierfür steht die Anspielung auf die Nibelungen in diachroner und auf die Rassenfrage in synchroner historischer Perspektive.

Der Herr von Bindungshausen kann seinen Lebenssinn nur noch darin entdecken, einst „die große Kurve" zu bezwingen. „Denn Leben heißt Kurven nehmen", gibt er seinen Söhnen als Lehrsatz mit auf den Lebensweg (SP, 66). Mit dieser ironischen Banalität, die an formelhafte Schlüsse des Märchens erinnert, entlässt Horváth seine Leser.

An die Tradition des Wirklichkeitsmärchens wird nicht zufällig im mittleren, 3. Teil angeschlossen:

> Leitartikel las er nur schlittschuhlaufend: Bogen links, Bogen rechts, Dreier, Dreiersprung, sprungsprung – – – pung! da saß er am Hintern und tief im Teiche rief der Wassermann: „Herein!" Denn man darf nicht aufhören zu hoffen.
> So dachten auch die Nixlein unterm durchsichtigen Eis und zwinkerten ihm, wenns dämmerte aus Schlingpflanzen zu: „Kleiner komm runter – – –". Sie waren zwar recht kitschig, doch nichts Menschliches blieb ihm fremd. (SP, 65)

Die „Leitartikel" gemahnen an die zeitgenössische Realität, während Wassermänner und Nixen märchen- und sagentypisches Personal sind. Hier findet sich erstmals eine Anspielung auf das „Geschlechtsleben" (ebd.) des Protagonisten, weitere Informationen dazu folgen. Der letzte Teilsatz des Zitats, „nichts Menschliches blieb ihm fremd", ist ein bisher vielleicht nicht erkanntes (die Anmerkungen des Bandes schweigen sich aus), ironisch abgewandeltes Zitat aus Theodor Fontanes Roman *Der Stechlin* von 1898, dort heißt es in der Begräbnisrede von Pastor Lorenzen über Dubslav von Stechlin:

> „Er hielt es mit den guten Werken und war recht eigentlich das, was wir überhaupt einen Christen nennen sollten. Denn er hatte die Liebe. Nichts Menschliches war ihm fremd, weil er sich selbst als Mensch empfand und sich eigner menschlicher Schwäche jederzeit bewußt war."[5]

Dubslavs Tod steht schon im *Stechlin* symbolisch für den Untergang des Adels früherer Prägung. Durch sein intertextuelles Zitat, das er zentral (am Ende des mittleren Abschnitts) anordnet, verabschiedet Horváth den Adel noch einmal, aber nicht versöhnend, sondern satirisch und provozierend – das Menschliche wird mit dem „Geschlechtsleben" in eins gesetzt.

Horváths *Sportmärchen* sind sehr unterschiedlich und bilden ein eigenes kleines Märchenuniversum, dennoch ist die ironische Spitze gegen gesellschaftliche Tendenzen ein verbindendes Merkmal. Die Sportmärchen können sich, in Anknüpfung an die Lyriktradition des Dadaismus, auch stark auf die Form konzentrieren:

> Regatta
>
> Tausend Fähnlein flattern im Wind;
> regettete regattata
>
> In hundert Segel speit der Wind:
> Huuuu – – –
>
> Einer wird Erster, einer wird Letzter:
> Regatta!
>
> Einer ist munter:
> Regattattatatararaaa!!!
>
> Einer geht unter:
> r. (SP, 55)

Das Märchen in Gedichtform spielt lautmalerisch mit der Bezeichnung eines Sports, dem vor allem Reiche zum Zeitvertreib nachgehen. Der Sport wird verulkt, auch durch die Wortwahl, beispielsweise „speit der Wind". Der Gegensatz zwischen „munter" und „geht unter" ist offensichtlich, er wendet das Gedicht aber nicht ins Tragische, sondern erhöht noch die Komik durch den in der letzten Zeile und für den Untergegangenen stehenden, knatternden Buchstaben „r". Die Komik bekommt durch diesen Ausgang etwas Bösartiges – der Tod eines Regatta-Teilnehmers ist lediglich Anlass, den Spott auf die Spitze zu treiben. Vom Märchen bleibt hier nicht mehr als die Gattungszuschreibung des Autors. Selbst die lyrische Form spricht dagegen. Der personifizierte Wind könnte in jedem anderen Text auch vorkommen.

---

[5] Fontane: Der Stechlin, S. 390.

Mit dem, wenn auch nur für die Dauer des Texts gültigen, Glauben an das Wunderbare hat die Gattung Märchen in der ‚ernsthaften' Erwachsenenliteratur ausgedient, sie lebt nur noch in Kontrafaktur und Zitat weiter. „Denn man darf nicht aufhören zu hoffen": Dieser Erzählerkommentar aus dem Märchen vom *Herrn von Bindungshausen* ist eine ironische Absage an das Wunderbare, das vom Märchen evoziert wird und ohne das es zu existieren aufhört.

Erich Kästner

Der 35. Mai oder Konrad reitet in die Südsee (1931)

„Die Wunder werden nur vollbracht /
von dem, der sich nicht wundert"

Erich Kästner ist, literarhistorisch gesehen, der bedeutendste deutschsprachige Kinderbuchautor. Sein Kinderroman *Emil und die Detektive* von 1929 gilt als das erste moderne Kinderbuch. Zum ersten Mal billigt ein erfolgreicher Text Kindern Subjektstatus zu. Emil, Gustav und die anderen Kinder, darunter Pony Hütchen als exemplarische Mädchenfigur, verfolgen und stellen einen gesuchten Verbrecher, der Emil im Zug das Geld gestohlen hatte, das er seiner Großmutter überbringen sollte. Die zweite Neuerung: Soziale Wirklichkeit wird im Kinderbuch dargestellt, es werden soziale Probleme verhandelt. Emil lebt allein mit seiner Mutter, die sich und ihren Sohn nur durch ihre Arbeit als Friseuse ernähren kann und außerdem noch die in Berlin lebende Mutter finanziell unterstützen muss, was sie gern tut – die wirtschaftliche Notlage schließt soziale Verantwortung nicht aus. Drittens führt Kästner das Sujet der – realistisch gezeichneten – Großstadt in den Kinderroman ein, auch deshalb hat Marcel Reich-Ranicki *Emil und die Detektive* einmal Alfred Döblins *Berlin Alexanderplatz* aus dem selben Erscheinungsjahr an die Seite gestellt. Viertens bleibt die Sprache zu nennen. Kästner bemüht sich um kindgerechte Formulierungen, als Konsequenz verwendet er in den Dialogen häufig umgangssprachliche Wendungen – angesichts der bemühten Erziehung zur Hochsprache in der traditionellen Kinderliteratur eine kleine Sensation. Nicht zu leugnen ist, dass es Ansätze zur Problematisierung sozialer Wirklichkeit, zur realistischen Darstellung bereits in anderen Kinderbüchern gab, doch gebührt Kästner das Verdienst, solche Ansätze nicht nur aufgegriffen, sondern zu einer wirklich neuen Geschichte weiterentwickelt zu haben.[1]

Dabei ist der promovierte und äußerst belesene Germanist ganz programmatisch vorgegangen. In seinem Vorwort „Die Geschichte fängt noch gar nicht an" heißt es über die Intention des Erzählers, der sich als Autor ausgibt:

> Einen richtigen Südseeroman hatte ich vor. Weil mir mal ein Herr mit einem großen Umhängebart erzählt hatte, sowas würdet ihr am liebsten lesen. Und

---

[1] Zur Kästnerforschung vgl. den Überblick bei Neuhaus: Schlechte Noten für den Schulmeister?

die ersten drei Kapitel waren sogar schon fix und fertig. Der Häuptling Rabenaas, auch ‚Die schnelle Post' genannt, entsicherte gerade sein mit heißen Bratäpfeln geladenes Taschenmesser, legte kalten Blutes an und zählte, so schnell er konnte, bis dreihundertsiebenundneunzig... Plötzlich wußte ich nicht mehr, wieviel Beine ein Walfisch hat! [...] Mein Südseeroman – und ich hatte mich so darauf gefreut! – scheiterte also sozusagen an den Beinen des Walfischs. (ED, 195f.)

Der Oberkellner Nietenführ rät ihm, über etwas zu schreiben, das er kennt. Der Erzähler rechtfertigt sich, „die meisten Schriftsteller" würden einfach Sachen erfinden (ED, 197). Auf sein Beispiel, Schiller sei für die Recherchen zu *Wilhelm Tell* nie in der Schweiz gewesen, erwidert der Oberkellner, Schiller habe sich eben vorher in Büchern gründlich informiert. Das scheint dem Erzähler aber zu langwierig: „Und so habe ich, eigentlich nur, weil der Oberkellner Nietenführ es so wollte, eine Geschichte über Dinge geschrieben, die wir, ihr und ich, längst kennen" (ED, 198f.). Dennoch muss er nachdenken, welche Geschichte er aufschreiben will, und weil er unter dem Tisch liegt, um nachzudenken, fällt ihm der Name Emil Tischbein ein. Kästner baut das Vorwort also zu einer Herausgeberfiktion aus: Der Erzähler gibt vor, eine ‚wahre' Geschichte aufzuschreiben. Der Name des Helden könnte ein intertextueller Verweis und ein erster Hinweis auf ein Spiel mit Fiktion und Wirklichkeit sein. In Collodis *Pinocchio* (1883) heißt es zu Anfang über das Stück Holz, aus dem die Puppe wird: „Ich will ein Tischbein daraus machen" (PI, 5).

Kästners komplexe Herausgeberfiktion steckt voller Ironie. Zunächst richtet Kästner sie gegen das herkömmliche (traditionelle, populäre) Erzählen von erfundenen, realitätsfernen Geschichten, bereits der „Umhängebart" des Herrn, der eine entsprechende Geschichte fordert, lässt diesen Schluss zu. Auch ist bezeichnend, dass diese Forderung von einem Erwachsenen und nicht von einem Kind kommt. Doch richtet sich die Ironie genauso gegen das realistische Erzählen, denn die Entgegensetzung und die Rechtfertigungsstrategie, die Kästner aufbaut, sind aberwitzig. Der spielerische Umgang mit der alten und der neuen Tradition setzt alles Normative außer Kraft – das ist die eigentliche Leistung des Vorworts. Insofern ist es nur konsequent, dass Kästner den Südseeroman doch noch geschrieben hat, und zwar 1931: *Der 35. Mai oder Konrad reitet in die Südsee*. Hier findet sich der mit seinem Taschenmesser Bratäpfel verschießende Häuptling Rabenaas ebenso wie das Mädchen, dessen merkwürdiger Name ursprünglich den Titel des Romans hergeben sollte: „Das Buch wollte ich ‚Petersilie im Urwald' nennen" (ED, 196).

Der Roman bewegt sich auf der Grenze zwischen Fantastik und Märchen, allerdings spricht er sich zu Anfang für das Märchen aus: „Es war am 35. Mai. Und da ist es natürlich kein Wunder, daß sich Onkel Ringelhuth über nichts wunderte" (KS, 549). Das Wortspiel konnotiert das für Märchen charakteristische Wunderbare. Einen 35. Mai gibt es nicht, schon mit dieser Feststellung modifiziert der Text die Regeln des Alltags. Allerdings wird angedeutet, dass sich die nachfolgenden Erlebnisse zugetragen haben. Denkbar wäre zunächst, dass sich Konrad und sein Kind gebliebener Onkel, wie dies für ihre Treffen üblich zu sein scheint, in eine Fantasiewelt hineingedacht haben. Darauf verweist die Ausgangssituation: Konrad muss für die Schule einen Aufsatz über die Südsee schreiben, sein Onkel, der Apotheker Ringelhuth, soll ihm dabei helfen: „Alle, die gut rechnen können, haben die Südsee auf. Weil wir keine Phantasie hätten!" Die Antwort deutet auf die Lösung des Problems voraus: „‚Du hast zwar keine Phantasie, mein Lieber', erklärte Onkel Ringelhuth, ‚doch du hast mich zum Onkel, und das ist genauso gut'" (KS, 550).

Bevor Onkel und Neffe in die Märchenwelt eintreten, tritt allerdings die Märchenwelt in ihre Alltagswelt ein – in Gestalt des Pferdes Negro Kaballo, das „bis Ende April im Zirkus Sarrasani als Rollschuh-Nummer" auftrat und jetzt arbeitslos ist (KS, 552). Hier werden ein typisches Märchenelement (das sprechende Tier) und die Wirklichkeit der Weimarer Republik (soziale Notlagen durch hohe Arbeitslosigkeit) auf spielerische Weise miteinander verschmolzen.

Es kommt zu einem realistischen Streit mit Hauswirt Clemens Waffelbruch, der das Pferd auf Ringelhuths Balkon sieht und auf die „Hausordnung" verweist (KS, 553). Die Märchenfigur, das sprechende Pferd, löst das alltägliche Problem auf seine Weise, es lässt einen Blumentopf fallen: „Der Blumentopf sauste, als habe er's außerordentlich eilig, abwärts und bumste dem schreienden Hauswirt mitten auf den steifen Hut" (KS, 554). Die Fantasie schlägt hier – im Wortsinn – die Realität.

Die Rolle des Pferdes als Helferfigur wird ausgebaut, es ruft beim „Reisebüro für Zirkuspferde" an und erfährt, dass es in Ringelhuths Wohnung einen Zugang zur Märchenwelt gibt, „ein großer geschnitzter Schrank […] aus dem 15. Jahrhundert" (KS, 556). Damit wendet Kästner ein romantisches Motiv, den Rückgriff auf das Mittelalter, ins Humoristische – weitere Beispiele hierfür werden folgen.

Die Märchenwelt ist in Stationen gegliedert, die kapitelweise vorgestellt werden. Auf dem Weg zur Südsee müssen Konrad, sein Onkel und das Pferd durch das „Schlaraffenland" (KS, 558ff.), „Die Burg zur Großen Vergangenheit" (KS, 570ff.), „Die verkehrte Welt" (KS, 578ff.) und die automatische Stadt „Elektropolis" (KS, 587ff.). Insgesamt sind es also fünf Stationen, die von den drei Figuren absolviert werden (die Stadt, in der Ringelhuths wohnen, bildet als sechste Station den Rahmen). Demnach ist es kein Zufall, dass Kästner die fünf im Titel des 35. Mai mit der Symbolzahl drei vereint. Auf symbolische Weise werden Märchen- und Allagswelt auf das Engste miteinander verzahnt, eine Tendenz, die sich in der Darstellung der Stationen fortsetzt.

Im Schlaraffenland begegnet Konrad gleich einem alten Bekannten, einem faulen Schüler, der es hier gerade wegen seiner Faulheit zum Präsidenten gebracht hat: „‚Der dicke Seidelbast ist doch in unsrer Schule elfmal sitzengeblieben, weil er so faul war!', berichtete der Junge" (KS, 562f.). Zunächst scheint das Land den geheimen Wünschen kindlicher (und erwachsener) Leser entgegenzukommen:

> Manchmal liefen Hühner gackernd über den Weg. Sie zogen kleine blanke Bratpfannen hinter sich her. Und wenn sie Leute kommen sahen, blieben sie stehen und legten geschwind Spiegelei und Schinken oder Omeletten mit Spargelspitzen. (KS, 561)

Die Tatsache, dass die Bewohner alle unförmig dick sind und sich so gut wie gar nicht bewegen, spricht aber dagegen, hier ein Ideal gestaltet zu sehen. Auch die neueste Erfindung, dass alles, was man sich wünscht, Wirklichkeit wird, bereitet nur Probleme, von dem humoristischen Kapital abgesehen, das Kästner daraus schlägt (KS, 565ff.).

Der Rückgriff auf die Vergangenheit des Mittelalters wird im Kapitel zur „Burg zur Großen Vergangenheit" vertieft und neu akzentuiert. Die Helden des Mittelalters, aber auch der Neuzeit werden lächerlich gemacht. Der literarhistorische Hintergrund, vor dem dieses Kapitel zu lesen ist, dürfte ausschlaggebend für die Gestaltung gewesen sein: Anfang des 19. Jahrhunderts begann die Literatur das große Projekt einer Konstruktion deutscher Kultur und Geschichte, um den Boden für eine Nationbildung zu bereiten. Die Epoche der Romantik ist eng damit verbunden. Kästner zelebriert in einer Zeit der Überhöhung der Nation zur Religion durch die NS-Bewegung erfrischende Respektlosigkeit: „‚Ich hinwiederum', behauptete der Torwächter, ‚bin der aus den Geschichtsbüchern bekannte Kaiser Karl der Große.' ‚Meine Verehrung', sagte der Onkel. ‚Nun reden Sie mal bißchen [sic] weniger geschwollen […]'" (KS, 571).

Die Großen der Vergangenheit sind wie in den Geschichtsbüchern unter sich, allerdings müssen sie – und das ist entscheidend – ohne Armeen auskommen. So zeigt sich, dass sie den Respekt, der ihnen zuerkannt wird, eigentlich nicht verdienen. Zwei Prominente sitzen auf Ringelhuths und Konrads Plätzen:

> „Wollen Sie mal ihre Billets zeigen!" sagte der Onkel. Da blickten die beiden Männer auf. Es waren Julius Cäsar und Napoleon der Erste. Napoleon musterte den Apotheker unwirsch und legte das gelbe Gesicht in majestätische Falten. Als das keinen Eindruck zu machen schien, rückte er beiseite, und auch Cäsar machte Platz. „Wenn ich jetzt meine Alte Garde hier hätte, würde ich nicht wanken und nicht weichen", bemerkte Napoleon hoheitsvoll. Onkel Ringelhuth setzte sich neben Napoleon und meinte: „Wenn Sie noch ein paar derartig vorwitzige Sachen sagen, nehme ich Ihnen Ihren Dreispitz vom Kopf und werf ihn meinem Lieblingspferd zum Fraße vor, verstanden?" Julius Cäsar hüllte sich eng in seine Toga und sagte zu dem französischen Kaiser: „Ich will

nicht hetzen, aber ich an Ihrer Stelle ließe mir das nicht bieten." „Ohne Armee können Sie da gar nichts machen, Kollege", erwiderte Napoleon verdrießlich. „Sehen Sie nur, Theodor Körner ist schwach auf der Rückhand." [...] „Ihr seid mir schöne Helden", knurrte der Onkel [...]. (KS, 573)

Auch der Name Theodor Körner ist nicht zufällig gewählt, er passt hervorragend in den Kontext der Entzauberung des deutschen Nationalismus. Körner (1791–1813) war der Sänger der Befreiungskriege und wurde wegen seines (angesichts der xenophoben Tendenz seiner Gedichte nicht unpassenden) soldatischen ‚Heldentodes' bis in die NS-Zeit hinein glorifiziert.

Zu Kästners Zeit war es üblich, dass Mädchen mit Puppen und Jungen mit Soldaten spielen. Dem hält Kästner einen satirischen Spiegel vor, wenn er Wallenstein und Hannibal mit Spielzeugsoldaten gegeneinander kämpfen lässt und sich die beiden wie kleine Jungen verhalten. Ringelhuth erzählt Negro Kaballo, dass auch Konrad zuhause mit Zinnsoldaten spielt, worauf das Pferd den Jungen fragt, ob er General werden will, was dieser verneint: „‚Und warum spielst du trotzdem mit Soldaten?', fragte das Pferd. Konrad schwieg. Onkel Ringelhuth aber sagte: ‚Warum? Weil ihm sein Vater welche geschenkt hat'" (KS, 577).

Die Erwachsenen werden ihrer Verantwortung den Kindern gegenüber nicht gerecht, Kästner erteilt der traditionellen Erziehung eine Absage. Ringelhuth ist ein besserer Vater als sein Bruder, so erklärt sich auch der Schluss des Romans. Ringelhuth knipst bei dem schlafenden Konrad das Licht aus und sagt: „Gute Nacht, mein Sohn." Der Erzähler fügt hinzu: „Und dabei war es doch nur sein Neffe" (KS, 618). Die entscheidende Differenz besteht in der Fähigkeit, Wunderbares wahrzunehmen. Konrad notiert später in seinem Aufsatz: „Meine Eltern haben nichts gemerkt denn ich kam zum Abendbrot zu recht [sic] und das ist bei uns die Hauptsache" (KS, 617). Die Wunderwelt stellt dabei die Parallelwelt zur Realität dar: „‚Wir sind alle zu gleicher Zeit hier und zu Hause!' sagte Babette" (KS, 582).

Aus der falschen Erziehung werden im Kapitel zur „verkehrten Welt" handfeste Konsequenzen gezogen. Kästner kann hier an ein bis heute unveröffentlichtes Theaterstück anknüpfen, das er unter dem Titel *Klaus im Schrank* 1927 geschrieben und vergeblich verschiedenen Bühnen angeboten hatte.[2] An dieser Stelle ist auf ein Novum hinzuweisen, das sich später auch in Otfried Preußlers Märchenroman *Der Räuber Hotzenplotz* (1962) finden wird: Auf die Stationen im *35. Mai* weisen kurze gerahmte Texte hin, die Schilder repräsentieren sollen und die den Text graphisch strukturieren. Bei der „verkehrten Welt" heißt es apodiktisch: „Zutritt nur mit Kindern gestattet!" (KS, 579) Wie sich bald herausstellt, handelt es sich um eine Station für schwer erziehbare

---

[2] Vgl. hierzu Neuhaus: Das verschwiegene Werk, S. 21–26.

Erwachsene – konkret für Eltern, die ihre Kinder physisch oder psychisch misshandeln. Das Mädchen Babette erklärt: „Es gibt bekanntlich nicht nur nette Eltern, sondern auch sehr böse. Ganz genau so, wie es nicht nur gute Kinder gibt, sondern auch furchtbar ungezogene" (KS, 581). Die Station funktioniert nach dem alttestamentarischen Motto Auge um Auge, Zahn um Zahn, nur dass die Misshandlungen hier notwendigen erzieherischen Zwecken dienen. Es zeichnet die Kinder aus, dass sie mehr Mitleid mit den Eltern haben als umgekehrt. Ringelhuth wird erst als ‚Fall' behandelt, doch macht Konrad den Kindern klar, dass sein Onkel nett ist und nicht erzogen werden muss – eine Bestätigung, dass es sich bei dem Apotheker um eine exemplarisch positiv gezeichnete Erwachsenenfigur handelt.

„Elektropolis" kann als Anspielung auf *Metropolis* gelesen werden, Fritz Langs legendären Stummfilm von 1925/26. Kästner war bekanntlich auch Theater- und Filmkritiker, der bereits in Langs Film spielende Fritz Rasp brillierte in der nicht weniger bekannten Verfilmung von *Emil und die Detektive* aus dem Jahre 1931, dem Erscheinungsjahr des *35. Mai*, als Dieb Grundeis. Kästner imaginiert in seinem Märchenroman viele technische Neuerungen, die heute zum Standard gehören, beispielsweise das „Taschentelephon" (KS, 591). Auch die keinerlei Müll produzierende „Viehverwertungsstelle", in der Tiere auf der einen Seite hineingehen, Konservendosen und andere Produkte auf der anderen Seite herauskommen, ist der heutigen Wirklichkeit recht nahe.

In der Darstellung wirkt Kästners Zukunftsvision übertrieben, das soll sie auch, schließlich handelt es sich um eine satirische Zuspitzung der denkbaren technischen Möglichkeiten. Eine Naturkatastrophe macht der schönen Zukunftswelt ein Ende, eine Überschwemmung sorgt für einen Kurzschluss und ein Aufseher stellt entsetzt fest: „Die Fabrik frißt sich selber auf!" (KS, 593) Damit variiert Kästner auf witzige Weise ein bekanntes Zitat aus Georg Büchners *Dantons Tod* (von 1835): „Ich weiß wohl, – die Revolution ist wie Saturn, sie frißt ihre eignen Kinder."[3] Kästner lässt aber keinen Büchnerschen Ernst aufkommen: „‚Eine verdammt kitzlige Sache, die Technik', sagte das Pferd" (KS, 594).

Nun wird es erst richtig wunderbar und märchenhaft. Über den als stählernes Band imaginierten Äquator ziehen Pferd, Konrad und Onkel gen Süden, schließlich verkündet ein Schild: „Südsee, Westportal. Eintritt auf eigene Gefahr! Reklamationen können nicht berücksichtigt werden!" (KS, 598) Hier treffen sie Petersilie, eine Prinzessin, die „schwarz und weiß kariert" ist und von einem Walfisch verfolgt wird (KS, 601). Petersilie und die Südseebesucher werden von Häuptling Rabenaas gerettet, er schlägt den sich heranwälzenden Walfisch mit seinen Bratäpfel-Schüssen in die Flucht. Negro Kaballo verliebt sich in ein Schimmelfräulein und möchte in der Südsee bleiben (KS, 605).

---

[3] Büchner: Werke und Briefe, S. 22.

Rabenaas entpuppt sich als talentierter Zauberer. Mit einem Zauberspruch holt er den Schrank herbei, mit dem Konrad und sein Onkel wieder in die Alltagswelt zurückkehren:

> „Viermal sechs ist drei mal acht,
> und null ist null mal hundert,
> Die Wunder werden nur vollbracht
> von dem, der sich nicht wundert." (KS, 607)

Die „verkehrte Welt" ist nicht zufällig, nachdem Kästner sie, wie oben erwähnt, erst zum Gegenstand eines Theaterstücks gemacht hatte, das Mittelstück der fünf Stationen geworden – ihre Bedeutung für den Text kann nicht überschätzt werden. Hier bündelt Kästner die am Beispiel der Hierarchie Eltern – Kinder dargestellte, aber viel allgemeinere Kritik an Machtverhältnissen. Die anderen Stationen können als Beispiel für verschiedenste Machtverhältnisse gelesen werden: Das Schlaraffenland zeigt das denkende Subjekt als Sklaven seiner Begierden; die „Burg zur Großen Vergangenheit" setzt die Nation über das Schicksal des Individuums; „Elektropolis" verhält sich spiegelbildlich zum Schlaraffenland, nur dass es diesmal die moderne Technik ist, die den Menschen beherrscht und zum Schluss gar vernichtet. Erst mit der Südseewelt inszeniert Kästner das freie Spiel der Fantasie, das seinen ganzen Text strukturiert und mit der er die Subjekte seiner Geschichten, stellvertretend für seine Leser, in Freiheit setzt. Das gilt auch metafiktional für die erzählte Geschichte und ihre Leser. So beschließt Konrad seinen Südseeaufsatz mit den Worten: „Und wars [sic] nicht glaubt lässt es eben bleiben" (KS, 618).

Für die Zugehörigkeit zur Gattung Märchen sprechen neben den zahlreichen verwendeten märchentypischen Motiven auch intertextuelle Verweise. Kästner lehnt sich eng an das Vorbild E.T.A. Hoffmann an. Wie in *Nußknacker und Mausekönig* (1816) ist ein alter Kleiderschrank der Zugang zur Märchenwelt:

> „Wir sollen in diesen Schrank hineingehen und dann immer geradeaus. In knapp zwei Stunden wären wir an der Südsee", erklärte das Pferd. „Machen Sie keine faulen Witze", bat Onkel Ringelhuth. Konrad aber raste wie angestochen in den Korridor hinaus, öffnete die knarrenden Türen des alten großen Schrankes, der dort stand, kletterte hinein und kam nicht wieder zum Vorschein. […] Da kannte Ringelhuth kein Halten mehr. Er rannte hinaus zum Schrank, blickte hinein und rief: „Wahrhaftig, der Schrank hat keine Rückwand!" Das Pferd, das ihm gefolgt war, meinte vorwurfsvoll: „Wie konnten Sie daran zweifeln!" (KS, 556f.)

Auch greift Kästner den für Hoffmann typischen Diskurs über Wahnsinn auf, wie in Hoffmanns Märchen wird das Thema aber ins Spielerische gewendet. Am Anfang des *35. Mai* heißt es:

Und wenn ihnen dann so richtig übel war [von Kirschkuchen mit Senf und anderen kulinarischen Kreationen], guckten sie zum Fenster hinaus und lachten derartig, daß die Nachbarn dachten: Apotheker Ringelhuth und sein Neffe sind leider wahnsinnig geworden. (KS, 549)

Als Ringelhuth zum Schluss Konrads Eltern, also seinem Bruder und dessen Frau von den Südsee-Erlebnissen erzählt, kommt es zu einer ähnlichen Reaktion: „‚Lieber Julius', sagte Konrads Mutter streng zu ihrem Mann, ‚warum hast du mir bis heute verschwiegen, daß es in eurer Familie Geisteskranke gibt?'" (KS, 610) In Hoffmanns *Nußknacker und Mausekönig* meint der Medizinalrat zu seinem Freund Droßelmeier: „Sie haben, wertester Freund, starke Kongestionen nach dem Kopfe […]" (NM, 283).

Kästner treibt ein Spiel der Fantasie. Er entwickelt das Märchen konzeptionell weiter und nimmt damit charakteristische Merkmale späterer Texte vorweg, von Michael Ende bis Joanne K. Rowling. Ende und Rowling hat Kästner voraus, dass er nicht einmal den eigenen Text als Autorität gelten lässt. Selten war das Wunderbare so bedeutsam und zugleich so schwerelos wie hier. Im Gegensatz dazu steht die Geringschätzung des *35. Mai*. Wolfgang Biesterfeld konstatiert beispielsweise 1985, dass der Roman „von der Forschung vernachlässigt" worden sei, nennt ihn im gleichen Satz aber „ein wenig spröde".[4] Immerhin hat Biesterfeld auf mögliche Traditionen aufmerksam gemacht, im Kontext des Märchens unter anderem auf Lewis Carroll und Clive Staples Lewis. Und er schließt, dafür dient Kästner als positives Beispiel, mit einer Forderung an die jüngere Fantasy-Literatur, auf die er wegen ihrer Popularität besonders eingeht: „Phantastik muß im Bunde sein mit einer, um *Kantische* Begriffe zu variieren, Kritik der phantastischen Vernunft."[5] Doch auch das Märchen kann sich im freien Spiel der Fantasie nur entfalten, wenn es die Bodenhaftung nicht verliert.

---

[4] Biesterfeld: Erich Kästners *Der 35. Mai oder Konrad reitet in die Südsee* und die literarische Tradition, S. 669.
[5] Ebd., S. 676.

C. S. Lewis

Die Chroniken von Narnia (1950–56)

> „Nun erst begannen sie das erste Kapitel der großen Geschichte"

Durch die Verfilmung von Peter Jackson ist J.R.R. Tolkiens auch vorher schon populäre Romantrilogie *Der Herr der Ringe* ein Weltbestseller geworden. Tolkien (1892–1973) war 1925–59 Professor für Germanische Philologie in Oxford, seine Trilogie erschien 1954/55. In seinem Heimatland war ein anderer, etwa zur gleichen Zeit lebender und schreibender Autor mit einer anderen Parallelwelt mindestens ebenso erfolgreich, auch heute noch ist er in Großbritannien einer der bekanntesten englischsprachigen Schriftsteller.[1] Gemeint ist Clive Staples Lewis, der in Wirklichkeit mit Nachnamen Hamilton hieß, 1898 in Belfast geboren wurde und 1963 in Oxford starb. Seit 1954 wirkte er als Professor für Englische Literatur des Mittelalters und der Renaissance in Cambridge, also in der zweiten historischen Universitätsstadt Englands. Die sieben Bände der *Chroniken von Narnia* erschienen 1950–56 und es wäre eine im Umfang dieser Arbeit nicht zu lösende Frage, inwieweit Lewis mit den ersten Bänden möglicherweise Tolkien beeinflusst hat.

Anders als bei Tolkien kann bei Lewis jeder Band auch für sich selbst stehen, jedes Mal wird eine eigene Geschichte erzählt und notwendiges Vorwissen zusätzlich eingebracht. Deshalb ist wohl auch ein einzelner Band zu einem der wichtigsten und bekanntesten englischen Kinderbuchklassiker geworden: *The Lion, the Witch and the Wardrobe*, in der benutzten Ausgabe plakativ übersetzt mit *Der König von Narnia* (mit dem König ist der Löwe Aslan gemeint). Es handelt sich um den zweiten Band in der Abfolge der Narnia-Geschichten, der einen Zeitsprung in die Gegenwart der zeitgenössischen Leser macht und jene vier Kinder einführt, die auch in weiteren Narnia-Büchern vorkommen. Chronologisch steht *The Lion…* mit dem Erscheinungsjahr 1950 am Anfang; erst 1955 wurde die Vorgeschichte *The Magician's Nephew* veröffentlicht, die seither den ersten Band der Reihe bildet.[2]

Der entscheidende Unterschied zwischen beiden Parallelweltkonzepten, der zum Ausschluss von Tolkiens Werk in der vorliegenden Darstellung von

---

[1] Für Lewis' andauernde Popularität und zugleich seine literarhistorische Bedeutung spricht die umfangreiche wissenschaftliche Beschäftigung mit Person und Werk, vgl. hierzu v.a. den „Reference Guide" von Susan Lowenberg: C.S. Lewis.

[2] Zu Entstehung und Konzeption vgl. Hooper: C.S. Lewis, S. 395–456.

Märchen geführt hat, ist das Fehlen des Wunderbaren, die Absenz jeglicher Transzendenz im *Herrn der Ringe*. Die Parallelwelt ist, wie sie ist, auf die Realität des Lesers wird nicht direkt angespielt, es gibt also keine Differenz zwischen Realität und Wunderwelt, wenn man von der Rezeptionssituation absieht. Bei Tolkien ist die Wunderwelt eigentlich keine, es ist eine fantastische Welt (man muss an sie glauben oder der Text wirkt nicht). Zugleich lässt sich die fantastische Welt allegorisch auf die Alltagswelt der Leser beziehen und als ein Abenteuerroman in fantastischer Einkleidung lesen.

Bei Tolkien fehlt das entscheidende Merkmal des Wunderbaren, es fehlt der Bezug auf eine jenseitige Welt (die auch allegorisch auflösbar sein kann), es fehlt also mit einem Wort die Transzendenz. Anders bei Lewis: Kinder aus der Alltagswelt Englands (am Ende des 19. Jahrhunderts bzw. in der Mitte des 20.) geraten durch magische Gegenstände oder Türen in eine andere Welt, die ein Heilsversprechen einschließt und zwei Lesarten ermöglicht, eine allegorische und eine christliche. Um dies zu erreichen, adaptiert Lewis die Märchentradition des 19. Jahrhunderts.

Im ersten Band, der um 1900 spielt, entdecken die Kinder Polly und Digory durch Zauberkräfte einen Zugang zu einer anderen Welt, die ihrerseits zeitlos zu sein scheint und eine Durchgangsstation zu anderen Welten darstellt, in denen unterschiedliche zeitliche Abläufe gelten. Deshalb können die kindlichen Protagonisten bei Lewis immer wieder in genau dem Augenblick zurück in ihre Alltagsrealität finden, in dem sie diese verlassen haben. Polly und Digory erleben die Geburt der Wunderwelt Narnia, ihr Schöpfer ist der Löwe Aslan.[3] Im zweiten Band, dessen Handlungszeit um 1950 liegen dürfte, entdeckt Lucy einen Wandschrank, der als Schleuse nach Narnia fungiert. Sie und ihre Geschwister Peter, Suse und Edmund müssen dort gegen die Weiße Hexe kämpfen, werden selbst Königinnen und Könige und gestalten so, wie es später heißen wird, das „Goldene Zeitalter" (KAN, 48) Narnias, eine Zeit, in der noch alle Tiere sprechen können und Fabelwesen natürlichen Umgang mit Menschen pflegen. Der Bezug zum Märchen der Romantik ist offensichtlich.

In Band drei wird ein inner-narnianisches Problem geschildert; in Band vier und fünf kommen erst die bekannten vier, dann zwei der Geschwister nach Narnia zurück und erleben die Entwicklung dieser Parallelwelt. Neu hinzu kommen Eustachius und Jill, die in Band sechs und sieben Narnia retten und dessen Geschichte zu einem vorläufigen Ende bringen müssen.

Charakteristisch ist also der Übertritt von Kindern aus der englischen Alltagswelt nach Narnia und ihre Rückkehr (vom Schluss abgesehen). Betont wird die innere Reife, die sie dadurch gewonnen haben. Insofern ist Lewis' Chronik eine Apologie der Fantasie. Die Übergänge vollziehen sich meist, wie

---

[3] Zur Motivgeschichte des Löwen als „göttliches Geschöpf" vgl. Ranke u. Brednich (Hg.): Enzyklopädie des Märchens, Bd. 8, Sp. 1207–1215, Zitat Sp. 1209.

schon bei E.T.A. Hoffmann, durch Schleusen wie Schrank oder Tür. Anders als bei Hoffmann finden sich viele Anspielungen auf die christliche Mythologie. Der Löwe Aslan ist eine Jesus-Figur; nachdem er im zweiten Band für das Weiterleben eines Kindes geopfert wurde, erleben die Protagonisten seine Wiederauferstehung. Wie der christliche Glaube gibt er den Kindern die nötige Kraft, die ihnen gestellten Aufgaben zu bewältigen.

Narnia ist eine Parallel- und zugleich eine Spiegelwelt. Lewis entwirft eine allegorische Erklärung der Entstehung der Welt durch eine übergeordnete Kraft, die stellvertretend für die Leser seinen kindlichen Protagonisten Halt und Zuversicht gibt. Damit knüpft er an eine Tradition des Märchens an, die im 19. Jahrhundert etwa durch Hans Christian Andersen, Charles Dickens und Oscar Wilde stark gemacht wurde. Anders als Andersen verzichtet Lewis auf eine biedermeierlich moralisierende Botschaft und auf ein Heilsversprechen, das die Korrektur von Defiziten der Alltagswelt in einer künftigen Welt beinhaltet; hier steht er in der britischen Tradition von Dickens und Wilde. Nicht genuin christliche, sondern menschliche Tugenden sind es, die Lewis' Protagonisten weiterbringen. Die Figuren stehen nicht im Dienst einer alltagsfremden Mission, sondern der (allegorisch eingekleidete) christliche Glaube hilft ihnen, ihren Alltag zu bewältigen und ihrem Leben einen Sinn zu geben.

Hier auf alle sieben Bände einzugehen würde zu weit führen. Für die Erläuterung der Konzeption eignet sich der erste (allerdings erst 1955 veröffentlichte) Band am besten, *The Magician's Nephew*, sehr frei übersetzt mit *Das Wunder von Narnia* (eigentlich: ‚Der Neffe des Zauberers'). Bereits im Titel des ersten Kapitels *Die falsche Tür* wird auf den Wechsel zwischen zwei Welten hingedeutet. Zwar ist es nicht die titelgebende Tür, durch die Polly und Digory in die andere Welt kommen; sie ermöglicht aber den Zugang zu dem verbotenen Zimmer von Digorys Onkel, der die Kinder in die fremde Welt schickt.

Der erste Band der *Chroniken* beginnt mit folgenden einleitenden Worten:

> Diese Geschichte handelt von Ereignissen, die sich vor langer, langer Zeit zutrugen. Es ist eine äußerst wichtige Geschichte, weil sie erklärt, wie das ganze Hin und Her zwischen unserer eigenen Welt und dem Land Narnia überhaupt anfing. In jenen Tagen wohnte Sherlock Holmes noch in der Baker Street in London, als Junge mußte man jeden Tag einen steifen Kragen tragen, und die Schulen waren im allgemeinen noch gräßlicher als heutzutage. (WN, 7)

Der Erzähler etabliert eine zeitliche Differenz, die zunächst einmal Distanz erzeugt; er vermengt fiktionale und reale Ereignisse, indem er Sir Arthur Conan Doyles (1859–1930) berühmten Detektiv als ebenso real kennzeichnet wie die Kleidung und Schulsituation der Kinder. Programmatisch wird eine Ebene der Metafiktionalität etabliert – das erzählerische Spiel von Fiktion und Realität entspricht der Zweiteilung der fiktiven Welt in eine realistische und eine wunderbare Handlungsebene. Das Medium des Übergangs ist in den Texten ein Gegenstand (etwa ein Schrank), in der Realität ist es das Buch, das der Leser in Händen hält. Michael Ende wird dies zum Prinzip seines Romans *Die unendliche Geschichte* (1979) erheben.

Über eine Tür im Dachboden geraten die Nachbarskinder Polly und Digory in das verbotene Arbeitszimmer von Digorys Onkel Andrew, der von Beginn an als „furchteinflößende Gestalt" geschildert wird (WN, 15). Er kündigt an, die Kinder zu „einem bedeutsamen Experiment" gebrauchen zu wollen, und fügt hinzu: „Mit dem Meerschweinchen schien es zu funktionieren, aber ein Meerschweinchen kann ja nichts erzählen" (WN, 16). Auf einem Tisch liegen gelbe und grüne Ringe, Andrew bietet Polly einen gelben an, der eine „starke Anziehungskraft" ausübt (WN, 17). Sie berührt den Ring und „geräuschlos und ohne jegliche Warnung, war Polly weg" (WN, 18).

Der Onkel klärt seinen Neffen über die Ringe auf. In dem Nachlass seiner Patin Mrs. Lefay, „in deren Adern Feenblut floß", fand Andrew eine Schatulle, die er verbrennen sollte. „Die Schatulle kam aus Atlantis, der verschollenen Insel" (WN, 23) und enthielt Staub, der „zu Anbeginn unserer Welt aus einer anderen Welt hierhergebracht wurde" (WN, 24). „Mir war klar, daß der Staub die Kraft hatte, einen dorthin zu ziehen, wo er ursprünglich hergekommen ist" (WN, 25). Aus dem Staub hat er die Ringe angefertigt. Seine Experimente mit Tieren und jetzt mit den Kindern rechtfertigt Andrew mit den Worten: „Man wird kein Zauberer, ohne seinen Preis dafür zu zahlen" (WN, 24). Schon äußerlich ist Andrew eine Zaubererfigur, er ist „groß und mager" und hat eine „sehr spitze[n] Nase" (WN, 15). Digory begreift schnell, dass sein Onkel kein guter Zauberer sein kann, weil er selbst zu feige ist, den Übertritt zu wagen, und dafür nun die Kinder instrumentalisiert. Er stellt ihn zur Rede:

> „Vermutlich beruhen also auch die ganzen alten Märchen mehr oder weniger auf Wahrheit. Und so wie in diesen Märchen bist du ganz einfach ein böser, grausamer Zauberer. Aber ich habe noch nie ein Märchen gelesen, in dem so jemand wie du nicht am Ende seine gerechte Strafe bekommt." (WN, 28)

Der hier selbstreflexiv zu lesende (weil auf das Ende vorausdeutende) Satz illustriert die Kraft der Fantasie im Medium des Märchens. Wie erstmals in Hoffmanns *Nußknacker und Mausekönig* (1816), dann in der Kinder- und Jugendliteratur des 20. Jahrhunderts (in der deutschsprachigen Literatur beginnend mit Erich Kästners *Emil und die Detektive* von 1929), werden die Erwachsenen praktisch ‚entzaubert'. Die Kinder müssen unabhängig von ihnen oder sogar gegen sie eine Lösung für ihre Probleme finden, und sie scheinen dazu, wegen ihrer Offenheit gegenüber nicht-alltäglichen Erfahrungen, auch besser geeignet.

Die gelben Ringe vollziehen den Übertritt in die Wunderwelt, die grünen ermöglichen die Rückkehr. Der Onkel spekuliert darauf, dass Digory Polly nachreist und ihr einen grünen Ring bringt, weil sie sonst für immer in der

Parallelwelt gefangen wäre. Im Gegensatz zu seinem Onkel ist der Junge mutig: „Onkel Andrew und sein Arbeitszimmer verschwanden auf der Stelle." Digory „durchbrach mit dem Kopf die Wasseroberfläche und kletterte auf das glatte, grasbewachsene Ufer eines Teichs" (WN, 31). Das ist eine symbolische Wiedergeburt, in eine zweite Welt hinein. Digory und Polly sind in einem Wald mit Teichen, die Zugänge zu verschiedenen Welten ermöglichen – es ist die Schnittstelle der Universen. Dort vergessen die Kinder schnell ihre eigene Vergangenheit, sie kommt ihnen nur noch wie ein „Traum" vor (WN, 33).

Der Staub der Ringe kommt aus dem Wald der Zwischenwelt (WN, 40). Digory möchte nicht sofort zurück, sondern die anderen Teiche ausprobieren. Der Erzähler erläutert den Grund: „Digory gehörte nämlich zu den Leuten, die alles wissen wollen. Später, als er erwachsen war, wurde er der berühmte Professor Kirke, der in anderen Büchern eine Rolle spielt" (WN, 38). Der sprechende Name (dän. „kirke" = Kirche) verweist auf die interpretatorische Ebene der Transzendenz.

Gegen Pollys Willen springen die Kinder in einen Teich und landen in einer Welt, die kurz vor ihrem Untergang steht. In einem großen Palast finden sie erstarrte Menschen. Hier sind die Anklänge an das Mittelalter nicht zu überlesen, zugleich erinnert die Situation an den Schlaf des Königshauses in *Schneewittchen*. Auf einer Säule befindet sich „ein kleiner goldener Rundbogen […] mit einem goldenen Glöckchen daran. Daneben lag ein goldenes Hämmerchen" (WN, 50). Auf der Säule steht ein Spruch:

> Schlag die Glocke, ruf die Gefahr,
> Oder schlag sie nicht, doch dann fürwahr
> Wirst du dich bis zum Wahnsinn fragen,
> Was geschehn wäre, hättst du sie geschlagen. (WN, 51)

Eine Alternative, die keine ist – entweder dem Wahnsinn verfallen oder, mit ungewissem Ausgang, die Glocke betätigen. Der neugierige Digory erkennt den Ernst der Lage nicht, Polly wirft ihm vor, er mache „das gleiche Gesicht wie dein Onkel Andrew" (ebd.). Als Polly ihn am Betätigen der Glocke hindern will, verschafft er sich die Möglichkeit mit Gewalt. Dies ist der neue Sündenfall der Menschheit, Adam und Eva sind Polly und Digory, allerdings mit vertauschten Rollen – nicht die Frau, sondern der Junge erliegt der Verführung. Eigentlich hat der Junge aber keine andere Wahl, er muss so handeln und damit das weitere Geschehen auslösen. Der Sündenfall der Menschheit ist ihr ‚Wille zum Wissen' (Foucault), der Übergang vom naiven und passiven Umgang mit der Umwelt in ein Stadium der Reflexion und Aktion. Das Böse ist notwendig, damit es das Gute gibt, damit sich das Gute zeigen und beweisen kann. An das Neue Testament knüpft Lewis an, indem Aslan Digory eine Chance geben wird, seinen Fehler wieder gutzumachen.

Der Ton der Glocke ist süß und schrecklich zugleich, er lässt den Palast einstürzen und erweckt eine „mächtige Königin" zum Leben (WN, 53f.). Jadis ist die letzte in der Reihe grausamer Monarchen, unter deren Herrschaft „Charn, die prächtige Stadt, die Stadt des Königs der Könige, das größte Wunder dieser Welt, vielleicht sogar aller Welten" (WN, 58) erstarrte und damit an sein Ende kam. Zugleich ist Jadis eine strenge Schönheit, sie wirkt auf viele Figuren „atemberaubend" und demonstriert so die Verführungskraft des Bösen jenseits der üblichen Schwarzweißmalerei (WN, 68). (In dieser Hinsicht ist Voldemort in Rowlings *Harry Potter* von 1997ff. ein konzeptioneller Rückfall.)

Lewis balanciert den Ernst der Lage mit Ironie und Humor – auch darin schließt er an Märchentraditionen seit Hoffmann an. Als Jadis feststellt: „Ich habe das Blut meiner Heere vergossen, als wäre es Wasser", kommentiert dies Polly so: „Ekelhaftes Geschöpf!" (WN, 60). Jadis ist die Parallelfigur zu Andrew, denn sie gebraucht „genau die gleichen Worte" (WN, 61). Hier werden Risiken und Chancen der neuen Situation deutlich: Die Erwachsenenfiguren Andrew und Jadis stehen für negative Veränderung, für Machtmissbrauch und extreme soziale Hierarchien; Polly und Digory hingegen (der Junge zumindest nach seinem Lernprozess) für vernünftigen Gebrauch von Macht (im Interesse aller Lebewesen) und flache Hierarchien. Digorys Mutter ist schwer krank (WN, 82) und der Junge kann seine Selbstlosigkeit beweisen, indem er zuerst an ihr Wohl denkt, während sich die Vertreter des Bösen „nur für Dinge oder Menschen" interessieren, „die ihnen etwas einbringen" (WN, 72).

Polly und Digory flüchten, doch Jadis kann sich an ihnen festhalten und kommt mit durch die Zwischenwelt in die Londoner Alltagswelt. In der durchaus komischen „Schlacht am Laternenpfahl" (WN, 89ff.) schaffen es die Kinder, mit ihr in die Zwischenwelt zurückzukehren und so die Londoner Alltagswelt vor ihr zu bewahren. Lewis schließt hier auf originelle Weise an die übliche Metaphorik des Lichts an. Auch im zweiten Band wird diese Laterne eine wichtige Rolle spielen, sie markiert den Beginn von Narnia auf der anderen Seite des Schranks. Die Kinder haben sie dort wie einen Baum gepflanzt. Ihr wunderbares Gegenstück in der Alltagswelt wird ein Apfelbaum sein, der aus Narnia stammt.

In der Zwischenwelt befinden sich aber nicht nur Polly, Digory und Jadis, sondern auch Onkel Andrew, der Kutscher, mit dem Jadis sich gerade stritt, und dessen Pferd. Die beiden Kinder befördern alle in den nächstgelegenen Teich und landen, wie Jadis es formuliert, „im Nichts" (WN, 92). Wichtig ist hier die zufällige Wahl eines Teiches, also einer Welt. Wie sich herausstellt, ist es eine noch nicht entstandene, und die Reisenden können an ihrer Geburt teilhaben. Interessanterweise ist es ein freundlicher Mensch, der, mit christlicher Geste, den Schöpfungsakt auslöst: Der Kutscher „stimmte ein Erntedanklied an" (WN, 93). Plötzlich beginnt von irgendwoher eine andere Stimme zu singen:

Dann geschahen zwei Wunder auf einmal. Weitere Stimmen fielen in den Gesang mit ein, so viele, man hätte sie niemals zählen können. [...] Und dann geschah das zweite Wunder: Die Schwärze über ihnen war auf einen Schlag von Sternen übersät. (WN, 95).

Mit dem Lied des Löwen Aslan liegt ein positiver „Zauber über dieser Welt", der „anders und mächtiger" als der von Jadis ist (WN, 96) – das Gute ist stärker als das Böse. Der Gesang des Löwen lässt Bäume und Pflanzen sprießen, Tiere entstehen aus der Erde, die den Boden bedeckt (WN, 107). Wie Noah stellt Aslan die Tiere paarweise zusammen, damit sie sich vermehren und Narnia bevölkern (WN, 109). Der nette Kutscher und seine Frau, die Aslan nach Narnia holt, werden zum ersten Königspaar (WN, 129f.). Nicht Schulbildung und Stand, sondern die Naturverbundenheit und der gute Wille der beiden geben den Ausschlag.

Aslans Schöpfungsspruch zeigt noch einmal die entscheidende Differenz zwischen dem Zustand der Naivität und dem der Reflexion:

„Kreaturen, ich gebe euch euch selbst [...]. Ich gebe euch dieses Land Narnias für alle Zeiten. Ich gebe euch die Wälder, die Früchte, die Flüsse. Ich gebe euch die Sterne, und mich selbst gebe ich auch. Und auch die stummen Tiere, die ich nicht auserwählt habe, sollen die euren sein. Behandelt sie gut und liebt sie, doch werdet nicht wieder wie sie, sonst seid ihr keine sprechenden Tiere mehr. Von ihnen seid ihr gekommen, und zu ihnen könnt ihr wieder werden. Doch davor solltet ihr euch hüten!" (WN, 112f.)

Schlechte Menschen wie Onkel Andrew werden allerdings nicht dazu in der Lage sein, sprechende Tiere zu verstehen (WN, 120). Ihnen fehlt das Sensorium für das Wunderbare, ihnen fehlt die Fantasie. Damit haben sie die Eigenschaft verloren, die der Schöpfung Narnias zugrunde liegt.

Digory kann seine Schuld sühnen, indem er eine Art Pilgerfahrt unternimmt, um einen besonderen Apfel zu holen. Dieser Apfel wird zu einem Baum, der Narnia vor Jadis beschützt (WN, 134ff.). Digory wird in einem Garten wieder mit einem Spruch konfrontiert, doch diesmal widersteht er der Versuchung, in den Apfel zu beißen – die biblische Anspielung ist offensichtlich. Aslan lobt sein Verhalten: „Für diese Frucht hast du gehungert, gedürstet und geweint" (WN, 157). Digory hat gelernt und kann so seinen Lohn in Empfang nehmen. Er bekommt einen Apfel des Lebens von dem neu gewachsenen Baum, um seine Mutter zu heilen (WN, 165).

Im letzten Kapitel formuliert Aslan die zentrale Botschaft des Kinderromans. Der Untergang des Reiches Charn soll den Menschen „eine Warnung" sein: „Die Welt ist erloschen, als hätte es sie nie gegeben." Leider würden die Menschen den Angehörigen der untergegangenen Welt „immer ähnlicher" (WN, 168):

„Und bald, sehr bald, bevor ihr beide alt geworden seid, werden große Nationen eurer Welt von Tyrannen regiert werden, denen an Glück und Gerechtigkeit und Gnade auch nicht mehr liegt als Jadis, der Königin von Charn. Davor soll sich eure Welt hüten." (WN, 169)

Damit tritt die zeitgeschichtliche Parallele offen zutage. Lewis spielt hier auf die Ereignisse des 1. und 2. Weltkriegs an, und zwar ohne direkte Schuldzuweisungen. Es geht ihm um eine allgemeine Lehre, die aus diesen und anderen Katastrophen zu ziehen wäre. So behält das Märchen seine zeitlose Aktualität.

Digory pflanzt die Kerne des Apfels, der seine Mutter gesund macht, im Garten des Londoner Hauses. Aus dem später von einem Sturm entwurzelten Baum lässt Digory einen Schrank machen (WN, 175), der im zweiten Band die Schleuse nach Narnia sein wird. Der Schrank wird von Lucy entdeckt, sie geht hindurch und besiegt mit der Hilfe ihrer Geschwister Peter und Suse Jadis, die inzwischen als Weiße Hexe Narnia beherrscht. Edmund, der sich von der Weißen Hexe verführen ließ, wird durch Aslans Opfer gerettet, Narnia wird von der Herrschaft des Winters befreit. Wie im ersten Band Digory, so bekommt im zweiten auch Edmund eine Chance, seinen Fehler wieder gutzumachen.

Der Übergang in die andere Welt erinnert deutlich an Hoffmanns *Nußknacker und Mausekönig*: „Nun fühlte sie gar keinen weichen Pelz mehr an Gesicht und Händen, sondern etwas Hartes, Rauhes, sogar Stachliges. Was ist denn das? Sind das nicht Baumzweige?" (KÖN, 11) Das Ende der Geschichte offenbart den Kern der Konzeption. Wie beispielsweise später *Die unendliche Geschichte* von Michael Ende sind bereits die *Chroniken von Narnia* eine (trostspendende) Apologie der Fantasie. Der alte Professor, bei dem die Kinder wohnen, ist der alt gewordene Digory, er bezweifelt nicht die Erlebnisse, als sie ihm berichtet werden. Der Professor erklärt den Kindern:

> „Ja, natürlich werdet ihr eines Tages wieder nach Narnia zurückgelangen. Wer einmal König von Narnia war, bleibt König von Narnia. Doch versucht nie denselben Weg zum zweitenmal! Und überhaupt, versucht nicht, so hinzukommen. Es geschieht von selbst, wenn ihr es nicht erwartet. Und redet nicht zuviel darüber! Versucht auch nicht, es anderen zu erklären, wenn ihr nicht spürt, daß sie ähnliche Abenteuer erlebt haben. Woher ihr das wissen sollt? Das werdet ihr schon merken." (KÖN, 151f.)

Der Schluss der *Chroniken* favorisiert allerdings wieder stärker die Ebene einer christlich motivierten Transzendenz. Der Professor, die alt gewordene Polly, die Kinder Lucy, Eustachius und Jill sind mit dem Zug auf dem Weg zu Peter und Edmund, als es „einen schrecklichen Ruck" gibt und sie „auf einmal" in Narnia ankommen (LK, 48). Zum Schluss, als Narnia wieder neu geboren wird, erfahren sie, was tatsächlich geschehen ist. Aslan klärt sie auf, dass sie, auch die am Bahnsteig wartenden Peter und Edmund, bei einem Eisenbahnunglück getötet worden sind.

Astrid Lindgrens Kinderroman *Die Brüder Löwenherz* (1973) könnte sich der Idee dieses wunderbaren „Schattenreich[s]" verdanken, in das Lewis seine Protagonisten versetzt. Lewis akzeptiert den Tod als Grenze, aber er nimmt ihm seinen Schrecken:

> „Der Traum ist zu Ende, der Morgen ist da." Als er so sprach, sah Aslan nicht mehr wie ein Löwe aus. Aber was sich danach ereignete, war so groß und schön, daß man es nicht beschreiben kann. Hier endet für uns diese Geschichte. Wir können nur noch sagen, daß sie alle weiterhin glücklich lebten in Narnia. Für sie in Narnia aber war es nur der Anfang der wahren Geschichte. Ihr ganzes Leben in dieser irdischen Welt und alle ihre Abenteuer waren nur der Umschlag und das Titelblatt gewesen. Nun erst begannen sie das erste Kapitel der großen Geschichte, die ewig weitergeht und in der jedes Kapitel besser ist als das vorangegangene. (LK, 159f.)

Mit der Buchmetaphorik schließt sich auch der metafiktionale Kreis – Lewis hat von der Romantik gelernt, dass Literatur das Unaussprechliche zumindest ahnen lassen kann, und er hat es zeitgemäß, auf eindrucksvolle Weise, neu inszeniert.

Nun könnte man Lewis vorwerfen, dass er die neueren Entwicklungen in Wissenschaft und Gesellschaft nicht berücksichtigt, dass seine Narnianischen Abenteuer literarhistorisch nicht zeitgemäß sind. Man sollte ihm aber zumindest zugute halten, dass er dies reflektiert hat. Im vorletzten Band *The Silver Chair* findet sich eine Begründung für Erlebnisse der Figuren, die als metafiktional gelesen werden kann und ins Zentrum der Konzeption von Märchen allgemein trifft. Der ebenso komische wie kluge Narniane Trauerpfützler stellt fest:

> Angenommen, wir haben all diese Dinge wirklich geträumt oder sie uns ausgedacht – Bäume und Gras und Sonne und Mond und Sterne und Aslan selbst. Angenommen, es wäre so. Dann kann ich nur sagen, daß die ausgedachten Dinge mir um einiges wichtiger zu sein scheinen als die wirklichen. Angenommen, dieser schwarze Abgrund Eures Königreichs ist tatsächlich die einzige Welt. Nun, sie kommt mir recht armselig vor. Und es ist eine komische Sache, wenn man darüber nachdenkt. Wenn Ihr recht habt, dann sind wir lediglich Kinder, die ein Spiel spielen. Aber vier Kinder, die ein Spiel spielen, können eine Phantasiewelt schaffen, welche die Eure in den Schatten stellt. Und deshalb werde ich mich an diese Phantasiewelt halten. Ich bin auf Aslans Seite, selbst wenn es keinen Aslan gibt. Ich werde so gut wie möglich wie ein Narniane leben, selbst wenn es kein Narnia gibt. (SI, 149)

Astrid Lindgren

Mio, mein Mio (1954)

„Das Land der Ferne ist das größte aller Reiche"

Astrid Lindgren hat zahlreiche Bücher geschrieben, die in Handlung und Motiven an Traditionen des Märchens anknüpfen, insbesondere an die des Wirklichkeitsmärchens in der Nachfolge Hoffmanns. Lindgren inszeniert aber nicht jedes Mal den Dualismus der zwei Welten; bei Pippi Langstrumpf sind die wunderbaren Kräfte der Protagonistin selbstverständlicher Bestandteil einer realistischen Handlung. Am deutlichsten knüpft Lindgren in dem 1954 erschienenen Märchenroman *Mio, mein Mio* an die Tradition des Wirklichkeitsmärchens an.

Die realistische Handlungsebene befindet sich in dem knapp gehaltenen Rahmen, anders als etwa bei Hoffmann nimmt die Schilderung der Wunderwelt den größten Raum ein. Hier dominieren, wie im Volksmärchen, einfache Symbole und Motive; das ist schon in der Schilderung des Wunderreiches erkennbar:

> Das Reich meines Vaters, des Königs, ist sehr groß. Das Land der Ferne ist das größte aller Reiche. Es zieht sich nach Osten und Westen, nach Norden und Süden. Die Insel, auf der mein Vater, der König, sein Schloss hat, heißt Insel der grünen Wiesen. Aber sie ist nur ein kleiner Teil vom Land der Ferne. Nur ein kleiner, kleiner Teil. (MI, 37)

Kinder spielen auf Flöten alte, „seit tausend und abertausend Jahren" übliche Melodien (MI, 38); Brunnen erzählen abends Märchen, „die keinem anderen Märchen glichen und die schöner waren als alle Märchen der Welt" (MI, 64); Häuser sehen aus wie „aus einem Märchen" (MI, 60). Andererseits werden die wichtigeren Figuren wie im Kunstmärchen psychologisiert. Aus dem Kunstmärchen stammt auch das angesprochene Prinzip der Mischung und Scheidung von realistischen und märchenhaften Elementen.

Der Anfang des Märchenromans lässt sich mit Hoffmanns *Der goldne Topf* (1814) vergleichen, es findet sich eine konkrete Zeit- und Ortsangabe, sogar ein Polizeibericht wird zitiert:

> Hat jemand im vorigen Jahr am fünfzehnten Oktober Radio gehört? Hat jemand gehört, dass man nach einem verschwundenen Jungen forschte? So etwa sagten sie: „Die Polizei in Stockholm sucht den neunjährigen Bo Vilhelm

> Olsson, der seit vorgestern Abend 18 Uhr aus der Wohnung Upplandsgatan 13 verschwunden ist." [...] Ja, so sagten sie. Aber es kamen niemals irgendwelche Mitteilungen über Bo Vilhelm Olsson. Er war fort. Niemand erfuhr jemals, wo er geblieben ist. Keiner weiß es. Außer mir. Denn ich bin Bo Vilhelm Olsson. (MI, 7)

Zugleich wird – anders als bei Hoffmann – das Berichtende, Alltägliche durch die Optik eines personalen Erzählers gebrochen (wie entscheidend dies für die Konzeption ist, soll später deutlich werden). Bo ist von zu Hause weggelaufen, Lindgren schildert aus der betroffen machenden Perspektive des Kindes die Gründe dafür:

> Ich war Pflegekind bei Tante Edla und Onkel Sixten. Ich kam zu ihnen, als ich ein Jahr alt war. Vorher wohnte ich in einem Kinderheim. Von dort hat mich Tante Edla geholt. Sie wollte zwar lieber ein Mädchen haben, aber es war keines da. Deshalb nahm sie mich. Dabei mögen Onkel Sixten und Tante Edla Jungen nicht leiden. Jedenfalls nicht, wenn sie acht, neun Jahre alt werden. Sie fanden, es wäre zu viel Krach im Haus und ich trüge zu viel Schmutz hinein, wenn ich draußen im Tegnérpark gespielt hatte, ich schmisse meine Kleider herum und ich redete und lachte zu laut. Tante Edla sagte immer, der Tag, an dem ich ins Haus gekommen bin, sei ein Unglückstag gewesen. Onkel Sixten sagte nichts. Doch, manchmal sagte er: „Du da, geh nach draußen, damit ich dich nicht sehen muss." (MI, 8)

Bo hat also eine unglückliche Kindheit, seine Pflegeeltern lieben ihn nicht und behandeln ihn schlecht. Der ‚Onkel' redet ihn nicht einmal mit seinem Namen an, so entpersönlicht er ihn. Über den Vater, den sie nicht kennen, ziehen sie her: „Man kann sich ja leicht ausrechnen, was das für ein Lump ist" (MI, 9). An dem Tag, an dem Bo verschwindet, „hatte Tante Edla schon ein paarmal zu mir gesagt, es sei ein Unglück, dass ich ins Haus gekommen sei". Sie schickt Bo zur Bäckerei, doch als der Junge am Obstgeschäft vorbeikommt, schenkt ihm die Inhaberin „Tante Lundin" einen Apfel und bittet ihn, für sie eine Karte in den Briefkasten zu tun (MI, 9f.). Die Karte ist „An den KÖNIG LAND DER FERNE" adressiert (MI, 10), an einem goldenen Apfel soll der König seinen Sohn erkennen.

Bos Apfel verwandelt sich in Gold und im Park findet der Junge eine Flasche, die ihn an ein Märchen erinnert, an „Tausendundeine Nacht". Darin „[...] steht etwas von einem Geist, der in eine Flasche gesperrt worden war. Aber das war doch im fernen Arabien und vor Tausenden von Jahren geschehen [...]" (MI, 13f.). Es befindet sich tatsächlich ein Geist in der Flasche, der sich als Bote des Königs aus dem Land der Ferne entpuppt: „Du trägst das Zeichen in deiner Hand! Du bist der, den ich holen soll. Du bist der, den der König so lange gesucht hat!" (MI, 15). In dem König findet Bo seinen Vater wieder: „Er hatte Ähnlichkeit mit Benkas Papa, aber er war schöner. Es war

Abb. 13:
Bo Vilhelm Olsson entdeckt den Flaschengeist, der ihn ins Land der Ferne bringt

schade, dass Tante Edla ihn nicht sehen konnte!" (MI, 17). Bos Vater hat keinen Namen. Bo nennt ihn „mein Vater, der König", und sein Vater nennt ihn „Mio, mein Mio" (MI, 18).

Die Märchenwelt wäre keine Märchenwelt, wenn es nicht auch eine feindliche Macht gäbe. Mit einer anderen als der „Brücke des Morgenlichts" könnte in der Nacht Ritter Kato auf „die Insel der grünen Wiesen" kommen, wovor alle Angst haben.[1] Als Jum-Jum den Namen zum ersten Mal im Roman erwähnt, „[…] zog es wie ein kalter Wind durch die Luft und Miramis begann zu zittern." Schon der Name des „grausame[n] Ritter Kato" erzeugt Furcht und Schrecken in der ganzen Natur, deshalb wird nach Möglichkeit nicht von ihm gesprochen (MI, 41). Kato beherrscht „das Land Außerhalb" (MI, 54).

---

[1] Brücken fungieren in Märchen oft als Verbindung in eine andere, jenseitige Welt, vgl. Ranke u. Brednich (Hg.): Enzyklopädie des Märchens, Bd. 2, Sp. 835–838.

Märchentypisch hat Mio für seinen Kampf gegen Ritter Kato Helfer – Freund Jum-Jum und Miramis, ein Pferd, das fliegen kann (MI, 58). Er hat magische Gegenstände, etwa das „Brot, das Hunger stillt" (MI, 48) oder Wasser von der „Quelle, die Durst löscht" (MI, 50). Mio bekommt einen Mantel von einem der Brüder Nonnos, die Ritter Kato einst raubte (MI, 52), und den kleinen silbernen Löffel, der Jiris geraubter Schwester gehörte (MI, 62). In einem „Märchenhaus mit einem Strohdach" wohnt eine Frau, die „Traumstoff" webt (MI, 79). Ihre Tochter wurde von Kato geraubt (MI, 81). Die Weberin füttert Mios zerrissenen Mantel mit Traumstoff (MI, 86), ein weiteres magisches Requisit, das besonders wichtig werden wird.

Es ist der Brunnen, der Märchen erzählt, von dem Mio zuerst seine Bestimmung erfährt – durch den „Wald der Dunkelheit" zu reiten und gegen Ritter Kato zu kämpfen (MI, 70f.). Jum-Jum fasst es in Worte:

> „Ein Kind aus königlichem Blut, reitend auf einem weißen Pferd mit goldener Mähne, mit einem einzigen Freund als Gefolge – so ist es gesagt worden. Du kannst nicht ändern, was seit tausend und abertausend Jahren vorausbestimmt ist." (MI, 85)

Dem hellen und freundlichen Land des Vaters ist das dunkle des Ritters genau entgegengesetzt, es ist „keine freundliche Dunkelheit", die dort herrscht (MI, 73). In dem schwarzen Land fliegen verzauberte Vögel über einen schwarzen See. Die Vögel sind die von Kato verwandelten, geraubten Kinder (MI, 97). Es finden sich weitere typische Märchenmotive:

> Auf der anderen Seite des Sees, auf dem allerhöchsten Felsen, lag eine große, schwarze Burg. Ein einziges Fenster war erleuchtet. Einem Auge glich dieses Fenster, einem roten, unheimlichen und entsetzlichen Auge, das in die Nacht starrte und uns Böses wollte. „Ritter Katos Burg", flüsterte Jum-Jum und Miramis zitterte an allen Gliedern. (MI, 92)

Das Auge in der schwarzen Burg ist eine erstaunliche Parallele zu Tolkiens zur gleichen Zeit publiziertem *Herrn der Ringe* (1954/55). Es muss an dieser Stelle offen bleiben, ob es intertextuelle Zusammenhänge gibt; möglicherweise haben beide Autoren eine gemeinsame Quelle. Kato wird – zunächst – als das personifizierte Böse dargestellt: „Es war Ritter Katos Bosheit, die durch das Fenster leuchtete, wenn er in seiner Kammer saß und sich Böses ausdachte. Nacht und Tag, Nacht und Tag saß er dort und dachte sich Böses aus" (MI, 147).

Ritter Kato wird das Verdrängte zum Verhängnis. „In der tiefsten Höhle im schwärzesten Berg", den man „durch den Toten Wald" erreichen kann (MI, 98), lebt der Schmied, der Mio eine Klinge gibt, mit der er durch Stein schneiden kann. Der Schmied ist Katos unterdrücktes Gewissen: „Ich schmiede die Schwerter, die die Guten und Unschuldigen töten." Deshalb hasst der Schmied den Ritter. Erst unmittelbar vor der Ankunft der Jungen hat er jenes „Schwert geschmiedet, das Stein schneiden kann" (MI, 127). Das leuchtende Schwert heißt „Feuerflamme". Es ist nötig im Kampf gegen den Ritter, weil Katos Herz aus Stein ist – Lindgren zitiert hier möglicherweise Wilhelm Hauffs Märchen *Das kalte Herz* (1827), in dem Holländer-Michel Menschen, die mit ihm paktieren, ein steinernes Herz einsetzt.[2] Geht man von Hauff als Vorlage aus, dann hat Lindgren das Motiv dramatisiert. Auch Kato setzt den Menschen ein Herz aus Stein ein, doch hat er selber eines und er schließt nicht erst einen Pakt, der die anderen reich macht:

> „Seine rechte Hand fehlt und an ihrer Stelle hat er eine Klaue aus Eisen. [...] Er reißt den Menschen das Herz aus der Brust", sagte der Schwertschmied. „Nur ein Griff mit der Eisenklaue – ritsch, dann hat er das Herz. Und dafür gibt er ihnen ein steinernes Herz. Jeder, der in seiner Nähe ist, muss ein steinernes Herz haben, das hat er bestimmt." (MI, 128)

Die „Klaue aus Eisen" markiert Kato als Teufelsfigur, zugleich erinnert sie an Hooks eisernen Haken aus Barries *Peter Pan* (1911).

Auf dem Weg zum Schmied hilft die geknechtete Natur den beiden Jungen, Ritter Katos Spähern zu entkommen (MI, 108ff.). Die Wiederholungstruktur der Ereignisse und der Worte der Späher erinnert an das Volksmärchen. Ein Vogel opfert sein Leben, als die Bewacher der Burg mit Fackeln nach den Freunden leuchten: „Mit brennenden Flügeln versank er in den Wogen des Toten Sees" (MI, 139). Kato steckt die Jungen in ein Verlies und wirft das Schwert Mios in den Toten See (MI, 148). Der kleine Löffel von Jiris Schwester rettet den beiden das Leben, er versorgt sie auf wunderbare Weise mit „Brot, das Hunger stillt" und „Wasser aus der Quelle, die Durst löscht" (MI, 157). Wie später Harry Potter hat auch Mio einen „Tarnmantel", das „Märchengewebe" macht ihn unsichtbar (MI, 159). Die verzauberten Vögel bergen das Schwert aus dem See und bringen es Mio in sein Gefängnis (MI, 160). Mit dem Schwert kann sich Mio befreien und Kato stellen, ihm sein Schwert aus der Hand schlagen:

> Da riss er sein schwarzes Samtwams über der Brust auf. „Sieh zu, dass du das Herz triffst!", schrie er. „Sieh zu, dass du mein Herz aus Stein durchbohrst! Es hat lange genug in meiner Brust gescheuert und wehgetan." Ich sah in seine Augen. Und in seinen Augen sah ich etwas Seltsames. Ich sah, dass Ritter Kato sich danach sehnte, sein Herz aus Stein loszuwerden. Vielleicht hasste niemand Ritter Kato mehr als Ritter Kato selbst. (MI, 165)

Von Kato bleibt nichts als „ein Haufen Steine" und seine „Klaue aus Eisen". Die Erlösung betrifft auch den Bösen, sie ist umfassend, Mio wird zum Heiland dieser Märchenwelt. Die Dunkelheit verschwindet, die Natur regeneriert

---

[2] Allerdings handelt es sich um einen bekannten Motivkomplex aus der mittelalterlichen Literatur, vgl. Ranke u. Brednich (Hg.): Enzyklopädie des Märchens, Bd. 6, Sp. 925.

sich. Mit Hilfe des Märchengewebes kann Mio sogar „die kleine Tochter der Weberin", die als Vogel in der Fackel verbrannte, wieder zum Leben erwecken (MI, 175). Das Motiv der Wiederauferstehung passt zum christlichen Anspielungskontext. Wie Jesus kehrt auch Mio zu seinem Vater, dem König, zurück. Hier liegt die geheime Verheißung der Geschichte.

Die wunderbare Handlungsebene funktioniert in gewissen Grenzen spiegelbildlich zur realen. Bos Vater sieht aus wie Benkas Vater (MI, 17) und hat die gleiche freundliche Art (MI, 56). Bos Freund Benka entspricht Mios Freund Jum-Jum (MI, 25). Sein Pferd Miramis erinnert Bo alias Mio an „Kalle Punt", „ein altes Brauereipferd" (MI, 32). Jum-Jums Vater ist Rosengärtner, Mio wird wie ein Bruder in die Familie aufgenommen. Jum-Jums Mutter erinnert in ihrem Aussehen an „Tante Lundin" (MI, 28).

Andererseits ist die Wunderwelt grundverschieden von der Alltagsrealität, denn Bo darf als Mio alles das tun, was ihm vorher unsinnigerweise verboten war, beispielsweise darf er so laut lachen, wie er möchte (MI, 29). Und er bekommt die für ihn notwendige Zuneigung: „Mein Vater, der König, hatte zwar viel zu regieren in seinem großen Reich, aber für mich hatte er trotzdem immer Zeit" (MI, 55). Die Kinder im Land der Ferne sind die idealen Freunde: „In der Upplandsgatan war es niemals so. Dort kläfften die Jungen gleich wie Wölfe, sobald man in ihre Nähe kam […]" (MI, 60). Die Wunderwelt fungiert also als Korrektiv zur defizitären Realität.

Dieses Korrektiv gibt es aber nur in der Fantasie. Der Schluss des Märchenromans relativiert das Geschehene. Der Ich-Erzähler Bo fragt sich und damit den Leser: „Vielleicht glaubt Tante Edla, dass sie mich im Tegnérpark auf einer Bank finden wird, wenn sie nur hinuntergeht und sucht" (MI, 186). Gerade in der Negation wird die Möglichkeit zur indiziengestützten Gewissheit, dass Bo tatsächlich noch auf der Bank sitzt und sich das ‚Märchen' in seiner Verzweiflung nur ausgedacht hat:

> Aber sie irrt sich, die Tante Edla. Oh, wie sie sich irrt. Es sitzt kein Bosse auf irgendeiner Bank im Tegnérpark. Denn er ist im Land der Ferne. *Im Land der Ferne ist er, sage ich.* Er ist dort, wo die Silberpappeln rauschen […] und wo er seinen Vater, den König, hat, den er sehr liebt und der ihn auch sehr liebt. Ja, so ist es. Bo Vilhelm Olsson ist im Land der Ferne und er hat es gut dort, so gut, bei seinem Vater, dem König. (MI, 186)

Damit überführt Lindgren die märchenhafte Handlung in den Wunschtraum eines kleinen Jungen. Die Ursache dieses Wunschtraums, die Lieblosigkeit der Umwelt, macht die besondere Qualität des Buches aus. Als Anwältin eines kleinen Jungen macht Lindgren auf gravierende soziale Defizite in der Gesellschaft aufmerksam. Dabei behält die Fantasie, wie schon bei Hoffmann, auf der Ebene der Alltagsrealität ihre Eigenschaft als Differenzmerkmal zwischen positiv und negativ charakterisierten Figuren.

Otfried Preußler

Die kleine Hexe (1957)

„Das Hexen ist keine einfache Sache"

Otfried Preußler (geb. 1923) ist einer der populärsten Kinderbuchautoren deutscher Sprache. Einflüsse von Märchen und Fantastik ziehen sich durch sein ganzes Werk, es gibt sie beispielsweise auch in der erfolgreichen Trilogie über den *Räuber Hotzenplotz* (1962/1969/1973). In der Kasperlgeschichte spielen zwei Zaubererfiguren eine entscheidende Rolle, im ersten Band der große und böse Zauberer Petrosilius Zwackelmann, der zum Schluss von der Fee Amaryllis besiegt wird, und in den beiden weiteren Bänden die Wahrsagerin und Hobby-Hexe Witwe Schlotterbeck. Verzauberungen und Verwandlungen sind handlungsmotivierend, auch in Preußlers angesehenstem Kinder- und Jugendroman *Krabat* (1971), der einer Sage nachempfundenen, eher düsteren Geschichte eines Müllerburschen.

Heitere Gegenstücke dazu sind (neben anderen, die hier nicht alle genannt werden können) die beiden populären Kinderbücher *Das kleine Gespenst* (1966) und *Die kleine Hexe* (1957). Das kleine Gespenst muss einige Abenteuer überstehen, bis es wieder nachts aufwacht und seine weiße Farbe zurückbekommt – das Sonnenlicht hatte es verwandelt. Preußler spielt mit Kinderwünschen, das kleine Gespenst möchte die Welt bei Tage sehen, es möchte also eigentlich jemand anderes sein, so wie sich Kinder wünschen, die Rollen mit Erwachsenen zu tauschen. Der Wunsch erfüllt sich, doch die Verwandlung zeigt sich als gar nicht so angenehm, darin könnte man eine im Medium der Fiktion vermittelte Lehre sehen. Doch geht alles gut aus und das kleine Gespenst kommt bereichert zurück – die Geschichte warnt also keineswegs vor der Übertretung von Normen, es lässt Wünsche und Erfahrungen außerhalb des gewohnten Bereichs ausdrücklich zu.

Aus der Erzählersicht in *Das kleine Gespenst* ist die Welt des Fantastischen selbstverständlicher Bestandteil der Alltagsrealität, doch wissen das die Bürger des kleinen Städtchens nicht, sie reagieren mit Angst und verfolgen den Geist. In dieser Konzeption wird für das Andere votiert, vor dem man keine Angst haben sollte. Die kindliche Perspektive wird aufgewertet, weil das kleine Gespenst ein Kind repräsentiert und weil es zum Schluss Kinder sind, die das kleine Gespenst akzeptieren und ihm helfen, in seine Burg zurückzufinden und sich wieder in ein Nachtgespenst zu verwandeln.

1957 erstmals publiziert, ist auch *Die kleine Hexe* in hoher Auflage verbreitet und in zahlreiche Sprachen übersetzt worden. Die Welt der Hexen wird nicht streng von der Alltagsrealität getrennt, manche Figuren der Alltagswelt reagieren mit Überraschung auf das Hexenwesen, etwa der Gemischtwarenhändler, der zusehen muss, wie die kleine Hexe auf dem eben gekauften Besen abhebt. Vor Staunen kann er nicht einmal seinen Satz zu Ende sprechen: „‚Diener‘, wollte er noch hinzufügen. Aber da blieb ihm die Luft weg" (DH, 25).

Für dieses Kinderbuch ist die Differenz von Alltags- und Wunderwelt nicht wichtig, im Mittelpunkt stehen der Konflikt der kleinen Hexe mit den großen Hexen und die Entwicklung der kleinen Hexe – beides wird eng miteinander verzahnt. Wie schon das kleine Gespenst ist auch die kleine Hexe als Identifikationsfigur für die kleinen LeserInnen angelegt.

Eine Hexe ist eine typische Märchenfigur, diese Hexe ist mit den typischen Requisiten ausgestattet: mit Hexenbesen und Zauberbuch. Ihr Wohnort erinnert an das Hexenhaus in *Hänsel und Gretel*, doch werden gleich zu Anfang große Unterschiede zur Tradition des Volksmärchens deutlich:

> Es war einmal eine kleine Hexe, die war erst einhundertsiebenundzwanzig Jahre alt und das ist ja für eine Hexe noch gar kein Alter. Sie wohnte in einem Hexenhaus, das stand einsam im tiefen Wald. Weil es nur einer kleinen Hexe gehörte, war auch das Hexenhaus nicht besonders groß. Der kleinen Hexe genügte es aber, sie hätte sich gar kein schöneres Hexenhaus wünschen können. Es hatte ein wundervoll windschiefes Dach, einen krummen Schornstein und klapprige Fensterläden. Hinten hinaus war ein Backofen angebaut. Der durfte nun einmal nicht fehlen. Ein Hexenhaus ohne Backofen wäre kein richtiges Hexenhaus. (DH, 3f.)

Der Backofen ist ein intertextueller Verweis auf das Grimmsche Märchen, doch ist dieser Verweis erkennbar humorvoll, wenn nicht gar ironisch gestaltet. Die kleine Hexe ist, anders als ihre Vorfahrin bei den Grimms, erstens jung und zweitens freundlich. Sie wird später zwei Kinder, die sich im Wald verirrt haben, ganz anders behandeln als ihre Urahnin:

> Vor dem Hexenhaus standen zwei Kinder, ein Bub und ein Mädchen. Die hielten sich bei den Händen gefasst und als sie die kleine Hexe herankommen sahen, sagten sie: „Guten Tag!" „Guten Tag!", rief die kleine Hexe. „Was wollt ihr?" „Wir wollten dich nach dem Weg in die Stadt fragen", sagte der Junge. „Wir haben uns nämlich verlaufen." „Beim Pilzesuchen", ergänzte das Mädchen. (DH, 55)

Statt Hänsel und Gretel heißen sie Thomas und Vroni. Die kleine Hexe serviert Kaffee und Kuchen und sie zaubert ihnen zur Unterhaltung etwas vor, obwohl das an Freitagen eigentlich verboten ist. Schließlich hilft sie ihnen, wieder nach Hause zu finden (DH, 59).

Zwar sind die Kinder nicht ausgesetzt worden, doch kann das Verhalten des Vaters als freie Aktualisierung der Vorlage begriffen werden. Er hat einen Ochsen, den die Kinder als ihren Freund betrachten, als Preis beim Schützenfest gestiftet. Die kleine Hexe sorgt dafür, dass Thomas den Ochsen gewinnt (DH, 61ff.).

Preußlers kleine Hexe ist als Gegenentwurf zur bösen Hexe der Grimms angelegt. Damit steht Preußler am Anfang einer Tradition von Kontrafakturen. Auf zwei Beispiele – Hans Traxlers *Die Wahrheit über Hänsel und Gretel* (1963) und Paul Maars *Der tätowierte Hund* (1968) – wird noch einzugehen sein. Doch wozu diese Korrektur? Die Leistung des Märchenstoffes ist offenkundig, die Kinder überwinden ihre Angst und setzen sich gegen die Gefahr durch. Das Märchen der Grimms setzt aber, und das wird nach der Geschichte zweier Weltkriege zum Problem, das Fremde, das Andere als das Böse, das es zu bekämpfen gilt. Preußler löst das Problem, indem er die Hexe von der Figur des Anderen in die Figur des Eigenen überführt, sie zur Identifikationsfigur für die kindlichen LeserInnen werden lässt. Die Position des Bösen besetzen nun – als StellvertreterInnen der Erwachsenenwelt – die großen Hexen. Während in Grimms Märchen die böse Hexe verbrennen muss, sind es bei Preußler lediglich die Besen und Hexenbücher der alten Hexen, die einem Feuer zum Opfer fallen. Dabei geht es nicht um Rache und Bestrafung, sondern lediglich darum, weiteres Unheil, das von den alten Hexen ausgehen könnte, zu verhindern.

Als weiteres Märchenmotiv findet sich ein sprechendes Tier, ein Rabe namens Abraxas, der Mitbewohner der kleinen Hexe. Er repräsentiert ihre Familie und zugleich die Vernunftinstanz. An die Stelle des Schulbesuchs tritt der Selbstunterricht, der Disziplin erfordert, wenn die kleine einmal eine große Hexe werden will:

> Etwa sechs Stunden am Tage verbrachte die kleine Hexe damit, sich im Hexen zu üben. Das Hexen ist keine einfache Sache. Wer es im Hexen zu etwas bringen will, darf nicht faul sein. Er muss zuerst alle kleineren Hexenkunststücke lernen – und später die großen. Seite für Seite muss er das Hexenbuch durchstudieren und keine einzige Aufgabe darf er dabei überspringen. (DH, 4)

Typisch für Preußlers Kinderbücher ist das Anknüpfen an Komiktraditionen, vor allem findet sich Situationskomik. So lässt es die kleine Hexe, statt der beabsichtigten Wassertropfen, weiße Mäuse, Frösche und Tannenzapfen regnen, dafür wird sie von Abraxas ordentlich ausgeschimpft (DH, 5). Die kleine Hexe ist nicht bei der Sache, und sie erläutert Abraxas den Grund: Sie dürfe am Abend nicht zur Walpurgisnacht auf den Blocksberg, weil sie mit ihren 127 Jahren „noch zu klein für den Hexentanz" sei (DH, 7). Die kleine Hexe findet das ungerecht und will sich nicht damit abfinden: „Verboten ist vieles. Aber wenn man sich nicht erwischen lässt..." (ebd.).

Wie beim kleinen Gespenst ist eine auf einen Wunsch zurückgehende Normverletzung handlungsauslösend. Die Prophezeiung des Raben, sie werde bestimmt entdeckt (DH, 9), erfüllt sich. Die kleine Hexe hat das Pech, ihrer „Muhme" zu begegnen: „Die Muhme Rumpumpel verstand keinen Spaß, sie war eingebildet und böse" (DH, 10). Der Ausdruck Muhme bedeutete ursprünglich ‚Schwester der Mutter' und wurde später als Synonym für ‚Tante' gebraucht, heute wirkt er veraltet. Die Muhme wird die Aktivitäten der kleinen Hexe überwachen und ihre Bestrafung initiieren, sie ist also als exemplarische Erwachsenenfigur konzipiert, gemeinsam mit der „Oberhexe" (DH, 11) ist sie eine Eltern- oder Mutterfigur. Die anderen Hexen können, wenn sie voller Schadenfreude gegen die kleine Hexe Front machen, als Repräsentanten älterer Geschwister verstanden werden.

Das Vergehen der kleinen Hexe wird mit Besenentzug bestraft, der Besen wird ins Feuer geworfen und sie muss zu Fuß nach Hause laufen (DH, 15). Positiv ist immerhin, dass der kleinen Hexe in einem Jahr die Möglichkeit gegeben werden soll, vor dem „Hexenrat" ihre Tauglichkeit zu beweisen, um künftig als vollwertige Hexe zu gelten und auf dem Blocksberg mittanzen zu dürfen (DH, 12f.). „Sie versprach, bis zum nächsten Jahr eine gute Hexe zu werden" (DH, 13). Hier lauert ein Missverständnis, das zum Schluss handlungsentscheidend sein wird.

Der Rabe Abraxas führt ihr aus seiner Perspektive die Konsequenzen vor Augen: „[...] gute Hexen dürfen nichts Böses anrichten, meine ich. Lass dir das mal durch den Kopf gehen!" (DH, 20). Die Vorhaltungen des Raben wirken nicht sofort. Als sie aus der Luft einem Jäger auf den Hut spuckt, fragt sie der Rabe, warum sie das getan hat:

> „Weil es mir Spaß macht! Hihi! Er wird denken, es regnet!" Der Rabe blieb ernst. „Das gehört sich nicht", sagte er tadelnd. „Als gute Hexe darf man den Leuten nicht auf den Hut spucken." (DH, 28f.)

Nachdem sie ihre Lektion gelernt hat, versucht die kleine Hexe, in Not geratenen Menschen oder Tieren zu helfen und jene zu bestrafen, die anderen Schaden zufügen. Der Wunsch, eine große Hexe zu werden, und ihre prinzipielle Gutartigkeit führen nun zu einer Veränderung ihres Verhaltens, zu einem Sozialverhalten, das den kindlichen LeserInnen zur Orientierung dienen kann und soll; doch werden entsprechende Schlussfolgerungen diesen LeserInnen selbst überlassen. Zudem wird die Psychologisierung der Figur nicht aufgegeben, es wird nicht suggeriert, dass es nur gute oder böse Menschen gibt. Eine entscheidende Motivation für die Veränderung der kleinen Hexe ist der ganz egoistische Wunsch, sich an der Muhme zu rächen, die demnach als negatives Vorbild fungiert: „Ja, es ist richtig, ich *muss* eine gute Hexe werden. Nur so kann ich dieser Rumpumpel eins auswischen. Grün und gelb soll sie werden vor Ärger!" (DH, 29). Auch muss die kleine Hexe bei ihren Hilfsaktionen nicht ganz auf Streiche und Schadenfreude verzichten, es kommt lediglich darauf an, dass sie jenen übel mitspielt, die dies auch verdienen. Ganz unkritisch wird dies zwar nicht gesehen, aber wieder werden die Schlussfolgerungen nicht explizit formuliert:

„Muss das sein? Du könntest doch Gutes auch anders tun. Ohne Schabernack, meine ich." „Ach, das ist langweilig!", sagte sie. „Woher weißt du das?", fragte Abraxas (DH, 40).

Ein neuer, arroganter Förster, der die armen Klaubholzweiber dazu zwingt, die mühsam gesammelten Äste wieder wegzuwerfen, wird von der kleinen Hexe dazu gezwungen, sie und ihr Holz zu tragen und für sie das Holz zu hacken, bis er am Ende seiner Kräfte ist (DH, 37ff.).

Die Gut/Böse-Dichotomie wird zum einen durch Merkmalspaare wie hilfsbereit/nicht hilfsbereit, freundlich/unfreundlich, egoistisch/altruistisch näher definiert, dies wird ergänzt durch das zugeordnete Merkmalspaar jung/erwachsen in der Konzeption der Hexen. Zum anderen werden Parallelen zu den Dichotomien reich/arm und weiblich/männlich hergestellt. Ein armes Mädchen versucht Papierblumen zu verkaufen, doch wird es kaum wahrgenommen, weil es „im allerentlegensten Winkel des Marktes" stehen muss und schüchtern ist (DH, 43). Ein männlicher Erwachsener dagegen, der „Billige Jakob", steht „auf der obersten Stufe des Marktbrunnens" und ruft am „lautesten" (DH, 41). Die kleine Hexe lässt die Papierblumen unwiderstehlich duften, zugleich sorgt sie dafür, dass dem Mädchen der Vorrat nicht ausgeht (DH, 46). Kritisch wird hier das Verhalten der Menge vorgeführt, die sich im Kaufrausch rücksichtslos verhält. Eine ähnliche Szene findet sich in der Märchenliteratur schon bei E.T.A. Hoffmann in *Klein Zaches genannt Zinnober* (1819).

An Astrid Lindgrens *Pippi Langstrumpf* (1945–48) erinnert die Bestrafung des Bierkutschers, der seine Aggressionen an seinen Pferden auslässt (DH, 48ff.), nur dass an die Stelle der übernatürlichen Kräfte Pippis[1] die Zauberkraft der kleinen Hexe tritt. Wie das große Vorbild in der neueren Kinder- und Jugendliteratur emanzipiert sich auch die kleine Hexe von den Erwachsenenfiguren, denen sie in vielerlei Hinsicht überlegen ist.

Es findet sich eine weitere Episode, die auf *Pippi Langstrumpf* anspielen dürfte. Pippi hatte einem kleinen Jungen gegen eine Übermacht größerer Rabauken geholfen; die kleine Hexe hilft einigen kleineren Kindern, als sieben größere immer wieder deren Schneemann zerstören. In der Vorlage ist es Pippi selbst, die mit ihrer Kraft die größeren zur Räson bringt.[2] Die kleine Hexe verzaubert den Schneemann, der den Jungen einen Denkzettel verpasst (DH, 85).

Pippi mit ihrem unermesslichen Reichtum ist freigiebig und hilft den Armen. Dass Armut und Hilfsbereitschaft sich nicht ausschließen, zeigt in der *Kleinen Hexe* die Figur des Maronimanns. Er steht im Winter frierend auf dem Marktplatz, um seine Esskastanien zu verkaufen. Obwohl die kleine Hexe

---

[1] Vgl. Lindgren: Pippi Langstrumpf geht an Bord, S. 73–79.
[2] Vgl. Lindgren: Pippi Langstrumpf, S. 35–39.

kein Geld hat, gibt er ihr einige Kastanien zum Probieren (DH, 75). Sie revanchiert sich mit einem Zauber: Von nun an muss er nicht mehr frieren und seine Erkältung ist wie weggeblasen. Weitere Kapitel handeln davon, dass die kleine Hexe mit anderen gut auskommt, beispielsweise mit der Gemeinschaft der Waldtiere, mit denen sie Fastnacht feiert. Sogar der Fuchs darf dabei sein, muss allerdings für die Dauer des Fests einen Entenschnabel tragen. Dafür wird er zum Schluss auch mit Würsten belohnt (DH, 100).

Schließlich muss die kleine Hexe vor dem Hexenrat erscheinen. Da sie ihr Hexenbuch gründlich studiert hat, besteht sie die Prüfungsfragen und alles scheint gut auszugehen:

> „Das genügt!", rief die Oberhexe. „Du hast uns gezeigt, dass du hexen kannst. Ich erlaube dir also, obwohl du noch reichlich jung bist, in Zukunft auf der Walpurgisnacht mitzutanzen. – Oder ist jemand im Hexenrat anderer Meinung?" (DH, 116)

Doch jetzt nimmt das Verhängnis seinen Lauf, denn die Muhme Rumpumpel meldet sich. Als sie den anderen von den Taten der kleinen Hexe erzählt, die der kleine Leser dank seiner Lektüreerfahrung genauestens kennt, kippt die Stimmung. Die kleine Hexe versteht gar nicht, weshalb sie plötzlich „eine schlechte Hexe" sein soll (DH, 119). Die Oberhexe erklärt es ihr: „Nur Hexen, die immer und allezeit Böses hexen, sind gute Hexen!" (ebd.).

Abb. 14:
Die kleine Hexe freut sich auf den Streich, den sie den bösen Hexen spielen wird.

Jetzt wird die kleine Hexe von den bösen Alten übel zugerichtet. Doch kehrt sich die Strafe, die ihr die Oberhexe auferlegt, gegen die älteren Hexen. Die kleine Hexe soll den Scheiterhaufen der Walpurgisnacht errichten und dann, an einen Baum gebunden, zusehen, wie die anderen feiern. Anschließend will die Muhme, dass die Hexen ihr „einzeln die Haare vom Kopf" reißen. So motiviert Preußler das weitere Geschehen als gerechtfertigt. Die kleine Hexe studiert ihr Hexenbuch und zeigt, dass sie ihr Handwerk versteht. Sie lässt für den Scheiterhaufen „die Hexenbesen der großen Hexen" (DH, 124) und deren Hexenbücher herbeifliegen (DH, 125). Mit dem symbolischen dritten Hexenspruch hext sie „[...] den großen Hexen das Hexen ab. Nun konnte nicht eine von ihnen mehr hexen! Und da sie auch keine Hexenbücher mehr hatten, so waren sie außerstande, es jemals wieder zu lernen" (ebd.). Die kleine Hexe schlägt ihre bösen Verwandten mit ihren eigenen Mitteln und feiert nun als Einzige die Walpurgisnacht auf dem Blocksberg.

Kindliche Leser mögen die Existenz der kleinen Hexe vielleicht sogar für wahrscheinlich halten, erwachsene Leser werden sie als wenig verhüllte allegorische Darstellung der ihnen vertrauten Alltagsrealität lesen. Die pädagogische Absicht tritt nicht offen zutage, aber sie lässt sich leicht erschließen. So wird der Text zu einem kleinen, stark episodischen Bildungsroman für Kinder.

Michael Ende

Märchenromane (1960/1979/1989)

"Jede wirkliche Geschichte
ist eine unendliche Geschichte"

Michael Ende (1929–1995) wurde 1960 durch *Jim Knopf und Lukas der Lokomotivführer* (1960) berühmt, die Geschichte wird in *Jim Knopf und die Wilde 13* (1962) weitererzählt. Bereits der Erstling zeichnet sich durch die für Ende typische Mischung aus märchenhaften und realistischen Elementen aus.[1] Lukas ist Lokomotivführer auf der kleinen Insel Lummerland, mit ihm leben dort Frau Waas, Herr Ärmel und König Alfons der Viertel-vor-Zwölfte (KL, 8). Jim wird als Baby in einem Paket auf die Insel geschickt, irrtümlich, denn der Postbote konnte die Anschrift nicht richtig lesen. Später stellt sich heraus, dass eine Piratenbande, die Wilde 13, Jim zu dem Drachen Frau Mahlzahn schicken wollte, die in der Drachenstadt Kummerland Lehrerin spielt und entführte Kinder aus aller Welt quält – eine Alptraumschule also.

Weil Lummerland für einen neuen Bürger eigentlich zu klein ist, soll Lukas' Lokomotive Emma abgeschafft werden (KL, 21). Das will Lukas nicht zulassen, er emigriert, doch sein Freund Jim besteht darauf, ihn zu begleiten. Die beiden kommen nach China (in späteren Auflagen umgetauft in Mandala). Li Si, die Tochter des Kaisers von China, ist entführt worden – sie befindet sich beim genannten Drachen als Schülerin. Jim und Lukas schaffen es nach einer abenteuerlichen Fahrt, Li Si und die anderen Kinder zu befreien (KL, 172). Sie nehmen den Drachen als Gefangenen mit. Weil sie ihn besiegt, aber nicht getötet haben, verwandelt er sich in einen Goldenen Drachen der Weisheit (KL, 213). Als Dank verrät der Drache ihnen die Lage einer schwimmenden Insel, die sie neben Lummerland festmachen und so das ‚Staatsgebiet' um die entscheidenden Quadratmeter vergrößern können. Lukas, Jim und Emma können nach Lummerland zurück; Li Si, das Chinesenmädchen, und Jim, der Junge mit der schwarzen Haut, verloben sich (KL, 238).

Die Fortsetzung *Jim Knopf und die Wilde 13* erzählt in einer ähnlich komplexen Handlung, wie Jim das Geheimnis seiner Herkunft entdeckt. Es stellt sich heraus, dass er der Nachfahre eines der Heiligen drei Könige ist, Ende schließt hier also spielerisch an die christliche Mythologie an. Mit Hilfe der gezähmten Wilden 13, die sich verzählt haben und eigentlich nur zwölf sind, lässt Jim

---

[1] Zu Leben und Werk vgl. Hocke / Kraft: Michael Ende und seine phantastische Welt.

das vom Drachen versenkte Reich seiner Vorfahren aus dem Meer aufsteigen. Lummerland ist der Gipfel des höchsten Bergs in diesem Inselreich.

Ende mischt zahlreiche Erzähltraditionen. Das untergegangene Reich erinnert an den Atlantis-Mythos. Drachen gehören zum selbstverständlichen Inventar der Märchen- und Sagenwelt. Emma ist eine magische Lokomotive. Sie lebt, kann – auf ihre Weise – sprechen und Kinder bekommen. Größere geographische Distanzen können mühelos in kürzester Zeit überwunden werden. Merkmale modernen Lebens, etwa die Folgen der Industrialisierung, finden sich – mit einer Ausnahme – nicht, es gibt weder Autos noch Fabriken. Die Ausnahme ist Emma, die Lokomotive, mit der die neueren technischen Entwicklungen märchenfähig werden. Doch steht die fantasiereiche Welt, die Ende vor dem geistigen Auge des Lesers entrollt, im Dienst einer ganz bestimmten Konzeption.

Das Thema des Kinderromans (und auch seiner Fortsetzung) ist der Umgang mit dem (in erster Linie: kulturellen) Fremden; für eine solche Inszenierung eignet sich das Märchen besonders gut. Bereits die Lesererfahrung der Differenz von Alltagsrealität und Fantasiewelt ist eine Erfahrung von Fremdheit, bedeutsam ist dabei das Erkennen des Eigenen im Fremden und des Fremden im Eigenen. Frau Waas ist eine prototypische Mutter-Figur, der König eine die Karikatur streifende Vater-Figur (das übliche Muster des Patriarchen entlarvend). Frau Waas hat einen kleinen Kramladen (in der Lebenswirklichkeit der Generation Endes weit verbreitet). Der Drache, auch wenn er eine „Frau" ist, verkörpert die patriarchalische Erfahrung der jüngeren Vergangenheit, er steht für das, was man sich früher unter Zucht und Ordnung vorstellte. Angemaßte Macht wird hier, wie bei vielen anderen Märchenautoren, einmal mehr zum negativen Gegenpol von Menschlichkeit. Dabei wird der Drache als das personifizierte Fremde aber nicht dämonisiert. Er ist, wie Ritter Kato in Astrid Lindgrens *Mio, mein Mio* (1954), schließlich froh, dass er überwunden wird. Anders als Kato bleibt Frau Mahlzahn am Leben und wird, als Hort der Weisheit, zu einem nützlichen Mitglied im chinesischen Staat. Ende variiert die heilsgeschichtliche Tradition und verwendet hier das christliche Bekehrungsmotiv.

Der Umgang mit dem Fremden und dem Eigenen im Fremden – im Medium des Märchens – wird in einigen zentralen Figuren besonders deutlich. Zunächst in Jim Knopf, der alle Merkmale des gesellschaftlichen Außenseiters auf sich vereinigt: Er ist farbig, hat keine Eltern und nicht einmal einen Namen. Jim wird in die kleine Gesellschaft Lummerlands integriert und vermag es, sich zu bewähren. Mit der extrem positiven Zeichnung Chinas und seiner Bewohner wird eine Chiffre für bedrohliche Fremdheit (die ‚gelbe Gefahr') des 19. und beginnenden 20. Jahrhunderts in ihr Gegenteil verkehrt. Später stellt sich heraus, dass Jim ein Prinz ist, seine Vermählung mit Li Si wird somit zur Apotheose des Fremden – ein bemerkenswertes Bekenntnis im Nachkriegsdeutschland und in Zeiten zunehmender Globalisierung von zeitloser Aktualität.

Ebenso hervorhebenswert ist, dass Ende keine anderen Feindbilder aufbaut. Der Drache ist froh, nicht mehr böse sein zu müssen; die Mitglieder der Wilden 13 entpuppen sich als Ausgegrenzte und wandeln sich durch Integration in nützliche Mitglieder der neuen, in Jims Land Jimballa aufzubauenden Gesellschaft. Kinder aus zahlreichen Ländern bevölkern das Land und begründen eine multikulturelle Gesellschaft. Das Eigene ist im Fremden aufgegangen (und umgekehrt). Die Figuren haben ihre Differenzmerkmale behalten, doch entscheidend ist das Einende, *und das ist die gemeinsame Basis im sozialen Umgang miteinander*. Auf diese Weise werden die Differenzmerkmale zu positiven Markern von Individualität. Sie können sogar produktiv genutzt werden.

Das zeigt sich (im Wortsinn) besonders deutlich an einer weiteren Figur, in der Ende seine Konzeption bündelt, im Scheinriesen Herrn Tur Tur, einem kleinen alten Mann, der umso größer aussieht, je ferner man ihm ist, also umgekehrt zum gewohnten optischen Eindruck: „Deshalb sage ich, ich bin ein Scheinriese. Genauso, wie man die anderen Menschen Scheinzwerge nennen könnte, weil sie ja von weitem wie Zwerge aussehen, obwohl sie es gar nicht sind" (KL, 130). Ende findet hier ein eindrucksvolles Bild für die Ambivalenz des kulturellen Fremden. Aus der Ferne oder von außen sieht es ganz anders aus als das Bekannte, es wirkt bedrohlich; lässt man sich aber darauf ein, dann wirkt es bereichernd.

Herr Tur Tur findet im zweiten Band seine Funktion als Leuchtturm auf Lummerland. Jim und Lukas begegnen ihm zum ersten Mal in der Wüste ‚Das Ende der Welt', er hat sich in die Einsamkeit zurückgezogen, um niemandem Angst zu machen. Weil er aus der Ferne so riesenhaft aussieht, müssen die Freunde sich überwinden, auf ihn zuzugehen – er steht prototypisch für das fremde Äußere, das für viele Menschen ein Hindernis darstellt, miteinander zu kommunizieren. Herr Tur Tur erläutert sein Problem:

> „Eine Menge Menschen haben doch irgendwelche besonderen Eigenschaften. Herr Knopf zum Beispiel hat eine schwarze Haut. So ist er von Natur aus, und dabei ist weiter nichts Seltsames, nicht wahr? Warum soll man nicht schwarz sein? Aber so denken leider die meisten Leute nicht. Wenn sie selber zum Beispiel weiß sind, dann sind sie überzeugt, nur ihre Farbe wäre richtig, und haben etwas dagegen, wenn jemand schwarz ist. So unvernünftig sind die Menschen bedauerlicherweise oft." (KL, 129)

Bei einem etwas älteren Lesepublikum wurde Ende vor allem durch *Momo* von 1973 und *Die unendliche Geschichte* von 1979 bekannt. Das Mädchen Momo steht, wie Lindgrens *Pippi Langstrumpf* oder – zeitgleich – Maars Sams in *Eine Woche voller Samstage*, in der Tradition des fremden Kindes, prototypisch geprägt durch E.T.A. Hoffmanns gleichnamiges Märchen. Momo muss

Zeitdiebe besiegen, die den Menschen vorgaukeln, dass sie ihre Zeit nicht für das soziale Miteinander verwenden sollten. Ende setzt seine kritische Perspektive auf gesellschaftliche Entwicklungen auch in *Die unendliche Geschichte* fort, doch hier geht es um die Erfahrung von Fremdheit im eigenen Ich. Der Stoff wird individualisiert und subjektiviert.

Als Bastian Balthasar Bux in Karl Konrad Koreanders Antiquariat ein ganz besonders faszinierendes Buch entdeckt, klaut er es einfach (UG, 12). Bastian ist unglücklich, er ist ein schlechter Schüler, außerdem unsportlich, er wird von seinen Mitschülern gehänselt und gequält (UG, 8f.). Das hat biographische Gründe. Seine Mutter ist gestorben und sein Vater hat den Verlust nicht verkraftet, er kümmert sich zu wenig um seinen Sohn (UG, 9). Der Büchernarr Bastian flüchtet auf den Speicher seiner Schule, um das Buch zu lesen. Auf dem Speicher sammelt sich alles, was ausrangiert wurde, aber vielleicht noch einmal gebraucht werden kann – das passt auf Bastian, der durch die Lektüre des Buches die Kraft finden und entwickeln wird, sein eigenes Leben selbst in die Hand zu nehmen.

Im ersten Teil lernt Bastian die Macht der Phantasie kennen. Hierfür steht das Land Phantásien, von dem das Buch im Buch handelt, also das Buch mit dem Titel *Die unendliche Geschichte*, das Bastian auf dem Speicher liest. Phantásien ist mit Figuren aus Märchen und Sage bevölkert, die Ende fantasiereich varriiert. Wichtigste Helferfigur für Atréju, den Protagonisten des Buchs im Buch, ist der Glücksdrache Fuchur. Im „Zauber Spiegel Tor" erkennt Bastian sich selbst: „Er sah einen dicken Jungen mit blassem Gesicht – etwa ebenso alt wie er selbst – der mit untergeschlagenen Beinen auf einem Mattenlager saß und in einem Buch las" (UG, 99). Wie im Spiegelstadium, das Jacques Lacan in der Weiterentwicklung der Psychoanalyse Sigmund Freuds beschrieben hat,[2] ist das Sich-selbst-Sehen der erste Schritt zur Selbsterkenntnis und zur Selbständigkeit.

Das Buch im Buch wie das Buch, das der Leser vor sich liegen hat, sind allegorische Manifestationen der Fantasie, der für alle Menschen eine solche Spiegelfunktion zukommt:

> Sie schenkten uns neue und herrliche Namen, / doch ist es schon lange her, / daß Menschen zu uns nach Phantásien kamen. / Sie wissen den Weg nicht mehr. / Sie haben vergessen, wie wirklich wir sind, / und sie glauben nicht mehr daran. / Ach, käme ein einziges Menschenkind, / dann wäre schon alles getan! (UG, 109)

Hier verwendet Ende das heilsgeschichtliche Motiv der Erlösung. Doch ist der Eine nicht der Sohn Gottes, sondern potenziell jeder Mensch – die Vorstellung des kollektiven Heils wird durch eine säkularisierte und individuelle

---

[2] Vgl. Lacan: Das Spiegelstadium als Bildner der Ichfunktion.

Form der Erlösung ersetzt. Jeder kann zu einem Schöpfer werden – dieser Gedanke beschäftigt seit den Epochen der Aufklärung und des Sturm und Drang Philosophen wie Autoren. Bei Ende ist dies – hier schlägt die Entwicklung seit Beginn der literarischen Moderne durch – nur noch im Kleinen möglich, im eigenen, persönlichen Umfeld.

Die unendliche Geschichte knüpft in ihrer Konzeption an den Dualismus der Alltags- und der Wunderwelt an, wie ihn E.T.A. Hoffmann vorgeprägt hat. Ende hebt die beiden Handlungsebenen sogar optisch voneinander ab, die Ereignisse in Phantásien sind in grüner, das Geschehen in Bastians Alltagswelt ist in roter Schrift gehalten. Das Buch fungiert als Schleuse. Als Bastian in das Fantasiereich überwechselt, werden seine weiteren Erlebnisse in grüner Schrift erzählt. Erst als Bastian erkennt, dass die beiden Welten, trotz scheinbarer Fremdheit, eng miteinander verknüpft sind, kann er den zweiten Schritt tun. „Was da erzählt wurde, war seine eigene Geschichte! Und die war in der Unendlichen Geschichte" (UG, 188). Es schlägt symbolische zwölf Uhr (UG, 190), als Bastian die Handlungsebene wechselt, indem er der Kindlichen Kaiserin einen neuen Namen gibt („Mondenkind"). Namen sind Ausdruck der Individualität, das Benennen als Akt der Signifikation ist erste Voraussetzung für Kommunikation.

Doch ist Bastian damit noch nicht am Ende seines Individuationsprozesses angekommen. Das Motto „Tu was Du willst" auf dem Medaillon AURYN gibt ihm die „Macht über alle Wesen und Dinge Phantásiens" (UG, 199). Dass das Medaillon zwei Schlangen zeigt, „die einander in den Schwanz bissen und ein Oval bildeten" (ebd.), erinnert an Goethes *Das Märchen* (1795) und konnotiert (als medizinische Symbolik) die Therapie, die Bastian durchläuft. Bastian geht auf zahlreiche Irrwege, die ihn in der „Alte Kaiser Stadt" beinahe in den Wahnsinn führen (UG, 161ff.) – hier wird, wie bei Hoffmann, Wahrnehmung zum Thema und zum Problem.

In einem märchenhaften Haus, das lebt und organische Zyklen durchläuft, setzt der endgültige Heilungsprozess ein (UG, 381ff.). Im „Bergwerk der Bilder" bekennt sich Bastian zu seinen eigenen Wünschen und Vorstellungen, ein unverzichtbarer Bestandteil einer gelungenen Identitätsfindung (UG, 399). „Ganz Phantásien steht auf Grundfesten aus vergessenen Träumen", erläutert Yor (UG, 401). Träume gelten seit Sigmund Freuds *Traumdeutung* (1900) als verhüllter Ausdruck geheimer Wünsche. Das Bergwerk, in dem Bastian „wie ein ungeborenes Kind im Leib seiner Mutter" nach einem „vergessenen Traum" sucht (UG, 4004), symbolisiert das Unbewusste und konnotiert zugleich Wiedergeburt. Es ist das Bild seines Vaters (UG, 405), das Bastian seine Verpflichtung buchstäblich vor Augen führt.

Das „Wasser des Lebens" kann als intertextuelle Anspielung auf den ersten Traum des Protagonisten in Novalis' *Heinrich von Ofterdingen* (1802) gelesen werden, zugleich symbolisiert es das Fruchtwasser, in dem Bastian auf seine Wiedergeburt wartet (UG, 414ff.). Dennoch ist *Die unendliche Geschichte*, wie der Titel schon sagt, potenziell unabschließbar. Darauf deutet schon der heilsgeschichtliche Kontext der Auferstehung. Bis zum (vorläufigen) Schluss findet sich immer wieder die Formulierung: „Aber das ist eine andere Geschichte und soll ein andermal erzählt werden" (UG, 428). Die unerledigten Geschichten Bastians in Phantásien will Atréju zu Ende führen (UG, 418).

Bastian findet sich auf dem Speicher wieder und es bleibt offen, ob sich – auf Textebene – seine Reise nach Phantásien ‚wirklich' ereignet oder ob er sie imaginiert hat (UG, 419ff.). In der Alltagsrealität nimmt Bastian sein Schicksal nun selbst in die Hand, er versöhnt sich mit seinem Vater und bringt das gestohlene Buch zurück. Der Antiquar Herr Koreander ist ihm gar nicht böse, auch er war in Phantásien und fasst die Erfahrung so zusammen: „Jede wirkliche Geschichte ist eine unendliche Geschichte" (UG, 426). Denn sie bedarf der Ergänzung durch den Leser, der beim Lesen seine eigene Geschichte (er-)findet und seine eigenen Schlüsse daraus zieht.

Der satanarchäolügenialkohöllische Wunschpunsch von 1989 bedeutet eine deutliche konzeptionelle Veränderung. Ende geht stärker als bisher auf den gesellschaftlichen Kontext ein. Er reaktiviert neben Traditionen des Märchens auch solche des Horrorgenres. Einer der Protagonisten ist die komisierte Figur des *mad scientist*, des wahnsinnigen Wissenschaftlers, wie er sich seit Mary Shelleys *Frankenstein oder Der moderne Prometheus* von 1818 durch die Literatur bewegt. Figuren und Inventar des Romans integrieren bruchlos Elemente des Märchens und der Gespenstergeschichte und parodieren sie zugleich. Einem Zauberer und einer Hexe stehen als Antagonisten zwei sprechende Tiere gegenüber, Kater und Rabe, für Märchen typische Tierarten. Zugleich wird im Motiv des gemästeten Katers auf Gottfried Kellers Märchen *Spiegel, das Kätzchen* (1856) deutlich Bezug genommen.

Der Geheime Zauberrat Beelzebub Irrwitzer wohnt in der „Villa Alptraum", die er „oft sein ‚gemütliches kleines Heim' zu nennen" pflegt (WU, 25). Umgeben ist sie vom „Tote[n] Park" (WU, 130), der von einer „unsichtbare[n] Barriere aus Angst" abgeschirmt wird (WU, 131), weshalb Passanten das Gelände nicht beachten. Der Zauberer ist ein begnadeter Chemiker und erfindet zahlreiche Substanzen, mit denen er der Menschheit Schaden zufügt. Beim Brauen des Punsches gibt uns der Erzähler Einblick in die Werkstatt dieses modernen Zauberers. So wird die Punschterrine aus *„Kaltem Feuer"* zusammengesetzt (WU, 127):

> „Wärme und Bewegung gibt es nur in der positiv verlaufenden Zeit. Wenn man negative Augenblicke, sogenannte Antizeit-Partikel, darüber stäubt, dann heben sie sich gegenseitig auf und das Feuer wird starr und kalt [...]." (WU, 129)

Bei seinen Erfindungen bemüht sich Irrwitzer stets, die Fassade zu wahren:

> Sobald das Elixier erst einmal fertig war, würde es ein völlig geschmackloses Mittelchen ergeben, das man in jede Speise und jedes Getränk mixen konnte.

> Alle Leute, die es zu sich nahmen, würden fortan fest daran glauben, dass alles, was aus Irrwitzers Produktion stammte, dem Fortschritt der Menschheit diente. (WU, 10)

Die Zeichnung der Figur wird bis ins Kleinste wissenschaftlichen Gepflogenheiten angeglichen und dabei zur Gelehrtensatire überzeichnet:

> Der Besucher stand auf und trat an eine Wand nahe dem Kamin, wo säuberlich gerahmt alle Urkunden über die Titel des Geheimen Zauberrats hingen. Wie die meisten seinesgleichen legte Irrwitzer größten Wert auf solche Titel. Auf einer Urkunde stand beispielsweise „M.A.S.K." (Mitglied der Akademie der Schwarzen Künste), auf einer anderen „Dr.h.c." (Doctor honoris causa), auf einer dritten „Pr.Doz.a.I." (Privatdozent für angewandte Infamie) und auf einer weiteren „M.d.B." (Mitglied der Blocksbergnacht) und viele andere mehr. (WU, 17)

Privtdozenten gibt es in der Wissenschaft ebenso wie M.d.B.s in der Politik, nur dass die Abkürzung dort für „Mitglied des Bundestags" steht. In Irrwitzers Bibliothek befinden sich Bände wie „Abschaffung des Gewissens – ein Lehrgang für Fortgeschrittene", „Leitfaden für Brunnenvergiftung" oder „Enzyklopädisches Lexikon der Flüche und Verwünschungen" (WU, 24f.). Irrwitzers „Naturkundemuseum" besteht aus gefangenen „Elementargeistchen", darunter „alle Sorten von Zwergen, Heinzelmännchen, Koboldchen und Blumenelfen, daneben Undinen und kleine Nixen mit bunten Fischschwänzchen, Wassermännlein und Sylfen, sogar ein paar Feuergeisterchen, Salamander genannt" (WU, 25). Ende inventarisiert auf scheinbar wissenschaftliche und zutiefst ironische Weise das traditionelle Märchenpersonal – nach ihm werden dies Joanne K. Rowling und Eoin Colfer mit noch größerem kommerziellem Erfolg tun.

Die Gelehrten- und Umweltsatire geht in eine Literatursatire über, wenn es heißt:

> Übrigens gab es darunter auch ein besonders scheußliches kleines Monster, ein sogenanntes Büchernörgele, im Volksmund auch Klugscheißerchen oder Korinthenkackerli genannt. Diese kleinen Geister verbringen normalerweise ihr Dasein damit, dass sie an Büchern herumnörgeln. Es ist bisher noch nicht eindeutig erforscht, wozu es solche Wesen überhaupt gibt […]. (WU, 27)

Auf der neben dem Text stehenden Zeichnung von Regina Kehn sind unschwer die Gesichtszüge Marcel Reich-Ranickis zu erkennen. Das Büchernörgele taucht gegen Romanende noch einmal auf. Als die Macht Irrwitzers geschwächt wird und er die Elementargeister nicht mehr unter Kontrolle hat, gibt es einen Aufstand:

> Es begann damit, dass jenes besonders scheußliche kleine Wesen, das Büchernörgele, sich zu regen anfing, sich streckte und reckte, wie erwachend um sich

blickte und als es begriff, wo es sich befand, dermaßen in seinem Einmachglas zu toben anfing, dass es samt diesem aus dem Regal kippte. Es fiel nicht so tief, dass es sich ernstlich verletzte, aber doch tief genug, dass sein gläsernes Gefängnis in Scherben ging. [...] Das Büchernörgele kümmerte sich nicht viel um die anderen, denn es war viel zu gelehrt, um an die Existenz solcher Wesen zu glauben. Es blähte die Nasenflügel und nahm Witterung auf. Es hatte ja schon seit schrecklich langer Zeit kein Buch mehr benörgeln können und war nun richtig ausgehungert danach. Sein untrüglicher Spürsinn sagte ihm, wo es geeigneten Stoff finden würde [...]. Das Büchernörgele hatte sich aus diesem lärmenden Tohuwabohu in die stille Bibliothek zurückgezogen, um in Ruhe seinem Bedürfnis zu frönen. Es zog den nächstbesten Folianten heraus und begann unverzüglich nach Herzenslust daran herumzunörgeln. Doch das Zauberbuch ließ es sich nicht gefallen und schnappte nach ihm. (WU, 193ff.)

Wieder wird die Stelle durch eine Reich-Ranicki ähnliche Zeichnung ergänzt. Die Bewertung der Figur ist trotz der humoristischen Übertreibungen eindeutig, ihre Strafe folgt auf dem Fuße – das Zauberbuch schnappt nach ihr. Seine Inkompetenz in Sachen Bücher weist das Büchernörgele dadurch nach, dass es ihm vollkommen gleichgültig ist, um was für ein Buch es sich jeweils handelt.

Der Aktualitätsbezug dieses Märchens ist offenkundig, er besteht diesmal nicht ausschließlich in der gewählten Thematik, sondern auch und besonders in der Inszenierung. Dazu kommt eine konzeptionelle Neuerung. Ende experimentiert stärker als sonst mit der Form; diesmal gliedert er seinen Kinderroman in Uhrzeiten, die Handlung erstreckt sich über sieben Stunden und endet an Silvester um Mitternacht. Damit dürfte die durchschnittliche Lesezeit eines kind- oder jugendlichen Lesers nur wenig kürzer als die Handlungszeit sein, es handelt sich also annähernd um zeitdeckendes Erzählen. So wirkt das Geschehen realistischer. Es entwickeln sich, untypisch für ein Märchen (auch ein Kunstmärchen), zwei deutlich voneinander geschiedene Handlungsstränge: Zauberer und Hexe brauen den titelgebenden Punsch, Kater und Rabe versuchen dessen Auswirkungen zu verhindern. Außerdem finden sich verschiedene Einschübe, etwa die zweiseitige Erklärung des Wortes satanarchäolügenialkohöllisch (WU, 88f.). An die ironische Leseranrede in E.T.A. Hoffmanns Märchen knüpft Ende an, indem er den Erzähler erklären lässt, weshalb das Rezept des Wunschpunsches nicht abgedruckt wird: „Es ist ja niemals vorherzusehen, in wessen Hände ein Buch wie dieses hier geraten wird [...]" (WU, 141). Auf ähnlich ironische Weise selbstreflexiv wird der Text, als der Kater nach dem glücklichen Sieg über die bösen Mächte feststellt, dass die Menschen das Geschehene, würden sie davon erfahren, „höchstens für ein Märchen halten" würden (WU, 234).

Die untypische Mangelsituation des Märchens besteht darin, dass Irrwitzer „mit seinen Terminen [...] rettungslos im Rückstand" ist (WU, 11). Deshalb bekommt er Besuch von Maledictus Made, einem „Gerichtsvollzieher" im „persönlichen Auftrag seiner Höllischen Exzellenz, Ihres hochverehrten Gönners". Made hofft, nach diesem erfolgreich abgeschlossenen Auftrag „zum Quälgeist mit eigenem Ressort" aufzusteigen (WU, 15). Laut Vertrag hat der Zauberrat „außerordentliche Machtbefugnisse über die gesamte Natur und auch über Ihre Mitmenschen" verliehen bekommen, doch hat er sich verpflichtet, im Gegenzug

> „[…] bis zu jedem Jahresende, direkt oder indirekt, zehn Tierarten auszurotten, gleich ob Schmetterlinge, Fische oder Säugetiere, ferner fünf Flüsse zu vergiften oder fünfmal ein und denselben Fluss, des Weiteren mindestens zehntausend Bäume zum Absterben zu bringen und so weiter und so fort, bis zu den letzten Punkten: jährlich mindestens *eine* neue Seuche in die Welt zu setzen, an der Menschen oder Tiere oder auch beide zugleich krepieren. Und letztens: Das Klima Ihres Landes so zu manipulieren, dass die Jahreszeiten durcheinander geraten und entweder Dürreperioden oder Überschwemmungen entstehen." (WU, 16)

Hier werden Märchenmotive parodistisch überzeichnet und mit dem realistischen Thema Umweltschutz zusammengebracht.

Irrwitzer rechtfertigt sein Versagen mit der Rücksicht, die er auf einen Spion im Haus nehmen muss. Der Hohe Rat der Tiere hat „Verdacht geschöpft" und „geheime Beobachter in alle Himmelsrichtungen" geschickt, „leider" auch zu ihm (ebd.):

> „Ich habe dafür gesorgt, dass er nichts von meiner wirklichen Tätigkeit bemerkt. Er ahnt nicht einmal, dass ich weiß, wozu er hier ist. Ich habe ihn fett gefüttert und verhätschelt, deshalb glaubt er, ich sei ein großer Tierfreund." (WU, 20)

Made lässt nicht mit sich handeln. Sollte Irrwitzer „Punkt Mitternacht, bei Jahreswechsel" sein „vertragliches Soll an Übeltaten nicht erfüllt haben", dann werde er „von Amts wegen – gepfändet" (WU, 22).

Der verhätschelte Kater nennt sich *„Kammersänger Maurizio di Mauro"* (WU, 27). Auch wenn es sich um einen der beiden positiven Helden des Märchens handelt, spart Ende nicht mit Ironie; der Kater sieht aus „wie ein lächerlich geflecktes, prall ausgestopftes Sofakissen mit vier ziemlich kurzen Beinchen und einem jämmerlichen Schwanz" (WU, 28). Als er zu Irrwitzer kam, war er krank und abgemagert, nicht wissend, dass sein Zustand von einer Vergiftung herrührte, die seine Familie ausrottete und für die der Zauberer verantwortlich war (WU, 29). Der Kater gesteht Irrwitzer am Silvesterabend sogar, dass er geschickt wurde, um ihn „auszuspionieren", und bittet ihn dafür um Entschuldigung (WU, 38). Dann taucht der Rabe Jakob Krakel auf, auch er wird ironisch dargestellt: „Zusammen mit einer Schneewolke flatterte ein Vogel ins Labor, der so zerrupft aussah, dass er eher einer großen, unförmigen Kartoffel glich, in die jemand kreuz und quer ein paar schwarze Federn gesteckt hat" (WU, 44). Jakob Krakel ist „ein Prolet" (WU, 74), Maurizio gibt sich als großbürgerliche Katze aus. Doch gesteht er Jakob später, dass er gelogen hat:

> „[…] ich stamme ja überhaupt nicht aus einem alten Rittergeschlecht und meine Vorfahren waren auch nicht aus Neapel. Ehrlich gesagt, ich weiß nicht mal genau, wo das überhaupt ist. Und ich heiße auch nicht Maurizio di Mauro, das hab ich mir bloß ausgedacht. In Wirklichkeit heiße ich Moritz – einfach bloß Moritz. Du weißt wenigstens, wer deine Eltern waren – ich weiß nicht einmal das, weil ich in einem feuchten Kellerloch unter lauter streunenden, verwilderten Katzen aufgewachsen bin." (WU, 134f.)

Die Tierfiguren werden psychologisiert, die menschenähnlichen Magierfiguren nicht, dies ist Teil der zutiefst ironischen Grundstruktur des Märchens. Katzen fressen Vögel, doch hier ist der Rabe der Überlegene. Der „luftige Laufbursch von Madam Tyrannja Vamperl" (WU, 46), also der Tante Irrwitzers, hat die Machenschaften der beiden durchschaut und versucht nun, den zunächst ignoranten Kater darüber aufzuklären (WU, 54–61).

Maurizio dürfte zu seinen literarhistorischen Vorfahren die Titelfigur von E.T.A. Hoffmanns Roman *Lebens-Ansichten des Katers Murr nebst fragmentarischer Biographie des Kapellmeisters Johannes Kreisler* von 1820–22 zählen. Die Analogie im Namen spricht ebenso dafür wie die (anfängliche) Dummheit des angeblichen Kammersängers. Nimmt man aber Maurizio und Jakob zusammen, dann könnte das bereits erwähnte Märchen Gottfried Kellers Pate gestanden haben, denn *Spiegel, das Kätzchen* überlistet einen Hexenmeister auf vergleichbare Weise.

Den beiden Tieren Kater und Rabe entsprechen spiegelbildlich Tante und Neffe, auch sie sind äußerlich und charakterlich grundverschieden. Der Gelehrte Irrwitzer ist groß und dünn, die Geldhexe Tyrannja Vamperl klein und dick (WU, 69f.). Sie hat eine Hälfte des Zaubertrank-Rezepts von „Opa Belial" und will die andere Irrwitzer abkaufen (WU, 79). Weil Irrwitzer sich nicht übers Ohr hauen lässt, erklärt sie ihm, was es wirklich mit dem Trank auf sich hat:

> „Also, hör zu – es handelt sich um das Rezept für den sagenhaften satanarchäolügenialkohöllischen Wunschpunsch. Das ist einer der urältesten und mächtigsten bösen Zauber des Universums. Er funktioniert nur in der Silvesternacht, weil da das Wünschen eben eine ganz besondere Wirkung hat. Wir befinden uns heute doch genau in der Mitte der zwölf Raunächte, in denen bekanntlich alle Kräfte der Finsternis frei umgehen. Für jedes Glas dieses Zaubertranks, das man auf einen Zug leert, hat man einen Wunsch frei, der hundertprozentig in Erfüllung geht, wenn man ihn laut ausspricht." (WU, 87)

Der Zauberer will der Hexe den Rest der Rolle nicht verkaufen, sondern ihr ihren Teil abschwatzen. Es folgt ein Zaubererduell (WU, 101ff.), das ironisch auf vergleichbares Kräftemessen in früheren Märchentexten anspielt, etwa dem zwischen Fee Rosabelverde und Prosper Alpanus in E.T.A. Hoffmanns *Klein Zaches genannt Zinnober* (1819).

Auch bei Tyrannja war der höllische Gerichtsvollzieher. Mit dem Trank können die beiden, die sich nun verbünden, ihr Soll noch erfüllen (WU, 104f.). Kater und Rabe sollen Zeugen sein, ohne zu wissen, dass der Punsch alle Wünsche „ins *Gegenteil*" umkehrt (WU, 92). Sie sollen denken, dass Zauberer und Hexe nur Gutes tun. Zu beachten ist allerdings, dass der Punsch „beim ersten Ton der Silvesterglocken seine Umkehrwirkung" verliert (WU, 98).

Jakob und Maurizio haben gelauscht und wollen die finsteren Pläne verhindern. Dass sie „wahrscheinlich nur noch ein kleines Wunder retten" kann (WU, 122f.), spricht eher für sie, schließlich handelt es sich um ein Märchen. „Von den Menschen war keine rasch entschlossene Rettung zu erwarten. Aber von wem dann?" (WU, 133). Jakob hat eine Idee, er erklärt Maurizio, „[...] dass man die Silvesterglocken einfach schon vorher läuten könnte, jetzt gleich, verstehst du. Das würde doch dann die Umkehrwirkung von dem Zauberpunsch aufheben" (WU, 143). Der Angsthase Maurizio zeigt, dass er eine Entwicklung durchgemacht hat – er beginnt den gefährlichen Aufstieg auf den Turm des Münsters (WU, 152ff.). Die beiden treffen oben Sankt Silvester, der glaubt, sie wollten sein „schönes Neujahrsgeläut stibizen" (WU, 178). Doch als sie ihm den Grund für den Aufstieg erklären, ist er hilfsbereit und schenkt ihnen „einen einzigen Ton" aus

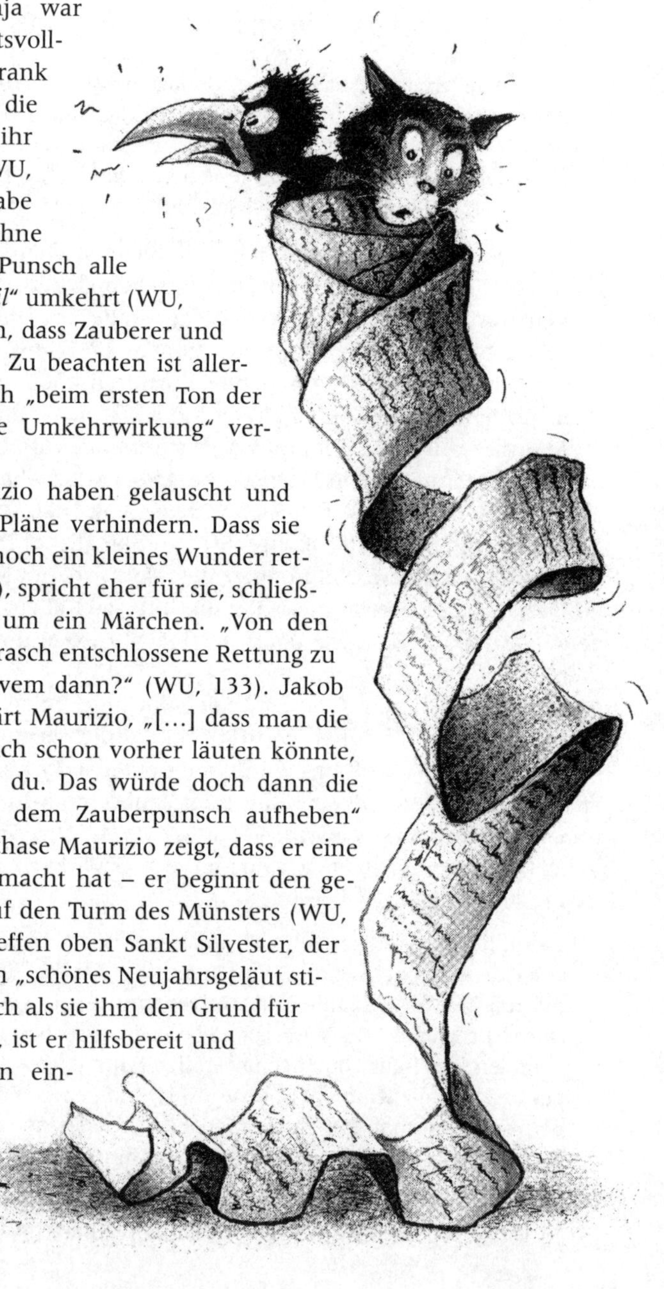

Abb. 15: Maurizio und Jakob in Schwierigkeiten

seinem „Neujahrskonzert" (WU, 187), eingefroren als „klares Eisstückchen" (WU, 189), mit dem die Umkehrwirkung des Punsches schon vorher aufgehoben werden kann. Außerdem transportiert er die beiden zurück in Maurizios Zimmer in der Villa Alptraum (WU, 191).

Jakob kann den Ton gerade noch rechtzeitig in den Punsch fallen lassen, bevor Hexe und Zauberer mit dem Wünschen beginnen (WU, 204). In ihrer Niedertracht wollen sie zum Schluss Kater und Rabe Böses wünschen, doch durch den Verlust der Umkehrwirkung gehen ihre positiv geäußerten Wünsche in Erfüllung: Jakob bekommt ein schönes Gefieder, Maurizio ein glänzendes Fell und eine schöne Stimme (WU, 218ff.). In ihrer Wut aufeinander wünschen sie sich ebenfalls Positives und plötzlich stehen sie voreinander „schön und jung wie Prinz und Prinzessin aus dem Märchen" (WU, 224) – erkennbar eine selbstreflexive und ironische Anspielung auf die Gattung. Mit dem letzten Schluck Punsch wünschen sie sich in ihre alte Gestalt zurück (WU, 229), doch sind sie zu betrunken, um noch etwas gegen das drohende Unheil unternehmen zu können. Herr Made kommt und sie werden gepfändet (WU, 230ff.).

Der Wunschpunsch ist zugleich eine Märchenparodie und ein komisches Märchen. Im Aufgreifen und Verfremden entsprechender Motive handelt es sich um eine Parodie, man denke an das Personal (sprechende Tiere, Hexe und Zauberer), die Mangelsituation und das Happy-End. Die Proben, die normalerweise die Helden bestehen müssen, gelten hier auch für die negativen Hauptfiguren, sie müssen zahlreiche Schwierigkeiten beim Brauen des Punsches überwinden. Die Parodie erstreckt sich allerdings auch auf andere Gattungen, etwa auf die Tradition der Heiligenlegende am Beispiel von Sankt Silvester, der extrem zerstreut ist und auf die Bitte Maurizios, ein Wunder zu tun, erwidert:

> „Mein lieber kleiner Freund, so einfach ist das nicht mit den Wundern, wie du dir das vorstellst. Keiner von uns kann Wunder tun, es sei denn, er wird von oben damit beauftragt. Ich müsste dazu erst ein Gesuch einreichen an höherer Stelle und es kann lange dauern, bis es bewilligt wird – wenn überhaupt." (WU, 185)

Hier ist das Grundmuster des Texts erkennbar – die Parodie wird stets auf die Lebenswirklichkeit der Leser bezogen, auf Umweltverschmutzung wie, an dieser Stelle, auf bürokratische Hürden. Durch solchen Aktualitätsbezug wird das Märchen zur Gesellschaftssatire. Endes *Wunschpunsch* ist ein neuer Typus des Wirklichkeitsmärchens, der auf Hoffmann zurück- und auf Rowlings *Harry Potter* (1997ff.) vorausweist.

Für das komische Märchen spricht die Komik der Darstellung. Sie entsteht erstens durch Situationen, etwa beim Kampf Kater gegen Rabe (WU59f.) oder Hexe gegen Zauberer (WU, 175f. u.a.). Höhepunkt ist die Wunsch- und

Punschorgie der beiden Magier, die zunehmend betrunken werden und zum Schluss nur noch lallen können (WU, 215ff.). Dazu kommt zweitens die Erzeugung von Komik durch Wortwitz. Irrwitzer redet in seiner Aufregung Made mit „Larve" an (WU, 19) und entgegnet dem Vorwurf, er habe zu wenig Böses getan, mit der Redewendung: „Ich kann schließlich nicht hexen" (WU, 21). Situationskomik und Wortwitz gehen ineinander über, wenn Ende die Sprache „Hexwelsch" einführt (WU, 157) oder wenn er den Raben Fremdwörter falsch aussprechen und missverstehen lässt: „Ein Schönie soll ich sein?" (WU, 166).

Obwohl das Märchen märchentypisch gut ausgeht, wird mit der impliziten Gesellschaftssatire eine Machtverteilung sichtbar, die auf die Lebenswirklichkeit der Leser bezogen werden kann. Zauberer und Hexe verkörpern Wissenschaft und Wirtschaft, den Konnex von Fortschritt, Profit und Umweltzerstörung. Rabe und Kater sind Identifikationsfiguren für die Mitglieder der Gesellschaft, über die Macht ausgeübt wird. Sie können in der Regel nur beobachten und nichts an den Verhältnissen ändern. Auch der Sieg über Zauberer und Hexe ist nur ein Aufschieben der negativen Entwicklung. Die beiden würden nicht gepfändet, wenn ihr Auftraggeber keinen Weg wüsste, sie durch leistungsfähigere Kräfte zu ersetzen. Jakob bringt die Asymmetrie auf den Punkt: „Warum haben die Bösen auf der Welt immer so viel Macht und die Guten haben nix – höchstens Reißmatissimus?" (WU, 120).

Der Aktualitätsbezug ist in allen Märchenromanen Endes angelegt, doch im *Wunschpunsch* wird er durch die Figurencharakteristik und den Bezug zu aktuellen politischen Themen stärker akzentuiert. Es bleibt das Grundproblem des Individuums, sich in einer modellhaft gezeichneten Gesellschaft zurechtzufinden und zu behaupten. Zentral hierfür ist das Verhältnis von Eigenem und Fremdem. Im *Wunschpunsch* sind es die natürlichen Feinde Kater und Rabe, die zu Freunden werden und nur durch gegenseitige Hilfe zum Erfolg kommen können. Neben der Fantasie in der Darstellung und in ihrer selbstreflexiven Verteidigung ist also die thematische Verankerung in der Lebenswirklichkeit der Leser von herausragender Bedeutung.

Das Verhältnis von Eigenem und Fremdem strukturiert alle Wirklichkeitsmärchen Endes, von der Entgegensetzung der märchenhaften und der realistischen Motive bis hin zur Wirklichkeitserfahrung der Protagonisten, die durch Konfrontation mit dem Anderen eine Entwicklung durchlaufen, sich selbst besser kennen lernen und so erst befähigt werden, das nötige Problembewusstsein und adäquate Handlungsmöglichkeiten zu entwickeln.

Hans Traxler

Die Wahrheit über Hänsel und Gretel (1963)

„Er las das Märchen von Hänsel und Gretel,
als ob es ein Tatsachenbericht sei"

Märchenparodien haben eine lange Tradition, auf die nicht näher eingegangen werden kann;[1] wichtig ist jedoch festzuhalten, dass sie in den 60er und 70er Jahren des letzten Jahrhunderts ausgesprochen populär wurden. Zentral hierfür ist die Rebellion der Jüngeren gegen die Älteren, gegen eine bundesrepublikanische Gesellschaft, die verkrustete autoritäre Strukturen weiterführte oder wiederbelebte. Märchen mit ihren klaren hierarchischen Machtverhältnissen (die herausragende soziale Stellung des Königs wird nie angezweifelt) wurden als Zeugnisse solcher Strukturen gelesen. Neben Paul Maar mit seiner *Geschichte vom bösen Hänsel, der bösen Gretel und der Hexe*, 1968 in dem Märchenzyklus *Der tätowierte Hund* erschienen, ist beispielsweise Iring Fetscher zu nennen, der seit 1972 mit seinem „Märchen-Verwirrbuch" unter dem Titel *Wer hat Dornröschen wachgeküßt?* Aufsehen erregte. (1982 erschien die weniger erfolgreiche Fortsetzung *Der Nulltarif der Wichtelmänner*.) Fetscher parodiert nicht nur Märchen, er macht sich auch über Märcheninterpreten lustig; so sind für ihn gängige Interpretationsmuster „Verwirr-Methoden", die er am Beginn des Bandes auflistet und den ausgewählten Märchen zuordnet.[2] *Hänsel und Gretel* wird als „Kriminalgeschichte" gelesen[3] und als „präfaschistische Pogrom-Story" bezeichnet:

> Das soziale Milieu, dem die Tat entspringt (verarmtes Kleinbürgertum, das durch die Entwicklung der kapitalistischen Produktionsverhältnisse bedroht wird), die psychische Struktur der Täter und ihrer Eltern, der Sozialdarwinismus der Mutter: wenn wir überleben wollen, müssen die Kinder sterben, und die Skrupellosigkeit, mit der Gretel die wehrlose Frau in den Ofen schiebt, die Enteignung des „Außenseiters" und die damit ermöglichte individuelle Bereicherung der Familienangehörigen, all das sind Züge, die in vergröberter und verschärfter Form im zwanzigsten Jahrhundert wiederauftauchen und die faschistischen Bewegungen namentlich in Deutschland kennzeichnen.[4]

---

[1] Für eine Auswahl quer durch die Künste vgl. Fahrenberg / Klein (Hg.): Der Grimm auf Märchen.
[2] Fetscher: Wer hat Dornröschen wachgeküßt?, S. 7.
[3] Vgl. ebd., S. 116.
[4] Ebd., S. 120.

Vorreiter der analytischen Märchenparodie ist jedoch ein anderer, auf ihn dürfte Fetschers skizzierte Märchendeutung zurückgehen. Bereits 1963 veröffentlichte der 1929 geborene Hans Traxler seine *Wahrheit über Hänsel und Gretel*, ein Büchlein, das sich als wissenschaftliche Untersuchung der Genese eines Märchens ausgibt. Als (offenkundig fiktiver) Herausgeber fungiert Privatdozent Dr. Helmut Petschau-Hartlieb, ein Archäologe, der dem Protagonisten Georg Ossegg bei seinen Nachforschungen geholfen hat. Diese Nachforschungen, die zu der Aufklärung eines historischen Falles führten, sollen hier ‚dokumentiert' werden. Traxler folgt der vorgeblichen Chronologie der Funde und baut einen Spannungsbogen auf, um die Lösung des Rätsels bis zum Schluss aufzuschieben. Auch arbeitet er mit Vorausdeutungen, insbesondere in den Bildunterschriften zu den zahlreichen Fotos, die den dokumentarischen Charakter des Buches beglaubigen sollen.

Der 1919 in Prag geborene Ossegg wird, so die dokumentarische Fiktion, 1945 „mit seiner Schulklasse in die Gegend von Aschaffenburg in Bayern evakuiert" (WG, 17). Der Märchenfan hört etwas von einem Hexenwald und als er „Anfang 1962" als Lehrer „an ein Aschaffenburger Gymnasium" kommt (WG, 18), beginnt er mit seinen Nachforschungen. Zunächst rekonstruiert er die Lage des Elternhauses von Hänsel und Gretel und stellt angesichts der Distanz zwischen Elternhaus und Lichtung fest, dass die beiden keine Kinder gewesen sein können. Schließlich gräbt er die Grundmauern des Hexenhauses aus und findet in dessen Öfen ein Skelett, nahebei auch eine vergrabene Schatulle, die Reste eines Lebkuchens und des dazugehörigen Rezepts enthält. Aus dem Dialekt der Hexe im Märchen schließt Ossegg auf Wernigerode als Herkunftsort der ‚historischen' Person (WG, 67ff.). Dort entdeckt er ein als „Wernigeroder Handschrift bezeichnetes Dokument, aus dem die Identität und die Geschichte der angeblichen Hexe rekonstruiert werden kann (WG, 70ff.). Das Märchen wird so zu einem in der Frühen Neuzeit angesiedelten, ‚historischen' Kriminalfall.

Abb. 16:
Hans Traxler als Heimatforscher Georg Ossegg, der gerade das Backgerät der Hexe ausgräbt

Dies soll sich zugetragen haben: Katharina Schraderin, genannt „die Bakkerhexe", erfindet das erste Lebkuchenrezept. Der Nürnberger Hofbäcker Hans Metzler wird neidisch und will sie heiraten, um das Rezept zu bekommen. Sie flieht, kauft sich das ‚Hexenhaus', eine normale Lehmkate im Wald, und backt dort ihre Lebkuchen, mit denen sie einen schwungvollen Handel betreibt. Zunächst versucht der Hofbäcker, Katharina als Hexe verurteilen zu lassen, um an ihren Nachlass zu kommen. Sie kann sich aber verteidigen und wird freigesprochen. Nun suchen Hans Metzler und seine Schwester Grete selbst das Haus im Wald auf, brechen ein, erwürgen Katharina und verbrennen ihren Leichnam in einem der Öfen (WG, 81f.). Als sie des Mordes beschuldigt werden, erfinden sie die Geschichte einer Hexe (WG, 85f.), die dem Märchen der Brüder Grimm zugrunde liegt.

Traxler bemüht sich, seine Fiktion so realistisch wie möglich erscheinen zu lassen. Da ist zunächst die Lebensgeschichte seines Protagonisten, der – wie viele andere seiner Generation – aus seiner früheren Heimat flüchten muss und der bereits als Kind großes Interesse an möglichen historischen Grundlagen der Grimmschen Märchentexte zeigte. Doch schon hier wird das Parodistische der Geschichte deutlich, etwa wenn Ossegg als Elfjähriger „den experimentellen Nachweis dafür erbringen" will, dass sich süßer Brei unter besonderen Bedingungen so stark vermehrt, wie es die Grimms im Märchen geschildert haben (WG, 14). Höhepunkt der Verbindung von Authentizität und Parodie ist die erwähnte „Wernigeroder Handschrift", die den Hexenprozess gegen Katharina Schraderin dokumentiert und in die zahlreiche Einzelheiten des Märchentextes eingehen, beispielsweise der Vorwurf des Kannibalismus.

Traxlers Märchenparodie hat dennoch dokumentarischen Wert, denn sie zeigt im Spannungsfeld von Mythos und Wissenschaft, dass nach 1945 alle Versuche der Sinnstiftung einer radikalen Infragestellung unterzogen wurden. Darauf deutet bereits die „Einführung", in der es heißt:

> „Je weiter seine [Osseggs] Arbeit fortschritt, desto sicherer war der Forscher, auf den harten Widerstand der etablierten Wissenschaft zu stoßen. War er doch hier in eine Tabuzone eingebrochen, die bisher als unverletzbar galt. Obwohl Grimms Märchen nach der Lutherschen Bibelübersetzung das meistgelesene Werk der deutschen Sprache sind, hat die Deutsche Märchenforschung bisher nicht mehr erbracht als Mutmaßungen über Symbolisches, Vergleiche mit fremden Märchenkulturen und allerlei philologisches Rankenwerk. Die Dokumentation eines Märchens zu versuchen, galt bisher als unwissenschaftlich und absurd. (WG, 9f.)

Um das Dokumentarische zu betonen, verweist Traxler auf Schliemann, der Troja ausgrub, und andere Entdeckungen realer Grundlagen vorgeblich fiktiver Geschichten. Die Konzeption der scheinbaren Authentizität wird konsequent immer wieder durchbrochen, etwa mit folgender Feststellung: „Wenn aber einer die Frage stellen würde, welche Haartracht Schneewittchen getragen haben mag, würde er als Phantast angesehen" (WG, 11).

Wie das Märchen führt also auch die Märchenparodie zur Problematisierung von Wahrnehmung. Bei den Grimmschen Märchen ergibt sich die Differenz zwischen realer und fantastischer Wahrnehmungsebene erst in der Rezeption, im Wirklichkeitsmärchen und hier in der Parodie wird sie in den Text hinein verlagert. So etabliert der Text einen Metadiskurs über die Frage, was überhaupt – und unter welchen Bedingungen – als real angesehen werden kann. In diesem Sinne funktioniert der von Traxler geprägte Begriff „Märchenarchäologie" (WG, 104). Das Paradoxon lässt sich in einer neuen Bedeutung aufheben, ohne sich darin zu erschöpfen.

Traxler interessiert nicht, wie etwa Hoffmann, die mögliche Differenz oder Nähe von Wahnsinn und Normalität. Er nimmt Bezug auf eine bestimmte, in der Rezeption der Grimmschen Märchen entstandene Tradition, Geschichten zu funktionalisieren:

> Im Leben eines jeden Kindes kommt einmal die Stunde, da es an der Realität von Rotkäppchen und dem bösen Wolf zu zweifeln beginnt. Der erwachende Geist mag die Legende von der wunderbaren Auferstehung des kleinen Mädchens aus dem Bauch des Ungeheuers nicht mehr ohne weiteres hinnehmen. Was für viele Jahre Gestalten aus Fleisch und Blut waren, mit einem mal [sic] sind es nur noch Ausgeburten der elterlichen Phantasie. (WG, 13)

Insofern ist die „Denkweise zwischen Kinderglauben und handfestem Realismus" (WG, 14f.), die Ossegg pflegt, zugleich (als Synthese) Parodie und (als Polarität) unhintergehbare Position des Buches. Ironisiert wird nicht nur der Glaube an Märchen, sondern auch der Versuch, alles aufklären zu wollen. In der Synthese-Position Osseggs dominiert der naive Glaube an beide Zugangsweisen: „Georg Ossegg beschloß, etwas zu tun, was vor ihm niemandem eingefallen war: er las das Märchen von Hänsel und Gretel, als ob es ein Tatsachenbericht sei" (WG, 19). Das parodistische Kapital der folgenden Darstellung geht auf die teils subtilen, teils großen und damit hochgradig komischen Kontraste zurück, die Traxler (er-)findet, hier ein Beispiel:

> Das Elternhaus [von Hänsel und Gretel] steht nicht mehr. Dort, wo es gestanden haben muß, verläuft die neuangelegte Autobahn Frankfurt-Würzburg. Das Gebäude, dessen Vergangenheit niemand kannte, fiel ebenso dem Verkehr zum Opfer wie vorher das bekanntere, wenn auch nicht authentische Wirtshaus im Spessart, das wenige Kilometer östlich davon stand. (WG, 29)

Verweise auf Aktenvermerke (ebd.) und ein Foto mit Lageskizze (WG, 31) dienen als Beglaubigung und steigern doch nur den komischen Effekt. Ähnliches gilt für den „Carbontest", dem die aus der Zeit der Märchenhandlung datierende „Verletzung" eines Baumes unterzogen wird (WG, 35), oder die Bildung wissenschaftlicher Thesen auf der Basis fortschreitender Befunde: „Zwei Erwachsene stoßen, scheinbar zufällig, auf ein einsames Haus im Walde und töten die Bewohnerin. Warum?" (WG, 45). Spannung wird auch durch zunehmende Sensationalisierung erzeugt: „Außer der Gralsburg und den Pyramiden gibt es kaum ein Bauwerk, das so sehr mystifiziert worden ist wie dieses einsame Gemäuer in den hessischen Wäldern" (ebd.).

Höhepunkt des Buches ist die Entdeckung der „eiserne[n] Truhe" mit den Resten von Lebkuchen und Rezept (WG, 51), so wird aus der Märchenhexe die Erfinderin eines weltberühmten Backwerks und das „Opfer eines vorkapitalistischen Wirtschaftsverbrechens" (WG, 65). Traxler würzt seine Erfindung mit aberwitzigen Zutaten:

> So erfand sie den gefüllten Honigkuchen, die Merseburger Muskatlebzelten, den kandierten Sirupkuchen auf Bamberger Art sowie die Gelnhäuser Leckerli. Wahrscheinlich stammen auch der Spitzkuchen und die Dominosteine aus ihrer Werkstatt; aber das läßt sich nicht genau nachweisen. (WG, 74)

Auch in der Nachahmung mittelalterlicher Zeichnungen und Texte zeigt sich Traxler als brillanter Parodist (WG, 76ff.). Hier unterläuft ihm ein logischer Fehler, doch man kann davon ausgehen, dass er beabsichtigt ist. Wenn das Rezept in der Truhe verschlossen war und erst durch Ossegg gefunden wurde, wenn also der Nürnberger Hofbäcker unverrichteter Dinge wieder abziehen musste, wieso konnte es dann zur Entwicklung der Nürnberger Lebkuchentradition kommen? Ossegg hat wohl doch nicht alles aufgeklärt und man darf auf die Funde des nächsten Märchenarchäologen gespannt sein.

Boy Lornsen

Robbi, Tobbi und das Fliewatüüt (1967)

„Diese unglaubliche Geschichte ist wahr"

Ein Jahr vor dem symbolischen 1968 erschien dieser Märchenroman für Kinder, der in einer Hinsicht besonders bemerkenswert ist: Er nimmt im Medium des Märchens die zunehmende Technisierung und Technologisierung der Gesellschaft thematisch auf, stellt sie als selbstverständlichen Bestandteil der heutigen Gesellschaft dar und interpretiert sie als Chance, Selbstbestimmung und Selbstverwirklichung zu fördern. Vor 1968 spielt Technik nur im Genre der *Science Fiction* eine spannungerzeugende Rolle, nach 1968 wird verstärkt Technologie mit Macht zusammengedacht und kritisch gesehen. Insofern setzt sich Lornsen zwischen die Stühle, doch genau das macht seinen Kinderroman so originell und beachtenswert.

Lornsen knüpft an zwei Traditionen an, zum einen an eine bestimmte Richtung von Zukunftsromanen, als deren Ahnherr der Franzose Jules Verne (1828–1905) gilt. Verne hat in *20.000 Meilen unter dem Meer* (1870) U-Boote beschrieben, als es noch keine gab, und in der *Reise zum Mond* (1865) die erste Mondlandung erzählerisch vorweggenommen. In Vernes Romanen kann die technische Entwicklung durchaus auch Bedrohung sein, wenn es um Waffen und Kriegstechnologien geht, doch in allen anderen Kontexten seines Werks ist sie eine Herausforderung, die es zu meistern gilt. Technik ist für Verne weder gut noch schlecht, es kommt darauf an, wie sie genutzt wird.

Der Science-Fiction-Gehalt von Lornsens Kinderroman ist allerdings relativ gering, er erschöpft sich in einer Roboterfigur und in einer Erfindung, die es durchaus schon geben könnte – ein Hubschrauber, der nicht nur fliegen, sondern auch wie ein Motorboot über das Wasser und wie ein Auto über die Straße fahren kann. An der märchenhaften Konzeption dieser technologischen Innovation – angetrieben wird sie nicht mit Benzin, sondern mit Himbeersaft – merkt man, dass es Lornsen nicht um Technik, sondern um seine Protagonisten geht. Im Mittelpunkt stehen die Wunschträume eines Jungen und seine Freundschaft mit einem Roboter, der als Repräsentant eines anderen Kindes gelesen werden kann.

Ein Element des Wunderbaren ist, dass der Roboter aus einer Parallelwelt stammt, die allerdings nur geographisch von der bekannten Alltagswelt getrennt zu sein scheint. Wo sie sich befindet, lässt der Roman offen. Dazu treten typische Märchenmerkmale: Tiere können, wie im Volksmärchen, ganz selbstverständlich sprechen, ein Wetterhahn (RT, 46f.) und der Mond werden personifiziert (RT, 37ff.). Zum Schluss kommt ein böser Zauberer vor, den es zu besiegen gilt. Er will Silber in Gold verwandeln und er wohnt auf einer schottischen Burg, an der alles drei Ecken hat und die Plumpudding Castle heißt. Dazu kommt ein echtes Burggespenst mit dem naheliegenden Namen Ghosty, das allerdings harmlos und freundlich ist (vgl. RT, 231ff.). Hier zeigt sich der Einfluss von Parodie und Postmoderne. Lornsen greift Klischees über Alchemie, über Zauberer, über schottische Geschichte und Kultur auf, die er auf humorvolle Weise überspitzt und verfremdet.

Lornsen folgt dem von Erich Kästner in *Emil und die Detektive* (1929) geprägten Muster, wenn er zunächst in Wort und Bild die Protagonisten der Geschichte vorstellt: Tobias Findeisen, genannt Tobbi, den Roboter ROB 344–66/IIIa, genannt Robbi, und als „dritte Hauptperson" (RT, 9) das Fliewatüüt. (Schon Kästner hatte die Technisierung der Gesellschaft am Anfang des ersten modernen Kinderromans berücksichtigt und die Zeitungsdruckmaschine als wichtigen Beteiligten vorgestellt, doch bei ihm handelte es sich nur um ein Motiv.)

Tobbi ist als Identifikationsfigur eines kindlichen Lesers angelegt, konkreter: eines Jungen in seinem Alter – er besucht die 3. Klasse, ist also etwa 9 Jahre alt. Hier wie an der Bezeichnung für Robbi fällt auf, dass sich Lornsen der im Märchen üblichen Zahlensymbolik bedient. Tobbi ist Schüler, aber auch ein Erfinder, der „massenweise" gute Ideen hat (RT, 8). Robbi ist ein besonders guter Roboter-Schüler, daher rührt das „a" am Ende seiner Bezeichnung (RT, 9). Die Vorbildlichkeit der beiden wird durch den Humor der Darstellung balanciert. Der spielerische Umgang mit den Technik- und Märchenmotiven wird in der Erklärung des Fahrzeugnamens deutlich:

> Ein Fliewatüüt ist eine erstklassige Erfindung. Und eine erstklassige Erfindung verdient auch einen besonderen Namen: 1. Ein Fliewatüüt kann fliegen wie ein Hubschrauber, deshalb „Flie". 2. Es kann wie eine Ente auf dem Wasser schwimmen, deshalb „wa". 3. Es kann aber auch auf der Straße fahren, genau wie ein Auto, nur sehr viel langsamer. Autos „tüüten" sehr häufig, deshalb „tüüt." (RT, 9f.)

Am Anfang des Kinderromans steht eine ländliche Idylle, die von Tobbi aber als eher langweilig empfunden wird, denn eigentlich wohnt Tobbi „in einer Großstadt" (RT, 11). Es sind Sommerferien, Tobbis Eltern haben ihn bei seiner Tante Paula in dem Dorf Tütermoor untergebracht. Der Gegensatz Stadt – Land wird als ein Gegensatz Technik – Natur inszeniert, allerdings ohne Wertung durch den Text, beides hat seine offenkundigen Vorteile, so dass Tobbi sich trotz des Wechsels sehr wohl fühlt. Die einzige erkennbare Mangelsituation besteht darin, dass Tobbi von seinen Eltern (wenn auch nur vorübergehend) verlassen wurde (Verlustängste werden allerdings nicht thematisiert), dass er sich langweilt und dass er wegen einer Erkältung das Bett hüten muss. Tobbi nutzt die Zeit, um an den Plänen für seine Erfindung zu feilen. Es wird Abend und er schläft ein.

So endet das erste Kapitel, das als Exposition gelesen werden kann. Das zweite Kapitel beginnt mit der Feststellung des Erzählers: „Mitternacht in Tütermoor!" (RT, 20). Tobbi schläft und wird durch ein Klopfen an die Scheibe geweckt (RT, 21). Vor der Tür steht Robbi, der ihn mitnehmen wird. Die Geisterstunde und der Schlaf des Jungen könnten interpretiert werden als Einbruch des Wunderbaren und zugleich als Moment der Unsicherheit, ob Tobbi alles nur träumt. Allerdings gibt es keine weiteren Hinweise, die eine solche Interpretation wahrscheinlich machen. Zum Schluss, als sie wieder in Tütermoor gelandet sind, gibt Robbi seinem Freund seine „Telefonnummer, das heißt, die Nummer von unserer Robotschule" (RT, 255). Der Roman endet damit, dass Tobbi einschläft (RT, 256).

Tobbi hat das Fliewatüüt erfunden und Robbi hat es gebaut. Dafür bittet er Tobbi um Entschuldigung, schließlich ist er wie ein Industriespion vorgegangen:

> „Aber woher hattest du denn meinen Konstruktionsplan?", unterbrach Tobbi ihn. Der Roboter wurde sehr verlegen. „Ja, hm... klick...", sagte er zögernd. „Den habe ich mir – klick – sozusagen heimlich ausgeliehen. Ich habe ihn eines Nachts fotografiert, als du zu Hause in deinem Bett fest schliefst." (RT, 27)

Robbi erklärt, dass er die Erfindung Tobbis nicht stehlen wollte, und Tobbi hat Verständnis. Der Bau des Fliewatüüts ist Teil von Robbis jährlicher Abschlussprüfung in der Schule gewesen:

> „Die Prüfung besteht aus einem theoretischen und einem praktischen Teil. Das ist immer so. Meinen praktischen Teil habe ich schon erledigt. Ich erhielt die Aufgabe eine gute Erfindung nachzubauen. Wir Roboter können nämlich selber nichts erfinden, musst du wissen. Da ich mir eine Erfindung auswählen konnte, habe ich mir dein Fliewatüüt ausgesucht." (ebd.)

Auch bei dem theoretischen Prüfungsteil soll Tobbi Robbi helfen, diesmal allerdings aktiv: „In meinem Aufgabenstreifen steht extra vermerkt, dass wir uns einen menschlichen Freund suchen dürfen" (RT, 28). Hier deutet sich bereits an, dass das Motiv der Freundschaft, der gegenseitigen Hilfeleistung im Mittelpunkt steht – wie in Goethes Märchen, nur nicht in einem politischen, sondern in einem ganz individuellen, praktischen Sinn. Dementsprechend ist die Roboterschule als Spiegelwelt zur Schule des Jungen angelegt. Die Unterschiede sind eher der Inszenierung von Komik geschuldet:

> „Bloß Wandtafeln haben wir nicht. Bei uns geht alles elektrisch. Unsere Lehrer heißen auch nicht ‚Lehrer' oder ‚Studienrat' – sondern ‚Elektronengehirn' und

‚Computer'. Und was bei euch ein Rektor ist, ist bei uns der ‚Chef-Computer'. Aber sonst kommt alles so ziemlich auf dasselbe heraus. (ebd.)

Dazu gehört auch, dass die kleinen Roboter den ‚Computern' Streiche spielen, wie Robbi stolz erzählt (RT, 29). Die wenigen Unterschiede zwischen Junge und Roboter sind von Lornsen so konzipiert, dass sich die Fähigkeiten der beiden ergänzen. Tobbi kann erfinden, Robbi kann Erfindungen umsetzen; Tobbi ist sportlich, Robbi hat übermenschliche Kräfte – und erinnert damit an Lindgrens *Pippi Langstrumpf* (1945–48). Dazu kommen einige technische Besonderheiten, etwa sein Teleskoparm, die Werkzeuge, die er an seine Hand schrauben kann (RT, 37) oder dass er mit seinem „grünen Auge durch Türen und Wände hindurchsehen" kann (RT, 36). Wie Pippi Langstrumpf sind auch Tobbi und Robbi in gewisser Weise elternlos. Tobbi findet es unproblematisch, sein Verschwinden mit folgender Nachricht zu erklären: „Liebe Tante Paula / bitte nich böse sein muss dringend / vereisen [sic] Mach dir man keine Sorgen / Dein Tobbi" (RT, 35). Die beiden besorgen sich noch aus dem Keller Proviant für Tobbi und Himbeersaft als Treibstoff für das Fliewatüüt, dann kann es losgehen. Die erste Aufgabe ist, den gelbschwarz geringelten Leuchtturm zu suchen und die Zahl seiner Treppenstufen zu notieren (RT, 32), eine Art Schnitzeljagd also.

Die Suche nach den Lösungen der Prüfungsaufgaben bedeutet, dass die beiden Piloten den verschiedensten Figuren begegnen. Zum einen geht es um die Erfahrung von Fremdheit, von Anderssein; das Andere macht neugierig und wird grundsätzlich als etwas Positives begriffen. Die Mehrzahl der Figuren ist freundlich und hilfsbereit. Zum anderen nutzt Lornsen die Zeichnung der weniger positiven Figuren für Ansätze einer Bürgersatire. So begegnet das Fliewatüüt schon zu Beginn einem Auto, das als „dicker Straßenkreuzer" apostrophiert wird (RT, 48):

> Der Wagenschlag öffnete sich und ein spindeldürres Männchen mit einer Hornbrille stieg aus. Es war der Apfelsinengroßhändler Karl-Eduard Fruchtpelle. Im Augenblick war er besonders schlecht gelaunt, weil die Geschäfte nicht gut gingen und sich seine Frau einen neuen Pelzmantel wünschte. Deshalb war er wütend und wollte seine Wut an irgendjemandem auslassen. (RT, 49)

Als er die beiden im „Chausseefloh" zur Rede stellen will, weil sie angeblich nicht abgeblendet haben, fliegen ihm Robbi und Tobbi davon:

> Das Fliewatüüt hob sich vom Straßenrand ab und surrte los. Dabei steuerte Robbi so haarscharf über Karl-Eduard Fruchtpelles Kopf hinweg, dass das Spornrad dessen Hut hinwegrasierte. „E-e-es spukt!", stotterte Karl-Eduard. Er schloss entsetzt die Augen, als hätte er eine Hexe auf einem Besen in den Himmel reiten sehen. (ebd.)

Aus Sicht der Figur des Großhändlers mit dem sprechenden Namen handelt es sich um eine unheimliche Erfahrung. Zugleich ist das tatsächliche Ereignis

– ein Roboter und ein kleiner Junge fliegen davon – nicht weniger weit von der Alltagsrealität entfernt als die Annahme, es sei eine Hexe gewesen. Doch mit der Hexe wird ein Stereotyp abgerufen und dadurch wird die Figur der Lächerlichkeit preisgegeben.

Die nächste Figur, die den beiden begegnet, hat eine ähnliche Funktion, auch wenn es sich um einen Storch handelt:

> Leuchttürme waren dem Storchenvater schnurz und schnuppe – egal, ob sie lila, blau kariert oder gelbschwarz geringelt waren. Seiner Meinung nach hatte sich ein Storch um Nest, Frau, Kinder, feuchte Wiesen und fette Frösche zu kümmern. (RT, 52)

Als sie auf einem Schiff nach dem gesuchten Leuchtturm fragen, schimpft sie der Bootsmann aus und ‚beutelt' Tobbi, mit folgendem Ergebnis: „Robbis Teleskoparm zischte heraus und ehe der riesige Bootsmann nur ‚piep' sagen konnte, wurde er wie eine alte Kommode drei Meter weit über den Lukendeckel geschoben" (RT, 67). Der Erste Offizier zeigt mehr Vernunft und erklärt den beiden, wie sie den Leuchtturm finden können (RT, 72).

Als Robbi und Tobbi in Schottland nach Plumpudding Castle suchen, fragen sie einen Polizisten, also einen Repräsentanten der gesellschaftlichen Ordnung. Als Kind und Roboter in einem merkwürdigen Gefährt soll er sie nicht erkennen. Es ist erstaunlich leicht, ihn an der Nase herumzuführen: „Ich möchte mir ein Spukschloss kaufen. Ich bin nämlich Millionär" (RT, 171), schwindelt der verkleidete Tobbi. Später, als das Geheimnis der Burg gelüftet ist und es einen Berg gestohlenen Silbers in die Hände der Polizei zu übergeben gilt, erscheinen die beiden Dorfpolizisten mit den typisierenden Namen William MacDoodle und William MacDaddle noch lächerlicher (RT, 235ff.). Darin unterscheiden sie sich nicht von ihrem Vorgesetzten Chefinspektor MacDuffle, der sie am Telefon wegen der unaufgeklärten Diebstähle rügt: „Und er durfte wütend werden, weil er der oberste Polizist von halb Schottland war" (RT, 237). Autorität wird durch Autorität begründet.

Die Stadt, in der die beiden Polizisten Dienst tun, trägt einen exemplarischen Namen: „Littletown" (RT, 172), die Kleinstadt schlechthin also. Eine weitere ins Lächerliche gezogene Autorität ist der Bahnhofsvorsteher, dem das Fliewatüüt die Dienstmütze, also das Zeichen seiner Macht, heruntergefegt: „‚Mir die Dienstmütze vom Kopf zu blasen! Das ist Beamtenbeleidigung!', schrie der Bahnhofsvorsteher empört und schwenkte drohend die runde Kelle, mit denen er Zügen das Abfahrtssignal gab" (ebd.).

Komplettiert wird die Revue zweifelhafter Autoritäten durch den Herren von Plumpudding Castle, den Zaubergrafen Sir Joshua, der aus seinem Bild gestiegen ist (RT, 185f.), um einen weiteren Versuch zu unternehmen, Silber in Gold zu verwandeln. Auch der Zauberer ist keine ganz ernsthafte Figur: „‚Er' war ein Mann und kein Gespenst. Und er sah sehr sonderbar, um nicht zu sagen – komisch aus. [...] Aber sein Gesicht sah böse und verkniffen aus" (RT, 222). Auf die angemaßte Autorität reagiert Robbi auf eine vom Text positiv sanktionierte Weise, während Tobbi als primäre Identifikationsfigur erwartungsgemäß Angst verspürt:

> „Ich bin der berühmte Zaubergraf. Ihr habt mich von jetzt an mit ‚Großer Magier' anzureden. Verstanden?" Keiner von den dreien gab eine Antwort. Tobbi verspürte ein eigenartiges Zittern in den Kniekehlen. Am liebsten hätte er sich hingesetzt. Robbi nahm den Zaubergrafen gründlich unter die Lupe und das leise Zittern seiner Antennenspitze verhieß nichts Gutes für den ‚Großen Magier.'" (RT, 224)

Den Anspruch des Zaubergrafen, Silber in Gold verwandeln zu können, entlarven die Freunde als Wahnidee. Seine komplizierte Goldmaschine funktioniert nicht, auch wenn dies der Magier nicht eingestehen will. Als er Anstalten macht, die Freunde zu verzaubern, greift Robbi seinen Zauberstab und bricht ihn in Stücke. Der Magier, seiner Macht beraubt, verwandelt sich in ein „zartes, gelbes Rauchwölkchen" (RT, 227f.).

Gegen die humoristisch bis satirisch gezeichneten Figuren stehen die Helferfiguren, etwa „der Glückliche Matthias", der Leuchtturmwärter des gelbschwarz geringelten Leuchtturms (RT, 74), der für sie Seemannsgarn spinnt: „Diese unglaubliche Geschichte ist wahr. So wahr, wie – wie – wie solche Geschichten überhaupt sein können" (RT, 88). In der Konzeption der Binnenerzählung vom Sieg über die Schiffe versenkende „Riesenkrake" Annarita (ebd.) spiegelt sich auf humorvolle Weise die nicht weniger unwahrscheinliche Rahmenhandlung. Als sich herausstellt, dass Robbi und Tobbi keinen Treibstoff mehr haben, hilft Matthias ihnen ein Ersatzmittel zu finden (Lebertran), und er besorgt ihnen eine Mitfahrgelegenheit zum Nordpol, wo sie die Lösung der nächsten Prüfungsaufgabe suchen sollen. Der Delfin Fridolin zieht sie gegen eine ordentliche Ration Heringe bis an die Eisgrenze (RT, 97ff.).

Als Robbi und Tobbi beinahe erfrieren, helfen ihnen zwei Eskimokinder (RT, 117ff.). Deren Familie nimmt die beiden Fremden auf, es gibt keine Akzeptanzprobleme. Durch die Eskimofamilie finden die beiden auch den Nordpolforscher, dessen Namen sie ermitteln müssen: „Zacharias Peter Paul Obenauf" (RT, 141). Schließlich geben die Eskimos Robbi und Tobbi genug Lebertran, um die letzte der Prüfungsaufgaben lösen zu können.

Ein Tipp des Nordpolforschers und Richtungsangaben einer Graugans führen sie, auf der Suche nach dem Geheimnis der dreieckigen Burg, ins erwähnte Schottland. Hier treffen sie ein besonders fremdes Wesen, das „Ungeheuer vom Loch Ness": „Du darfst Nessie zu mir sagen" (RT, 158). Zunächst scheint das Ungeheuer, wegen seiner Größe und seinem hässlichen Aussehen, furchteinflößend und gefährlich zu sein: „Allein die bernsteingelben Kulleraugen des Untiers hatten die Größe von Suppenterrinen" (RT, 154). Doch ist

Nessie, das signalisiert hier schon die Wortwahl, ganz im Gegenteil gutmütig und schüchtern, darin ähnelt sie dem Scheinriesen Tur Tur in Michael Endes *Jim Knopf und Lukas der Lokomotivführer* (1960). Herr Tur Tur und Nessie führen deutlich vor, dass das radikal Andere keineswegs auch das radikal Böse sein muss. Schließlich freunden sich Robbi und Tobbi mit Nessie an, sie messen ihre Größe (RT, 158ff.) und das Ungeheuer revanchiert sich mit einer Ortsangabe, die zur gesuchten Burg führt (RT, 164).

Eine weitere Gelegenheit, durch Vorurteile generierte Angst zu überwinden, findet sich in der Burg. Ein Totenkopf mit Warnschrift im Eingangsbereich kann Tobbi Angst einjagen, doch kommentiert Robbi den Anblick wie folgt: „Pah! Ein Totenkopf! Das sind ja uralte Kamellen!" (RT, 181). Er kann Tobbi davon überzeugen, dass es sich lediglich um ein schlecht gemaltes Bild aus „Leuchtfarbe" handelt. Auch der nächste Schreck entpuppt sich als unnötig, die Stimme aus der Dunkelheit gehört einer kleinen Maus, die ihnen von nun an weiterhilft (RT, 190). Sie bereitet die beiden auf den Anblick von Ghosty vor, eine Figur radikaler Fremdheit, die bei näherem Hinsehen nicht nur keine Bedrohung darstellt, sondern ein neuer Freund wird: „Ghosty ist ein sehr vernünftiges Gespenst und man kommt prächtig mit ihm aus, es sei denn, er ärgert sich gerade. Aber ich kann euch verraten, er gespenstert erstklassig, wenn er will" (RT, 192). Dass Robbi erstaunt ist, weil er vorher nicht an Gespenster glaubte, ist nur ein weiteres Beispiel für den postmodernen, spielerischen Umgang mit literarischen Traditionen und der fantastischen Wirklichkeitsebene. So kommt es denn auch im symbolischen 13. Kapitel zum Duell zwischen den Truppen des Zauberers, den verzauberten Ritterrüstungen, und den Freunden, die mit Hilfe von ausgestreuten Erbsen die bedrohlichen Rüstungen in einen Schrotthaufen verwandeln (RT, 208). „‚Die haben ausgezaubert!', sagte Robbi befriedigt" (RT, 209).

Wie in anderen jüngeren Märchentexten, etwa bei Otfried Preußler und Michael Ende, stehen auch bei Lornsen der kritische Umgang mit angemaßter Autorität und die positive Auseinandersetzung mit dem Fremden im Mittelpunkt. Für beides ist das Märchen prädestiniert, da es im Medium des Wunderbaren zugleich das radikal Böse und das radikal Fremde zeigen kann.

Angesichts des diskurskritischen Potenzials von Lornsens Kinderbuchklassiker ist es nicht verwunderlich, dass es Anfang der 70er Jahre zu einer technisch aufwendigen Verfilmung mit Puppen kam. Der Sechsteiler ist heute noch sehenswert, mit zwei Einschränkungen: Aufschlussreich ist, dass in der Produktion des WDR alles Spukhafte getilgt und somit der Märchencharakter reduziert wurde. Märchen waren seinerzeit nicht sehr populär, weil sie vorgeblich Kindern Angst machten und grundlose Autorität bestätigten. Lornsens differenzierte Vorlage wurde eingeebnet, der Zaubergraf war gar kein Zaubergraf mehr, sondern ein Betrüger, der Zauberstab nicht echt, das Gespenst wurde kurzerhand weggelassen. Zu diesem teilweise kleinkarierten

Umgang mit dem Kinderroman kommt als weiterer Nachteil die heutigen Rezeptionsgewohnheiten nicht mehr standhaltende Tricktechnik (auch wenn sie seinerzeit bahnbrechend war). In der Hinsicht hat es ein Buch besser, es kann die Visualisierung des Wunderbaren in die Köpfe der Leser verlagern.

Hans Bemmann

Stein und Flöte und das ist noch nicht alles (1983)

„Waren das nicht alles nur Geschichten?"

Hans Bemmann (1922–2003) hat eine Reihe von Büchern geschrieben, die verlagsseitig dem Genre der fantastischen Literatur oder der Fantasy zugeschrieben werden. Sein bekanntestes Werk *Stein und Flöte* von 1983, um das es hier gehen soll, ist unabhängig davon eindeutig als Märchenroman identifizierbar, es erfüllt zahlreiche Merkmale des Märchens und knüpft in vielen Episoden an bekannte Märchenstoffe an. Andererseits ist nicht zu leugnen, dass das voluminöse, in der benutzten Taschenbuchausgabe 939 Seiten umfassende Werk auf den ersten Blick Gemeinsamkeiten mit den Klassikern der Fantasy-Literatur hat. Wie Tolkien in *Der Herr der Ringe* (1954/55) hat auch Bemmann seinem Roman eine Karte beigegeben, auf der die Handlungsorte verzeichnet sind. Einige Züge und Figuren lassen auf eine Orientierung an Tolkien schließen; etwa das unterirdisch lebende Wesen Mollo, das an Gollum erinnert. Mollo ist besessen von einem Goldschatz, darunter befindet sich sein „Kleinod" (SF, 840ff.). Bemmanns Held Lauscher muss auf das Gold verzichten, damit er seinen Weg fortsetzen kann. Wie Tolkien entwickelt Bemmann einen ganzen Mikrokosmos, eine umfangreiche geschlossene Welt mit zahlreichen Figuren und einer eigenen, komplexen Handlung.

Bemmanns bisher von der Literaturwissenschaft ignoriertes Werk dürfte in Anlage und Durchführung Lewis' *Chroniken von Narnia* (1950–56) verpflichtet sein, insbesondere in der christlichen Motivik und Aussage, die gegen Schluss von *Stein und Flöte* immer deutlicher zutage tritt. Es mache sich „wohl jeder Mensch schuldig", heißt es beispielsweise (SF, 776), und die Erlösung kann erst nach langem Leidensweg erfolgen. Bemmann integriert zahllose Binnenepisoden in die Handlung, die für sich als selbständige Texte Bestand haben könnten, zugleich aber mit dem Schicksal des Helden verknüpft werden. Lauscher, der Protagonist, ist ein moderner Odysseus oder eine moderne, gebrochene Jesus-Figur, kein Erlöser, sondern jemand, der auf der Suche nach Erlösung ist und auf seinem Weg versucht, anderen Menschen bei ihrer Suche zu helfen. In der Mischung aus unfreiwilliger Komik und Tragik, die seine vielen Fehlentscheidungen produzieren, erinnert er auch an Helden des Pikaro-Romans in der Nachfolge von Cervantes' *Don Quixote* (1605–15).

Anders als andere Romane in der Nachfolge der Moderne präsentiert Bemmann eine geschlossene Weltsicht, er überführt die Suche des Helden in ein alles aufnehmendes System, das tendenziell lebensfeindlich wirkt. Wenn die christliche Botschaft den Roman nicht merkwürdig unzeitgemäß erscheinen lassen würde, müsste man ihn aufgrund seiner Komplexität und Originalität in eine Reihe mit anderen großen deutschsprachigen Texten stellen; so bleibt ein zwiespältiger Eindruck zurück. Das ändert jedoch nichts an der Solidität, mit der Bemmann erzählt, mit der er Handlungsfäden verknüpft und die Klippen der Trivialität – zunächst – erfolgreich umschifft.

In der Tradition des Bildungsromans steht die Haupthandlung, die Geschichte von Lauscher, dem Sohn des Großen Brüllers, der sein Elternhaus verlässt und durch die Welt reist, mehrfach kurzzeitig sesshaft wird, aber durch seine Verführbarkeit gewonnenes Glück wieder verliert, bis er zum Schluss zwar nicht sein irdisches Glück, aber dafür seine innere Zufriedenheit erlangt. Bemmann inszeniert also einen Selbstfindungsprozess, er schickt seinen gebrochenen Helden auf zahlreiche Irrwege, die sich als Umwege zur Selbsterkenntnis herausstellen. Die Handlung ist in unbekannten Landschaften angesiedelt und mit Figuren bevölkert, die erfundene und fremd klingende Namen tragen. Dafür kommen zahlreiche Märchenmotive vor – beispielsweise Nixen (SF, 136, 142 u. a.), sprechende Tiere (z. B. SF, 529), anderweitig belebte Natur (z. B. SF, 580) und Verwandlungen von Mensch in Tier (z. B. S. 213 u. 513). Dazu kommt die für das Märchen übliche Zahlensymbolik (SF, 163, 203, 224, 226…), die bereits den Aufbau dominiert: Der Roman ist in drei Bücher eingeteilt, die ersten beiden Bücher sind in jeweils neun Kapitel unterteilt, das dritte Buch in drei Teile, der letzte Teil in drei Kapitel.

Als er 17 ist, wird Lauschers Dorf von den Beutereitern überfallen. Der sensible Junge will kein Schwert tragen und stattdessen Verwundete versorgen, sein Vater hält dies für ein „erbärmliches Vorhaben" (SF, 9). Arni, ein alter Beutereiter, stirbt und gibt Lauscher, der ihm helfen wollte, einen magischen Stein mit den Worten: „Suche den Schimmer, / suche den Glanz, / du findest ihn[1] nimmer, / findest du es nicht ganz" (SF, 11). Lauscher wird durch das Ereignis und den Stein verändert, er verlässt nun sein Elternhaus, um seinen Großvater, den Sanften Flöter zu suchen. Doch Lauscher wird aufgehalten, Gisa, die Herrin von Barleboog, macht ihn zu ihrem Liebhaber und Mitregenten (SF, 14ff.). Das ist Lauschers Sündenfall – die biblische Anspielung ist offensichtlich. Erst später wird Lauscher herausfinden, dass Gisa mit der Hilfe böser Mächte Barleboog erobert hat. Dies ist nur eine von zahlreichen Episoden, die Lauschers Verführbarkeit zeigen, die der Lösung des Rätsels

---

[1] Später steht „es" (SF, 39); unklar bleibt, ob diese Variation belanglos ist, ob es sich um eine beabsichtigte Veränderung oder um einen Flüchtigkeitsfehler handelt; tatsächlich ist die Notwendigkeit einer Differenzierung von „es" und „ihn" nicht erkennbar.

entgegensteht. Das Rätsel des Steins ist das Rätsel seines Lebens, doch erst ganz zum Schluss wird er dies begreifen. Ein weiterer magischer Gegenstand, der ihn auf der Suche begleiten wird, ist die Flöte, die ihm sein Großvater hinterlässt – so wird Lauscher zum Träger der beiden titelgebenden Gegenstände, deren Wert er nie ganz zu schätzen weiß. Zugleich bildet die Geschichte der beiden magischen Gegenstände eine Klammer für die Haupthandlung und die zahlreichen Binnenerzählungen, die zum Teil als eigenständiges Märchen für sich bestehen könnten.

Immer wieder wird vom Erzähler die Kohärenz der Handlung betont, die in allen Teilen auf die Entwicklung des Protagonisten bezogen ist. Die symbolisch aufgeladene Natur wird ebenso zum Spiegel dieser Entwicklung wie die Musik, Stein und Flöte dienen jeweils als *Pars pro toto*. So heißt es an einer Stelle:

> Und während er dieser Musik lauschte, verstand er – wenigstens für diese kurze Zeit –, daß alles, was bisher geschehen war, sich in ein Grundmuster einfügte, das er allerdings weder hätte festhalten noch beschreiben können. Aber es war da, und er spürte es noch, als die Flöte längst verstummt war. (SF, 61)

Nicht zufällig hat Lauscher dieses Gefühl, als er ‚lauscht', also der Bestimmung seines Namens folgt. Zugleich wird der Text hier selbstreflexiv. Wie die Musik der Flöte ist auch der Text ein buntes, aber in sich stimmiges und bedeutungsvolles Gewebe, dessen Bedeutung allerdings nicht von Lauscher, sondern vom Leser zu ermitteln ist. Entsprechende Signale finden sich des öfteren, ein aussagekräftiges Beispiel soll genügen. Lauscher denkt über seine Erlebnisse nach und fragt sich und damit auch den Leser: „Waren das nicht alles nur Geschichten, die sich einer ausgedacht hatte, Träume, die sich in nichts auflösten, wenn man sie zu fassen versuchte?" (SF, 317)

Bemmann knüpft an Vorstellungen der Romantik an, wenn er der Natur magische Fähigkeiten zubilligt. Bezeichnend hierfür ist, dass Gisa mit dem Abbau von Edelsteinen lediglich materielle Zwecke verfolgt und diese Steine keinen anderen Wert haben, während der Stein Lauschers keinen materiellen Wert, aber dafür übernatürliche Fähigkeiten besitzt. Anders als beispielsweise in Tiecks *Runenberg* (1802) wird die unbelebte Natur in Gestalt des Steins zur Quelle der Erlösung. Man könnte den Text so lesen, dass er christliche Vorstellungen allegorisch einkleidet, doch würde man ihn dadurch auf eine mögliche Aussage reduzieren. Damit würden auch die politischen Allegorien ignoriert, etwa die Darstellung der Lebensweise von Arnis Leuten, die sich unter dem Deckmantel von Arnis Toleranzgebot bereichern und damit nur eine zeitgemäßere Form der Ausbeutung entwickeln (SF, 235ff.). Hier wird die Ablösung feudaler durch kapitalistische Herrschaftsstrukturen kritisch bewertet. Angesichts der Glorifizierung und Instrumentalisierung Arnis drängen sich aber auch wieder Parallelen zur Entwicklung der Kirche auf (SF, 241).

Die punktuelle, sich wie bei einem Mosaik zu einem Gesamtbild zusammenfügende Reflexion gesellschaftlicher Entwicklungsprozesse führt schon früh zu einer kritischen Bewertung menschlichen Handelns, wieder ist Lauscher das Versuchsobjekt des Romans. Erst gerät er durch Gisa, dann schließlich durch die magischen Gaben in den „Genuß der Macht" (SF, 288): „Jetzt, da er sah, daß er sie in seiner Gewalt hatte, begann es Lauscher ein wildes Vergnügen zu bereiten, ihnen seinen Willen aufzuzwingen" (SF, 287). Wie die Sagengestalt des Rattenfängers von Hameln (zweifellos eine beabsichtigte Parallele) lockt Lauscher mit seinen Flötentönen Kinder aus einer Stadt heraus (SF, 289).

Die Folgen des Missbrauchs der magischen Gegenstände erinnern an das populäre Teufelspakt-Motiv (bekanntestes Beispiel ist Goethes *Faust*). Der „Graue", ein geheimnisvoller Unbekannter, versucht Lauscher zu verführen. Lauscher könne seine Flöte „[...] so gebrauchen, daß jeder hinterher meint, aus eigenem Willen gehandelt zu haben, und erst dann wird deine Macht ohne Grenzen sein" (SF, 294). Macht wird aber mit negativen Figuren und Handlungen verbunden, Machtverzicht wird positiv konnotiert. So hält ein sprechender Stab Lauscher vor: „Vielleicht läuft dieses Geheimnis von dir davon, weil du zu viel an dich selbst denkst" (SF, 620). Arni erscheint Lauscher und hält ihm vor: „Und wenn du dich schon dazu aufgemacht hast, Macht zu gewinnen und auszuüben, dann solltest du auch daran denken, daß jemand darunter leiden könnte" (SF, 634).

Bemmann psychologisiert das Verhalten seiner Figuren, es wird durch die Aussage einer Frau, die Lauscher erscheint, zusammengefasst: „Nur wer Angst hat, strebt nach Macht" (SF, 636). Diese Angst kann erst durch Erkenntnis und Akzeptanz der Bedingtheiten menschlicher Macht gebannt werden. Lauscher erkennt erst sehr viel später:

> „Der Beginn des Unheils liegt [...] in den Gedanken und Begierden einzelner Menschen, denen es darum geht, Macht über andere zu gewinnen; und da der Mensch nun einmal so geartet ist, daß er der Versuchung der Macht allzu leicht erliegt, wird dieses Unheil wohl nie ganz aus der Welt zu schaffen sein." (SF, 898)

Andererseits begründet die Fähigkeit des Menschen zur Reflexion seine Wahlfreiheit, und das wird als grundsätzlich positiv festgehalten: „Wäre das Böse nicht in dieser Welt, wäre jedem Menschen die Freiheit genommen, sich aus eigenem Antrieb für das Gute zu entscheiden. Auf solche Weise ist das Böse auch stets der Diener des Guten" (SF, 900). Mit dieser Konzeption steht Bemmann in der Nachfolge von C.S. Lewis.

Nicht zu übersehen ist, dass Gewaltverzicht und Toleranz Grundlagen der positiven Handlungsentwicklung werden, wie umgekehrt Gewaltausübung negative Folgen nach sich zieht. Angesichts der ‚natürlichen' Grausamkeiten im Tierreich und in manchen vorzivilisierten Gesellschaften, die der Roman porträtiert, wird diese Aussage allerdings wieder relativiert. Der Widerspruch ist nur durch Mythologisierung der Natur auflösbar – ihre Genese und ihre Gesetze können vom Menschen nicht verstanden werden. Als implizite Forderung lässt sich ableiten: Der Mensch – mit Lauscher als exemplarischem Vertreter – muss und soll die Grenzen seiner Erkenntnis akzeptieren. Er kann sich dann nicht nur am Reichtum und an der Schönheit der Natur, sondern auch an ihrem Mysterium erfreuen.

Obwohl es sich, angesichts der magischen Gegenstände und wunderbaren Ereignisse, in erster Linie um einen Märchenroman handelt, knüpft Bemmann doch erkennbar an die Traditionen von Fabel (z. B. SF, 300f.), Sage (s. o. das Beispiel des Rattenfängers) und Legende an, sogar an die Bibel: Mit seinem Flötenspiel teilt Lauscher den Nebel wie Moses das Meer (SF, 307). Der Märchenbezug wird manchmal markiert, etwa in der Binnenerzählung „Das Märchen vom fröhlichen König", das sogar mit der bekannten Formel aus den Volksmärchen der ‚Gattung Grimm' beginnt: „Es war einmal ein fröhlicher König" (SF, 112). Die eher für Sagen typischen Riesen verwüsten den Garten des Königs, doch findet ein junger Bursche das Rezept, sie zu vertreiben, märchentypisch erhält er dafür die Prinzessin zur Frau. Das Rezept ist ganz einfach: Das neuerliche Lachen des Hofstaats macht die Riesen kleiner, bis sie schließlich zu „Staub" werden (SF, 116). Mit diesem Mittel werden später Barlo und Lauscher Gisa und ihre Werwölfe von Barleboog vertreiben (SF, 210ff.), denn: „Auch die Wölfe können es nicht ertragen, wenn man lacht" (SF, 193).

Die offenkundige Leistung des Romans lässt sich auf die Begriffe Adaption und Variation bringen. Bemmann greift bei der Form auf zwei Traditionen zurück, die des Bildungsromans und jene des geselligen Erzählens, wie es für Märchen- und Novellenzyklen seit den *Erzählungen aus den Tausendundein Nächten* (ca. 8–10. Jhd.) und seit Boccaccios *Decamerone* (1470) üblich wurde. Beides wird unauflösbar verbunden: Es werden von Figuren Geschichten erzählt, die in Zusammenhang mit der Haupthandlung stehen, sie voran treiben oder ihre Vorgeschichte beleuchten.

Die Handlung adaptiert zahlreiche bekannte Motive, vorrangig aus Märchen, doch sind ihre Verwendung und der Fortgang der Handlung selbst originell, die Gesamtkonzeption ist keinem bekannten Muster verpflichtet. Bis auf den Schluss schafft Bemmann auch keinen neuen Mythos, vielmehr zeigt er am Beispiel seines Helden, dass das menschliche Streben nach Zielen mit all seinen Begleiterscheinungen die letzten großen Rätsel nicht lösen kann. Lauscher wird entsprechend von einer Kröte belehrt: „Dazugelernt hast du offenbar nicht viel; denn ungeduldig bist du noch immer, als wäre es wichtig, irgendwo anzukommen" (SF, 220). Das alles durchdringende Element ist der Humor – oft wird augenzwinkernd erzählt und Lauschers größtes Problem ist es, dass er immer alles zu ernst nimmt. Wenn es eine Grenze der menschlichen Erkenntnis gibt, dann macht nur der Humor diese Erkenntnis erträglich und befähigt den Menschen, sein Leben zu bewältigen. Mit in diese Konzeption eingebunden wird das Zweckfreie der Kunst als ihre eigentliche Leistung. Die silberne Flöte des Großvaters trägt daher die Inschrift: „Lausche dem Klang / folge dem Ton / doch übst du Zwang / bringt mein Gesang / dir bösen Lohn" (SF, 229).

Gegen den Roman ließe sich einwenden, dass er sich einer manchmal etwas vagen Symbolik bedient und stellenweise das Klischee streift. Andererseits wandern viele Texte der Weltliteratur auf einem schmalen Grat zwischen Ausdrucksfähigkeit und Trivialität. Bemmann lässt seinen Helden schon früh Arnilukka kennenlernen, eine Nachfahrin Urlas, die Arni den Stein gab. Lauscher ist erwachsen und Arnilukka ist noch ein „zwölfjähriges Mädchen" (SF, 380), doch sind die Signale an den Leser eindeutig, dass sich hier eine Liebesgeschichte anbahnt (z. B. SF, 381, 399, 404). Nach zahlreichen Verirrungen wird Lauscher mit Arnilukka zusammenkommen, doch wird er sie auch wieder verlieren – die Gründe hierfür sind nicht ganz einsichtig. Sowohl die Darstellung der Liebesgeschichte wie auch die schmerzliche Trennung operieren mit bekannten Versatzstücken der Trivialliteratur.

Andererseits baut der Roman eine starke erotische Spannung auf, die zumindest als ungewöhnlich bezeichnet werden kann. In seiner sexuellen Symbolik – und nicht nur darin – schließt der Roman an Novalis' *Heinrich von Ofterdingen* (1802) an. So hat Lauscher einen Traum, der die spätere sexuelle Vereinigung seiner verwandelten Gestalt mit Arnilukka vorwegnimmt:

> Und ehe er wußte wie ihm geschah, war er selbst dieser bocksfüßige Faun und sah, wie die Frau ihr Gesicht ihm zuwandte, denn sie war nicht von Stein, sondern voller Leben und schaute ihn an mit ihren dunklen Augen, deren Farbe sich nicht beschreiben ließ, kam ihm entgegen, so wie er auf sie zuging, bis sie einander in den Armen lagen, eingehüllt und übersprüht von den sonnenfunkelnden Sturzfluten der Fontäne. (SF, 427)

Die sexuelle Konnotation der Fontäne muss hier nicht erläutert werden und es ist zu fragen, ob der Roman durch solche Brachialsymbolik eher gewinnt oder verliert – je nachdem, ob man Bemmann ein ironisches Spiel mit Übertreibungen zugestehen möchte. Der von dem Falkenmädchen Narzia in einen halben Ziegenbock verwandelte Lauscher kann, ein bekanntes Märchenmotiv, nur durch die Liebe eines Mädchens erlöst werden (SF, 577, 756f.). Die Erlösung ist aber nicht vollständig, Lauscher und Arnilukka müssen sich wieder trennen (SF, 772ff.).

Der von ethischen und philosophischen Reflexionen durchzogene Roman mündet schließlich in eine Apologie des ewigen Lebens (SF, 936). Auch wenn alles auf diese letzte Transzendierung zuläuft (mit der Formulierung, das sei

„längst noch nicht alles", wird wiederholt der Titel zitiert), so wird diese durch die vorherige Handlung eher konterkariert als motiviert. Die kritische Analyse menschlichen Verhaltenes im Medium des Märchens erschöpft sich nicht darin, Vorstufe zur Ewigkeit sein zu dürfen. Bemmanns großangelegte Parabel auf menschliche Verantwortlichkeit und die Möglichkeit von Selbstverwirklichung im Diesseits kann auch die Suspendierung aller diesseitigen Werte am Ende nicht relativieren.

Paul Maar

Lippels Traum und
In einem tiefen, dunklen Wald
(1984/99)

> „Und in fast jedem Wald wohnten eine
> Hexe und mindestens sieben Zwerge"

Paul Maar (geb. 1937) ist heute einer der bedeutendsten deutschsprachigen Kinderbuchautoren, am bekanntesten sind seine seit 1973 erschienenen fünf Sams-Bücher, nicht zuletzt durch ihre zwei Verfilmungen. *Das Sams – Der Film* (2001) basiert auf *Eine Woche voller Samstage* (1973), *Am Samstag kam das Sams zurück* (1980) und *Neue Punkte für das Sams* (1992). *Sams in Gefahr* (2003) folgt in erster Linie dem gleichnamigen fünften Buch (2002), das vierte mit dem Titel *Ein Sams für Martin Taschenbier* (1996) ist offenbar für die beiden Drehbuchautoren (Maar selbst und der bereits durch andere Kinderfilme bekannte Ulrich Limmer) von seiner Handlung (es spielt in einem Schullandheim) nicht attraktiv genug gewesen.

Bereits den Sams-Büchern kann man eine Märchenstruktur bescheinigen. Die zentrale Figur ist ein Wesen, das Bruno Taschenbier auf der Straße findet und das ihn, weil er es als Sams identifiziert, als seinen Papa bezeichnet. Im Gegensatz zu den anderen, die um das rüsselnasige und rothaarige Wesen herumstehen, hat Taschenbier Fantasie genug, um – einer anderen als der Alltagslogik folgend – den richtigen Namen zu erraten:

> Am Sonntag Sonne. Am Montag Herr Mon mit Mohnblumen. Am Dienstag Dienst. Am Mittwoch Mitte der Woche. Am Donnerstag Donner und am Freitag frei! Deshalb saß Herr Taschenbier am Samstag erwartungsvoll in seinem Zimmer und fragte sich, was der Tag bringen würde.[1]

Was da am Samstag auf der Straße sitzt, kann deshalb nur ein Sams sein. Maar stellt sich mit solchen und vielen anderen Wortspielen in die Tradition der Nonsenslyrik von Morgenstern, Ringelnatz und Jandl, um nur einige Namen zu nennen. Sprachbewusstsein konstituiert Bewusstsein, und wer auf diese Weise – wie das Sams – produktiv mit Sprache umgeht, hat den anderen etwas voraus.

Das Sams hat, anders als Astrid Lindgrens *Pippi Langstrumpf* (1945), die zweifellos (neben anderen) Pate stand, keine Sommersprossen, sondern blaue Punkte im Gesicht, mit denen man wünschen kann. Wenn Bruno Taschen-

---

[1] Maar: Eine Woche voller Samstage, S. 11.

bier oder später sein Sohn Martin sagen ‚Ich wünsche mir', dann gehen ihre Wünsche in Erfüllung. Dieses zentrale Märchenmotiv wird von Maar genutzt, um Autorität kritisch zu hinterfragen. Wer Macht hat, ohne die damit verbundene Verantwortung wahrzunehmen, verfällt dem anarchischen Gelächter des Sams und erfährt eine eindeutige Abwertung. Insbesondere strukturelle Machtpositionen wie die der Zimmerwirtin Frau Rotkohl, des Chefs Herrn Oberstein bis hin zum Verkäufer im Kaufhaus werden so einer kritischen Prüfung unterzogen. Mit dem Märchenmotiv wird ein Lernprozess angestoßen: Wichtiger als alle materiellen Dinge, die man sich wünschen kann, sind zwischenmenschliche Werte wie Freundschaft und Liebe. Deshalb muss auch der Versuch des Lehrers Daume in *Sams in Gefahr* scheitern, sich des Sams und damit des materiellen wie gesellschaftlichen Aufstiegs zu versichern.

Wie voraussetzungsreich seine Literatur ist, hat Maar immer wieder in Interviews deutlich gemacht, so hat er beispielsweise als einen wichtigen Prätext zu *Ein Sams für Martin Taschenbier* E.T.A. Hoffmanns Märchen *Das fremde Kind* (1819) genannt:

> Das neue Sams-Buch z.B. ist eindeutig E.T.A. Hoffmann gewidmet. Es gibt mindestes zwanzig Anspielungen auf ihn von Namen her, von Motiven. Bei E.T.A. Hoffmann gibt es ein Doppelgängermotiv; Martin hat dann auch einen Doppelgänger. Es gibt den Hund Berganza bei Hoffmann, und einen sprechenden Hund gibt es auch in ‚Ein Sams für Martin Taschenbier'. Es gibt ‚das fremde Kind', die Schlüsselerzählung bei E.T.A. Hoffmann, und schon beim ersten Auftauchen wird das Sams ‚das fremde Kind' genannt. Martin weiß nicht, ob er das fremde Kind für einen Jungen oder ein Mädchen halten soll, ganz wie bei Hoffmann. In E.T.A. Hoffmanns ‚Das fremde Kind' gibt es zwei Kinder, die Felix und Christlieb heißen, und nicht umsonst habe ich die beiden Aufwartefrauen in der Jugendherberge oder im Schullandheim Frau Felix und Frau Christlieb genannt. Martins Familie wohnt natürlich in der E.T.A.-Hoffmann-Straße, und der Bus fährt am Schillerplatz ab, weil in Bamberg am Schillerplatz das E.T.A.-Hoffmann-Haus steht, wo Hoffmann gewohnt hat. Und so gibt es ganz viele kleine Hinweise und Anspielungen, die mir, wenn ich sie einstreue, im Grund genommen zum eigenen Spaß dienen. Ein Germanist, der sich gerade in seiner Vorlesung mit E.T.A. Hoffmann befaßt, wird vielleicht stutzig werden und beim Weiterlesen immer mehr von diesen Zitaten erkennen.[2]

Begonnen hat Maars produktive Rezeption von Märchentexten bereits in seinem ersten, im symbolischen Jahr 1968 erschienenen Kinderbuch, betitelt *Der tätowierte Hund*. Der Band steht in der Tradition von Novellen- und Märchenzyklen. Bei Maar treffen sich aber nicht Menschen, die sich Mär-

---

[2] Kinderliteratur im Gespräch. Zu Gast: Paul Maar. In: Lesezeichen. Mitteilungen des Lesezentrums der Pädagogischen Hochschule Heidelberg. Heft 2 (1997), S. 11–26, hier zitiert nach: http://www.ph-heidelberg.de/org/lz/l_zeich/maar.htm (abgerufen im Februar 2004).

chen erzählen, sondern der Rahmen hat selbst eine märchenhafte Handlung und mündet schließlich in die letzte Erzählung, es gibt also eine enge Verknüpfung. Ein Löwe trifft auf einen Hund, dessen Körper von Tätowierungen übersät ist. Jede der Tätowierungen steht für eine Geschichte. Weil der Löwe gern Geschichten hört und der Hund gern welche erzählt, darf sich der Löwe interessant aussehende Tätowierungen aussuchen. Der Körper des Hundes ist als Symbol vieldeutig, er steht etwa für die literarische Tradition mündlichen Geschichtenerzählens (bei Moritatensängern und anderen fahrenden Leuten verbunden mit bildlichen Darstellungen) und für die Verknüpfung der verschiedenen Künste (Bild/Text), wie dies mit den Buchillustrationen ganz praktisch nachvollzogen wird. Die Helden der meisten Märchen sind eher Antihelden, es handelt sich um zwei Affen, die – in der Tradition von Wilhelm Buschs Max und Moritz stehend – anderen Leuten Streiche spielen. Zum Schluss bestrafen sie sich selbst: durch das von ihnen verbreitete Chaos in der Wohnung eines Zauberers wird der eine in einen Hund, der andere in dessen Tätowierungen verwandelt – in den tätowierten Hund also, den Erzähler der Geschichten.

Doch auch der Löwe kommt zu Wort, er erzählt eine Parodie des Grimmschen Märchens von Hänsel und Gretel unter dem bereits parodistischen Titel *Die Geschichte vom bösen Hänsel, der bösen Gretel und der Hexe*. Das Grimmsche Märchen wird hier gegen den Strich gebürstet:

> Es war einmal eine alte Hexe, die hatte ihr ganzes Leben lang gearbeitet, hatte gezaubert vom frühen Morgen bis zum späten Abend, hatte gehext und Zaubersprüche aufgesagt jeden Tag und war nun in das Alter gekommen, wo ihre Zauberkraft nachließ und ihre Kräfte langsam schwanden. Sie wurde aber nicht böse und giftig darüber wie manche andere Hexen [...].[3]

Stattdessen „begann sie ihr Häuschen aufs Wunderlichste zu schmücken"; hier wird das Wunderbare direkt thematisiert. Die Hexe ist gar nicht böse, die Kinder sind es, die sich verirrt haben, das Lebkuchenhaus finden und anfangen, es aufzuessen. Obwohl die Hexe den Kindern ein Essen vorsetzt, nascht Hänsel weiter vom Haus und zerstört dabei immer mehr von dem mühsam angefertigten Schmuck: „Und zur Strafe und damit er nicht noch mehr Unheil anrichten konnte, sperrte sie ihn in einen Stall neben dem Haus. Damit er es aber gut hatte in seinem Gefängnis und nicht zu hungern brauchte [...]", versorgt sie ihn mit gutem Essen.[4] Der bekannte Knochen dient dazu festzustellen, ob er auch satt geworden ist. Der gierige Hänsel kann die sehschwache Hexe mit einem dünnen Knochen dazu bringen, ihm noch mehr zu geben. Weil Gretel faul ist und der Hexe nicht beim Backen

---

[3] Maar: Der tätowierte Hund, S. 34.
[4] Ebd., S. 38.

helfen will, „gab ihr die arglistige Gretel von hinten einen Stoß, daß die Hexe weit hineinfuhr" in den Ofen und darin verbrennt. Die Kinder rauben das Hexenhaus aus und machen sich aus dem Staub:

> „Und weißt du, was sie hinterher den Leuten erzählten", fragte der Löwe den Hund. „Was denn?", fragte der mit großen Augen. „Sie haben doch wahrhaftig behauptet, die Hexe hätte sie aufessen wollen! Diese bösen Kinder!" „Ich muss sagen", entgegnete der Hund, „ich habe die Geschichte nicht so erzählt bekommen. Da hörte sich alles ganz anders an, obwohl eigentlich das Gleiche geschah!" „Aha!", machte der Löwe. „Da sieht man es wieder: Die Leute glauben viel lieber die Unwahrheit als die Wahrheit und erzählen dann ohne schlechtes Gewissen die Lügengeschichten weiter!"[5]

Kinder werden hier darauf aufmerksam gemacht, dass man nicht alles, was erzählt wird, glauben soll, und für Erwachsene wird eine selbstreferenzielle Ebene eingezogen. Verfremdung erzeugt Distanz und der Verweis auf den fiktionalen Charakter von Literatur stößt die Reflexion darüber an. Schließlich stellt sich die Frage angesichts der gegensätzlichen Versionen, ob es überhaupt so etwas wie eine Wahrheit gibt. Dass der Löwe mit der Hexe symphatisiert, liegt schon in seiner tierischen Natur. Deshalb muss auch der Löwe die Geschichte erzählen, mit deren Glaubwürdigkeit es damit nicht zum Besten steht.

Märchenmotive durchziehen das ganze Werk Paul Maars. Wie in Hoffmanns *Nußknacker und Mausekönig* (1816), in Kästners *Der 35. Mai* (1931) oder in C.S. Lewis' *The Lion, the Witch and the Wardrobe* (1950) findet sich auch in *Die vergessene Tür* das Motiv der Tür als Schleuse oder Grenze zwischen einer der Alltagsrealität nachgebildeten und einer wunderbaren Handlungsebene. *Die vergessene Tür* ist ein Bilderbuch von 1982. Erzählt wird, wie Markus und seine Familie auf dem Dachboden eine Tür in eine fremde Welt entdecken, deren merkwürdige Logik an Carrolls *Alice im Wunderland* (1865) erinnert.

Eine Variation dazu liefert *Der Aufzug* von 1993: Rosa aus Rosenheim wird von ihren Eltern abends allein gelassen, plötzlich öffnet sich die Aufzugtür und darin befindet sich das Wohnzimmer eines kleinen Mannes. Mit dem Aufzug erleben die beiden Sonderbares:

> Draußen war nicht die Wohnungstür von Familie Wellershoff aus dem siebten Stock zu sehen, man schaute in eine weite, helle Landschaft. Sieben Raben flogen über einen See – auf dessen Wellen sieben Schwäne schaukelten – und verschwanden hinter den sieben Bergen. Sieben Geißlein sprangen über ein Buch mit sieben Siegeln, während sieben Männer einen langen Spieß durch die Gegend trugen.[6]

---

[5] Ebd., S. 39f.
[6] Maar/Heidelbach: Der Aufzug, unpag.

Das sind die „sieben Schwaben" und es überrascht nicht, dass nun auch noch die Zwerge aus *Schneewittchen* auftauchen. Es sind allerdings nur sechs und es stellt sich heraus, dass der fehlende siebte der kleine Mann im Aufzug ist. Zum Schluss des Buches fährt Rosa gegen den Willen des Zwerges ins Untergeschoss und trifft dort – es handelt sich um die Tiefgarage – auf ihre eben zurückkommenden Eltern. Damit wird eine realistische Erklärung angeboten, denn es könnte sich bei den Abenteuern im Aufzug lediglich um Fantasien Rosas gehandelt haben, die so ihrer Einsamkeit entkommen wollte.

Von den beiden Märchenromanen Paul Maars soll *In einem tiefen, dunklen Wald...* von 1999 als erster vorgestellt werden, weil er an die parodistische Rezeption von Märchen anknüpft und weil er für ein jüngeres Publikum geschrieben wurde. Humor und Ironie ergeben sich u. a. durch Illustrationen und Typographie. Schon der Anfang des modernen Märchens ist parodistisch:

> Früher gab es viele Könige. *Sehr* viele Könige. Und da jeder König ein Königreich hatte, gab es auch viele Länder. Sehr viele Länder. Kein Wunder, dass manche kaum größer waren als ein Badezimmerteppich. Die Wälder damals waren finster. *Sehr finster.* Und in fast jedem Wald wohnten eine Hexe und mindestens sieben Zwerge. Untiere gab es dort auch im Wald. Die waren schrecklich groß und sahen schrecklich *wild* aus. Die meisten waren auch *schrecklich wild.* Aber einige wenige waren recht gutmütig, wenn man sie näher kennen lernte. (TW, 7ff.)

Im Mittelpunkt der Handlung stehen zwei Prinzessinnen, die eingebildete Henriette-Rosalinde-Audora und die natürliche Simplinella. Typische Märchenmotive werden auf parodistische Weise aneinander gereiht: Henriette-Rosalinde-Audora möchte einen mutigen Prinzen heiraten. Sie lässt sich von einem Untier entführen, dessen Harmlosigkeit sonst niemand kennt, und hofft auf ihren Retter. Da sich ihre beiden älteren Brüder von einem Drachen und einem richtigen Untier in die Flucht schlagen lassen, verkleidet sich Prinzessin Simplinella aus Lützelburgen als Junge, um Henriette-Rosalinde-Audora zu befreien und so das versprochene halbe Königreich für die Familie zu verdienen. Dem zunächst unerfahrenen Mädchen hilft der gewitzte Moritz, genannt Lützel (die Namensähnlichkeit mit Lützelburgen, der ‚kleinen Burg', lässt sich als Äquivalenz der beiden Figuren lesen). Die beiden schaffen es tatsächlich, Henriette-Rosalinde-Audora zu finden, doch ist diese beleidigt, als sie feststellen muss, dass sie von einem Mädchen und einem Dienstboten befreit werden soll. Für Simplinella und Lützel geht alles gut aus, denn das Untier, das Henriette-Rosalinde-Audora angeblich entführt hat, entpuppt sich als verzauberter Prinz. Edmund ist der Sohn eines reichen Königs und schenkt Simplinella „acht Fässer voller Goldstücke", von denen sie eines Lützel für seine Hilfe abgibt (TW, 134).

Der verzauberte Prinz erinnert an das Märchen vom *Froschkönig*, doch ist diesmal das Mädchen nicht passiv, es ist nicht ihr Vater, der sie zu ihrem Glück – zur Entzauberung des Prinzen – zwingen muss. Die Könige sind überhaupt dumm und ihrem Amt in keiner Weise gewachsen. Dieser Teil der Darstellung erinnert an die satirische Kritik der Kleinstaaterei im 19. Jahrhundert, etwa in Heinrich Heines *Deutschland. Ein Wintermärchen* (1844). So hat nicht ein Mitglied der Königsfamilie, sondern der Diener die zündende Idee, wie man herausfinden kann, welches Untier ungefährlich ist (TW, 21). Die Entzauberung des Prinzen ergibt sich eher zufällig, auch das parodiert gängige Muster. Die Gegenüberstellung von arrogantem und nettem Mädchen spielt an auf Pechmarie und Goldmarie in *Frau Holle* oder auf den Gegensatz von Aschenputtel und ihren Schwestern, doch wird hier zeitgemäß aktualisiert. Henriette-Rosalinde-Audora nimmt „ein paar winzige Kleinigkeiten" mit auf ihren Ausflug:

> „Nur die Körbe mit den Ess-Sachen, ein paar Fruchtsäfte, den Pudding, zwei, drei Schachteln Pralinen, das silberne Geschirr mit meiner Lieblingstasse und dann natürlich meine Kleider. Von den Blusen nehme ich am besten nur die zartgelben und ockerfarbenen mit, die passen am besten zum Laubgrün der Waldbäume, findest du nicht auch, Mama? (TW, 27f.)

Maar führt das Spiel mit Traditionen bis zur Metafiktionalität. Er thematisiert den Spielcharakter seines Märchenromans, wenn er auf die Bedenken des Dieners, ob das Untier die Prinzessin auch entführen will, Henriette-Rosalinde-Audora erwidern lässt: „Weshalb sollte es mich nicht entführen? [...] Dazu ist es doch da. Untiere rauben Prinzessinnen. Das kann Er in jedem Buch nachlesen" (TW, 29).

Im Mittelpunkt steht Simplinella. Maar nutzt die Figur für eine ironische Auseinandersetzung mit der Codierung von Geschlechterrollen nicht zuletzt im Märchen:

> Das vierte Kind war eine Tochter. Sie hieß Prinzessin Simplinella und konnte gar nichts. Das kam nicht etwa daher, weil sie dumm gewesen wäre. Es lag daran, dass man damals meinte, Mädchen würden ja doch von einem Prinzen geheiratet und müssten deshalb nur schön sein. Denn die Geschichte ist ja schon sooo lange her. (TW, 49)

Mit dem Nachsatz provoziert Maar die Überlegung, ob sich die Einstellung gegenüber der Ausbildung von Mädchen wirklich grundlegend gewandelt hat. Letztlich beweist Simplinella mit ihrem Verhalten, dass sie ihren Brüdern weit überlegen ist. Sie ist es, die aktiv wird und die Prinzessin befreit. Dadurch gewinnt sie nicht einen Bräutigam, sondern Gold, das sie ihrer Familie zur Verfügung stellt. Der im Märchen zentrale soziale Aufstieg von Figuren durch Heirat und/oder Reichtum wird auf diese Weise variiert und parodiert.

Eheglück und Reichtum werden zweitrangig. Simplinella hat gezeigt, dass sie gegen die angemaßte Autorität anderer Figuren Erfolg haben kann, wenn auch nicht allein. Es ist nicht eine quasi-göttliche Instanz, die über das Schicksal der Figuren entscheidet. Anders als im traditionellen Märchen, aber wie schon in vielen anderen Texten Maars ist der Wert der Freundschaft für die Emanzipation und das Glück der Figuren entscheidend.

Das Ende spielt wieder mit Traditionen, denn es bleibt offen, ob es später zu einer Heirat mit einem von beiden Freunden kommen wird. Simplinella erwidert den Antrag des Prinzen mit der Feststellung, sie wolle erst heiraten, „wenn ich achtzehn bin". Der Prinz und Lützel fragen, ob sie es ihnen erlaubt, sie zu besuchen:

> „Ich erlaube es", sagte sie zum Prinzen. Und zu Lützel sagte sie: „Als ob man jemand wie dich jemals vergessen könnte!" Dann gingen alle drei fröhlich weiter nach Westen und ihre langen Schatten tanzten im Morgenlicht vor ihnen her. (TW, 137)

In einer Cartoon-Sequenz wird erzählt, dass Simplinella ein Jahr danach „oft aus dem Fenster" sieht. „Als ob sie auf jemanden warten würde", wie ihre Mutter feststellt (TW, 142). Unter dem Wort „Ende" sieht der Leser eine schwarze Figur heranreiten, von der nicht zu erkennen ist, um wen es sich handelt (TW, 143). Wenn auch das Moment des Wartens hier eher traditionell anmutet, so ist doch durch die Handlung deutlich geworden, dass eine mögliche Partnerschaft gleichberechtigt sein dürfte.

Für Kinder etwa im Alter des zehnjährigen Protagonisten (LT, 21) ist Paul Maars Märchenroman *Lippels Traum* von 1984 geschrieben, doch lassen sich zahlreiche Beobachtungen machen, die dagegen sprechen, hier ein Exemplar der Kinderliteratur als einer „adressatenspezifischen Sonderform" (Ewers) zu vermuten.[7] Maars Bücher sind originell, intertextuell und anspielungsreich genug, um auch Erwachsenen ein intellektuelles Lesevergnügen zu bereiten. Dieser Roman beginnt mit einem Zitat von Blaise Pascal, das die Grundidee vorgibt: Wie wäre es, wenn sich ein Traum über mehrere Nächte fortsetzt, insbesondere, wenn der Traum es einem ermöglicht, soziale und gesellschaftliche Grenzen außer Kraft zu setzen? (LT, 5) Sigmund Freud hat in der *Traumdeutung* (1900) nachgewiesen, dass Träume codierte Wunscherfüllungen sind. Märchen und Fantastik bieten sich in besonderem Maße als Traumäquivalente an, zum einen, weil sie nicht an die Grenzen der Alltagslogik gebunden sind, zum anderen, weil ihre Konzeption zwischen Trivialität und Eskapismus einerseits und reflektionsfördernder Auseinandersetzung mit dem Ich und seiner Umwelt andererseits dienen kann. Die Gefahr des Eskapismus themati-

---

[7] Zu diesem Begriff, der einen Teil der Kinder- und Jugendliteratur charakterisiert, vgl. Ewers: Literatur für Kinder und Jugendliche, S. 27.

siert Maar mit seiner Frage: „Könnte der [Träumer, der jede Nacht das Gleiche träumt] überhaupt noch zwischen Traum und Wirklichkeit unterscheiden?" (ebd.).

Philipp Mattenheim, genannt Lippel, wird am Anfang als Pechvogel präsentiert. Wenn es regnet, hat er seinen Regenmantel vergessen, wenn er seinen Regenmantel vergessen hat, regnet es nicht (LT, 7). Lippels Leidenschaften sind „Sammelbilder, eingemachtes Obst und Bücher", bei der Spezifizierung seiner frühen Lektüre findet sich wieder die symbolische Dreizahl: „Es fing damit an, dass Lippel oben auf dem Dachboden drei alte Bücher fand, die ‚Wunder der Tiefsee', ‚Bei den Trappern' und ‚Im Morgenlande' hießen" (LT, 12). Lippel mag keine Tomatensuppe und ist mit der Nachbarin Frau Jeschke befreundet, beides wird noch handlungsmotivierend werden. Unter der Treppe im ersten Stock hat sich Lippel ein Leseversteck eingerichtet (LT, 16f.).

Nicht nur Märchen, fast alle fiktionalen Texte beginnen mit einer Mangelsituation, in diesem Fall ist es eine Reise, die Lippels Eltern unternehmen wollen. Für ein Kind ist das Verlassenwerden eine existenzielle Erfahrung, Maars Roman setzt sich genau damit auseinander. Zunächst wird das Faktum der Reise vom Erzähler so thematisiert, wie es das Kind sieht. In einer Zeit der kleinen Erfolge für Lippel

> „[…] stellten Lippels Eltern fest, dass es ihnen großen Spaß machen würde, Lippel eine Woche lang mutterseelenallein zu lassen. Und deshalb beschlossen sie schnell, ohne ihn nach Wien zu fahren. So jedenfalls stellte es Lippel immer hin, wenn er mit seinen Eltern darüber sprach. Seine Eltern dagegen schworen hoch und heilig, dass sie so nie denken würden. Und dass sie es wirklich sehr, sehr schade fanden, dass er nicht mitkommen konnte. (LT, 19)

Die Geschlechterrollen-Thematik nimmt Maar mit hinein, denn es ist die Mutter, die auf einem Kongress einen Vortrag halten soll, zu dem sie der Vater begleitet.

Die Märchenmotivik beginnt mit der Erwähnung des Buches „Im Morgenlande" auf dem Speicher (s. o.), der Dachboden fungiert hier als Ort des Geheimnisvollen und Verborgenen. Als der Vater Lippel von Wien erzählen will, um ihn auf die Reisenachricht vorzubereiten, möchte Lippel lieber über Bagdad reden (LT, 20). Der hier implizit abgerufene Prätext sind natürlich die *Erzählungen aus den Tausendundein Nächten*, die wohl einflussreichste Märchensammlung überhaupt; sie werden später explizit genannt – Lippels Vater schenkt ihm zum Trost eine Ausgabe der *Erzählungen*, die dann aber Frau Jakob konfiszieren wird.

Für den handlungsauslösenden Mangel gibt es einen weiteren Prätext, der im Roman direkte Erwähnung findet. Lippel bittet Frau Jeschke um ihre Meinung, erzählt das Problem aber so, als handele es sich um jemand anderes: „Wenn die Eltern ein Kind haben und lassen es allein, mögen dann die Eltern das Kind?" Frau Jeschke fühlt sich an das Märchen von „Hänsel und Gretel" erinnert, doch ist dieser spezielle Fall „schwieriger, als ich dachte" (LT, 24).

Auf Lippel soll eine Frau Jakob aufpassen (LT, 22), die sich als exaltierte und wenig rücksichtsvolle junge Frau entpuppt. „Sie trug eine grüne Bluse und ein grünes Halstuch", die Farbe symbolisiert hier ihre Unreife. Auch „lächelt" sie „selten" (LT, 26). Lippel macht gute Miene zum bösen Spiel, dies hat zweifellos – ebenso wie das rücksichtsvolle Verhalten der Eltern – eine pädagogische Funktion. Der Vater will bleiben, nachdem er Frau Jakob kennen gelernt hat, aber Lippel beruhigt ihn: „Ihr sollt ruhig fahren. Ich komme mit ihr schon aus" (LT, 28).

Ort und Handlung des Romans sowie die Psychologisierung der Figuren haben zunächst nichts mit einer wunderbaren Welt zu tun, sie sind der Alltagsrealität der Leser zur Erscheinungszeit des Romans nachgebildet. Nach und nach stellt sich aber heraus, dass der Ebene der Alltagsrealität die Märchenwelt des Traumes entspricht. Bereits die Figurenkonstellation deutet darauf hin. Frau Jakob wird in die Märchentradition der bösen Stiefmutter gestellt. So befiehlt die Tante, die in der Märchenwelt zugleich Frau Jakob und einer echten Tante von Arslan und Hamide entspricht (LT, 82), dem Wächter, die kindlichen Protagonisten nicht nur in die Verbannung zu bringen: „‚Sorge dafür, dass die Gefangenen nicht zurückkommen werden', flüsterte die Tante" (LT, 67). Lippels Freundin Frau Jeschke ist wie die gute Fee im Märchen, die später alles in Ordnung bringen wird, ihre Repräsentantin in der Märchenwelt ist die freundliche Wirtin der „Herberge zum Wilden Kalifen". Wie Frau Jeschke versorgt die Wirtin die Kinder mit ihrem „eingelegten Obst" (LT, 122).

Zentral für die Verbindung der beiden Welten werden zwei neue Mitschüler Lippels, die Geschwister Arslan und Hamide. Das Mädchen kann gut Deutsch, der Junge nicht, deshalb weigert er sich, vor der Klasse zu sprechen. Die Integration von Kindern türkischer Abstammung, also von als ‚fremd' angesehenen Kindern wird hiermit, neben der Angst vor dem Verlassenwerden, zum zweiten Thema des Romans. Der Name Arslans heißt – wie im Roman erläutert wird – „Löwe" (LT, 80), hier könnte es sich um eine intertextuelle Anspielung auf C.S. Lewis' *The Lion, the Witch and the Wardrobe* (1950) handeln. Mit dem Namen wird zum einen Fremdheit markiert, zum anderen wird Fremdheit – entgegen der möglichen Vorurteile, die später eine Rolle spielen – von vornherein positiv konnotiert.

Nachdem die ständig telefonierende Frau Jakob Lippel mit Tomatensuppe gequält und die ihm zustehenden Sammelpunkte auf Joghurtdeckeln weggeworfen hat, findet Lippel eine Taschenbuch-Ausgabe mit dem Titel „Die Erzählungen aus den Tausendundein Nächten" als Abschiedsgeschenk seiner Eltern (LT, 47). Weil Lippel lieber lesen als seine Hausaufgaben machen möchte, nimmt Frau Jakob ihm das Buch fort. Sie ist als Erwachsenenfigur konzipiert, die überhaupt nicht versucht, mit dem Kind in einen Dialog einzutreten, sondern erwartet, dass Lippel so funktioniert, wie sie es sich vorstellt. Als Lippel abends heimlich in seinem Versteck liest, entdeckt ihn Frau Jakob:

> „Jetzt verstehe ich alles. Du hast das Buch weggenommen und dich hier versteckt. So eine Frechheit! Mir so einen Schreck einzujagen! Wenn du *mein* Kind wärst, also, ich würde dich…" Sie holte mit der Hand aus, als wenn sie ihn ohrfeigen wollte, und Lippel war in diesem Augenblick ganz besonders froh, dass er nicht ihr Kind war. „Gib das Buch her!", befahl Frau Jakob. „Sofort ins Bett, auf der Stelle!" Lippel gab ihr das Buch, schob sich an ihr vorbei, ging in sein Zimmer zurück und legte sich ins Bett. Frau Jakob kam nach. Aber nicht, um ihm eine gute Nacht zu wünschen! „Das sage ich dir: Dieses Buch wirst du nicht wieder sehen, bis deine Eltern kommen", versprach sie düster. (LT, 57)

Nun flüchtet sich Lippel in Träume, in denen er die Märchenerzählung, deren Ende er nicht lesen konnte, weiter spinnt. Dem Prätext entsprechend beginnt die Handlung in einem „morgenländische[n] Palast" (LT, 61). Viele Figuren der realen Handlungsebene haben Repräsentanten im Traum. Die Schwester des Königs, die für die Verbannung des Prinzen und der Prinzessin sorgt, ist Frau Jakob nachgebildet. „Sie entwendete das Lieblingsbuch des Königs und versteckte es heimlich unter dem Kopfkissen des Prinzen" (LT, 62). Vorbild für die Königskinder werden die beiden Schulfreunde türkischer Abstammung. Arslan wird zu Prinz Asslam, Hamide darf ihren Namen behalten (LT, 65ff.). Lippel ist Lippel in beiden Welten, im Traum wird er als jemand, der da ist und eigentlich gar nicht dazugehört, zum Repräsentanten des Erzählers. Interessant für die Auseinandersetzung mit der Fremdheitsthematik ist, dass im Traum nun Lippel der „Fremdling" ist. Er wird mit den Geschwistern verbannt (LT, 65).

Der Spruch des Königs nimmt die als ungerecht empfundene Entscheidung der Eltern für die Reise wieder auf, das Gefühl des Verlassenwerdens entspricht dem des Verbanntseins. Die (wie bei allen Kindern) zweifellos vorhandenen existenziellen Ängste Lippels, die Eltern könnten nicht mehr zurückkommen, werden so umcodiert.

Die Dualität der beiden Handlungsebenen – die Ebene der Alltagsrealität und die den *Erzählungen* nachgebildete Märchenebene – hat ihr Vorbild in E.T.A. Hoffmann, doch aktualisiert Maar das Muster auf seine Weise. Anders als bei Hoffmann bleibt die Frage, ob sich das Wunderbare wirklich zugetragen hat, nicht offen – Lippel träumt, und diese Traumwelt ist direkt auf die Alltagsebene bezogen. Die Übergänge und Vernetzungen werden auf verschiedene Weise gestaltet, so träumt Lippel von einem Sandsturm und muss am nächsten Morgen erfahren, dass es ein Gewitter gegeben hat (LT, 72). Eines Morgens verwechselt er, sehr zum Erstaunen seiner Freunde, Arslan mit der Traumfigur Asslam, die ein Schweigegelübde abgelegt hat. Die Lehrerin Frau Klobe setzt Lippel und Arslan auseinander, weil sie schwatzen:

Abb. 17:
Lippel träumt sich ins Morgenland

„Siehst du, es bringt Unglück, wenn du redest! Die Sterne sagen die Wahrheit", konnte Lippel dem verdutzten Arslan gerade noch zuflüstern, dann musste er sich an den Nachbartisch setzen. (LT, 81)

Als Jakob morgens in die Schule gehen will, entdeckt er den „Hund aus seinem Traum" (LT, 105). Im Traum hat er einen „Armreif" gesehen, den er in seinem Klassenzimmer wiederfindet und den Hamide verloren hat; offenbar hat Lippel ihn gestern an ihr bemerkt und die Erinnerung dann in seinen Traum eingearbeitet (LT, 147f.). Auch dass Frau Jakob abends nach ihm sieht und ihn kurz aufweckt, baut er in seinen Traum ein (LT, 129). Dennoch schließt der Nachweis, wie produktiv das Wunderbare für die Alltagsrealität sein kann, an Hoffmanns Konzept an, denn wie gesehen mündet der Schluss etwa des *Goldnen Topfs* (1814) nicht in eine Apologie der Transzendenz, sondern in eine Apologie der Fantasie.

Entsprechend der Veränderung des Konzepts wird die wunderbare Handlungsebene bei Maar der Alltagsrealität stark angeglichen. So finden sich keine wunderbaren Ereignisse oder magischen Gegenstände, lediglich die orientalische Einkleidung erinnert noch an die Märchentradition. Dass Maar ironisch mit dieser Tradition umgeht, zeigt das Motiv der Wunderlampe: Lippel führt auf einem Markt seine Taschenlampe vor. Die Bewohner der orientalischen Stadt kennen so etwas natürlich nicht und Maar schlägt aus dieser Unkenntnis humoristisches Kapital:

> „Die Fackel folgt ihm aufs Wort!", flüsterten die Umstehenden ehrfürchtig. „Er nimmt gar kein Feuer dazu. Sie entzündet sich von selbst, wenn er es befiehlt. Es ist eine Wunderlampe!" (LT, 138)

Neben der Anspielung auf *Aladin und die Wunderlampe* aus den *Erzählungen* findet sich hier auch ein Motiv aus *Ali Baba und die vierzig Räuber*. Lippel benutzt zwei ‚Zauberwörter', um die ‚Fackel' zu entzünden und wieder zu löschen, „Osram" und „Mississippi" (LT, 136f.). Beide sind durch ihren Kontrast zur orientalischen Einkleidung erkennbar ironisch gemeint, dazu kommt, dass das zweite Wort als Aktualisierung einer weiteren Tradition gelesen werden kann: des Abenteuerromans. Bekanntlich spielen die beiden Kinderbuch-Klassiker Mark Twains (1835–1910) mit ihren Helden Tom Sawyer und Huckleberry Finn (von 1876/84) an diesem amerikanischen Fluss.

Markierte intertexuelle Zitate gibt es viele, so muss Lippel auf dem Schulweg durch die Herderstraße (LT, 83). Johann Gottfried Herder entwickelte das Konzept der Volkspoesie, das die ideengeschichtliche Grundlage u. a. für die Märchensammlung der Grimms legte. Lippel selbst wohnt in der Friedrich-Rückert-Straße (ebd.), dieser fränkische Autor (1788–1866) ist für seine produktive Rezeption insbesondere orientalischer literarischer Traditionen bekannt. Asslams Lehrer, auf dessen Horoskop das Schweigen des Prinzen zurückzuführen ist, heißt Sindbad (LT, 99). Mit dem Namen „Hadschi Halef Omar" (LT, 116) wird auf Karl Mays Orient-Romane angespielt. Der Hund, der Lippel im Traum begegnet und den er in der Realität in einem streunenden Hund wiederzuerkennen glaubt, heißt Muck (LT, 96 u. 105) – eine Anspielung auf Wilhelm Hauffs orientalisch eingekleidetes Märchen *Der kleine Muck* (1825). Lippel gibt in der Traumwelt an, aus Frankistan zu kommen (LT, 121); diese geographische Bezeichnung steht in Hauffs Märchenalmanach *Der Scheik von Alessandria und seine Sklaven* (1826) für Europa (HW1, 689).

Ein wichtiger Unterschied zur Märchentradition (insbesondere des Volksmärchens) ist, dass die rein negativen Figuren, also die Tante Arslans und Hamides sowie die Tante in der Traumwelt, nur kurz Erwähnung finden. Auch entfällt eine harte Bestrafung. Die echte Tante der Kinder, die Hamide geschlagen und eingesperrt hatte (LT, 82), wird gar nicht bestraft und die Tante im Traum wird nicht, wie vom König im ersten Impuls vorgesehen, geköpft, sondern auf Vorschlag des Prinzen verbannt (LT, 228), ein Plädoyer für Milde gegen die Tradition des Märchens. Frau Jakob wird einen Tag früher mit dem ganzen Verdienst fortgeschickt, das einzige Moment der (Selbst-)Bestrafung ist ihr Ärger (LT, 210ff.).

Maar wendet das Grausame des Märchens ins Humorvolle, etwa in folgendem Dialog zwischen Lippel und der zeitunglesenden Frau Jakob. Sie ignoriert den Jungen, während er mit ihr ins Gespräch kommen will – ein typisches Verhalten für die beiden Figuren. Interessant ist, dass hier Frau Jakob die traditionell den Vätern zugeschriebene Rolle einnimmt:

> Lippel, der ihr gegenübersaß, versuchte von seinem Platz aus die Überschriften zu entziffern. „Keine Aussicht auf Entspannung!", las er laut vor. „Ich jedenfalls bin nicht schuld daran", behauptete Frau Jakob hinter ihrer Zeitung. „Das stimmt", bestätigte Lippel. „Na, wenigstens gibst du das jetzt zu!", sagte Frau Jakob. „Ja", sagte Lippel. „Die Großmächte sind schuld, hier steht es." Frau Jakobs Gesicht tauchte über dem Rand der Zeitung auf, verwirrt schaute sie ihn an. „Ach, du liest Zeitung!", sagte sie dann. Lippel las die nächste Überschrift: „Bundesbahn beklagt sich: Schwarzfahrer nehmen stark zu." Er fragte: „Was sind denn Schwarzfahrer?" „Leute, die ohne Fahrkarte fahren", erklärte Frau Jakob. „Gut, dass Sie kein Schwarzfahrer sind", meinte Lippel. „Wieso?" „Weil die Schwarzfahrer stark zunehmen." Lippel grinste. „Und Sie wollen doch abnehmen. Oder nicht?" Frau Jakob wurde ganz rot im Gesicht vor Zorn. „Deine Unverschämtheiten lasse ich mir nicht länger bieten!", rief sie und warf die Zeitung auf den Tisch. „Ich wollte doch nur einen Witz machen", sagte Lippel besänftigend. Sein Vater hätte das witzig gefunden, da war er sich ganz sicher! (LT, 77)

Maar stellt Frau Jakob in eine Tradition borniester Erwachsenenfiguren wie Frau Rotkohl und Herr Oberstein in *Eine Woche voller Samstage*. Doch hat sie nicht nur negative Seiten. Sie denkt nach einiger Zeit daran, Lippel die Sammelpunkte auf den Joghurtdeckeln aufzuheben (LT, 104), und verhält sich ganz anders, als sie einmal morgens verschläft. Lippel sichert ihr zu, das nicht seinen Eltern zu verraten, und sie ist ganz erleichtert:

> „Du bist ein lieber Junge, Philipp', sagte Frau Jakob und strich ihm über den Kopf. Ich gehe gaaanz schnell ins Bad, ja? Nur zwei Minuten, dann darfst du hinein." Vielleicht ist Frau Jakob doch nicht so übel, dachte Lippel, als er wartete. Eigentlich ist sie eben richtig nett gewesen! Doch als sie fünf Minuten später aus dem Bad kam, war sie wieder ganz wie sonst. Ihr Haar war frisiert, ihr Morgenmantel zugeknöpft und sie hatte auch die gleiche sachliche Stimme wie sonst […]. (LT, 147)

Frau Jakob setzt eine Maske auf. Schließlich dominieren die negativen Eigenschaften. Dass sie den Hund, mit dem Lippel sich angefreundet hat, abholen und in ein Tierheim bringen lässt, ist noch durch ihr Pflichtbewusstsein erklärbar. Wenn sie Lippel aber nicht erlaubt, Arslan und Hamide zum Essen mit nach Hause zu bringen, geht sie zu weit: „Türken? Die kommen mir nicht ins Haus!" (LT, 191) Alle Vorurteile werden abgerufen, wenn Frau Jakob unterstellt, „diese Ausländer" würden möglicherweise stehlen. Der

Gegensatz zwischen Lippel und Frau Jakob ist jetzt unüberbrückbar, mit der Hilfe von Frau Jeschke wird das Problem aber gelöst. Lippel fragt Frau Jeschke um Rat und zeigt Zivilcourage, er lädt seine Freunde, gegen alle Drohungen von Frau Jakob (LT, 193), zum Essen bei Frau Jeschke ein. Weil er sich fürchtet, Frau Jakob könnte ihn schlagen, bringt Frau Jeschke ihn nach Hause, telefoniert mit seinen Eltern und sorgt dafür, dass Frau Jakob verschwindet (LT, 209ff.).

Lippels Traum kann in der Nachfolge Hoffmanns als Wirklichkeitsmärchen bezeichnet werden. Die Dualität der beiden Welten findet sich ebenso wie die unterschiedliche Wahrnehmung der Märchenwelt durch die Figuren. Anders als bei Hoffmann ist die Märchenwelt aber nur deshalb eine Märchenwelt, weil sie durch intertextuelle Verweise an bekannte Märchen anschließt und nicht, weil sie Elemente des Wunderbaren enthält. Andererseits hat bereits Hoffmann seine Entwürfe einer mit wunderbaren Elementen (Figuren, Gegenständen) gesättigten Märchenwelt stets ironisiert. Beide Autoren wählen unterschiedliche Verfahren, um ein vergleichbares Ziel zu erreichen.

Für Maar wie für Hoffmann und viele andere Märchenautoren ist etwas entscheidend, das mit der Funktion von Märchen eng verbunden ist: Die wunderbare Handlungsebene demonstriert die Bedeutung und Notwendigkeit der Fantasie, auch und besonders für die Bewältigung des Alltags. Insofern ist das Wunderbare stets auf eine vom Leser zu konstruierende Ebene der Alltagsrealität bezogen. Im diesem Sinn lernt Lippel, zwischen Fantasiewelt und Realität zu unterscheiden und sich nicht, wie der Einsiedler Serapion, in die Fantasie zu flüchten. Lippels Träume sind eine Verarbeitung der Alltagsprobleme, sie fördern seine Reflexionsfähigkeit und Problemlösungskompetenz.

Lippel wird weder als Kind idealisiert noch wird er in seiner Bedingtheit als Kind gezeigt. Überhaupt ist es charakteristisch für Maars Figuren, dass sie Probleme durch das Zugehen auf andere, durch Kommunikation und Interaktion mit anderen lösen. Lippel überwindet so seine eigenen Schwierigkeiten und er hilft Arslan, der mit der deutschen Sprache hadert und deshalb erst gar nicht reden will, seine Hemmungen zu überwinden (LT, z.B. 154). Zugleich lernt Lippel (und mit ihm der Leser), dass etwas so scheinbar Selbstverständliches wie die erlernte Sprache bei näherem Hinsehen ganz schön kompliziert sein kann.

Joanne K. Rowling

Harry Potter und der Stein der Weisen (1997)

„...dem etwas so Wunderbares widerfahren ist"

Joanne K. Rowlings Weltbestseller von 1997 ist der erste in einer Reihe von insgesamt sieben Romanen mit dem Titelhelden Harry Potter, der sechste von 2005 heißt *Harry Potter and the Half Blood Prince*. Rowling erzählt von Harrys Leben bei seinen Pflegeeltern nahe London und in dem Internat Hogwarts. Am Ende des siebten Bandes, wir erkennen hier die Zahlensymbolik des Märchens, wird Harry vermutlich seine Entwicklung vom Kind zum jungen Erwachsenen durchlaufen und seinen Platz in der (Zauberer-)Gesellschaft gefunden haben. Das ganze Projekt überblickend könnte man von einem Fortsetzungs-Adoleszenzroman sprechen.

Durch Erläuterungen verschiedener Figuren erfährt Harry und mit ihm der Leser, wie Harrys Eltern Lily und James Potter von dem seinerzeit mächtigsten Zauberer Lord Voldemort getötet wurden. Doch als Voldemort auch Baby Harry mit einem Zauberfluch ermorden wollte, wirkte der Fluch auf ihn selbst zurück (HP1, 17f. u.a.). Beschützt durch die Liebe seiner Mutter, die sich Voldemort in den Weg warf und für ihren Sohn starb, konnte der dunkle Lord dem Baby nichts anhaben. Auch für den zweiten Widersacher Harrys im *Stein der Weisen* wird es von entscheidender Bedeutung sein, gegen jemanden zu kämpfen, „dem etwas so Wunderbares widerfahren ist" (HP1, 324).

Voldemort verlor bei der Attacke auf das Baby seine Macht und verschwand, Harry blieb eine Narbe in Form eines Blitzes auf der Stirn. Sein Aussehen erfüllt die verschiedenen Anforderungen an eine jugendliche Identifikationsfigur mit Attributen der Zauberwelt: „Harry hatte ein schmales Gesicht, knubbelige Knie, schwarzes Haar und hellgrüne Augen. Er trug eine Brille mit runden Gläsern [...]. Sein Haar wucherte einfach vor sich hin – wie ein wilder Garten" (HP1, 26). Das schmale Gesicht und die Brille deuten auf Intellektualität, das Haar steht symbolisch für Eigenwilligkeit und Individualität. Harry wird sich entsprechend verhalten, gerade das Ungezähmte ist es, das ihn einerseits in Gefahr bringt und ohne das er andererseits nicht erfolgreich wäre (vgl. z.B. HP1, 163ff.). Es ist kein Zufall, dass auch Schulleiter Dumbledore, der als der mächtigste gute Zauberer gilt, aus dem üblichen Rahmen fällt, etwa bei seiner Ansprache an die neu angekommenen Schüler (HP1, 135f.).

Entscheidend für die Konzeption der Reihe ist das Prinzip von Wiederholung und Variation. Jeder Band erzählt die Begebenheiten eines (Schul-)Jahres. Begonnen wird mit Harrys Aufenthalt bei seinen Pflegeeltern, dann verbringt er ein weiteres Jahr in dem Internat Hogwarts. Die eigentliche Handlung des ersten Bandes setzt kurz vor Harrys elftem Geburtstag ein (HP1, 51). Jedes Jahr schmiedet Lord Voldemort dunkle Pläne, um wieder an die Macht zu kommen, und jedes Jahr wird er von Harry, tatkräftig unterstützt durch seine Freunde Ron Weasley und Hermi(o)ne Granger (unterschiedliche Schreibungen in Originalsprache und Übersetzung) sowie Schulleiter Dumbledore, an der erneuten Machtergreifung im Reiche der Zauberer gehindert.

Rowling knüpft an bekannte Muster des Märchens an,[1] an Figuren, Symbole und Motive,[2] vor allem aber an den Dualismus der zwei Welten, wie er sich zum ersten Mal, eine Tradition begründend, in E.T.A. Hoffmanns *Der goldne Topf* (1814) findet. Die Ebene der Alltagswelt wird von der Ebene der Zauberwelt getrennt, wie dies geschieht, soll am Beispiel des ersten Harry-Potter-Romans gezeigt werden. Wie bei Hoffmann spielt auch bei Rowling Ironie eine ganz wichtige Rolle. Beide Welten werden teilweise sogar satirisch gezeichnet, allerdings finden sich die ernstzunehmenden Figuren und Geschehnisse einzig in der Zauberwelt. Durch dieses Übergewicht wird die Zauberwelt zur eigentlich ‚realistischen' Wahrnehmungsebene, aus deren Perspektive die Alltagswelt ausgesprochen banal und deren Bewohner als sehr engstirnig erscheinen. Zum Spiel der zwei Welten gehört, dass die Zauberwelt in großen Teilen Spiegelfunktion für die Ebene der Alltagswelt bekommt. Hier wird das der Konzeption zugrunde liegende, eine Klammer für beide Darstellungsebenen bildende Prinzip des Romans deutlich, Muster der Erfahrungswelt der Leser aufzugreifen und zu verfremden.

Der wichtigste Prätext für Rowling dürften aber C.S. Lewis' ebenfalls siebenbändige *Chroniken von Narnia* (1950–56) gewesen sein. Auch hier herrscht

---

[1] Hier widerspreche ich Dieter Petzold, der die *Harry-Potter*-Romane vom Märchen abgrenzt, das nach seiner Meinung „eine erzählerische Kurzform ist" und sich durch eine „sehr simple Welt" auszeichne; damit meint er zweifellos die ‚Gattung Grimm' als Prototyp des Volksmärchens. Dass diese Definition für das Märchen allgemein unzutreffend ist, hat der vorliegende Band hinreichend belegt. Ebensowenig ist Petzold zuzustimmen, dass im Märchen keine zwei Welten existieren und dies nur für „Fantasy Fiction" wie Tolkiens *Der Herr der Ringe* gelte. Im *Herrn der Ringe* gibt es tatsächlich nur eine Welt (die fantastische), während in Kunstmärchen seit E.T.A. Hoffmann der Dualismus zu einem typischen Merkmal geworden ist. Vgl. Petzold: Die Harry-Potter-Bücher: Märchen, *fantasy fiction, school stories* – und was noch? In: Spinner (Hg.): Im Bann des Zauberlehrlings?, S. 21–41, hier S. 25.

[2] So ist das Flohpulver, das bei Rowling für zauberische Fortbewegung sorgt, in der mittelalterlichen Literatur als „Pülverchen gegen Hautparasiten" bekannt, vgl. Ranke u. Brednich (Hg.): Enzyklopädie des Märchens, Bd. 4, Sp. 1308. Der Basilisk, der sich im zweiten Harry-Potter-Band als Werkzeug des Gegenspielers Lord Voldemort findet, hat eine lange Tradition als „Teufelstier" (vgl. ebd., Bd. 1, Sp. 1311–1315), er dient auf diese Weise auch dazu, den Lord näher zu charakterisieren.

der Dualismus von Alltags- und Zauberwelt mit Übergängen an verschiedenen Stellen; bereits hier sind es Kinder, die in der Alltagswelt Kinder bleiben und in der Parallelwelt zu mächtigen Zauberern werden; bereits hier finden sich durchaus grausame Szenen, die es den kindlichen Helden ermöglichen, sich zu beweisen; schon bei Lewis sind die Mädchen den Jungen in der Fähigkeit zur Reflexion überlegen; bereits Lewis lässt seine negativste Figur, eine böse Hexe, den Gedanken formulieren, dass „Magie immer an königliches Blut gebunden" ist (WN, 64).

Wie bei Lewis integriert die Ebene der Zauberwelt bruchlos die Traditionen von Märchen und fantastischer Literatur. Das lässt sich am Figurenpersonal erkennen, es finden sich Hexen und Zauberer,³ aber auch Einhörner, Zentauren, Drachen, Trolle und Gespenster, sogar von Vampiren ist die Rede (HP1, 148) – Bram Stokers Roman *Dracula* von 1897 gilt als eines der wichtigsten Muster fantastischer Literatur. Die ausgeprägte Gut-Böse-Dichotomie greift auf einen weiteren Grundlagentext der Fantastik zurück, auf Tolkiens *Der Herr der Ringe* (von 1954/55). In der Märchentradition finden sich Finsterlinge wie Lord Voldemort ursprünglich nicht, eine Ausnahme bildet Astrid Lindgrens Ritter Kato in *Mio, mein Mio* von 1954. Wenn der Name Katos genannt wird, geht ein eisiger Wind durch das Land (MI, 41); Lord Voldemorts Name wirkt wie ein Fluch und soll daher gar nicht ausgesprochen werden (HP1, 16). Doch während Lindgren wie Tolkien die Züge ihrer Figuren stark vereinfacht und so an Volksmärchen und Sage anschließt, versieht Rowling ihre Figuren mit differenzierten Merkmalen bis hin zu genauen biographischen Voraussetzungen, die allerdings erst nach und nach, in der Abfolge der Bände, aufgedeckt werden.

Harry Potter und der Stein der Weisen beginnt als an Hoffmann erinnernde Bürgersatire:

> Mr. und Mrs. Dursley im Ligusterweg Nummer 4 waren stolz darauf, ganz und gar normal zu sein, sehr stolz sogar. Niemand wäre auf die Idee gekommen, sie könnten sich in eine merkwürdige und geheimnisvolle Geschichte verstricken, denn mit solchem Unsinn wollten sie nichts zu tun haben. Mr. Dursley war Direktor einer Firma, die Bohrmaschinen herstellte. Er war groß und bullig und hatte fast keinen Hals, dafür aber einen sehr großen Schnurrbart. Mrs. Dursley war dünn und blond und besaß doppelt so viel Hals, wie notwendig gewesen wäre, was allerdings sehr nützlich war, denn so konnte sie den Hals über den Gartenzaun recken und zu den Nachbarn hinüberspähen. Die Dursleys hatten

---

³ Für mögliche Vorbilder der Zaubererfiguren in der antiken und mittelalterlichen Literatur vgl. Fößmeier u. Fröbel: Albus Dumbledore, Gandalf und Saruman. Fößmeier / Fröbel weisen auch auf die Namenssymbolik des Hogwarts-Leiters hin: „,Albus' (lat.) heißt ,weiß'. Das englische ,dumbledore' bedeutet ,Hummel', Hinweis auf ein freundliches, soziales Wesen, sowie auf Wehrhaftigkeit, mit der Dumbledore seine Schüler beschützt" (ebd., S. 171).

einen kleinen Sohn namens Dudley und in ihren Augen gab es nirgendwo einen prächtigeren Jungen. (HP1, 5)

Die besonders betonte Normalität, verstärkt durch die eher weltliche Symbolzahl 4 (Jahreszeiten, Himmelsrichtungen…), lässt sich, als Satire gelesen, in ihr Gegenteil verkehren: Die Dursleys sind eben nicht normal, sie glauben nur, es zu sein. Normalität besteht für sie – wie für Registrator Heerbrand und Konrektor Paulmann in Hoffmanns *Der goldne Topf* – darin, die Existenz des Übernatürlichen zu ignorieren. Wie bei Hoffmann hat das den Verlust von Fantasie und Transzendenz zur Folge.

Nicht so stark wie im *Goldnen Topf*, aber doch in Ansätzen vorhanden ist die Ironisierung des Lesers durch den Erzähler, der schließlich auch mit der gezeigten Vorstadt-Welt vertrauter ist als mit durch die Lüfte fliegenden Motorrädern. Nachdem Harry auf der Türschwelle deponiert wurde, heißt es:

> Eine Brise kräuselte die sorgfältig geschnittenen Hecken des Ligusterwegs, der still und ordentlich dalag unter dem tintenfarbenen Himmel, und nie wäre man auf den Gedanken gekommen, dass hier etwas Unerhörtes geschehen könnte. (HP1, 22)

Deutlich erkennbar werden die Figuren als Karikaturen typischer Angehöriger des englischen Mittelstands gezeichnet, die äußerlichen Attribute sprechen bereits eine deutliche Sprache. Dazu kommt das bourgeoise Verhalten, insbesondere im Verhältnis zu Harry, dem Sohn von Mrs. Dursleys Schwester, die in den Augen der Dursleys, wegen ihrer Zugehörigkeit zur Welt der Hexen und Zauberer, als schwarzes Schaf der Familie galt. Nach dem Tod der Eltern wird der einjährige Harry von Prof. Albus Dumbledore, dem Schulleiter des Internats Hogwarts, auf das Harry später gehen wird, und Prof. Minerva McGonagall, Dumbledores Stellvertreterin und Leiterin von Harrys zukünftigem Haus im Internat, den Dursleys auf die Türschwelle gesetzt. Ulf Abraham hat darin zwei biblische Motive gesehen:

> Was ist das, wenn nicht die Heilige Familie? Der kluge, gütige Vater Dumbledore und die strenge, aber gerechte Mutter McGonagall, das sind, auch wenn er es nicht weiß, *von Anfang an* Harrys Eltern. Sie sind – man verzeihe die Blasphemie – seine Eltern aber in *exakt* dem Sinn, in dem Maria und Joseph die Eltern des Jesuskindes sind: Die wahre Herkunft bleibt unklar, ist übernatürlich, verdankt sich nämlich dem Sieg des Göttlichen über das Böse, der Liebe über den Hass. Nun wird das biblische Motiv, das auf den Urgrund dieses Zweikampfes der Magier hinweist, […] jedoch überlagert von einem zweiten: Dumbledore legt nämlich nun das Baby den nichtsahnenden Dursleys vor die Tür. Das ‚Moses-Motiv' der Aussetzung des bedrohten Säuglings und seiner späteren Wiederentdeckung wird jetzt eingeführt.[4]

---

[4] Abraham: Harry Potter als Familienlektüre, S. 231.

Eine solche Bibelanspielung bedeutet nicht, dass Rowling nun ein Bedürfnis nach christlicher Transzendenz stillen will, ganz im Gegenteil zeugt der ironische Erzählgestus von einem postmodernen, intertextuellen Spiel mit Quellen. Das wird an vielen weiteren Stellen deutlich, etwa wenn als Datum des schrecklichen Kampfs von Voldemort mit Harrys Eltern ausgerechnet Halloween angegeben wird (HP1, 63).

Die Andeutung, dass in der Romanhandlung mehr als die Alltagswelt der Dursleys existiert, findet sich bereits auf der ersten Seite, wenn von einem „Geheimnis" in der Familie die Rede ist. Wenig später berichtet der Erzähler aus der Perspektive von Mr. Dursley:

> An der Straßenecke fiel ihm zum ersten Mal etwas Merkwürdiges auf – eine Katze, die eine Straßenkarte studierte. Einen Moment war Mr. Dursley nicht klar, was er gesehen hatte – dann wandte er rasch den Kopf zurück, um noch einmal hinzuschauen. An der Einbiegung zum Ligusterweg stand eine getigerte Katze, aber eine Straßenkarte war nicht zu sehen. (HP1, 6)

Wie bei Hoffmann wird auch bei Rowling die Grenze zwischen den beiden Welten in erster Linie als Problem der Wahrnehmung inszeniert. Für Zauberer ist es möglich, die Wahrnehmung der Menschen aus der Alltagswelt, die „Muggel" genannt werden (HP1, 15), zu steuern. Die Übergänge von der einen in die andere Welt werden nur geringfügig variiert, dies ist der erste, den Harry erlebt:

> „Hier ist es", sagte Hagrid und blieb stehen. „Zum Tropfenden Kessel. Den Laden kennt jeder." Es war ein kleiner, schmuddelig wirkender Pub. Harry hätte ihn nicht einmal bemerkt, wenn Hagrid nichts gesagt hätte. Die vorbeieilenden Menschen beachteten ihn nicht. Ihre Blicke wanderten von der großen Buchhandlung auf der einen Seite zum Plattenladen auf der anderen Seite, als könnten sie den Tropfenden Kessel überhaupt nicht sehen. Tatsächlich hatte Harry das ganz eigentümliche Gefühl, dass nur er und Hagrid ihn sahen. Doch bevor er den Mund aufmachen konnte, schob ihn Hagrid zur Tür hinein. (HP1, 77)

Den Weg zum Gleis des Bahnhofs King's Cross, auf dem der Zug nach Hogwarts steht, beschreibt die Mutter von Harrys zukünftigem Freund Ron Weasley:

> „Du läufst einfach schnurstracks auf die Absperrung vor dem Bahnsteig für die Gleise neun und zehn zu. Halt nicht an und hab keine Angst, du könntest dagegen knallen, das ist sehr wichtig. Wenn du nervös bist, dann renn lieber ein bisschen. Nun geh, noch vor Ron." „Ähm – ja", sagte Harry. Er drehte seinen Gepäckwagen herum und blickte auf die Absperrung. Sie machte einen sehr stabilen Eindruck. Langsam ging er auf sie zu. Menschen auf dem Weg zu den Gleisen neun oder zehn rempelten ihn an. Harry beschleunigte seine Schritte.

> Er würde direkt in diesen Fahrkartenschalter knallen, und dann säße er in der Patsche. Er lehnte sich, auf den Wagen gestützt, nach vorn und stürzte nun schwer atmend los – die Absperrung kam immer näher – anhalten konnte er nun nicht mehr – der Gepäckkarren war außer Kontrolle – noch ein halber Meter – er schloss die Augen, bereit zum Aufprall – Nichts geschah... Harry rannte weiter... er öffnete die Augen. Eine scharlachrote Dampflok stand an einem Bahnsteig bereit, die Waggons voller Menschen. Auf einem Schild über der Lok stand *Hogwarts-Express, 11 Uhr*. Harry warf einen Blick über die Schulter und sah an der Stelle, wo der Fahrkartenschalter gestanden hatte, ein schmiedeeisernes Tor und darauf die Worte *Gleis neundreiviertel*. Er hatte es geschafft. (HP1, 104f.)

Die Zauberwelt ist eine Parallelwelt, die geographisch nicht von der Alltagswelt geschieden ist. So liegt die Zaubererbank Gringotts „[...] hunderte von Meilen unterhalb von London. Tief unter der Untergrundbahn" (HP1, 73). Die Parallelität geht mit Ironie in der Darstellung einher, etwa wenn Hagrid Harry erläutert, dass es für die Abschirmung der Zauberwelt ein Zaubereiministerium gibt. Geleitet wird es von Cornelius Fudge, der sprechende Name (Fudge = Karamel) deutet bereits an, was Hagrid ausspricht: „Gibt keinen größeren Stümper." Des Ministers „[...] Hauptaufgabe ist, vor den Muggels geheim zu halten, dass es landauf, landab immer noch Hexen und Zauberer gibt" (HP1, 74). Der postmoderne Umgang mit englischen Mythen wird hier besonders deutlich, er wird noch konkreter, wenn die Zauberer zu ihren großen Vorfahren unter anderem „Paracelsus" und „Merlin" zählen (HP1, 115).

Die Zaubererwelt ist also gar nicht so verschieden von der Alltagswelt der Leser, zumindest der englischen; es gibt in der „Hogwarts-Schule für Hexerei und Zauberei" (HP1, 75) die Pflicht, Schuluniformen zu tragen, Lehrbücher anzuschaffen, Fächer zu belegen, Hausaufgaben zu machen und Prüfungen zu absolvieren:

> Bei Professor McGonagall mussten sie eine Maus in eine Schnupftabaksdose verwandeln – Punkte gab es, wenn es eine schöne Dose wurde, Punktabzug, wenn sie einen Schnurrbart hatte. [Professor] Snape machte sie alle nervös; sie spürten seinen Atem im Nacken, während sie verzweifelt versuchten, sich an die Zutaten für den Vergesslichkeitstrank zu erinnern. (HP1, 285)

In der Zaubererwelt gibt es genauso Läden mit Werbung (etwa *„Madam Malkins Anzüge für alle Gelegenheiten"*, HP1, 86), nur dass ihre Artikel auf die mit Magie begabte Klientel abgestimmt sind. Jeder Schüler kann ein Haustier in die Schule mitbringen, Hagrid rät Harry aber von Kröten ab, denn „Kröten sind schon seit Jahren nicht mehr angesagt" (HP1, 91). Die populäre Zauberer-Sportart Quidditch, in der Harry besonders gut sein wird, ist „wie Fußball in der Muggelwelt" (HP1, 89) oder „wie Basketball auf Besen mit sechs Körben" (HP1, 184), auch wenn das Spiel durch das Motiv des Fliegens und durch seine Zahlensymbolik (vier Bälle, sieben Spieler je Mannschaft etc.; HP1, 120) eng mit der Zaubererwelt assoziiert wird.

Während bei den Dursleys Harrys Mutter wegen ihrer Hexerei verpönt ist, haben die Zaubererfamilien Probleme mit ‚alltäglichen' Verwandten. Ron erläutert: „Ich glaube, Mum hat noch einen zweiten Vetter, der Buchhalter ist, aber wir reden nie über ihn" (HP1, 110). An solchen Stellen wird die Alltagswelt auf eine ironische Spiegelfunktion verkürzt. Harrys unmittelbarem Antagonisten Dudley in der Alltagswelt entspricht Draco in der Zauberwelt, nur dass Dudley dick und Draco dünn ist (HP1, 86f.). In der analogen Konzeption der Zauberwelt zeigt sich auch eines der zentralen Themen der Roman-Reihe, die Bedeutung von Herkunft und Leistung. Draco Malfoy hält sich, wie sein Vater, viel auf seine Abstammung aus einem alten Zauberergeschlecht zugute: „Du wirst bald feststellen, dass einige Zaubererfamilien viel besser sind als andere, Potter. Und du wirst dich doch nicht etwa mit der falschen Sorte abgeben" (HP1, 120f.). Doch genau das wird Harry tun. Rowling aktualisiert so das zentrale Motiv der bürgerlichen Literatur, die Identitätsstiftung durch Abgrenzung zum Adel, der als arrogant und in seinen Überzeugungen veraltet dargestellt wird. Zugleich überführt sie es bruchlos in einen neuen Gegensatz von Reich und Arm. Die Reichen, Mächtigen, die sich viel auf ihre Stellung und ihr Können einbilden, werden negativ gezeichnet und die Sympathie ist bei den *underdogs*, die sich durch Fleiß, Begabung und Menschlichkeit gegen die Zumutungen des herrschenden Machtdiskurses behaupten lernen. Dazu kommt eine weitere Aktualisierungsmöglichkeit: Das Rekurrieren auf die Qualität des ‚Blutes' erinnert an den Nationalsozialismus. Insofern wäre Voldemort eine Art Nachfahre Hitlers in der Zaubererwelt.

Das erste Kapitel mit der Aussetzung und dem knappen Bericht von Harrys Vorgeschichte hat den Charakter einer Exposition, mit dem zweiten Kapitel beginnt die eigentliche Handlung. Die Zeit wird gerafft: „Fast zehn Jahre waren vergangen […]" (HP1, 24). Es stellt sich heraus, dass das Findelkind Harry in seiner Familie alles andere als gut behandelt wird, Rowling aktualisiert das Aschenputtel-Motiv. Harry muss im Schrank unter der Treppe schlafen und alle möglichen Arbeiten ausführen, materiell bekommt er nur das Nötigste, keines der Familienmitglieder ist besonders nett zu ihm und insbesondere sein ‚Bruder' Dudley quält ihn, so oft er kann. Die Mangelsituation wird durch jene Figuren behoben, die ihn seinerzeit aussetzten; Harry wird in das Zaubererinternat Hogwarts aufgenommen. Situationskomik entsteht, als die Pflegeeltern versuchen, Harry diese Nachricht vorzuenthalten.

Wie im Märchen hat Harry Helferfiguren. Neben seinen weniger märchenhaften, allerdings auch zaubernden Freunden ist dies vor allem „Rubeus Hagrid, Hüter der Schlüssel und Ländereien von Hogwarts" (HP1, 56). Hagrids Aussehen erinnert an Sagenfiguren, vor allem an Riesen, mit denen er verwandt ist und verglichen wird:

> In der Türöffnung stand ein Riese von Mann. Sein Gesicht war fast gänzlich von einer langen, zottigen Haarmähne und einem wilden, struppigen Bart verdeckt, doch man konnte seine Augen erkennen, die unter all dem Haar schimmerten wie schwarze Käfer. (HP1, 54)

Wie die Riesen in Sagen und Märchen ist Hagrid nicht eben besonders intelligent, andererseits ist er ausgesprochen freundlich und gutmütig. Komisches und seine Stärke relativierendes Requisit ist sein „rosa Schirm" (HP1, 65), in dem Hagrid einen Teil seines zerbrochenen Zauberstabs versteckt hat und den er manchmal, obwohl er das eigentlich nicht darf, zum Zaubern benutzt.

Zwei Zauberrequisiten werden in *Harry Potter und der Stein der Weisen* besonders wichtig, sie symbolisieren in ihrer Materialität zugleich das Verhältnis von Alltags- und Wunderwelt. Das erste ist der Tarnumhang, den ihm sein Vater hinterlassen hat und mit dem Harry sich unsichtbar machen kann (HP1, 220); das zweite ist der Spiegel Nerhegeb, Spiegelschrift für ‚Begehren'. Ebenfalls spiegelschriftlich ist in ihn „eine Inschrift eingeprägt", rückwärts gelesen lautet sie: Nicht dein Antlitz aber dein Herz begehren (HP1, 227). In dem Spiegel sieht Harry erstmals seine Eltern (HP1, 228), Ron hingegen erblickt sich selbst als „Schulsprecher" und „Mannschaftskapitän" im Quidditch (HP1, 230).

Dumbledore erläutert die Funktionsweise des Spiegels: „Er zeigt uns nicht mehr und nicht weniger als unseren tiefsten, verzweifeltsten Herzenswunsch." Das kann gefährlich sein: „Es ist nicht gut, wenn wir unseren Träumen nachhängen und vergessen zu leben [...]" (HP1, 233). Wie dem Spiegel wird damit dem Roman eine selbstreflexive Botschaft eingeschrieben: Die Lektüre eines Märchen- oder Fantasyromans gibt, gleichsam unter dem Tarnumhang der Fantasie, dem Leser die Möglichkeit zur Flucht aus seiner eigenen Alltagsrealität. Doch kommt es darauf an, wie er nach seiner Rückkehr die gemachten Erfahrungen nutzt. Zu der selbstreflexiven Strategie passt die bereits beobachtete Ironie, mit der auch in der Zauberwelt Distanz erzeugt wird.

Harry macht zudem distanzerzeugende Erfahrungen. Mit seinen Freunden Ron und Hermi(o)ne hilft er Hagrid, einen jungen Drachen abzutransportieren, der den Wildhüter sonst in große Schwierigkeiten gebracht hätte. Die Schüler des Hauses Gryffindor werden ertappt und wegen Missachtung des Verbots, nachts durch die Schule zu schleichen, mit Punktabzug für ihr Haus bestraft. Das hat Konsequenzen: „Harry, bisher [wegen seines Erfolgs im Quidditch] einer der beliebtesten und angesehensten Schüler, war nun der meistgehasste" (HP1, 266). Freilich können die Freunde die Scharte zum Schluss wieder auswetzen. Durch den Sieg über Voldemort erhalten Sie genug Punkte, um den Hauspokal nach Gryffindor zu holen.

In dem Showdown von Harry und Voldemort spielt der Spiegel wieder eine zentrale Rolle. Mehrere Lehrer haben magische Fallen aufgestellt, die Harry nur mit Hilfe von Hermi(o)ne und Ron überwinden kann. Er muss die Freunde aber zurücklassen und steht zum Schluss allein vor Professor Quirrell, der Voldemort hilft. Wie der Spiegel hat Quirrell eine offen sichtbare und eine verborgene Seite. Quirrell ist nicht nur in seiner Haltung, sondern im ganz konkreten physischen Sinn janusgesichtig – Voldemort hat sich seiner bemächtigt, das Gesicht des Rädelsführers befindet sich am Hinterkopf des Lehrers für die dunklen Künste. Quirell verkörpert die Versuchung, die für Harry von Voldemort ausgehen wird, er ist ein Spiegelbild in dem Sinn, dass auch Harry dem Bösen erliegen könnte – darauf beruht ein Teil der Spannung in den Nachfolgebänden:

> „Ich traf ihn bei meiner Reise um die Welt. Damals war ich noch ein einfältiger junger Mann, mit dem Kopf [sic] voll lächerlicher Vorstellungen über Gut und Böse. Lord Voldemort hat mir gezeigt, wie falsch ich dachte. Es gibt kein Gut und Böse, es gibt nur Macht, und jene, die zu schwach sind, um nach ihr zu streben... Seit damals bin ich sein treuer Diener, auch wenn ich ihn viele Male enttäuscht habe." Quirrell zitterte plötzlich. (HP1, 316)

Das Zittern des Besessenen konterkariert seine Rede – er ist nicht Verbündeter, sondern Opfer der Macht.

Abermals ist es die Liebe seiner Mutter, die Harry unangreifbar macht. Mit seinen bloßen Händen verbrennt er Quirrell, der ihn ermorden will, das Gesicht, schreibt die Botschaft des Guten in das Gesicht des Bösen ein (HP1, 320). An dieser zentralen Stelle wird der Roman durchgängig selbstreflexiv. Der Stein der Weisen, der vor dem Zugriff Voldemorts mittels der aufgestellten Fallen bewacht werden soll, ist in dem Spiegel Nerhegeb verborgen, ein Trick Dumbledores. Nur Harry, der den Stein nicht haben will, um durch ihn unsterblich zu werden, kann ihn bekommen:

> Er sah zuerst sein Spiegelbild, bleich und verängstigt. Doch einen Augenblick später lächelte ihn das Spiegelbild an. Es schob die Hand in die Tasche und zog einen blutroten Stein hervor. Es zwinkerte ihm zu und ließ den Stein in die Tasche zurückgleiten – und in diesem Moment spürte Harry etwas Schweres in seine wirkliche Tasche fallen. (HP1, 317)

Dumbledore hat die Funktionsweise des Spiegels umgekehrt, doch ist sein Sinn geblieben. Wie der Spiegel Harry zeigt der Roman seinen jugendlichen Lesern die Bedeutung einer über das Zeitalter der Postmoderne geretteten Humanität, für die alles Zauberer(un)wesen nur allegorische Einkleidung ist. Insofern ist Rowlings Märchenroman traditionell und aktuell zugleich.

Eoin Colfer

Artemis Fowl (2001)

„Der magischste Ort auf dem ganzen Planeten"

Vier Jahre nach *Harry Potter*, im Jahr 2001, erblickt der um ein Jahr ältere *Artemis Fowl* das Licht der fiktionalen Welt, eine Schöpfung des irischen Schriftstellers Eoin Colfer (geb. 1965). Der erste einer, anders als bei Rowling, nicht genau fixierten Anzahl von Bänden mit diesem Titelhelden machte Colfer praktisch über Nacht berühmt. Nicht nur der sagenhafte Erfolg, auch der teils märchenhafte, teils fantastische Inhalt erinnert an das englische Vorbild. Colfer bedient sich noch stärker als Rowling bei allen in Frage kommenden Traditionen, sein Roman integriert Elemente des Science Fiction ebenso wie des Horrorgenres in der Nachfolge der *gothic novel*. Es dominiert die Tradition der Kriminalliteratur oder des Thrillers. Insofern wird zu fragen sein, ob man Colfers literarischen Cocktail überhaupt noch als Märchen klassifizieren kann.

Gerahmt wird die Handlung durch eine Herausgeberfiktion, auch wenn der Herausgeber erst ganz am Schluss namentlich in Erscheinung tritt: „J. Argon, Doktor der Psychologie, für das Archiv der ZUP-Akademie" (ZUP steht für Zentrale Untergrund-Polizei). Damit wird ein vorgeblicher Bericht gezeichnet, dem Colfer noch die ironische Wendung anfügt: „Die Details sind zu 94 Prozent zutreffend, bei sechs Prozent unvermeidbarer Extrapolation" (AF, 240).

Bereits der Name des zwölfjährigen Anti-Helden ist Programm. Engl. „foul" (in früheren Sprachstufen stand w für u) heißt soviel wie „ekelhaft, widerlich". Artemis war in der griechischen Mythologie die Göttin der Jagd und des Mondes; das ist einerseits ein auf die kriminelle Intelligenz des Wunderkindes (AF, 7) verweisender Kontrapunkt zum Nachnamen, andererseits ein ironisches Spiel, denn Artemis' Aktivitäten scheuen das Licht und er wird als bleicher Junge beschrieben.

Die Handlung ist von Action-Filmen inspiriert, mit dem Unterschied, dass sie teilweise von Fabelwesen bevölkert wird. Artemis' Vater ist bei einem krummen Geschäft verschwunden, der Junge lebt mit seiner Mutter, seinem Leibwächter und dessen jugendlicher Schwester auf dem nahe Dublin gelegenen Familienbesitz Fowl Manor. Durch ständiges Surfen im Internet – Artemis hat für die Generation der Computerkids Stellvertreterfunktion – ist der Junge dem Geheimnis der Elfen auf die Spur gekommen. Mit seinem

Leibwächter bereist er Metropolen der Welt, um schließlich – hier setzt die Handlung ein – in Ho Chi Minh City, dem früheren Saigon, fündig zu werden. Er besticht eine alkoholkranke Elfe und fotografiert das Buch der Elfen. Mit Hilfe eines selbst entwickelten Computerprogramms kann er es entschlüsseln und erfährt so die Geheimnisse der unterirdischen Welt, in der die Fabelwesen leben. Dazu gehört auch, dass Elfen bei Vollmond unter großen Eichen neue Magie gewinnen können. Artemis' Ziel könnte nicht prosaischer sein: „Dieses Ziel war natürlich Gold. Die Beschaffung von Gold. Wie es schien, war das Erdvolk beinahe ebenso versessen auf das kostbare Metall wie die Menschen" (AF, 31). Hier wird bereits die Struktur der Fabelwelt angedeutet, es handelt sich um eine Spiegelwelt der Realität. Die märchen- oder sagenhaften, teils fantastischen Elemente sind Maskerade.

Artemis belagert des Nachts große Eichen und entführt schließlich eine Elfe. Zufälligerweise handelt es sich um Holly Short, Angehörige der Zentralen Untergrund-Polizei, also jener ZUP, von der auch der Herausgeber des ganzen ‚Berichts' stammt. Sie hat, passend zum ironischen Spiel mit Traditionen, einen berühmten Vorfahren: „Amor war ihr Urgroßvater" (AF, 33). Holly wird zunächst in ihrer unterirdischen Lebenswelt vorgestellt, diese trägt deutliche Züge einer Großstadt, wie sie insbesondere Kriminalfilme imaginieren – die Straßen sind verstopft, es gibt Touristen, Tumulte und Verbrechen (AF, 35ff.). Für einen Polizeieinsatz wird Holly von Commander Root getadelt, er gibt ihr eine letzte Chance – sie soll einen entlaufenen Troll aufspüren. Der Troll trägt – ein intertextuelles Spiel – Züge der Figur, die den jugendlichen Lesern bereits in *Harry Potter und der Stein der Weisen* begegnet ist:

> Es war ein fürchterlicher Anblick. Über drei Meter hoch, die Haut ein fahles, granitenes Grau, der große, plumpe Körper wie ein Findling, auf den man einen kleinen, kokosnussartigen Glatzkopf gesetzt hatte. Das Wesen hatte kurze Beine, dick wie Baumstämme, mit flachen, verhornten Füßen. Der Gestank, den es ausströmte, verschlug einem den Atem. Es hielt eine riesige hölzerne Keule in der Hand, die, wegen seiner langen Arme, auf dem Boden entlangschleifte. (HP, 191f.)

Colfer ist allerdings weniger präzise als Rowling in der Beschreibung von Reaktionen:

> Holly schnappte entsetzt nach Luft. Der Troll war das reinste Monster! Groß wie ein Elefant und zehnmal so gefährlich. (AF, 52)

Wie in *Harry Potter und der Stein der Weisen* kommen Zentauren vor, genauer: ein Zentaur. Bei Colfer trägt er den Namen Foaly und ist Herr der technischen Entwicklungen im Reich der Unterirdischen.

Für die entführte Holly will Artemis Elfengold. Commander Root und seine Einheit lassen sich mittels speziell entwickelter Shuttles auf Lavaströmen an die Erdoberfläche bringen (AF, 81ff.) und belagern Fowl Manor (AF, 113ff.). Colfer entfaltet nach bester Science-Fiction-Manier ein Duell der Superlative. Beide Seiten sind bis an die Zähne bewaffnet. Die Unterirdischen können nur nachts angreifen. Damit es Nacht bleibt und sie nicht beobachtet werden, lassen sie in Fowl Manor die Zeit stillstehen, unbeteiligte Passanten sehen nun ein verlassenes Herrenhaus. Zwischen Root und Lieutenant Cudgeon, dem „Chef der Bergungseinheit", gibt es einen folgenreichen Streit. Cudgeon will eine „Blauspülung" durchsetzen, eine „Biobombe", die „alle Lebewesen zerstörte; die Landschaft blieb unversehrt". Root weigert sich, um Holly Shorts Leben zu retten (AF, 114). Cudgeon will Karriere als Politiker machen und sich mit dem Einsatz profilieren, er schafft es, Root kurzzeitig als Leiter des Unternehmens abzulösen.

Hier wird der Troll wichtig, die kurze Episode am Romananfang hat also expositorische Funktion. Cudgeon lässt den Troll auf Artemis und seine Verbündeten los. Mit dem Duell Troll gegen Butler (Artemis' Diener trägt den Namen seines Berufs) zieht Colfer alle Register des Thriller-Genres:

> Er [Butler] drückte so schnell ab, wie der Mechanismus der SIG-Sauer es zuließ. Zwei in die Brust, drei zwischen die Augen. So war es zumindest geplant. Die Brustschüsse schaffte er noch, doch der Troll unterbrach ihn, bevor er fertig war. Zwei Säbelzähne durchstießen Butlers Deckung, bohrten sich in seinen Oberkörper und schlitzten sein kevlarverstärktes Jackett auf wie eine Rasierklinge ein Stück Reispapier. Butler verspürte einen kalten Schmerz, als das gezackte Elfenbein in seine Brust drang. Er wusste sofort, dass die Wunde tödlich war. (AF, 196)

In einem Jugendroman für diese Altersgruppe kann Colfer aber keine halbwegs positiv konnotierte Figur sterben lassen – Holly Short rettet Butler durch ihre magischen Heilkünste das Leben (AF, 201ff.). Holly wird gegen das Lösegeld ausgetauscht, die ZUP-Einheit zündet die Biobombe, doch Artemis und seine Verbündeten fliehen durch einen Trick, wieder nach bester Science-Fiction-Manier. Sie nehmen Schlaftabletten ein, um dem „Zeitfeld" zu entkommen (AF, 235f.). Der Schluss klingt nach Großstadt-Krimi:

> Diesmal hatte Fowl gewonnen, doch jemand wie er würde sich nicht auf seinen Lorbeeren ausruhen. Bald würde er sich einen neuen Plan ausdenken, um an Geld heranzukommen. Und dann würde Holly Short auf ihn warten, mit einer großen Kanone und einem Lächeln. (AF, 232)

Holly Short ist die positive Heldin des Romans, Artemis' Handeln wird durch seine Jugend und sein Elternhaus motiviert. Dass er im Grunde ein netter Junge ist, auch wenn der ‚Berichterstatter' das später in Zweifel zieht (AF, 240), zeigt sich in einer Bitte, die Holly ihm erfüllt: Die Mutter, die den Verlust des Vaters nicht verkraften konnte, wird von ihren Wahnvorstellungen geheilt (AF, 238).

In seinen postmodernen Genrecocktail mischt Colfer Motive des zivilisationskritischen Kriminalromans, etwa wenn der Erzähler kommentiert: „Niemand baute so grausame Waffen wie die Menschenwesen" (AF, 229). Irland wird als „das alte Land" portraitiert, hier findet sich Éiriú, „[...] das Land, in dem die Zeit begann. Der magischste Ort auf dem ganzen Planeten." Auch wenn Irland, wie alle anderen Länder, unter der „Umweltverschmutzung" zu leiden hat (AF, 64f.),

> [...] waren die Iren die Menschen, zu denen sich das Erdvolk noch am ehesten hingezogen fühlte. Vielleicht lag es an ihrer exzentrischen Art, vielleicht auch an ihrem Sinn für Spaß – *craic*, wie sie es nannten. Und falls das Erdvolk tatsächlich mit den Menschen verwandt war, wie eine andere Theorie behauptete, dann war die Wahrscheinlichkeit groß, dass alles auf der Grünen Insel begonnen hatte. (AF, 65)

Die Rechtfertigungsstrategie ist unverkennbar: Colfer möchte offenbar seinen Roman als „craic" verstanden wissen. Und er spielt die Patriotismus-Karte, schließlich gilt Irland, auch vom Selbstverständnis der Bewohner her, als Land der Mythen und Sagen. Vergleicht man *Artemis Fowl* mit *Harry Potter*, dann lässt sich das nicht unbedingt bestätigen.

Colfer ist zweifellos eine unterhaltsame, gut lesbare, bis in die Syntax sehr einfach strukturierte Geschichte gelungen, die alle Bestseller-Zutaten hat, ohne deshalb der Tradition des Märchens, wenn man von der ironischen Mischung mit verschiedensten anderen Traditionen absieht, wesentlich Neues hinzuzufügen. Die Märchenanleihen beschränken sich auf Figuren und einzelne Motive, der unterlegte Sinn erschöpft sich in dem, was man Zeitgeist nennt. Es gibt viele Jugendliche wie Artemis Fowl, deren bester Freund der Computer ist und die sich von ihrer Familie unverstanden fühlen. Immerhin schafft es Artemis zum Schluss, ein neues Familiengefühl herzustellen, Butler und seine Schwester Juliet haben dabei Geschwister-Status. Sollte dieser Sozialisationsprozess jugendlichen Lesern auch gelingen, dann hätte das Buch zumindest eine pädagogische Funktion.

Cornelia Funke

Tintenherz (2003)

„Meine Stimme hatte sie aus ihrer Geschichte
rutschen lassen wie ein Lesezeichen"

2003 erschien, so könnte man etwas flapsig formulieren, die deutsche Antwort auf Harry Potter, der offenbar zum Muster der Genres Märchen und/oder Fantasy in der Kinder- und Jugendliteratur geworden ist. Cornelia Funke (geb. 1958), bekannt geworden durch realistische Kinderromane wie *Die wilden Hühner* (1993; ausgebaut zu einer Reihe) und Fantasyromane wie *Drachenreiter* (1997), erzielte mit *Tintenherz* einen internationalen Erfolg. Wie Colfer in *Artemis Fowl* (2001) spielt Funke mit Klassikern der Fantasy- und Märchenliteratur, allerdings zumeist in Form von markierten Zitaten, die sie als Motti den Kapiteln voranstellt. In einem „Quellenverzeichnis" (TH, 569–574) werden die Texte genannt, dabei sind unter anderem James M. Barries *Peter Pan*, Roald Dahls *Hexen hexen*, Michael Endes *Jim Knopf und Lukas der Lokomotivführer* sowie *Die unendliche Geschichte*, die *Erzählungen aus den tausendundein Nächten*, Rudyard Kiplings *Das Dschungelbuch*, C.S. Lewis' *Der König von Narnia*, Astrid Lindgrens *Mio, mein Mio*, Otfried Preußlers *Krabat*, Tolkiens *Der Herr der Ringe*, T.H. Whites *Das Buch Merlin*, aber auch William Shakespeares *Der Sturm* und Paul Celans Lyrikband *Sprachgitter*.

Anspielungen auf die verschiedenen Prätexte im Text sind oft leicht erkennbar, so ist dem Kapitel „Ein Haus voller Bücher" ein Zitat aus Oscar Wildes *Der selbstsüchtige Riese* (1888) vorangestellt, und im Text heißt es über das Eisentor zu dem Haus von Meggies Tante Elinor: „Sein Anblick erinnerte Meggie an eine ihrer Lieblingsgeschichten, die vom selbstsüchtigen Riesen, der keine Kinder in seinem Garten haben wollte" (TH, 39). Wie der selbstsüchtige Riese wird sich Elinor an Kinder gewöhnen, vielmehr an das Kind Meggie.

Bereits in der Widmung auf S. 7 wird Tolkiens *Herr der Ringe* (1954/55) erwähnt, in der Tat sollte man den Einfluss der erfolgreichen Tolkien-Verfilmung auch auf dieses Buch nicht unterschätzen (Ende 2001 kam der erste, hier wohl wichtige Teil in die Kinos; Ende 2002 dann der zweite und Ende 2003 der letzte). Die zahlreichen Motti aus kanonischen Texten haben expositorische Funktion und wären verzichtbar, allerdings beglaubigen Sie indirekt den Anspruch der Verfasserin, mit *diesem* Buch in *dieser* exquisiten Tradition zu stehen. Schon bei dem Hauptmotto, dem Gedicht *Engführung* aus Celans Lyrikband, wird dies problematisch. Das dreimal wiederholte „Asche" verweist biographisch und thematisch auf den Holocaust (wie in Celans berühmter *Todesfuge*). Funke mag bei ihrem Finsterling Capricorn, auf den das titelgebende *Pars pro toto* Tintenherz verweist, an solche Zusammenhänge gedacht haben, sie sind Thema und Handlung des Buches aber nicht angemessen. Für „Asche" steht in Tintenherz ein Monster, der „Schatten" (TH, 481), den Capricorn aus einer fantastischen Welt in die Alltagswelt der Handlung holen will. Funke adaptiert das Muster der zwei Welten, Schleusen sind Bücher, in diesem Fall ein Buch, das märchenhafte Züge hat, in dem beispielsweise Feen vorkommen (TH, 282).

Alles beginnt, wie in Hoffmanns Märchen, ganz realistisch. Vater Mo (Kurzform von Mortimer) ist Buchbinder, leidenschaftlicher Büchersammler und allein erziehender Vater, seine Tochter Meggie weiß nicht viel von ihrer Mutter Teresa. Erst spät erfährt sie, dass Mo die Gabe des ‚Herauslesens' besitzt – er kann ein Buch so vorlesen, dass die Figuren buchstäblich lebendig werden. Für jede Figur aus dem Buch muss aber ein Lebewesen in das Buch, es handelt sich um ein Tauschgeschäft (dessen Motivation Funke offen lässt). Mo wird deshalb von den ‚herausgelesenen' Figuren „Zauberzunge" genannt (TH, 37).

Die Handlung beginnt, als Meggie zwölf Jahre alt ist (so alt wie Colfers *Artemis Fowl* oder Harry Potter im zweiten Band der Reihe) und Staubfinger in der Nacht vor der Tür steht (TH, 14), eine der Figuren, die Mo aus dem Buch gelesen hat. Staubfinger ist für seinen Herrn Capricorn auf der Suche nach diesem Buch, er selbst hofft, durch erneutes Vorlesen wieder in die Welt des Buches zurückkehren zu können: „Zurückzukehren in seine Geschichte, das ist das Einzige, was er sich wünscht" (TH, 161). Mo möchte das Buch aber nicht hergeben, er hofft immer noch, irgendwann seine Frau daraus befreien zu können. Indem Funke ihren Lesern zunächst die Zusammenhänge vorenthält, erzeugt sie Spannung, die sie mit trivialen Sätzen wie dem folgenden, gekonnt an das Ende des ersten Kapitels gestellten, weiter schürt: „Erst viel später begriff sie [Meggie], dass das Unheil nicht in dieser Nacht geboren worden war. Es hatte sich nur zurückgeschlichen" (TH, 20).

Mo, Meggie und Staubfinger fahren zu Elinor, die passenderweise Büchernärrin ist, sie gibt „ihr ganzes Geld für Bücher" aus (TH, 41). Elinor ist Meggies Großtante, die Tante ihrer Mutter (TH, 56). Diese Figur ist als einzige schlüssig motiviert, ihre Liebe zu Büchern entspringt dem Bedürfnis, die verlorene, nie erlebte Vaterliebe zu ersetzen. Eines Abends sieht Meggie sie im Nachthemd, ihre Großtante kommt ihr „fast wie ein Mädchen" vor, „das eines Morgens mit Falten im Gesicht aufgewacht war". Elinor erklärt:

„Dein Vater neigt nicht zu Verrücktheiten und deine Mutter hat es auch nie getan. Im Gegenteil, ich habe nie jemanden mit einem kühleren Kopf kennen gelernt. Mein Vater dagegen war mindestens so verrückt wie ich. Mehr als die

Hälfte meiner Bücher habe ich von ihm geerbt, und was hat er nun davon? Haben sie ihn vor dem Tod bewahrt? Im Gegenteil. Der Schlag hat ihn getroffen, bei einer Bücherauktion. Ist das nicht lächerlich? (TH, 74)

Staubfinger verrät Mo und Meggie, die Männer Capricorns entführen Mo und nehmen das Buch mit (TH, 81). Es stellt sich jedoch heraus, dass Elinor es ausgetauscht hat (TH, 95f.). Doch kann Staubfinger seinen Betrug vollenden, er führt Elinor und Meggie in das kleine italienische Dorf, das Capricorn mit seiner Verbrecherbande kolonisiert hat: „Er macht dort die Gesetze, er bestimmt, was geschieht, er kann tun und lassen, was ihm gefällt, dafür haben seine Männer gesorgt" (TH, 117).

Erst im Dorf, als Meggie wieder mit ihrem Vater vereint ist, erfährt sie – und mit ihr der Leser – die Vorgeschichte. Als sie symbolische drei Jahre alt war, las ihr Vater aus dem Buch im Buch, aus *Tintenherz* vor. Die Konzeption von Michael Endes *Die unendliche Geschichte* (1979) wird hier auf den Kopf gestellt, man tritt nicht durch das Buch als Schleuse ein, sondern etwas kommt heraus; der Inhalt des Buches ist nicht notwendig, sondern gefährlich:

„Die Geschichte gefiel uns", fuhr ihr Vater fort. „Sie war spannend, gut geschrieben und bevölkert mit den seltsamsten Wesen. Deine Mutter liebte es, von einem Buch ins Unbekannte gelockt zu werden, und die Welt, in die *Tintenherz* sie lockte, war ganz nach ihrem Geschmack. Manchmal ging es sehr finster zu […]." (TH, 152f.)

Als Mo symbolischerweise das siebte Kapitel vorliest (allerdings ist sieben traditionell eine positiv konnotierte Zahl), sind plötzlich Figuren aus dem Buch im Zimmer: „Basta, Staubfinger, Capricorn. Basta hielt Staubfinger am Kragen gepackt […]" (TH, 153). Und: „Meine Stimme hatte sie aus ihrer Geschichte rutschen lassen wie ein Lesezeichen, das jemand zwischen den Seiten vergessen hat" (TH, 154). Weiter: „Basta, Capricorn und Staubfinger sind aus dem Buch herausgekommen und sie [Meggies Mutter] ist hineingegangen, zusammen mit unseren zwei Katzen […]" (TH, 158). Das alles ist durchaus (im Rahmen der Konzeption) ernst gemeint.

Capricorn hat nun Mos Ausgabe von *Tintenherz*, er hat die ganze Auflage durch Diebstähle besorgt, um alle Exemplare bis auf eines zu verbrennen, da er nicht mehr in seine Welt zurück möchte. Stattdessen möchte er von Mo, dass der ihm aus anderen Büchern „Gold" herausliest: „Ich bin hoffnungslos geldgierig" (TH, 186). „Zauberzunge" hat damit zunächst Erfolg (TH, 194f.). Doch mit Hilfe von Staubfinger, den das Verbrennen der Bücher gegen Capricorn eingenommen hat, fliehen Mo, Meggie und Elinor, in Begleitung des jungen Farid (TH, 223), den Mo ohne Absicht aus den *„Erzählungen aus 1001 Nacht"* herausgelesen hat (TH, 199).

Nach einer mit viel Spannung inszenierten Verfolgungsjagd schaffen sie es, den Verbrechern zu entkommen und Fenoglio, den Autor von *Tintenherz*, aufzusuchen, um das verlorene Buchexemplar zu ersetzen (TH, 272ff.). Von nun an ist der fiktive Autor selbst mit im Spiel. Fenoglio sieht seine Figuren mit der dem Autor eigenen Distanz, er enthüllt so die Tragik der Figur Staubfinger, der zu seinem eigenen Besten nicht mehr in seine Geschichte zurück sollte:

> „[...] einer von Capricorns Männern tötet Staubfinger. Wirklich, die Szene ist mir gut gelungen. Staubfinger hat da so einen zahmen Marder, Capricorns Mann will ihn töten, weil er großes Vergnügen daran hat, kleine Tiere zu töten, nun ja, Staubfinger will seinen pelzigen Freund retten – und stirbt für ihn." (TH, 280)

Dass die Flucht nicht von Dauer sein kann, zeigt sich in Elinors Haus – Capricorns Leute haben ihre Bibliothek zerstört und die Bücher verbrannt (TH, 303f.). Basta und Flachnase, die beiden engsten Vertrauten Capricorns, spüren die Familie bei Fenoglio auf und nehmen nun auch den Autor mit ins Dorf der Verbrecher (TH, 317ff.).

Das Geschehen bekommt neue Dynamik, als sich herausstellt, dass der frühere Vorleser Darius Meggies Mutter aus *Tintenherz* herausgelesen hat. Wegen der mangelhaften Vorlesekompetenz ist die Mutter allerdings verändert, sie ist stumm. Capricorn hat sie zu einer seiner Mägde gemacht; Staubfinger verbündet sich mit ihr, um das Buch zu bekommen (TH, 350ff.). Nach einigem Hin und Her haben Mo und Fenoglio die rettende Idee. Fenoglio schreibt eine neue Geschichte, um den Schaden, den seine alte angerichtet hat, zu beheben.

Meggie soll für Capricorn den furchterregenden „Schatten" als Gehilfen aus *Tintenherz* herauslesen, ein Monster, „unverletzlich und ohne Mitleid" (TH, 540). Meggie und Mo lesen aber die Ergänzung Fenoglios, in der Capricorn durch den Schatten getötet wird und seine Männer verschwinden (TH, 541f.). „Kobolde, Feen und noch viele mehr" kommen aus der Geschichte heraus, Fenoglio aber geht in seine selbst geschaffene Welt hinein (TH, 546).

Die mögliche Fortsetzung der Handlung ist bereits im Schluss angelegt, denn Basta und Capricorns Mutter können entkommen (TH, 549). Auch Staubfingers Geschichte ist noch nicht zu Ende, er hat sein Ziel, in das Buch zurückzukehren, nicht erreicht. Zwischen Farid, der mit Staubfinger geht, und Meggie gibt es mehr als freundschaftliche Gefühle (TH, 557).

Capricorn ist der titelgebende Anti-Held, schon bevor er die Bühne des Texts betritt, baut Funke Spannung auf. Genauer gesagt: Sie erzeugt bei Meggie, und damit auch beim Leser, soviel Angst wie möglich. Ein Beispiel:

> „Capricorn wird deinen Vater töten, wenn er das Buch nicht bekommt!", raunte Staubfinger. „Er wird ihn töten, verstehst du? Habe ich dir nicht erklärt, wie er ist? Er will das Buch haben, und er bekommt immer, was er will. Es ist lächerlich zu glauben, dass es hier [bei Elinor] vor ihm sicher ist." (TH, 54)

Und wieder Staubfinger: „Ich rede so wenig wie möglich über Capricorn, ich vermeide es sogar, an ihn zu denken, und glauben Sie mir, wenn Sie ihn erst einmal kennen, werden Sie es genauso halten" (TH, 117). Für die Bewohner der Gegend, in der das Dorf liegt, ist Capricorn das personifizierte Böse – was sie daran hindert, etwas gegen ihn zu unternehmen: „Die Leute hier sind abergläubisch, wie überall. Die beliebteste Geschichte ist die, dass der Teufel persönlich hinter dem Hügel dort wohnt" (TH, 128).

Substanz hat das nicht, denn es wird nicht deutlich, *weshalb* Meggie vor Capricorn Angst haben sollte, *worin* konkret die Gefahr besteht. So geht das weiter bis zum Ende des Buches, es wird kein einziger Fall direkt geschildert, in dem Capricorn die ihm angedichtete schreckliche Gewalt ausübt. Eine erwähnenswerte Ausnahme bilden die Anspielungen auf sexuellen Missbrauch, so verkündet Capricorn, als er Meggie zum ersten Mal sieht: „Zwei, drei Jahre noch, und sie ist ein brauchbares, hübsches Ding" (TH, 140f.). Elinor reagiert mit Abscheu auf diese Worte. Capricorn hat offenbar eine Reputation als gewaltsamer Don Juan, Basta hat einmal für ihn „das Haus eines Mannes angezündet", weil dieser es „gewagt hatte, Capricorn seine Tochter zu verweigern" (TH, 324).

Meggies Mutter befindet sich, unter dem Namen Resa, als stumme Magd in der Gewalt der Verbrecher. Resa ist schon fünf Jahre bei Capricorn, sie ist laut Staubfinger, der sich in sie verliebt hat, „eine von Capricorns Lieblingsmägden. Sie darf ihm sogar das Frühstück bringen und ihm beim Ankleiden helfen" (TH, 355). Darius, der sie herausgelesen hat, berichtet, dass Capricorn die Stummheit nicht störe: „[...] ich glaube sogar, es gefiel ihm" (TH, 419). Über Resas Fluchtversuche sagt Staubfinger: „Sie hat mir nie erzählt, wie Capricorn sie bestraft hat, aber ich weiß, dass sie seither nie wieder versucht hat wegzulaufen" (TH, 356). Als Staubfinger Resa rät, sich von Basta fernzuhalten, kommentiert der Erzähler: „Fast alle Frauen hielten sich von Basta fern, doch er hielt sich nicht fern von ihnen" (TH, 354).

Meggies Mutter, diese Schlussfolgerung legen die zitierten Andeutungen nahe, wurde also über fünf Jahre hinweg sexuell missbraucht. Dass Meggies Vater während der neun Jahre ohne die Mutter den Frauen nicht entsagt hat, ist ein sehr zweifelhaftes Gegengewicht: „Meggie spürte, wie die Eifersucht ihr kleine Krallen ins Herz bohrte. Sie kannte das Gefühl, es regte sich jedes Mal, wenn Mo eine neue Freundin hatte. Aber eifersüchtig auf die eigene Mutter?" (TH, 308) Mo und Teresa wären, ironisch formuliert, ein wahrhaft modernes Ehepaar – wenn die Mutter nicht zur Sklavin gemacht worden wäre.

Auch nicht überzeugen kann, dass sich für Meggie die gemachten negativen Erfahrungen als produktiv erweisen, als Initiation für den Beruf des Autors: „Sie wollte lernen nach Worten zu fischen, damit sie ihrer Mutter vorlesen konnte, ohne sich Sorgen zu machen, wer herauskam und sie mit heimwehkranken Augen ansah" (TH, 566). Hier liegt ein Widerspruch zur Konzeption, denn das, was Funke mit *Tintenherz* vorgelegt hat, ist das Gegenteil von dem, was Meggie nun für gut befindet.

‚Tintenherz' ist der Titel des Buches und des Buches im Buch, jenes Buches, aus dem Capricorn herausgelesen und in das Meggies Mutter hineingelesen wurde (TH, 99). Insofern haben wir es hier mit dem Dualismus der zwei Welten zu tun, wie ihn Hoffmann in die Weltliteratur eingeführt hat. Das Märchenhafte der anderen Welt wird meist nur angedeutet, wenn von den für Märchen besonders charakteristischen „Feen" und von „Kobolde[n]" die Rede ist (TH, 162f.). Die Figuren aus dem Buch halten Mo „für einen Zauberer" (TH, 165), tatsächlich ist seine Fähigkeit nicht mit Alltagslogik erklärbar, sie ist eher unheimlich (da sie die Regeln, nach denen die Buchrealität funktioniert, verändert) als wunderbar. Auch Meggie kann vorlesen wir ihr Vater, es gelingt ihr – hier wird das markierte Zitat lebendig –, die Fee Tinker Bell aus Barries *Peter Pan* herauszulesen (TH, 388).

Im Grundsatz variiert Funke, wie bereits erwähnt, das Muster aus Michael Endes *Die unendliche Geschichte*. Bei Ende hilft das Buch dem Protagonisten Bastian, sich selbst besser kennen zu lernen und seine Probleme in der Alltagsrealität anzugehen. Das Reich Phantásien ist bedroht, Bastian kann es retten. Bei Funke versucht Capricorn, der auf keinen Fall mehr in seine Welt zurückkehren will, alle Exemplare des als Schleuse zwischen zwei Welten funktionierenden Buches bis auf eines zu vernichten:

> „All diese überflüssigen Wesen, diese Flatterfeen mit ihren zirpenden Stimmen, überall kribbelte und krabbelte es, es stank nach Fell und Mist, auf dem Marktplatz stolperte man über die krummbeinigen Kobolde und auf der Jagd vertrieben einem die Riesen mit ihren plumpen Füßen das Wild. Flüsternde Bäume, wispernde Teiche… gab es eigentlich irgendetwas, das nicht reden konnte? Und dann die endlosen schlammigen Wege bis zur nächsten Stadt, wenn man das eine Stadt nennen konnte… das wohlgeborene, fein gekleidete Fürstenpack auf seinen Burgen, die stinkenden Bauern, so arm, dass nichts bei ihnen zu holen war, die Rumtreiber und Bettler, denen das Ungeziefer aus den Haaren fiel – was war ich sie alle leid." (TH, 178)

Bei Funke hat die selbstreflexive Struktur aber keinen erkennbaren Nutzen, es sei denn, sie hält zuviel Lektüre für schädlich, und das wäre doch wohl einigermaßen paradox. Ende des 18. Jahrhunderts gab es Warnungen vor der sogenannten „Lesewut",[1] Anfang des 21. Jahrhunderts, angesichts des desaströsen Abschneidens deutscher Schulen in der PISA-Studie, gehen die allseitigen Bestrebungen eigentlich in die entgegengesetzte Richtung. Andererseits wird eine lektürekritische Position nicht deutlich genug konturiert, um sie diesem Buch als Intention unterstellen zu können. Dadurch verliert die Grundidee des Buchs – gefährliche Figuren werden lebendig – aber jede Funktion für die Geschichte *und* für die Rezeption.

---

[1] Vgl. Wittmann: Geschichte des deutschen Buchhandels, S. 203.

Was bleibt, ist ein blindes, zum Thema gewordenes Motiv, das keine Geschichte trägt, sondern die These von der überall lauernden Gefahr stützt, gegen die man eigentlich nichts machen kann, obwohl sich dann doch letztlich alles zum Guten wendet. Funke konterkariert mit dem Schluss den ganzen Angstapparat, den sie aufbaut und in der Figurenrede sogar reflektiert hat, etwa wenn Fenoglio feststellt: „Im wahren Leben ist es nicht anders: Die großen Mörder entkommen und leben glücklich bis an ihr Lebensende, während die Guten sterben, manchmal die allerbesten. So geht es zu. Warum muss es in Büchern immer anders sein?" (TH, 281) Der Widerspruch in der selbstreflexiven Struktur des Buches ist nicht auflösbar, die Gegenposition wird in dem Fazit der Mutter ausgedrückt, die in die Welt von *Tintenherz* eintauchte und zurückkam: *„Es ist eine Welt voller Schrecken und Schönheit und [...] ich konnte Staubfingers Heimweh immer gut verstehen"* (TH, 561). Angesichts der Erfahrungen, die Teresa offenbar machen musste, lässt sich hier wohl von einem unfreiwilligen Euphemismus sprechen – und von einer unglaubwürdigen Figurenzeichnung.

Mit dem Satz der Mutter sind die Gratifikationen für die Leser des Jugendromans umrissen. Der Genuss durch „Faszination des Schrecklichen" und „Wohlgefallen" am glücklichen Ende bilden, als gängige Rezeptionsmechanismen,[2] die einzige Klammer für Handlung und Figurenkonzeption. Ob das für einen Märchenroman reicht, muss jeder Leser selbst entscheiden.

---

[2] Vgl. Anz: Literatur und Lust, S. 77ff. und 115ff.

Das Märchen der Märchen
E.T.A. Hoffmanns *Prinzessin Brambilla*

Bereits 1821 erschien ein Text, der als *das* paradigmatische Märchen gelten kann. Es sind nicht nur die wichtigen Merkmale des Märchens auffindbar; das Besondere an dem Text ist, dass er selbst über die (literarischen wie realen) Möglichkeiten des Wunderbaren reflektiert und die Gattung kommentiert, in einer Art und Weise, die ihn aus allen anderen hier behandelten Märchentexten hervorhebt. Mit *Prinzessin Brambilla* hat Hoffmann, so die These am Schluss dieses Bandes, ein Meta-Märchen geschrieben. Es hat zahlreiche Ansätze gegeben, in ähnlicher Weise Märchen und Kommentar zu verbinden, doch hat kein anderer Text das implizite Reflexionsniveau der *Prinzessin* erreicht; auch wenn man berücksichtigt, dass sich Ansätze dazu in den weiteren Märchentexten dieses Autors von *Der goldne Topf* bis *Meister Floh* und, dies wurde jeweils angesprochen, in den Märchen anderer Autoren finden.

Lange Zeit ist die Besonderheit des Texts nicht erkannt worden, man hat sein Vorwort auf eine einfache Aussage reduziert und nicht gesehen, dass das Spiel, das Hoffmann inszeniert, bereits mit diesem Vorwort beginnt. Es handele sich, so Hoffmann zu Beginn der *Prinzessin*, schon bei *Klein Zaches, genannt Zinnober* von 1819 um „die lose, lockre Ausführung einer scherzhaften Idee":

> Um nun jedem Mißverständnis vorzubeugen, erklärt der Herausgeber [sic] dieser Blätter im voraus, daß ebensowenig wie „Klein-Zaches" die „Prinzessin Brambilla" ein Buch ist für Leute, die alles gern ernst und wichtig nehmen. (PB, 3)

Es ist nur ein scheinbarer Widerspruch, wenn Hoffmann anschließend seine Bemühung herausstellt, dem „Märchen Seele zu schaffen", ihm eine „aus irgendeiner philosophischen Ansicht des Lebens geschöpfte Hauptidee" zugrunde zu legen (ebd.). Das verbindende Element ist Hoffmanns Auffassung von Humor; gemeint ist eine Art von Humor, die eine grundsätzliche Einstellung zu Literatur und Leben begründet.

Die aus der Musik übernommene Gattungsbezeichnung „Capriccio" und die weitere Charakterisierung als „Märchen" deutet auf das zentrale Anliegen voraus, bisher als gültig betrachtete Grenzen zu überschreiten. Dazu

Abb. 18:
Eine der Zeichnungen von Jacques Callot, die Hoffmann zu seinem Märchen inspirierten

passt weiterhin, dass Hoffmann die Kupferstiche Callots als Ausgangspunkt und Ergänzung seines Texts benutzt und dass er mit seinen Figuren (wie bereits Callot) an die Tradition der italienischen *commedia dell'arte* anknüpft. Dies führt zu ironischen Brechungen und witzigen Verschachtelungen. Eine Hauptfigur ist Schauspieler, in ihrem Theater wird ein Stück aufgeführt: „Die Pantomime stellte nichts anderes dar als die in hundert und abermal hundert Variationen wiederholten Liebesabenteuer des vortrefflichen Arlecchino mit der süßen, neckisch holden Columbina" (PB, 36). Solches trifft schließlich auch auf *Prinzessin Brambilla* mit ihrem Figurenpersonal zu.

Die Grenzüberschreitung zum Wunderbaren geht Hand in Hand mit der Auflösung von Gattungsgrenzen und – das soll als zentraler Punkt herausgearbeitet werden – von Begrenzungen des Subjekts durch Aufhebung der Grenzen der Wahrnehmung. Damit wird nicht, wie im romantischen Text üblich, ein Mythos begründet. Das Paradoxe an Hoffmann ist, dass seine Grenzauflösungen auf das Hier und Jetzt des Individuums bezogen sind. Die erweiterte Wahrnehmung schafft eine neue Lese- und Lebensqualität, denn in der Vorstellung ist, wie auf dem Theater, alles möglich: „Arlecchino herrscht, gewaltiger Kaiser, mit seiner Columbina über ein schönes, herrliches, glänzendes Reich!" (PB, 37) Im Text selbst wird der „Zusammenhang" zwischen dem Theaterstück und der Figurenhandlung betont (PB, 38).

Die Hauptfiguren des „Capriccios" sind Giacinta Soardi und Giglio Fava. Sie ist eine arme Näherin, er ein nicht viel besser gestellter Schauspieler. Die beiden Verlobten sind mit ihrem einfachen Dasein unzufrieden, so schaut Giacinta zu Beginn „unmutig hinab in die enge, öde Gasse" (PB, 5) und sie fragt die alte Beatrice, ihre Leidensgenossin: „Sind wir nicht bitterarm?"

(PB, 6) Diese Enge wird sich im Laufe des Märchens erweitern, das Zimmer wird zum Palast werden und die Veränderungen werden durch eine neue Wahrnehmung geschehen. Katalysator ist der am nächsten Tag beginnende römische Karneval.

Giacinta arbeitet für den Schneidermeister Bescapi, sie näht an einem Kleid für den Karneval und gibt dieser Arbeit die Schuld für ihre Stimmung: „[...] das böse Kleid ist es, glaub ich, das mich erfüllt hat mit allerlei törichten Gedanken" (PB, 7). Die „Schönheit und Pracht" des Kleides sind verführerisch,[1] Giacinta vermutet, dass es für „eine Prinzessin" bestimmt ist. Auf die wahre Bestimmung des Kleides deutet voraus, dass Bescapi sich damit „so geheimnisvoll, so seltsam" verhielt (ebd.). Giacintas Fantasien führen aber dazu, dass sie sich mit der Nadel sticht und das Kleid mit Blut besudelt (PB, 8). Der Nadelstich ist aus *Dornröschen* bekannt, nur hat er hier keine einschläfernde Wirkung, vielmehr ist er als Initiation zu bewerten. Das Blut ist plötzlich nicht mehr zu sehen und Giacinta kommt auf die Idee, das Kleid anzuprobieren – es passt wie angegossen und sie steht im Licht „von strahlendem Glanz umflossen" (PB, 9). Hier hat bereits eine äußere Veränderung stattgefunden, der die innere folgen wird.

Mit Giglio geschieht Ähnliches. Er wird vorgestellt als „etwas eitler Schauspieler", der seine Bestimmung noch nicht gefunden hat. Als er Giacinta in dem Kleid erblickt, hält er sie für eine „Prinzessin" (PB, 10) und erinnert sich daran, „welch ein märchenhafter [sic] Traum mir gestern nacht aufging" (PB, 11). Nach einem Streit mit seinem „Impresario", dem Theaterdirektor, begegnete er einer „Traumprinzessin", die „gerade so gekleidet gewesen" war, „wie er eben seine Giacinta getroffen" (PB, 12). Letztere wird eifersüchtig, schließlich stellt sich erst am Ende des Texts heraus, dass sie tatsächlich die Prinzessin aus dem Traum ist. Beide Figuren (wie andere auch) haben eine doppelte Identität, eine ist der Realität des römischen Arbeitslebens, die andere zunächst dem Karneval, dann auch der beginnenden Märchenhandlung verpflichtet. Die Ironisierung der beiden Identitäten ist nur vor diesem Hintergrund zu verstehen, sowohl die Alltagsrealität als auch der schöne Schein des Karnevals sind für sich genommen defizitär. Für Hoffmanns stilistische Virtuosität, dies vorzuführen, ließen sich viele Beispiele finden, so beschreibt sich Giglio selbst in exaltierter Stimmung und in dritter Person wie folgt:

> „Der junge Schauspieler, welcher so wie ich verliebte Prinzen göttlich spielt, mit geziemlichen O und Ach, ist ein wandelnder Roman, eine Intrige auf zwei Beinen, ein Liebeslied mit Lippen zum Küssen, mit Armen zum Umfangen, ein aus dem Einband ins Leben gesprungenes Abenteuer, das der Schönsten vor Augen steht, wenn sie das Buch zuklappt." (PB, 13)

---

[1] So wird es später auch dem Schneider Wenzel Strapinski in Gottfried Kellers *Kleider machen Leute* (1873) ergehen.

Mit solchen Stellen wird der Text bereits selbstreflexiv, die Schauspielerei weist auf die Fiktionalität der Figurenzeichnung, selbst das Materielle des Texts wird thematisiert. Die Ironie schließt die Konzeption des Texts mit ein, der zur Realität des Lesers hin durchlässig wird.

Schließlich tritt Signor Celionati auf, ein Scharlatan, der „manches Arkanum verkaufte für trostlose Liebe und Zahnschmerz, für Lotterienieten und Podagra" (PB, 15). Dass er magische Fähigkeiten besitzt, demonstriert er Giglio, indem er ihm eine Brille verkauft, mit der man in den Palast des Prinzen Bastianello di Pistoia schauen kann. In den Palast ist soeben eine wunderbare Karawane eingezogen, darunter Fabeltiere wie „Einhörner". Der Erzähler spricht folgerichtig, aber wieder halb ironisch vom „Aufenthalt des Märchens" (PB, 17). Der Zug eskortiert „Prinzessin Brambilla aus dem fernen Äthiopien, ein Wunder an Schönheit und dabei so reich an unermeßlichen Schätzen", die auf der Suche ist nach ihrem „Herzensfreund und Bräutigam", dem „assyrischen Prinzen Cornelio Chiapperi". Dem Prinzen – hier kommt wieder die Ironie ins wunderbare Spiel – will der Scharlatan „in Rom einen Backenzahn" gezogen haben (PB, 18), von dem er „Modelle" an das umstehende, seiner Erzählung lauschende Publikum verkauft. Nach der „Operation" am Zahn sei der Prinz „sich selbst, er wußte nicht wie, abhanden" gekommen (PB, 19).

Erst am Ende des Märchens wird Giglio begreifen, dass er der Prinz ist, doch der Blick durch die Brille wirkt bereits wie ein erster Blick in den Spiegel seiner neuen Identität. Zuvor hatte er schon in den „Spiegelfenstern" einer Kutsche sein „Traumbild" gesehen – ein ironisches Paradoxon, das auf die Märchenstruktur des Texts verweist. Der Scharlatan erläutert: „Denn seht, Ihr habt Euern Prinzen ganz und gar vergessen, und steht vielleicht sein Bildnis noch in Euerm Innern, so ist es farblos, stumm und starr geworden, und Ihr vermöget nicht, es ins Leben zu rufen" (PB, 20). Die Maske des Pantalon, der Giglio anschließend begegnet, weiß bereits, dass sie es mit dem Prinzen aus Assyrien zu tun hat (PB, 25). Doch solange Giglio sich nicht selbst, d. h. nicht sein anderes Ich gefunden hat, tritt er in einen kritischen Zustand, er „geriet in ein Labyrinth wirrer, ausschweifender Reden. Jeder mußte ihn für wahnsinnig halten" (PB, 29). Bescapi, der bereits Giacinta mit dem Kleid zur zweiten Identität verführt hat, ergreift das Amt „eines Vormundes", um Giglio auf den „rechten Weg […] zum Ziele" zu bringen (PB, 43). Auf diesem Weg fungiert ein Binnenmärchen als Spiegel, es wird später direkt in die Haupthandlung des Texts münden und mit ihr verschmelzen. Die „Geschichte von dem Könige Ophioch und der Königin Liris" (PB, 53) erzählt von einer langwierigen, aber schließlich gelungenen Identitätsfindung.

Wichtig für die Interpretation des Texts sind die Erzählerkommentare. Sie geben bereits ab dem 2. Kapitel immer wieder Aufschluss über die Konzeption, auch wenn sie nicht als direkte Äußerungen Hoffmanns, sondern als Bestandteil des inszenierten ironischen Spiels gelesen werden sollten. Der

Erzähler gibt seiner Hoffnung Ausdruck, der Leser werde das geschilderte bunte Treiben

> [...] kaum für Übermut, sondern nur für das verzeihliche Streben halten können, dich aus dem engen Kreise gewöhnlicher Alltäglichkeit zu verlocken und dich in fremdem Gebiet, das am Ende doch eingehegt ist in das Reich, welches der menschliche Geist im wahren Leben und Sein nach freier Willkür beherrscht, auf ganz eigne Weise zu vergnügen. (PB, 27)

Die „ganz eigne Weise" bezeichnet die Individualität, die nötig ist für ein freies Spiel (betont durch die Tautologie ‚freie Willkür'), für das der vorliegende Text nur Anstoß sein kann. Ganz deutlich wird die Verankerung „im wahren Leben und Sein", der Text möchte sich als Schule der Wahrnehmung verstanden wissen, die den Leser „aus dem engen Kreise gewöhnlicher Alltäglichkeit" herausführt (ebd.).

Das geht aber nur durch ein besonderes Mittel. Der „teutsche Maler Franz Reinhold" erläutert das Verständnis jener Kunst, die Hoffmann seinem Text zugrunde legt: „Unser Scherz ist die Sprache jenes Urbildes selbst, die aus unserm Innern heraustönt und den Gestus notwendig bedingt durch jenes im Innern liegende Prinzip der Ironie [...]" (PB, 49). Es wird geboren aus der defizitären Situation einer transitorischen Gegenwart. Der Zauberer Magus Hermod, Figur des Binnenmärchens, erläutert:

> „Der Gedanke zerstörte die Anschauung, aber dem Prisma des Kristalls, zu dem die feurige Glut im Vermählungskampf mit dem feindlichen Gift gerann, entstrahlt die Anschauung neugeboren, selbst Fötus des Gedankens!" (PB, 57)

Der Mensch hat den Zustand der Naivität hinter sich gelassen, doch muss er erst lernen, die Fähigkeit zur Reflexion ‚richtig' einzusetzen, um eine neue „Anschauung" seiner selbst und seiner Umwelt zu gewinnen. Das angesprochene Kristall wird zur Quelle, die wiederum als Spiegel dient, in dem man sein wahres Ich erkennen kann. Für König Ophioch und Königin Liris bedeutet der Blick in die Quelle, dass sie

> „[...] ihr eignes Ich in verkehrter Abspiegelung erschauten, da war es, als rollten dunkle Schleier auf, eine neue herrliche Welt voll Leben und Lust wurde klar vor ihren Augen, und mit der Erkenntnis dieser Welt entzündete sich ein Entzücken in ihrem Innern, das sie nie gekannt, nie geahnet. (PB, 60)

Genauso wird es später Giacinta und Giglio ergehen:

> Doch wie sie sich in dem See erblickten, da *erkannten* sie sich erst, schauten einander an, brachen in ein Lachen aus, das aber nach seiner wunderbaren Art nur jenem Lachen Königs Ophiochs und der Königin Liris zu vergleichen war, und fielen dann im höchsten Entzücken einander in die Arme. (PB, 144f.)

Die beiden haben die Fähigkeit erworben, sich selbst und den anderen zu erkennen und zu akzeptieren. Jetzt können sie heiraten und miteinander so glücklich sein wie der Prinz und die Prinzessin im Märchen. Damit wird nicht ein biedermeierliches Sich-Bescheiden propagiert, es geht hier vielmehr um eine von der materiellen Existenz unabhängige, prinzipielle Einstellung zu sich selbst und seiner Umwelt – wobei diese Einstellung deutliche Konsequenzen für die Wahrnehmung der Umwelt hat. Typischerweise sind es „manche Philosophen", die „das Hineinschauen in den Wasserspiegel gänzlich widerrieten, weil der Mensch, wenn er sich und die Welt verkehrt erblickte, leicht schwindlicht werde" (PB, 61). Doch nur wenn man „seinen eignen ironischen Doppeltgänger zu machen" versteht (PB, 62), erschließen sich vorher unbekannte Möglichkeiten der Reflexion. Deshalb gleicht das Capriccio „einem Märchen so auf ein Haar, als sei es selbst eins". Das verbindende Element erläutert der Erzähler:

> Vielleicht bist du, o mein Leser, auch so wie ich des Sinnes, daß der menschliche Geist selbst das allerwunderbarste Märchen ist, daß es nur geben kann. – Welch eine herrliche Welt ist in unserer Brust verschlossen! [...] Hochbegabt die, die sich dieses Eigentums recht bewußt!" (PB, 66)

Der Text repräsentiert die grenzenlosen Möglichkeiten der Vorstellung, die gemeinsam mit der Alltagsrealität durch wechselseitige Ironisierung vermittelt werden. Das betrifft folgerichtig auch den fiktionalen Pakt mit dem Leser, ihm wird zusammen mit Giglio von einer Figur unmissverständlich klargemacht: „Ihr dürft, o mein Prinz, nur daran denken, daß alles, was wir treiben, und was hier getrieben wird, nicht wahr, sondern ein durchaus erlogenes Capriccio ist [...]" (PB, 111). *Prinzessin Brambilla* ist, wie der Scharlatan erläutert, eine „Geschichte, in der wir selbst vorkommen und mitspielen" (PB, 129).

Der durch die Vorstellung angestoßene Prozess ist so unabschließbar wie die Interpretation eines literarischen Texts: „Die Lust jagt nach der Lust und kann sie nicht erfassen, und darin besteht ja eben wieder die Lust" (PB, 107). Und welche Gattung könnte diese zentrale Leistung der Literatur besser vorführen als das Märchen?

Die Einheit des Märchens

Ich habe nach Worten gesucht, die ich schreiben könnte, aber es gibt keine. Vielleicht könnte ich schreiben: Ich habe Unglaubliches erlebt.

Astrid Lindgren: Mio, mein Mio[1]

Der Gang durch die Geschichte des Märchens sollte deutlich vor Augen geführt haben: *Es gibt keine ‚Volksmärchen'*, sie sind ein Konstrukt der Zeit der Romantik und vor allem der Brüder Grimm. Der in französischer und englischer Sprache übliche Begriff der Feenmärchen trifft das Kennzeichnende der Gattung besser, doch auch er ist nur dann befriedigend, wenn man den ersten Teil des Kompositums, also die Feen, als *Pars pro toto* für das Wunderbare versteht. *Eigentlich sind alle Märchen Kunstmärchen, denn sie sind alle Produkte von Autoren; dabei ist es gleichgültig, ob diese Autoren bekannt sind und wie viele in welcher Form Motive und Züge beigetragen haben.* Da ‚Kunst-' mit künstlich assoziiert wird und es falsch wäre, an der These einer besonderen Künstlichkeit der Texte festzuhalten, wird hier als übergeordneter Gattungsbegriff das schlichte, aber ausreichende *Märchen* favorisiert.

Über mündliche Tradierung kann man größtenteils nur spekulieren. Überliefert sind schriftsprachlich fixierte Märchentexte, sie sind stets Produkte ihrer ‚Herausgeber', also ihrer Autoren (in einer weiteren Bedeutung des Begriffs). Diese sind im Prinzip mit ihren Stoffen und Motiven nicht anders verfahren als beispielsweise William Shakespeare und Gottfried Keller mit dem Romeo-und-Julia-Stoff oder Johann Wolfgang Goethe und Thomas Mann mit dem Faust-Stoff. Die Verfahrensweise, die sich hier beobachten lässt, ist eine in der Literatur übliche und nennt sich *Intertextualität*.[2] Die Tradierung und Adaption von Handlungs- und Personenkonstellationen hat prinzipiell nichts damit zu tun, ob es sich um ein Märchen handelt. Umgekehrt wird ein Schuh daraus: Weil die Rezeption des 18. und 19. Jahrhunderts dieser Textgattung, aus im weitesten Sinne politischen Gründen, die mündliche Tradierung eines ‚Volk' genannten historischen Kollektivs zugeschrieben hat, ist es zu besonders häufigen Bearbeitungen von Märchenstoffen gekommen.

Weil bestimmte Forschungsrichtungen – insbesondere die Volkskunde, die Ethnologie und die Psychoanalyse – nach Archetypen (so der bekannte Begriff C.G. Jungs) in der Entwicklungsgeschichte der Menschheit gesucht

---

[1] MI, 20.
[2] Zur Einführung vgl. Schedel: Literatur ist Zitat.

haben, sind ihnen die ‚Volksmärchen' gerade recht gekommen. Dabei behandeln alle literarischen Texte im Prinzip die gleichen Themen – Liebe und Erotik, Jugend und Alter, Geburt und Tod, Individualität und Gemeinschaft, soziale Beziehungen und Verhältnis zur Umwelt. Indem man das Märchen seiner konkreten Bezüge zu den gesellschaftlichen Produktionsbedingungen entkleidete, es enthistorisierte, schuf man eine neue Gattung, die man als alt, als archetypisch ausgeben konnte.

Will man an Volks- und Kunstmärchen als Unterkategorien des Märchens festhalten, dann bietet sich als einziges wesentliches, *ausschlaggebendes Kriterium Einfachheit vs. Komplexität* an. Das Volksmärchen zeichnet sich durch einfache, das Kunstmärchen durch komplexe Gestaltung von Handlungsort(en), Handlungszeit(en), Handlungsverlauf, Figurenkonstellation, Figurenpsyche, Sprache (Wortwahl, Satzkonstruktion), Symbolik und Metaphorik aus, die in der Summe ein einfaches oder komplexes Weltbild ergeben. Gemeinsam ist Volks- und Kunstmärchen die Abfolge von Mangel – Auflösung des Mangels (in Happy-End oder Katastrophe): Ein/e Protagonist/in muss eine Aufgabe lösen und wird wegen richtigen oder falschen Verhaltens belohnt oder bestraft. Zur Lösung der Aufgabe stehen ihr magische Figuren (Feen, Hexen, Zauberer…) und / oder sprechende Tiere zur Seite, bei der Lösung helfen magische Requisiten (Ringe, Zauberstäbe, Besen…). Ergebnis eines Märchens mit Happy-End ist eine radikale Statusverbesserung, in extremer Form durch Heirat mit dem Angehörigen eines Königshauses oder durch das Erlangen großen Reichtums.

Eine Sonderform des Kunstmärchens ist das *Wirklichkeitsmärchen*, das zwei zentrale Differenzmerkmale aufweist: Es ist auf die Lebenswirklichkeit der Leser in der Entstehungszeit bezogen und es unterscheidet wegen seiner Wirklichkeitsreferenz zwischen Wunder- und Alltagswelt. Bei näherem Hinsehen findet sich aber eine große Variationsbreite. Das Wunderbare und die fiktive Realität können ganz (geographisch) oder teilweise (in erster Linie durch Wahrnehmung) voneinander geschieden sein. In Hoffmanns Märchen, die als erste Wirklichkeitsmärchen gelten können, gibt es Orte des Wunderbaren, die Menschen nur in Ausnahmefällen zugänglich sind (Atlantis, Dschinnistan…), wobei sich auf der realen Handlungsebene Enklaven des Wunderbaren finden (z. B. das Haus des Archivarius Lindhorst in *Der goldne Topf*). Michael Ende und J.K. Rowling werden (mit der Abschirmung der Villa Alptraum im *Wunschpunsch* oder der Schule Hogwarts in *Harry Potter*) ein vergleichbares Konzept verfolgen, während Astrid Lindgren in *Mio, mein Mio* das wunderbare Geschehen in einem anderen Land ansiedelt und seine Existenz durch die Psychologisierung der Hauptfigur wieder in Frage stellt.

Die Variation des Verhältnisses von Wunder- und Alltagswelt gehört zur spezifischen Leistung des Wirklichkeitsmärchens, das seit Anfang des 19. Jahrhunderts die Märchenproduktion dominiert. In der historischen Entwicklung der Gattung hat sich gezeigt, dass das Märchen insbesondere durch das Spannungsverhältnis von Realität und Wunderwelt, das auf einer metafiktionalen Ebene dem von Realität und Fiktion entspricht, den Anforderungen der literarischen Moderne und Postmoderne gewachsen ist. Da das Verhältnis des Subjekts zu seiner Umwelt immer problematischer geworden ist, sind in vielen Texten Ironie, Satire und Parodie wichtig geworden, durch sie lässt sich die gebrochene Sicht auf die außertextuelle Wirklichkeit besser akzentuieren.

Der Ausdifferenzierung von Volks- und Kunstmärchen um 1800 folgt um 1900 eine noch radikalere Aufteilung. Im Kontext der klassischen Moderne entstehen erste Märchentexte, die auf das zentrale Merkmal des Wunderbaren verzichten; das Märchen wird, metaphorisch gesprochen, säkularisiert. Es ist fraglich, ob man bei solchen Texten überhaupt noch von Märchen sprechen sollte, das betrifft Texte wie Hugo von Hofmannsthals *Das Märchen der 672. Nacht*, das immerhin die Gattungsbezeichnung im Titel trägt, oder die Erzählungen Franz Kafkas, die Volker Klotz als End- und Höhepunkt der Entwicklung des Kunstmärchens darstellt.[3]

Die Entwicklung und Weiterentwicklung der Gattung Märchen konzentriert sich nunmehr auf ein Publikum, das Kinder, Jugendliche und Erwachsene einschließt; und das in einer Zeit, in der sich die Kinder- und Jugendliteratur stärker von der Erwachsenenliteratur abzugrenzen, eigentlich überhaupt erst als eigenständige Gattung zu entwickeln beginnt.[4] *Das Märchen wird zur wichtigsten Gattung, die sich der Aufspaltung in zwei durch ihr Alter unterschiedene Zielgruppen widersetzt.* Von Wilhelm Hauffs Märchen bis zu J.K. Rowlings *Harry Potter* lässt sich in der Rezeption keine Begrenzung des Lesealters feststellen. *Die andauernde Popularität des Märchens lässt sich gerade daraus erklären, dass es altersübergreifend ist.* Diese seine besondere Eigenschaft hat es auch der Konzeption des Volksmärchens und, in einem zweiten Schritt, den allumfassenden Vereinigungsbestrebungen der Romantiker zu verdanken, beides haben die nach-romantischen Vertreter der Gattung auf ganz pragmatische Weise zu ihrem Vorteil genutzt. Diese allgemeinen Feststellungen lassen ganz unberührt, dass sich nebenher als Untergattung das Kindermärchen entwickelt hat; das heutige Spektrum reicht vom Bilderbuch bis zum pädagogischen Märchen für das Vorschul- oder Schulalter.

---

[3] Vgl. Klotz: Das europäische Kunstmärchen, S. 339ff.
[4] Zur Kinder- und Jugendliteratur als einer „adressatenspezifischen Sonderform" vgl. Ewers: Literatur für Kinder und Jugendliche (Zitat S. 27). Volker Ladenthin hat nicht nur gezeigt, dass das Kinder- und Jugendbuch eine von der Erwachsenenliteratur unabhängige Ästhetik besitzt, sondern auch, dass jedes Kinder- und Jugendbuch wie jedes Erwachsenenbuch an den eigenen ästhetischen Maßstäben gemessen werden sollte. Qualitätsunterschiede zwischen Texten können also nicht nach Adressaten- oder Gattungsbezug, sondern nur bezogen auf den Einzeltext festgestellt werden, der dabei vor der Folie zeitgenössischer Literaturproduktion zu sehen ist. Vgl. Ladenthin: Ein Klassiker der Moderne: Erich Kästner und die Ästhetik des Kinder- und Jugendbuchs, bes. S. 175.

Das Märchen kann Züge des Fantastischen tragen. Wie dargelegt wird Fantastik nicht als eigenständiger Gattungs-, sondern als Stilbegriff verstanden, als Merkmalsbezeichnung literarischer Texte, die verschiedenen Gattungen angehören können. *Für das Märchen gilt über das Fantastische hinaus als wichtigstes Merkmal das Wunderbare, also eine immanente, nicht notwendigerweise religiöse Transzendenz.* Transzendenz wird aber nicht als Begriff verstanden, der den Glauben ein- und das Wissen ausschließt; das Märchen kann, es muss nicht mythologisierend wirken. *Es ist sogar ein Qualitätsmerkmal von Märchen, dass eine Transzendenzerfahrung allegorisch auflösbar ist,* auch wenn über die konkrete Ausdeutung der Allegorie, also des Bezugs zur Lebenswirklichkeit der Leser naturgemäß unterschiedliche Auffassungen existieren können. Dafür handelt es sich ja auch um einen literarischen Text mit dem konstitutiven Merkmal der prinzipiellen Deutungsoffenheit, das Grenzen der Deutung nicht widerspricht.

Jeder literarische Text eröffnet bestimmte Deutungspotenziale und schließt andere aus (zumindest solche, die nicht intersubjektive Gültigkeit beanspruchen können). Doch sollte ein guter Text in einen Dialog mit dem Leser eintreten und nicht oder nicht nur eskapistischen Zwecken dienen, oder gar ideologischen. Leider wird das Märchen nur allzu oft als Sedativum eingesetzt, statt reflexionsfördernd zu wirken und dem Individuum Denkräume zu eröffnen, die zu seiner Entwicklung und damit auch zur Weiterentwicklung der Gesellschaft beitragen können.

Das Märchen als *die* literarische Gattung schlechthin zu bezeichnen, würde sicher zu weit führen. Dass es eine sehr wichtige ist, sollte aber außer Zweifel stehen, denn es reproduziert mit seinem impliziten (Dualismus von Wunderwelt und Realität im Text) und/oder kontextuellen (Unterschied von Wunderwelt im Text und Realitätserfahrungen des Lesers) Spannungsverhältnis konkurrierender Ordnungssysteme die Grundfrage der Literaturwissenschaft nach der Ordnung hinter der Literatur und die Grundfrage des Menschen nach der Ordnung hinter den Dingen. Der hier zu nennende zweite ganz entscheidende Punkt ist: Es führt durch seine Konzeption vor, dass diese Grundfrage provisorisch im Rahmen einer schlüssigen Konstruktion, aber nicht letztgültig beantwortet werden kann, dass eine Antwort also nur im Spiel der Fiktion möglich ist. Ein paradoxer Befund, der dem großen Paradoxon des Lebens entspricht.

Welche Deutungspotenziale der Leser (oder der Wissenschaftler als professioneller Leser) aktualisiert, bleibt ihm überlassen. Wie gesehen, haben sich in der Vergangenheit vor allem volkskundliche, sozialgeschichtliche, strukturale, tiefenpsychologische und psychoanalytische Deutungsansätze als besonders populär erwiesen. Vertreter solcher Ansätze treten allerdings häufig mit dem Anspruch auf, die einzige maßgebliche Interpretationsrichtung zu vertreten. Das hat weniger mit Märchen und mehr mit der Beschränktheit des Zugangs und des Wissens über andere Deutungsmöglichkeiten zu tun. Deshalb bleibt abschließend zu wünschen, dass sich die Märchenforschung aus ihren eingefahrenen Geleisen herausbegibt, im Geiste des zur Vereinigung des Getrennten strebenden Märchens die Spaltungen zwischen populären und wissenschaftlichen oder strukturalen und psychoanalytischen Deutungen überwindet und Märchen als das wahrnimmt, was sie zuallererst sind – als literarische Texte.

Literaturverzeichnis

Primärliteratur

Zitiert wird nach leicht zugänglichen Ausgaben, bei fremdsprachigen Titeln nach zuverlässigen deutschsprachigen Übersetzungen. Allerdings sind historisch-kritische bzw. besonders wichtige Werkausgaben und, sofern es sich um englischsprachige Literatur handelt, textkritisch zuverlässige Ausgaben in der Originalsprache zusätzlich zu Rate gezogen worden, ohne dass sie hier ausgewiesen werden.

Andersen, Hans Christian: Des Kaisers neue Kleider. Sieben Märchen. Mit Illustrationen von Theodor Hosemann u. a. Übers. von Heinrich Denhardt. Stuttgart: Reclam 1987 (RUB 691).
Ders.: Märchen. Mit Illustrationen von Theodor Hosemann u. a. Übers. von Heinrich Denhardt. Auswahl und Nachwort von Leif Ludwig Albertsen. Stuttgart: Reclam 1998 (RUB 690).
Barrie, James M.: Peter Pan. Deutsch von Bernd Wilms. Zeichnungen von Jan Ormerod. Hamburg: Dressler 1988.
Basile, Giambattista: Das Pentameron. Übertragen von Adolf Potthoff. Nachwort v. Werner Bahner. Ungek. Ausg. München: Goldmann o.J. (Goldmanns Gelbe Taschenbücher).
Baum, L. Frank: Der Zauberer von Oz. Deutsch von Sybil Gräfin Schönfeld. Illustrationen von Heike Vogel. Hamburg: Dressler 2003.
Bechstein, Ludwig: Sämtliche Märchen. Vollständige Ausgabe der Märchen Bechsteins nach der Ausgabe letzter Hand unter Berücksichtigung der Erstdrucke. Mit 187 Illustrationen von Ludwig Richter. Düsseldorf: Albatros 2003.
Bemmann, Hans: Stein und Flöte und das ist noch nicht alles. München u. Zürich: Piper 2003.
Brentano, Clemens: Gockel und Hinkel. Märchen. Nachwort von Helmut Bachmaier. Stuttgart: Reclam 1986 (RUB 450).
Brüder Grimm: Kinder- und Hausmärchen. Ausgabe letzter Hand mit den Originalanmerkungen. Mit einem Anhang sämtl., nicht in allen Aufl. veröff. Märchen u. Herkunftsnachw. hg. v. Heinz Rölleke. 3 Bde. Stuttgart: Reclam 1994 (RUB 3291–3193).
Büchner, Georg: Werke und Briefe. Nach der historisch-kritischen Ausgabe von Werner R. Lehmann. Komm. von Karl Pörnbacher u. a. 7. Aufl. München: dtv 1986 (dtv klassik).

Carroll, Lewis: Alice im Wunderland. Mit 42 Illustrationen von John Tenniel. Übers. u. mit einem Nachw. von Christian Enzensberger. Frankfurt/Main: Insel 1973 (insel-tb 42).

Chamisso, Adelbert von: Peter Schlemihls wundersame Geschichte. Stuttgart: Reclam 1985 (RUB 93).

Colfer, Eoin: Artemis Fowl. Roman. Aus dem Englischen von Claudia Feldmann. 4. Aufl. München: List 2004.

Collodi, Carlo: Pinocchios Abenteuer. Die Geschichte einer Holzpuppe. Mit 40 Illustrationen von Enrico Mazzanti. Übers. u. Nachw. von Hubert Bausch. Stuttgart: Reclam 2002 (RUB 8336).

Dickens, Charles: Weihnachtserzählungen. Mit Illustrationen von Leech u. a. Frankfurt/Main: Insel 1978 (insel-tb 358).

Die Erzählungen aus den Tausendundein Nächten. Vollständige deutsche Ausgabe in sechs Bänden. Zum ersten Mal nach dem arabischen Urtext der Calcuttaer Ausgabe aus dem Jahr 1839 übertragen von Enno Littmann. Frankfurt/Main: Insel 1976.

Ende, Michael: Der satanarchäolügenialkohöllische Wunschpunsch. Mit Bildern von Regina Kehn. Stuttgart u. a.: Thienemann 1989.

Ders.: Die unendliche Geschichte. Von A bis Z. Mit Buchstaben versehen von Roswitha Quadflieg. Stuttgart: Thienemann 1979.

Ders.: Jim Knopf und Lukas der Lokomotivführer. Mit Zeichnungen von F.J. Tripp. 16. Aufl. Stuttgart: Thienemann 1973.

Ders.: Momo oder Die seltsame Geschichte von den Zeit-Dieben und von dem Kind, das den Menschen die gestohlene Zeit zurückbrachte. Ein Märchen-Roman. Stuttgart: Thienemann o.J.

Fetscher, Iring: Der Nulltarif der Wichtelmänner. Märchen und andere Verwirrspiele. Frankfurt/Main: Fischer 1984.

Ders.: Wer hat Dornröschen wachgeküßt? Das Märchen-Verwirrbuch. 156.–175. Tausend. Frankfurt/Main: Fischer 1981.

Fontane, Theodor: Der Stechlin. Roman. München: Nymphenburger Verlagshandlung 1969 (Nymphenburger Taschenbuch-Ausgabe 13).

Fouqué, Friedrich de la Motte: Undine. Eine Erzählung. Mit einer Nachbemerkung. Stuttgart: Reclam 1997 (RUB 491).

Funke, Cornelia: Tintenherz. Mit Illustrationen der Autorin. Hamburg: Cecilie Dressler 2003.

Goethe, Johann Wolfgang von: Die neue Melusine. In: Ders.: Werke. Hamburger Ausgabe in 14 Bänden. Bd. 8: Romane und Novellen III. Textkritisch durchges. u. komm. v. Erich Trunz. München: dtv 1998, S. 354–376.

Ders.: Novelle. Das Märchen. Nachwort von Ernst von Reusner. Stuttgart: Reclam 1997 (RUB 7621).

Hahn, Ulla: Spielende. Gedichte. Stuttgart: DVA 1983.

Hauff, Wilhelm: Werke. Hg. v. Hermann Engelhard. 2 Bde. Essen: Magnus 1981 (Sonderausgabe u. unveränderte Neuaufl. der Ausgabe der I. G. Cotta'schen Verlagsbuchhandlung).

Hoffmann, E.T.A.: Die Serapionsbrüder. Gesammelte Erzählungen und Märchen. Textrevision und Anmerkungen von Hans-Joachim Kruse. Redaktion Rudolf Mingau. 2 Bde. Berlin u. Weimar: Aufbau 1994 (Gesammelte Werke in Einzelausgaben 4 u. 5).

Ders.: Fantasiestücke in Callots Manier. Blätter aus dem Tagebuche eines reisenden Enthusiasten. Mit einer Vorrede von Jean Paul. Textrevision und Anmerkungen von Hans-Joachim Kruse. Redaktion Rudolf Mingau. Berlin u. Weimar: Aufbau 1994 (Gesammelte Werke in Einzelausgaben 1).

Ders.: Klein Zaches genannt Zinnober. Prinzessin Brambilla. Meister Floh. Text und Anm. v. Hans-Joachim Kruse. Redaktion Viktor Liebrenz. Berlin u. Weimar: Aufbau 1994 (Gesammelte Werke in Einzelausgaben 7).

Ders.: Prinzessin Brambilla. Ein Capriccio nach Jakob Callot. Mit 8 Kupfern nach Callotschen Originalblättern. Hg. von Wolfgang Nehring. Bibliogr. erg. Ausg. Stuttgart: Reclam 1995 (RUB 7953).

Hoppe, Felicitas: Sieben auf einen Streich. Konstanzer Vorlesung. In: Neue Rundschau 1 (2005), S. 150–164.

Horváth, Ödön von: Sportmärchen, andere Prosa und Verse. Frankfurt/Main: Suhrkamp 1988 (Gesammelte Werke 11).

Kästner, Erich: Der 35. Mai oder Konrad reitet in die Südsee. In: Ders.: Parole Emil. Romane für Kinder I. Hg. von Franz Josef Görtz in Zusammenarbeit mit Anja Johann. München u. Wien: Hanser 1998 (Werke 7), S. 547–618.

Ders.: Emil und die Detektive. In: Ders.: Parole Emil. Romane für Kinder I. Hg. von Franz Josef Görtz in Zusammenarbeit mit Anja Johann. München u. Wien: Hanser 1998 (Werke 7), S. 193–302.

Ders.: Werke. Hg. v. Franz Josef Görtz. 9 Bde. München u. Wien: Hanser 1998.

Keller, Gottfried: Spiegel, das Kätzchen. Ein Märchen. In: Ders.: Die Leute von Seldwyla. Erzählungen. Hg. von Bernd Neumann. Stuttgart: Reclam 1993 (RUB 6179), S. 235–274.

Ladenthin, Volker (Hg.): Märchen von Mördern und Meisterdieben. Frankfurt/Main: Fischer 1990 (Märchen der Welt).

Lewis, C[live]. S[taples].: Die Chroniken von Narnia. 7 Bde. Moers: Brendow 1998–2000.
1. Band: Das Wunder von Narnia. [The Magician's Nephew]
2. Band: Der König von Narnia. [The Lion, the Witch and the Wardrobe]
3. Band: Der Ritt nach Narnia. [The Horse and his Boy]
4. Band: Prinz Kaspian von Narnia. [Prince Caspian]
5. Band: Die Reise auf der „Morgenröte". [The Voyage of the Dawn Treader]
6. Band: Der silberne Sessel. [The Silver Chair]
7. Band: Der letzte Kampf. [The Last Battle]

Lindgren, Astrid: Mio, mein Mio. Deutsch von Karl Kurt Peters. Zeichnungen von Ilon Wikland. Hamburg: Oetinger 1998 (Oetinger Auslese).

Dies.: Pippi Langstrumpf. Deutsch von Cäcilie Heinig. Zeichnungen von Walter Scharnweber. Hamburg: Oetinger 2002.

Dies.: Pippi Langstrumpf geht an Bord. Aus dem Schwedischen von Cäcilie Heinig. Einband und Ill. von Walter Scharnweber. Hamburg: Oetinger 1970.

Lornsen, Boy: Robbi, Tobbi und das Fliewatüüt. Mit Zeichnungen von F.J. Tripp. 11. Aufl. München: dtv 2001 (dtv junior klassiker).

Maar, Paul u. Nikolaus Heidelbach: Der Aufzug. Weinheim u.a.: Beltz 2002 (Gulliver Taschenbuch 532).

Ders.: Der tätowierte Hund. Hamburg: Oetinger 1998.

Ders.: Die vergessene Tür. Bilder von Franz Wittkamp. Hamburg: Oetinger 2002.

Ders.: Eine Woche voller Samstage. Hamburg: Oetinger 1973.

Ders.: In einem tiefen, dunklen Wald... Bilder von Verena Ballhaus. Hamburg: Oetinger 1999.
Ders.: Lippels Traum. Hamburg: Oetinger 1984.
Musäus, Johann Karl August: Volksmärchen der Deutschen. Vollst. Ausg. nach dem Text der Erstausg. v. 1782–86 mit den Ill. v. Ludwig Richter u. a. zur Ausg. v. 1842. Darmstadt: Wiss. Buchges. 1961 (Lizenzausg. des Winkler-Verlags).
Novalis: Werke, Tagebücher und Briefe Friedrich von Hardenbergs. Hg. von Hans-Joachim Mähl und Richard Samuel. 3 Bde. Darmstadt: Wiss. Buchgesellschaft 1999.
Perrault, Charles: Sämtliche Märchen. Mit 10 Illustrationen von Gustave Doré. Übers. u. Nachw. v. Doris Distelmaier-Haas. Stuttgart: Reclam 1986 (RUB 8355).
Preußler, Otfried: Die kleine Hexe. Mit vielen Textzeichnungen von Winnie Gebhardt-Gayler. Stuttgart u. a.: Thienemann 2002.
Rowling, Joanne K.: Harry Potter und der Stein der Weisen. Aus dem Engl. von Klaus Fritz. Hamburg: Carlsen 1998.
Straparola, Giovan Francesco: Die ergötzlichen Nächte. Eingel. u. übers. von Alfred Semerau. 2. Aufl. München: Heyne 1980 (Exquisit Bücher 197).
Ders.: Die Novellen und Mären der ergötzlichen Nächte. 2 Bde. München: Georg Müller 1920.
Tieck, Ludwig: Der blonde Eckbert. Der Runenberg. Die Elfen. Märchen. Mit einem Nachwort von Konrad Nussbächer. Stuttgart: Reclam 1990 (RUB 7732).
Traxler, Hans: Die Wahrheit über Hänsel und Gretel. Die Dokumentation des Märchens der Brüder Grimm. Mit Fotografien von Peter v. Tresckow. 13. Aufl. Reinbek: Rowohlt 2002.
Tucholsky, Kurt: Märchen. In: Ders.: Gesammelte Werke 1: 1907–1918. 157.–181. Tausend. Reinbek: Rowohlt 1993, S. 39.
Uther, Hans-Jörg (Hg.): Märchen vor Grimm. München: Diederichs 1990 (Märchen der Weltliteratur).
Wieland, Christoph Martin: Die Abenteuer des Don Sylvio von Rosalva. Hg. u. mit Anm. v. Heinrich Vormweg. Köln u. Berlin: Kiepenheuer & Witsch 1963 (Phaidon Bibliothek).
Wilde, Oscar: Die Märchen. Aus dem Englischen von Susanne Luber. Zürich: Haffmanns 2000.
Ders.: The Happy Prince and Other Stories. London: Penguin 1994 (Penguin Popular Classics).

Wichtige Forschungsliteratur

Abraham, Ulf: Harry Potter als Familienlektüre. In: Claudia Brinker-von der Heyde u. Helmut Scheuer (Hg.): Familienmuster – Musterfamilien. Zur Konstruktion von Familie in der Literatur. Frankfurt/Main: Peter Lang 2004 (MeLiS 1), S. 225–239.
Anz, Thomas: Literatur und Lust. Glück und Unglück beim Lesen. München: C.H. Beck 1998.
Bachelard, Gaston: Poetik des Raumes. Aus dem Franz. v. Kurt Leonhard. 7. Aufl. Frankfurt/Main: Fischer 2003 (Fischer Wissenschaft).
Barth, Johannes: „Der Zwerg Nase" und „Der gebackene Kopf": Bemerkungen zu Wilhelm Hauffs Zweitem Märchenalmanach. In: WW 42/1 (1992), S. 33–42.

Ders.: Neue Erkenntnisse zu den Quellen von Wilhelm Hauffs Märchen. In: WW 41/2 (1991), S. 170–183.

Ders.: Neues zum „Fliegenden Holländer": die bislang unbekannte erste Mitteilung der Sage in deutscher Sprache und Wilhelm Hauffs „Geschichte von dem Gespensterschiff". In: Fabula 35/3,4 (1994), S. 310–315.

Ders.: Von „Fortunatus" zum „Kleinen Muck": zur Quellenfrage des Hauffschen Märchens. In: Fabula 33/1,2 (1992), S. 66–76.

Beckmann, Sabine: Wilhelm Hauff. Seine Märchenalmanache als zyklische Komposition. Bonn: Bouvier 1976 (Abhandlungen zur Kunst-, Musik- und Literaturwissenschaft 201).

Barthes, Roland: Kritik und Wahrheit. Aus dem Französischen übersetzt von Helmut Scheffel. Frankfurt/Main: Suhrkamp 1967 (edition suhrkamp 218).

Baudrillard, Jean: Der unmögliche Tausch. Aus dem Französischen von Markus Sedlaczek. Berlin: Merve 2000 (Internationaler Merve-Diskurs 229).

Bettelheim, Bruno: Kinder brauchen Märchen. Aus dem Englischen von Liselotte Mikkel und Brigitte Weitbrecht. 24. Aufl. München: dtv 2002.

Berger, Peter L. u. Thomas Luckmann: Die gesellschaftliche Konstruktion der Wirklichkeit. Eine Theorie der Wissenssoziologie. Mit einer Einleitung zur deutschen Ausgabe von Helmuth Plessner. Übers. v. Monika Plessner. 16. Aufl. Frankfurt/Main: Fischer 1999.

Biesterfeld, Wolfgang: Erich Kästners *Der 35. Mai oder Konrad reitet in die Südsee* und die literarische Tradition. In: Pädagogische Rundschau 39, H. 6 (1985), S. 669–677.

Bluhm, Lothar: Grimm-Philologie. Beiträge zur Märchenforschung und Wissenschaftsgeschichte. Hildesheim u. a.: Olms-Weidmann 1995 (Schriftenreihe Werke der Brüder Jacob und Wilhelm Grimm 2).

Ders.: Günther, Grimm und die ‚Marburger Märchenfrau'. Zur Entstehung von KHM 57 *Der goldene Vogel*. In: http://www.goethezeitportal.de/db/wiss/grimm/bluhm_khm57.pdf

Ders.: Märchen. Versuch einer literatursystematischen Beschreibung. In: Märchenspiegel 11, H. 1 (2000), S. 12f.

Ders.: Zur Theorie und Praxis der Grimmschen Märchenedition. In: Bernhard Lauer (Hg.): Beiträge zum ersten Deutsch-Japanischen Brüder Grimm-Symposion in Steinau. Kassel: Eigenverlag (Schriften der Brüder-Grimm-Gesellschaft 31) [im Druck].

Bourdieu, Pierre: Praktische Vernunft. Zur Theorie des Handelns. Aus dem Franz. v. Hella Beister. Frankfurt/Main: Suhrkamp 1998 (edition suhrkamp 1985).

Brackert, Helmut (Hg.): Und wenn sie nicht gestorben sind... Perspektiven auf das Märchen. Frankfurt/Main: Suhrkamp 1980 (edition suhrkamp 973).

Carvill, Barbara Maria: Der verführte Leser. Johann Karl August Musäus' Romane und Romankritiken. Frankfurt/Main u.a.: Peter Lang 1985 (Canadian Studies in German Language and Literature 31).

Corkhill, Alan: Tiecks *Blonder Eckbert* und Kafkas *Urteil*: Textliche Übereinstimmungen. In: Literatur in Wissenschaft und Unterricht 18, H. 1 (1985), S. 1–11.

Dickson, Sheila u. Mark G. Ward (Hg.): Romantic Dreams. Proceedings of the Glasgow Conference, April 1997. Glasgow: University of Glasgow French and German Publications 1998.

Drewermann, Eugen: Hänsel und Gretel. Aschenputtel. Der Wolf und die sieben Geißlein. Grimms Märchen tiefenpsychologisch gedeutet. München: dtv 2003.

Durst, Uwe: Theorie der Phantastischen Literatur. Tübingen u. Basel: Francke 2001.
Ewers, Hans-Heino: Literatur für Kinder und Jugendliche. Eine Einführung in grundlegende Aspekte des Handlungs- und Symbolsystems Kinder- und Jugendliteratur. Mit einer Auswahlbibliographie Kinder- und Jugendliteraturwissenschaft. München: Fink 2000 (UTB 2124).
Ders.: Nachwort. In: Wilhelm Hauff: Sämtliche Märchen. Mit den Illustrationen der Erstdrucke. Hg. v. Hans-Heino Ewers. Stuttgart 986 (RUB 301), S. 445–463.
Fahrenberg, W.P. u. Armin Klein (Hg.): Der Grimm auf Märchen. Motive Grimmscher Volksmärchen und Märchenhaftes in den aktuellen Künsten. Marburg: Kulturamt 1985.
Fößmeier, Christine u. Ulrike Fröbel: Albus Dumbledore, Gandalf und Saruman. Mögliche antike Bezüge der Zauberer in *Harry Potter* und *Der Herr der Ringe*. In: Antike Welt 34, H. 2 (2003), S. 171–176.
Freud, Sigmund: Totem und Tabu. Frankfurt/Main: Fischer 1999 (Gesammelte Werke 9).
Fromm, Waldemar: Bilderbuch der Wünsche. Clemens Brentanos Gockel Hinkel Gakkeleia. In: Zeitschrift für deutsche Philologie H. 4, 119 (2000), S. 517–544.
Gerstner, Hermann: Brüder Grimm. 9. Aufl. Reinbek: Rowohlt 1997 (rowohlts monographien 201).
Gille, Klaus F.: Der Berg und die Seele. Überlegungen zu Tiecks *Runenberg*. In: Neophilologus 77, H. 4 (1993), S. 611–623.
Grätz, Manfred: Das Märchen in der deutschen Aufklärung. Vom Feenmärchen zum Volksmärchen. Stuttgart: Metzler 1988 (Germanistische Abhandlungen 63).
Grindhammer, Lucille: *The Wonderful Wizard of Oz*: An American Fairy Tale in the English Language Classroom. In: Neusprachliche Mitteilungen aus Wissenschaft und Praxis 44, H. 4 (1991), S. 211–217.
Hauptmeier, Helmut u. Siegfried J. Schmidt: Einführung in die Empirische Literaturwissenschaft. Braunschweig u. Wiesbaden: Vieweg 1985.
Hildebrandt, Dieter: Horváth. 29.–31. Tausend. Reinbek: Rowohlt 1989 (rowohlts monographien 231).
Hocke, Roman u. Thomas Kraft: Michael Ende und seine phantastische Welt. Die Suche nach dem Zauberwort. Stuttgart u.a.: Weitbrecht 1997.
Hooper, Walter: C.S. Lewis. A Companion & Guide. London: HarperCollins 1996.
Iser, Wolfgang: Theorie der Literatur. Eine Zeitperspektive. Konstanz: Universitätsverlag 1992 (Konstanzer Universitätsreden 182).
Jacob, Stefan: Ödön von Horváth und seine Sportmärchen. In: Sportzeit 3, H. 1 (2003), S. 83–100.
Jahn, Erwin: Die *Volksmärchen der Deutschen* von Johann Karl August Musäus. Leipzig: Voigtländer 1914 (Probefahrten 25).
Jolles, André: Einfache Formen. Legende, Sage, Mythe, Rätsel, Spruch, Kasus, Memorabile, Märchen, Witz. 2., unveränd. Aufl. Darmstadt: Wiss. Buchges. 1958. [1. Aufl. 1930]
Janning, Jürgen u. Heino Gehrts (Hg.): Die Welt im Märchen. Kassel: Erich Röth 1984 (Veröffentlichungen der Europäischen Märchengesellschaft).
Kaiser, Gerhard R.: E.T.A. Hoffmann. Stuttgart: Metzler 1988 (Sammlung Metzler 243).
Karlinger, Felix (Hg.): Wege der Märchenforschung. Darmstadt: Wiss. Buchges. 1973 (Wege der Forschung 255).

Kastinger Riley, Helene M.: Clemens Brentano. Stuttgart: Metzler 1985 (Sammlung Metzler 213).

Klotz, Volker: Dahergelaufene und Davongekommene. Ironisierte Abenteuer in Märchen von Musäus, Wieland und Goethe. In: Euphorion 79, H. 3/4 (1985), S. 322–334.

Ders.: Das europäische Kunstmärchen. 25 Kapitel seiner Geschichte von der Renaissance bis zur Moderne. München: dtv 1987.

Krischke, Traugott (Hg.): Ödön von Horváth. Frankfurt/Main: Suhrkamp 1981 (suhrkamp taschenbuch materialien).

Kuzniar, Alice A.: „Spurlos... verschwunden": Peter Schlemihl und sein Schatten als der verschobene Signifikant. In: Aurora 45 (1985), S. 189–204.

Lacan, Jacques: Das Spiegelstadium als Bildner der Ichfunktion. In: Ders.: Schriften I. Ausgew. u. hg. von Norbert Haas. Olten u. Freiburg im Breisgau: Walter 1973, S. 61–70.

Lachmann, Renate: Erzählte Phantastik. Zur Phantasiegeschichte und Semantik phantastischer Texte. Frankfurt/Main: Suhrkamp 2002 (stw 1578).

Ladenthin, Volker: Ein Klassiker der Moderne: Erich Kästner und die Ästhetik des Kinder- und Jugendbuchs. In: Gerhard Fischer (Hg.): Kästner-Debatte. Kritische Positionen zu einem kontroversen Autor. Würzburg: Köngshausen & Neumann 2004 (Erich-Kästner-Jahrbuch 4), S. 171–182.

Laiblin, Wilhelm (Hg.): Märchenforschung und Tiefenpsychologie. Mit einem Vorwort von Verena Kast. Darmstadt: Wiss. Buchges. 1995.

Lotman, Jurij M.: Die Struktur literarischer Texte. Übers. v. Rolf-Dietrich Keil. 4., unveränd. Aufl. München: Fink 1993 (UTB 103).

Lowenberg, Susan: C.S. Lewis. A Reference Guide 1972–1988. New York: Hall 1993 (A Reference Guide to Literature).

Lüthi, Max: Märchen. 8., durchges. u. erg. Aufl. Bearbeitet von Heinz Rölleke. Stuttgart: Metzler 1990 (Sammlung Metzler 16).

Lurker, Manfred: Wörterbuch der Symbolik. Unter Mitarbeit zahlreicher Fachwiss. 5., durchges. u. erw. Aufl. Stuttgart: Kröner 1991 (Kröners Taschenausgabe 464).

Mathäs, Alexander: Self-Perfection – Narcissm – Paranoia: Ludwig Tieck's *Der blonde Eckbert*. In: Colloquia Germanica 34 (2001), S. 237–255.

Marx, Friedhelm: Erlesene Helden. Don Sylvio, Werther, Wilhelm Meister und die Literatur. Heidelberg: Winter 1995 (Beiträge zur neueren Literaturgeschichte 3).

Marzin, Florian F.: Die phantastische Literatur. Eine Gattungsstudie. Franfurt/Main u. Bern: Peter Lang 1982 (Europäische Hochschulschriften, Reihe I, 569).

Mayer, Mathias u. Jens Tismar: Kunstmärchen. 3., völlig neu bearb. Aufl. Stuttgart u. Weimar: Metzler 1997 (Sammlung Metzler 155).

Mazenauer, Beat u. Severin Perrig: Wie Dornröschen seine Unschuld gewann. Archäologie der Märchen. Mit einem Essay von Peter Bichsel. München: dtv 1998.

Mecklenburg, Norbert: „Die Gesellschaft der verwilderten Steine". Interpretationsprobleme von Ludwig Tiecks Erzählung *Der Runenberg*. In: Der Deutschunterricht 34, H. 6 (1982), S. 62–76.

Neuhaus, Stefan: Das Spiel mit dem Leser. Wilhelm Hauff: Werk und Wirkung. Göttingen: Vandenhoeck & Ruprecht 2002.

Ders.: Das verschwiegene Werk. Erich Kästners Mitarbeit an Theaterstücken unter Pseudonym. Würzburg: Königshausen & Neumann 2000.

Ders.: Grundriss der Literaturwissenschaft. Tübingen u. Basel: Francke 2003 (UTB 2477).
Ders.: Literatur und nationale Einheit in Deutschland. Tübingen u. Basel: Francke 2002.
Ders.: Schlechte Noten für den Schulmeister? Der Stand der Erich-Kästner-Forschung. In: Literatur in Wissenschaft und Unterricht 32, Heft 1 (1999), S. 43–71.
Ders.: Sexualität im Diskurs der Literatur. Tübingen u. Basel: Francke 2002.
Ders.: The Politics of Fairy Tales. Oscar Wilde and the German Tradition. [Erscheint in einem Konferenzband, Hg. Susan Tebbutt.]
Patzelt, Birgit: Phantastische Kinder- und Jugendliteratur der 80er und 90er Jahre. Strukturen – Erklärungsstrategien – Funktionen. Frankfurt/Main: Peter Lang 2001 (Kinder- und Jugendkultur, -literatur und -medien 16).
Paulin, Roger: Ludwig Tieck. Stuttgart: Metzler 1987 (Sammlung Metzler 185).
Piaget, Jean: Das Weltbild des Kindes. Einf. von Hans Aebli. Aus dem Franz. von Luc Bernard. 7. Aufl. München: dtv 2003.
Propp, Vladimir: Morphologie des Märchens. Hg. von Karl Eimermacher. Frankfurt/Main: Suhrkamp 1975 (stw 131).
Ranke, Kurt u. Rolf Wilhelm Brednich (Hg.): Enzyklopädie des Märchens. Handwörterbuch zur historischen und vergleichenden Erzählforschung. Unter Mitarb. zahlr. Fachwiss. Berlin u.a.: de Gruyter 1977ff [bis 2004 sind 10 Bände und 2 Teillieferungen von Band 11 erschienen]
Reinhardt, Hartmut: Lizenz zum Spielen. Goethes Märchen in seiner dialogischen Verbindung mit Schillers ästhetischen Schriften. In: Jahrbuch der deutschen Schillergesellschaft 47 (2003), S. 99–122.
Richli, Alfred: Johann Karl August Musäus: Die *Volksmärchen der Deutschen*. Zürich u. Freiburg/Br.: Atlantis 1957 (Zürcher Beiträge zur deutschen Literatur- und Geistesgeschichte 13).
Richter, Dieter: Carlo Collodi und sein Pinocchio. Ein weitgereister Holzbengel und seine toskanische Geschichte. Berlin: Wagenbach 2004 (Wagenbachs Taschenbuch 495).
Röhrich, Lutz: Märchen und Wirklichkeit. Eine volkskundliche Untersuchung. Wiesbaden: Steiner 1956.
Rölleke, Heinz: Die Märchen der Brüder Grimm. Eine Einführung. Stuttgart: Reclam 2004 (RUB 17650).
Ders.: „Empfindung für Poesie". Ludwig Tiecks Kunstmärchen *Der Runenberg*. In: Jahrbuch des Freien Deutschen Hochstifts 39 (1999), S. 164–172.
Ders.: Grimms Märchen und ihre Quellen. Die literarischen Vorlagen der Grimmschen Märchen synoptisch vorgestellt und kommentiert. Trier: WVT 1998 (Schriftenreihe Literaturwissenschaft 35).
Ders.: Nachwort. In: Brüder Grimm: Kinder- und Hausmärchen. Ausgabe letzter Hand mit den Originalanmerkungen. Mit einem Anhang sämtl., nicht in allen Aufl. veröff. Märchen u. Herkunftsnachw. hg. v. Heinz Rölleke. 3 Bde. Stuttgart: Reclam 1994 (RUB 3291–3193), Bd. 3, S. 593–621.
Roth, Dieter u. Walter Kahn (Hg.): Märchen und Märchenforschung in Europa. Ein Handbuch. Frankfurt/Main: Haag u. Herchen 1993.
Schanze, Helmut: Romantik-Handbuch. Stuttgart: Kröner 1994 (Kröners Taschenausgabe 363).

Schedel, Susanne: Literatur ist Zitat – „Korrespondenzverhältnisse" in Kafkas *Das Urteil*. In: Oliver Jahraus u. Stefan Neuhaus (Hg.): Kafkas *Urteil* und die Literaturtheorie. Zehn Modellanalysen. Stuttgart: Reclam 2002 (RUB 17636), S. 220–240.

Schenda, Rudolf: Volk ohne Buch. Studien zur Sozialgeschichte der populären Lesestoffe 1770–1910. München: dtv 1977 (dtv Wissenschaftliche Reihe).

Scherf, Walter: Das Märchenlexikon. 2 Bde. München: C.H. Beck 1995.

Schnabel, Werner Wilhelm: Von der hübschen Magd und dem Herrn im Hause. Zur poetologischen Bestimmung des ‚Volksmärchens' bei Johann Carl August Musäus. In: Beihefte zum Euphorion 36 (2000), S. 149–179.

Segebrecht, Wulf: Heterogenität und Integration. Studien zu Leben, Werk und Wirkung E.T.A. Hoffmanns. Frankfurt/Main u.a.: Peter Lang 1996 (Helicon 20).

Sinjawskij, Andrej: Iwan der Dumme. Vom russischen Volksglauben. Aus dem Russischen von Swetlana Geier. Frankfurt/Main: S. Fischer 1990.

Solbach, Andreas: Immanente Erzählpoetik in Fouqués *Undine*. In: Euphorion H. 1, 91 (1997), S. 65–98.

Spinner, Kaspar H.: Im Bann des Zauberlehrlings? Zur Faszination von Harry Potter. Mit Beiträgen von Gottfried Bachl u.a. Regensburg: Pustet 2001 (Themen der Kath. Akademie in Bayern).

Steigerwald, Jörn: Die fantastische Bildlichkeit der Stadt. Zur Begründung der literarischen Fantastik im Werk E.T.A. Hoffmanns. Würzburg: Königshausen & Neumann 2001 (Stiftung für Romantikforschung 14).

Tarot, Rolf (Hg.): Kunstmärchen. Erzählmöglichkeiten von Wieland bis Döblin. Unter Mitarbeit von Gabriela Scherer. Franfurt/Main u.a.: Peter Lang 1993 (Narratio 7).

Tatar, Maria: Unholy Alliances: Narrative Ambiguity in Tieck's *Der blonde Eckbert*. In: Modern Language Notes 102 (1987), S. 608–626.

Thomsen, Christian W. u. Jens Malte Fischer (Hg.): Phantastik in Literatur und Kunst. Darmstadt: Wiss. Buchges. 1980.

Tieke, Klaus: „Ich war so leicht, so lustig sonst": Zum Frauenbild in Friedrich de la Motte-Fouqués Erzählung *Undine*. In: Praxis Deutsch 20 (1993), S. 54–61.

Todorov, Tzvetan: Einführung in die fantastische Literatur. Frankfurt/Main: Ullstein 1975.

Uerlings, Herbert: Novalis. Stuttgart: Reclam 1998 (RUB 17612).

Ders.: Novalis in Freiberg. Die Romantisierung des Bergbaus – Mit einem Blick auf Tiecks *Rundenberg* und E.T.A. Hoffmanns *Bergwerke zu Falun*. In: Aurora 56 (1996), S. 57–77.

Uther, Hans-Jörg (Hg.): Märchen in unserer Zeit. Zu Erscheinungsformen eines populären Genres. München: Diederichs 1990.

Wilpert, Gero v.: Die deutsche Gespenstergeschichte. Motiv – Form – Entwicklung. Stuttgart: Kröner 1994 (Kröners Taschenausgabe 406).

Wilson, Ann: Hauntings: Anxiety, Technology, and Gender in Peter Pan. In: Modern Drama 43, H. 4 (2000), S. 595–610.

Wittmann, Reinhard: Geschichte des deutschen Buchhandels. 2., durchges. Aufl. München: C.H. Beck 1999 (Beck'sche Reihe 1304).

Woodgate, Kenneth B.: Das Phantastische bei E.T.A. Hoffmann. Frankfurt a. M. u.a.: Peter Lang 1999 (Helicon 25).

Wührl, Paul-Wolfgang: Das deutsche Kunstmärchen. Geschichte, Botschaft und Erzählstrukturen. Überarb. u. aktual. Neuaufl. Baltmannsweiler: Schneider 2003.

Ders. (Hg.): E.T.A. Hoffmann: Der goldne Topf. Erläuterungen und Dokumente. Stuttgart: Reclam 1982 (RUB 8157).

Wünsch, Marianne: Die Fantastische Literatur der Frühen Moderne (1890–1930). Definition – Denkgeschichtlicher Kontext – Strukturen. München: Fink 1991.

Zipes, Jack: Fairy-Tales and The Art of Subversion. The Classical Genre for Children and the Process of Civilization. London: Heinemann 1983.

Autoren- und Titelregister

Äsop 56, 202
Andersen, Hans Christian
   Märchen und Erzählungen für Kinder 82, 124, 130, 195–199, 237, 240, 259, 278
Anonym
   Erzählungen aus den Tausendundein Nächten 32f., 45–52, 56–59, 65, 72, 80, 93, 100, 102, 136, 161, 184, 202, 206, 211, 240f., 252, 286, 328, 338–344, 358, 360
Anonym
   Nibelungenlied 45, 135
Arnim, Achim v. 130, 200, 249
Aulnoy, Marie-Catherine de 80, 141, 230
Barrie, James M.
   Peter Pan 143, 249, 255–263, 289, 358, 363
Basile, Giambattista
   Das Pentameron 53, 55–64, 72f., 135, 138f., 142, 200, 206
Baum, L. Frank 23, 243–247
Bechstein, Ludwig
   Deutsches Märchenbuch 54, 213–216
Bemmann, Hans
   Stein und Flöte 8, 13, 74, 324–330
Boccaccio, Giovanni
   Decamerone 45, 53, 56, 64, 100, 182, 226, 328
Bote, Hermann
   Till Eulenspiegel 58
Brecht, Bertolt
   Dreigroschenoper 220
   Geschichten vom Herrn Keuner 264
Brentano, Clemens 131
   Gockel und Hinkel 62, 200–206

Büchner, Georg 182
   Dantons Tod 273
   Woyzeck 249
Bürger, Gottfried August
   Münchhausen 62f., 145
Carroll, Lewis 235, 275
   Alice im Wunderland 16, 224–228, 243, 334
   Die Jagd nach dem Schnark 224
   Hinter den Spiegeln 224
Celan, Paul
   Sprachgitter 358f.
Cervantes, Miguel de
   Don Quixote 71, 324
Chamisso, Adelbert v.
   Peter Schlemihls wundersame Geschichte 143–148, 257
Colfer, Eoin
   Artemis Fowl 304, 354–359
Collodi, Carlo
   Pinocchio 73, 169, 189, 229–235, 269
Conan Doyle, Sir Arthur
   Sherlock Holmes 278
Contessa, E.W. 165
Dickens, Charles 23, 278
   Weihnachtslied 207–212
   David Copperfield 260
   Große Erwartungen 260
   Oliver Twist 260
Döblin, Alfred
   Berlin Alexanderplatz 268
Eichendorff, Joseph Freiherr v. 156
   Das Marmorbild 197
Ende, Michael 28, 275, 322
   Der satanarchäolügenialkohöllische Wunschpunsch 303–310, 372

Die unendliche Geschichte 173, 183, 233, 279, 283, 300–303, 358, 360, 363
Jim Knopf und die Wilde 13 298–300
Jim Knopf und Lukas der Lokomotivführer 298–300, 322, 358
Momo IX, 205, 300 f.
Fetscher, Iring
Der Nulltarif der Wichtelmänner 311
Wer hat Dornröschen wachgeküßt? 311
Fontane, Theodor
Der Stechlin 265 f.
Fouqué, Friedrich de la Motte 143, 162, 165
Undine 124–130, 195
Freytag, Gustav
Soll und Haben 129
Funke, Cornelia
Die wilden Hühner 358
Drachenreiter 358
Tintenherz 358–364
Goethe, Johann Wolfgang 150, 212
Das Märchen 58, 89–96, 107–109, 111, 302, 318
Der neue Paris 89
Dichtung und Wahrheit 89
Die neue Melusine 89 f.
Faust. Der Tragödie erster Teil 3, 145, 193, 220, 371
Novelle 89
Unterhaltungen deutscher Ausgewanderten 89 f., 149
Wilhelm Meisters Lehrjahre 101, 162
Wilhelm Meisters Wanderjahre 89
Grass, Günter
Die Blechtrommel 256
Grimm, Brüder
Kinder- und Hausmärchen 2–6, 14, 25 f., 28–30, 32, 34–36, 51, 54–56, 59–69, 72 f., 82, 86, 109, 131–142, 159, 167, 178, 195, 200, 202, 213, 217, 219, 221, 235, 240, 243, 249–251, 258 f., 292 f., 311–315, 328, 333 f., 335 f., 342, 351, 367
Hahn, Ulla 251 f.
Hardenberg, Friedrich von, siehe: Novalis
Hauff, Wilhelm VII, 182 f., 235, 373
Das kalte Herz 8, 87, 145, 190–194, 238, 289

Das Wirtshaus im Spessart 190
Der Mann im Mond 217
Der Scheik von Alessandria und seine Sklaven 187, 342
Der Zwerg Nase 187–190, 241
Die Geschichte vom Kalif Storch 184–186, 189
Die Geschichte von dem kleinen Muck 186, 342
Die Karawane 217
Märchen als Almanach 181–183
Märchen vom falschen Prinzen 217
Hauptmann, Gerhart
Die Weber 253
Heine, Heinrich 87
Deutschland. Ein Wintermärchen 336
Herder, Johann Gottfried 78, 133, 342
Hoffmann, E.T.A. 12, 15–17, 81, 86, 120, 124, 130, 149, 199, 202, 223, 233, 235, 239, 257, 278, 285 f., 290, 302, 305, 340, 344, 347, 358, 363, 372
Das fremde Kind 149, 171–178, 332
Der goldne Topf 7–10, 17 f., 58, 75–77, 103, 109, 128, 149–158, 163, 171, 211, 261, 285, 341, 346, 348, 365, 372
Der Sandmann 10, 120, 180
Die Abenteuer der Silvesternacht 143
Die Brautwahl 146
Die Elixiere des Teufels 10
Die Königsbraut 74, 176–181
Die Serapionsbrüder 10 f., 73, 146, 149, 164, 176, 181, 344
Fantasiestücke in Callots Manier 12, 76, 149
Klein Zaches genannt Zinnober 76, 117, 149, 158–164, 178 f., 204, 295, 308, 365
Lebens-Ansichten des Katers Murr 217 f., 307
Meister Floh 149, 365
Nachtstücke 10, 149
Nußknacker und Mausekönig 149, 165–171, 203, 220, 274 f., 279, 283, 334
Prinzessin Brambilla 19, 53, 365–370
Rat Krespel 11
Hoffmann, Heinrich
Der Struwwelpeter 230

Autoren- und Titelregister **389**

Hofmannsthal, Hugo v.
  Das Märchen der 672. Nacht 252, 373
Hoppe, Felicitas VII, IX
Horváth, Ödön v.
  Sportmärchen 251 f., 254, 264–267
Kästner, Erich
  Der 35. Mai 170, 257, 334
  Emil und die Detektive 268 f., 273, 279, 317
  Fabian 250–252
  Klaus im Schrank 272
Kafka, Franz VII f., 16, 111, 199, 373
Keller, Gottfried
  Die Leute von Seldwyla 217
  Kleider machen Leute 147
  Romeo und Julia auf dem Dorfe 371
  Spiegel, das Kätzchen 217–223, 303, 307
Kipling, Rudyard
  Das Dschungelbuch 358
Kleist, Heinrich v. 23, 111
  Das Käthchen von Heilbronn 153
  Der zerbrochne Krug 203
Körner, Theodor 272
Krüss, James
  Timm Thaler oder Das verkaufte Lachen 143
Lewis, C.S.
  Die Chroniken von Narnia 170, 240, 275–284, 324, 327, 334, 339, 346 f., 358
Lindgren, Astrid
  Die Brüder Löwenherz 284
  Karlsson vom Dach 175
  Mio, mein Mio 126, 175, 238, 285–290, 299, 347, 358, 372
  Pippi Langstrumpf 175, 295, 300, 319, 331
Lornsen, Boy
  Robbi, Tobbi und das Fliewatüüt 316–323
Maar, Paul 175
  Am Samstag kam das Sams zurück 331
  Der Aufzug 334 f.
  Der tätowierte Hund 293, 311, 332–334
  Die vergessene Tür 334
  Eine Woche voller Samstage 300, 331, 343

Ein Sams für Martin Taschenbier 171, 331 f.
  In einem tiefen, dunklen Wald 331–344
  Lippels Traum 331–344
  Neue Punkte für das Sams 331
  Sams in Gefahr 331 f.
Mann, Thomas
  Doktor Faustus 3, 371
May, Karl 342
Musäus, Johann K.A.
  Volksmärchen der Deutschen 18, 43, 53, 61 f., 78–88, 117, 222
Novalis 7, 111, 150
  Heinrich von Ofterdingen 1, 87, 97–110, 113, 177, 302, 329
Paracelsus 124
Perrault, Charles
  Contes du temps passé 53, 62, 64–69, 72 f., 135, 139–142, 146, 159, 230
Preußler, Otfried 322
  Das kleine Gespenst 291
  Der Räuber Hotzenplotz 272, 291
  Die kleine Hexe 291–297
  Krabat 291, 358
Rowling, Joanne K.
  Harry Potter und der Stein der Weisen 8, 14, 126, 209, 275, 281, 289, 304, 309, 345–355, 357, 359, 372 f.
Rückert, Friedrich 342
Runge, Philipp Otto 131
Ruskin, John 23
Sand, George 23
Schiller, Friedrich 162
  Don Carlos 160
  Kabale und Liebe 197
  Wilhelm Tell 269
Schlegel, Friedrich 6 f.
Schleiermacher, Friedrich 97
Scott, Sir Walter 207
Shakespeare, William 72, 111, 184
  Der Sturm 358
  Romeo und Julia 240, 371
Shelley, Mary
  Frankenstein 303
Sophokles
  König Ödipus 116

Stevenson, Robert L.
 Die Schatzinsel 260
 Dr. Jekyll und Mr. Hyde 260
Stoker, Bram
 Dracula 347
Straparola, Giovan Francesco
 Die ergötzlichen Nächte 45, 53–57, 60, 64, 235
Süskind, Patrick
 Das Parfum 159
Tieck, Ludwig 8, 97, 149
 Der blonde Eckbert 8, 87, 111–123, 162
 Der Runenberg 100, 105, 111–123, 178, 326
 Phantasus 111
Tolkien, John R.R.
 Der Herr der Ringe 13, 17, 276 f., 288, 324, 347, 358

Traxler, Hans
 Die Wahrheit über Hänsel und Gretel 252, 293, 311–315
Tucholsky, Kurt
 Märchen 248–254
Twain, Mark 342
Verne, Jules
 20.000 Meilen unter dem Meer 316
 Reise zum Mond 316
Wedekind, Frank
 Frühlings Erwachen 118
White, T.H.
 Das Buch Merlin 358
Wieland, Christoph Martin 150, 211, 235
 Die Abenteuer des Don Sylvio von Rosalva 10, 70–78, 81, 149
Wilde, Oscar 23, 278
 Die Märchen 124, 236–242, 358
Wildenbruch, Ernst v. 253 f.

Abbildungsverzeichnis

Abb. 1 Peter Neugebauer, Dornröschen, 1985. Aus: WP Fahrenberg/Armin Klein (Hrsg.): Der Grimm auf Märchen. Motive Grimmscher Volksmärchen und Märchenhaftes in den aktuellen Künsten, herausgegeben vom Kulturamt der Stadt Marburg. Marburg 1985/86 (jetzt: Fachdienst Kultur der Stadt Marburg, Markt 7, 35035 Marburg). S. 84. *Abb. 2* Umschlagabbildung zu: Die Erzählungen aus den Tausendundein Nächten. Vollständige Ausgabe in sechs Bänden. Band 1. Frankfurt am Main 1976. *Abb. 3* Aus: J.K.A. Musäus: Volksmärchen der Deutschen. Vollständige Ausgabe, nach dem Text der Erstausgabe von 1782-86, mit den Illustrationen von Ludwig Richter, A. Schrödter, R. Jordan und G. Osterwald zur Ausgabe von 1842. Darmstadt 1961. S. 21. *Abb. 4* Jacob und Wilhelm Grimm. Gemalt von Elisabeth Jerichau. *Abb. 5* Das reale Vorbild für den Türknauf aus dem „Goldnen Topf": Bamberg am Haus Eisgrube 14. *Abb. 6* Zeichnung von Daniel Fohr. Aus: Maehrchenalmanach für Söhne und Töchter gebildeter Stände. Auf das Jahr 1827, hrsg. von Wilhelm Hauff. Mit Kupfern. Stuttgart: Frankh 1827. (mit gestochenem Titel und 2 Kupfertaf. von Daniel Fohr als Zeichner, F.P. Edelwirth als Stecher). *Abb. 7* Scherenschnitt von H.C. Andersen. Aus: Hans Christian Andersen mit Selbstzeugnissen und Bilddokumenten dargestellt von Erling Nielsen. Hamburg 1958. S. 51. Quelle: Royal Danish Ministry for Foreign Affairs. *Abb. 8* Charles Dickens. Karikatur von André Gill. © ullstein – Granger. *Abb. 9* Gottfried Keller. Bildnis von Conrad Hitz. Aus: Paul Schaffner: Gottfried-Keller-Bildnisse. Zürich 1942. *Abb. 10* Zeichnung von John Tenniel. Aus: Lewis Carroll: Alice im Wunderland. Mit zweiundvierzig Illustrationen von John Tenniel. Übersetzt und mit einem Nachwort von Christian Enzensberger. Frankfurt am Main 1963. S. 21. *Abb. 11* Aus: Oscar Wilde: The Happy Prince and Other Stories. Illustrated by Lars Bo. Harmondsworth 1965. S. 29. *Abb. 12* Jörg Alisch: Das Imperium schlägt zurück! Fall 5. Aus: WP Fahrenberg/Armin Klein (Hrsg.): Der Grimm auf Märchen. Motive Grimmscher Volksmärchen und Märchenhaftes in den aktuellen Künsten, herausgegeben vom Kulturamt der Stadt Marburg. Marburg 1985/86 (jetzt: Fachdienst Kultur der Stadt Marburg, Markt 7, 35035 Marburg). S. 80. *Abb. 13* Aus: Astrid Lindgren: Mio, mein Mio. Hamburg 1998. © Verlag Friedrich Oetinger, Hamburg. *Abb. 14* Illustration von Winnie Gebhardt-Gayler aus: Otfried Preußler: Die kleine Hexe. © 1957 by Thienemann Verlag (Thienemann Verlag GmbH), Stuttgart – Wien. *Abb. 15* Illustration von Regina Kehn aus: Michael Ende: Der satanarchäolügenialkohöllische Wunschpunsch. © 1989 by Thienemann Verlag (Thienemann Verlag GmbH), Stuttgart – Wien. *Abb. 16* © Peter von Tresckow. *Abb. 17* Aus: Paul Maar: Lippels Traum. Hamburg 1984. © Verlag Friedrich Oetinger, Hamburg. *Abb. 18* Zeichnung von Jacques Callot. Aus: E.T.A. Hoffmann: Gesammelte Werke in Einzelausgaben. Band 7: Klein Zaches genannt Zinnober, Prinzessin Brambilla, Meister Floh. Berlin und Weimar 1994, S. 277.

UTB Literaturwissenschaft

Max Lüthi

Das europäische Volksmärchen

Form und Wesen

UTB 312 S, 11. Auflage 2005, 144 Seiten,
€ [D] 9,90/SFR 18,10
ISBN 3-8252-0312-3

Der Klassiker der Märchenforschung, der bereits in der 11. Auflage vorliegt, informiert stilistisch ansprechend über Darstellung und Stil im Märchen, geht ausführlich auf die Wesensmerkmale der Märchen ein und erörtert Funktion und Bedeutung von Märchen als Erzählformen in unterschiedlichen Kulturen. Der Autor setzt sich mit der strukturalistischen Märchenforschung auseinander und weist Wege zum historischen Verständnis einer Literaturgattung.

»Ein Buch, das man immer wieder zur Hand nimmt; es sollte in keiner Bibliothek fehlen.« *Lesenswert*

»Das Resultat ist nichts Geringeres als eine umfassende Phänomenologie des Märchens« Prof. Dr. P. Zinsli in *Der Bund*.

»This brilliant endeavor to discover and describe the peculiar qualities that set Märchen apart from other genres of folk literature marks a definite advance in our understanding of them.« Prof. Dr. Archer Taylor in *Modern Language Notes*.

Preisänderungen vorbehalten

A. Francke

UTB Literaturwissenschaft

Stefan Neuhaus

Grundriss der Literaturwissenschaft

UTB 2477 M, 2003, XII, 263 Seiten,
54 Abb., € [D]13,90/SFr 24,50
UTB-ISBN 3-8252-2477-5

Das gab es bisher noch nicht: ein Spaziergang durch eine Disziplin, spannend und unterhaltsam wie eine Erzählung, zugleich aber umfassend und mit der notwendigen Präzision. Der Band vermittelt das Grundwissen der Literaturwissenschaft, mit Schwerpunkt auf der neueren deutschen Literatur. Im Unterschied zu herkömmlichen Einführungsbüchern wird das gesamte literaturwissenschaftliche Arbeitsfeld vermessen (Gattungslehre, Literaturgeschichte, Literaturtheorie) und durch ein ausführliches Kapitel zur Praxis des Studierens ergänzt. Am Schluss des Bandes steht eine Probeklausur, mit der die Leser ihren Lernerfolg selbst kontrollieren können. Da für einen Studienanfänger der Literaturwissenschaft alles graue Theorie ist, werden die wichtigen Informationen nicht aneinander gereiht, sondern auf kurzweilige Weise vermittelt und mit zahlreichen Beispielen illustriert, die vor allem eines erhalten sollen: die Freude der Studierenden an der Literatur.

Preisänderungen vorbehalten

A. Francke

UTB Literaturwissenschaft

Dieter Hoffmann

Arbeitsbuch Deutschsprachige Prosa seit 1945

Band 1: Von der Trümmerliteratur zur Dokumentarliteratur
UTB 2729, UTB-ISBN 3-8252-2729-4

Band 2: Von der Neuen Subjektivität zur Pop-Literatur
UTB 2730, UTB-ISBN 3-8252-2730-8

UTB 2731, 2 Bde im Schuber, UTB-ISBN 3-8252-2731-6

Ein zentrales Problem bei der Darstellung der deutschsprachigen Literatur seit 1945 besteht darin, dass dabei Kontinuitäten und Brüche gleichermaßen berücksichtigt werden müssen. Das vorliegende Werk versucht dieser Schwierigkeit durch einen Längsschnitt-Ansatz zu begegnen, der die Entwicklung der einzelnen literarischen Richtungen und Schreibweisen nicht der Chronologie der Zeitgeschichte anpasst, sondern sie von ihren eigenen Voraussetzungen aus betrachtet und in den maßgeblichen literarhistorischen Zusammenhang einordnet. Das zweibändige Werk verbindet literaturhistorische Hintergrundinformationen mit der Interpretation einzelner Texte, die im Anhang zu den einzelnen Kapiteln ganz oder auszugsweise abgedruckt sind. Dabei zeichnen sich die Bände durch eine besondere Benutzerfreundlichkeit aus, indem jede Leseprobe von Erläuterungen und Arbeitsaufgaben begleitet wird, auf denen auch die Kommentare zu den einzelnen Leseproben aufbauen.

Preisänderungen vorbehalten

A. Francke

UTB Literaturwissenschaft

Christoph Bode

Der Roman

Eine Einführung

UTB 2580, 2005, XVI, 349 Seiten, div. Abbildungen
ISBN 3-8252-2580-1

Der Band bietet eine anspruchsvolle, doch lebendig und verständlich geschriebene Einführung in die Romananalyse und ist für Studierende aller neuphilologischen Literaturwissenschaften konzipiert. Die Einführung narratologischer Terminologie und Methoden wird mit grundlegenden literaturtheoretischen Überlegungen verknüpft und mit einer Fülle anschaulicher Beispiele illustriert. Besonderer Wert wird auf die Vermittlung der Einsicht gelegt, dass die analytische Zergliederung eines Romanes kein Selbstzweck ist, sondern ein Verständnis seines »Funktionierens« überhaupt erst ermöglicht. Eine Leitidee ist dabei, dass – unabhängig vom jeweiligen »Inhalt« eines Romans – das Problem der Konstruktion fiktionaler Wirklichkeiten in dieser dynamischsten, formen- und erfolgreichsten literarischen Gattung der Neuzeit auch stets mitthematisiert wird: ein romanspezifisches Faszinosum.

A. Francke